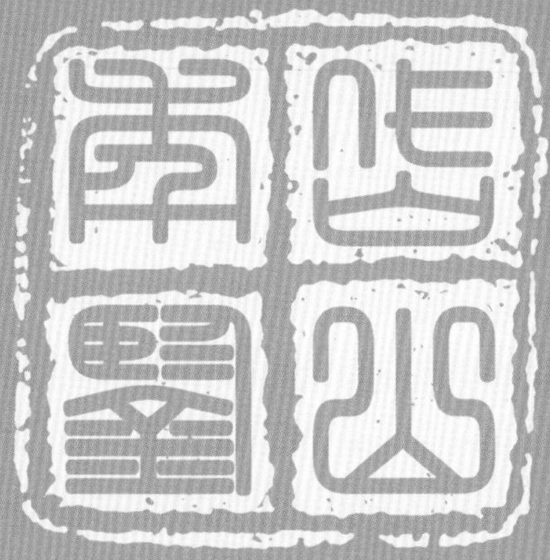

SHANDONG SHIPPING

岱山年鉴

（2021）

岱山年鉴编纂委员会　编

方志出版社
Publishing House of Local Records

图书在版编目（C I P）数据

岱山年鉴. 2021 / 岱山年鉴编纂委员会编. -- 北京：
方志出版社，2021.12
ISBN 978-7-5144-5167-2

Ⅰ. ①岱… Ⅱ. ①岱… Ⅲ. ①岱山县－2021－年鉴
Ⅳ. ①Z525.54

中国版本图书馆CIP数据核字（2022）第028689号

岱山年鉴（2021）

编　　者：岱山年鉴编纂委员会
责任编辑：徐　宏

出 版 者：方志出版社
地址　北京市朝阳区潘家园东里9号（国家方志馆4层）
邮编　100021
网址　http://www.fzph.org
发　　行：方志出版社图书经销中心
电话（010）67110500
经　　销：各地新华书店
印　　刷：舟山海印印业有限公司

开　　本：889×1194　1/16
印　　张：32
字　　数：822千字
版　　次：2021年12月第1版　2021年12月第1次印刷
印　　数：0001～2000册

ISBN 978-7-5144-5167-2　定价：256.00元

陆域面积
326.5 平方公里

常住人口
20.84 万人

户籍人口
17.37 万人

地区生产总值
384.80 亿元

第二产业增加值
256 亿元

第三产业增加值
92.50 亿元

财政总收入
27.26 亿元

地方一般公共预算收入
18.13 亿元

外贸进出口总额
92.03 亿元

实际引进市外资金
32.60 亿元

货物运输量
5543 万吨

港口货物吞吐量
18322 万吨

金融机构各项存款余额
314.70 亿元

居民人均可支配收入
50606 元

专利申请量 241 件，其中：发明 54 件
授权专利 203 件，其中：发明 7 件

群众安全感
综合满意率

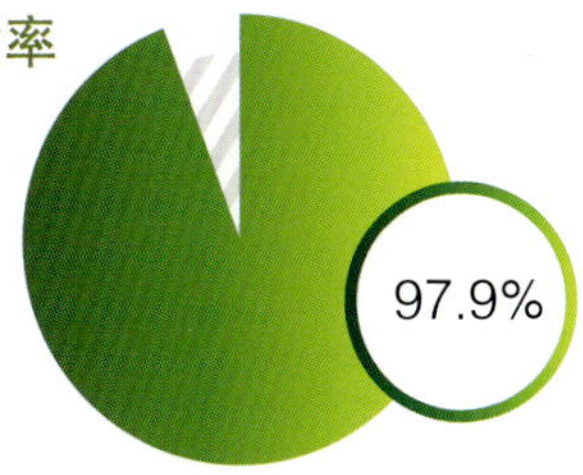

蓬莱仙境（张信龙　摄）

高亭镇全景（县融媒体中心　供图）

雾披仙岛岱山（岱山县融媒体中心　供图）

岱山长澧情人岛栈道工程（县住建局　供图）

美丽乡村之岱东上船跳（岱东镇　供图）

舟山绿色石化基地夜景（县融媒体中心　供图）

2020 年 1 月 28 日，浙江抗击新冠肺炎紧急医疗队岱山队员出征仪式在县卫生健康局一楼大厅举行
（县卫生健康局　供图）

2020 年 2 月 1 日，为防控新冠疫情，全县设卡严查进岛旅客（沈磊　摄）

2020 年 2 月 1 日，防疫宣传小分队在行动（县融媒体中心　供图）

至 2020 年 2 月 16 日，岱山县规模以上企业复工率接近 80%（沈磊　摄）

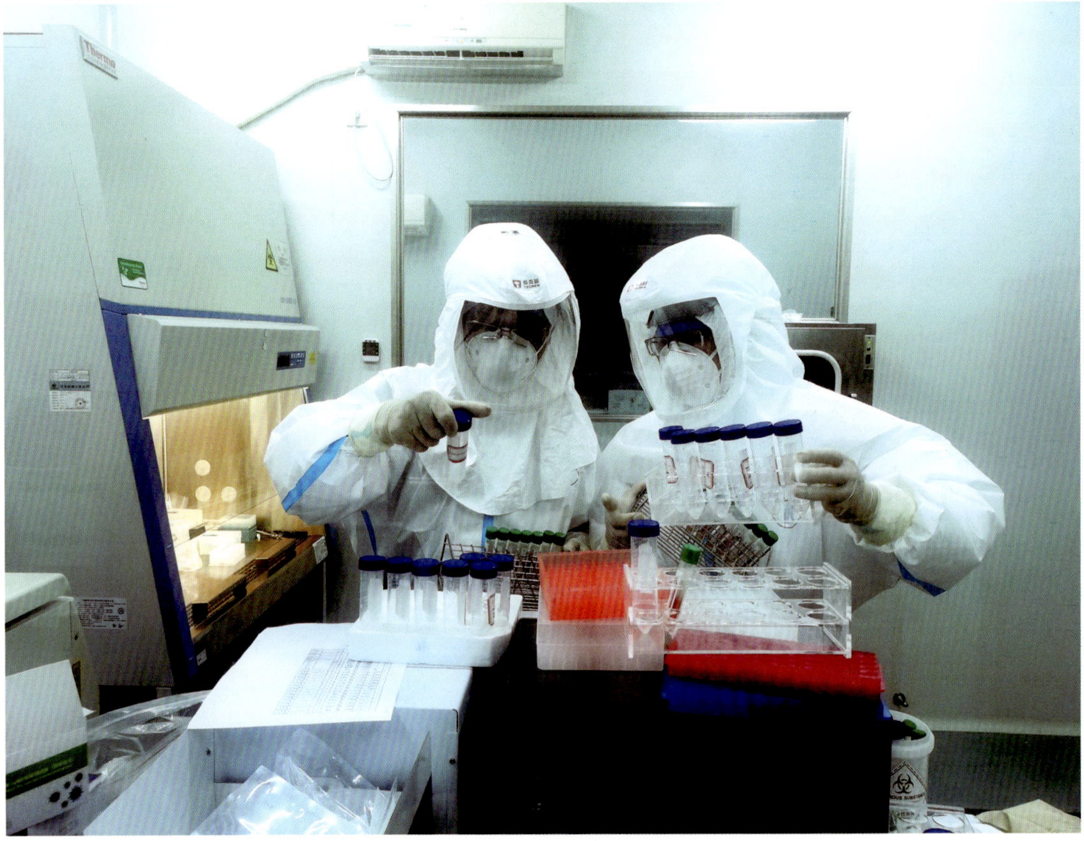

2020 年 2 月 22 日，医务人员在岱山县疾控中心实验室进行核酸检测（王成林　摄）

2020 年 3 月 5 日，舟山海事助力舟山绿色石化基地项目复工复产（沈磊　摄）

2020 年 3 月 14 日，严防境外疫情输入，全县加强外籍船员巡查（县融媒体中心　供图）

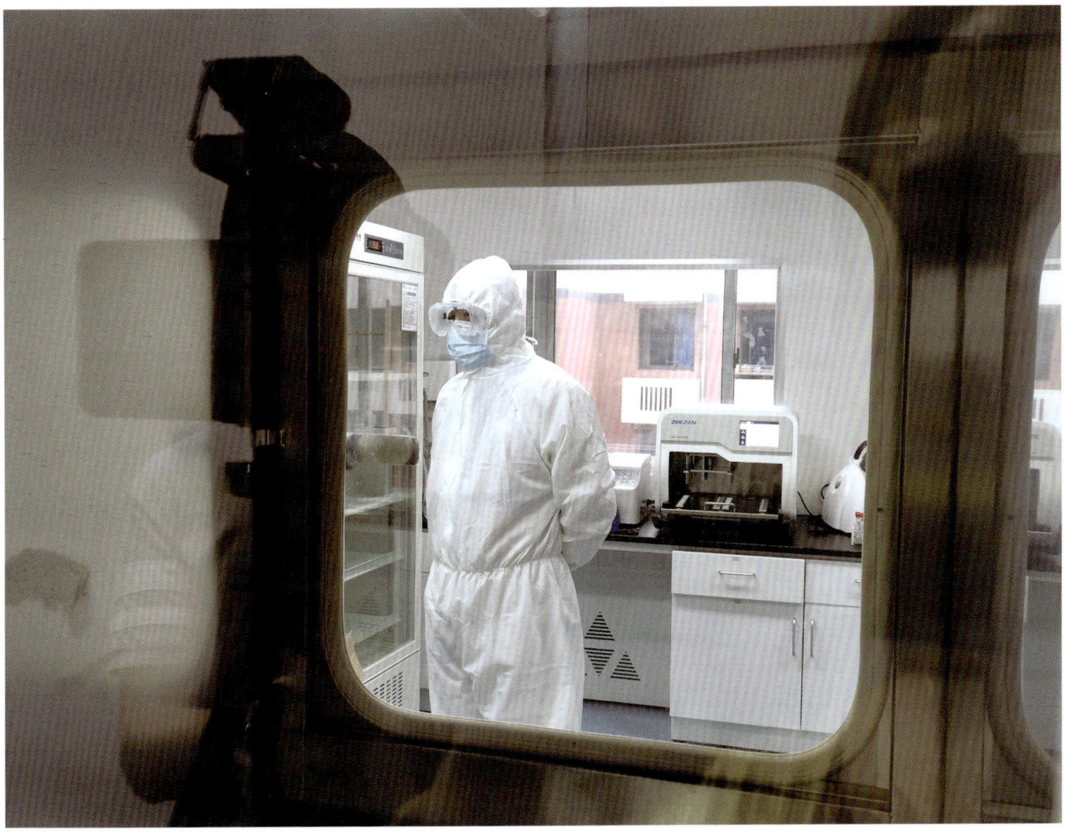

2020 年 7 月，岱山县首个县级医院核酸检测 PCR 实验室投运（方益萍　摄）

2021 年 1 月 8 日，中国共产党岱山县第十三届代表大会第五次会议在县行政中心召开

（县融媒体中心　供图）

2021 年 1 月 18 日—21 日，中国人民政治协商会议第九届岱山县委员会第五次会议在县行政中心召开

（县融媒体中心　供图）

2021 年 1 月 19 日—21 日，岱山县第十六届人民代表大会第五次会议在县行政中心召开

（县融媒体中心　供图）

舟山绿色石化基地一期全景（县融媒体中心　供图）

2020 年 5 月 2 日，舟岱大桥北通航孔合龙（方佳　摄）

2020 年 5 月 12 日，浙石油黄泽山基地石油中转码头正式对外启用（沈磊　摄）

2020 年 6 月 6 日，全球首台 3000 吨超级浆态床锻焊加氢反应器在舟山绿色石化基地吊装成功 （浙石化　供图）

2020 年 6 月 29 日，中广核岱山 4 号海上风电项目 29 号风机基础承台上层混凝土浇筑完成 （姚峰　摄）

2020 年 6 月 30 日，凉峙休闲渔业码头验收交付（衢山镇　供图）

2020 年 8 月 10 日，舟山鼠浪湖矿石中转码头接卸量破亿吨（沈磊　摄）

2020 年 9 月，全县首个出口监管仓库和保税仓库获准设立（县融媒体心　供图）

2020 年 10 月，浙江省岱山县汽船配产业创新服务综合体创建（东沙镇　供图）

2020 年 10 月，新江南大桥俯拍（姚峰　摄）

2020 年 12 月，舟岱大桥南部非通航孔桥高墩上 70 米箱梁架设（县融媒体中心　供图）

2020 年 2 月 18 日，省委书记车俊（前右一）到舟山绿色石化基地，检查基地疫情防控工作和生产建设情况，并慰问建设者　　（沈磊　摄）

2020 年 4 月 9 日，浙江省委副书记、省长袁家军（居中）到舟山绿色石化基地调研（陈伟　摄）

2020 年 4 月 28 日，省政协主席葛慧君（左三）调研岱山县规划展览馆（沈磊　摄）

2020 年 5 月 25 日，省委常委、常务副省长冯飞（居中）在舟山绿色石化基地现场视察工程进展情况

（浙石化　供图）

2020 年 6 月 3 日，应急管理部副部长刘伟（前左二）考察舟山绿色石化基地（浙石化　供图）

2020 年 6 月 4 日，全国政协常委、省政协副主席、民革省委主委吴晶（左一）围绕“高水平建成小康社会补短板”，开展对岱山的专题民主监督　　（省政协办公室　供图）

2020 年 7 月 17 日，省政协副主席张泽熙（右三）考察秀山岛 3.40 兆瓦海洋潮流能发电项目

（丁翊伦　摄）

2020 年 7 月 22 日，省委常委、统战部部长熊建平（右一）调研舟山绿色石化基地，在中心控制室了解项目运行情况

（浙石化　供图）

2020 年 8 月 19 日，副省长高兴夫（右四）调研指导浙石化（浙石化　供图）

2020 年 9 月 18 日，省人大常委会副主任李卫宁（右二）考察岱山岢鱼人渔业专业合作社
（县融媒体中心　供图）

2020 年 6 月 16 日上午，2020 年舟山群岛 · 中国海洋文化节暨休渔谢洋大典在鹿栏晴沙海坛举行
（县融媒体中心　供图）

2020 年 7 月 18 日，中国 · 岱山岛气排球精英赛在县体育馆举行（何晓琼　摄）

2020 年 8 月 30 日，中国•岱山岛沙滩高尔夫挑战赛在鹿栏晴沙开赛（沈磊　摄）

2020 年 10 月 2 日，东沙古渔镇举办“非遗”民俗游园会（东沙镇　供图）

2020 年 3 月 24 日，高亭环北线一侧拆迁安置小区在建工程（县融媒体中心　供图）

2020 年 9 月 10 日，诺亚舟幼教 • 峰景湾幼儿园投入启用（县教育局　供图）

2020 年 9 月，高亭城区儿童公园更名为童梦园，并正式开园（王榕　摄）

2020 年 10 月 1 日，岱山新天地广场营业（县融媒体中心　供图）

2020 年 11 月，住宅小区生活垃圾分类投放房启用（县融媒体中心　供图）

2020 年 12 月，东沙幼儿园被列入第十批浙江省生态文明教育基地（县融媒体中心　供图）

《岱山年鉴（2021）》编纂委员会及编辑部人员名单

编纂委员会

主　　任　孙志龙
副 主 任　陈海平
委　　员　董海斌　褚波挺　戎金军　沈海明　杨岱斌　高岱龙　韩毅艇
　　　　　方　明　刘世峰　张正道　唐燕妮　周　鑫　王建挺

编纂委员会办公室

主　　任　沈海明
副 主 任　徐嘉和

编辑部

主　　编　孙志龙
副 主 编　虞迪燕
责任编辑　虞迪燕　王贤照　吴依芳　姜小金　韩信安　赵悠燕　李慧慧
编　　务　陈海飞
摄　　影　沈　磊　何仁岳　叶佳磊　张信龙等

编辑说明

一、《岱山年鉴》由中共岱山县委、岱山县人民政府主办，岱山年鉴编纂委员会组织编纂的年度资料性文献。《岱山年鉴》记录岱山县自然、政治、经济、文化、社会和生态建设等方面的基本情况，为各级领导资政决策提供依据，为社会各界了解岱山提供基本资料，为研究岱山和续修志书积累丰富的史料，是集地方性、时效性、综合性于一体的资料性工具书。《岱山年鉴》创刊于1988年，《岱山年鉴（2021）》是第16部；前4部分别为4年一鉴、5年一鉴、6年一鉴和2年一鉴，自2009年起，一年一鉴。

二、《岱山年鉴（2021）》以马克思列宁主义、毛泽东思想、邓小平理论、“三个代表”重要思想、科学发展观、习近平新时代中国特色社会主义思想为指导，坚持辩证唯物主义和历史唯物主义的立场、观点和方法，深入贯彻落实党的十九大和十九届二中、三中、四中、五中全会精神，省委、市委的重大战略部署，全面、系统地记述和反映全县统筹推进疫情防控和经济社会发展各项工作，奋力打造“重要窗口”海岛风景的生动实践和重要事件。

三、《岱山年鉴（2021）》记述时限从2020年1月1日至12月31日止。部分内容根据实际情况，时限略有前后延伸。凡在文中直书月、日的，均指2020年内的日期，“上年”均指“2019年”。

四、《岱山年鉴（2021）》采用分类法编辑，设类目、分目、条目三个层次，以条目为记述主体。全书设类目35个，分目258个，条目1426个，随文照片258（包括彩插49）副，图表45张。卷首设仙岛岱山、疫情防控、年度聚焦、领导关怀、节庆赛事、民生福祉的图片专题和岱山县政区图、岱山县城区图。卷末有主题索引、图照索引和表格索引，以便查阅。

五、《岱山年鉴（2021）》除特载、专记、名录等外，一般采用记述体。文字、称谓、数字、计量单位、纪年、标点符号等均按国家有关规定书写。

六、《岱山年鉴（2021）》所采用的稿件由各部门、单位提供并审核，少数条目由岱山年鉴编辑部撰写。本卷年鉴所载数据以统计部门提供为准，统计部门没有的以职能部门提供为准。由于统计口径等原因，有的数据与统计资料不尽相同，引用时请注意。

目 录
Contents

中国共产党岱山县委员会

岱山县人民代表大会

岱山县人民政府

政协岱山县委员会

中共岱山县纪律检查委员会
岱山县监察委员会

群众团体

法　治

军　事

工　业

海洋与渔业

农　业

商　贸

住房和城乡建设

自然资源管理和环境保护

交　通

邮政　电信

财政　税务

金　融

经济管理

市场监督管理

应急管理

教 育

卫生和健康

人力资源和社会保障

社会生活

乡 镇

统计资料

393　附　录

索 引

立足新发展阶段 融入新发展格局
奋力谱写打造“重要窗口”海岛风景新篇章

——在中国共产党岱山县第十三届代表大会第五次会议上的报告

（2021 年 1 月 8 日）

中共岱山县委书记　周国岭

一、砥砺奋进、克难攻坚，2020 年的岱山阔步前行

2020 年是极不平凡的一年，面对国际国内形势的深刻复杂变化，特别是突如其来的新冠肺炎疫情，我们在省市委的坚强领导下，深入学习贯彻习近平新时代中国特色社会主义思想，认真贯彻落实习近平总书记考察浙江重要讲话精神，团结带领全县人民，统筹推进疫情防控和经济社会发展，扎实做好“六稳”工作、全面落实“六保”任务，保持战略定力，一以贯之建设“四个岱山”，实现了经济高质量发展和社会和谐稳定的良好局面。这一年，县域经济逆势高速增长。预计全年地区生产总值比上年增长 45%，领跑全省；一般公共预算收入比上年增长 3%；规上工业增加值比上年增长 130%；固定资产投资比上年增长 8%。连续三年入选中国社科院发布的全国县域经济投资潜力百强县（市）榜单。这一年，疫情防控取得重大战略成果。认真落实习近平总书记坚定信心、同舟共济、科学防治、精准施策的总要求，立足海岛实际，及时制定疫情防控策略，实施闭环管控、精密智控、精准防控，牢牢守住陆上和海上防线，全县无一例确诊和疑似病例出现。这一年，高水平全面建成小康社会如期实现。全县人均地区生产总值达到 3 万美元，城镇和渔农村常住居民人均可支配收入比上年分别增长 4% 和 6%，城乡收入比 1.45 ∶ 1。低收入渔农户同步迈向高水平小康社会，低保标准达到 9720 元/年，

“三个清零”①目标全面完成。我们主要抓了以下几方面工作：

突出加强党的政治建设，坚决做到“两个维护”。坚持把学懂弄通做实习近平新时代中国特色社会主义思想作为最大的政治任务，及时跟进学习贯彻习近平总书记重要讲话和指示精神，对习近平总书记每一次重要讲话、作出的每一项重要指示批示，及时传达学习、对标对表、贯彻落实，在学深悟透中树牢“四个意识”，坚定“四个自信”，做到“两个维护”。认真贯彻落实习近平总书记考察浙江重要讲话精神，召开县委十三届十一次全会，对打造“重要窗口”海岛风景作出了全面布局、系统部署、整体安排。深入学习贯彻党的十九届五中全会和省委、市委全会精神，研究制定《中共岱山县委关于制定岱山县国民经济和社会发展第十四个五年规划和二〇三五年远景目标的建议》。强化战略执行，聚焦长三角一体化、全省“四大”建设、甬舟一体化、自贸试验区建设、经济高质量发展、全面深化改革、治理体系和治理能力现代化、生态文明建设、全面从严治党等抓好落地落实，交出了各项工作的高分报表。

坚决扛起使命担当，国家战略加速推进。全力做好舟山绿色石化基地服务保障，深化拓展“四上”项目党建工作法、“连队化+科技化”管理模式，颗粒化梳理落实任务清单，切实做好项目建设中的疫情防控、社会治安、矛盾调解、劳资纠纷等工作，浙石化项目一期满负荷运转，二期部分装置进入投产准备阶段，全年产值超748亿元。黄泽山油品储运基地一期151万立方米开港运行，二期104万立方米动工建设，30万吨级油轮实现常态化靠泊。鼠浪湖矿石中转基地实现港口货物吞吐量6600万吨，靠泊40万吨级大型船舶65艘。加快体制机制创新，复制推广自贸试验区第五批16项改革试点经验，创制形成4项制度创新经验。主动融入长三角一体化国家战略，全面落实宁波舟山一体化发展工作要点，深化与上海金山区、上海化学工业区和宁波镇海区等地交流合作，梳理建立重点项目库，成功引进一批重大产业项目，建成宁波“人才飞地”②，在长三角一体化进程中发挥岱山优势、展现岱山作为。

牢牢把握化危为机的主动权，新旧动能加速转换。深入开展“三服务”活动，坚决落实减税降费各项举措，制定出台制造业高质量发展、科技创新等系列惠企扶持政策，全年为企业减负4.7亿元，推动企业企稳回升向好。改革完善开发区体制机制，形成“一区两片”③的发展格局。谋划建设石化循环经济产业园，全面整治提升亩均税收2万元以下企业，加快僵尸企业“腾笼换鸟”，荣获省国土资源节约集约模范县称号，“四链两图”工作法入选省工业领域“最佳实践”案例。大力实施科技新政、人才新政，高规格召开全县科技创新和人才工作大会，签约落地中科院宁波材料所岱山新材料研究和试验基地、中国石油大学（华东）密封技术研究所化工装置密封材料研发平台、航天科工未来产业创新中心、中国招商局集团邮轮研究院舟山分院等一批重大科创平台，新增科技型中小企业32家，汽船配内饰密封件产业创新服务综合体列入省级创建名单，科技创新评价指数排名跃升全省前列；实施更加开放的人才政策，成功引入高校毕业生1441名，增长24.3%，引进紧缺专业人才37名，首个国家“引才计划”人才引进实现历史性突破。大力发展数字经济“一号工程”，成功举办首届数字岱山大会，建成投用数字创新大厦，积极实施5G+工业互联网应用平台、工业企业大数据平台等项目，岱山工业互联网平台被列入全省重大新基建项目

---

①“三个清零”：是指“两不愁三保障”突出问题清零、年家庭人均收入8000元以下情况清零、集体经济薄弱村清零。

②“人才飞地”：是指注册在本地的企业，在创新资源集聚地区，建立集中办公区域、创业园区等，搭建信息资源平台，打通人才、资金、项目流通共享渠道，实现项目孵化在异地、产业化在本地的一种柔性引才方式。

③“一区两片”：一区指的是浙江省岱山经济开发区，两片指的是岱山本岛西南片区和东沙汽船配小镇片区。

库，海山密封和晨光电器获评国家级专精特新“小巨人”企业①。

坚定不移全面深化改革，县域营商环境大幅改善。深化“最多跑一次”改革，推进政务服务2.0平台升级，推广“企业码”应用，全面上线运行投资项目在线审批监管平台3.0，实现一般企业投资项目审批“最多80天”。加快政府数字化转型，全面完成“浙政钉”2.0整合迁移和机关内部“最多跑一次”推广应用，创新推行“刷脸通办”，县行政服务中心35个窗口全面实现刷脸办事，63件企业和个人全生命周期“一件事”实现全流程“最多跑一次”，“岱山县保障企业办事，护航海岛经济”“岱山县为园区企业提供‘一站式’就近办审批服务”等经验做法入选《竞跑者》。对标世界银行营商环境评价体系指标，持续加大制度供给、服务供给、要素供给，着力打造市场化法治化国际化营商环境，成功引进10亿元以上重大产业项目3个，实际利用市外资金37亿元，实际利用外资6815万美元，为经济发展注入强大动能。

加快建设海岛大花园，城乡环境品质明显提升。坚持规划引领，加强重点区块规划设计，高标准编制完成《岱山岛美丽渔港活力港湾城市设计》《东海郊野公园规划》《小长涂未来社区规划》。加快补齐城市功能短板，舟岱大桥、526国道岱山段改建、燕窝山陆岛交通码头等项目建设提速，新江南大桥建成通车，岱山新天地综合体建成营业，夜经济示范带建设完成，成功入选国家发改委发布的县城新型城镇化建设示范名单。全面复制市创城经验做法，打好城乡环境综合整治大会战，以项目化方式对市容市貌、交通秩序、农贸市场等18项内容进行重点整治，成功获得全国县级文明城市创建提名资格。加快全域全景提升，建成2个省级森林城镇和2个省级“一村万树”示范村，新增造林2300亩、彩色健康森林4000亩，成功获得省全域旅游示范县、省新时代美丽乡村示范县称号。全力打好治水治污大会战，完成5条品质河道、3个污水零直排区建设，成功捧得“大禹鼎银鼎”。

尽心竭力办好为民实事，民生福祉持续增进。坚持惠民生保平安，大力推进民生领域改革，全县民生支出占一般公共预算支出比重达75.3%。全力保就业，新增城镇就业5611人，零就业家庭实现动态清零，成功创成省“无欠薪县”。深入细致做好群众基本生活保障，全力确保“米袋子”“菜篮子”和生猪保供稳定、价格平稳。加大优质教育资源供给，深化人事制度改革，推进学校布局调整，启用峰景湾幼儿园，积极创建全国义务教育优质均衡发展县。深化健康岱山建设，加强与上海仁济医院、金山医院等三甲医院合作，启用新高亭镇中心卫生院，县内所有定点医院及基础医疗机构实现长三角跨省门诊直接结算全覆盖。推动文旅体深度融合，积极应对疫情加快旅游业复苏，打响国际风筝节等系列赛事品牌，“祭海谢洋大典”入选全省二十四节气农耕文化活动，成功举办县第九届运动会。

大力推进县域治理现代化，社会保持和谐稳定。创新基层治理，构筑“一体两地”②县社会矛盾纠纷调处化解中心、乡镇“基层治理四平台”、村社党群服务中心、全科网格的社会治理体系，实现矛盾纠纷化解“最多跑一地”。坚持和发展新时代“海上枫桥经验”，打响“瀛洲红帆”“东海渔嫂”等治理品牌，东沙镇“四治融合”治理模式入选浙江乡村振兴十大模式。深入开展领导干部接访下访，成功创成省“无信访积案县”。深化法治岱山建设，完成“七五”普法工作，乡镇合法性审查工作实现全覆盖。稳步推进秀山综合行政执法改革，基本实现“一支队伍管执法”。严厉打击各类违法犯罪活动，深入推进扫黑除恶专项斗争，高亭派出所获评全国公安机关执法示范单位。加强渔业、工矿、危化品、道路交通等重点领域安全监管，成功获得省平安县称号。

---

① 专精特新“小巨人”企业：是指“专精特新”中小企业中的佼佼者，是专注于细分市场、创新能力强、市场占有率高、掌握关键核心技术、质量效益优的排头兵企业。

② “一体两地”：是指岱山县社会矛盾纠纷调处化解中心，分为县行政中心和舟山绿色石化基地（鱼山）两大区块。

全面从严抓党建，党的建设质量全面提高。坚持和加强党的全面领导，支持人大及其常委会依法行使职权，充分发挥人民政协职能优势，支持监委、法院、检察院依法履职。坚持不懈强化理论武装，持续巩固深化“不忘初心、牢记使命”主题教育成果，推进习近平新时代中国特色社会主义思想走深走实。认真落实意识形态工作责任制，把意识形态工作纳入巡察重要内容，压紧压实主体责任。突出政治标准和实干导向，坚持在疫情防控、复工复产和重点项目一线锤炼干部，大力培养选拔优秀年轻干部。狠抓机关党建，深入检视短板、整改问题，全面夯实党建基础。高质量完成87个村社组织换届，一肩挑比例100%。坚持项目化打造清廉岱山，完善“四责协同”联动机制，推动政治监督常态化。严格落实中央八项规定精神，开展违规投资入股等专项整治，力戒形式主义官僚主义，查处问题30起、处理36人次。严肃查处违纪违法行为，全年立案56件，留置2人、处分53人。加强政治巡察，完成17个县属单位、32个渔农村巡察。巩固和发展爱国统一战线，注重发挥非公经济人士、党外代表人士作用。深入推进群团改革，工商联、工青妇、科协、残联等群团组织工作得到新加强。完成全国第七次人口普查。国家安全、党管武装、退役军人、民族、对台、审计、老干部、老龄、关心下一代、慈善、气象、党校、史志、档案等工作取得新成效。

同志们，回首这一年，我们克难攻坚、逆势奋进，经受住了风险挑战的考验，打赢了一场又一场硬仗，取得了一个又一个胜利，成绩来之不易。这是党中央和省市委坚强领导的结果，是全县上下众志成城、奋力拼搏的结果。在此，我代表中共岱山县委，向付出艰辛努力的广大党员干部群众，向全力支持岱山发展的各界朋友、驻岱部队、武警官兵，致以崇高的敬意和衷心的感谢！

在肯定成绩的同时，我们也要清醒地看到，岱山经济社会发展还存在诸多困难和问题，发展质量效益有待提高，科技创新和人才支撑存在短板，经济新动能培育还需加大力度；城市功能亟待完善，基础设施建设有待加强，教育、医疗、文体等公共服务供给还需加大；基层社会治理还有不足，仍需加强和创新；部分党员干部思想解放还不够，干部队伍能力素质与建设“重要窗口”的要求还有差距；落实全面从严治党还有薄弱环节，党风廉政建设和反腐败斗争任务依然任重道远。对于这些问题，我们必须高度重视，拿出务实举措，针对性加以解决。

二、深刻认识和把握新发展阶段，奋力谱写打造“重要窗口”海岛风景新篇章

“十三五”时期是岱山发展史上具有里程碑意义的五年，是岱山全面落实国家战略、实现跨越发展的五年。回首这五年，我们经历了国内外环境复杂而深刻的变化，成功应对了各类风险挑战，“十三五”规划主要目标任务顺利完成，经济社会实现高质量发展。过去五年，是岱山战略地位显著提升、综合实力明显增强的五年。舟山群岛新区、自贸试验区、舟山江海联运服务中心等国家战略落地实施，国际一流的舟山绿色石化基地一期建成投产，经济实现高速高质量增长，全县地区生产总值年均增速17.6%，规上工业总产值年均增速43.7%，固定资产投资年均增速30%，展现了强大的发展韧劲、发展潜力。过去五年，是岱山改革开放持续深化、创新活力竞相迸发的五年。全方位、多层次、宽领域的对外开放格局基本形成，港口岸线资源优势充分发挥，成功跻身亿吨大港，新增开放航道10.5千米，全县开放面积达到470平方千米。数字化改革、“最多跑一次”改革向纵深推进，县域营商环境大幅改善，累计新增市场主体超9000家，岱山已然成为潜力无限的投资热土。过去五年，是岱山城乡面貌日新月异、城市品质大幅提升的五年。鱼山大桥、秀山大桥建成通车，舟岱大桥即将建成，岱山人民的连岛梦、大桥梦正加快变成现实。新型城镇化和乡村振兴战略加快推进，全县常住人口城镇化率达到70%。全域旅游加快发展，岱山海岛旅游正

成为长三角旅游热点。荣获省生态文明建设示范县、省“无违建县”、省小城镇环境综合整治工作优秀县等称号，连续两年捧得“大禹鼎”，全域全景的海岛大花园铺开美丽画卷。过去五年，是岱山社会事业全面发展、人民生活水平明显提高的五年。城镇常住居民人均可支配收入从39732元增加到56750元，渔农村常住居民人均可支配收入从25998元增加到39120元，成功获评国家卫生县城、省级示范文明县城、省级平安渔业示范县、省体育强县、省级食品安全县、省农产品质量安全放心县等称号，捧得“省平安银鼎”，实现省双拥模范县“八连冠”，保持了社会大局和谐稳定、人民群众安居乐业。过去五年，是岱山党建质量全面提升、政治生态持续净化的五年。加强思想政治建设，高质量开展“不忘初心、牢记使命”主题教育，全面完成省委巡视反馈问题整改，选拔了一批敢干事能干事干成事的干部，查处了一批违纪违法案件，形成心齐、气顺、劲足、实干的良好局面。

“十四五”时期，是在全面建成小康社会、实现第一个百年奋斗目标之后，乘势而上开启全面建设社会主义现代化国家新征程、向第二个百年奋斗目标进军的第一个五年，是岱山经济能级跃升、开放层级跃升、城市品质跃升的重要战略机遇期。这个时期，叠加的机遇引领我们赶超跨越。随着长三角一体化、自贸试验区、全省“四大”建设、甬舟一体化等持续推进，宁波舟山港主通道建成通车，岱山的区位优势、资源优势、开放优势更加彰显，必将迎来新一轮大投入大建设大发展，能不能把握机遇、跨越赶超，是对我们最现实、最紧迫的考验。我们必须应势而谋、因势而动、顺势而为，全面融入新发展格局，奋力开创新时代岱山跨越发展新局面。这个时期，艰巨的挑战需要我们转型发展。从外部看，世界百年未有之大变局进入加速演变期，不稳定性不确定性明显增加。从自身看，我县科技创新动力不强，资源要素约束趋紧，生态环保仍存短板，民生领域供给不足，加快经济社会高质量发展比以往任何时期都更为紧迫。我们必须拉高标杆、迎难而上、应对挑战，努力在危机中育先机、于变局中开新局。这个时期，光荣的使命要求我们担当作为。未来五年，岱山要在综合实力、科技创新、改革开放、生活品质、生态环境、治理效能等方面取得新突破，形成一批展示“重要窗口”海岛风景的标志性成果，改革发展稳定任务更加繁重。我们必须以“翻篇”的姿态、“归零”的心态、“奋发”的状态，保持创造性张力，振奋精神、争先创优，推动岱山发展再上新台阶！

今后五年全县工作的指导思想是：高举中国特色社会主义伟大旗帜，深入贯彻党的十九大和十九届二中、三中、四中、五中全会精神，坚持以马克思列宁主义、毛泽东思想、邓小平理论、“三个代表”重要思想、科学发展观、习近平新时代中国特色社会主义思想为指导，全面贯彻党的基本理论、基本路线、基本方略，统筹推进“五位一体”总体布局，协调推进“四个全面”战略布局，坚持党的全面领导，坚持以人民为中心，坚持新发展理念，坚持深化改革开放，坚持系统观念，坚持稳中求进工作总基调，以推动高质量发展为主题，以深化供给侧结构性改革为主线，以改革创新为根本动力，以满足人民日益增长的美好生活需要为根本目的，立足新发展阶段，融入新发展格局，忠实践行“八八战略”，统筹发展与安全，加快建设“四个岱山”，奋力打造“重要窗口”海岛风景，为高水平实现社会主义现代化奠定坚实基础。

重点把握好以下几方面的要求：

坚持党的全面领导。要加强政治建设，增强“四个意识”、坚定“四个自信”、做到“两个维护”。健全完善县委领导经济社会发展的体制机制，确保始终总揽全局、协调各方，增强把方向、谋大局、定政策、促改革的能力和定力，切实把党的领导落实到经济社会发展的各领域各方面各环节，为实现高质量发展提供根本保证。

坚持新发展理念。要把发展质量和效益摆到更加突出的位置，以创新驱动为第一动力，大力实施科技新政人才新政、塑造经济发展新优势；以协调发展为内生特点，推动城乡融合发展、促进乡村振兴；以绿色发展为导向，加快打造海岛大花园、建设更具魅力的品质岱山；以开放发展为突破口，推进自贸试验区建设、发展高水平开放型经济；以共享发展为根本目的、改善人民生活品质、促进人的全面发展和社会全面进步。

坚持供给侧结构性改革。要从提高供给质量出发，扩大有效供给，提高供给结构对需求变化的适应性和灵活性。加大政策的有效供给，落实减税降费各项举措，加快要素市场化改革，让市场在资源配置中起决定性作用，增强微观主体活力。加大投资补短板力度，在“两新一重”等领域，促进有效投资。加大商贸、文化、体育、养老等公共服务供给，释放服务消费潜力。

坚持数字化改革牵引。要运用数字化改革的理念、方法，对体制机制、手段工具进行全方位、系统性重塑。全面深化数字岱山建设，数字赋能经济转型升级，数字赋能“整体智治”现代政府建设，数字赋能县域治理体系和治理能力现代化，持续撬动各方面各领域改革，加快取得更多实质性、突破性、系统性成果，为全市、全省乃至全国改革探索路子、贡献经验。

坚持以人民为中心。要始终做到发展为了人民、发展依靠人民、发展成果由人民共享，以服务供给更加公平可及为目标，完善人的全生命周期民生服务，加快补齐民生领域短板，提供更好的教育、更稳定的工作、更满意的收入、更可靠的社会保障、更高水平的医疗卫生服务、更舒适的居住条件、更优美的环境，更好满足人民群众对美好生活的向往。

坚持统筹发展与安全。要落实大平安理念，把安全发展贯穿发展各领域和全过程，实现高质量发展与高水平安全的良性互动。要增强机遇意识和风险意识，树立底线思维，把困难估计得更充分一些，把风险思考得更深入一些，注重堵漏洞、强弱项，有效防范化解各类风险挑战，努力实现发展质量、结构、规模、速度、效益、安全相统一。

今后五年的主要奋斗目标和主要任务是：

——县域综合实力显著增强。经济总量和质量效益明显提升，到2025年，地区生产总值突破850亿元，年均增长在20%以上。产业基础高级化、产业链现代化水平大幅提升，基本建成具有国际竞争力的海洋产业集群，经济高质量发展迈上新的大台阶。

——科技创新能力大幅提升。坚持把创新摆在发展全局的核心位置，深入实施科技新政、人才新政，科技体制改革、重大平台打造、创新型人才队伍建设、创新主体培育等取得重大突破，研发经费支出占GDP比重增加一倍以上，建设长三角具有重要影响力的海洋科技创新示范区。

——改革开放实现重大突破。深度融入长三角一体化、全省“四大”建设和甬舟一体化，“融舟接甬联沪”的大交通格局基本形成，港口集群建设取得重大进展，对外开放的海上战略地位更加凸显。以油气为核心的大宗商品资源配置基地基本建成，打造畅通国内大循环为主体、国内国际双循环相互促进的海上枢纽节点。

——海岛大花园画卷全面呈现。深入践行“绿水青山就是金山银山”理念，高水平打造生态宜居、品质高端、充满活力、独具韵味的海岛大花园。深入实施新型城镇化和乡村振兴战略，加快补齐基础设施、公共服务等领域短板，城市品质明显提升，城市功能更加完善，常住人口城镇化率达到75%，全力创建全国县级文明城市。

——县域治理成为典型示范。党的全面领导高效执行体系基本形成，“整体智治、唯实惟先”的现代政府基本建成，清廉岱山、法治岱山建设持续深化，“县乡一体、条抓块统”高效协同治理格局基本形成，重大风险防范化解能力明显增强，现代应急体系基本建成，平安岱山建设体系更加完善，国防动员体系更加健全，发展安全保障更加有力，成为县域治理现代化典范。

——人民生活品质明显提高。城镇和渔农村常住居民人均可支配收入持续增长，城乡居民收入倍差持续缩小。城镇登记失业率控制在市定目标之内，社会保障体系更加完善，基本公共服务实现均等化，社会民生发展主要指标居省市前列，人民全生命周期需求普遍得到更高水平满足，人民生活品质明显改善。

三、全力以赴做好2021年工作，为“十四五”发展开好局、起好步

2021年是“十四五”开局之年，做好今年工作，意义十分重大。今年工作的指导思想是：坚持以习近平新时代中国特色社会主义思想为指导，全面贯彻党的十九大和十九届二中、三中、四中、五中全会精神，认真落实中央经济工作会议精神，按照省市委决策部署，坚持稳中求进工作总基调，以推动高质量发展为主题，以深化供给侧结构性改革为主线，以改革创新为根本动力，以满足人民日益增长的美好生活需要为根本目的，坚持系统观念，巩固拓展疫情防控和经济社会发展成果，更好统筹发展和安全，扎实做好“六稳”工作、全面落实“六保”任务，立足新发展阶段，融入新发展格局，奋力谱写打造“重要窗口”海岛风景新篇章，确保“十四五”开好局，以优异成绩庆祝建党100周年！

县委建议，今年我县经济社会发展的主要预期目标为：地区生产总值增长20%以上，一般公共预算收入增长5%以上，规上工业增加值增长35%以上，固定资产投资440亿元以上，城镇和渔农村常住居民人均可支配收入分别增长7%和7.5%以上，全面完成节能减排等各项约束性任务。

（一）坚持以大开放促大发展，建设高水平开放型经济

加快自贸试验区创新发展。积极主动从服务保障向全面融入跃迁，高质量落实国务院26条改革赋权政策，加速油气进口、储运、加工等产业发展。推进舟山绿色石化基地建设，确保浙石化项目一期安全运行、二期全面投产，全年产值达到1200亿元以上，着力把基地打造成“重要窗口”的标志性大平台。加速黄泽山一期151万立方米项目产能释放，推进二期104万立方米项目，推动黄泽山—鱼山原油管道建设，力促小衢山大宗商品储运项目落地。加快鼠浪湖西三区扩建工程，建设亚太铁矿石分销中心。复制推广自贸试验区第六批改革试点经验，谋划实施首创性、差异化的改革探索，在投资贸易、延伸加工、简政放权等领域大胆试、大胆闯、自主改，形成更多可复制可推广的制度创新成果。

深度融入长三角一体化。紧扣一体化和高质量，加强与长三角城市在基础设施、港口发展、产业联动、资源配置、旅游健康、公共服务等方面的协作。坚持以大交通构筑对外开放大格局，建成启用舟岱大桥，实现宁波舟山港主通道全线通车，加快秀山至定海跨海通道（青山大桥）项目前期。推进江海联运服务中心建设，完善海陆联运、江海联运、水水中转等联运网络，助力打造世界一流强港。建设国际海事服务基地，依托衢山资源优势和小城市功能，发展保税燃料油加注、航修、综合船供等服务，培育发展岸上经济。与长三角城市开展更为广泛的经济合作和人才交流，吸引更多资源要素向岱山集聚。

发展更高层次开放型经济。坚持引进来与走出去相结合，加快构建互利共赢的开放型经济新体制。迭代升级稳外贸政策举措，想方设法帮助外贸企业保市场、拓市场，稳住船舶出口，大力发展油品出口。积极培育外贸企业，支持企业发展跨境电子商务、市场采购等新型贸易方式，引导有条件的企业在境外建立和完善国际营销网络。抢抓国产化替代机遇，支持出口产品转内销。坚定不移打好招商引资大会战，主攻油气全产业链，引进一批大项目好项目，全力破解项目落地“堵点”，实际利用市外资金30亿元以上。落实外商投资政策，全力引进高质量外资，实际使用外资6500万美元以上。

（二）实施创新驱动首位战略，打造高质量发展新引擎

大力支持企业科技创新。加强党对科技工作的领导，完善科技创新体制机制，大力推动科技攻关和成果转化，实施重点关键技术“科技悬赏奖”制度，创新“揭榜挂帅”等科技攻关模式。完善

支持企业科技创新政策，健全研发投入奖励、项目资金扶持等系列措施，引导企业提高研发投入强度。深入实施科技企业“双倍增”行动，新增高新技术企业和科技型中小企业20家以上。支持龙头企业牵头组建创新联合体，推动规上工业企业普遍建立研发机构，高新技术产业投资和增加值均增长10%以上。优化“产学研用金、才政介美云”联动创新生态，鼓励金融机构加大科技创新支撑力度，推进从实验研究、中试到生产的全过程科技创新融资模式。

加快打造高能级的创新平台。优化创新要素配置，谋划建设岱山科技创新园区。建成中科院宁波材料所岱山新材料研究和试验基地、中国石油大学（华东）密封技术研究所化工装置密封材料研发平台、中国招商局集团邮轮研究院舟山分院等一批重大创新平台，推进航天科工智慧岱山未来海上产业创新中心建设，加快岱山汽船配内饰密封件产业创新服务综合体建设，推动上海应用物理研究所新材料产业示范研究院等项目落地，加快优秀科技成果转化，打通从“实验室”到“生产车间”的“最后一公里”。加强众创空间、科技企业孵化器、大学生创业基地等双创平台建设。

建设高素质创新人才队伍。实施人才强县战略，以超常规的方法、超常规的力度抓好人才工作，创新柔性人才机制，用好用活重大创新平台，大力引进高精尖创业创新人才、高校毕业生和各类技能人才，做大做强人才队伍基本盘。升级打造“宁波人才飞地”2.0版，完善飞地入驻企业和人才房租奖励、科创支持、商贷补助、服务保障等专项政策，吸纳更多优质企业和优秀人才落地。完善便捷高效的人才服务机制，切实解决教育、医疗、住房等方面的问题。实施更加积极有效的人口集聚政策，千方百计吸引人口集聚。大力涵养开放包容文化，保障外来人口同等享受各项基本公共服务和办事便利，形成“来了就是岱山人”的浓厚氛围。

（三）建设现代化海洋产业体系，培育产业竞争新优势

着力打造先进制造业集群。实施先进制造业倍增计划，大力发展绿色石化、新材料、临港先进制造、新能源等产业，提升制造业整体水平。集中力量建设开发区经济发展大平台，加快石化循环经济产业园建设，推动重大产业项目释放产能，打造全国重要的石化装备全产业链基地。谋划布局石化前沿领域新材料项目，打造新材料产业创新高地。推动船舶修造、海工装备等临港产业向智能化、高端化和高附加值方向转变，加快常石集团舾装码头建设，推进惠生海工释放产能，支持浙江友联打造中国招商局集团豪华邮轮修改造基地。推动汽配、电机、玩具等产业转型升级，支持企业向“专精特新”方向发展。大力发展新能源，推动联合动能产业化、商业化进程。深入实施“小升规”“雄鹰行动”“雏鹰行动”，培育单项冠军、隐形冠军企业。

全力推进数字经济发展。深入实施数字经济“一号工程”2.0版，实施数字经济“五年倍增计划”，加快产业数字化、数字产业化步伐，推动数字经济和实体经济深度融合。加大新型基础设施建设力度，推进“数字海洋实验室”，加快5G、工业互联网、人工智能等建设，推动公路、水运、水利、物流等基础设施智能化升级。推进制造业数字化智能化改造，培育提升“1+ N”工业互联网平台体系①，加快“机器换人”步伐，推进无人车间、智能化车间、自动生产线等改造提升，建设一批智能化改造示范企业，数字经济核心产业增加值增长15%以上。依托数字创新大厦，培育招引一批数字企业，打造数字经济小微企业园。推动数字经济与商贸、旅游、交通、医疗、市政服务等深度融合，大力发展体验消费、无人零售等新业态新模式。

坚定实施扩大内需战略。充分发挥投资对优化供给结构的关键作用，实施新一轮扩大有效投资行动，加快“两新一重”建设，确保政府性投资增长30%以上。

① “1+N”工业互联网平台体系：“1”是指培育1个具有国际水准的基础性平台；“N”是指培育一批行业级、区域级、企业级等多级工业互联网平台。

深入实施省市县长项目工程，确保落地率 50% 以上。建立健全重大项目谋划、储备和滚动实施机制，积极申报并用好中央预算内资金和地方政府专项债券，强化重大项目要素保障。深化消费领域供给侧结构性改革，加快发展旅游、文化、体育、养老、物业等服务业，促进消费全面升级。编制完成县商业网点规划，合理布局商业中心、特色街区，打造十大消费街区。盘活闲置商业地产，建成宝盛大酒店等项目，实施岱山新天地扩容工程，发展特色美食、大众化连锁品牌、中高端餐住企业等业态，提高海岛城市消费品位，增强人口留居能力。

（四）坚持数字化改革牵引，打造一流县域营商环境

全面深化数字化改革。推进党政机关整体智治，加快政府数字化转型，打破“数据孤岛”“信息壁垒”“业务障碍”，深化群众、企业全生命周期和机关内部“一件事”集成改革，实现跨层级、跨部门、跨业务的高效协同管理和服务。依托城市大脑，加强数据获取、数据共享、系统集成，实施政务服务“去中心化”改革，迭代升级浙里办、浙政钉、浙里督，加快建设“掌上办事之县”“掌上办公之县”“掌上治理之县”，建设“整体智治、唯实惟先”的现代政府。以数字惠民工程为抓手，打造数字生活新服务平台，深化智慧城管、智慧交通、智慧旅游等领域建设，推行“刷脸通办”，实施“刷脸 +”住宿、医疗、商贸市场等重点专项，实现“刷脸畅行岱山”。完善数据产权保护机制，深化数据开放共享，保障数据安全，加强个人信息保护。

深化要素市场化配置改革。充分发挥市场在资源配置中的决定作用、更好发挥政府作用，创新土地、劳动力、资本等要素配置。坚决落实减税降费各项举措，巩固和拓展减税降费成效，鼓励和引导企业将资金用于产品研发创新、智能化改造、引进人才、拓展市场。深化“亩均论英雄”“标准岸线 + 承诺制”改革，落实资源要素差别化配置政策，打好亩均税收低于 3 万元企业整治攻坚战，大力破解土地闲置、低效、碎片化等问题，推动土地空间、环境容量等资源要素向优势产业、优质企业集聚。坚持市场化方向深化国企国资改革，深入实施国企改革三年行动，健全完善现代企业制度，做大做强交投、城投、开投、衢投等国有企业。深化金融供给侧结构性改革，实施融资畅通工程升级版，引导金融机构加大对科技创新、小微企业、绿色发展、乡村振兴的金融支持，新引进金融机构 2 家以上。

全力打造一流营商环境。坚持市场化、法治化、国际化原则，深入实施优化营商环境“10+N”便利化行动 2.0 版，开展营商环境专项提升年行动，力争进入全省营商环境第一方阵。启动实施“三服务”2.0 版，坚持问题导向、效果导向，优化理念、方法、机制，形成闭环式全程服务。深化企业项目投资高效审批改革，全面推行“极简审批”制度，提升投资在线平台功能，低风险小型项目全流程审批“最多 20 个工作日”。健全完善企业综合服务中心运行机制，深化企业“一件事”改革，为企业提供审批业务办理、代办代跑等全生命周期服务，推行惠企政策“免申即享”，实现企业“进一个中心，能办所有事”。全面实施“证照分离”改革，持续精简涉企经营许可事项。依法平等保护企业产权和企业家权益，完善行政执法环境和司法环境。加快信用岱山建设，深化政务诚信、商务诚信、社会诚信等重点领域信用建设。

（五）统筹城乡一体化发展，高标准建设海岛大花园

全面提升城市功能品质。加强规划引领，坚持世界眼光、海岛特色，高标准编制完成《岱山县国土空间规划》，开展各类空间专项规划编制工作。加强城市项目设计，统筹地上地下空间利用，打造一批标志性的精品建筑。加快开展县城城镇化补短板强弱项工作，建成燕窝山陆岛交通码头、燕窝山客运中心和岱山交通集散中心，加快 526 国道岱山段改建、秀山环岛公路建设，实施岱山县水资源优化联调工程，建设一批城乡排涝工程、海塘安澜项目，加快开发区未来社区建设，全面提升公共设施和服务能力。实施新一轮衢山小城市培育三年

行动。高起点建设城市走廊、美丽河道、生态廊道、街景立面、休憩空间，构建通山达海的绿道慢行系统。精心建设岱山本岛南部美丽港湾，加快十里滨海大道建设，全面激活山、城、海、岛，打造南部滨海休闲旅游带。

加快实施乡村振兴战略。建立健全城乡融合发展体制机制和政策体系，把乡镇建成服务渔农民的区域中心，加快推进渔农业渔农村现代化。坚持全县“一盘棋”，实现村域层面“多规合一”，推进村庄整体规划设计。培育休闲渔农业、渔农村电商、民宿经济，发展可食地景等新业态，建成一批A级景区村。推进渔业转型升级，发展现代渔业，引导渔业做精做强。深化“千万工程”升级版，深入开展渔农村人居环境整治，抓好厕所、污水、垃圾“三大革命”，建成一批美丽乡村精品村。落实第二轮土地承包到期后再延长三十年政策，深化承包地、宅基地“三权分置”、村集体经营性建设用地改革，激活农村闲置农房和闲置宅基地资源，发展壮大村集体经济。深化“三位一体”改革，构建新型渔农民合作经济组织体系。推动科技进乡村、资金进乡村、青年回农村、乡贤回农村，促进渔农民致富增收。

大力推进全域全景建设。牢固树立“绿水青山就是金山银山”的理念，发挥海洋海岛优势，坚持一岛一韵、一村一景，打造“岛岛是花园、村村见美景”的海岛大花园。编制实施《岱山县国土绿化五年行动计划》，加快森林岱山建设，下好“微改造”的“绣花”功夫，以山体林地、水系、海岛、交通线路等为载体，实施绿化、美化、彩化工程，提升森林质量、改善生态景观，创成省级园林城市。加快小长涂海岛版未来社区建设，打造蓬莱森林公园、东海郊野公园、秀山樱花公园等一批高品质生态郊野公园，让绿色成为岱山最动人的色彩。深化生态文明体制改革，探索建立“蓝色海洋”协同治理体系，强化湿地、沙滩等沿海生态资源保护，实施岸线整治和修复，建设生态海岸带。打好污染防治攻坚战，深化蓝天、碧水、净土、清废四大行动，加快高亭污水处理厂扩容工程，建成固废分拣处置中心，全面完成中央和省级环保督察问题整改，创成国家生态文明建设示范县。

全力创建全国县级文明城市。制定实施创城三年行动计划，全面落实创建任务。实施新一轮城乡环境综合整治大会战，按照干净、整洁、有序、绿色、无视觉污染的要求，开展居民小区、交通秩序、背街小巷、城乡结合部、渔农村环境、小餐饮店、城区洗车店等专项整治。全面提升城市基础设施水平，加快城市家具有机更新，推进城镇老旧小区改造，建设提升一批城市公园，打通拓宽一批城区断头路、瓶颈路，创建一批精品示范街。用绣花功夫抓好城市精细化管理，健全“大城管”体制，完善城市管理导则，建立精细化管理标准规范体系，加强督查考核，全面消除管理盲区和漏洞。加强智慧城管建设，提升市政设施运行管理、交通管理和应急管理的科学化、精细化、智能化水平。加快小区物业管理全覆盖，提高物业服务品质。积极践行社会主义核心价值观，全面整治不文明陋习，深入开展文明创建活动，全面提高公民文明素质。

（六）坚持以人民为中心，切实改善人民生活品质

健全完善社会保障体系。牢牢把握基本民生需求，健全基本公共服务标准体系，尽力而为、量力而行，完善办好民生实事长效机制，提高公共服务和民生投入的有效性和精准度。加大重点群体就业培训和创业扶持力度，更加注重缓解结构性就业矛盾。健全基本养老、基本医疗保险筹资和待遇调整机制。巩固脱贫攻坚成果，建立健全解决相对贫困长效机制，多渠道增加居民财产性收入，确保低收入群体收入增速高于居民收入平均增速。完善最低生活保障制度，构建低保群众、失独家庭、空巢老人等特殊群体帮扶解困长效机制。健全完善稳物价长效机制，加强“菜篮子”等民生保障，着力降低群众生活成本。强化妇女、儿童、残疾人保障，推动红十字慈善事业发展。

全面提升公共服务质量。加大优质教育资源供给。启用城西幼儿园、盛世豪庭幼儿园，开办

上海世外附属高亭初级中学，开工建设双峰新城学校。深化教育人事制度改革，充分调动一线教师工作积极性，促进教育公平、提高教育质量，努力办好让人民满意的教育。推动职业成人教育与产业发展有机衔接、深度融合。加快健康岱山建设。深化县域医共体改革，推动医疗卫生资源合理配置和纵向流动，健全与上海、杭州等地三甲医院合作长效机制，加快县第一人民医院迁建工程，办好衢山二院，更好满足人民群众对优质医疗资源的需求。改革完善公共卫生应急管理体系，提高重大疫情防控能力，科学精准做好常态化疫情防控。深入开展全民健身行动和爱国卫生运动，推动以治病为中心转向以人民健康为中心。推进文旅体深度融合。坚持全域化、国际化、精品化、标准化导向，积极发展观光度假、康养运动、研学旅游，主动承接国内外有影响力的体育赛事活动。谋划建设双峰新城体育中心，改造提升系列博物馆、图书馆等场所，建好用好文化礼堂、城市书房，打造新时代文明实践中心。加大养老服务供给侧改革，鼓励和支持社会力量发展养老服务，更好满足多样化需求。

加快推进县域治理现代化。树立整体智治理念，突出数字赋能，加快形成“县乡一体、条抓块统”高效协同治理模式。完善县社会矛盾纠纷调处化解中心工作机制，推动乡镇“基层治理四平台”[①]与县级层面指挥机制联通，整合提升村社党群服务中心和全科网格功能，全面实施乡镇综合行政执法体制改革，解决基层“看得见、管不住”和职能部门“管得着、看不见”问题。深化“瀛洲红帆”“东海渔嫂”等品牌，打造新时代“海上枫桥”经验升级版。加强法治岱山建设，启动实施“八五”普法，统筹推进严格执法、公正司法、全民守法，切实维护社会公平正义。建立健全扫黑除恶长效机制，严厉打击各类违法犯罪活动，加强反恐怖工作。开展政法队伍教育整顿。加快构建“大安全、大应急、大减灾”体系，严格落实安全生产责任制，强化渔业、道路交通、危化品、消防等重点领域安全生产监管，提升防灾减灾和应急救援能力，坚决遏制重特大事故发生，全力争创省平安金鼎。

四、坚持和加强党的全面领导，为打造“重要窗口”海岛风景提供坚强保障

2021年是建党100周年，我们要坚决贯彻新时代党的建设总要求，提高政治站位，拉高工作标准，把握时代大势，服务发展大局，以高质量党建引领高质量发展。

（一）永葆绝对忠诚的政治本色。坚持把政治建设摆在首位，深入学习贯彻习近平新时代中国特色社会主义思想，增强“四个意识”、坚定“四个自信”、做到“两个维护”。充分发挥党总揽全局、协调各方的领导核心作用，支持人大依法履职、政府依法行政、政协参政议政，支持监委、法院、检察院独立公正行使职权。扎实开展“建党100周年”系列主题活动，教育引导党员干部坚持共产主义远大理想和中国特色社会主义共同理想，不忘初心、牢记使命。落细落实意识形态工作责任制，加强和创新网络综合治理，加快全媒体传播体系建设，依法管理宗教事务，牢牢把握意识形态工作领导权主动权。巩固和发展爱国统一战线，健全联系广泛、服务群众的群团工作体系，最大限度凝聚人心、汇聚力量。深化群团组织改革，构建大群团融合工作格局。强化党管武装，谋划建设国防教育综合基地，加强双拥工作，巩固军政军民团结。

（二）锻造可堪重任的高素质干部队伍。贯彻习近平总书记关于提高“七种能力”的要求，深入实施干部专业化能力提升工程，加快锻造一支在格局、素质、能力、作风等方面与“重要窗口”海岛风景相匹配的高素质干部队伍。贯彻落实《中国共产党地方组织选举工作条例》，抓好县乡集中换届，选准用好干部，打造“五强”领导班子。突出政治标准、树立实干导向，注重在重大项目、

① 乡镇“基层治理四平台”：是指乡镇综治工作、市场监管、综合执法、便民服务四个功能性平台。

重大改革、重要工作一线培养选拔干部，让真正敢担当、能干事的干部有为有位。实施“年轻干部百项攻坚”行动，大力发现培养选拔优秀年轻干部，统筹做好党外干部、女干部培育选拔，持续优化干部队伍结构。强化对敢担当善作为干部的激励保护，以正确的用人导向引领干事创业。

（三）夯实坚强有力的基层基础。牢固树立大抓基层导向，深入实施组织力提升工程，抓好新一轮“整乡推进、整县提升”工作。高质量做好村社组织换届“后半篇”文章，完善“一肩挑”后村社组织体制机制，组织新任班子聚焦村集体经济发展、基础设施、社会治理等重点领域，集中办理一批群众急需解决的热点难点问题，提高新班子的战斗力、凝聚力。坚持党的一切工作到支部，统筹抓好渔农村、社区、机关、事业单位、国企、学校、两新组织等各领域党建工作，创新发展项目党建、海上党建、外企党建等特色党建，全面推进居民小区“兼合式”党支部建设。总结运用抗疫、创城等工作中的经验做法，切实增强基层党组织的组织力和社会动员能力。

（四）打造风清气正的政治生态。深入推进清廉岱山建设，完善“四责协同”监督格局，强化政治监督，推动纪律、监察、巡察、派驻“四项监督”的有机贯通，提高日常监督的针对性和有效性。始终坚持“严”的主基调，围绕工程建设、营商环境、干事担当等重点领域，加大监督执纪问责力度。锲而不舍落实中央八项规定精神，持续纠治形式主义、官僚主义，坚决防止“四风”问题反弹回潮。精准运用监督执纪“四种形态”，一体推进不敢腐、不能腐、不想腐。深化清廉村居建设，建立渔农村“小微权力”智慧监管平台，坚决查处民生领域和群众身边腐败问题。高质量完成本届县委巡察全覆盖，谋划下一届县委巡察工作5年规划，完善上下联动、一体推进工作格局，提升巡察监督实效。

政府工作报告

——在岱山县第十六届人民代表大会第五次会议上

（2021 年 1 月 19 日）

岱山县人民政府县长　孙志龙

一、“十三五”发展成就和 2020 年主要工作

“十三五”时期，是岱山立足新方位、勇担新使命、实现新跨越的历史性五年。面对错综复杂的宏观环境和艰巨繁重的改革发展稳定任务，在县委的坚强领导下，在县人大、县政协的监督支持下，我们团结依靠全县人民，坚持以习近平新时代中国特色社会主义思想为引领，坚定不移沿着“八八战略”指引的路子，全力打好“五大会战”、建设“四个岱山”，“十三五”规划主要目标任务顺利完成，高水平全面建成小康社会如期实现。预计 2020 年，全县地区生产总值 345 亿元，年均增长 17.6%；人均地区生产总值突破 3 万美元；一般公共预算收入 18.1 亿元，年均增长 7.5%；固定资产投资累计 1707 亿元，年均增长 30%；社会消费品零售总额 83.8 亿元，年均增长 7.1%。城镇和渔农村常住居民人均可支配收入分别达 56750 元、39120 元，年均增长 7.4% 和 8.5%；收入比缩小至 1.45∶1，全省领先。

回首五年，我们坚决扛起使命担当，开发开放取得新突破。自贸试验区建设深入推进。坚决扛起服务保障舟山绿色石化基地政治责任，建立健全“一口受理”工作机制，创新实施“连队化 + 科技化”管理模式，切实做好项目审批、医疗卫生、交通服务、社会治安、矛盾调解等工作，基地场地工程提前完成，浙石化 4000 万吨 / 年炼化一体化项目一期全面投产，二期部分装置进入投产准备阶段，累计投资超 1400 亿元，实现产值超 900 亿元，被李克强总理称赞体现了“中国速度”。国际油品储运基地建设稳步推进，黄泽山整岛开发取得实质性进展，一期 151 万立方米项目建成投运，二期 104 万立方米项目开工建设；双子山完成整体收储，陆域形成工程加快实施。舟山江海联运服务中心核心区建设成效初显，鼠浪湖矿石中转基地开港运营，累计靠泊 40 万吨级超大型船舶 174 艘，货物吞吐量突破 2 亿吨，混配矿业务水平跻身亚太前列。制度创新扎实推进，复制推广自贸试验区改革试点经验 176 项，形成 10 项自主改革创新成果。融入长三角一体化发展迈出坚实步伐。制定实施推进长三角一体化发展行动计划，全面落实宁波舟山一体化发展工作要点，与上海金山、奉贤、宁波镇海和上海化工区、上海石油天然气交易中心建立合作关系，梳理出台重点项目库，成功引进长三角区域项目 30 个以上。推进公共服务便利共享，与长三角 8 所学校结为教学同盟，与长三角 8 家三甲医院建立协作关系。推进基础设施互联互通，宁波舟山港主通道即将全线贯通，鱼山大桥、秀山大桥、新江南大桥相继建成通车，岱山的区位优势、资源优势、开放优势更加凸显。对外开放全面扩大。口岸开放有序推进，综保区衢山分区封关运行，

新增开放航道10.5千米，开放面积扩大到470平方千米。对外贸易稳步发展，累计完成进出口总额448亿元。招商引资成果丰硕，累计实际利用外资3.2亿美元，引进亿元以上项目54个。

回首五年，我们全力稳企业增动能，转型升级迈出新步伐。坚持以深化供给侧结构性改革为主线，及时出台支持民营企业、工业经济、服务业发展等系列政策，累计为企业减负15亿元以上，全力推动经济发展稳中有进、进中向好。工业经济快速发展。高起点谋划建设新材料产业园、石化循环经济产业园，累计引进石化产业链项目24个，实质性投产15个。常石、友联、惠生等船舶海工企业稳步发展，集装箱船、特种工程船、海工平台等高附加值产品开发取得新突破。岱美公司总部成功上市，海山密封、晨光电器获评国家级专精特新“小巨人”企业，东沙汽船配小微企业园通过省级认定，水产、玩具等产业加快转型升级。成功入围第三批“浙江制造”品牌培育试点县，发布“浙江制造”标准4个，通过“浙江制造”品牌认证2个。累计新增个转企287家、小升规20家。规上工业增加值年均增长53%，连续4年领跑全市。现代服务业不断壮大。港口货物吞吐量达1.83亿吨，年均增长22%；海运总运力规模逆势突破200万载重吨。成功创建省级全域旅游示范县，东沙古渔镇跻身省级旅游风情小镇，秀山滑泥公园获评省级生态旅游区，鹿栏晴沙、观音山创成国家AAA级旅游景区，开元、丽都大酒店建成营业，民宿经济、休闲运动等新业态蓬勃兴起。2020年实现旅游接待人数800万人次、旅游收入115亿元，分别年均增长15%。预计实现服务业增加值90亿元，年均增长8.4%。渔农产业稳步提升。全面推行“港长制”，高亭中心渔港、长涂避风锚地、万良二级渔港等改扩建项目顺利完工，累计压减渔船311艘，改造科技示范船110艘。加快发展美丽农业，新增农业经营主体108家，新建改造蔬菜基地1200亩，火箭盐场集中垦造耕地工程稳步推进，岱东镇创成省级农业特色强镇，沙洋晒生获得国家农产品地理标志认证。衢山皇坟基第二轮土地延包全国试点顺利完成。渔农合联“三位一体”实体化运作。获评省农业绿色发展先行县。

回首五年，我们全面深化改革创新，县域发展注入新活力。“最多跑一次”改革纵深推进。新行政服务中心建成投用，基层便民服务中心完成标准化改造，471项高频民生事项“就近可办”，63件企业和个人全生命周期“一件事”①实现全流程“最多跑一次”，基本实现“办事不出岛”。创新推出联合会审制度，实现一般企业投资项目审批“最多80天”。在全市率先推行商事登记“住所申报承诺制”，实现企业开办“零成本”，“证照分离”实现全覆盖，累计新增市场主体超9000家。4项改革经验入选《竞跑者》。数字化改革步伐有力。数字创新大厦建成投用，秀山数字海岛一期顺利完成，引进海康威视成立大数据运营合资公司，新增数字经济核心产业规上企业4家、企业上云480家、工业机器人250台，建成数字化车间2个，岱山工业互联网平台入围全省重大新基建项目库，县域主要节点实现5G全覆盖，政务办事、交通出行、景区旅游等多领域实现“刷脸通办”，移动支付、无人超市、共享出行等新业态新模式全面推广。市场要素改革稳步实施。深化“亩均论英雄”改革，全面完成亩均税收2万元以下低效企业整治淘汰，累计成功处置“僵尸企业”22家，出让标准地21宗，保障项目用地2.3万亩，消化批而未供土地1.3万亩，获评省国土资源节约集约模范县。深化投融资改革，设立政府产业基金，累计申请地方政府债券48.5亿元，发行企业债券42.3亿元，完成城投、交投、开投3家国企市场化改革，县农信联社改制为岱山农商银行。打好防范化解重大风险攻坚战，妥善处置地方政府隐性债务，严防“两链”风险，银行不良贷款率从10.4%降至0.6%。实施“凤凰行

① 企业和个人全生命周期“一件事”：指以“一件事”全流程联办为标准，对涉及公民企业全生命周期的所有审批事项，深化部门联动办理，实现“一个生命阶段”到“一个综合窗口”进行“一次办理”。

动”[①]，挂牌省股交中心企业28家，完成股份制改造15家。顺利完成盐业体制改革。科技创新成效明显。世界首座潮流能发电站投入运营，中广核岱山4号海上风电项目全面投运，新增高新技术企业15家、科技型中小微企业110家，创成省级企业研究院2家，科技创新评价指数排名跃升全省前列。出台一揽子人才政策，举办岱山人才发展论坛、绿色石化行业赛、油港通才班，创新推出岱山“英才”“专才”系列评选，引进高校毕业生4365名、紧缺专业人才120名。

回首五年，我们注重统筹城乡发展，海岛面貌焕发新气象。

基础设施大幅改善。全力打好交通大会战，兰山陆岛交通码头、衢山客运码头改扩建工程、大长涂客运码头建成投用，526国道岱山段、衢山上洞礁至六条溪公路工程加快推进，环城北路三期、磨盘山隧道开通运行，打通瓶颈路12条，新增公路里程52千米，完成公路大中修112千米，建成“四好农村路”174千米。全面完成舟山大陆引水三期岱山段工程，整治水库山塘88座，新建改造220千伏鱼东输变电、110千伏竹屿变电站等工程，建成投运岱东综合供能服务站。城乡面貌加快改善。大力推进“三改一拆”，完成“三改”195万平方米，拆除违法建筑81万平方米，成功创成省“无违建县”。强势推进城中村改造，完成12个城中村改造任务。改造提升老旧住宅139幢，建成长河路、人民路精品示范街，新增公共停车位960个。全面完成6个乡镇小城镇环境综合整治，荣获全省整治工作优秀单位。衢山镇获评省级小城市培育试点考核优秀单位。深入实施乡村振兴战略，创成省美丽乡村示范乡镇5个、精品村14个，打造美丽海岛示范线3条，荣获省新时代美丽乡村示范县。城区和渔农村生活垃圾分类覆盖面分别达96.4%和100%，荣获省渔农村垃圾分类优胜县。生态环境持续改善。打好污染防治攻坚战，开展蓝天、碧水、净土、清废四大行动，从严抓好中央环保督察、国家海洋督察和省级环保督察问题整改，获评省生态文明建设示范县。淘汰老旧营运车辆415辆、燃煤锅炉87台，获评省清新空气示范县。城乡污水处理厂全部完成一级A提标改造，劣V类水体全面消除，建成品质河道15条、“污水零直排区”8个，整治入海排污口43个，捧得“大禹鼎银鼎”。实施渔农村饮用水达标提标行动，新增受益人口7.8万人。深化“森林岱山”建设，新增彩色健康森林2.4万亩，创成省级森林城镇5个、“一村万树”示范村6个。

回首五年，我们始终坚持民生优先，百姓福祉达到新水平。牢固树立以人民为中心的发展思想，全力办好民生实事，累计民生支出达158亿元。社会保障提质扩面。打好精准脱贫攻坚战，市定集体经济薄弱村全面消除，年家庭人均收入8000元以下渔农户全部清零，低保人均月标准从588元提高到810元。新增城镇就业1.76万人，城镇登记失业率控制在3%以下，成功创建省“无欠薪县”。新增居家养老服务中心31家、“残疾人之家”8家，建成全国首家海岛服务驿站。县殡仪服务中心建成投用，县城集中治丧有序推进。本岛实现燃气供气一体化，居民用气基准价与舟山本岛同价。建成运营高亭中心菜场，新开“菜篮子”供应店12家。公共服务不断提升。加大优质教育资源供给，稳妥推进“县管校聘”改革，实施加强海岛教育三年行动计划，组建岱山实验学校教育集团，小学放学后校内托管服务全面开展，义务教育标准化学校、等级幼儿园覆盖面均达100%，浙海职院岱山校区挂牌成立，获评国家级农村职业教育和成人教育示范县、省教育现代化基本达标县。深化健康岱山建设，组建岱山医疗健康集团，高亭、长涂、秀山中心卫生院建成投用，创建国家卫生乡镇5个，创成国家卫生县城，县域就诊率、基层就诊率分别较五年前上升2.9个和2.1个百分点，获评健康浙江考核优秀县。实施全面两孩政策。文体事业加快发展，新增文化礼堂35家，东沙泥峙、岱东涂口、长涂倭井潭荣获全国“文

---

① “凤凰行动”：指省委省政府着眼于经济转型升级作出的一项重大决策，旨在通过上市公司数量倍增、实力倍增，实现腾笼换鸟、凤凰涅槃。

明村镇”，岱西双合获评省级历史文化村落保护利用重点村，“非遗让古渔镇焕发新活力”入围文旅部十大优秀案例，“祭海谢洋大典”入选全省二十四节气农耕文化活动；新增社区多功能运动场15个，人均体育场地面积提高到2.36平方米，海岬半程马拉松、国际风筝赛入选省重点培育品牌体育赛事，沙滩高尔夫获评省级创新赛事，成功举办县第八届、第九届运动会。平安建设扎实推进。建立县社会矛盾纠纷调处化解中心，深化“基层治理四平台”建设，实现矛盾纠纷化解“最多跑一地”，圆满完成G20杭州峰会、国庆70周年等重大节点维稳安保任务，成功创成省“无信访积案县”。坚持和发展新时代“海上枫桥经验”，打响“东海渔嫂”“瀛洲红帆”等治理品牌，东沙镇荣获“全国乡村治理示范乡镇”称号，罗家岙派出所获评全国首批“枫桥式公安派出所”。深化立体化、信息化社会治安防控体系建设，开展扫黑除恶专项斗争，打掉恶势力团伙（集团）3个，全县刑事发案较“十二五”期间减少41%。深化渔业、工矿、交通、危化等重点领域安全生产专项整治，安全生产形势保持稳定，成功获评省平安渔业示范县、省食品安全县，捧得“平安银鼎”。推动军民融合深度发展，县乡村三级退役军人服务中心（站）挂牌运作，荣获省双拥模范县“八连冠”。高质量开展第七次全国人口普查，全面完成第四次全国经济普查。依法管理宗教事务，宗教（民间信仰）活动场所巡查制度获评“全省统战工作实践创新案例”。外事侨务和对台工作持续加强，档案、史志、气象、科普、工会、妇女儿童、青少年、老干部、工商联、慈善、红十字等事业取得新成绩。

回首五年，我们切实加强自身建设，治理效能实现新提升。坚持把党的政治建设放在首位，学懂弄通做实习近平新时代中国特色社会主义思想，高质量开展“两学一做”学习教育和“不忘初心、牢记使命”主题教育，深入开展“大学习大调研大抓落实”活动，增强“四个意识”，坚定“四个自信”，做到“两个维护”，自觉在思想上政治上行动上同以习近平总书记为核心的党中央保持高度一致。实施政府“两强三提高”①建设行动计划，建立健全抓落实的指标体系、工作体系、政策体系和评价体系，提升行政质量和效率、政府执行力和公信力。加快政府数字化转型，智慧应急指挥中心建成投用，智慧治理大联动平台上线运行，政务服务事项“网上办”“掌上办”实现率、“互联网+监管”执法率均达100%。平稳有序完成政府机构改革，组建行政复议局，推行行政执法规范化建设，开展全市唯一乡镇综合行政执法改革试点，实现政府部门法律顾问全覆盖，圆满完成“七五”普法。重视发挥咨询委作用，完善府院联席会议制度，健全重大决策社会稳定风险评估。定期向县人大常委会报告工作，自觉接受人大依法监督和政协民主监督，累计办复人大代表建议763件、政协委员提案512件，满意率均达100%。全面落实政府系统党风廉政建设主体责任，严格落实中央八项规定精神，持续整治“四风”。加强对重要领域、重点项目、重大资金的审计监督，累计完成审计项目86个。坚持过“紧日子”，年均压减一般性支出6.5%。

各位代表，刚刚过去的2020年，难事多、急事多，大事喜事也多。面对突如其来的新冠肺炎疫情，我们统筹推进疫情防控和经济社会发展，以确定性工作应对不确定性形势，干出了经济社会逆势飞扬新气象，为“十三五”画上了圆满的句号。预计全年地区生产总值增长45%，领跑全省；一般公共预算收入增长3%；规上工业增加值增长130%；固定资产投资增长8%；城镇和渔农村常住居民人均可支配收入分别增长4%和6%。重点抓了六方面工作：一是疫情防控有力有效。坚持把人民群众生命安全和身体健康放在第一位，充分运用“大数据+网格化”手段，实施精密智控、精准防控，加强重点人群、重点场所监测，强化进口冷链食品闭环管理，严格加强医疗机构院感防控，完成后备医院改建，打好疫情防控主动仗。实施“净海”专

① “两强三提高”：指强谋划、强执行，提高行政质量、效率和政府公信力。

项行动，加强船舶作业全程管控，有效筑牢海上防线。截至目前，全县未发生一起疑似和确诊病例，为全省少有的无确诊病例县区之一。二是争先创优拼出佳绩。深入实施争先创优行动，专班运作、真抓实干，化危为机推动经济高质量发展，经济运行评价指数连续 3 次达到“优”以上，“四链两图”工作法入选省工业领域“最佳实践”案例。精准开展“三服务”，坚决落实减税降费各项政策，稳妥推进“两直”补助落地，全年为企业减负 4.7 亿元，推动企业复工复产走在省市前列。抢抓国家投资新政机遇，争取到各类债券 16 亿元，省市县长项目开工 5 个，成功入选全国县城新型城镇化建设示范名单。三是国家战略加速推进。全力服务保障舟山绿色石化基地，疫情期间浙石化项目无一天停工停产，实现满负荷安全运行，预计全年产值 748 亿元，成为全省工业经济新亮点。打造承接石化产业链主平台，改革完善开发区体制机制，形成“一区两片”开发格局。加快建设国际海事服务基地，完成衢山岸基站产业园规划选址，增设供油锚位 20 个，63 万立方米保税油库获批设立，首单试加注业务顺利启动。淡水河谷公司在中国投资最大单体项目落地鼠浪湖。四是营商环境大幅改善。实施高水平建设最优营商环境行动，全面上线投资项目在线审批监管平台 3.0，推广应用“企业码”，设立企业综合服务中心、开发区审批服务中心，实现一般企业投资项目审批“最多 80 天”，企业开办、财产登记时间达到国际先进水平。大力实施科技新政、人才新政，签约落地中科院宁波材料所岱山新材料研究和试验基地、中国石油大学（华东）密封技术研究所化工装置密封材料研发平台、航天智慧岱山未来产业创新中心、中国招商局集团邮轮研究院舟山分院等一批重大科创平台，汽船配内饰密封件产业创新服务综合体入围省级创建名单，研发投入强度达 1.5%；建成宁波“人才飞地”，国家“引才计划”实现零突破。五是城乡品质明显提升。加快打造海岛大花园，高标准规划建设高亭美丽渔港、东海郊野公园、小长涂未来社区[①]，完成东沙镇美丽城镇创建。大力开展城乡环境综合整治，攻坚居民小区、背街小巷、农贸市场、主次干道等重点领域，成功获得全国县级文明城市创建提名资格。加快城市商贸业提档升级，建成运营新天地餐饮综合体，成功引进一批知名餐饮品牌，夜间经济示范带成为消费新热点。六是社会事业持续发展。强力推进全国义务教育优质均衡县创建，全面完成校园品质提升工程，成功引进知名教育机构诺亚舟，开办峰景湾幼儿园，3 个县外特级教师工作室入驻岱山。深化县域医共体改革，启动建设县第一人民医院迁建工程，建成运营县口腔中心，开展全市唯一长护险改革试点，实现长三角跨省门诊直接结算全覆盖。十大民生实事项目全面完成。

在肯定成绩的同时，我们也清晰地认识到短板和不足：经济发展质量还不够高，科技、人才支撑能力不足，企业核心竞争力不强，生产要素配置效率有待提升；城市品质和能级还不够高，基础设施历史欠账较多，商贸服务业发展较为滞后，营商环境仍需持续改善；教育、医疗、养老等民生领域还有不少短板，公共服务水平与群众期盼有差距；政府系统“整体智治”[②]水平还有待提高，部分干部存在本领恐慌，改革创新能力不足，谋划力、执行力仍需进一步强化。

二、“十四五”奋斗目标和主要任务

“十四五”时期，是开启全面建设社会主义现代化国家新征程、向第二个百年奋斗目标进军

① 未来社区：指围绕社区全生活链服务需求，以人本化、生态化、数字化为价值导向，以未来邻里、教育、健康、创业、建筑、交通、能源、物业和治理等九大场景创新为引领的新型城市功能单元。

② “整体智治”：指基于数字化的智慧化治理，运用云计算、大数据、物联网、人工智能等数字技术，通过跨部门的数据共享、流程再造和业务协同，打通和整合政府机关各项职能，实现各机关部门协同高效运作，推动决策更加科学、治理更加精准、服务更加高效。

的重要时期，也是岱山加快高质量发展、全面展示“重要窗口”海岛风景的关键阶段。未来五年，随着新发展格局的不断演进，长三角一体化、自贸试验区等国家战略的深入推进，舟山绿色石化基地的全面建成，岱山将迎来大有可为、催人奋进的崭新征程。尤其是宁波舟山港主通道即将建成通车，岱山将实现由海岛时代向大桥时代的巨大跨越，这是岱山历史上令人振奋的伟大时刻，是岱山人民梦寐以求的热切期盼。我们要牢牢把握历史机遇，增强“窗口意识”、强化“窗口担当”，大干“十四五”，奋进新征程，再创新辉煌。

根据《中共岱山县委关于制定岱山县国民经济和社会发展第十四个五年规划和二〇三五年远景目标的建议》，县政府认真研究并听取各方面意见，制定了《岱山县国民经济和社会发展第十四个五年规划和二〇三五年远景目标纲要（草案）》，提请大会审议。经本次大会批准后，县政府将认真组织实施。

“十四五”发展的指导思想是：高举中国特色社会主义伟大旗帜，深入贯彻党的十九大和十九届二中、三中、四中、五中全会精神，坚持以马克思列宁主义、毛泽东思想、邓小平理论、“三个代表”重要思想、科学发展观、习近平新时代中国特色社会主义思想为指导，全面贯彻党的基本理论、基本路线、基本方略，统筹推进“五位一体”总体布局，协调推进“四个全面”战略布局，坚持党的全面领导，坚持以人民为中心，坚持新发展理念，坚持深化改革开放，坚持系统观念，坚持稳中求进工作总基调，以推动高质量发展为主题，以深化供给侧结构性改革为主线，以改革创新为根本动力，以满足人民日益增长的美好生活需要为根本目的，统筹发展与安全，立足新发展阶段，融入新发展格局，忠实践行“八八战略”，加快建设“四个岱山”，奋力打造“重要窗口”海岛风景，为高水平实现社会主义现代化奠定坚实基础。

“十四五”发展的主要目标是：到2025年，地区生产总值突破850亿元，年均增长20%以上；一般公共预算收入年均增长5%以上；固定资产投资累计达1800亿元以上；社会消费品零售总额年均增长7%；城镇和渔农村常住居民人均可支配收入增速高于全省平均水平。“四个岱山”基本建成，形成一批展示“重要窗口”海岛风景的标志性成果，县域综合实力再上新台阶。

推进“十四五”发展，实现“十四五”目标，必须聚焦高质量、竞争力、现代化，必须坚持开放带动、创新驱动、改革推动，必须强化系统观念、底线思维、数字理念，必须聚力打造“整体智治、唯实惟先”现代政府，以政府有为促进市场有效、企业有利、社会有序、百姓受益，集中精力抓好七大任务。

（一）聚焦聚力新发展格局，打造双循环海上枢纽节点。深化自贸试验区新一轮发展。全方位推动舟山绿色石化基地建设运营，谋划建设基地三期，着力打造“重要窗口”的标志性大平台，到2025年实现产值2000亿元以上。加快建设国际油气储运基地，分步开发黄泽山、小衢山、双子山、六条溪区域，推进衢山南部LNG登陆中心建设，构建“黄小双”三岛互通、连接鱼山、联通上海的油品管网，力争形成1500万立方米油气储存能力。打造亚太铁矿石分销中心，建成鼠浪湖西三区项目。推进国际海事服务基地建设，完善供油锚地锚位、出口监管库等硬件设施，建成衢山岸基站产业园，大力发展保税燃料油加注，联动发展航修、综合船供等业务。建设江海联运服务中心升级版，发展油品、化工品、LNG、铁矿石等货种仓储、分销和多式联运，打造大宗商品资源配置基地。主动融入长三角一体化、甬舟一体化，加强港口发展、基础设施、产业联动、资源配置、旅游健康、公共服务等方面协作，承担湾区南部核心生态旅游岛功能，参与共建宁波舟山全球海洋中心城市。围绕“融舟接甬联沪”目标，全面建成宁波舟山港主通道，谋划建设秀山至定海跨海通道，积极配合沪舟甬跨海大通道前期工作。培育外贸竞争新优势，迭代升级稳外贸政策举措，引导有条件的企业建立完善境外营销网络，发展跨境电商等新型贸易，支持出口产品转内销。实施新一轮扩大有效投资行动，加快“两新一重”项目建设，加大能源、交通、水利、科创等领域投资，建立健全重大项目谋划、储备和滚动实施机制，推进强基础、增功能、利长远的重大项目建设。注重需求侧管理，推动消费扩容提质，重视发展乡村消费、数字新生活消费、文体消费、老龄人口消费，合理增加公共消费，形成服务消费新增长点。深入实施放心消费行动，深化食品药品供给侧改革，全方位优化消费环境。

（二）聚焦聚力高质量发展，打造海洋经济发展增长极。坚持把着力点放在实体经济上，加快建设现代化海洋产业体系。发展绿色石化产业集群，强化龙头“建链”、精准“补链”、智造“强链”，高标准建设石化循环经济产业园，到2025年开发区实现石化产业链产值250亿元以上。实施传统制造业改造提升，推动船舶海工、汽船配、电机、水产加工、玩具等产业向高端化、智能化、绿色化方向转变。打通石化与汽船配产业转化渠道，建设东沙汽船配特色小镇，打造传统制造业转型升级示范区。实施数字经济“一号工程”，开展数字经济五年倍增计划，提升数字创新大厦产业集聚效应，建成一批数字化车间、智能工厂，加快建设5G、工业互联网等新型基础设施，数字经济核心产业增加值年均增长15%以上。做大做强港航物流业，打造专业化、大型化运输船队，提高港口货物运输本地化率，到2025年实现港口货物吞吐量2.27亿吨。大力发展全域旅游，加快建设岱山海岛公园，创建东沙古渔镇、秀山滑泥公园国家AAAA级旅游景区和岱东镇省级休闲运动小镇，提升衢山观音山景区提升，培育发展民宿集聚区，促进旅游与文体、渔农、康养等产业融合发展，打造全国知名的海岛休闲旅游目的地。深化金融供给侧结构性改革，积极引进金融机构，丰富融资租赁、商业保理等金融业态，加强对科技创新、制造业、小微企业、乡村振兴等重点领域的金融支持。繁荣发展商贸服务业，优化城乡商业网点布局，提升高亭老城区商贸业态，引进竹屿新区商贸综合体，谋划建设双峰新城商业中心区，发展夜间经济、假日消费等新业态。培育壮大高端装备制造、海洋新能源、海洋电子信息等新兴产业，促进联合动能潮流能发电项目产业化进程。

（三）聚焦聚力竞争力提升，打造海洋科技创新示范区。深入实施创新驱动和人才强县战略，加快建设“创新岱山”。强化企业创新主体地位，实施新一轮科技型企业“双倍增”行动，新增高新技术企业20家、科技型中小微企业75家以上，规上工业企业研发机构实现全覆盖。推进创新载体建设，深化产学研合作，支持岱山经济开发区创建省级高新区，建成用好中科院宁波材料所岱山新材料研究和试验基地、中国石油大学（华东）密封技术研究所化工装置密封材料研发平台、航天智慧岱山未来产业创新中心、中国招商局集团邮轮研究院舟山分院、数字海洋实验室、汽船配内饰密封件产业创新服务综合体，谋划建设石化新材料、海洋新能源等领域高能级创新平台，积极创建省级重点企业研究院，加强众创空间、科技企业孵化器、大学生创业基地等“双创”平台建设。强化招才引智，实施更加积极有效的人口集聚政策，完善柔性引才机制，建强宁波“人才飞地”。加强高技能人才培养，培育更多“能工巧匠”。健全科技创新体制机制，实施“揭榜挂帅”等科技攻关模式，畅通科技成果转化通道；加大知识产权保护力度，实行以增加知识价值为导向的分配政策；加强专项资金整合，提升使用绩效。到2025年，研发投入强度在3%以上，形成以创新为引领和支撑的经济体系和发展模式。

（四）聚焦聚力新型城镇化，打造城乡一体化海岛样板。高标准推进国土空间规划、城市控规、专项规划、村庄规划修编，完善“多规合一”规划体系，构建“一核四岛群”总体空间布局。突出岱山本岛一体化发展，深入推进县城新型城镇化，推动高亭老城区有机更新、竹屿新区功能完善、双峰新城高标准规划建设，打造南部美丽港湾带和海洋产业、滨海旅游、北拓空间组团，形成“一城一带三组团”[①]城市格局。扎实做好衢山第二轮省级小城市培育试点工作，谋划打造“一带一路”桥头堡；统筹推进长涂、秀山、鱼山差异化发展，建设四大特色功能岛群。到2025年，全县常住人口城镇化率达75%。强势开展创城三年行动，培育践行社会主义核心价值观，抓好城市精细化管理和城乡环境综合整治，全力创建全国县级文明城市。深入推进美丽城镇建设，2个乡镇建成美丽城镇样板、4个乡镇达到美丽城镇基本要求。建设开发区星浦产城融合版、小长涂海岛版未来社区。坚持交通先行，完成燕窝山陆岛交通码头、岱山交通集散中心、岱山公交总站、526国道岱山段改建等重点工程，优化提升岱山本岛、衢山、长涂路网，建成秀山环岛公路。优化加密岛际航线班次，发展通用航空。优化综合货运枢纽、邮政快递、冷链物流布局，探索试验无人机快递服务。构建完善岱山水网，建成高质量饮用水工程、海塘安澜工程。大力推进乡村振兴。深化农业农村改革，激活闲置土地农房资源，项目化推动村集体经济发展壮大。鼓励发展生态渔农业、体验渔农业，培育渔农产品特色品牌，打造国家海岛农业公园。深化新时代美丽乡村建设，统筹推进美丽小岛、美丽乡镇、美丽风景带及空心岛（村）激活行动，打造“千万工程”升级版，展现“东海蓬莱·水墨岱山”生态之美。建设现代渔港经济区，加快传统捕捞业智能化、绿色化转型，持续推动减船增效，发展海洋牧场。

（五）聚焦聚力数字化改革，打造县域治理现代化典范。以数字化改革牵引全面深化改革，增创体制机制新优势。深化数字岱山建设，统筹做好数据开放共享、创新应用和安全保障，探索形成“政府主导、全民所有、市场配置、社会共享”的公共数据资源生产关系。建好用好城市大脑，建立县域空间治理数字化平台，深化智慧城管、交通、旅游等数字社会应用场景，建成秀山数字海岛，建设“掌上办事之县”“掌上办公之县”“掌上治理之县”。完善数据产权保护机制，加强个人信息保护。实施营商环境数字化提升行动，深化企业“一件事”改革，全面落实市场准入负面清单制度，持续精简涉企经营许可事项，探索以承诺制为核心的极简审批。深化国资国企改革，健全现代企业制度，支持优势国企实施“混改”，力促企业能级取得突破。优化民营经济发展环境，支持民营企业做优做强。畅通资源、资本、技术、劳动力、数据要素配置，深化“亩均论英雄”“岸线论英雄”改革，实施融资畅通工程升级版，健全与劳动力优势地区交流合作机制。加强信用岱山建设，建立健全信用评价、监管和惩戒机制。构建“县乡一体、条抓块统”[②]高效协同治理格局，完善县级社会矛盾纠纷调处化解中心、“基层治理四平台”、全科网格联动机制，全面解决基层“看得见、管不住”和职能部门“管得着、看不见”的问题。深化“瀛洲红帆”“东海渔嫂”等品牌，打造新时代“海上枫桥”升级版。加强法治政府建设，推进行政复议体制改革，开展“八五”普法工作。建立健全扫黑除恶长效机制，严厉打击各类违法犯罪活动。加快构建“大安全、大应急、大减灾”体系，压紧压实安全生产责任制，提升防灾减灾和应急救援能力，推动安全生产形势持续根本性好转。落实粮食安全责任制，完善粮食管理体制机制。深化军民融合发展，加强退役军人服务保障体系建设，争创省双拥模范县“九连冠”。

（六）聚焦聚力可持续发展，打造全域美丽海岛大花园。深入践行“绿水青山就是金山银山”

---

① “一城一带三组团”：一城即生活主城，包括高亭老城、竹屿新区和双峰新城；一带即以高亭南部渔港为主轴的本岛南部美丽港湾带；三组团分别是以岱山经济开发区为核心的海洋产业组团；依托郊野公园、鹿栏晴沙、海岬公园、东沙古镇等优势资源的滨海旅游组团；为沪舟甬通道建设、产业发展、自贸服务等未来发展预留的北拓空间组团。

② “县乡一体、条抓块统”：指依托县社会矛盾纠纷调处化解中心、“基层治理四平台”、村社党群服务中心和全科网格的联动机制，科学规范属地管理，统筹县乡资源，强化县乡协同，大力推进场景式应用，全面解决基层“看得见、管不住”和职能部门“管得着、看不见”的问题。

理念，创建国家生态文明建设示范县。发展绿色低碳经济，持续压减淘汰落后产能，鼓励绿色建筑、节能环保产业发展，推进重点行业重点领域绿色化改造，构建海岛地区GEP核算制度。推动全域美丽建设，落实新增百万亩国土绿化行动，推进废弃矿山生态修复，建成一批郊野公园、生态廊道、城乡绿道网，创建国家森林城市。推进清新空气行动，擦亮“岱山好空气”金名片，空气质量优良天数比例在97%以上。深化“五水共治”，严格落实河（湖）长制、湾（滩）长制，实施品质河道、蓝色海湾等工程，完善城乡污水处理基础设施，推进管网雨污分流改造，加大中水回用力度，地表水三类以上水质比例达100%。推进净土行动，严格落实国家“土十条”，突出耕地和农业农村污染防治，提升农业废弃物资源化利用水平。深化清废行动，全面推行垃圾分类，健全完善固废危废全过程监管处置体系。提升生态环境治理能力现代化，建立健全以“三线一单”①为核心的生态环境分区管控体系，发挥环评审批导向作用，把好项目准入关，打好环境监管执法组合拳，提升石化、船舶修造等行业环境应急监测与处置能力，形成闭环管理长效机制。

①“三线一单”：指生态保护红线、环境质量底线、资源利用上线和生态环境准入清单。

（七）聚焦聚力高品质生活，打造推进共同富裕新机制。坚持人民至上，完善群众全生命周期民生服务，提升公共服务适配性。千方百计稳定和扩大就业，加大对高校毕业生、退役军人、城镇就业困难群体等重点人群的就业创业帮扶力度，加大新型职业渔农民和实用人才技能培训，五年新增城镇就业1.5万人以上，确保“零就业家庭”动态清零。完善社会保障体系，推进社会保险扩面提质，户籍人口基本养老参保率稳定在95%以上。完善企业职工工资正常增长机制，多渠道增加居民财产性收入，实施“农民收入万元新增”工程，加强低收入群体动态精准管理，确保低收入群体收入增速高于居民收入平均增速。健全完善稳物价长效机制，着力降低群众生活成本。深化养老服务、残疾人服务供给侧改革，建设康养联合体，人均期望寿命超过80岁。落实国家应对人口老龄化战略，建设老年友好型社会。加快教育现代化，高质量普及学前至高中段15年教育，新建扩建一批学校，建成双峰新城九年一贯制学校，省现代化学校创成率达30%以上。深化“县管校聘”，调动一线教师工作积极性，完善离岛教师激励机制，促进师资城乡岛际双向流动。推动职成教育与产业发展有机融合，做强石化产业链职成教育。引进长三角优质教育资源，加大名师、名班主任、名校长引育力度，加强与高校、品牌教育集团合作办学。深入推进健康岱山建设，深化县域医共体改革，完成县第一人民医院迁建工程和县中医院迁址改建，办好县第二人民医院，健全与长三角三甲医院合作长效机制，发展智慧医疗。改革完善公共卫生应急管理体系，谋划建设公共卫生大楼，提高重大疫情防控能力。完善全民健身网络，鼓励社会力量兴办体育，建成双峰新城体育中心，加强基层体育公园建设，形成15分钟健身圈。深化海洋文化强县建设，改造提升系列博物馆、图书馆等场所，建好用好文化礼堂、城市书房，打造新时代文明实践中心，大力培育本土特色文化产业。

三、2021年工作任务

2021年是中国共产党成立100周年，是实施“十四五”规划的开局之年，也是本届政府的收官之年。做好今年政府工作，具有十分重要的意义。今年工作的指导思想是：坚持以习近平新时代中国特色社会主义思想为指导，全面贯彻党的十九大和十九届二中、三中、四中、五中全会精神，认真落实中央经济工作会议精神，按照省市县委决策部署，坚持稳中求进工作总基调，以推动高质量发展为主题，以深化供给侧结构性改革为主线，以改革创新为根本动力，以满足人民日益增长的美好生活需要为根本目的，坚持系统观念，巩固拓展疫情防控和经济社会发展成果，更好统筹发展和安全，扎实做好“六稳”工作、全面落实“六保”任务，立足新发展阶段，融入新发展格局，奋力谱写打造“重要窗口”海岛风景新篇章，确保“十四五”开好局，以优异成绩庆祝建党100周年！

综合分析发展环境和自身条件，建议全县经济和社会发展的主要预期目标为：地区生产总值增长20%以上，一般公共预算收入增长5%以上，规上工业增加值增长35%以上，社会消费品零售总额增长8.2%以上，城镇和渔农村常住居民人均可支配收入分别增长7%和7.5%以上，能源和环境指标完成上级下达的计划目标。

按照上述目标，重点实施“十大攻坚行动”：

（一）实施疫情精密智控攻坚行动。慎终如始抓好常态化疫情防控，外防输入、内防反弹，统筹做好监测预警、核酸检测、集中管控、医疗救治、应急响应等工作，时刻做好“应战”准备，交出防疫高分报表。加强重点环节、重点人群、重点场所管控，加强冷链食品物防体系，形成“人物同防”工作闭环。筑牢海上输入防护网，实时监测管好国际航行船舶、修造船等入境船只，严格落实船员健康申报、船企订单审核等机制，严厉打击海上偷渡私渡等违法行为。严格落实院感防控，提升定点医院医疗服务水平，增强疾病监测、预警和处置能力。建立“平战结合”物资储备机制，强化物资统筹调度、流通循环，实现保质保量供应。完善应急处置机制，提高核酸检测能力，有序做好新冠疫苗接种。及时回应社会关切，公开透明发布信息。深入开展爱国卫生运动，推动形成文明健康的生活方式。

（二）实施融入国家战略攻坚行动。实现从服务保障向全面融入舟山绿色石化基地跃迁，推动浙石化项目一期安全运行、二期全面投产，实现产值1200亿元。推进黄泽山油品储运基地一期151万立方米项目产能全面释放、二期104万立方米项目加快建设，实施黄泽山—鱼山原油管道工程，完成双子山东侧山体开采平整工程，力促小衢山大宗商品储运项目落地。加快建设鼠浪湖西三区项目，招引贸易等配套企业，促进基地产能持续释放、税收充分落地。积极推动国际海事服务基地锚地锚位建设开放、保税油库验收投运和岸基站产业园规划建设，力争引进供油企业2家以上，实现供油业务常态化。主动加强与浙江自贸试验区杭州、宁波、金义片区和上海自贸试验区的合作交流，深化与上海、宁波等区域的产业互动、应急联动和民生共享，谋划推进一批石化产业、江海联运、科技创新等标志性合作项目，形成更多实质性成果。纵深推进制度创新，完成自贸试验区第六批37项改革试点经验复制推广，探索形成首创性、差异化的“岱山经验”。

（三）实施产业链现代化攻坚行动。打造开发区产业大平台，建设产业新城综合配套服务区，完善园区路网、标准厂房、集中供热等基础配套设施，建成污水处理厂一期工程。强化石化产业建链延链强链，引进石化产业链项目10个以上，加快建设浙石化物流园，推动已落户项目尽快建成投产，打造全国重要的石化装备全产业链基地，实现产值40亿元。建立传统制造业“专精特新”企业库，支持友联打造中国招商局集团豪华邮轮修改造基地，推进常石舾装码头建设，推动惠生海工加快释放产能。深化“亩均论英雄”改革，整合优化岸线资源，打好亩均税收低于3万元企业整治攻坚战。实施数字经济“一号工程”2.0版，谋划成立岱山数投公司，做大做强数字经济众创园，招引数字企业5家，建设数字化车间8个，新增工业机器人60台、工业互联网应用企业10家，数字经济核心产业增加值增长15%以上。推进港贸、港航一体化发展，港口货物吞吐量达1.95亿吨。加快提升核心景区，建成磨心谷公园，推进东沙古渔镇、秀山滑泥公园市场化、专业化运营，开发旅游精品路线，让岱山有更多值得留恋的地方。提升商贸服务业能级，编制完成县商业网点规划，打造十大消费街区①，建成新天地扩容工程、岱西双合石头记休闲街、秀山常石商业综合体一期等项目，盘活闲置商业地产，培育数字生活、直播带货、跨境电商等新业态。

（四）实施科创能力提升攻坚行动。落实“科技新政18条”，实行“科技悬赏奖”等制度，探索设立产业科创基金，高新技术产业增加值增长10%以上。实施研发投入“三年倍增计划”，开展规上企业研发活动精准帮扶行动，推动县域企业研发费用应统尽统，研发投入强度达1.8%。实施科技型企业“双倍增”行动，完善梯次培育机制，新增高新技术企业和科技型中小企业20家以上，实施市级以上科研项目20个。谋划建设岱山科技创新园区，建成中科院宁波材料所岱山新材料研究和试验基地、中国石油大学（华东）密封技术研究所化工装置密封材料研发平台、中国招商局集团邮轮研究院舟山分院、数字海洋实验室等一批重大创新平台，推进航天智慧岱山未来产业创新中心建设，基本建成汽船配内饰件密封产业创新服务综合体，支持龙头企业牵头组建创新联合体，力争引进上海应用物理研究所新材料产业研究院等创新载体2家以上。实施“招才引智”工程，绘好“人才地图”，加大柔性引才力度，建设宁波“人才飞地”2.0版，设立高等院校引才工作站，全年引进高校毕业生1500名以上。

（五）实施扩大有效投资攻坚行动。坚持把招商引资作为生命线工程，围绕油气产业链、临港制造业、数字经济、港航物流、海事服务业、海洋新能源、文旅产业等重点领域，开展精准招商、专业招商、产业链招商，推进招商服务公司市场化运作，强化重大项目评估，争取落地10亿元以上项目3个、亿元以上项目15个，实际到位市外资金30亿元，实际利用外资6500万美元。把握政策窗口期，积极争取中央预算内投资和政府专项债券项目。深化“项目中心制”，完善县领导联系重大项目制度，加快省市县重点项目、“两新一重”项目建设，力争出让或盘活产业用地24宗，开工产业项目18个，竣工投产10个，供地3000亩以上，完成固定资产投资440亿元以上。扎实推进省市县长项目工程，确保落地率50%以上。交通投资、民间投资、高新技术产业投资以及生态环保、城市更新和水利设施投资增速达到省市下达目标。完善政府投资项目储备库制度，加强项目审批、政策处理和要素保障，用足用好项目前期“资金池”，形成滚动开发的良好局面。

（六）实施优化营商环境攻坚行动。打好数字赋能营商环境硬核组合拳，力争进入全省营商环境第一方阵。健全营商、跑改、数改“三办”联动机制，完善城市大脑功能架构，加快政务服务“去中心化”，完善公共领域“刷脸通办”应用条件，深化“一网通办”“全域通办”“就近可办”，推动“一件事”集成改革、延伸扩面，实施惠企政策“免申即享”，完成12个数字惠民项目。实施“三服务”2.0版，落实新一轮减税降费政策举措，全年为企业减负4.7亿元以上。健全完善企业综合服务中心，整合提升业务咨询、登记办理、政策告知、项目会审、全程代办等功能，构建全生命周期“一站式”服务平台。优化企业投资项目在线审批监管，全面推行容缺受理和告知承诺制，低风险小型项目全流程审批“最多20个工作日”。深化“证照分离”改革，全面推广电子证照。创新招投标监管，建成“不见面开标大厅”，强化信用评价及结果运用，建立健全招投标全流程跟踪与反馈制度。落细落实融资畅通工程，引进金融机构2家以上，新增贷款余额40亿元以上。深入实施国企改革三年行动，做大做强城投、交投、开投、衢投等国有企业。

（七）实施新型城镇化攻坚行动。对接大桥时代，基本建成G526岱山段改建工程，规划建设磨心山隧道、浪激渚至双合公路改扩建工程，启动建设秀山环岛

① 十大消费街区：指夜经济示范带、双合石头记休闲一条街、岱东商业综合体、秀山常石商业综合体、秀山惠生商业综合体、衢山人民路休闲美食街、东沙古镇美食街、长涂群建路商业街、高亭菜场夜市、衢山星空夜市。

公路、衢山环岛西线，完成公路大中修17千米；建成燕窝山陆岛交通码头、燕窝山客运中心、岱山交通集散中心、衢山万良客运码头、大峧山交通码头改扩建工程；优化物流体系，布局建设邮政快递分拣中心，整治提升城区快递物流业，完成开发区公共物流码头、危险品码头改造提升工程。深化交通服务供给侧改革，开通环岛公交班线，新增公共停车位400个以上，推进智慧停车无感支付，鼓励发展共享出行。加快城市有机更新，实施兰秀大道、衢山大道提升工程，改造老旧住宅38幢，鼓励既有住宅加装电梯，推进老旧小区燃气管道安装，规划建设双峰新城路网、管网、水系。推进环境卫生设施提级扩能，加快建设县垃圾中转站迁建、高亭城区污水处理厂扩建工程。加快城区土地出让，推进顺峰家园二期、原技校、东海、山外地块等安置小区建设，有序发展住房租赁市场，促进房地产业、建筑业平稳健康发展。积极创建全国县级文明城市，制定实施创城三年行动计划，完善创城常态机制，实施新一轮城乡环境综合整治大会战，全面整治不文明行为，力促城市品质、市民素养大提升。

（八）实施海岛大花园攻坚行动。加快建设东海郊野公园、蓬莱森林公园，建成秀山樱花公园，新建口袋公园2个，创建岱西省级森林城镇，新增彩色健康森林3000亩，创成省级园林城市。高标准推动美丽渔港建设，实施起止点生态修复工程，建设江南现代渔业小镇，改造提升山外码头、仙洲公园等区块功能，加快建设蟹文化综合产业园。发展高效生态渔农业，培育田园综合体、休闲渔业等业态，实质性启动国家海岛农业公园建设。实施水资源优化联调工程，建成强排工程9个，开建岱北水厂一期，改造供水管网57公里，治理幸福河道4条。深入推进新时代美丽乡村建设，开展农村乱占耕地建房问题整治专项行动，实施“空心岛（村）”激活行动，打造美丽小岛2个、美丽乡镇3个、美丽风景带2条。深化宅基地“三权分置”，整合盘活闲置农房50套以上，探索农村集体经营性建设用地入市，鼓励“飞地抱团”发展，推动农村区域化整片开发。深入推进“三位一体”渔农合联改革，建成岱东现代渔农业综合服务中心。深化省级渔业转型发展先行区创建，加快科技兴渔，推进渔船“机器换人”、冷链保鲜技术的研发应用，做精做深大黄鱼、梭子蟹等特色养殖，建设平安渔场。打好生态环境巩固提升持久战，开展水产加工企业、柴油货车污染专项整治，建成固废分拣处置中心，创成省“无废城市”。推进环境监管数字化，新建清新空气监测系统。高质量推进中央环保督察和省级环保督察问题整改。

（九）实施富民惠民安民攻坚行动。实施积极就业政策，推行“招工即招生、入企即入校、毕业即就业”新型学徒制，招引各类劳动力3000人以上，新增城镇就业2500人，城镇登记失业率控制在2.5%以内。稳妥落实企业职工基本养老保险省级统筹，全面取消企业单工伤保险参保。建设县、乡两级康养联合体，设立高亭城区共享食堂，新建乡镇示范型居家养老服务中心2家、托老所2家。建设残疾人托养中心，打造“残疾人之家”星级服务品牌。推进县殡仪服务中心改扩建工程，建立健全文明治丧长效机制。完善“菜篮子”保障体系，新增“菜篮子”供应店3家，改造提升长涂、桥头农贸市场，做好保供稳价工作。新建双峰新城九年一贯制学校，实施高亭中心小学、岱山初级中学改造项目，建成投用城西幼儿园，开办上海世外附属高亭初级中学，创建省现代化学校2个，创成全国义务教育优质均衡发展县。深化县域医共体改革，加快建设县第一人民医院迁建工程，建成运营县医疗智慧信息平台，柔性引进长三角三甲医院临床专科带头人5名以上。完成衢山院区改造提升工程，衢山镇创成国家卫生乡镇。丰富海岛文体资源供给，实施海洋文化系列博物馆提升三年行动，改造提升县图书馆、闸口电影院，新建城市书房2个；规划建设双峰新城体育中心，建成县全民健身中心。打响海岬马拉松、沙滩高尔夫、环岛徒步等活动品牌，培育海岛运动产业链。实施“县乡一体、条抓块统”改革，完善县级社会矛盾纠纷调处化解中心功能，推进乡镇综合行政执法改革全覆盖。发挥县智慧应急指挥中心作用，实施消防救援体系改革，强化重点领域隐患排查整治，坚决遏制重特大事故发生，全力争创省平安金鼎。

（十）实施打造现代政府攻坚行动。全面加强政治引领，树牢“四个意识”，坚定“四个自信”，做到“两个维护”，不折不扣贯彻执行上级党委政府和县委的决策部署，把讲政治落实落细到具体行动上。加快建设法治政府，推进行政复议规范化建设，加强合法性审核，深化政务公开，完善政府权力清单和责任清单，自觉接受人大依法监督和政协民主监督，强化审计监督、司法监督、群众监督和舆论监督。提升行政质量和效率，树立“整体智治、唯实惟先”理念，深化政府数字化转型，坚持指标化、项目化、闭环化、协同化抓落实，完善全过程、高效率、可核实的工作机制，绝不“把说的当做了，把做了当做成了”。坚持政府过紧日子，集中财力办大事，严控“三公”经费，压减非刚性、非重点支出不低于10%，做到花钱必问效、无效即问责。加强廉洁政府建设，自觉接受纪律监督、监察监督，带头履行“一岗双责”，严格落实中央八项规定精神，持之以恒纠正“四风”，坚定不移推进反腐败斗争，营造风清气正、干事创业、担当作为的政治生态。

专　记

Special Topics

岱山县新冠肺炎疫情防控和复工复产工作纪实

2020年1月23日，岱山县启动重大突发公共卫生事件一级响应，成立由县长担任组长、38个党委政府相关部门主要负责人为成员的新型冠状病毒感染的肺炎疫情防控工作领导小组。下设疾病防治组、重点人群摸排组、数据对比组等10个工作组，并根据疫情形势发展，增设“三返”工作专项组、应急物资（生活物资）保障组以及境外疫情输入防控工作专班，层层压实责任，从严从快落实相关措施，全面做好疫情防控各项工作。截至12月底，全县无确诊病例和疑似病例报告。

在封闭式管控阶段，封闭管控防输入。2020年，全县强化交通枢纽防疫检查，减少水运、陆运班次，全面停运对外长途班车、快艇，适度减少县内公交班次，形成“一岛一入口”的防疫格局。严格对重点区域到岱山人员开展排查甄别，落实入口受控进出机制，设立村、小区等入口管理卡口342个，发动和指导全县177个网格员全员参战。充分运用“大数据+网格化”手段，全面精准滚动排摸相关人员，落实乡镇责任到人、联系到户防控机制，实施闭环管理。开通24小时防疫热线，形成群防群控、群防群治的工作格局。

打好战疫预备战。自1月21日起，县卫生职能部门全体取消休假，实行24小时备勤，倾力投入一线防控。确定县一院为全县新冠病例定点收治医院，设置专用病区。强化预检分诊，对有流行病史、发热、呼吸道症状的人员进行登记，按规定隔离诊治。抽调县内业务骨干成立疫情防控专家组和医疗救治专家组，做好防控工作技术支撑。成立流行病调查小组，24小时待命，在最短时间内完成流行病学个案调查。县一院、县二院规范开设24小时开放的发热门诊，高亭镇中心卫生院、长涂镇中心卫生院设发热门诊，并设立符合要求的隔离留观室。未设发热门诊的乡镇卫生院，以及个体诊所、村卫生站（室）、民营医疗机构、县中医院禁止诊疗发热病人。

全力以赴防扩散。2020年，全县强化重点人群集中隔离管控，在岱山本岛、衢山、长涂、鱼山各确定一家集中隔离点，对医院隔离观察转出后的人员和乡镇各种途径摸排出的重点管控人群进行14天集中隔离观察。在满隔离期后，卫健部门进行健康评估，同时出具《解除医学观察通知书》。规范开展居家医学观察，实施一人一表精准清单管理。全县首创“三色告知法”，落实专人专户提供代买生活物资、代办民生小事、解决垃圾清运“三代跑”服务。全面减少人员集聚，对人员聚集场所暂停开放或减少开放时间，提倡网络办公。取消所有群体性文化体育旅游活动。

在复工复产阶段，畅通“人流”，全面推行“健康码、绿色通行证”应用，确保全员赋码领证。2020年，撤销县内相应卡口，强化小区、村口“测温+亮码（证）”，推动社区从封闭式管控向精密型智控转变。对发现的“红黄码”人员根据工作流程带至集中医学隔离点，落实分类管控措施。规范“三返”人员申报流程，加大与劳动力输出资源省市的对接，组织企业赴疫情相对较轻的劳务输出地区，专程接送返工人员返程。

畅通“物流”，推动物流行业运行。2020年，邮政快递行业营业网点100%复工，畅通小区智能快件箱投递，规范设置小区快递（外卖）代收点，落实登记消毒制度，确保快递（外卖）配送及时且安全。坚持采购和生产两手抓，多渠道采购医用防护物资的同时，提升自行生产能力。支持全市唯一一家医药应急物资生产企业——舟山科成制药有限公司有序复工。全力保障生活必需品物资供给，做好各菜篮子供应门店、超市、商贸集团交通保障，做好随时调运商品入岱准备，确保市场货源充足、价格稳定、供应畅通。

畅通“商流”，强化企业复工“三服务”。2020年，县四套班子领导带队下沉到乡镇蹲点开展指导服务工作，卫健、经信和乡镇强化企业疫情防控指导工作，严格落实“一企一策”制度。依托医技服务项目，卫健部门对企业复工提供核酸检测、CT检查等检测服务。制定扶持小微企业的“20条”政策，解决企业多方面的要素保障，实现全县规上工业、服务业、重点外贸企业复工率100%。做好舟山绿色石化基地正常生产各项保障工作，共派出疾控队伍指导舟山石化基地疫情防控技术7次。

在常态化防控阶段，开展涉外人员管理。2020年，全县成立由县委政法委、县公安局人员组成的数据组，全面排查在岱山的涉外因素人员，精准摸排境外返岱山人员动态信息，对新入境到岱山人员建立“一对一”包干负责制度，落实相应管控隔离措施。落实外籍商务人士邀请制度，截至2020年底，共组织申报22批289人，其中21批271人获取商务邀请函。

严防海上疫情输入。2020年，全县严修造船行业境外输入防线，建立完善区域聚力联防机制，联合交通、卫健和乡镇组成工业企业防境外输入驻点工作专项组，下设3个驻点工作小组，严格按照《关于做好外籍船舶试航防控的实施意见》，密切关注船员、工人健康情况，厂区环境防疫检测，卫健部门组织专业疾控队员实施每周一次上门落实全流程监督指导，切实阻断境外疫情输入通道。

做好校园防疫工作。2020年，出台《岱山县中小学、幼儿园师生返校开学工作方案》，落实“开学返校前后疫情防控工作方案”分级审核制度，做到工作项目化、项目清单化。严格实施“数据信息+网络排查”措施，形成“县—校—班”3级排查网络，建立“一人一码一表一报”基本信息，实行“日报送”“零报送”每日疫情防控数据动态更新机制，确保返学入校的师生身体无异常。教育、卫健部门联合行动，指导全县17所学校制订疫情应对预案和各项制度，落实防护、消毒物资储备。

把牢冷链食品安全关。2020年，按照进口冷链食品“全受控、无遗漏”的闭环管理要求，落实“源头落实+硬核隔离+精密智控”工作机制，市场监管部门通过“卡口设点+点位细查”的监管模式，对货运车辆实行“逢车必检、分类处置”；卫健部门坚持“人、物、环境”三层同防，对全县冷链食品及其从业人员和环境开展新冠病毒专项监测。全县共激活进口冷链食品生产经营单位86家，截至2020年底，实际经营主体和库存进口冷链食品实现“动态清零”，并持续保持阳性产品“零发现”。

在冬春季防控阶段，强化疫情防治能力提升。2020年，制定《岱山县全员核酸检测工作方案》，确定全县大规模核酸检测采样点35个，组建采样单元40个。建立定点医院与疾控中心核酸检测“常态互补、应急互助”工作模式，全县所有公立医院均具备新冠病毒核酸检测采样能力，并设置临时核酸采样点。截至12月底，全县累计开展各类核酸检测69150人次。县一院、县二院发热门诊均按规范要求完善“三区两通道”，增配各类监护仪、呼吸机等抢救设备，购置负压救护车1辆，储备防护用品及防护设备，并制定方舱医院设置方案。按照“院内零感染”目标要求，严格执行“两员两监督”等院感防控制度，严格落实院内人员管控要求和院内工作人员防护要求。

开展新冠疫苗紧急接种。根据全省统一部署，制定新冠疫苗紧急接种方案，自9月底开始，对医务人员、隔离点工作人员等重点保障对象、国际航行船舶修造企业工作人员等高风险人群排摸，确定7家乡镇卫生院为接种单位，每天安排医务人员开展重点人群新冠疫苗接种。截至2020年底，共接种4988人。

落实管控措施，多形式倡导就地过年。2020年，卫健部门做好市外籍医护留岱山过年动员工作。教育部门制作MTV，组织留舟山过年教师送温暖活动。人事劳动部门排摸全县企业外地务工人员留岱山意愿。公安部门加强小门管控，结合“岁安”行动，严格检查督促酒店、旅馆等住宿接待场所落实“口罩+测温+亮码”的“小门”管控措施和第一时间报告承诺制，对不落实、不服从的场所，严格按照《治安管理处罚法》予以处罚。截至12月底，全县查处不落实防控措施的旅馆、娱乐场所等101起，教育整改88起；严查涉疫网络传谣、造谣等违法行为，严处相关案件10起。县纪委建立实施“日报告”、问题销号管理等机制，编发督查报告60份，督促整改问题200余个，查处有关问题11起，处理12人，为全县防疫工作提供纪律保障。

（高乐明）

“十三五”经济社会发展成就回顾

“十三五”时期，是岱山实现新跨越的历史性五年。面对错综复杂的宏观环境和艰巨繁重的改革发展稳定任务，在县委的坚强领导下，全县上下坚持以习近平新时代中国特色社会主义思想为指导，紧紧围绕“湾区明珠•自贸港城”的发展定位，全力打好“五大会战”、建设“四个岱山”，始终坚持改革开放，创新驱动，始终坚持奋力奋进，攻坚克难，县域综合实力快速提升，高水平全面建成小康社会如期实现。至2020年，全县地区生产总值384.80亿元，年均增长19.7%；人均地区生产总值突破3万美元；一般公共预算收入18.10亿元，年均增长7.5%；固定资产投资年均增长28.6%；社会消费品零售总额年均增长7.3%。城镇和渔农村常住居民人均可支配收入分别为56646元、39238元，年均增长7.4%和8.6%；收入比缩小至1.44：1，全省领先。

五年来，通过深入实施国家战略，县域发展不断取得新突破。随着浙江自贸试验区、舟山江海联运服务中心等系列国家战略项目的落地，岱山经济总量先后突破200亿元、300亿元大关，2020年首次进入中国社科院公布的全国综合竞争力百强县排名榜并名列第160位。投资开放、上下游产业链完整的国际绿色石化基地初步建成。第一家“千亿级”企业浙石化落户岱山，4000万吨/年炼化一体化项目一期全面投产，二期部分装置进入试产阶段，累计投资超1400亿元，实现产值超900亿元，被李克强总理称赞体现了“中国速度”。国际油品储运基地建设稳步推进，黄泽山整岛开发取得实质性进展，一期151万立方米项目建成投运，二期104万立方米项目开工建设；双子山完成整体收储，陆域形成工程加快实施。亚太地区铁矿石分销中心建设成效初显，鼠浪湖矿石中转基地开港运营，累计靠泊40万吨级超大型船舶174艘，货物吞吐量突破2亿吨，混配矿业务水平跻身亚太前列。融入长三角一体化发展迈出坚实步伐，与上海金山区、奉贤区、上海化学工业区等区域建立合作关系，深化产业互动，与宁波镇海区加强危化品领域的应急联动，成功引进长三角区域项目在30个以上。推进长三角区域公共服务便利共享，与长三角8所学校结为教学同盟，与长三角8家三甲医院建立协作关系。推进基础设施互联互通，宁波舟山港主通道即将全线贯通，岱山的区位优势、资源优势、开放优势更加突显。

五年来，通过大力推进创新驱动，县域发展不断注入新动能。全县坚持深化供给侧结构性改革，贯彻落实、出台支持民营企业、工业经济、服务业发展等系列政策，累计为企业减负15亿元以上。立足工业经济发展质量，围绕“四链两图”做实做强石化产业链的工作先后受到省长、副省长等主要领导肯定和批示，获评工业领域“最佳实践”案例，累计引进石化产业链项目24个，实质性投产15个。突出传统工业新旧动能转换，常石、友联、惠生等船舶海工企业稳步发展，集装箱船、特种工程船、海工平台等高附加值产品开发取得新突破。突出科技创新，世界首座潮流能发电站投入运营，中广核岱山4号海上风电项目全面投运，新增高新技术企业15家，创成省级企业研究院2家，海山密封、晨光电器获评国家级专精特新“小巨人”企业，科技创新评价指数排名跃升全省前列。立足现代服务业，突出发展与石化产业链配套相关的现代物流、港口服务、科技信息等生产性服务业。港口货物吞吐量达1.87亿吨，年均增长29%；海运总运力规模逆势突破200万载重吨。成功创建省级全域旅游示范县，东沙古渔镇跻身省级旅游风情小镇，秀山滑泥公园获评省级生态旅游区，鹿栏晴沙、观音山创成国家AAA级旅游景区，开元、丽都大酒店建成营业，民宿经济、休闲运动等新业态蓬勃兴起。2020年实现旅游收入114.60亿元，年均增长15.3%。立足三农，渔农产业稳步提升。蟹文化综合产业园建设稳步推进，高亭中心渔港、长涂避风锚地、万良二级渔港等改扩建项目顺利完工，累计压减渔船311艘，改造科技示范船110艘。稳步推进农业农村经济发展，衢山皇坟基第二轮土地延包全国试点顺利完成。加快发展美丽农业，新增农业经营主体108家，新建改造蔬菜基地80公顷，火箭盐场集中垦造耕地工程稳步推进。获评省农业绿色发展先行县。

五年来，通过全面深化改革开放，发展环境不断获得新提升。新行政服务中心建成投用，基层便民服务中心完成标准化改造，政务服务事项网上办、掌上办、跑零次实现率均达100%，群众“办事不出岛”基本实现。县域营商环境持续优化，“证照分离”改革全覆盖，通过数字赋能、改革清单等工作方式，在全市率先实现政务服务“一证通办”向“刷脸通办”迭代，全面实现新开办企业一窗办理和“零成本”，时间缩短为4个工作时，达到国际先进水平。推动“最多跑一次”改革向大项目大园区延伸，设立岱山经济开发区审批服务中心，就近为绿色石化基地和开发区企业提供“一站式”审批服务。持续深化“亩均论英雄”改革，通过倒逼落后企业提升资源要素利用效率，着力提升亩均效益，2020年整改提升税收2万元以下低效企业109家，盘活低效厂房11.95万平方米。创新金融服务经济发展新举措，实现无还本续贷业务全覆盖，全县金融机构贷款规模年均增长13.7%。数字经济强劲发力。加快岱山智慧城市管理系统打造，推动全县信息系统迁移上云，进一步破除“信息孤岛”，实现全县公共数据资源集中统一管理，大数据中心完成全县公共数据273个信息系统、697条数据目录归集。大力培育数字企业，推进产业数字化融合，与海康威视就“数字岱山”建设进行全面深度战略合作，完成景迈、同胜等数字企业招引落地，新增数字经济核心产业规上企业4家、企业上云480家、工业机器人250台，建成数字化车间2个。积极实施5G+工业互联网应用、工业企业大数据平台等项目，浙石化炼化一体化与新材料产业链工业互联网平台列入省级工业互联网平台培育名录，岱山工业互联网平台列入全省重大新基建项目库。深化投融资改革，设立政府产业基金，累计申请地方政府债券48.50亿元，发行企业债券42.30亿元，完成城投、交投、开投3家国企市场化改革，县农信联社改制为岱山农商银行。打好防范化解重大风险攻坚战，严防“两链”风险，银行不良贷款率从10.4%降至0.6%。对外开放全面扩大。口岸开放有序推进，综保区衢山分区封关运行，新增开放航道10.50千米，开放面积扩大至470平方千米。

五年来，通过加快城乡一体化发展，海岛面貌不断焕发新气象。全县突出绿色发展理念，着力打造美丽宜居海岛大花园，按照“平面走向立体、绿化转为彩化、绿地打造花园”的思路，以山体林地、水系、海岸线、交通线路等为载体，实施绿化、美化、彩化工程，加快建设郊野公园、城乡绿道网、田间绿地等，强化湿地、沙滩等沿海生态资源保护，全面激活山、城、海、岛，6个乡镇成功创建省级森林城镇，荣获省新时代美丽乡村示范县、省生态文明建设示范县等荣誉。深化美丽乡村建设，完成长涂镇长西村等3个省级美丽乡村精品村创建。全县环境空气质量优良率为97%，PM2.5平均浓度为18微克／立方米，地表水水质达标率100%。抓好城镇垃圾分类，在全市创新性开展城区大件垃圾预约上门回收服务，全县渔农村垃圾分类处理保持全覆盖。外联内畅的水陆交通体系加速形成，鱼山大桥、秀山大桥、新江南大桥相继建成通车，环城北路三期、磨盘山隧道开通运行，兰山陆岛交通码头、衢山客运码头改扩建工程、大长涂客运码头建成投用，526国道岱山段、衢山上洞礁至六条溪公路工程加快推进。水电设施不断完善，全面完成舟山大陆引水三期岱山段工程，新建改造220千伏鱼东输变电站、110千伏竹屿变电站等工程，建成投运岱东综合供能服务站。城乡环境持续改善，成功创建国家卫生县，荣获“两美浙江特色体验地”称号。“五水共治”“三改一拆”“城中村改造”等工作走在省市前列，荣获省生态文明建设示范县、省“无违建县”等称号，捧得“大禹鼎银鼎”。常住人口城镇化率达到70%，五年累计提高6.4个百分点。

五年来，通过坚持优先发展民生，社会福祉不断突破新高度。全县牢固树立以人民为中心的发展理念，全力办好民生实事，财政预算资金用于民生支出占比70%以上。贯彻落实中央稳就业政策，新增城镇就业1.76万人，城镇登记失业率1.67%。践行惠民生暖民心工程，精准扩大参保覆盖面，实现城乡养老政府全额代缴全覆盖，共享经济发展成果，全县企业职工养老保险参保98203人，城乡居民养老保险参保43877人，户籍人口基本养老保险参保率95.3%。进一步完善社会救助体系，年家庭人均收入8000元以下渔农户全部清零，低保人均月标准从588元提高至810元。全面推进以居家为基础、社区为依托、机构为补充的社会养老服务体系建设，新增居家养老服务中心31家、“残疾人之家”8家，建成大长涂海岛全国首家海岛服务驿站。实现本岛燃气供气一体化，居民用气基准价与舟山本岛同价。建成运营高亭中心菜场，新开“菜篮子”供应店12家。公共服务不断提升。加大优质教育资源供给，组建岱山实验学校教育集团，义务教育标准化学校、等级幼儿园覆盖面均达100%，浙海职院岱山校区挂牌成立，获评国家级农村职业教育和成人教育示范县、省教育现代化基本达标县。深化健康岱山建设，新冠肺炎疫情防控取得重大战略成果。完成岱山医疗健康集团组建，创建国家卫生乡镇5个，创成国家卫生县城，县域就诊率、基层就诊率分别较五年前上升2.9个和2.1个百分点，获评健康浙江考核优秀县。文体事业加快发展，公共文化服务“十百千”工程建设成效显著，新增文化礼堂35家，社区多功能运动场15个，人均体育场地面积提高到2.36平方米。东沙镇泥峙村、岱东镇涂口村、长涂镇倭井潭村荣获全国“文明村镇”，岱西镇双合村获评省级历史文化村落保护利用重点村，“非遗让古渔镇焕发新活力”入围文旅部十大优秀案例，“祭海谢洋大典”入选全省二十四节气农耕文化活动。法治岱山、平安岱山建设全面深化，获得省平安银鼎；罗家岙派出所被命名为全国首批“枫桥式公安派出所”，东沙镇获评全国乡村治理示范乡镇，共建共治共享的社会治理新格局基本成型。

（余　军）

责任编辑：虞迪燕

舟山绿色石化基地

2020年，基地紧紧围绕“全力保障浙石化4000万吨/年炼化一体化项目一期全面达产、安全运营，推进二期项目报批建设，开展三期规划研究”的总体目标，继续超常规推进舟山绿色石化基地建设，保质保量完成各项任务。

基地一期工程安全稳定运行，2020年原油加工量2306万吨，主要生产石油芳烃、合成树脂、苯乙烯、乙二醇等化工产品，有力缓解国内PX等化工产品供应紧张、进口依赖度高的局面，2020年累计产值达748亿元，纳税超90亿元，实现利税总额约235亿元。

2020年，浙石化从市场监管部门取得首批产品全国工业生产许可证，生产的苯、PX、苯乙烯等10个产品取得生产许可条件，当年达产，当年达标，打通进入流通领域第一步。2020年，浙石化取得中国民用航空局《技术标准规定项目批准书》。7月，获得全国首个成品油非国营贸易出口资质。11月18日，获得100万吨的成品油出口配额。2020年，公司出口总额约5亿美元，其中成品油出口额约3.80亿美元，低硫燃料油出口额约0.95亿美元，为缓解国内成品油产能过剩问题、拓展国际成品油市场和丰富浙江自贸区船燃加注企业油品来源做出贡献。

基地二期工程已进入安装高峰期，其中4号常减压等第一批投产装置于2020年11月1日进入原油试车阶段，2号140万吨/年乙烯等第二批投产装置进入生产准备阶段，计划2021年二期工程将实现全面投产。并根据国家、省、市领导指示精神，抓紧实施三期规划研究。

（陈　伟）

“一区两片”开发格局

2020年，岱山县经济开发区坚持“八八战略”再深化，增强“窗口意识”，强化“窗口担当”，聚焦石化产业延链、补链、强链，聚焦服务国家战略，加快建设重大平台和重大产业项目，在体制机制完善、招商引资、僵尸企业处置、营商环境优化、基础设施配套等方面持续突破，有效推动开发区经济社会快速发展。2020年，开发区核心区块实现工业总产值45.40亿元，增长13.3%；实现税收收入2.80亿元，增长2.8%。

改革实行“党工委+”体制。 2020年，由县委常委兼任党工委书记，破解碎片化难题，形成集中统一领导、精简高效的体制架构，重点抓好招商引资、项目建设、产业发展。2020年，设立岱山县鱼山社会事务服务中心，强化与鱼山管委会和浙石化企业的“三方联动”，着力培育绿色石化中下游产业链，形成分工明确、相互协同、高效精简的体制机制。

大力推进招商引资工作。 岱山县经济开发区充分发挥紧邻舟山绿色石化基地的区位资源优势，组建专业招商组和招商小分队，围绕“一图一库一政策”工作导向，结合“四链两图”，切实提升项目招引针对性、竞争性。2020年，完成合同利用资金68.80亿元，实际到位资金15.90亿元，其中，外资2070万美元；新落户企业26家，成功招引石化产业链企业15家，其中卓然石化设备模块化生产项目总投资达到30亿元，成都润和催化剂生产项目总投资可达20亿元；浙石化仓储物流基地项目总投资10亿元，实质性在谈石化配套及中试基地项目4家。

全力打造石化循环经济产业园。2020年，岱山县经济开发区为进一步承接浙石化上下游产业溢出、保障浙石化良性发展，建设国内有影响力的石化装备制造基地和配套高端产业基地。2020年，卓然公司已完成可研报告和总平面布置（一期）方案；润和公司三类用地144.60亩（9.64公顷）已摘牌，项目可研初稿已完成，环评报告编制中；中科院宁波材料所岱山新材料研究和试验基地已签订投资框架协议，项目建设规模已确定，处于总平面布置方案确认阶段。

加快“僵尸企业”处置。2020年，岱山县经济开发区建立联动工作机制，组建工作专班，健全完善府院联合工作机制，明确职责、各司其职，2020年以来共处置“僵尸企业”6家，盘活土地138.07公顷。县开投集团通过市场化手段依法对海天船舶进行收储，加快推进石化产业循环经济发展中心建设，进一步完善园区商贸服务产业，有效承接、吸纳鱼山溢出效应。至2020年底，海天船厂生活区改造完成。针对宏鹰拆船、海舟船厂、晨业船舶地块等僵尸企业，制定“一企一策”的处置方案，解决村民债务、风景区规划调整、航道论证、审批服务等难题，成功促成盘活土地112.33公顷，涉及资金8.93亿元。

完善园区基础设施配套。2020年，岱山县经济开发区全面升级开发区综合配套工程，县产业新城综合配套区（未来社区）项目编制规划方案基本完成，项目一期正式动工。新建德馨南路、远航路三期和海云路道路1.20千米，新增污水管网4千米，完成场地平整近千亩，新建产业孵化基地二期、污水处理厂、新材料产业园基础设施提升工程、2000吨级危险品码头提标工程等项目。2020年，园区内71家企业内部管网和高亭片公共部分完成摸排及整改，完成“污水零直排区”创建工作。推动2000吨级危险品码头升级、1万吨级公共物流码头（海天船厂）改造，大幅提升园区配套能力。

打造高能级的创新平台。2020年，岱山县经济开发区大力引进和培育重大科创平台，签约落地中科院宁波材料所岱山新材料研究和试验基地、中国石油大学（华东）密封技术研究所化工装置密封材料研发平台、航天科工未来产业创新中心等一批重大科创平台，以化解断链断供风险为核心，实施石化关键部件国产替代工程。建立县域产业创新服务综合体建设、培育机制，打造集创意设计、研究开发、检测检验、创业孵化等功能于一体的产业创新综合服务体，汽船配内饰密封件产业创新服务综合体成功列入省级创建名单，卓然、润和、瑞程、舟富、晨光、奥博等一批规模以上企业正布局建设企业研究院。

实施“三服务”2.0版。2020年，岱山县经济开发区完善审批服务，在经开大厦设立行政审批服务综合窗口，建立“一站式”审批服务机制，建立“容缺＋承诺”“代办＋代跑”“专窗＋专人”等工作机制。2020年来，共接待企业53家，办理各项业务64项，“岱山县为园区企业提供‘一站式’就近办审批服务”等经验做法入选《竞跑者》。

加快建设“数字园区”。2020年，岱山县经济开发区坚持把数字化运用到开发区基础设施建设和产业发展的方方面面。基础设施方面，依托未来社区积极建设“智慧楼宇”，打造智慧展厅、智慧管控、智慧办公、智慧研发等智慧场景。投资6400万元建设新材料产业技术智控中心，设置智慧城市规划展厅、智慧管控中心，至12月底，已完成主体工程。投资1500万元建成“数字孪生城市”CIM平台一期，建立开发区地理信息模型，提供园区“规建管”一体化的数字服务支撑。投资1000万元搭建仓储物流网络平台，依托数字化做好仓储、物流、港航等方面统一的平台化服务。加快高新技术项目建设和传统工业转型升级，重点推进数字车间、工业互联、企业上云，以晨光电器为例，自2019年引入直流无刷电机自动化生产线以来，至2020年底，产值突破4.30亿元，增长51.4%。

（孙华盛）

重大科创平台建设

2020年，岱山县大力实施科技新政，出台《关于加快科技创新推动高质量发展的实施意见》，高规格召开全县科技创新和人才工作大会，签约落地中科院宁波材料所岱山新材料研究和试验基地、航天科工未来产业创新中心等一批重大项目，汽船配内饰密封件产业创新服务综合体列入省级创建名单。

岱山汽船配内饰密封件产业创新服务综合体建设。2020年，岱山县立足产业发展需求，整合优化创新资源，打造集创意设计、研究开发、检验检测、标准信息、成果推广、产业孵化、展览展示等功能于一体的服务平台，于10月成功列入省级产业创新服务综合体创建名单。县委县政府高度重视，多次召开专题会议，部署研究综合体建设，成立综合体工作专班，协调各部门全力推进建设。至2020年底，综合体初步实现"载体集聚+企业集聚+创新平台集聚"多元化发展的模式，全年综合体共帮助企业建立产学研合作项目12个，帮助企业检验检测300次以上，新增服务机构5家，孵化高新技术企业3家，科技型中小企业15家。另外，随着汽船配内饰密封件产业创新服务综合体"一平台六中心"功能的不断完善，综合体支撑产业发展能力也得到显著增强。

中科院宁波材料所岱山新材料研究和试验基地（以下简称中试基地）建设。10月，岱山县人民政府与中国科学院宁波材料技术与工程研究所签署共建岱山新材料研究和试验基地合作框架协议，中试基地建设正式启动，初步确定新材料研究和试验基地机构设置方案。至12月底，初步确定5个首批入驻项目和团队，完成基地总平面布置图第一稿设计。该基地紧扣岱山产业特点和中国科学院宁波材料技术与工程研究所的科研优势，根据"技术工程化、人才国际化、产业属地化"的发展思路，打通"新材料研究—工程化关键技术突破—示范应用—产业化商品化（转移转化）"通道。围绕"新材料+先进制造"的全链条设计，一体化实施，力争实现"产业链、创新链、资金链"三链融合。

省级岱山汽船配公共科技创新服务平台建设。2020年，该平台共为全县汽船配企业提供服务950多次。平台实验室于1月通过上汽通用公司的GP-10复评审，9月通过中国合格评定国家认可委员会（CNAS）的复评审。平台组织相关人员参加循环盐雾试验等活动，经过现场培训和交流，提高实验室人员的检测能力和水平。平台充分利用实验室管理系统软件从接收委托检测到报告发放进行有效跟踪，为建立实验室设备标准档案提供支撑。

（王柏程）

获得全国县级文明城市提名资格

2020年以来，岱山县对标《创建全国县级文明城市任务清单》，以重点难点问题为导向，着力提高城市管理水平、城乡文明程度和公民文明素质，成功获得全国县级文明城市提名资格。

创建机制逐步完善。2020年，县精神文明建设指导中心围绕创建指标体系，先后制定《创建行动方案》《创建任务清单》《实操手册》等各类文件48个，明确分工，压实责任。拟发《路长、路口制实施方案》《城市社区结对管理办法》，常态化开展创建活动。出台《创建工作督查办法》，成立创城督查组，一天一督查、一周一通报、一月一排名。截至2020年底，共开展督查700余次，编印通报26期，下发抄告单358期，督办单12期。

项目推进有条不紊。2020年，全县开展人居改造项目，完成半岛城市花园、太阳城一区、太阳城三区、渔父乐园改造工程，改造机动车停车位1364个，非机动车位803个，小区环境明显提升；完成老旧小区—沿港中路立面改造工程，使老小区焕然一新。启动“智慧停车”项目，累计设立10个停车场共886个车位，创造有序停车环境。开展道路品质提升工程，完成岱山县长河路品质提升、风情街夜经济示范带项目，长剑大道、鱼山大道绿化提升工程，使道路环境进一步优化。开展休闲场所打造工程，完成儿童公园、郊野公园改造建设，启动竹屿新区游乐场建设，提升县城品质。

专项行动有序推进。2020年，全县开展“主干道环境整治攻坚行动”，重点围绕机动车违停、非机动车乱停放、环境卫生等开展督查整治，全年共处罚机动车违停35268单，较2019年增加19%，拖离违停电瓶车7608辆，比上年同期增加40%。开展“文明出行”行动，处置斑马线未礼让11912车次，使机动车礼让率达96.7%；严管电瓶车出行，处罚电瓶车交通违法行为30038起，使电动车守法率达93.7%、戴盔率95.9%。开展“背街小巷”专项整治行动，针对背街小巷“八乱”问题，对城区42条背街小巷进行集中整治，共施划停车位164个，非机动车位243个，共清理垃圾100余处，共拆除违章搭建10余处。开展“渔农村环境”专项整治，累计清理各类垃圾600余吨，整治乱堆乱放1000余处。开展“小区环境”整治行动，共整治住宅小区75个，清除卫生死角1000余处，补种绿植面积7700平方米。开展“车棚车库”专项整治，共完成129户经营性和出租性车棚车库整治，拆除小区违法建筑75起。开展“门前四包整治工作”，处罚违规店铺245家。开展“公筷公勺、文明餐桌”行动，重点在全县20家大中型饭店中进行。开展“公共场所控烟”“烟蒂不落地”“上墙牌匾整治”等行动。开展重点难点攻坚冲刺行动，全力补齐短板。

宣传氛围日渐浓厚。2020年，开展新闻宣传，在广播电视、报纸、新媒体等平台开设《创城曝光台》《创城在行动》等“创城专栏”，共刊播创城各类新闻2000余条，使创城新闻天天见。设置公益广告，组织开展“讲文明树新风”公益广告大赛，充实公益广告库；拍摄创城宣传片，在各平台循环播放；做好各道路、各点位的公益广告氛围营造，全县共设置公益广告4000余块，使文明传递随处见。开展志愿服务，“早+晚”“白+黑”开展“路口路长制”服务活动，共开展志愿服务4783场，使志愿服务时时见。发动社会监督，成立由300余人组成啄木鸟队伍，找茬城市病，解决率达91.3%。

（傅元元）

岱山2020年度十大民生实事完成

2020年，县人大通过票决制选出一批顺应民心、体现民情、符合民意的民生实事项目，县政府以切实提升群众获得感满意度为目标，着力办好由县第十六届人民代表大会第四次会议票决确定的十方面民生实事。11月，因疫情及客观原因影响，县政府就《关于2020年民生实事项目部分实施内容调整的议案》提请县十六届人大常委会第二十八次会议批准，对高亭中心渔港沿港中路立面改造工程、食品安全远程智慧监管系统二期工程、品质河道建设等3个项目的年度目标进行调整。2020年民生实事项目共十个方面33个子项目，均已完成年度目标任务。

城乡环境综合整治方面。2020年，全县推进新老城区纳污管网维护建设，完成长剑大道约300米拖拉管施工、1号污水泵站大修，对新区约40个前期检测中发现的漏点、堵点进行道路开挖并修复，总投资1000万元，完成年度投资550万元。完成岱山岛东沙镇北侧海岸线生态化整治修复，总长度为2.64千米，完成年度投资182万元。完成新天地广场至高亭中心菜场道路两侧整体环境提升、景观打造工程，共完成建筑立面、风情街景观改造、绿化及彩化、视觉导视系统、城市家具、景观亮化设计等部分，改造用地面积16840平方米，建筑立面改造面积约9538平方米，完成年度投资500万元。开展渔农村生活污水治理，完成高亭镇塘墩村，东沙镇桥头村，岱西镇海丰村、摇星浦村、后岸村，衢山镇高涂村、太平村等7个村的渔农村生活污水提标改造工程，新建污水处理终端4个，新增受益渔农户1000户，完成年度投资1021万元。

医疗惠民方面。2020年，整合岱山县人民医院、中医院、高亭分院口腔医疗资源，成立岱山县口腔中心，完成年度投资539万元。开展“双下沉、两提升”工程，全年三甲医院下沉专家140人次，岱山人民医院院区、中医院院区下沉衢山二院，18名专家定期坐诊，县级医院下沉乡镇卫生院410名专家，全年“双下沉、两提升”各类支出约177万元。优化离岛医疗服务能力，长涂分院添置多功能生化仪；衢山院区进行中药房、放射科改造，购置电子胃镜、电刀、眼压计等设备，投入共计257.20万元。完成中医院整体改造，完成针灸推拿治疗中心、检验科、行政办公区域、住院区病房等改造，完成年度投资388.39万元。

教育提升方面。2020年，完成城西幼儿园主体结构结顶及砖墙砌筑和粉刷，准备外墙幕墙施工和内部装修进场，总投资4000万元，完成年度投资2500万元；完成峰景湾幼儿园装修工程，设置室内活动室、专用教室、食堂、室外活动场地等，于8月完成装修并通过检测后投入使用，完成年度投资800万元。着力提升学生餐饮条件，完成岱山中学食堂内外环境、高亭中心小学食堂内部就餐环境提升改造，新建实验学校食堂；推行智慧餐饮，完成实验学校点菜系统基础安装、人像采样功能调试，同时以岱山中学为试点，利用钉钉推行“智慧餐饮”工程，完成年度投资201.30万元。推进骨干教师培优工程，评选第七届县级骨干教师172人，面向全市户籍定向委培教师8人，成立5个特级教师工作室，评选县教坛新秀59人，推荐1名教师参加全县优秀年轻干部集训班，全县11所学校成立青年教师联盟，全面提升全县整体教育水平，完成投资450万元。

美丽乡村方面。2020年，实施防渗处理、护坡加固等工程建设，完成东沙镇水库、高亭镇铜厂水库、岱西镇童家岙水库除险加固工程，完成年度投资1293万元。完成农村饮用水达标提标工程11处，其中续建1处，新建10处，累计敷设供水管道80千米，原水管道3.67千米，共惠及农户4.50万人，完成年度投资4206万元。开展品质河道建设，完成岱西镇芭弄河、长涂镇中段河道创建工程建设，岱东镇磨心北二河、高亭镇大峧支河、秀山乡桔场河完成环境整治提升，并通过市级验收，完成投资125万元。重点打造的岱东镇磨心北二河已完成立项，进行河道疏通、杂草清理等工作，总投资1000万元。开展美丽乡村精品村建设，完成长涂镇长西村、倭井潭村，衢山镇凉峙村3个省级精品村和岱东镇北峰村、衢山镇东岙村、高亭镇大峧村3个市级精品村建设，建成长西村农旅休闲基地、北峰村停车场、东岙村村口景观等项目38个，完成年度投资约2500万元。

政府数字化改革方面。2020年，全县推进县域大数据中心基础设施建设及业务能力建设。实现全域视频感知数据接入汇聚并向业务局办共享使用，承载运行“县域智慧停车系统”“数字秀山”等智慧应用，完成年度投资2800万元。建设岱山县智慧治理大联动平台，完成系统开发，整合基层治理四平台、智慧城管、应急指挥、12345统一政务咨询投诉举报、平安建设、数字岱山视频共享总平台等线上应用功能，完成20个智安小区、365套人脸感知设备建设，完成年度投资1100万元。推进岱山县城市综合指挥中心建设，完成指挥中心大厅大屏、协同决策中心大屏、事件受理中心大屏3块室内全彩大屏的安装、显示与控制系统调测，完成年度投资800万元。

社会保障方面。2020年，完成长涂镇“残疾人之家”软硬件设施提升改造，完成岱东镇、岱西镇“残疾人之家”新建任务，实现全县万人以上乡镇“残疾人之家”全覆盖，完成年度投资82万元。实施居家养老服务提升工程，新增东沙、长涂2家示范型居家养老服务中心和高亭城西片区、火箭村、涨网套村3家居家养老服务照料中心并投入运营，完成年度投资660万元。推进退役军人服务站点建设，完成县、镇、村三级共35家示范型退役军人服务中心（站）建设，完成年度投资130万元。

交通出行方面。2020年，全县实施农村公路大中修工程，完成农村公路路面维修22.12千米，其中县道2条，村道10条，完成年度投资834万元。建设港湾式候车亭15座，其中高亭镇4座，秀山乡7座，衢山镇4座，完成年度投资150万元。完成老江南大桥维修加固工程，更换全桥吊杆，对拱肋等进行防腐处理，更换引桥支座，修复其他常规病害等，完成年度投资1500万元。

安居项目方面。2020年，治理衢山镇岛万线（劈开山段）道路边坡、衢山镇观音山下寺西南侧道路边坡、岱西镇摇星浦村陈家弄41～42号屋后边坡3处地质灾害隐患点，完成年度投资400万元。完成高亭城区排涝能力提升工程，通过梳理城区排涝瓶颈，治理沐风路泵站、长河路强排点、党校强排点等部分易受灾点位，并新增强排泵，增强整个城区强排能力，完成年度投资1000万元。推进沿港中路（安澜路口—山外交通码头）立面改造，总投资2200万元，完成年度投资1320万元，是年底完成工程量的60%。

食品安全方面。2020年，全县推进食品安全远程智慧监管系统增点扩面，建设安装二期125家厨房摄像头，同时对一期354家已建成的厨房摄像头进行升级改造，完成年度投资84万元。实施预防性健康体检免费项目，取消餐饮行业从业人员、公共场所从业人员和制供水人员等预防性健康体检11072人次，共减免110余万元。开展星级文明市场创建，完成竹屿新区菜场、岱西农贸市场、秀山农贸市场3家省二星级文明规范市场创建，完成高亭中心菜场1家省放心市场创建，全年累计投入农贸市场建设约100万元。

渔业惠民方面。2020年，全县开展渔业资源增殖放流，完成5批次的联合放流任务，在岱衢洋、拷门和三星海域放流大黄鱼、日本对虾、黄姑鱼、黄鳍鲷、半滑舌鳎、三疣梭子蟹和黑鲷等品种，苗种总数达1.07亿尾，总投入资金330万元。完成科技示范船改造49艘，为渔船安装制式集成驾控台、速冻或冷藏设备，配备渔船固定式北斗示位系统、船载智能AIS设备、全方位食品监控系统、实时通信的海上Wi-Fi、助航设备，改造厨房、卫生、环保型鱼舱等设施，完成年度投资2300余万元。完成衢山中心渔港智能化建设项目设施设备安装，安装2个雷达、新增2处监控，实现中心渔港区域内监控视频全覆盖，完成年度投资300万元。

（虞昭翰）

责任编辑：虞迪燕

大事记

Chronicle of Events

1月

1日 即日起，全县调整2020年度孤儿和困境儿童基本生活保障标准，以提高孤困儿童生活水平和福利事业发展。按照新标准，福利机构养育孤儿的基本生活保障标准调整为每人每月1697元；社会散居孤儿的基本生活保障标准为每人每月1358元。困境儿童基本生活保障标准调整为每人每月272～1697元。其中，福利机构养育的事实无人抚养儿童的基本生活保障标准为每人每月1697元，亲属或个人寄养的为每人每月1358元。另外，低保和低保边缘家庭中的病残儿童基本生活保障标准分别为每人每月951元和每人每月815元；享受低保和低保边缘家庭的儿童基本生活保障分别为每人每月679元和每人每月272元；困境家庭儿童基本生活保障标准为每人每月272元。

2日 县委、县政府印发《岱山县低收入渔农户高水平全面小康计划实施意见(2018—2022年)》。

3日 举行岱山县消防救援大队挂牌仪式。

7日 中共岱山县第十三届代表大会第四次会议在高亭召开。会议审议和通过周国岭代表县委所作的《立足新方位 勇担新使命 坚定不移加快建设“湾区明珠·自贸港城”的报告》和施静海代表县纪委所作的《履职尽责 勇担当 强化执行促发展 为坚定不移加快建设“湾区明珠·自贸港城”提供坚强保障的报告》。

是日 由省委宣传部、浙江广电集团主办，电视钱江都市频道承办的2019年度“最美浙江人·浙江骄傲”人物评选揭晓，岱山电力工人李捍平获年度人物提名奖。

8日 根据《中华人民共和国全国人民代表大会和地方各级人民代表大会选举法》《岱山县人民代表大会辞职暂行办法》的有关规定，县十六届人民代表大会常务委员会第二十三次会议决定，接受俞福达辞去岱山县第十六届人民代表大会代表和其岱山县第十六届人民代表大会常务委员会主任职务，代表资格审查委员会主任职务终止。

是日 政协岱山县委员会常务委员会第二十三次会议决定：因年龄关系，同意赵加平辞去政协第九届岱山县委员会副主席职务。

10日 全县“不忘初心、牢记使命”主题教育总结大会在高亭召开，会议深入学习贯彻习近平新时代中国特色社会主义思想，认真贯彻落实中央、省、市主题教育总结大会精神，全面总结岱山县主题教育，巩固拓展主题教育成果，加强不忘初心、牢记使命制度建设，奋力谱写新时代岱山发展新篇章。

17—20日 中国人民政治协商会议第九届岱山县委员会第四次会议在高亭召开。会议听取政协第九届岱山县委员会常务委员会工作报告和提案工作情况报告；审议和通过政协第九届岱山县委员会常务委员会工作报告和提案情况报告；表彰2019年度政协先进活动组、参政议政积极分子、提案办理工作先进单位、提案优秀承办件和优秀提案，通过县政协九届四次会议决议，会议还补选吴志琴为政协第九届岱山县委员会副主席。

18—20日　岱山县第十六届人民代表大会第四次会议在高亭召开。会议听取和审议县政府工作报告、县人大常委会工作报告、县人民法院工作报告和县人民检察院工作报告，并对上述报告作出相应决议；审查和批准岱山县2019年国民经济和社会发展执行情况及2020年国民经济和社会发展计划草案审查的报告、岱山县2019年财政预算执行情况和2020年财政预算草案审查的报告；投票表决2020年度民生实事项目；会议依法选举孙志龙为岱山县人民政府县长；沈兆幸为岱山县人大常委会主任，孔德科为岱山县人大常委会副主任。

19日　宁波舟山港主通道舟岱大桥南通航桥NT3主塔顺利封顶。

是日　由市委宣传部、舟山日报社、舟山广播电视总台主办的“最美舟山人·舟山魅力——2018—2019年度最具影响力人物”颁奖典礼在新城举行，县经济和信息化局退休干部王鲁、岱山籍田径运动员饶欣雨、舟山绿色石化基地建设者受到表彰。

20日　省卫健委通报，舟山市确诊首例“新型冠状病毒感染的肺炎”（以下简称“新冠肺炎”）病例，根据市委、市政府决策部署精神，岱山县成立新冠肺炎疫情防控工作领导小组。

21日　岱山县全面实行县、乡（镇）、社区（村）三级联防联控机制。

是日　岱山县被省委办公厅、省政府办公厅命名为2019年度浙江省新时代美丽乡村示范县。

是日　市委书记、新区党工委书记俞东来考察舟山绿色石化基地。

23日　县公安局被省委、省政府表扬为平安护航新中国成立70周年工作成绩突出集体；夏明、潘盈贝、於国君、戴树建、李建明、刘天、沈海明、褚波挺8人被省委、省政府表扬为平安护航新中国成立70周年工作成绩突出个人。

24日　根据市新冠肺炎疫情防控领导小组发布《关于加强新型冠状病毒感染的肺炎疫情防控工作的通告》精神，岱山县启动公共卫生事件一级响应。

25—27日　全县公共场所相继暂停营业。

28日　岱山医疗健康集团县第一人民医院护师、90后中共党员罗静静和市、县（区）4名医务人员随浙江第二批抗击新冠肺炎紧急医疗队驰援武汉，县委书记周国岭到场送行。

29日　为配合做好新冠肺炎疫情防控工作，全县渔船延迟出海捕捞（生产），菜场实行半天开放。

31日　市委书记、新区党工委书记俞东来考察舟山绿色石化基地，督查指导岱山县新冠肺炎疫情防控工作，新区党工委副书记华伟，市委常委、秘书长刘永艺，县委书记周国岭，舟山绿色石化基地管委会主任郑海等陪同检查指导。

是月　岱山县被教育部等6部门公布为第五批国家级农村职业教育和成人教育示范县。

是月　岱西镇、秀山乡入选2019年度浙江省美丽乡村示范乡镇，高亭镇南浦村、岱西镇双合村、岱东镇北峰村和衢山镇东岙村入选浙江省美丽乡村特色精品村。

是月　东沙古渔镇入选浙江省2019年历史文化保护利用示范村镇。

2月

1日　为配合做好新冠肺炎疫情防控工作，全县7个乡（镇）、社区（村）主要道口布点设卡守住疫情输入性风险关卡。

3日　县教育局利用网络平台搭建“空中课堂”，确保全县中小学生停课不停学。

4日　全县各交通枢纽筑起严密的防控网络，筑牢“防护墙”；城乡所有菜场、农贸市场恢复正常营业。

是日　岱东镇、县妇联和县委政法委曾国良被市委、市政府表扬为2019年度全市综合治理工作成绩突出集体和成绩突出个人；高亭镇、长涂镇和岱东镇毛伟海被市委、市政府表扬为2019年度全市维稳工作成绩突出集体和成绩突出个人。

6日　浙江石油化工有限公司采用包车形式从县外接回舟山绿色石化基地返工人员。

7日　全县各类生产企业开始复工复产，确保疫情防控与经济发展两不误。

8日　全县首批5家疫情防控期间指定保障宾馆恢复营业。

9日　岱山医疗健康集团县第一人民医院夏金松、冯叶柳两名医务人员紧急出征，驰援湖北。

是日　开通疫情防控通行证申报渠道。

10日　即日起，由中央广播电视总台出品，中国电视剧制作中心有限公司承制的庆祝中华人民共和国成立70周年电视剧《奋进的旋律》，聚焦岱山3.40兆瓦海洋潮流能发电项目，讲述“中国智造”故事，在中央一套黄金时间开始播出。

11日　市委副书记、新区党工委副书记、市长何中伟考察舟山绿色石化基地，督查指导“新冠肺炎”疫情防控和复工复产工作。

12日　岱山主要客运中心热成像人体测温仪投入使用。

16日　岱山县启用全省统一的“健康码”机制，全县范围内实行“红、黄、绿”三色动态管理。

18日　省委书记车俊督查指导舟山绿色石化基地疫情防控工作和复工复产情况，省委常委、省委秘书长陈金彪，市委书记、新区党工委书记俞东来，市委副书记、新区党工委副书记、市长何中伟，市委副书记、新区党工委副书记华伟等陪同。

19日　全县188家民宿恢复营业。

20日　全县各景区落实防控措施，有序开放，长途客运班线、岛内直达班线陆续恢复，省际交通“岱山竹屿至小洋山”客滚轮航线复航。

24日　县内所有公交线路，乘客实行凭健康码（证）乘坐公交车。

27日　市委决定：陈海平任中共岱山县委委员、常委、副书记。

是日　岱山交投汽车运输有限公司的5辆“点对点”包车从2000千米外的云南省接回返岱企业员工。

29日　县政府印发《关于开展第七次人口普查的通知》，通知指出：普查标准时点为2020年11月1日零时。

是月　位于岱山经济开发区内的浙江舟富食品有限公司生产的400箱新型单兵自热食品发往武汉，捐赠给当地奋战在疫情防控一线的医务人员；舟山晨光电器有限公司、舟山里肯医药有限公司各捐赠10多万元抗疫物资。

3月

1日　县委书记周国岭带队深入全县重点企业检查复工复产和疫情防控情况。

2日　全县未发现“新冠肺炎”疑似病例和确诊病例，疫情防控应急响应等级由一级调整为二级。

是日　全县兴起捐款热潮，县委书记周国岭，县委副书记、县长孙志龙等县领导为支持新冠肺炎疫情防控工作，带头捐款。

3日　省委、省政府在杭州举行全省扩大有效投资重大项目集中开工仪式，舟山绿色石化基地4000万吨/年炼化一体化二期项目、舟山—鱼山岛第三回路220千伏线路输送电工程名列其中。

4日　全县所有乘客进出岱山启用“健康码”智能核验或绿色通行证。

5日　县委、县政府印发《关于全面深化国有企业改革的指导意见》。

11日　县委印发《关于新时代加强和改进人民政协工作的实施意见》。

是日　岱山公安局破获全县首例涉疫网络诈骗案，在金华市义乌警方协助下，成功将犯罪嫌疑人许某抓获。

16日　中共岱山县委被省委办公厅、省政府办公厅表扬为浙台经济社会融合发展突出贡献单位。

是日　衢山至小洋山航线复航。

21日　全省疫情防控应急响应由二级调整为三级，县疫情防控工作领导小组发布《关于调整疫情防控措施通告》，高亭城区各小区取消“测温+亮码”管控措施。

23日　根据上级民政部门有关精神，清明假期期间，全县暂停所有公墓等殡葬服务场所组织群众集中祭扫活动。

是日 县蓬莱客运轮船公司“岱山8”（原舟渡9轮）航运30年后退役。

26日 全市公安机关特色思想政治工作品牌“淬炼育警”基地在舟山绿色石化基地揭牌。

29日 舟山市生态环境局岱山分局被生态环境部评为2019年生态环境保护执法大练兵表现突出集体。

30日 高亭镇中心卫生院由人民路40号搬迁至沿港西路221号（老闸口加油站旁）新大楼，并正式启用。

是月 岱西镇双合村入选浙江省第八批历史文化村落。

4月

1日 即日起，根据《社会救助暂行办法》，全县调整城乡居民最低生活保障标准，调整后的城乡居民最低生活保障标准统一为每人810元／月，全年按12个月发放。

是日 中午12时起，根据舟山市人民政府《关于保护梭子蟹渔业资源的通告》，抱卵亲蟹和幼蟹进入禁捕期，将持续至9月16日中午12时开禁，是全市首批进入“休渔期”的渔货。

是日 即日起，全县地面气象观测告别人工观测，实现全天候自动化观测。

2日 县委政法委殷军被省委、省政府表扬为全省扫黑除恶专项斗争成绩突出个人。

3日 高亭镇竹屿至小洋山高速客轮停航68天后复航。

4日 根据国务院决定：举行全国性哀悼活动，岱山县升挂国旗场所、机构和单位下半旗致哀，停止公共娱乐活动，表达对抗击新冠肺炎疫情斗争牺牲烈士和逝世同胞的深切悼念。

8日 高亭客运中心水路客运售票可选择“刷脸支付”购票功能，为全市客运服务首例。

9日 省委副书记、省长袁家军考察舟山绿色石化基地，市领导俞东来、何中伟、华伟等陪同。

是日 由《人民日报》、新华社、《光明日报》《科技日报》、中新社、《国际商报》、香港大公文汇传媒、《上海日报》、浙江交通之声等20余家新闻媒体走进浙江自贸试验区岱山片区，报道岱山片区的建设成就。

11日 岱山县被省委、省政府授予2019年度平安牌；东沙镇被评为2018—2019年度平安浙江建设先进集体；县委政法委曾国良、县公安局巡特警大队何飞被评为2018—2019年度平安浙江建设先进个人。

12日 援鄂抗击新冠肺炎的岱山医疗健康集团县第一人民医院夏金松、冯叶柳在完成任务后返回岱山，至此，包括护师罗静静在内的全县3名援鄂医务人员全部凯旋。

是日 境内出现罕见突发强对流天气，沿海普遍出现11～13级西北大风，其中最大出现在“下三星”海域40.8米／秒（13级），全县普遍在短时间内出现10～12级大风，并伴有雷电现象。

13日 随着疫情防控形势好转，全县初三、高三年级学生入校开学。

15日 由县政协和县委统战部联合发起“助力全国县级文明城市创建——政协委员·党外人士在行动”启动仪式在高亭举行，200余名市、县政协委员、党外人士在城区集中开展创城首场活动。

20日 由中央电视台二套、央视新闻官方微博和客户端走进舟山绿色石化基地，现场直播基地复工复产建设情况和第三回路输电海缆敷设工程。

24日 东沙中学语文老师叶丹丽赴新疆阿克苏地区第一中学开展为期1年半的支教工作。

26日 市委决定：徐新任中共岱山县委委员、常委。

27—29日 省政协主席葛慧君考察岱山、舟山绿色石化基地，省政协秘书长金长征，副秘书长、研究室主任王四清，省政协经济科技委员会主任陈月亮，市委书记、新区党工委书记俞东来，市政协主席王伟，县委书记周国岭，县委副书记、县长孙志龙，县政协主席陈雅君等陪同。

是月 长涂镇东剑村海防馆开馆并对外开放，该馆由原部队闲置营房及其他辅助设施组成，内设党（团）建培训、研学旅游、老兵故乡游和等项目。

是月 高亭镇浪激渚村入选第二批国家森林乡村。

5月

1日　中午12时始，东海渔场进入伏季休渔期，全县有蟹笼船、帆张网船、拖虾船、渔运船等1782艘渔场作业应休渔船全部按时进港伏休。

4日　由舟山本岛马目至舟山绿色石化基地220千伏第三回路海底电缆敷设完成，总长18.35千米，将于6月中旬输送电并网。前二根海底电缆分别于4月5日和4月20日敷设完成，为二期工程提供用电保障。

6日　市委决定：郁曙军任中共岱山县委常委，免去周国宏中共岱山县委常委、委员职务。

8日　“浙报集团县级融媒体中心共享联盟·舟媒体岱山工作站”在县融媒体中心挂牌。

12日　衢山黄泽山石油中转储运基地码头1号泊位首靠“克拉斯诺达号”外籍油轮作业。

是日　中国工程院院士王基铭考察舟山绿色石化基地。

12—13日　副省长、省公安厅厅长王双全考察岱山县公安局、机场派出所、滨海交警中队、舟山绿色石化基地和鱼山警务站，市委书记、新区党工委书记俞东来，市委常委、市委秘书长刘永艺，市委常委、市公安局局长魏明，县委书记周国岭等陪同。

14日　县委、县政府印发《关于推进制造业高质量发展的若干意见》。

是日　长涂镇、东沙镇、岱东镇被市委、市政府表扬为2019年度平安乡（镇），授予一星平安金鼎的平安乡（镇）；岱西镇、高亭镇被评为平安乡（镇），授予平安金鼎的平安乡（镇）；秀山乡、衢山镇被授予平安牌的乡（镇）；秀山乡、长涂镇被评为2019年度平安建设优秀乡（镇）；县委政法委、县委县政府信访局、县应急管理局、县市场监督管理局被表扬为2019年度平安建设突出贡献集体；张行、厉敏等30人被表扬为2019年度平安建设突出贡献个人。

17日　“5·18”国际博物馆日暨岱山解放七十周年油画展在县海洋文化展览中心开展，油画展遴选近40幅油画作品，展现岱山解放70周年来蓬勃生机，反映岱山发展变化。

19—20日　市人大常委会主任张明超考察岱山人大工作，县人大常委会主任沈兆幸等陪同。

25日　省委常委、常务副省长冯飞考察岱山和舟山绿色石化基地，市领导华伟、许小月、徐良波、董文平、陈麟等陪同。

26日　县委常委会（扩大）会议在舟山绿色石化基地召开，县四套班子领导和有关部门负责人出席会议，舟山绿色石化基地管委会和浙石化公司负责人应邀列席会议。

是日　浙江大学环境学院研究团队根据生态环境、特色经济、民生发展和保障体系等四个方面综合评分，发布全国1892个县域“两山”发展指数研究成果，岱山县首次入选“两山”百强县，名列第70位。

28日　为促进海洋生物种类恢复，推动浙江渔场修复振兴，由县海洋与渔业局（海洋行政执法局）牵头，将300多万尾黑鲷鱼苗放流到岱衢洋海域。

29日　由舟山市人民检察院和岱山县人民检察院联合驻浙石化检察服务工作站在舟山绿色石化基地授牌。

30日　全县12家医疗机构全部开通跨省异地就医门诊费直接结算，此后，全县医保参保人员在浙江、上海、江苏、安徽在内的长三角（三省一市）区域内的异地门诊、住院费用都可实时报销。

是月　由县档案馆（史志研究室）编著的《初心往事——岱山红色记忆》《岱山解放七十周年热词解读》两本书籍内部出版发行。

6月

1日　县委、县政府印发《关于高质量推进新时代民政工作的意见》。

是日　全县领导干部大会在高亭召开，会议传达全国“两会”精神，并就全县贯彻落实意见进行部署。

3日　应急管理部副部长刘伟考察舟山绿色石化基地。

4—5日　全国政协常委、省

政协副主席、民革省委会主任吴晶一行 13 人围绕“高水平建成小康社会补短板”开展主题民主监督，考察岱山县农业农村局、卫生健康局、岱山抲鱼人经济合作社、岱东镇涂口社区，省政协常委、港澳台侨和外事委员会主任李剑飞，副主任、省委统战部副部长，省政府侨务办公室主任陈安，市政协主席王伟，副主席邬振悦，县委书记周国岭，县委副书记、县长孙志龙，县政协主席陈雅君等陪同。

8 日 宁波舟山港项目的舟岱大桥重达 780 吨的 30 米 T 梁吊装成功，舟岱大桥陆域段桥梁开通，正式进入陆域桥面施工阶段。

10 日 由大连核电石化有限公司承制的首台 3000 吨超级浆态床锻焊加氢反映器在舟山绿色石化基地二期工地吊装就位，该设备总长 70 米，外径 6.15 米，壁厚 0.32 米，是浙石化 4000 万吨/年炼化一体化二期项目的核心设备，投产后可达到 90% 以上的渣油转化率，对舟山绿色石化基地提质增效、高质量发展意义重大。

14 日 全国政协副主席、农工党中央常务副主席何维一行 9 人考察舟山绿色石化基地、秀山岛 3.40 兆瓦海洋潮流能发电项目等海洋生态保护和海洋经济发展情况。省政协副主席周国辉，省政协农业与人口资源环境委员会主任华宣奎，省政协副秘书长单志强，市政协主席王伟，县委副书记、县长孙志龙，县政协主席陈雅君等陪同。

16 日 以“逐梦仙岛 福临岱山”为主题的 2020 年舟山群岛·中国海洋文化节暨休渔谢洋大典在岱山鹿栏晴沙海坛举行。

17 日 鱼山—岱山岛—定海（盐仓）客运中心—阜阳客运班线开通。

19 日 县政府印发《岱山县扬尘综合整治实施方案》。

是日 2020 年舟山市“新时代好少年”先进事迹发布会在新城举行，岱山实验学校教育集团五（3）班学生樊子凌受到表彰。

22 日 县委、县政府印发《关于加快科技创新推动高质量发展的实施意见》。

25 日 县供销合作社联合社由高亭镇人民路 80 ～ 82 号搬迁至县行政中心 B3 楼办公。

29 日 宁波舟山港主通道项目的舟岱大桥主通航孔桥顺利合龙，该大桥总长 28 千米，是连接舟山本岛与岱山岛唯一的海上通道，其主通航孔桥为三塔双索面钢箱梁斜拉桥，全长 1630 米，主跨 2×550 米，能满足 10 万吨级油轮全潮双孔单向通航要求。

30 日 中广核岱山 4 号海上风电项目最后一台风机承台混凝土浇筑竣工，标志着一期 216 兆瓦 50 台风机基础承台全部完成，为项目如期投产并网奠定基础。

是日 舟山市生态环境局岱山分局被授予 2020 年浙江省“最美环保人”称号。

是月 宁波舟山港岱山港区的舟山绿色石化基地项目临时对外开放获交通运输部批复同意，标志着国际航行船舶可正式靠泊基地码头装卸作业。

是月 全县 86 个行政村（社区）调整防汛防台形势图更新编制全部完成。

是月 岱山岛燕窝山陆岛交通码头引桥贯通。

是月 舟山市恒泰漆业有限责任公司获批建立教授（专家）工作室，成立全县首家获批的市级教授（专家）工作室。

是月 东沙古渔镇渔文化体验基地和长涂镇倭井潭硬糕技艺体验基地入选首批舟山市非物质文化遗产体验基地。

7月

2 日 县第十六届人民代表大会常务委员会第二十六次会议通过，依法选举孙世华为岱山县人民政府副县长；同意接受郁曙军因工作调动，辞去岱山县人民政府副县长职务。

8 日 位于高亭镇仙洲公园内的全县首个消防主题公园建成并对外开放。

14 日 由县蓬莱客运公司投资的“蓬莱仙岛”轮姊妹船“蓬莱阳光”豪华客滚轮投入衢山—高亭（竹屿）—定海（三江）岛际航线，该船总长 82.42 米，型宽 16 米，设车位 33 辆（5 吨标准货车），客位 452 个，抗风等级 9 级。

16 日 岱山县电视台磨心山

发射台从即日24时起，关停模拟中央电视台一套17频道和模拟中央电视台七套45频道，相应节目采用无线数字电视频道发射，分别为中央电视台一套数字28频道和中央电视台七套数字34频道。

16—17日　省政协副主席张泽熙考察秀山岛3.40兆瓦海洋潮流能发电项目，市政协副主席孙小晓等陪同。

17日　县委十三届十一次全体（扩大）会议在高亭召开，会议高举习近平新时代中国特色社会主义思想伟大旗帜，深入学习贯彻习近平总书记一系列重要讲话和省委十四届七次全会以及市委七届九次全会精神，系统研究部署建设“重要窗口”的岱山思想举措。

是日　经市政府批复同意，将不可移动文物秀山乡“厉家四房”更名为秀山乡“厉家四房民居”；秀山乡的厉家四房民居、东沙镇的中共岱山县委县政府东沙旧址和长涂镇的长涂王氏民居被市政府公布为第九批市级文物保护单位。

18日　2020年中国·岱山岛气排球精英赛在岱山体育馆举行，全省各地61支代表队500余名运动员参赛。

21日　县供销合作社联合社戎海波被省政府表扬为2019年度浙江省无违建县（市、区）创建工作先进个人。

22日　省委常委、省委统战部部长熊建平考察舟山绿色石化基地和秀山海域LHD林东模块化大型海洋潮流能发电项目。

23日　省人民检察院检察长贾宇考察岱山，省检察院办公室主任柴峥涛，省检察院法律政策研究室主任王晓霞，市检察院检察长黄辉，县委书记周国岭等陪同。

是日　舟山市第二届最美退役军人发布会暨首届退役军人创业创新大赛在新城举行，长涂镇渔业专业合作社党总支书记、理事长、倭井潭村党总支书记张岳富受到表彰。

27日　宁波舟山港主通道项目的舟岱大桥南通航孔桥合龙。

是日　岱山县被省委、省政府授予2019年度全省“五水共治”（河长制）工作“大禹鼎”银鼎的优秀县。

30日　省军区政治委员修长智考察岱山人武部和舟山绿色石化基地，县委书记周国岭，县人武部部长王锡兵等陪同。

是月　全县水陆客运售票启用电子发票功能。

是月　岱山医疗健康集团县第一人民医院为抗击“新冠肺炎”核酸检测PCR实验室投入使用。

是月　岱山县渔船“黑匣子”首批10艘试点渔船在岱东镇安装完成。

是月　高亭派出所被公安部命名为全国公安机关执法示范单位。

是月　高亭镇东海村许世平家庭和东沙镇东沙社区余忠岳家庭入选浙江省“最美庭院”。

8月

8日　岱山医疗健康集团党委书记洪传坤被省委办公厅、省政府办公厅表扬为2019年度县域医共体工作成绩突出个人。

11日　舟山市生态环境局岱山分局在全省生态环保工作成绩突出，被省政府记集体二等功，该分局盛世苏被省政府记三等功一次。

12日　16时06分，岱山电网全社会负荷达73.51万千瓦，创历史新高。

13日　副省长刘小涛等一行8人考察岱山、鼠浪湖矿石中转基地，省海港集团董事长毛剑宏，省政府办公厅副主任李耀武，省自然资源厅副厅长阮飙，省交通运输厅副厅长夏炳荣，省海事局副局长梁永铭，副市长毛江平，县委书记周国岭等陪同。

15—16日　县教育局机关由高亭镇育才路63号搬迁至县行政中心B3楼办公。

18日　岱山县被省政府办公厅表扬为全省地质灾害隐患综合治理“除险安居”三年行动成绩突出集体。

19日　副省长高兴夫考察岱山工业经济运行情况和科技创新工作，并实地察看舟山绿色石化基地、秀山岛海域LHD林东模块化大型海洋潮流能发电项目，副市长陈隆，县委副书记、县长孙志龙等陪同。

21日　原浙江省委副书记、省长、第十二届全国人大财政经济工作委员会副主任委员吕祖善一行11人考察舟山绿色石化基地、岱山海岬公园和东沙古渔镇等地。

25日　巴西里约热内卢淡水河谷公司鼠浪湖磨矿中心启用投产，额定年产能300万吨。

26日　高亭镇竹屿社区的东方壹品1户居民家中发生管道煤气爆炸，6名受伤人员经医院救治均脱离生命危险，至8月31日已有5.3万人捐款170余万元。

28日　由县委宣传部、县文学艺术界联合主办，各乡镇、村协办的纪念岱山解放七十周年“相约文化礼堂颂歌全面小康”红歌展演在县行政中心举行，全县7个乡镇40多家文化礼堂13支合唱队参加。

30日　“东方蜜月城堡杯”2020中国·岱山岛沙滩高尔夫球挑战赛在岱东鹿栏晴沙景区举行，来自上海、杭州等地的17支代表队160余男女选手参加高尔夫S·P赛和体验组IP赛。

是月　岱西镇被全国爱国卫生委员会评为2017—2019年周期国家卫生乡镇。

是月　大衢中学高中部与东沙中学全面合并，大衢中学转为初中学校。

9月

1日　全县首个无人自助警务超市在半岛城市花园小区启用。

3—4日　吉林省松原市宁江区委副书记、区长马超率党政代表团考察岱山，县委副书记、县长孙志龙等陪同考察和交流，并与宁江区结对友好县区。

7日　县政府印发《岱山县“三线一单”生态环境分区管控方案》。

10日　由县教育局与诺亚舟教育控股有限公司联合承办的诺亚舟·峰景湾幼儿园投入启用，该园总面积约5000平方米。

11日　宁波舟山港主通道的舟岱大桥北通航孔桥合龙。

12日　2020年“黄鱼故乡瀛洲仙山”全省摄影大赛暨市摄影创作基地授牌仪式在衢山镇田涂村举行。

18日　省人大常委会副主任李卫宁考察岱山拘鱼人渔业专业合作社、秀山岛3.40兆瓦海洋潮流能发电项目，市人大常委会主任张明超，县人大常委会主任沈兆幸等陪同。

19日　岱山医疗健康集团县第一人民医院成功为一高龄产妇剖宫产出一重达4.55千克的婴儿。

20日　岱山县的张贤兵、毛燕波新婚夫妇参加由省残联、团省委、省妇联联合举办的2020920“爱你爱你就爱你”浙江省首届百对残疾人公益集体婚礼。

22—24日　宁波市人大常委会主任余红艺率浙江省十三届全国人大代表第二小组调研浙江自贸区、长三角一体化发展情况，并实地考察舟山绿色石化基地、岱山休闲渔业。

23日　国家税务总局原副局长、中国税务学会会长汪康考察岱山，省委组织部副部长温暖，省侨联副主席陈乃科，绍兴市大人常委会代表与选举工委主任俞锦宾，宁波市人大常委会代表与选举工委副主任陈海滨，市人大常委会主任张明超、副主任徐良波，副秘书长、办公室主任庄和刚等陪同。

25日　一彩民在高亭镇闸口路7-1号体彩销售店喜中第20094期体彩6+1特等奖1注，奖金500万元。

27日　县公安局鱼山警务站被公安部评为全国公安系统抗击新冠肺炎疫情工作先进集体。

29日　零时起，岱山岛—舟山本岛疏港公路江南二桥正式开通试运行，该桥长854.4米，是岱山岛与秀山岛交通咽喉连接位置，作为G526国道岱山段改建工程的重点控制性工程。

是月　位于岱山经济开发区内的舟山集大建材科技有限公司海砂淡化示范基地投产，是全县首块“先租后让”用地，为全市首家规模化天然砂生产基地。

是月　经海关批准，全县首个船用燃料油出口监管仓库和保税仓库在黄泽山石油中转储运基地设立，该基地一期151万立方米地面储罐项目，其中出口监管仓库库容10万立方米，保税仓库63万立方米。

是月　位于高亭镇蓬园路以东、人民路延伸段以南的儿童公园经过3个月闭园改造后开园，并更名为童梦园，改造后的童梦园占地面积约2800平方米。

是月 全县首家跨境电商指导站在东沙汽船配小镇投入运行。

10月

1日 位于高亭镇康嘉路与长河路十字路口的新天地广场投入营业，该广场占地面积约4600平方米，营业面积约3300平方米。

12日 位于大长涂岛内的全国首个海岛幸福驿站经修缮后投入启用，该站可提供海岛多元化便民服务。

是日 中国国民党前主席、中华青雁和平教育基金会董事长洪秀柱考察岱山、舟山绿色石化基地。

13日 岱山县率先试行男女结婚、离婚登记在全省范围内通办。

17日 市人大常委会主任张明超考察秀山乡人大工作，并与基层人大代表开展座谈交流，实地参观厉家四房民居，市人大常委会秘书长严济岳，县人大常委会主任沈兆幸等陪同。

18日 舟山市第六届渔农村“硬式沙滩足球”锦标赛在岱东鹿栏晴沙景区举行。

22日 岱山县第九届运动会开幕式在职业技术学校教职园区体育场举行，本届运动会新增气排球、足球、文化礼堂运动会3个推广项目以及门球、桥牌、小金属球和健身气功4个培训项目，设30个大项118个小项，全县共有98个代表队、110个单位、8000余名运动员参赛。

23日 2020年下半年全省扩大有效投资重大项目集中开工仪式在杭州举行，岱山县的2万吨/年加氢催化剂的浙石化浙优科技有限公司催化剂项目和黄泽山石油中转储运工程二期灌区项目名列其中。

30日 舟山市“一月一签”岱山专场仪式在新城市政府举行，上海卓然石化设备模块化生产项目、润和年产10万吨催化剂以及催化剂再生项目和浙石化物流基地项目等3个项目现场签约，副市长韩峻，县委副书记、县长孙志龙出席签约仪式。

是月 金维映史迹陈列室入选首批浙江省青少年红色基因传承基地。

是月 岱山海岬半程马拉松暨健康中国马拉松系列赛获2019年中国马拉松银牌赛事。

11月

1日 第七次全国人口普查登记正式开始，全县950名人口普查指导员和普查员逐户逐人开展普查登记。

2日 全县领导干部会议在高亭召开，传达学习党的十九届五中全会精神。

7日 由中国散文学会和岱山县人民政府共同主办的第十届“岱山杯”全国海洋文学大赛颁奖典礼在岱山举行，河南籍作者王剑冰的散文《偶遇岱山》和浙江籍作者高鹏程的组诗《细雨海岸》获一等奖。

是日 2020年中国·岱山岛国际风筝节在岱东鹿栏晴沙景区海滩举行，来自全国各地35支代表队和23支国外网络风筝代表队约200余名选手参赛。

9日 岱山县文学艺术界联合会第五次代表大会在高亭召开，选举产生新一届委员会及领导班子。

10日 岱东镇涂口村、舟山海事局岱山海事处被中央精神文明委员会授予全国文明村和全国文明单位。

11日 由县纪委县监委、县人才办、县精神文明建设指导中心、县民政局、县总工会、共青团岱山县委、县妇联、高亭镇和岱西镇联合主办的“恋上岱山 情定双合”共栽爱情树活动，20对新人集体婚礼在双合石壁爱情小镇举行。

是日 岱山医疗健康集团县第一人民医院感染科护师罗静静被省委、省政府授予“浙江省抗击新冠肺炎疫情先进个人”。

是日 岱山县首届最美退役军人暨2020年老兵返乡欢迎仪式在高亭举行，14名最美退役军人受到表彰。

是日 县委、县政府印发《新时代岱山产业工人队伍建设改革实施方案》。

12日 市委决定：庄晨辉任中共岱山县委常委；免去朱永华、徐华军中共岱山县委常委、委员职务。

15日 2020年浙江省中学生田径锦标赛暨省第十五届中学生运动会高中组田径赛在建德市举行，县职业技术学校陆家伟以13.76米的成绩获男子乙组三级跳远冠军，达到国家二级水平；吕佳诺获女子乙组标枪亚军，马俊涵获男子5000米决赛乙组第四名。

16日 岱山县辖区海域128座公用干线航标遥测设备升级完成，实现北斗遥测公用干线航标全覆盖。

17日 由高亭镇人民路40号（原高亭镇中心卫生院）改造的岱山医疗健康集团口腔治疗中心对外营运。

17—18日 国家发改委宏观院副院长毕吉耀等一行7人考察舟山绿色石化基地、鼠浪湖矿石中转基地和黄泽山石油中转储运基地。市政协副主席夏文忠陪同。

18—19日 中国教育报社“采风行”走进岱山，围绕海岛特色教育、基础设施和个性化教育，开展以“从基本均衡走向优质均衡”为主题的现场采风。

22日 22时许，县公安局查获涉嫌货船1艘，查扣中华（硬）、555（金）免税、红双喜和米兰等9种国内外品牌走私香烟4547箱，计23万条，涉案金额约5000万元，抓获违法犯罪嫌疑人29名。

23日 “浙岱渔10441号”雷达网船在舟山渔场外洋捕获2条各重为1.25千克以上的野生大黄鱼。

24日 由浙江广电集团主办的2020年度浙江乡村振兴带头人“金牛奖”评选启动新闻发布会在杭州举行，岱山岍鱼人渔业专业合作社党总支书记夏永祥获提名奖。

25日 岱山县科学技术协会第九次代表大会在高亭召开，选举产生新一届委员会以及领导班子。

是日 县文明办、县教育局被市委、市政府表彰为全国文明城市创建工作先进集体，戎金军等7人被市委、市政府表彰为全国文明城市创建工作先进个人。

26—28日 “数字引领岱你未来”数字岱山大会召开，全国各地的专家学者、业界精英共聚岱山，共话数字化发展大计，岱山开启数字之旅、智慧之旅新征程。

30日 即日起，全县县级机关办公时间由上午8：00—11：30分调整为8：30—12：00，下午2：00—5：00（不变）。

是月 国家电网浙江省岱山县供电公司被中国质量协会评为全国市场质量信用A等用户满意企业。

是月 由县文化馆选送的原创戏剧小品《父亲的快递》获浙江省第三十一届戏剧小品邀请赛第一名。

12月

1日 中国联通利用全国首次“低轨卫星互联网+5G网络+物联网”融合组网通信在岱山海域试验成功。

是日 全县首个不停电作业示范区在秀山乡秀南C503线正式投入运行，标志着秀山乡全域内将全面取消停电计划。

6日 “一起走秀·泥岛花乡”2020年海岛公园秀山岛徒步大会暨长三角万人徒步大会联赛（岱山站）在秀山乡举行，来自沪、苏、皖、浙等50余家户外俱乐部3500名徒步爱好者参赛。

7—8日 舟山绿色石化基地和黄泽山石油中转储运基地首批成品油出口新加坡等地。

10日 即日起，全省启用食品经营许可电子证书，县市场监督管理局颁发全县首张食品经营许可电子证书。

11日 岱山县的磨心梵音、双合石壁入选2020年“舟山十景”。

25日 中广核岱山4号海上风电场54台风机投产运行；26日，23.40万千瓦海上绿色能源并网，该项目年上网电量达6.18亿千瓦时，全部用于舟山绿色石化基地，可每年节约标准煤17万吨，减少排放有害气体约47.4万吨，将显著改善岱山能源结构。

28日 县委十三届委员会第十二次全体会议审议和通过《关于制定岱山县国民经济和社会发展第十四个五年规划和二〇三五年远景目标的建议》。

29日 县十六届人民代表大会常务委员会第二十九次会议通过，依法选举赵红波为岱山县人民政府副县长，宫钦飞为岱山县人民政府副县长（挂职）；同意接受庄晨辉因工作调动，辞去其岱山县人民政府副县长职务，徐华军因调动离开岱山，免去其岱山县人民政府副县长（挂职）职务。

29—31日 受强寒潮影响，境内最高气温和最低气温相差20.2℃，24小时内日平均气温下降幅度12.4℃，31日，岱山县最低气温达零下4.7℃，仅次于1987年2月11日至12日，为历史第二低温。

30日 县委、县政府印发《岱山县学前教育深化改革规范发展实施方案》。

是月 舟山绿色石化基地主干道“新时代大道”建成通车，该道路总长6千米，双向6车道。

是月 全市首台方舱CT在岱山医疗健康集团县第一人民医院投入运行，该台方舱CT长约9米，宽约4米，总投资227万元。

是月 中国台风博物馆被中国气象局和科技部公布为全国首批16个国家气象科普基地之一。

是月 国家电网浙江岱山县供电公司起航QC小组QC创新实践成果“电磁超声波电缆故障快速定位装置的研制”被国际质量管理小组（ICQCC）大赛委员会授予铂金奖、首尔国际发明展金奖。

是月 浙江舟山联合动能新能源开发有限公司和东沙镇中心幼儿园入选浙江省第十批生态文明教育基地。

是年 全县城乡居民收入稳步增长，全体居民人均可支配收入50606元，比上年增长4.5%。其中，全年城镇常住居民人均可支配收入56646元，比上年增长3.8%；城镇常住居民人均生活消费支出29169元，增长0.3%，恩格尔系数为32.5%，比上年下降0.1个百分点。全年渔农村常住居民人均可支配收入39238元，比上年增长6.3%；渔农村常住居民人均生活消费支出25820元，比上年增长0.1%，恩格尔系数为34.2%，比上年下降0.1个百分点。城镇、渔农村居民收入比为1.44∶1。年末城镇居民人均住房建筑面积46.40平方米，渔农村居民人均住房建筑面积56.81平方米。

（唐美红　余宗轩）

责任编辑：吴依芳

县情概览

Survey of Daishan

综 述

【建置沿革】 岱山古称“蓬莱”。元《大德昌国州图志》载:“岱山在海之北，传所谓岱舆蓬莱，或者名始于此。”据境内大舜庙后墩、北畚斗、孙家山3处遗址出土的石器、陶器考证，在新石器时代至商周时期，已有人类在岛上繁衍生息。

春秋时，岱山属越国甬东地。秦时，属会稽郡鄮县。两汉、三国、南北朝时，属地因之。隋属句章县。唐武德四年（621），属鄞州。八年，属鄮县。开元二十六年（738)，始置蓬莱乡，隶翁山县。广德元年（763)，袁晁农民起义军占领翁山，县废，蓬莱乡隶鄮县。五代后梁开平三年（909)，蓬莱乡隶鄞县。宋熙宁六年（1073)，蓬莱乡隶昌国县。元至元十五年（1278)，蓬莱乡隶昌国州。明洪武二年（1369)，蓬莱乡隶昌国县。洪武十九年(1386)，倭寇侵扰，朝廷迁徙岛民入内地，次年蓬莱乡废。嘉靖四十年（1561)，倭患匪乱稍平，沿海人民陆续到岱山、衢山等岛捕鱼、垦荒定居。清顺治十四年(1657)，朝廷以“舟山不可守”为由，再次迁徙居民入内地。康熙二十七年（1688)，舟山展复，建定海县，展复蓬莱乡。衢山岛以其“地处险远”，仍为禁地。康熙五十一年（1712)，内务府员外郎戴保提请召民开垦衢山岛，未准。道光二十一年（1841)，有议出让衢山岛土地于民，“缴价助饷”，未果。光绪元年（1875)，开征衢山岛赋税，遭民反抗。光绪四年（1878)，定海直隶厅派兵镇压，捕诛为首的金屺兰及其亲属等20余人，丈地征赋。光绪六年（1880)，设衢山庄，隶蓬莱乡。光绪三十四年（1908)，撤蓬莱乡，改设第九、第十两个选区,隶定海县。宣统二年（1910)，建岱山镇及第二十一乡（长涂)、第二十二乡（秀山)、第二十三乡（衢山，含大洋山)，隶定海县。1949年8月，建滃洲县（从定海县析置)，为岱山置县之始。1950年5月，岱山解放，废滃洲县，并入定海县。1953年4月，析定海县所辖岱山、衢山两区，建岱山县。1958年10月，撤岱山县，并入舟山县。1962年4月，恢复岱山县；从岱山县析衢山区，嵊泗县析洋山、滩浒等地建大衢县。1964年6月，撤销大衢县，并入岱山县，原大衢县所属洋山、滩浒等地划归嵊泗县。岱山置县至今，为全国12个海岛县之一。2020年，县辖6镇1乡（高亭镇、衢山镇、东沙镇、岱西镇、岱东镇、长涂镇、秀山乡)、13个城镇社区居民委员会、74个村民委员会和78个股份经济合作社。

【地理概况】 岱山位于浙江省沿海北部、舟山群岛新区中部，在长江、钱塘江、甬江入海交汇处，东连公海；东南至黄大洋、小板门水道，连接普陀区海域；西南至灰鳖洋；南至灌门水道，与定海区海域相交；西至七姊八妹列岛，与平湖市、慈溪市海域交界；北至川湖列岛，与嵊泗县海域相邻。地理坐标介于北纬 30° 07′ ～ 30° 38′，东经 121° 31′ ～ 123° 17′ 之间。毗邻上海国际航运中心洋山港，衢山港区的小衢山深水岸段距洋山东港区不到 18.52 千米。全县由 571 个岛屿组成，其中住人岛屿 29 个。县境东西长 169.60 千米，南北宽 57 千米。总面积 5242 平方千米，其中海域面积 4915.50 平方千米，占 93.8%；陆地面积 326.50 平方千米。岱山岛为境内最大岛，面积 104.97 平方千米，为舟山群岛第二大岛。境内大部分山峰海拔在 200 米以下，最高点衢山岛观音山海拔 314.40 米。

境内地质构造为白垩纪火山岩，主要为凝灰岩及酸性熔岩、火山岩、花岗岩等。海域属东海浅海大陆架海区，水深 10 ～ 40 米，分岱衢洋、黄泽洋、灰鳖洋、黄大洋 4 个海区。

境内海域介于长江口南端、杭州湾外缘，与多条国际航线连接，至日本、韩国、俄罗斯及东南亚各国等重要口岸甚为便捷，与亚太地区的新兴港口呈扇面辐射。国内航线可直通宁波、上海、南京、大连及厦门、广州、香港、澳门、台北等港口，有扼东部江海联运和长江黄金水道要冲之优势，在长江三角洲中具有通江达海的区位特点，其可利用的航道、深水港、岛屿等资源丰富。是“长三角”对外贸易的物流通道和海上集散基地。

【自然资源】 岱山素有“蓬莱仙岛”之称，具有独特的区位优势、海洋自然资源优势以及以海洋博物馆系列和群众性海洋文化活动为主轴的海洋文化优势，在中国海洋文化建设中具有十分重要的地位、作用及影响。

境内拥有上千年的渔盐历史，是全国十大重点渔业县之一、浙江省最大的食盐生产基地，年产食盐占全省总量的 50% 以上，以“渔盐之利、舟楫之便”名闻遐迩。海洋资源蕴藏丰富，海洋生物种类繁多，仅鱼类就有 300 余种，曾是著名的“岱衢族”大黄鱼的故乡，为中国东海的一座“活鱼库”。

境内拥有华东地区最丰富的风力资源，尤其是衢山岛年均风速在 6.90 米 / 秒以上，风能有效密度大于 1700 瓦 / 年•平方米，建有浙江省最早的风力发电场；潮汐能资源十分丰富，龟山水道 300 千瓦潮流能电站建成并运行发电。

境内海域广阔，港口资源得天独厚，深水岸线资源丰富，拥有岸线 717 千米，其中水深超过 10 米以上岸线 35.30 千米，20 米以上岸线 9.94 千米，多数深水岸线仍未得到充分利用，占全市未利用深水岸线总数的 40.9%。华东地区最好的 3 个深水港资源有 2 个在岱山县，分别是衢山的蛇移门港和衢黄港，县域内另有条件良好的深水港址 10 余处。舟山市可通航 30 万吨、40 万吨级的航道大多在岱山县境内，是舟山群岛新区规划建设大宗商品储运中转加工交易中心，打造国际物流岛枢纽、建设中国现代海洋产业基地，打造海洋产业岛的核心区域，建造国际一流港口尤其是水水中转港口和发展临港工业的理想选址。

境内主要航道有 29 条，均建有航标设施，可通行 1000～10000 吨级船舶。海域锚地较多，主要有 22 个。此外，尚有不少锚地可供小型船舶停泊、避风。

境内自然景观绚丽多姿，渔家风情浓郁诱人，鹿栏晴沙、双合石壁，佛教文化、新石器时代文化遗址以及港湾、渔村风情构成了独具魅力的“蓬莱仙岛”胜景，拥有一批以渔港美景为主题的休闲度假村、渔农家乐，为省级旅游风景名胜区，是集观光旅游、休闲度假、娱乐运动于一体的海岛旅游胜地。

海洋文化底蕴深厚，尤其是渔民画蜚名中外，被文化部命名为“中国现代民间绘画画乡”。岛上遗风古迹犹存，民俗民间文化丰富多彩。渔民谢洋祭海、舟山渔民号子、徐福东渡传说分别被列入国家、省级非物质文化遗产名录，岱山县获浙江省民族民间艺术（渔歌）之乡称号。

【气候】 境内气候属北亚热带南缘海洋性季风气候区，冬夏季长，春秋季短，四季分明，冬无严寒，夏无酷暑，温暖湿润，光照充足。风速大，雨量较充沛，季风显著，全年多大风，春季多海雾，夏秋多台风，春、夏、秋 3 季常有雷暴天气，在冬季偶尔也会发生，干旱年出现频率高。春季的特征：冷暖空气交替频繁，风向多变，温度变化大，呈跳跃式上升，降水明显增多。季内主要灾害性天气为倒春寒、大雾等。倒春寒2年一遇，雾日占年雾日的52%。夏季的特征：受太平洋副热带高压影响，盛行偏南风，为最热季节。无酷暑，气温高于35℃，年均2日。6月中旬—7月上旬为初夏梅雨期，多阴雨天气，雨量集中，时有大暴雨，空气湿度为全年之最。7月中旬出梅后，进入盛夏季节，除短时间雷阵雨、台风影响外，以晴热少雨天气为主，日照多，蒸发大。季内主要灾害性天气为暴雨、台风、干旱。秋季的特征：太平洋副热带高压减弱，大陆高压势力日趋加强，气温始呈波状下降，常“一场秋雨一场凉”，昼夜温差较大。10月下旬后进入深秋季节，降水减少，空气干燥，多秋高气爽天气，俗称“十月小阳春”。季内主要灾害性天气为低温连阴雨、秋寒、台风。冬季的特征：受大陆冷高压控制，北方冷空气频繁南下，气温急剧下降，盛行偏北风，为最冷季节，8级大风历年每月8～10天，无严寒。历年月均气温在5℃以上，雨量占全年的16%，雪、冰、霜年均分别为4日、18日、8日。季内主要灾害性天气为大风、干旱。年平均气温16.8℃，历年极端最高气温39.5℃，历年极端最低气温零下6.7℃。年均日照时数2036.60小时。岱山为典型的季风气候，冬季盛行偏北风，夏季盛行偏南风，春秋两季均为过渡期，地域分布自南向北递增。多大风是境内海岛的最大特点，年均风速5.6米/秒，历年极大风速48.1米/秒。大风主要由冬季冷空气、春季低气压、夏秋台风及短期雷雨天气产生。11月至翌年1月冷空气影响频繁，7—9月受台风影响，大风强度最强。境内年平均降水量1090.7毫米，降水季节变化明显，全年有明显的雨季2个，相对干季2个。春雨、梅雨和秋雨降水量占年降水量51%。境内年均雾日23.9天，3—5月居多。

【人口状况】 至2020年12月底，全县户籍人口173733人，比上年末减少2692人，其中男性人口85764人，女性人口87969人。全年户籍出生人口618人，死亡人口1624人，人口自然增长率为-5.79‰。迁入人口602人，迁出人口2246人，机械增长率为-9.46‰。

经济建设

【概况】 2020年，岱山县坚持以习近平新时代中国特色社会主义思想为引领，坚定不移沿着“八八战略”指引的路子，全力打好“五大会战”、建设“四个岱山”，“十三五”规划主要目标任务顺利完成，高水平全面建成小康社会如期实现。全年全县地区生产总值384.8亿元，比上年增长58.1%。其中，第一产业增加值36.3亿元，下降10.6%；第二产业增加值256.0亿元，增长113.9%；第三产业增加值92.5亿元，增长8.3%。全年财政总收入27.26亿元，比上年增长3.9%。一般公共预算收入18.13亿元，增长3.0%。一般公共预算支出54.34亿元，比上年增长6.8%。全年全县实现社会消费品零售总额比上年下降2.3%。

【国家战略加速推进】 2020年，岱山县全力做好舟山绿色石化基地服务保障，深化拓展“四上”项目党建工作法、“连队化+科技化”管理模式，颗粒化梳理落实任务清单，切实做好项目建设中的疫情防控、社会治安、矛盾调解、劳资纠纷等工作，浙石化项目一期满负荷运转，二期部分装置进入投产准备阶段，全年产值748亿元。黄泽山油品储运基地一期151万立方米开港运行，二期104万立方米动工建设，30万吨级油轮实现常态化靠泊。鼠浪湖矿石中转基地实现港口货物吞吐量6600万吨，靠泊40万吨级大型船舶65艘。加快体制机制创新，复制推广自贸试验区第五批16项改革试点经验，创制形成4项制度创新经验。主动融入长三角一体化国家战略，全面落实宁波舟山一体化发展工作要点，深化与上海金山区、上海化学工业区和宁波镇海区等地交流合作，梳理建立重点项目库，成功引进一批重大产业项目，建成宁波“人才飞地”，在长三角一体化进程中发挥岱山优势、展现岱山作为。

【新旧动能加速转换】2020年，岱山县深入开展“三服务”活动，坚决落实减税降费各项举措，制定出台制造业高质量发展、科技创新等系列惠企扶持政策，全年为企业减负4.7亿元，推动企业企稳回升向好。改革完善开发区体制机制，形成“一区两片”的发展格局。谋划建设石化循环经济产业园，全面整治提升亩均税收在2万元以下企业，加快僵尸企业“腾笼换鸟”，荣获省国土资源节约集约模范县称号，“四链两图”工作法入选省工业领域“最佳实践”案例。大力实施科技新政、人才新政，高规格召开全县科技创新和人才工作大会，签约落地中科院宁波材料所岱山新材料研究和试验基地、中国石油大学（华东）密封技术研究所化工装置密封材料研发平台、航天科工未来产业创新中心、中国招商局集团邮轮研究院舟山分院等一批重大科创平台，新增科技型中小企业32家，汽船配内饰密封件产业创新服务综合体列入省级创建名单，科技创新评价指数排名跃升全省前列；实施更加开放的人才政策，成功引入高校毕业生1441名，增长24.3%，引进紧缺专业人才37名，首个国家“引才计划”人才引进实现历史性突破。大力发展数字经济“一号工程”，成功举办首届数字岱山大会，建成投用数字创新大厦，积极实施5G+工业互联网应用平台、工业企业大数据平台等项目，岱山工业互联网平台列入全省重大新基建项目库，海山密封和晨光电器获评国家级专精特新“小巨人”企业。

【营商环境大幅改善】2020年，岱山县深化“最多跑一次”改革，推进政务服务2.0平台升级，推广“企业码”应用，全面上线运行投资项目在线审批监管平台3.0，实现一般企业投资项目审批“最多80天”。加快政府数字化转型，全面完成浙政钉2.0整合迁移和机关内部“最多跑一次”推广应用，创新推行“刷脸通办”，县行政服务中心35个窗口全面实现刷脸办事，63件企业和个人全生命周期“一件事”实现全流程“最多跑一次”，“岱山县保障企业办事，护航海岛经济”“岱山县为园区企业提供‘一站式’就近办审批服务”等经验做法入选《竞跑者》。对标世界银行营商环境评价体系指标，持续加大制度供给、服务供给、要素供给，着力打造市场化法治化国际化营商环境，成功引进10亿元以上重大产业项目3个，实际利用市外资金37亿元，实际利用外资6815万美元，为经济发展注入强大动能。

政治建设

【概况】2020年，岱山县深入学习贯彻习近平新时代中国特色社会主义思想，坚持贯彻落实中央、省、市委决策部署，统筹做好改革发展稳定和改善民生各项工作，坚决落实全面从严治党各项要求，加快政府职能转变，营造风清气正干事创业政治生态环境，优化县域营商环境，为加快岱山高质量发展、全面展示“重要窗口”海岛风景提供坚强保证。

【强化理论武装】2020年，岱山县常委会重视自身建设，坚持不懈强化理论武装，持续巩固深化“不忘初心、牢记使命”主题教育成果，推进习近平新时代中国特色社会主义思想走深走实。县委理论学习中心组率先垂范，理论学习的规范化水平不断提高，围绕习近平总书记在浙江考察时的重要讲话精神等，带头组织专题学习12次。积极开展党的十九届五中全会、省委十四届八次全会精神等基层宣讲活动。各基层党组织充分利用“三会一课”、主题党日等，在机关党委（党组）、事业单位、乡镇、村以及企业、车间、船头、项目工地，通过电视、微博、微信、北斗卫星等媒介，开展学习讨论。切实做好“学习强国”平台党员学习情况管理工作，全县“学习强国”人均学分排名在全市各县区第一。开展全县“学习强国”达人线上比赛，引导党员干部不断提高政治理论水平。

【推动政治生态风清气正】2020年，岱山县以强化监督，全面推动政治生态风清气正。岱山县践行“两个维护”，落实中央关于“六稳”“六保”和疫情防控、复工复产等决策部署，建立实施“日报告”、问题销号管理等机制，查处有关问题11起，处理12人。开展扶贫领域专项监督“三级联查”，全覆盖查访低收入农户2080余人，发现并督促整改问题10个，处理干部8名。围绕舟山绿色石化基地、海岛大花园、自贸试验区建设和全国县级文明城市创建等县委、县政府中心工作，提出“十严禁”纪律要求，开展优化营商环境等专项督查。县委履行党风廉政建设主体责任落实到位。2020年，岱山县突出政治标准和实干导向，坚持在疫情防控、复工复产和重点项目一线锤炼干部，大力培养选拔优秀年轻干部。高质量完成87个村社组织换届，一肩挑比例100%。坚持项目化打造清廉岱山，完善“四责协同”联动机制，推动政治监督常态化。严格落实中央八项规定精神，开展违规投资入股等专项整治，查处问题30起、处理36人次。加强政治巡察，完成17个县属单位、32个渔农村巡察。

【基层治理持续深化】2020年，岱山县创新基层治理，构筑“一体两地”县社会矛盾纠纷调处化解中心、乡镇“基层治理四平台”、村社党群服务中心、全科网格的社会治理体系，实现矛盾纠纷化解“最多跑一地”。坚持和发展新时代“海上枫桥经验”，打响“瀛洲红帆”“东海渔嫂”等治理品牌，东沙镇“四治融合”治理模式入选浙江乡村振兴十大模式。深入开展领导干部接访下访，成功创成省“无信访积案县”。深化法治岱山建设，完成“七五”普法工作，乡镇合法性审查工作实现全覆盖。稳步推进秀山综合行政执法改革，基本实现“一支队伍管执法”。严厉打击各类违法犯罪活动，深入推进扫黑除恶专项斗争，高亭派出所获评“全国公安机关执法示范单位”。加强渔业、工矿、危化品、道路交通等重点领域安全监管，成功获得省平安县称号。

【政府效能不断提升】2020年，岱山县加强政府党组自身建设，全面提升政府效能，为全县提供优质高效服务。疫情防控坚持把人民群众生命安全和身体健康放在第一位，充分运用“大数据+网格化”手段，实施精密智控、精准防控，加强重点人群、重点场所监测，强化进口冷链食品闭环管理，严格加强医疗机构院感防控，完成后备医院改建，打好疫情防控主动仗。实施“净海”专项行动，加强船舶作业全程管控，有效筑牢海上防线。全年全县未发生一起疑似和确诊病例，为全省少有的无确诊病例县区之一。深入实施争先创优行动，专班运作、真抓实干，推动经济高质量发展，经济运行评价指数连续3次达到“优”以上，“四链两图”工作法入选省工业领域“最佳实践”案例。精准开展“三服务”活动，坚决落实减税降费各项政策，稳妥推进“两直”补助落地，全年为企业减负4.70亿元，推动企业复工复产走在省市前列。抢抓国家投资新政机遇，争取到各类债券16亿元，省市县长项目开工5个，成功入选全国县城新型城镇化建设示范名单。

文化建设

【概况】2020年来，岱山县积极克服新冠疫情带来的不利影响，始终坚持服务经济社会发展，加快文体旅游供给侧结构性改革，推进文旅体育事业高质量发展，为打造“重要窗口”美丽海岛风景，持续贡献文旅力量。成功创建省级全域旅游示范县，东沙古渔镇跻身省级旅游风情小镇，秀山滑泥公园获评省级生态旅游区，鹿栏晴沙、观音山创成国家AAA级旅游景区，开元、丽都大酒店建成营业，民宿经济、休闲运动等新业态蓬勃兴起。全年累计接待旅游人次800.56万人次，比上年增加7.3%，累计旅游总收入114.59亿元，比上年增加7.3%。

【文化产业优化发展】2020年，岱山县积极创建省级全域旅游示范县，成功通过浙江省第三批全域旅游示范县（市、区）验收。实施岱山海岛公园建设，规划建设秀山岛“泥岛花乡”文化旅游主题岛，大力推进凉峙和东岙高品质民宿群落建设，东岙村创评为AAA级景区村庄。实施文旅产业融合，滑泥运动成功申报为2020年浙江省运动休闲旅游优秀项目，长涂倭井潭获得省级工业游示范基地称号。2020年，建立文旅监控平台，开发“岱你玩”微信小程序，推出岱山旅游“一卡通”。积极构建文创产销体系，搭建岱山文创设计、产销平台，并亮相各级文旅推介会。东沙香干、倭井潭硬糕入围“2020年舟山特色产品伴手礼”，东海阿金嫂下饭宝入驻杭州大厦高端生活超市、盒马鲜生超市，并成功入选首届浙江特色伴手礼产品，入围浙江省特色旅游商品大赛商品。在第15届中国义乌文化和旅游产品交易博览会上，“绿眉毛（舟山鸟船船模）”和“沙瓶画”荣获工艺美术铜奖，阿金嫂（浙江舟山市）商贸有限公司荣获优秀参展企业奖。积极打响“百县千碗·仙岛鲜味”岱山知识产权品牌。素海民宿被评为2020年浙江省白金级民宿，岱山开元大酒店有限公司被评定为银树叶级绿色旅游饭店。

【公共文化供给多元】2020年，全县广泛实施“三服务”惠民活动，完善乡村公共文化服务体系。是年末，全县有图书馆1个、文化馆1个、乡镇文化站7个以及县图书馆分馆4个、县文化馆分馆7个。大力加强文化基础设施建设，完成图书馆服务体系建设。全县55家渔农村文化礼堂全部实现有设施、有网络、有内容、有队伍的文化礼堂四大标准。全县继续推进“三团三社”“三下乡”基层文化活动，对送戏下乡进行社会化采购，文化馆启动“基层文化配送车”，开展“幸福点单　快乐配送”文化礼堂点单式服务，全县已开展送戏下乡演出116场，观众达9400人次。2020年，由县文化馆创作具有海岛特色的音乐、舞蹈、戏剧等文艺精品力作，赴衢江、临安等地开展文化走亲活动7次，展示海洋文化、仙岛风情，讲好“岱山故事”。

【节庆赛事精彩纷呈】2020年，岱山县积极丰富文化产品供给，着力打造集文化、旅游、休闲于一体的节庆赛事品牌，让文化力量引领城市文明。1月5—20日，由岱山县文化和广电旅游体育局主办、赛丽美术馆承办的“金鼠闹春”2020书画作品展开展。6月16日上午，2020年舟山群岛中国海洋文化节暨休渔谢洋大典，在县鹿栏晴沙海坛举行，整个休渔谢洋大典由祭海谢洋和歌舞谢洋组成。7月17日，以“文明在我心·文化伴我行”为主题活动的2020百姓文化节启动。7月18日，中国体育彩票2020年中国·岱山岛气排球精英赛开幕式在县体育馆举行，共有来自全省各地61支队伍近500名运动员参赛。8月29—30日，“东方蜜月城堡杯”2020中国岱山岛沙滩高尔夫球挑战赛暨岱山县产业项目招商会圆满结束，共有来自上海、杭州等地的17支代表队160余名高尔夫球手参赛。11月7日，2020年中国·岱山岛国际风筝节开幕式在鹿栏晴沙景区举行，共有35支来自全国各地的风筝代表队以及23支国外网络风筝代表队共计200余人参赛。12月6日，2020海岛花园秀山岛徒步大会暨长三角万人徒步大会联赛（岱山站）在秀山岛举行，分5千米半程组和10千米全程两个组别，共有3000余名运动员参赛。

社会建设

【概况】2020年，岱山县统筹做好经济社会发展各项工作，不断增强人民群众获得感、幸福感和安全感。全年全体居民人均可支配收入50606元，城镇常住居民人均可支配收入56646元，渔农村常住居民人均可支配收入39238元。年末全县参加职工基本养老保险单位2241家，参保人数98318人，参加城镇职工基本医疗保险单位2227家、参保人数62596人，参加城乡居民养老保险人数43902人，参加被征地农民转轨企业职工基本养老保险28953人，参加城乡居民医疗保险人数11.06万人。年末有1963人纳入政府最低生活保障，其中城镇居民最低生活保障家庭户174户、203人；渔农村居民最低生活保障家庭户1468户、1760人；农村“五保”供养人数126人。全年共发放纯低保金2520.40万元。城镇“三无”对象集中供养率78.0%，渔农村“五保”老人集中供养率93%。城乡低保对象最低生活补助标准由每人每月720元提高到810元。

【民生福祉持续增进】2020年，岱山县坚持惠民生、保平安，大力推进民生领域改革，全县民生支出占一般公共预算支出比重达75.3%。全力保就业，新增城镇就业5611人，零就业家庭实现动态清零，成功创成省“无欠薪县”。深入细致做好群众基本生活保障，全力确保“米袋子”“菜篮子”和生猪保供稳定、价格平稳。加大优质教育资源供给，深化人事制度改革，推进学校布局调整，启用峰景湾幼儿园，积极创建全国义务教育优质均衡发展县。深化健康岱山建设，加强与上海仁济医院、金山医院等三甲医院合作，启用新高亭镇中心卫生院，县内所有定点医院以及基础医疗机构实现长三角跨省门诊直接结算全覆盖。推动文旅体深度融合，积极应对疫情，加快旅游业复苏，打响国际风筝节等系列赛事品牌，“祭海谢洋大典”入选全省二十四节气农耕文化活动，成功举办县第九届运动会。

【海岛大花园加快建设】2020年，岱山县坚持规划引领，加强重点区块规划设计，高标准编制完成《岱山岛美丽渔港活力港湾城市设计》《东海郊野公园规划》《小长涂未来社区规划》。加快补齐城市功能短板，舟岱大桥、526国道岱山段改建、燕窝山陆岛交通码头等项目建设提速，新江南大桥建成通车，岱山新天地综合体建成营业，夜经济示范带建设完成。全面复制市创城经验做法，打好城乡环境综合整治大会战，以项目化方式对市容市貌、交通秩序、农贸市场等18项内容进行重点整治，获得全国县级文明城市创建提名资格。加快全域全景提升，建成2个省级森林城镇和2个省级“一村万树”示范村，新增造林2300亩、彩色健康森林4000亩，获得省全域旅游示范县、省新时代美丽乡村示范县称号。全力打好治水治污大会战，完成5条品质河道、3个污水零直排区建设，捧得“大禹鼎银鼎”。

【公共服务水平提升】2020年，岱山县以“最多跑一次”改革为牵引，数字化变革为动力，全力提升政务服务能级。将商事登记7个前台受办窗口调整为自助申报服务区，在全市率先实行“无窗口化”全流程网上办理。全年行政服务中心大厅窗口从118个精简至60个，精简率达49%。落实公民企业“一件事”改革，实现基层场所事项全进驻，实现“最多跑一次”向“最多跑一地”转变。2020年，新冠肺炎疫情期间，岱山县加大政务服务创新力度，推出“不见面审批”+“线下绿色通道办理”，在全市率先开放行政服务大厅。县行政许可类事项即办率达92.4%，承诺压缩比98.2%、平均跑动次数0.0012次，数字化指标均处于全市前列。通过打造秀山智慧码头、“云上医院”品牌、“一站式”车辆检测站，全方位推进公共场所优化提升改革。在全市率先实行“刷脸通办”改革，构建完善统一人脸智能应用管理系统，推行“一次登记，全县通用”模式。

生态文明建设

【概况】2020年，岱山县以习近平生态文明思想为指引，围绕打造“海上花园城”的奋斗目标和建设“品质岱山”的工作主线，全面落实五大发展理念，不断创新体制机制，进一步夯实全县经济社会高质量发展的良好生态环境保障。聚焦污染防治攻坚战，加快推进绿色发展，以确保环境质量持续向好为核心，扎实开展生态环境保护各项工作，生态文明呈良好发展态势，获评2020年生态省建设和美丽浙江建设集体二等功。全年，实施城市建设政府投资项目20个，完成固定资产投资8.90亿元。年末，建成区面积8.45平方千米，实有城市道路面积168.73万平方米，排水管道长度136.85千米。县城人均地下结建防护面积达到2平方米。

【生态环境质量总体优良】2020年，县、乡镇两级实现生态环境质量报告制度全覆盖，全县环境空气质量总体良好，环境空气质量优良率为97%。以排污许可证制度为核心的污染源监管体系初步形成，排污许可登记完成率100%。全县开展柴油货车污染治理攻坚任务，完成年度任务的100%。全县开展疫情期间医疗废物的“日产日清”和规范贮存指导检查，确保全县医疗废物及时、有序、高效、无害化处置。2020年，完成高亭镇等3个环境空气自动监测站和5个乡镇小微空气自动站建设，在全市率先实现乡镇环境空气质量自动监测全覆盖。

【城乡环境综合整治】 2020年，城乡环境综合整治大会战坚持问题导向、坚持民生为本、坚持成效至上，着力“改善提升基础设施、治理规范行业乱象、补齐城市管理短板、优化公共区域环境、健全常态管理机制”，为成功赢得全国县级文明城市提名资格奠定坚实基础。全面推进十四大行动，包括精品示范街（路）创建、背街小巷整治、住宅小区周边餐饮业油烟扰民整治、瓶装液化气市场整治、住宅小区违法建筑整治、城区外卖服务业规范整治、城区快递服务业治规范整治、建筑垃圾乱倾倒专项治理、居民小区环境专项整治、城区沿街遮阳篷整治、高亭中心渔港环境巩固提升、城区生活垃圾处置能力提升、城区“门前四包”升级实施、货运车辆占道现象整治。岱山县获得全市2020年度城乡环境综合整治攻坚行动先进集体。

【美丽岱山建设持续推进】 2020年，完成老旧小区改造71幢，投入资金7065.30万元，涉及群众1237户。全年完成新老城区纳污管网维护工程，实施高亭城区排涝能力提升工程，进行农村生活污水运维标准化改造。积极实施省级“美丽宜居示范村”创建，12月，岱东镇龙头村和衢山高涂村顺利通过专家组验收，其中岱东龙头村为优秀验收村庄，衢山高涂村为合格验收村庄。积极开展美丽城镇创建，东沙镇率先达到工业特色型美丽城镇创建基本要求，全县“五镇一乡”实施美丽城镇建设项目205个，总投资5.29亿元。其中，东沙镇37个建设项目完成投资6887万元，完成年度投资的100%，并通过省美丽城镇考核组的考核验收，被评为2020年浙江省美丽城镇达标城镇，2020年度美丽城镇市级样板。

责任编辑：虞迪燕

中国共产党岱山县委员会

Daishan County Committee of the Communist Party of China

综　述

【概况】 2020年，中共岱山县委深入学习贯彻习近平新时代中国特色社会主义思想，团结带领全县上下，坚决贯彻落实中央和省市决策部署，贯彻新发展理念、构建新发展格局、推动高质量发展，扎实做好“六稳”工作、全面落实“六保”任务，聚焦建设“四个岱山”、打造“重要窗口”海岛风景，增强“窗口意识”、强化“窗口担当”，全力以赴抓好疫情防控和复工复产，经济逆周期快速发展。全年地区生产总值384.80亿元，增长58.1%；城镇和渔农村常住居民人均可支配收入56646元和39238元，分别增长3.8%和6.3%。

【加强党的政治建设】 坚持习近平新时代中国特色社会主义思想作为最大的政治任务，认真贯彻落实习近平总书记考察浙江重要讲话精神，召开县委十三届十一次全会，对打造“重要窗口”海岛风景作出全面布局、系统部署、整体安排。全面贯彻落实中央和省市决策部署，强化战略执行，扎实做好“六稳”工作、全面落实“六保”任务，主动融入新发展格局，聚焦长三角一体化、全省“四大”建设、甬舟一体化、自贸试验区建设、经济高质量发展、全面深化改革、治理体系和治理能力现代化，保持高质量发展和社会和谐稳定的良好局面。

【加速推进国家战略】 全力做好舟山绿色石化基地服务保障，深化拓展“四上”项目党建工作法、“连队化+科技化”管理模式，完善“一口受理”工作机制，设立鱼山岱山县社会矛盾纠纷调处化解中心，切实做好项目建设中的疫情防控、社会治安、矛盾调解、劳资纠纷等工作，浙石化项目一期满负荷运转，二期部分装置进入投产准备阶段，全年产值超700亿元。加快建设国际油品储运基地，妥善完成黄泽山进港航道渔民政策处理，解决基地30万吨级以及8万吨级码头对外启用事宜，黄泽山151万方开港试运行，30万吨级油轮实现常态化靠泊，全年实现营业收入2.30亿元。全力推动矿石中转基地释放产能，自开港以来港口货物吞吐量累计突破2亿吨，成为全国最大混配矿基地。加快体制机制创新工作，复制推广自贸试验区第五批16项改革试点经验。与上海金山区政府、上海化学工业区、宁波镇海区签订战略合作协议，成功引入上海卓然等重大项目落户。建成宁波“人才飞地”，12家企业成功入驻。

【推动产业转型升级】 深入开展“三服务”活动，坚决落实减税降费各项举措，制定出台制造业高质量发展、科技创新等系列惠企扶持政策，全年为企业减负4.7亿元，推动企业企稳回升向好。改革完善开发区体制机制，形成“一区两片”的发展格局。谋划建设石化循环经济产业园，全面整治提升亩均税收2万元以下企业，处置6家“僵尸企业”，盘活土地面积212.4公顷，“四链两图”工作法入选省工业领域“最佳实践”案例。召开全县科技创新和人才工作大会，签约落地中科院宁波材料所岱山新材料研究和试验基地、中国石油大学（华东）密封技术研究所化工装置密封材料研发平台、航天科工未来产业创新中心、中国招商局集团邮轮研究院舟山分院等一批重大科创平台，科技创新评价指数排名跃升全省前列。出台《岱山县高层次人才引进管理办法》《岱山县柔性引才实施管理办法》等一揽子政策，引进紧缺专业人才37名，首个国家“引才计划”人才引进实现历史性突破。大力发展数字经济“一号工程”，成功举办首届数字岱山大会，建成投用数字创新大厦，积极实施5G+工业互联网应用平台、工业企业大数据平台等项目，岱山工业互联网平台列入全省重大新基建项目库，海山密封和晨光电器获评国家级专精特新“小巨人”企业。

【全面深化改革创新】 深化“最多跑一次”改革，推进政务服务2.0平台升级，推广“企业码”应用，全面上线运行投资项目在线审批监管平台3.0，实现一般企业投资项目审批“最多80天”。加快政府数字化转型，全面完成浙政钉2.0整合迁移和机关内部“最多跑一次”推广应用，创新推行“刷脸通办”，县行政服务中心35个窗口全面实现刷脸办事，63件企业和个人全生命周期“一件事”实现全流程“最多跑一次”，研究出台高水平建设最优营商环境行动方案，成功引进10亿元以上重大产业项目3个，实际利用市外资金37亿元，实际利用外资6815万美元，为经济发展注入强大动能。

【海岛大花园建设】 坚持规划引领，高标准完成《岱山岛美丽渔港活力港湾城市设计》《东海郊野公园规划》《小长涂未来社区规划》等规划编制。加快补齐城市基础设施短板，舟岱大桥、526国道岱山段改建、燕窝山陆岛交通码头等项目建设提速，新江南大桥建成通车，岱山新天地综合体建成营业，夜经济示范带建设完成，成功入选国家发改委发布的县城新型城镇化建设示范名单。深入开展文明县城创建，打好城乡环境综合整治大会战，以项目化方式对市容市貌、交通秩序、农贸市场等18项内容进行重点整治，成功获得全国县级文明城市创建提名资格。深入践行“绿水青山就是金山银山”理念，建成省级森林城镇2个和省级“一村万树”示范村2个，新增造林面积153.33公顷、彩色健康森林266.67公顷，成功获得省全域旅游示范县、省新时代美丽乡村示范县称号。全力打好治水治污大会战，完成5条品质河道、3个污水零直排区建设，成功捧得“大禹鼎银鼎”。

【社会民生发展】 扎实办好十方面民生实事，加大基本民生保障力度，全县财政民生支出40.91亿元，占一般公共预算支出的75.3%，增长10.4%。全力保就业、保基本民生，新增城镇就业5611人，城镇登记失业率为1.67%，成功创建省“无欠薪县”，零就业家庭实现动态清零。坚决打好精准脱贫攻坚战，深入实施“低收入渔农户收入倍增计划”，低收入渔农民实现“应保尽保”。开展全市唯一长护险改革试点，完成全国首家海岛服务驿站——大长涂海岛幸福驿家建设。低保人均月标准提高到810元，发放低保救助金、困难残疾人生活补贴等各类救助资金4574万元，结对帮扶1524对低收入渔农户。创新基层治理，构筑“一体两地”县社会矛盾纠纷调处化解中心、乡镇“基层治理四平台”、村社党群服务中心、全科网格的社会治理体系，实现矛盾纠纷化解“最多跑一地”。东沙镇“四治融合”治理模式入选浙江乡村振兴十大模式。纵深推进扫黑除恶专项斗争，加强渔业、工矿、危化品、道路交通安全等重点领域监管，成功获得省平安县称号。

【从严抓党建】 切实加强思想政治建设，持续巩固深化“不忘初心、牢记使命”主题教育成果。认真落实意识形态工作责任制，把意识形态工作纳入巡察重要内容，压紧压实主体责任。狠抓机关党建，组织召开基层组织座谈会、机关党的建设“晒比评”等会议，检视短板、整改问题，全面夯实党建基础。深入实施组织力提升工程，持续抓好“整乡推进、整县提升”工作，不断增强基层党组织战斗力。高质量完成87个村社组织换届，一肩挑比例100%。坚持项目化打造清廉岱山，推动政治监督常态化。严格落实中央八项规定精神，开展违规投资入股等专项整治，力戒形式主义、官僚主义，查处问题30起、处理36人次。严肃查处违纪违法行为，全年立案56件，留置2人、处分53人。加强政治巡察，完成17个县属单位、32个渔农村巡察。

（傅　烨）

重要会议

【中共岱山县十三届委员会第九次全体会议】 1月3日，县委召开中共岱山县十三届委员会第九次全体会议。会议审议决定中国共产党岱山县第十三届代表大会第四次会议相关事宜，审议通过中共岱山县委员会工作报告、中共岱山县纪律检查委员会工作报告。县委委员、县委候补委员，县纪委委员，不是县委委员、候补委员的县四套班子领导，县政协秘书长等参加会议。

【中共岱山县十三届代表大会第四次会议】 1月7日，县委召开中国共产党岱山县第十三届代表大会第四次会议，会议听取和审查中国共产党岱山县委员会工作报告，审查中国共产党岱山县纪律检查委员会工作报告（书面）。县十三届党代会代表、列席人员和邀请人员等参加会议。

【全县新型冠状病毒感染的肺炎疫情防控工作会议】 1月22日，县委召开全县新型冠状病毒感染的肺炎疫情防控工作会议。会议传达市委关于新型冠状病毒感染的肺炎（简称新冠肺炎）疫情防控工作会议精神，研究部署岱山县防控工作。县四套班子领导，县人民法院院长、县人民检察院检察长，县属单位主要负责人，乡镇党委主要负责人等约100人参加会议。

【全县公安工作会议】 3月6日，县委、县政府召开全县公安工作会议。会议全面贯彻落实全国、全省和全市公安工作会议精神，切实加强党对公安工作的领导，研究部署新时代岱山县公安工作，推进“湾区明珠·自贸港城”建设。相关县领导，县人民法院院长、县人民检察院检察长，县属（含部省市属在岱山）有关单位主要负责人，乡镇党委主要负责人，县公安局班子成员、基层派出所和鱼山警务站主要负责人等约120人参加会议。

【中共岱山县十三届纪律检查委员会第六次全体会议第一阶段大会】 3月20日，县委召开中国共产党岱山县十三届纪律检查委员会第六次全体会议第一阶段大会。会议深入学习贯彻习近平新时代中国特色社会主义思想，全面贯彻落实党的十九大和十九届二中、三中、四中全会精神，按照十九届中央纪委四次全会、省纪委十四届五次全会、市纪委七届五次全会和县十三届四次党代会的部署，回顾总结2019年党风廉政建设和反腐败工作，部署2020年任务。县四套班子领导，县人民法院院长、县人民检察院检察长，县政协秘书长，县纪委委员、县监委委员，县属（含部省市属在岱山）有关单位主要负责人、分管纪检或党建工作负责人，乡镇党委和政府主要负责人、纪委书记、纪委副书记、专职纪检监察干部，乡镇副科级以上干部，村（社区）书记，部分县党代表，县纪委县监委党风政风监督员，县委巡察组组长、县纪委县监委派驻纪检监察组组长、县纪委机关各部门负责人等约560人参加会议。

【全县党委（党组）书记抓基层党建和人才工作述职评议会】 3月12日，县委召开2019年度全县党委（党组）书记抓基层党建和人才工作述职评议会。会议深入学习贯彻习近平总书记关于党的建设重要论述，认真落实党的十九届四中全会、省委十四届六次全会精神和省市委部署要求，开展基层党建和人才工作述职评议，对进一步落实党委（党组）书记抓党建工作责任，推动基层党建和人才工作高质量发展进行研究部署。县委常委，县委党建工作领导小组、县党管人才工作领导小组成员单位主要负责人，乡镇党委主要负责人，县委组织部部务会议成员，部分县“两代表一委员”和“千名好支书”“万名好党员”、优秀人才代表，乡镇组织委员等约70人参加会议。

【全县高水平建设营商环境暨招商引资大会】 3月27日，县委召开全县高水平建设营商环境暨招商引资大会。会议深入学习贯彻习近平新时代中国特色社会主义思想，认真贯彻全省、全市制造业高质量发展大会等有关会议精神，全面部署优化营商环境工作，总结2019年度招商引资工作成绩，研究部署2020年工作，进一步激发全县创新创业创造活力。县四套班子领导，县人民法院院长、县人民检察院检察长，县属（含部省市属在岱山）有关单位主要负责人，乡镇班子成员，社区和渔农村党组织书记，各行业企业代表等参加会议。

【全县党建工作会议】 4月2日，县委召开全县党建工作会议。会议深入学习贯彻中央和省市党的建设相关会议和文件精神，总结2019年工作，研究部署2020年党建工作任务，进一步统一思想、凝聚力量，全面推进全县党建工作再创新业绩、再上新台阶，为“湾区明珠·自贸港城”建设提供坚强有力保障。县委常委，县属（含部省市属在岱山）有关单位主要负责人、分管负责人，县纪委常委，县委组织部、县委宣传部、县委统战部部务会成员，县纪委派驻纪检监察组组长，乡镇党委书记、分管副书记、纪委书记、相关党委委员，社区和渔农村党组织书记等参加会议。

【县委渔农村工作会议】 4月3日，县委召开县委渔农村工作会议。会议以习近平新时代中国特色社会主义思想为指导，全面落实中央和省委、市委农村工作会议精神，总结回顾2019年岱山县渔农村工作，研究部署高质量补齐“三农”工作短板和2020年渔农村工作任务，为高水平全面建成小康社会和“四个岱山”建设做贡献。县四套班子分管领导，渔农村工作指导组大组长，县委农业和农村工作领导小组成员单位、县乡村振兴工作领导小组成员单位和县属（含部省市属在岱山）有关单位负责人，乡镇党委书记、副书记，乡镇分管副乡镇长、行政村村书记，市县渔农村工作指导员各组组长等参加会议。

【县委理论学习中心组专题报告会】 5月7日，县委召开县委理论学习中心组专题报告会。会议深刻领会习近平总书记在中央政治局第十八次集体学习时的重要讲话精神，充分认识区块链发展的重大战略意义，深入实施数字经济“一号工程”，更好了解区块链技术在经济运行、社会管理、公共服务等领域的运用及监管，加快建设“数字岱山”，推动全县高质量发展和现代化经济体系建设。县委理论学习中心组全体成员，县属（含部省市属在岱山）单位主要负责人，各乡镇、县大数据管理中心、县发改局、县经信局、县公安局、县财政局、县审计局、县市场监督管理局、县统计局、县综合行政执法局、中国（浙江）自由贸易试验区岱山综合事务服务中心、县税务局、县人民银行、县工商银行、县农业银行、县中国银行、县建设银行、县农商银行全体班子成员及部分中层干部等参加报告会。

【全县推进县域治理现代化暨建设平安岱山工作会议】 5月19日，县委、县政府召开全县推进县域治理现代化暨建设平安岱山工作会议。会议贯彻落实党的十九届四中全会、省委十四届六次全会和省、市平安建设工作会议精神，研究部署当前和今后一个时期全县高水平推进县域治理现代化和平安岱山建设工作。县四套班子领导，县人民法院院长、县人民检察院检察长，乡镇党政人大班子成员，综治办专职副主任，社区、村党组织主要负责人等参加会议。

【争创国家生态文明建设示范县暨治水治污大会战工作会议】 6月4日，县委、县政府召开争创国家生态文明建设示范县暨治水治污大会战工作会议。会议学习贯彻习近平总书记在浙江调研时的重要讲话精神，总结回顾美丽岱山建设和治水治污大会战工作成效，深入分析存在的困难和问题，部署2020年争创国家生态文明建设示范县和治水治污大会战工作任务，全力助推“四个岱山”建设。县四套班子主要领导、县政府分管副县长，部分县属（含部省市属在岱山）单位主要负责人，县美丽办、治水办负责人，乡镇党委书记、乡镇长、分管副镇长、相关科室负责人，社区、村主要负责人等参加会议。

【“数字岱山”建设工作推进会】 6月8日，县委、县政府召开“数字岱山”建设工作推进会。会议深入贯彻落实全国“两会”和习近平总书记在浙江考察时的重要讲话精神，进一步深化“最多跑一次”改革，推进政府数字化转型，深入实施数字经济“一号工程”，加快推进“数字岱山”建设，高水平推动县域治理体系和治理能力现代化，促进岱山经济社会高质量发展。相关县领导，县属（含部省市属在岱山）有关单位主要负责人，乡镇党委主要负责人等约60人参加会议。

【全县机关党的建设工作“晒比评”会议】 6月24日，县委召开全县机关党的建设工作“晒比评”会议。会议认真学习领会习近平总书记在中央和国家机关党的建设工作会议上的讲话精神以及全市贯彻落实习近平总书记重要讲话精神、全面提高全市机关党的建设质量座谈会精神，深入贯彻落实中央文件要求，进一步检视机关党建存在的短板问题，全面提高全县机关党的建设质量和水平，推动全面从严治党向纵深发展，为打造“重要窗口”海岛风景提供坚强保障。县委常委，县人大常委会、县政协党组书记，县人民法院院长、县人民检察院检察长，县属（含部省市属在岱山）有关单位党委（党组）主要负责人，乡镇党委主要负责人等约120人参加会议。

【县委召开全县村（社区）组织换届工作领导小组（扩大）会议】 7月9日，县委召开全县村（社区）组织换届工作领导小组（扩大）会议。会议深入学习贯彻习近平总书记关于基层组织建设和村社换届系列重要指示精神，学习贯彻省委十四届七次全会和省委、市委关于村社换届的相关要求精神，研究村社换届准备工作，审议换届相关文件和事项，动员部署村社换届试点工作。相关县领导，县属有关单位主要负责人，乡镇党委书记、副书记、组织委员等约50人参加会议。

【县委十三届十一次全体（扩大）会议】 7月17日，县委召开十三届十一次全体（扩大）会议。会议高举习近平新时代中国特色社会主义思想伟大旗帜，深入学习贯彻习近平总书记考察浙江重要讲话精神，贯彻落实省委十四届七次全会和市委七届九次全会精神，进一步动员全县广大党员干部群众增强“窗口意识”、强化“窗口担当”，一以贯之打好“五大会战”，奋力开启“四个岱山”建设新征程，努力打造“重要窗口”海岛风景。县委委员、候补委员，县纪委委员，不是县委委员、候补委员的县四套班子领导，县人民法院院长、县人民检察院检察长，其他县处级领导干部，担任过正县处级领导职务的老同志，县政协秘书长，县人大、县政协各专委室主要负责人，乡镇党委和政府主要负责人、纪委书记，县属（含部省市属在岱山）单位主要负责人，基层县党代表、疫情防控和复工复产一线表现突出的优秀党员代表等约500人参加会议。

【县委议军暨党管武装工作（国动委）会议】 7月31日，县委县政府召开2020年度县委议军暨党管武装工作（国动委）会议。会议深入学习贯彻习近平总书记关于加强党管武装和国防动员工作重要指示精神，总结分析上半年岱山县人民武装工作和后备力量建设形势，进一步统一思想，部署明确下半年主要任务。县四套班子主要领导，县委常委，县国防动员委员会全体成员和各办公室成员，乡镇党委书记、人武部长等约60人参加会议。

【全县民政会议暨第二届慈善大会】 8月17日，县委、县政府召开全县民政会议暨第二届慈善大会。会议深入学习贯彻习近平总书记关于民政工作的重要指示和考察浙江重要讲话精神，全面落实全国、全省、全市民政会议精神，总结上阶段县民政慈善事业发展取得的成绩，表扬先进，研究部署今后一个时期发展任务，推进新时代岱山县民政事业高质量发展，为奋力开启“四个岱山”建设新征程、打造“重要窗口”海岛风景，建设“湾区明珠·自贸港城”贡献力量。相关县领导，县属有关单位主要负责人，乡镇党委书记，先进代表等约70人参加会议。

【打造“模范机关”推动机关党的建设高质量发展“晒比评”会议】 9月4日，县委召开打造“模范机关”推动机关党的建设高质量发展“晒比评”会议。会议认真学习领会习近平总书记考察浙江重要讲话精神，深入贯彻落实省委十四届七次全会精神和县委十三届四次全会部署要求，进一步健全“不忘初心、牢记使命”主题教育长效机制。坚持打铁必须自身硬，以正视问题的自觉和刀刃向内的勇气，从领导机关自身抓起，示范打造具有“最优机关党建、最优营商环境、最优干部队伍”的模范机关，激发各级党委（党组）切实扛起职责使命，争先创优、比学赶超，为建设“重要窗口”海岛风景展现更大担当。县委常委，县人大常委会、县政协党组书记，县人民法院院长、县人民检察院检察长，县属（含部省市属在岱山）有关单位党委（党组）主要负责人，乡镇党委主要负责人等约80人参加会议。

【全县村（社区）组织换届工作会议】 10月12日，县委、县政府召开全县村（社区）组织换届工作会议。会议深入学习贯彻习近平新时代中国特色社会主义思想，特别是习近平总书记关于基层组织建设和村社组织换届的重要指示精神，贯彻落实全省、全市村（社区）组织换届工作会议精神，总结试点经验，部署全县村（社区）组织换届工作。有关县领导，县村（社区）组织换届工作领导小组成员单位主要负责人，乡镇党委书记、组织委员，县村（社区）组织换届工作指导督导组全体成员、县村（社区）组织换届工作领导小组办公室全体成员等约60人参加会议。

【全县科技创新和人才发展大会】 10月23日，县委、县政府召开全县科技创新和人才发展大会。会议深入学习贯彻习近平总书记关于科技创新和人才发展的重要论述，全面贯彻省委十四届七次全体（扩大）会议精神和全市科技创新工作会议精神，大力实施创新驱动发展战略，总结近年来全县科技创新和人才发展工作，研究部署下一阶段全县科技、人才工作，动员全县上下大力实施创新驱动发展战略，加快补齐岱山县科技创新短板，为实现高质量跨越发展、建设“重要窗口”海岛风景提供坚强科技支撑和人才保证。县四套班子主要领导、县委常委、县政府副县长，县属（含部省市属在岱山）有关单位主要负责人，乡镇党委和政府主要负责人，部分企业主要负责人、分管科技工作负责人，科研院所和服务机构代表，甬舟人才飞地企业代表和各类人才代表等参加会议。

【全县领导干部会议】 11月2日，县委召开全县领导干部会议，传达学习党的十九届五中全会精神。县四套班子领导，县人民法院院长、县人民检察院检察长，担任过县处级领导职务的老同志，县政协秘书长，县人大、政协各专委室主要负责人，县属（含部省市属在岱山）单位主要负责人，乡镇党委和政府主要负责人等约130人参加会议。

【全县服务业发展工作推进会】 11月2日，县委、县政府召开全县服务业发展工作推进会。会议深入学习贯彻习近平总书记重要讲话精神，认真贯彻落实中央和省市决策部署，坚定实施扩大内需战略，深入查找服务业存在的短板、寻求破解办法，深化供给侧结构性改革，突出民生导向，全面提升全县现代服务业发展水平，为推动岱山经济高质量发展，建设“重要窗口”海岛风景打造新引擎、培育新动能。县四套班子主要领导，县委常委、县政府副县长，县属（含部省市属在岱山）有关单位主要负责人，乡镇党委主要负责人等约 70 人参加会议。

【“数字岱山”大会】 11 月 27 日，县委、县政府召开数字岱山大会。会议总结近年来县推进数字经济工作成效，研究梳理面向“十四五”的数字经济、数字治理和数字社会建设工作思路，为“十四五”数字岱山建设开好局、起好步。县四套班子领导，县人民法院院长，县人民检察院检察长，县属（含部省市属在岱山）有关单位主要负责人，乡镇党委或政府主要负责人等约 100 人参加会议。

【平安岱山暨法治岱山建设考核推进会】 12 月 3 日，县委召开平安岱山暨法治岱山建设考核推进会。会议全面落实 2020 年平安岱山、法治岱山建设考核任务，认真研究分析当前形势，部署下一步工作任务，决胜冲刺平安岱山、法治浙江考核。县委有关领导，县委建设平安岱山领导小组办公室、法治岱山建设各成员单位、乡镇分管领导等约 50 人参加会议。

【县委农业和农村工作领导小组（扩大）会议】 12 月 4 日，县委召开县委农业和农村工作领导小组（扩大）会议。会议贯彻习近平总书记关于“三农”工作重要论述和党的十九届五中全会、省委十四届八次全会精神，高质量推进乡村振兴，总结今年农业农村工作，谋划 2021 年和“十四五”时期工作，努力把岱山县美丽乡村建设成为“重要窗口”海岛风景。县委常委，县人大、县政府、县政协分管领导，县属有关单位主要负责人，乡镇党委书记等约 50 人参加会议。

【中共岱山县委十三届十二次全体（扩大）会议】 12 月 28 日，县委召开中共岱山县委十三届十二次全体（扩大）会议。会议以习近平新时代中国特色社会主义思想为指导，全面贯彻党的十九届五中全会、中央经济工作会议、省委十四届八次全会、省委经济工作会议和市委七届十次全会精神，深入贯彻习近平总书记考察浙江重要讲话精神，审议通过《关于制定岱山县国民经济和社会发展第十四个五年规划和二〇三五年远景目标的建议》。县委委员、候补委员，县纪委委员，不是县委委员、候补委员的县四套班子领导，县人民法院院长、县人民检察院检察长，其他县处级领导干部，县人大、县政协各专委会主任，乡镇党政主要负责人、乡镇纪委书记，县属（含部省市属在岱）单位主要负责人，县委各巡察组组长等约 550 人参加会议。

（唐美红）

重要决策

【全面深化国有企业改革】 3 月 5 日，中共岱山县委、岱山县人民政府（简称县委、县政府）出台《关于印发〈关于全面深化国有企业改革的指导意见〉的通知》（简称《意见》）。《意见》明确，全县国有企业深化改革要以加快市场化改革、完善国资监管体制为目标，进一步完善产权清晰、权责明确、政企分开、管理科学的现代企业制度，健全激励约束机制，实施分类监管考核，探索市场化选人用人机制；以简政放权、整合重组为突破口，提高国有资本效率，增强国有企业活力；全面加强国企党的建设，切实提高监管的科学性、针对性和有效性，促进国有资产保值增值，推动国有资本做强做优做大。深化国有企业改革，要坚持党对国有企业的领导，坚持服务全县经济社会发展大局，坚持政企分开、政资分开，坚持统筹协调、有序推进四项基本原则。国有企业改革要做好六项重点任务，包括实施国有资产统一监管攻坚，加快实现从管资产向管资本的转变，形成以管资本为主的国有资产监管体系；实施国有企业改革转型攻坚，推进国有企业转型升级；打造专业化投资运营平台，围绕管资本完善授权经营机制，探索国有资本投资运营的市场化模式；实施国有资本布局优化整合攻坚，推进国有企业转型升级；实施公司治理完善攻坚，规范完善现代企业的董事会、监事会等核心组织建设，重点优化董事会结构和运行机制，发挥监事会过程监督作用；实施监管职能转变攻坚，加强公司章程管理；实施国有企业党建强化攻坚，加强企业党组织关系归口县国资监管办统一管理。《意见》强调，要加强组织领导，规范有序实施，完善改革配套政策，营造良好改革氛围。

【推进制造业高质量发展】 5月14日，县委、县政府出台《关于推进制造业高质量发展的若干意见》（简称《意见》）。《意见》指出要以着力建设全国先进制造业基地为总体要求和发展目标，更好发挥制造业在全县经济高质量发展中的支撑地位和辐射带动作用。通过构建高标准数字赋能体系，发挥高质量智能优势，支持数字经济核心制造业培育壮大，支持制造业数字化服务平台引育，支持工业和信息化融合创新能力建设，支持工业互联网建设，支持数字化基础设施建设。通过构建高层次创新体系，增强高质量发展动能，深入推进智能制造，激发制造业企业创新主体活力，支持海洋生物医药、应急等产业发展。通过构建高成长企业体系，培育高质量发展梯队，开展大中小企业梯度培育，强化重大制造业项目招商，深入实施绿色制造工程，鼓励企业实施兼并重组，加大企业市场拓展力度。通过构建高成长企业体系，培育高质量发展梯队，全力推进“三服务”活动，着力提升发展特色小微园区，加强制造业人才队伍建设，加大金融支持制造业力度。《意见》对施行对象和施行期限进行了明确规定。

【创建全国县级文明城市】 3月16日，县委、县政府印发《2020年岱山县创建全国县级文明城市行动方案》（简称《方案》）。《方案》提出总体要求，以习近平新时代中国特色社会主义思想为指导，坚持以人为本、创建为民，以培育和践行社会主义核心价值观为根本，以提升城市文明程度为主线，着眼推动创建工作常态长效，着手解决突出问题和薄弱环节，着力推进人的全面发展，为加快推进“湾区明珠·自贸港城”提供精神支撑和思想保障。《方案》指出，通过一年努力，实现群众文明素质、城市文明程度获得重大提升；城市面貌、市政设施、管理水平再上新台阶；在全国县级文明城市测评中，力争获得全国县级文明城市提名资格。《方案》明确创城的工作步骤，18个专项行动的联系领导、牵头单位以及工作职责。

【高水平推进县域治理现代化】 4月30日，县委出台《关于认真学习贯彻党的十九届四中全会精神高水平推进县域治理现代化的意见》（简称《意见》）。《意见》指出，要坚持以习近平新时代中国特色社会主义思想为指导，深入贯彻党的十九大和十九届二中、三中、四中全会精神，认真落实省委十四届六次全会和市委决策部署，以“八八战略”为统领，以“最多跑一次”改革为牵引，推进系统治理、依法治理、综合治理、源头治理，走出一条具有时代特征、岱山特色的县域治理现代化路子，推动实现更高质量的发展、更高水平的平安，为建设“湾区明珠·自贸港城”提供有力保证。《意见》明确高水平推进县域治理现代化的总体要求、基本原则和主要目标，强调要健全党的领导制度体系，确保更好实现党的全面领导；健全现代法治体系，推进更高标准法治岱山建设；健全高质量发展制度体系，以高水平治理推进高质量发展；健全社会治理体系，打造“海上枫桥”经验升级版。《意见》强调，要加强县域治理现代化工作的组织领导，提高领导干部制度执行力和治理能力，发扬新时代新担当新作为的精神和作风，全面提升治理能力，保障制度优势更好转化为治理效能。

政策研究

【研究制定《中共岱山县委关于制定岱山县国民经济和社会发展第十四个五年规划和二〇三五年远景目标的建议》】 8月，成立由县委、县政府主要负责人任组长，各乡镇和相关部门负责人为成员的“十四五”规划编制工作领导小组，正式启动规划建议稿起草工作。8—11月，县规划编制工作领导小组就重大项目、重大改革、重大平台、重大政策等情况，进行深入调研、听取各方面意见，于11月23日起草《建议》稿，

12月7日就《建议》（征求意见稿）征求党内外意见。县委专门召开有关座谈会，广泛征求各乡镇、各部门、党代表和党外人士、老同志、企业家以及社会各界的意见。县委常委会会议审议通过《建议》审议稿，于12月28日提交中国共产党岱山县第十三届委员会第十二次全体会议审议通过。

【2035年远景目标和“十四五”发展主要目标】 根据中央和省委、市委对2035年远景目标的要求和目标确定，县委根据岱山县实际，在“十三五”取得成就和“十四五”发展目标的现实基础上，并依据上级规划建议对2035年远景目标以定性表述为主、蕴含定量的方式，对岱山县2035年远景目标进行客观定位，提出总体目标是与全国、全省、全市同步基本实现社会主义现代化，全面建成“湾区明珠·自贸港城”。根据远景目标和“十四五”期间的形势、机遇和问题，《建议》对“十四五”发展主要目标进行安排：一是地区生产总值年均增长20%以上，突破850亿元。二是打造海洋科技创新示范区，研究与试验发展经费投入强度明显增强，建成一批科技创新平台，科技创新能力显著提升。三是打造链接国内国际双循环海上枢纽节点，油品、矿石、LNG等大宗商品储存、中转、加工、贸易等产业实现重大进展，以油气为核心的大宗商品资源配置基地基本建成。四是以数字化改革牵引全面深化改革，高标准完善市场体系，全方面激发市场活力，建成国内一流的县域营商环境。五是建设长三角全域美丽的海岛大花园，形成“岛岛是花园、村村见美景”大美格局。六是打造城乡一体化发展的海岛样板，城乡融合发展步伐加快，基本公共服务实现均等化，常住人口城镇化率达到75%左右。七是建成县域治理现代化典范，“整体智治、唯实惟先”的现代政府基本建成，“县乡一体、条抓块统”高效协同治理格局基本形成。

（傅　烨）

其他党务工作

【参谋辅政】 2020年，县委办公室坚持把参谋辅政作为第一要务，紧扣县委中心工作和重大任务，完善落实调查研究、重要文稿起草联动、紧急信息预警报送等机制，以文辅政、以智咨政，高水平服务决策。精准组织调查研究，重点聚焦扎实推进“六稳”“六保”、长三角一体化、自贸区建设、新经济战略等重大决策部署深入研究，有针对性地提出意见建议，做到参在实处，谋在新处。深刻领会县委决策意图，牵头起草、把关修改会议报告、经验交流、意见方案等各类高质量文稿300余篇。强化信息服务意识，在强化研判、提升服务层次上下功夫，全年共编发《岱山信息》700余条，被省委办公厅录用信息30余条，被市委办公室录用信息近30条，超额完成市委下达的全年考核任务，其中《岱山县“四个聚焦”精准施策实现招商引资量质齐升》《岱山县渔农村环境在“创城”暴露出来的问题及建议》等13条信息被市委、县委主要领导批示。

【综合协调】 2020年，县委办公室充分发挥牵头抓总、协调各方的职能作用，高效率做好统筹协调工作，推动全县上下形成同频共振的工作格局。注重协调上下，围绕“上情下达、下情上传、综合汇总、协调联络”的工作要求，加强与市委办公室、市政策研究室、市委改革办公室的联系沟通，争取工作主动，圆满完成上级交办的各项任务。注重沟通左右，统筹好办公室与各乡镇、各部门的关系，加强同县人大、县政府、县政协、县纪委“四大”办公室及县委常委部门的协同配合，建立健全“4+5”月度联席会议制度，特别是面对突如其来的“新冠肺炎”疫情，第一时间协助县委组建防控领导小组，拟定县领导联系乡镇督查疫情防控工作相关要求，迅速构建起强有力的疫情防控“战时”机制，优质高效保运转，为打赢疫情防控阻击战贡献办公室力量。此外，进一步规范县委改革办、县委国安办、县委财经办等议事协调机构办公室运行规则，充分履行议事协调机构办公室对重大工作的统筹协调、整体推进职能，提升议事效率。

【督促检查】2020年，县委办公室严格实行督查检查年度计划管理和审批报备制度，通过随机抽查、专项督查、联合督查等多种形式，定期对全县重大项目、海岛大花园建设、“五大会战”、优化营商环境等重点工作进行跟踪问效，提高现场督查和暗访督查比重，确保工作落地生根。主动跟进热点难点问题,先后开展“解决形式主义突出问题为基层减负”回头看、贯彻落实中央八项规定实施细则的具体办法督查、全省公安工作会议决策部署问题清单整改督办等工作，以真督实查，推动中央和省市县委各项工作部署落到实处。全程跟进领导批示办理，第一时间分解立项、及时下达、督促落实，全年共办理省市上级领导批示件34件、县委领导批示件375件、专项工作交办单30件,做到事事有着落，件件有回音。充分发挥绩效考核指挥棒作用，以高质量发展综合绩效考核评价指标为基础，进一步建立完善县本级“1个综合考核+N个专项考核”的大考核体系，加大考核事项统筹归并力度，实现县本级考核一张表。

【日常保障工作】2020年，县委办公室积极构建顺畅有序的“大接待”工作模式，加强与市级接待系统的对接沟通，不断提高政务接待水平和满意度，顺利完成30余批次中央、省市重要领导到岱山的考察接待任务。加强会议活动保障，认真制定全县性重要会议、重大活动的方案，精心组织落实，牵头承办县党代会、县委全会等各种会议活动140余次。加快信息化建设，依托浙政钉软件、协同办公系统以及电子公文交换系统，进一步加大发文统筹力度，完善公文内部流转机制，确保收发文工作规范、高效，全年累计发文236件，处理各级来文720余件。严格做好密级文件、机要件的收发、登记、传阅和保管工作。按要求完成年度档案整理、归档，推进数字化档案管理，提升档案软硬件保障水平。做好日常办公、值班应急、公务出行等工作，全力保障县委安全、顺畅、高效运行。

【机要保密工作】2020年，县委办公室高标准推进屏蔽机房改建工程，严格落实24小时值班制度，规范电报存档登记手续，全年共办理各类电报900余份，做到电报办理零事故，确保任何时候、任何情况下，同省委、市委和各级党委指挥安全畅通。加强保密宣传教育，通过开设“保密小课堂”、播放保密宣传片、展出保密宣传画板等多种形式，全年累计受众万余人。加大保密检查力度，按月分批对全县60余家开展检查，对发现的50余个问题逐个督促整改落实，确保清除泄密隐患，保障涉密视频会议80余场次。全力推进党政机关计算机国产化替代工程，超额完成200台电脑的替代任务。

【党内法规建设】2020年，县委办公室进一步完善县委法律顾问制度和县委党内法规工作联席会议制度，切实强化党内法规执行力度。贯彻落实《关于做好党委（党组）规范性文件备案工作的通知》，开展全县党委（党组）发文目录审查工作，进一步规范文件备案审查，向市委报备党内规范性文件6件，备案及时率、通过率均达到上级要求。加大党务公开力度，完成《中共岱山县委全面实施深化党务公开工作实施方案》初稿编纂，结合部门间“最多跑一次”改革，规范党务公开方案审批办事指南、党务公开事项审批表、党务公开方案审批办事流程图等事项内容，将责任落实到人、落实到细节。

【“三服务”活动】2020年，县委办公室持续完善问题收集、办理、反馈的闭环管理工作机制，探索在现有各类便民服务终端上增设“三服务”模块，加大小管家平台应用力度，统一接入、全面贯通浙江政务服务网、“浙里办”“浙政钉”、机关内部“最多跑一次”协同办事等各类系统，加快推进“一站通办、一网通办、一号通办、一次通办”,全年共办理“三服务”事项总数2743条，办结2740条，办结率达99.9%。创新推出“驻企服务员”制度，百名机关干部一对一联系企业开展实地指导帮扶，有效破解疫情防控常态化背景下企业招工难、融资难、物流运输难等突出问题，推动全县经济社会实现高质量发展。

【深化改革工作】 2020年，县委办公室统筹做好县委改革相关工作，制定《2020年岱山县全面深化改革工作要点》，列出8个专项分领域76项重点改革任务，逐一明确目标要求、责任主体、进度安排，推动改革任务落地见效。正式启用机关内部“最多跑一次”平台系统，323项非涉密事项均接入平台，实现100%“一窗受理、一网通办”。机关事业单位职业生涯全生命周期管理“一件事”实现100%网办。及时总结提炼全县全面深化改革经验和做法，《岱山县打造“海岛一体化”行政服务中心》《保障企业办事、护航海岛经济》成功入选《竞跑者》，《岱山县围绕‘四链两图’做实石化产业链建链延链强链文章》做法得到省长郑栅洁批示肯定，成功入选省创先争优“最佳实践”案例。

【干部队伍建设】 2020年，县委办公室坚持以新时代党的组织路线为导向，突出政治标准和实绩导向，切实把好选人用人关，全年班子会议集体讨论决定干部任免事项8次。严格执行《岱山县乡镇、县属单位股级干部管理办法》规定，启动办公室部分中层干部选拔任用工作，1名干部提任副股级。积极推动办公室干部向更高层面发展，有1名干部经组织考察后提任到正科级领导岗位，1名干部提任到副科级领导岗位，1名副科级领导平职交流到县属部门任职。完成首轮公务员职级晋升工作，4名干部晋升一级主任科员，6名干部晋升三级主任科员，1名干部晋升四级主任科员。积极推进多岗位、跨部门锻炼的干部交流工作制度，年内1名干部进行办公室内部轮岗交流，抽调1名干部参与市文明创城工作，1名干部到省委办公厅信息处挂职锻炼，干部干事创业的热情进一步激发。

（傅　烨）

组织工作

【概况】 2020年，中共岱山县委组织部（简称县委组织部）立足自贸区建设和岱山发展大局，以习近平新时代中国特色社会主义思想为指导，以党的政治建设为统领，坚持全面从严治党，着力选好班子建好队伍，持续深化各领域基层党组织规范化建设，全面聚才引智打造人才高地，为“湾区明珠·自贸港城”建设提供强有力的组织保障。至2020年末，全县共有党员12568人。其中预备党员165人，占党员总数的1.3%；少数民族14人；女党员3796人，占30.2%。年龄构成：35岁及以下2301人，占18.3%；36～45岁1791人，占14.3%；46～55岁2322人，占18.5%；56岁～60岁的1231名，占9.8%；60岁以上的4923名，占39.2%。学历构成：研究生、大学本科、专科毕业5390人，占42.9%；中专毕业739人，占5.9%；高中、中技毕业1284人，占10.2%；初中及以下5155人，占41.0%。职业构成：公有经济、非公有经济单位在岗职工4968人，占39.5%；农渔民3395人，占26.8%；离退休人员3043人，占24.2%；其他职业1162人，占9.0%。

【高素质干部队伍建设】 2020年，县委组织部坚持以“实绩论英雄”为导向，注重在急难险重工作中考察识别干部。疫情防控期间，组织考察专班先后到各乡镇、疫情防控成员单位“随行考察”，重点了解各单位疫情防控开展情况和干部的政治表现，共掌握在防疫一线表现突出的干部84名。根据干部整体表现情况，对其中参与前线防疫、表现突出、符合条件的13名干部予以提拔和转任重要岗位；开展年轻干部素质能力提升工程，政治素质考察中了解的表现较好干部中抽调30名，组建“集训班”开展为期一个月的政治素质提升封闭式集训，强化年轻干部的党性修养、增强年轻干部的政治素质、优化年轻干部的知识储备，选派40名双招双引助理员充实到专业招商组、驻点招商组和招商小分队，全面提升年轻干部专业素质。进一步加强年轻干部专业化岗位历练，开展“90后”年轻干部跨专业跨领域竞岗交流工作，优化全县中层干部队伍结构。

【村社组织换届工作完成】 2020年，县委组织部高质量完成全县村社组织换届工作，实现党组织书记、村（居）委会主任“一肩挑”成功率、“一肩挑”及“两委”班子一次性选举成功率“三个100%”高质量目标，打造一支适应新时代发展格局的岱山村社干部队伍；233名“新进两委”年轻人充实到村社班子队伍，围绕“五好两确保”换届目标，建立选情“三色”动态研判机制，因村施策推动整转，87个村社全部实现“一肩挑”、村社主职干部全部高票当选、“两委”班子成员全部一次选出，“一肩挑”平均年龄下降7.6岁，大专及以上学历提升20.7%，女书记占比达到24.1%。

【人才工作】 2020年，县委组织部全面深化推进岱山县大力促进高校毕业生到岱山就业创业专项政策，以政策落地为契机，制定出台《岱山县高层次人才引进管理办法》《岱山县柔性引才实施管理办法（试行）》等一揽子政策文件，加大政府购买人才服务力度，实现2家猎头公司的落户，带动一批项目、团队、人才的集聚；抓紧抓实“人才第一资源”，刚性引进岱山首个“国千”人才王革，实现高精尖人才招引历史突破。全年共引进紧缺专业人才45名。举办网络招聘会、“不见面”沟通、“线上”面试等130余场次，共引进大学毕业生1441人；高质量打造“甬舟人才一体化发展飞地”，开展“工作生活在宁波、税收贡献为岱山”的跨领域合作交流，首批12家企业正式入驻。

【机构编制工作】 2020年，事业单位改革工作圆满完成，其中完成事业单位清理规范整合工作，全县事业机构由原来的178家精简整合为137家，精简率达23%，超额完成省级下达任务；完成全县33个承担行政职能事业单位向行政主管部门划转行政职能，提速全县经营类事业单位机构改革工作，严格按照程序，完成全县137家事业单位机构编制，平稳完成全县涉改事业单位146名人员转隶，激活机构编制督查效力；组织开展超审批权限设置机构等问题自查自纠工作，借力全县选人用人专项检查，排查机构编制违规违纪事实，认真贯彻落实机构编制管理法律法规和政策规定，严格规范股级职数使用、出入编，事业单位登记管理等机构编制日常事项，进一步提升部门机构编制工作规范性。

2020年10月12日，全县村（社区）组织换届工作会议在县行政中心召开

（县委组织部　供图）

【老干部工作】 2020年，县委组织部持续打造老干部党建基地，建立舟山绿色石化老干部走看促基地、岱东上船跳老干部户外银尚实践基地和衢山罗家岙离退休干部党建主题党日活动基地，布局老党员驿站，推出老党员活动主题案例菜单，在涉老团体党组织建立党建联盟共同体；深入基层开展“社会治理、银耀有我”主题志愿服务活动，联动全县离退休干部党组织，发挥老干部所长，助力全县社会治理现代化和全国县级文明城市创建。

【党员发展工作】 2020年，全县各级党组织按照“控制总量、优化结构、提高质量、发挥作用”要求，严格做好党员发展工作。

全县发展新党员155人。其中女党员62人，占新党员总数的40%；处在生产第一线的84人，占54.2%；机关事业单位工作人员56人，占36.1%；专业技术人员38人，占24.5%；35岁及以下92人，占59.4%；按文化程度：大专以上122人，占78.7%；高中、中技及中专15人，占9.7%；初中及以下18人，占11.6%。至年末，全县有入党积极分子366人。

（张灵姬）

宣传工作

【意识形态建设】 2020年，县委宣传部制定出台乡镇、部门党委（党组）落实意识形态工作责任制任务清单。下发《岱山县突发重大网络舆情应急处置预案》《岱山县重大决策网络舆情风险评估及报告实施办法》。做好意识形态工作专项巡察、专题督查，牢牢掌握意识形态工作领导权、话语权、主动权。推进全县网络综合治理体系建设，实施舟山绿色石化基地网络清朗工程。强化对网络媒体、商业网站和自媒体的管理。强化日常监管提升技术管网能力，启动“新冠疫情”“两会”等互联网应急响应工作，妥善处理突发网络舆情。构建牢固的网络安全体系，开展网络安全事件应急演练，强化网络安全技术力量，组建全县网络安全专家库。县委网络安全和信息化委员会办公室被省委网络安全和信息化委员会办公室评为2020年度浙江省网评工作成绩突出集体。牢牢掌控新闻舆论阵地，完成节目改版升级，打造全媒体矩阵，实现本地新闻节目全覆盖。建好用好基层阵地，深化文化礼堂“建管用育”一体化建设，建成文化礼堂11家，开展“我们的节日”“我们的村晚”“礼堂唱红歌”等品牌活动，举办文艺演出、宣讲、体育培训等1200余场次。

【思想理论武装】 2020年，理论学习规范化水平不断提高，县委理论学习中心组率先垂范，围绕习近平总书记在浙江考察时的重要讲话精神等，带头组织专题学习12次。深化中心组观摩旁听工作，把学习理论、实地调研、检视问题、提出贯彻实施工作意见贯穿中心组学习全过程，做到学习工作两促进，推进“不忘初心、牢记使命”制度落实落地。积极开展党的十九届五中全会、省委十四届八次全会精神等基层宣讲活动。切实做好“学习强国”平台党员学习情况管理工作，全县“学习强国”人均学分排名在全市各县区第一，有1个单位获全省“学习强国”优秀学习组织称号，6位学员入选全省2019年度学习之星前500名。“学习强国”平台供稿纳入宣传舆情信息考核，平台供稿量190余篇。开展全县“学习强国”达人线上比赛，引导党员干部不断提高政治理论水平。开展“点单式”+“自助式”宣讲和微型党课线上宣讲和线下巡回宣讲联动，推出融媒体线上微党课板块。举办“抗疫群英故事宣讲会”，开展“我最喜爱的习总书记的一句话”微宣讲比赛以及党员干部线上微宣讲活动、“我们的小康　我们的家乡”微型党课大赛。全县青年宣讲工作登上央视新闻联播、浙江新闻联播、“人物”专栏节目和《宣传半月刊》杂志。

【主流舆论引导】 2020年，县委宣传部正面主流舆论持续巩固壮大，深入宣传贯彻关于疫情防控“两手硬、两战赢”部署要求，围绕县委、县政府中心工作，开展“一手抓疫情防控一手抓复工复产”“聚力三服务”“最多跑一次”改革等主题宣传，围绕岱山解放70周年、两山理念15周年、决战脱贫攻坚等重要节点，推出《战“疫”我在岗》《聚力三服务》《纪念岱山解放70周年——红色地标》等15个专栏，生动展示全县在经济社会建设的新成就。不断深化重大主题宣传，全年对外宣传报道2300余篇。其中央视一套《新闻联播》的《航空航天新能源领域等一批国家重点工程稳步推进》中报道了岱山县中广核海上风电项目；《人民日报》刊登《稳投资　重大工程挑大梁》（头版头条）、《海上风电建设忙》、《巨轮到港码头繁忙》等。

【休渔谢洋大典】 6月16日，2020舟山群岛·中国海洋文化节暨休渔谢洋大典在岱山鹿栏晴沙海坛举办。本次大典以“逐梦仙岛•福临岱山”为主题，分为序幕、祭海仪式和歌舞谢洋三部分，立足人民群众与本土渔文化特色。歌舞谢洋在《拢洋诵铭》中拉开序幕，金鼓擂动中，渔家儿女手执竹简，高声吟诵《海坛铭》;《宴遇·纳福谢洋》通过舞蹈演绎、还原东沙古镇千人宴的热闹场景，重温弄堂生活的民俗文化;《颂歌•仙岛新舟》融入现代说唱，展现新时代岱山风貌，从不同的角度展现着海岛美景与幸福美好生活。2020年谢洋大典增设全民祈福环节，市民、游客现场写下心愿，投入祈福箱。此外，推出“岱山杯”海洋文学大赛等配套活动。加强宣传引导，开展海洋文化系列宣传活动。

（吴舟超）

【新闻出版工作】 2020年，全县有印刷企业19家、出版物零售单位14家、电影放映单位2家，全年开展执法检查50余人次、检查各类经营单位138家次。组织文旅、公安、市场监管、消防等部门，开展联合执法检查3次。完成印刷企业、出版物零售单位的年度核验工作。

【“扫黄打非”】 2020年，县新闻出版局开展“扫黄打非”进基层宣传活动，充分利用农村公益电影放映平台，打造“电影+”宣传，在每场公益电影放映之前播放“扫黄打非”宣传短视频。6月起，自恢复农村公益电影放映以来，播放“扫黄打非”宣传短视频1134场次，覆盖全县每个渔农村。开展“扫黄打非”知识进渔农村文化礼堂宣讲3场，进舟山绿色石化基地开展宣传活动2次。开展“护苗”行动，在春秋季开学初，组织文旅、教育、市场监管等部门，对校园周边文化市场进行专项检查，重点查处是否存在销售含有淫秽色情、血腥暴力、低俗等有害内容的出版物及文具玩具，其中专项检查2次。开展“绿书签2020”宣传活动，在校园、城市书房、书店等地发放宣传海报50张、宣传桌签60张、宣传书签500张。

【农村电影放映】 2020年，县新闻出版局开展农村公益电影放映活动，全年共放映1196场次，观众约92880人次。开展配送优秀电影展播进舟山绿色石化基地活动，为基地放映电影30余场次，观看人数约6000人次。

（金彩红）

统战工作

【助力疫情防控和复工复产】 2020年，县委统战部充分发挥统一战线优势，慎终如始做好疫情防控，全力助推复工复产，第一时间对全县宗教活动场所和民间信仰场所作出“双暂停”的管控工作部署，县委统战部领导带领全体机关人员到各个乡镇、场所，开展指导和监督，确保管控期间无一例场所开放；第一时间发动民营企业、各统战社团捐款捐物，县佛教协会向红十字会捐款53万元，全县100多家民营企业捐助300多万元，香港同乡会帮忙联系口罩等急需物资，同时通过在岱亲属捐款。全县统一战线累计捐款捐物达460万余元。县无党派人士、县党外知识分子联谊会（简称县知联会）各活动组深入企业一线开展“三服务”活动，帮助企业复工复产。组织开展“助

2020年8月31日上午，岱山县工商联和舟山市生态环境局岱山分局联合举行“亲清直通车、政企恳谈会”
（县委统战部　供图）

企抗疫情、联企复生产”专项行动，成立工作专班，助推企业科学有序恢复生产。搭建政企交流平台，组织召开“亲清直通车•政企恳谈会”，向参会企业介绍惠企助企优惠政策，并收集意见建议40余条，均给予答复。

【参与全国文明城市创建活动】2020年，县委统战部发出文明城市创建动员令，开展“文明城市创建 党外人士在行动”专项行动，全县统一战线的党外代表人士近100人参加启动仪式，现场开展助力创城行动。县工商联、宗教团体分别向企业职工、信教群众发出倡议，动员大家积极参与到全国文明城市创建活动中。县委统战部机关全体领导干部认真开展路长志愿活动，赴结对小区、社区开展环境专项整治。做好文明城市创建劝导服务等工作。

【助力乡村振兴】 2020年，县委统战部以新乡贤为工作发力端，在全县7个乡镇成立乡贤参事会，至年末，除衢山镇外，已有6个乡镇、5个村成立乡贤联谊组织。各乡镇通过乡贤的挖掘，联系热心家乡发展的能人志士，为本乡镇、村（社区）的经济发展、规划建设出谋划策。选树新乡贤先进典型，其中有2名新乡贤被省委统战部列入“和合天下”宣传人物；是年，村级换届中，5名新乡贤当选村（社）主任。县知联会、县新的社会阶层人士联谊会（简称新联会）、县工商联、县侨联等围绕民生实事，主动参与、积极建言，下小岛、下农村开展帮扶活动。全年提交提案、建议100余件，各界人士开展送医、慰问、宣传等活动10余次。

2020年12月18日，岱东镇乡贤参事会成立大会召开　（县委统战部　供图）

【全县统战工作领导小组会议】 7月10日，县委召开全县统战工作领导小组会议。会议深入学习贯彻习近平总书记关于加强和改进统一战线工作重要思想和考察浙江时重要讲话精神，总结2019年全县统战工作，研究部署2020年全县统战工作重点任务。相关县领导，县属有关单位主要负责人等约30人参加会议。

【加强思想武装】 2020年，县委统战部组织全县党外知识分子学习习近平总书记在中共中央召开的党外代表人士座谈会上的讲话精神，全县宗教界持续开展“寻梦中国·正言正行”主题教育实践活动；在宗教场所恢复开放第一天举行升国旗仪式，进一步增强宗教界人士的公民意识和爱国情怀；创新工作思路和方法，做好民族团结工作，在少数民族集聚的秀山乡秀南村开展党的民族政策法规宣传和民族团结进步活动，增强少数民族对中华民族共同体的认同感和归属感。

【大统战格局完善】 2020年，县委不断加强统一战线的集中统一领导，县委常委会多次专题研究统战、宗教工作，县党政主要领导多次出席参与统战领域各类活动、会议，全面落实县委领导与党外代表人士谈心交友、走访慰问制度。充分发挥县委统战工作领导小组和民族宗教协调小组作用，部署相关工作任务，开展多项专项行动，形成齐抓共管的良好局面。

【基层统战阵地建设】 2020年，县委统战部认真贯彻落实全县党建工作会议精神，以围绕中心、凝聚人心为目标，坚持基层党建引领基层统战工作，开展基层统战阵地建设，深入分析全县统战形势，着力破解难点、推进重点，开展“一乡一示范，一镇一品牌”建设，根据统战资源特色，结合市、县重点工作，先后完成了高亭“侨之家”，东沙新乡贤，岱东“沐海侨吧”，长涂民间信仰示范点，秀山统战微家，岱西、衢山非法宗教活动整治等统战品牌打造，得到省、市统战部门领导的充分肯定。

2020 年 10 月 15—17 日，省民宗委副主任陈振华（左二）调研岱山民宗工作
（县委统战部　供图）

【民营经济统战】 2020 年，县委统战部多形式开展《浙江省民营企业发展促进条例》及各类惠企助企政策宣传，引导非公有制经济人士在疫情期间坚定企业发展信心，共克时艰；开展“送清凉、暖人心”夏日慰问活动，对全县民营企业进行走访，并送去慰问品；深入践行“亲”“清”政商关系，编制完成《规范政商交往正负面清单》，进一步细化与企业交往规则。充分发挥商会平台作用，凝聚在外岱商，顺利完成宁波岱山商会换届。上海岱山商会被列入长三角地区浙江省 8 家县级异地商会试点登记之一。

【民族宗教工作】 2020 年，县委统战部夯实宗教工作基层基础，把宗教工作纳入县委对各乡镇、村（社区）的巡察工作重要内容，对 1 个乡镇党委、6 个村党总支开展宗教工作专项巡察，专项巡察工作得到全面落实。首次将宗教工作纳入年度全县平安村（社区）考核内容，宗教工作属地管理责任进一步压实。宗教场所、民间信仰场所和基督教私设聚会点均实行“三人驻点小组”工作制度。牵头召开民族宗教工作协调小组会议，研究部署宗教领域重点难点问题的解决。

【港澳及海外统战工作】 2020 年，县委统战部依托“侨之家”开展为侨服务，提升岱山“侨之家”硬件设施，打造完成岱东镇“沐海侨吧”，全市侨联基层组织建设推进现场会在岱山召开。与宁波象山县侨联签订“友好侨联”协议书，开展全方位的友好合作；70 余位浙籍侨商走进岱山，共谋发展大计。加强与在港乡亲、海外侨胞的线上联络，关心关爱在海外生活工作情况。

2020 年 11 月 15 日，由舟山市侨联组织的 70 余位浙籍侨商考察舟山绿色石化基地
（县委统战部　供图）

【党外干部培养】 2020年，县委统战部定期召开联席会议，就党外干部选配、优秀党外干部储备和培养、教育等工作开展交流、研究，共同做好党外干部工作。在全县党政机关开展优秀党外干部推荐考察，分析每位被推荐干部的适岗性、优缺点，召开优秀党外干部座谈会，建立优秀党外干部库，并确定近期可重点关注培养的党外干部名单，积极向县委、县政府推荐优秀党外干部，是年，有3名优秀党外知识型干部得到提拔重用。

（王小仪）

机构与编制

【县级行政机构和人员编制】 至2020年末，全县共设置党政机构28个。党委机构7个，其中，纪检监察机关1个，工作机关6个。政府办公室和工作部门21个。是年，县级机关行政编制总数为1148名（不含乡镇），实有1152人。其中：县属地方行政编制492名，实有538人；政法专项编制558名，实有527人；地方专项编制（市场监管、物价）98名，实有人员87人。

【县级事业机构和人员编制】 至2020年末，全县共有各类事业机构182家（不含乡镇），其中：全额拨款155家，差额拨款17家，经费自理10家。是年，全县县属事业编制4102名，实有3816人，其中：全额拨款编制2804名，实有人员2684人；差额拨款编制1196名，实有人员1054人；经费自理编制102名，实有人员78人。

【乡镇机构和人员编制】 至2020年末，全县设置6镇1乡，分别为衢山镇、高亭镇、东沙镇、岱西镇、岱东镇、长涂镇、秀山乡。乡镇党政内设机构为7～9个。其中，衢山镇、高亭镇、东沙镇、岱西镇、岱东镇、长涂镇、秀山乡事业机构为2个：基层治理四平台服务中心、综合安全管理中心。另外，衢山镇增设衢山殡仪馆、东沙镇增设东沙环卫所。全县乡镇行政编制核定299名，实有人员269人。乡镇事业编制核定279名，实有人员292人。

【事业单位改革】 全省事业单位改革工作启动后，县委编办坚决贯彻中央和省市县委关于全面深化事业单位改革决策部署，坚持问题导向，精准把握改革方向，紧盯时间节点，抓住关键环节，如期完成事业单位清理规范整合工作，为全县高质量发展强化体制机制保障。突出党建引领，在机构编制规定中对事业单位党组织地位和作用均明确作出规定，保证党的领导制度安排到位，作用发挥到位，实际效果到位。坚持精简优化，做好事业单位“减肥瘦身、强筋健骨”文章，全县事业机构由原来178家精简整合为137家，精简率达23%，超额完成省委编办下达的清理规范整合任务。推进政事分开，完成全县33个承担行政职能的事业单位向行政主管部门划转行政职能。提速完成全县经营类事业单位改革，比计划提前2个月，机构顺利撤销，人员划转平稳有序。严格按照程序制定完成全县137家事业单位机构编制规定。完成全县涉改事业单位146名人员转隶。

【机构改革“回头看”】 2020年，县委编办持续推进机构改革工作，确保改革任务落地见效。开展改革“回头看”工作，摸清改革后单位运行实际情况，督促单位严格按照新“三定”方案规定有效运行，新部门有序运作，职责有序履行。理顺部门之间尚未厘清的职责边界和存在交叉的权力事项，理顺工作中新出现的职责交叉问题，明确职责边界事项中各部门的职责分工，减少部门推诿扯皮问题，形成工作合力。做好涉改137家事业单位信息维护更新，改革后，全面核查全县近250余家机关事业单位5500余人的基本信息，提升实名制数据精准度，筑牢机构编制工作基础。大力推进应注销事业单位的注销登记工作，做好涉改单位的中文域名注册、变更、注销事项，确保网上名称准确无误，真实反映改革成果。

【其他有关管理体制改革】 2020年，县委编办深入推进综合行政执法改革，完成五大领域综合行政执法改革工作，组建成立五大领域执法队伍，制定印发执法队伍机构编制事项，明确执法队伍主要职责、内设机构及人员编制。配合推动秀山乡基层审批执法力量整合试点工作，构建精简高效的综合执法模式。推进岱山经济开发区整合提升、完成县森林公安局管理体制改革等工作。深化“最多跑一次”改革在社会治理领域的创新运用，设立县社会治理矛盾纠纷调处化解中心，推进矛盾纠纷化解“最多跑一地”。

【机构编制管理与督查】 2020年，县委编办依托实名制系统，结合工作月报，持续推进机构编制事项动态调整机制，加强信息数据分析研判。统筹使用编制资源，按照“总量控制”和“退一进一”原则，统筹委培生、人才引进、退役士兵安置等入编口径。科学制定2020年和2021年机关事业单位用编计划，共核定2020年度机关事业单位招录编制使用计划90名，2021年机关事业单位招录编制使用计划94名，紧缺人才编制使用计划46名。提升机构编制法治化水平。邀请市委编办相关业务处室领导到岱山对各乡镇、各部门分管领导和人事干部120余人开展《中国共产党机构编制条例》解读，通过系统讲解《条例》的制订背景和过程、基本原则、主要内容、各项要求，进一步提高机构编制工作纪律意识。组织开展机构编制业务培训，对用编计划申报、机构编制监督检查、编外用工、事业单位登记管理、实名制系统管理等方面工作作专题讲解，现场听取并解答问题。组织开展超审批权限设置机构等问题自查自纠工作，借力全县选人用人专项检查，排查机构编制违规违纪情况，认真贯彻落实机构编制管理法律法规和政策规定，严格规范股级职数使用、出入编，事业单位登记管理等机构编制日常事项，进一步提升部门机构编制工作的规范性。

【事业单位登记管理】 2020年，县委编办圆满完成2019年度全县197家事业单位法人年报公示工作。开展事业单位法人公示信息抽查，实地抽查6家事业单位，切实加强事中事后监管。全力做好涉改事业单位法人登记，确保登记工作“零遗留”，推进改革任务落地见效。全年，完成新设立登记10家，注销登记44家，并完成涉改单位250项变更事项，其中法定代表人变更24项、经费来源变更112项、名称变更27项、宗旨和业务范围变更87项。

（王晓旭）

精神文明建设

【群众性精神文明建设】 2020年，全县完成新一轮文明单位、文明村镇、文明家庭创建申报和测评工作，新增全国文明单位1家，省级文明乡镇1家、文明村3家、文明单位2家、文明家庭2家，市级文明村2家、文明家庭25户，县级文明村7家、文明单位9家、文明家庭家30户。持续开展好人评选活动，在全县营造崇德向善、德行天下的浓厚氛围，唱响“文明岱山，有礼有我”道德建设品牌，至10月，推荐上榜舟山好人10人、浙江好人1人。在看岱山App和岱山新闻网等开设专栏讲述好人故事。对抗疫期间道德模范的感人行为进行多渠道的宣传报道。结合创建全国县级文明城市创建，制作村规民约、核心价值观及各类公益广告1000余处。积极开展公益广告征集和评选活动，其中有8件公益广告作品入选县级公益广告库。7月，为迅速推进新时代文明实践中心建设工作，组织乡镇宣传委员赴宁海县考察学习先进经验，并结合岱山实际，下发《岱山县建设新时代文明实践中心实施方案》，按照“实践中心—实践所—文化礼堂”三级体系架构，在县级建立新时代文明实践中心，在乡镇级建立新时代文明实践所，在村级依托渔农村文化礼堂等场所建立实践站。各新时代文明实践中心、所、站按照“七有”标准（即有场地、有机构、有队伍、有制度、有标识、有菜单、有活动）进行建设，提供理论宣讲、教育服务、文化服务、科技与科普服务、健身体育服务等五大活动平台，至10月，三级架构全部搭建完毕，其中完成7个所、56个站的挂牌、制度上墙和志愿队伍搭建，县实践中心完成场馆选址、方案设计工作。

【"最美人物"评选】 2020年，县精神文明建设指导中心通过挖掘"平民英雄"，宣传"凡人善举"，不断扩大最美人物、道德模范的社会宣传效应。同时在全县广泛开展"创文明厂区、做文明职工""文明家庭""最美退役军人""岱山工匠""最美秀山人"等一系列最美人物的评选表彰活动。积极向上推选宣传各类典型人物，完成"舟山好人"报送推荐工作，入选"舟山好人"12人，其中1人被评为"浙江好人"。关心关爱道德模范，走访慰问道德模范20人次，发放慰问金约5.40万元，做好道德模范医疗补助等各项礼遇政策落地。

【未成年人思想道德建设】 2020年，县精神文明建设指导中心紧扣主题开展丰富多彩的各项实践活动。广泛开展"扣好人生第一粒扣子"主题教育实践活动，开展"致敬·2020清明祭英烈""向国旗敬礼"等网上签名寄语主题教育活动，组织开展"新时代好少年"学习宣传活动，策划承办"舟山市劳动美主题实践活动教育"，组织各类未成年人志愿服务活动60次，约1000余人次。做好暑期春泥计划工作，以爱国主义教育、助力创城、传承文化民俗等为主题，扎实推进全县"春泥计划"有序开展。全县暑假期间，共组织春泥计划活动130余场，参与学生约2300人次。完成全市未成年人思想道德建设5大块30余份报告台账。广泛发动做好市文明童谣征集选送工作，其中成人组全市评出奖项20篇，岱山占9篇，儿童组10篇获奖，岱山占4篇。以文明校园创建活动为抓手，推动落实社会主义核心价值观进学校、进课堂，至年末，全县市级文明校园创成率达100%，成为全市首批市级文明校园创成率百分百的县区。

【宣传思想队伍建设】 2020年，为加强宣传思想文化战线阵地建设，县委宣传部举办全县新闻发言人（网络发言人）培训班，不断提高宣传（新闻）干部业务水平。同时，结合"三服务"活动，就城市文明创建、基层宣讲、网信工作等进行专题调研，推动宣传队伍强起来。组织新闻工作者开展"基层行"新闻采访活动，争创一支政治素质高、业务水平强、坚持创新求实、能打胜仗的新时代中国特色社会主义宣传思想队伍。

（傅元元）

融媒体中心工作

【概况】 2020年，县融媒体中心坚持以习近平新时代中国特色社会主义思想为指导，牢牢把握正确舆论导向，充分发挥媒体深度融合和聚合共振效应，全面落实意识形态工作责任制要求，不断提高新闻信息生产、传播、服务能力，为全县经济社会发展提供强大的宣传舆论保障和精神文化支撑。中心现有内设机构7个，分别为办公室、总编室、记者部、编发部、新媒体运营部、策划营运部、技术保障部；下辖一家公司，即岱山华数广电网络有限公司。核定事业编制139名，设主任1名（兼任台长、总编辑），副主任3名（兼任副台长、副总编辑）；内设机构股级职数14名。实有在编人员95名，配主任1名，副主任3名，正股级7名，副股级7名；核定编外用人控制数56名，实有38名。

【办公室工作】 负责中心日常运转，承担文秘、档案、信访、保密、信息、会务、综合治理、安全保卫、后勤保障等工作。承担中心党群工作和机构编制、队伍建设、人事管理、劳动工资、教育培训等各项事务的统筹协调、综合管理。负责人大、政协建议提案、领导重要批示件督办工作。研究提出中心整体发展规划、思路、工作计划和总结等。承担管理人员岗位考核及人才的选用育留等工作。

【总编室工作】 根据编委会的采编工作部署，策划组织年度有较大影响力的重大主题报道，统筹协调中心的日常编务和精品创优，负责阶段性新闻宣传重点和重大报道活动的策划。负责新闻业务培训、阅评、通联、外宣等工作。

2020年9月24日，县融媒体中心举办“直播带货扶贫助农”公益直播
（县融媒体中心　供图）

【记者部工作】 组织实施新闻宣传和重大报道策划方案；负责县域内政治、经济、文化、社会、生态等方面新闻线索的搜集采访，为编辑部提供文字、图片、音频、视频等全媒体稿件，做好视频内容的剪辑工作。

【编发部工作】 设电视新闻编辑室、《今日岱山》编辑室、广播节目编辑室、社教节目编辑室4个编辑室，由各室编辑根据时效要求，编辑完成当天发布的新闻稿。电视新闻编辑室：策划制定电视新闻宣传计划，确定宣传重点；负责电视新闻的编、制等工作。《今日岱山》编辑室：策划制定报纸宣传计划，确定宣传重点；负责《今日岱山》报的编辑、版面创意设计、印发等工作。广播节目编辑室：策划制定广播节目宣传计划，确定宣传重点，负责做好广播新闻、专题节目的编、播等工作；社教节目编辑室：策划制定电视专题宣传计划，负责电视专题节目的采、编、播工作。

【新媒体运营部工作】 负责中心各类新媒体内容的编辑发布和新媒体产品的研发，依托“仙岛岱山”“岱山电视台”微信公众号、“看岱山”App、岱山新闻网、“仙岛岱山”微博号、“岱山县融媒体中心”抖音号等平台，发布新闻资讯、便民服务信息及短视频；依托众多国家级省级平台，积极开展对外宣传工作；积极开展重大活动、公益类直播等。

2020年1月31日，县融媒体中心记者疫情期间在渔船上采访
（县融媒体中心　供图）

【策划营运部工作】 负责社会活动的策划、组织、实施，做好全县重大活动的现场录制、后期制作等。

【技术保障部工作】 负责中心技术规划的制定、技术改造方案的实施以及技术设备采购。负责转播中央电视台节目，播出自办广播电视节目。负责全县重大活动的技术保障工作。负责全台技术设备的调试、维护、保养和升级改造。负责广播电视节目的安全播出。

（王润东　何　璐　王晓琼）

对台工作

【平安岱山建设】 2020年，县台办根据中央、省委、市委的统一部署，妥善应对2020年台湾地区领导人选举结果和涉台舆情，并健全涉台热点问题上报制度，做好分析研判，制定应对措施，推进平安岱山建设。

2020年10月12日，中国国民党前主席、中华青雁和平教育基金会董事长洪秀柱（中）一行到岱山参访考察舟山绿色石化基地（县委台湾工作办公室 供图）

【岱台产业交流平台搭建】 2020年，县台办积极促进舟山原野船舶修造有限公司、舟山和泰船舶修造有限公司、浙江友联修造船舶有限公司、岱山金海船舶修造有限公司等4家修造船企业与台湾船东建立业务合作关系，有20多名台湾地区高级工程技术人员在相关船企服务。8月14日，县台办主要负责人参加台商走进浙江（舟山）自贸区产业座谈会，推介岱山的区位优势和资源产业优势，开展两岸精细化工技术和产业对接。

【乡情交流活动】 6月，县台办进一步推动岱台乡情交流互动，配合舟山市海峡两岸交流协会，组织开展舟山籍“大陆配偶”一行22人家乡行活动，让参访团实地感受岱山的发展面貌，凝聚岱山籍“大陆配偶”群体的力量。

2020年8月14日，县委台湾工作办公室召开台商走进浙江（舟山）自贸区产业座谈会（县委台湾工作办公室 供图）

【重要人士参访活动】 10月12日，中国国民党前主席、中华青雁和平教育基金会董事长洪秀柱一行来到岱山参访，并考察舟山绿色石化基地。

【加强台湾地区青年交流交往】 2020年，县台办以“三服务”活动为契机，走访在岱山工作的台湾青年，重点做好40岁以下台湾青年“首来族”工作。是年，台湾地区到岱山人员交流达到36人。

【实施台湾居民居住证制度】 2020年，县台办继续推行“国家31条”“浙江省76条”“舟山市66条”惠台措施以及《浙江省台湾同胞投资保障条例》在岱山的落地见效。全年，共办理台湾居民居住证36人次。

【涉台事务性工作】 2020年，县台办开展岱山籍“大陆学生”走访座谈工作，及时掌握“大陆学生”在疫情期间的学习、生活情况，并对其进行相关政策解读及沟通引导工作，同时收集相关意见诉求，更新完善“大陆学生”数据库。是年，全县赴台就读“大陆学生”19人，在读“大陆学生”6人。春节期间，县台办开展走访慰问困难台胞活动。全年，共走访困难台胞13人，发放慰问金15600元。

（徐裴宇）

县委直属机关工作

【概况】 2020年，中共岱山县委直属机关工作委员会（简称县委直属机关工委）在县委正确领导下，坚持以习近平新时代中国特色社会主义思想为指导，以党的政治建设为统领，牢牢把握机关党建“围绕中心、建设队伍、服务群众”核心任务，以“建设清廉机关、创建模范机关”为主线，持续加大机关基层党建工作力度。至年末，县委直属机关工委下辖党组织共219个，其中机关党委（党委）11个（含国有企业党委2个），党总支17个，党支部191个，党员2707人。

【机关党的政治建设】 2020年，县委直属机关工委深入学习贯彻省、市机关党的建设工作座谈会、全县机关党的建设工作“晒比评”会议精神，围绕政治建设、政治能力、组织建设、队伍建设、作风建设五大方面，开展全县机关党的建设工作专项调研，挖掘机关党建“灯下黑”“两张皮”等突出问题，跟踪推进问题的整改落实。继续深化片组管理模式，将直属机关党组织划成5个片组，推行一季度一主题常态化片组活动制度，先后开展党务公开推磨互查、创城主题党日“晒比评”等活动，不断完善机关党组织横向联系和比学赶超机制。

【机关党的思想建设】 2020年，县委直属机关工委工委依托120余个机关党员线上教育群，推出“云上教育”模式，更新“云上资料库”，定期推送学习内容供党员学习，引导支部“点单式”自主学习；通过云上交流的形式，提高活动参与性、互动性，让平台成为组织生活、思想交流、视野拓展的新窗口。县委直属机关工委形成以开放、智能为亮点，汇聚电化教育、阅读学习、谈心谈话、展示陈列、片组教研等功能的“党员＠未来”党员之家，向全体机关党组织开放，拓展县直机关党组织党建活动阵地，抓实先锋讲堂、微党课等活动载体，组织开展新党员培训班、“我们的小康·我们的家乡”微型党课选拔赛等活动，全年开展各类党员教育活动50余场次，覆盖党员2500余人。

【机关党组织服务中心工作】 2020年，疫情防控期间，县委直属机关工委发出“我是党员·集结令”，机关党员志愿者于正月初三起在秀山客运码头连续奋战47天，牢牢守住入岛防线，1800余名机关党员迅速集结，组成“两战”攻坚队，即刻下沉村社卡口，助力基层疫情防控；选派机关党员担任“红领专员”，为企业提供防疫指导、政策解读、返工协调等服务，协助基层解决问题341

2020年4月15日，县委直属机关工委举行“我们的家乡·我们的小康”微型党课选拔赛

（县委直属机关工委　供图）

2020 年 1 月 28 日，在秀山客运码头，机关党员干部协助做好到岱山人员的体温检测工作（县委直属机关工委　供图）

个，助力企业复工复产。创城攻坚工作中，县委直属机关工委号召县直机关各党组织将主题党日开在创城一线，58 个党组织围绕创城开展专题组织生活，覆盖党员 1600 余名。机关在职党员均加入兼合式党支部，常态化参与到环境整治、文明劝导等 18 项专项整治中，有力推进文明县城创建。

【机关党组织规范化建设】 2020 年，县委直属机关工委围绕机关党建主体责任落实，每半年开展一次交流分析，每年度开展一次述职评议和党建工作考核，不断强化直属机关党组织书记和机关党支部书记第一责任人职责。围绕机关党务工作实际需要，分层次高质量举办各类党务业务培训班，即党组织书记党建业务专题培训班、“80 后”党务干部培训班、发展党员业务专题培训班等，根据基层党组织要求，开展 10 余次“送课上门”，帮助基层做好针对性党务培训，全方位、多层次将年轻党员培养成党务干部，党务干部培养成基层党组织书记，壮大党务干部力量。采取对发展党员业务专项检查、实地检查、各级党组织自查相结合的方式，全面排摸 2017 年以来发展的 121 名党员档案，以点对点反馈的形式将检查结果报送给各党组织，高标准做好本年度 43 名党员的发展工作。继续强化对所属党组织选举、调整和更名的指导工作，全年先后指导 22 个直属机关党组织进行（换届）选举，对 9 个直属机关党组织设置进行调整，20 名党组织负责人进行届中调整，撤销 1 个直属机关党组织（县北部开发建设管理处党支部），1 个直属机关党组织进行整建制转移（浙江省岱山经济开发区管委会机关党支部），重点对县蓬莱交投集团、县安澜城投集团 2 家新成立国有企业党委及所属党支部的选举工作进行指导。

【“模范机关”创建】 2020 年，

2020 年 8 月 25 日，县委直属机关工委召开“模范机关”创建工作推进会（县委直属机关工委　供图）

县委直属机关工委根据各机关党组织前期上报的“模范机关”创建方案，结合各党组织日常表现，将58个直属党组织分为“先进、中间、后进”三个区间，分类分层抓好督促，深入开展先进类型党组织的调研走访，一对一做好培育试点和帮扶整改，避免创建工作同质化，提高党建品牌辨识度。7月，在调研测评、片组互联互评基础上，5家优秀直属机关党组织被授予“模范机关”称号，是年共创成达标党支部147个，示范党支部43个。

（吴瑞豪）

老干部工作

【概况】 至2020年末，全县共有离休干部30人（含代管1人），其中抗日战争时期入伍的5人，解放战争时期入伍的25人；行政事业单位退休干部职工3004人，其中县（处）级退休干部30人，科级（实职）退休干部232人，一般干部职工2742人。

【落实老干部政治待遇和生活待遇】 2020年，县委老干部局组织老干部学习党的十九届五中全会精神、习近平总书记考察浙江时的重要讲话精神，参加县党代会、人代会、政协会议、全县经济社会形势通报会、全国离退休干部网上专题报告会等各类会议共17次，并为全县离休干部和县（处）级退休干部订阅《浙江老年报》《今日岱山》《共产党员》。认真落实老干部有思想顾虑、家庭问题、重大节日、生病住院和特殊困难必访的“五必访”和每季度一次的联系慰问制度，对重病、生活长期完全不能自理的老干部每月走访至少1次，全年共联系走访400余人次；上门祝福年届80周岁、90周岁的退休干部和90周岁、95周岁的离休干部，全年共慰问31人次。9月，开展“纪念抗日战争胜利75周年”走访慰问活动。10月，组织县（处）级退休干部到县第一人民医院进行健康体检；组织住在市内的离休干部参观舟山绿色石化基地。11月，开展“纪念中国人民志愿军出国作战70周年”走访慰问活动。

【荣誉退休工作实施】 6月，县委老干部局出台《关于进一步规范干部荣誉退休工作的通知》（岱老干〔2020〕4号），以“六个一”（进行一次专题谈话、举行一场荣誉退休仪式、发放一份荣誉退休关怀包、进行一次政策解读、上好一堂专题课堂、认领一个志愿服务岗）落实全县干部荣誉退休工作，并编印《岱山县退休干部服务手册》500本。是月，县委老干部局联合县教育局在县先锋联盟中心举办首场集体荣誉退休仪式，并由岱山电视台进行云直播。8月，县委老干部局联合县卫生健康局在县先锋联盟中心举行集体荣誉退休仪式。

【离退休干部党性教育】 4月，县委老干部局调研县城8个社区的离退休干部党员在社区学习、活动、发挥作用情况，制定措施，协同社区做好老干部的服务管理，助力基层社会治理。6月，首推异地大党课，组织50名住在县外的岱山籍离退休党员干部在舟山市老干部活动中心集中接受党性教育。打造涉老团体党建联盟，布局老党员驿站，建立舟

2020年10月，县委老干部局组织离休干部参观舟山绿色石化基地

（县委老干部局　供图）

2020年6月，县委老干部局举行首场集体荣誉退休仪式
（县委老干部局 供图）

山绿色石化老干部走看促基地、岱东上船跳老干部户外银尚实践基地和衢山罗家岙派出所离退休干部党建主题党日活动基地。开展全县离退休干部党支部书记培训1期。

【引导老干部作用发挥】 2月，县委老干部局号召全县离退休干部党组织和老干部多形式参与抗疫防控工作，加强疫情防控知识宣传，为全县疫情防控工作做贡献，期间，300余名老干部参与各社区、村卡点、防疫抗疫宣传监督、物资发送等工作。5月，深入基层开展“社会治理、银耀有我”主题志愿服务活动，联动全县离退休干部党组织，发挥老干部所长，助力全县社会治理现代化和全国县级文明城市创建。组织老干部开展技艺下乡、环境卫生综合整治、文明行为劝导、普法宣传、主题书画展等各类活动共50余场次。全年组织老干部开展“公筷公勺”行动、“垃圾分类”倡议、“习近平总书记重要讲话精神”知识竞赛和“颂歌献小康，建言现代化”等活动共26场次。

（虞佩雄）

党校工作

【服务中心工作】 2020年，县委党校向县委常委会专题汇报《中国共产党党校（行政学院）工作条例》学习贯彻情况，县委常委会进行专题学习研究。县委党校聚焦县委、县政府重大决策部署和岱山经济社会发展，制订2020年度全县干部教育培训班次计划，打造“习近平思想专题”“岱山革命史”等专题课程，推出党性学习沙龙、现场个性化教学等。全年共开展15次中心组理论学习，举行24次全体教职工学习会，每季度召开党风廉政建设专题会议，开展第十六个党风廉政宣传教育月活动。

【开展教学培训】 2020年，县委党校举办优秀年轻干部培训班、第十六期青年干部培训班等各类主体培训班8期，培训学员379人次。配合相关职能部门开展党员发展档案工作专项实操业务、招商引资、新发展党员等培训班6期，培训学员611人次。推出《岱山县委党校2020年教学宣讲

南海教育集团领导干部培训班到岱山开展现场教学 （县委党校 供图）

专题》，教师到乡镇、机关、企业等单位上课37次，听课人数达2900余人，并开展“三服务”送课活动20余次。

【提高教科研能力】 2020年，县委党校共举办8次教师试讲活动，组织教师外出培训14人次，参加市委党校精品课比赛1次，获优秀奖。共14篇论文或课题获立项、发表。课题方面：市社科联课题立项1篇；市委统战部课题立项1篇；市委党校课题立项1篇；完成2019年舟山市社科联一般课题结题2篇。论文方面：发表在《舟山日报》理论版1篇；入选省委党校和市委党校组织的“浙江自贸之路”理论研讨会征文1篇；发表在《舟山市委党校学报》3篇；发表在岱山论坛头版文章2篇，理论版文章3篇。咨政方面：被《领导参阅》录用1篇。是年，制作现场教学特色专题手册，新挂牌现场教育基地1处。

【作风建设】 2020年，县委党校召开学校党建工作会议，每月开展主题党日活动，建设党员活动室，定期召开支部民主生活会。推送青年党员教师参加全县“微宣讲”大赛并取得第三名，录制并展播党校人“我最喜欢的习总书记的一句话”。投入资金对2号楼和3号楼前挡土墙进行加固补强，完成配套绿化、亮化等工程。完成政法异地办案点3批次249天后勤保障工作。全体教职工参与秀山码头和社区疫情防控48天；平均每人每月参加创城工作在5次以上，收集创城照片1000余张。

（郑展鹏）

信访工作

【概况】 2020年，中共岱山县委、岱山县人民政府信访局（简称县信访局）坚持以习近平新时代中国特色社会主义思想为指导，在县委、县政府正确领导下，扎实落实信访首办责任制，及时就地化解群众诉求，全年共受理群众来信来访来电5381件（批）次。其中来信1229件次，同比上升13.9%；来电3552件次，同比上升5.4%；来访600批次1827人次，同比下降15.5%和35%。

【矛调中心实现群众“最多跑一地”】 2020年，岱山县社会矛盾纠纷调处化解中心（简称“矛调中心”）功能更加完善，群众知晓率大幅提高，基本形成矛盾化解以调解为主、以诉讼作为保障、以信访进行兜底的“责任闭环”。是年，累计解决群众各类诉求7113件，矛盾纠纷按时办结率100%，群众满意率在95%以上，法院诉前调解工作亦置于县矛调中心大治理格局之中。全年新收各类案件3964件，收案量从2019年的上升9%逆转为下降3.1%，近年来首次出现负增长，较好地实现“推进诉源治理创建无讼海岛”。

【“信访代办”】 2020年，县信访局从“信访代办”工作开展以来，已构建纵向到底、横向到边的代办网络体系，组建一支熟知基层情况、善做群众工作的“信访代办”队伍，努力实现“小事不出村、大事不出镇、矛盾不上交”工作目标。9月，县信访局对全

2020年5月，县矛调中心工作人员认真接待来访人员

（县委县政府信访局 供图）

2020年2月，"12345"平台24小时处理与疫情相关的来电　（毛哲欣　摄）

县信访代办员进行业务培训，规范和加强代办员业务能力。全年，信访代办员共代办各类信访事项154件，其中较为突出的是衢山镇代办员得知一农户因疫情影响导致蔬菜滞销，联系当地船厂进行采购，并建立长期供销关系。同时依托鱼山代办点，共代办工资结算、工伤纠纷等事项22件，有效维护农民工合法权益和企业正常运作。

【群众信访渠道畅通】 2020年，疫情防控期间，为保护来访群众人身安全且畅通信访渠道，县信访局第一时间拟定《关于暂停接待群众来访的公告》，并在网站、电视台等媒介进行公告、播放，引导群众通过安全、便捷、高效的网上信访、书信、来电等非接触方式，反映诉求或提出建议意见。"12345"平台自春节起24小时连轴作战，让群众足不出户、诉求就能得到及时回应和解决。同时，严密观测疫情发展情况，于2月19日恢复接访，并做好接访中的防疫工作，确保疫情防控工作与信访工作同步开展。

【领导干部的接访下访】 2020年，县信访局严格落实县级领导值守接访制度，每月将接访时间、地点以及接访领导姓名、职务、分管工作等相关信息在岱山县人民政府门户网站等处公告，实现接访信访群众"五公开"。县领导每月15日及每周3次到县信访局研究信访问题、接待来访群众，全国"两会"期间每天值守接访，做到群众随到随接、随接随处，确保矛盾问题在县域内得到有效解决，形成领导接访下访常态化的信访工作新格局。全年，县领导共接访来访群众31批178人次。

【信访积案化解】 2020年，县委书记周国岭在不同场合多次强调，要重视信访积案化解工作，把新时代制度优势转化为治理优势，把治理优势体现到治理效果上来。县主要领导领衔包案，听取信访积案工作情况汇报，协调所包信访积案的化解，并从面上统筹协调全县信访积案的化解进程。各乡镇、涉事职能部门全面实行"一把手领办"和"双责任主体"工作机制，真正压实积案化解责任。是年，全县国家级、省级信访积案化解率100%，新增积案率0.3%。岱山县被省信访工

2020年3月11日，县委副书记陈海平（中）向省信访局汇报重点信访件
（毛哲欣　摄）

作领导小组评为2020年省级“无信访积案县（市、区）”称号，已连续三年获此殊荣。

（邵思远）

档案与史志工作

【概况】 2020年，岱山县档案馆（史志研究室）在县委、县政府的领导下和上级业务部门指导下，始终坚持以习近平新时代中国特色社会主义思想为指导，深入贯彻落实党的十九大和十九届二中、三中、四中、五中全会以及中央、省、市档案（史志）工作会议精神，为打造“重要窗口”海岛风景，增强“窗口意识”、强化“窗口担当”，务实求新，为“四个岱山”建设，抓落实、促提升，全力做好“新冠肺炎”疫情防控期间的档案查阅和史志编研工作，推动全县档案与史志工作高质量发展。至年末，县档案馆馆藏案卷共54239卷、310830件，照片20019张，光盘录像等215张、实物档案1571件；馆藏资料8904册。全年共接待查档利用849人次（含网上查档95人次、异地查档14人次），利用案卷2830卷771件，复印档案6172页，出具证明49份。

【服务中心工作】 2020年，县档案馆（史志研究室）以岱山解放70周年为契机，及时推出“两书一栏一征一展”献礼之作。编辑出版《岱山解放70周年热词解读》《初心往事——岱山红色记忆》等书籍；联合《今日岱山》，推出《岱山解放70周年，追寻红色记忆》专栏。开展岱山解放70周年档案成果摄影作品征集及成果展，通过图片今昔对比，直观展现岱山发展速度；加强“三重一大”档案工作，对舟山绿色石化基地、县盐田改造等重点建设工程项目进行年度登记、跟踪检查。参与岱山县经济开发区2000吨级包装危险品公共码头改扩建工程档案、鱼山二期爆破档案等专项验收9次；指导相关单位完成全县180余名国有企业退休职工社会化档案移交工作，加强“新冠肺炎”疫情防控期间的档案工作，制发全县疫情防控档案收集和文件移交工作，明确工作要求和时间节点；组建档案工作联系网络，及时解答业务问题，确保各相关单位按规定开展档案收集、整理工作；推进渔农村重点改革档案收尾。持续指导督促各乡镇做好渔农村股份制改革、社区村体制改革档案整理扫描及进馆工作。是年，完成岱东镇、东沙镇、秀山乡、岱西镇、衢山镇等5家单位的股改档案计9611件、照片2423张，接收进馆工作。

【服务基层治理】 2020年，县档案馆以东沙镇为试点，按照“四有二化一管理”的要求（有场所、有专员、有档卷、有制度，信息化、便捷化，实体档案管理），推动村级档案管理达标、利用便捷。通过前期多次走访摸底调研，制定工作方案。定期对各社区村实体档案整理、档案数字化、档案制度建设等工作进行指导。是年，完成泥峙社区档案数字化任务，确保全县档案管理规范化建设上台阶。

【双室创建完成】 2020年，县档案馆完成对衢山镇、岱西镇、县农业农村局、岱山中学、市公积金中心岱山分中心等5家单位的数字档案室创建验收工作，其中岱山中学、市公积金中心岱山分中心通过省级示范测评；县政协、县妇联、县科协等11家单位通过规范档案室验收。全县累计创建45家规范档案室、77家规范数字档案室，圆满完成“十三五”规划“双室”创建任务。是年，完成95家单位2019年度文件材料归档年检工作，开展“掌上执法”21次，督促相关单位整改问题10余项。

【馆藏档案结构持续优化】 2020年，县档案馆根据年初制订的档案接收计划，相继完成岱山中学、气象局等7家单位2011—2015年各门类档案的接收工作，计2.21万卷（件）。做好县海洋文化节等重大活动、舟山绿色石化基地等重大项目的档案接收工作，接收2019年东沙弄堂节、衢山瀛洲文化节、秀山滑泥节等节庆档案194件、照片260张；接收2016—2019年西北促淤堤等4个工程以及舟山绿色石化基地建设鱼山现场指挥部2015—

2019年文书档案，计6831卷(件)，照片1522张。加快民生档案进馆工作，全年接收县第一人民医院、县第二人民医院等4家单位的2018年出生档案12卷、全县2016—2018年婚姻档案登记5556件；创新开展单套制进馆，接收2008—2019年县残疾人联合会业务档案电子数据8887件。加大档案征集工作，与县融媒体中心建立照片定期进馆机制，全年实行每月10日定时接收县融媒体中心上月所拍摄的照片，计2.40万余张。开展电子档案在线移交。继续督促相关单位开展“最多跑一次”行政审批事项及公文电子化归档工作。至年末，全县“最多跑一次”行政许可事项在线归档4.50万余件，归档率99%。

【馆室一体化平台数据库建设】 2020年，县档案馆开展“1+7”馆室一体化平台数据库建设，完成馆藏乡镇所属婚姻、土地、招工等民生档案信息数据共享。通过“窗口前移、平台共享”，将查档服务纵向延伸至全县各乡镇，实现全县乡镇便民服务窗口查档预约的全覆盖，共返还档案数据约12万条。继续推广浙江档案服务网，拓展异地查档服务，落实“一网查档、百馆联动”省域以及长三角区域跨馆查档利用，推进馆际互联，不断提升群众获得感。

【《党史二卷》编纂】 由县史志研究室编纂的《中国共产党浙江岱山历史（1950—1978）》，该书采用编、章、节体式，除序言、附录、后记外，共设4编、19章、55节，约35.80万字。系统记载和反映解放以来，至1978年党的十一届三中全会的召开，中共岱山县委和各级党组织在上级党委的领导下，岱山的政治、经济、文化、社会以及人们的思想和精神风貌等各个方面的发展变化，客观总结了这28年间的社会主义革命和建设时期正反两方面的经验教训。该书编纂历时5年，从2015年11月启动至2020年7月县委审核批准出版，2020年12月由中共党史出版社正式出版。

【《初心往事》编纂】 由县史志研究室编纂的《初心往事——岱山红色记忆》，该书记录1926年起岱山党组织创建至1950年，岱山人民在中国共产党的领导下，经过大革命、土地革命、抗日战争和解放战争四个时期，系统介绍岱山革命斗争的创建、发展和壮大的历程。其中收录红色故事14个、人物志10个、忆往昔12条、报刊纪15条，全书约10万字，2020年5月内部出版发行。

【《热词解读》编纂】 由县档案馆（史志研究室）编纂的《岱山解放七十周年热词解读》，该书收录自1950年至2020年，岱山县的民主建设、扫除文盲、互助合作、兴修水利、军民联防共建、撤区扩镇并乡、电力（大陆联网、绿色风电）建设、城乡建设、特色公路建设、526国道岱山段建设、绿色石化基地建设、新型合作医疗等70条，反映岱山县的工、农、渔、盐业和政治、经济、文化、旅游、精神文明建设等社会发展变化，全书约3.50万字，插图（照）片107张，图文并茂，于2020年5月内部出版发行。另外内部发行《岱山记忆》季刊4期，累计12期。

【《岱山年鉴（2020）》编纂】 由县委、县政府主办，岱山年鉴编纂委员会编纂的《岱山年鉴（2020）》，该书采用分类法编辑，设类目、分目、条目三个层次，全书有类目37个、分目281个、条目1433个，随文照片271张，图标363张，约80.70万字，全面、系统、真实地记载2019年度岱山县经济、政治、文化和社会生活的基本面貌和发展状况，于2020年12月由浙江人民出版社出版。

（王　芳）

责任编辑：吴依芳

岱山县人民代表大会

Daishan County People's Congress

综　述

【概况】 2020年是高水平全面建成小康社会和"十三五"规划的收官之年，也是实现"第一个百年"奋斗目标的冲刺之年。岱山县人民代表大会常务委员会（简称县人大常委会）在中共岱山县委的坚强领导下，以习近平新时代中国特色社会主义思想为指导，深入学习贯彻党的十九大和十九届二中、三中、四中、五中全会精神，认真贯彻习近平法治思想和习近平总书记考察浙江重要讲话精神，坚持聚焦中心工作、聚情民生关切、聚力依法履职、聚合代表力量，为建设"四个岱山"、打造"重要窗口"海岛风景做出积极贡献。

【履职工作情况】 2020年，全年共召开人民代表大会1次、人大常委会会议7次，举行主任会议22次，听取和审议工作报告18个，作出决议、决定、审议意见32项，开展执法检查1次、专题询问1次，依法任免国家机关工作人员36人次，新任命人民陪审员42人次，13名新任命干部进行宪法宣誓，审查规范性文件18件，圆满完成县十六届人大四次会议确定的各项任务。

重要会议

【县十六届人大四次会议】 1月17—20日，岱山县第十六届人民代表大会第四次会议在高亭召开，应到代表170人、出席155人，列席199人。会议共举行三次全体会议。听取和审查代县长孙志龙所作的岱山县人民政府工作报告、县人大常委会副主任沈兆幸所作的岱山县人民代表大会常务委员会工作报告、县人民法院院长金旭光所作的岱山县人民法院工作报告、县人民检察院检察长卢宏辉所作的岱山县人民检察院工作报告，并作出决议。审查和批准岱山县2019年国民经

2020年1月17日—20日，岱山县第十六届人民代表大会第四次会议在县行政中心召开
（县人大常委会办公室　供图）

济和社会发展计划执行情况的报告及2020年国民经济和社会发展计划、岱山县2019年财政预算执行情况的报告及2020年财政预算的报告。通过关于岱山县人民代表大会有关专门委员会设立和更名的决定，设立岱山县人民代表大会教育科技文化卫生与民族宗教侨务外事委员会、渔农业与渔农村委员会、城乡建设与环境资源保护委员会、社会建设委员会，岱山县人民代表大会法制与内务司法委员会更名为岱山县人民代表大会法制与监察司法委员会。审议、票决2020年民生实事项目。依法选出县人民政府县长孙志龙、县第十六届人民代表大会常务委员会主任沈兆幸、副主任孔德科和委员李中望、余志君。通过岱山县第十六届人民代表大会有关专门委员会组成人员名单。

【县十六届人大常委会会议】 常务委员会由主任、副主任若干人和委员若干人组成，每两个月至少举行一次，由主任召集并主持。2020年共召开县人大常委会会议7次。

2020年岱山县人大常委会会议情况一览表

表1

届次	时间	主要议题
十六届二十三次会议	1月8日下午	初审县人民政府工作报告、岱山县2019年国民经济和社会发展计划执行情况及2020年国民经济和社会发展计划草案报告、2019年财政预算执行情况及2020年财政预算草案的报告、县人大常委会工作报告、县人民法院工作报告，县人民检察院工作报告；初审2020年民生实事候选项目（草案）；讨论通过关于代表变动和补选代表的资格审查情况的报告；通过县十六届人大四次会议有关事项；审定县十六届人大2019年度各类代表工作等先进事项；表决通过关于接受陆沧波、俞福达辞去舟山市第七届人民代表大会代表职务的决定；表决通过关于接受俞福达辞去岱山县第十六届人民代表大会代表职务的决定；补选沈兆幸为舟山市第七届人民代表大会代表
十六届二十四次会议	3月13日下午	听取和评议部分常委会任命干部现场述职，并进行测评；通过岱山县人大常委会2020年工作要点；审议通过《岱山县人大常委会关于民生实事项目人大代表票决制实施办法》；表决通过县人大常委会主任会议提请的关于朱波、余志君、刘曙毅、董明海、邱晓定任职的议案；表决通过县人民政府提请的关于董海斌、叶军、齐小丁免职的议案，关于褚波挺、王成东、柴忠堂任职的议案；表决通过县人民法院提请的关于余叶君任职的议案；表决通过县人民检察院提请的关于徐幸杰免职的议案；并进行宪法宣誓仪式
十六届二十五次会议	5月11日上午	听取和审议县政府《关于开展第七个五年法治宣传教育的决议》贯彻实施情况的专项工作报告；表决确认许可对县人大代表顾军采取刑事强制措施的决定；表决通过县人民政府提请的关于董静波免职的议案，关于金磊任职的议案；表决通过县监察委员会提请的关于钟时洪免职的议案，关于刘红梅任职的议案；表决通过县人民法院提请的关于李琴免职的议案；表决通过关于接受王成东、方华、褚波挺辞去舟山市第七届人民代表大会代表职务的决定；表决通过关于接受殷光涛、姜君轶、王成东辞去岱山县第十六届人民代表大会代表职务的决定；补选陈海平、李明波、金克难、张群海为舟山市第七届人民代表大会代表；并进行宪法宣誓仪式
十六届二十六次会议	7月2日	听取和审议县政府关于全县矛盾纠纷调处化解“最多跑一地”开展情况的专项工作报告；听取和审议县政府关于全县“菜篮子”工程建设情况的专项工作报告；审议通过《岱山县人民代表大会常务委员会议事规则》；审议通过《岱山县人民代表大会常务委员会任免国家机关工作人员办法》；听取和审议县政府关于全县“数字经济”发展情况的专项工作报告；听取县政府关于2019年全县环境状况和环境保护目标完成情况的专项工作报告；听取和审议县政府关于全县各级行政事业单位国有资产管理情况的专项工作报告，听取县政府关于全县国有资产管理情况的报告（提交书面报告）；听取和审议县政府关于全县教育人才工作情况的专项工作报告；听取和审议县政府关于全县养老服务体系建设情况的专项工作报告；表决通过县人大常委会主任会议提请的关于沈兆幸为县十六届人大常委会代表资格审查委员会主任委员的议案；表决通过县人民政府提请的关于郁曙军免职的议案，关于孙世华任职的议案；表决通过县监察委员会提请的关于章海兵免职的议案，关于戴巨斌任职的议案；表决通过关于接受贺贤炳、沈海明、褚波挺辞去岱山县第十六届人民代表大会代表职务的决定；并进行宪法宣誓仪式

续表 1

届次	时间	主要议题
十六届二十七次会议	9月3日下午至4日上午	听取县政府关于上半年全县经济社会发展情况和下半年政府工作的报告，审议县政府关于上半年全县国民经济和社会发展计划执行情况与下半年主要工作的报告；听取和审议县政府关于上半年预算执行情况的报告；听取和审议县政府关于 2019 年度财政预算执行和其他财政收支情况的审计报告，审查、批准 2019 年度财政决算；听取和审议县政府关于全县渔业安全生产审议意见落实情况的专项工作报告，并进行满意度测评；讨论通过关于代表变动和补选代表资格审查情况的报告；表决通过县人大常委会主任会议提请的关于赵红泽免职的议案，关于宋永军、林浩杰任职的议案；表决通过县监察委员会提请的关于潘明明免职的议案；表决通过县人民法院提请的关于姚洁任职的议案；表决通过县人民法院提请的关于白海舟等为岱山县人民法院人民陪审员的议案；并进行宪法宣誓仪式
十六届二十八次会议	11月3日至4日上午	审查、批准县政府关于 2020 年岱山县本级地方债务限额和预算调整方案的议案；听取和审议县政府关于《残疾人保障法》贯彻实施情况的专项工作报告；听取和审议县政府关于《浙江省宗教事务条例》贯彻实施情况的专项工作报告；听取和审议县政府关于高亭城区污水治理及运行管理审议意见落实情况的专项工作报告；听取和审议县政府关于县十六届人大四次会议代表建议、意见办理情况的专项工作报告；审查、批准县政府关于 2020 年民生实事项目部分实施内容调整的议案；审查、批准县政府关于 2020 年度政府投资项目调整的议案；听取县人民法院部分法官履职情况的报告，并进行评议；表决通过县人民法院提请的关于周盈琪任职的议案
十六届二十九次会议	12月29日	听取县政府关于 2019 年审计工作报告反映问题整改情况的专项工作报告，并进行满意度测评；听取和审议县政府关于 2020 年民生实事项目完成情况的专项工作报告，并进行满意度测评；审定县十六届人大 2020 年度各类代表工作等先进事项；听取和审议县政府关于全县美丽乡村建设情况的专项工作报告，并进行专题询问；表决通过县人民政府提请的关于庄晨辉免去副县长职务、徐华军免去副县长（挂职）职务的议案，关于赵红波任副县长职务、宫钦飞任副县长（挂职）职务的议案。表决通过县人民政府提请的关于赵红波、方明免职的议案，关于方明任职的议案；表决通过县人民法院提请的关于陆莹免职的议案，关于马剑慧任职的议案；表决通过县人民检察院提请的关于李齐申免职的议案；表决通过关于接受赵红波辞去岱山县第十六届人民代表大会代表职务的决定；并进行宪法宣誓仪式

依法监督

【助力县域经济提质增效】 2020 年，县人大常委会聚焦高质量发展要求，听取和审议政府上半年工作、上半年国民经济和社会发展计划执行情况的报告，支持县政府统筹做好稳增长、促改革、调结构、惠民生、防风险各项工作。高度关注民营经济发展，组织学习《浙江省民营企业发展促进条例》，听取《条例》贯彻实施情况专题汇报，开展《条例》执法调研，积极助推落地见效，提振民营企业的发展信心。紧扣科技创新驱动，上下联动开展数字经济发展情况监督工作，听取传统制造业发展情况专题汇报，提出建议意见，推动产业转型升级、新旧动能加快转换。紧盯渔业可持续发展，持续监督渔业安全生产，并对审议意见落实情况进行满意度测评，推动县政府进一步强化渔业安全管理。高度重视“十四五”规划纲要的编制工作，多次组织调研、征集代表建议意见、听取相关工作报告，并对“十四五”规划纲要进行初审，为县人代会审查批准规划纲要做好充分准备。根据国家对国土空间规划编制的新要求，经县政府提请，推迟审议《岱山县国土空间总体规划》编制情况。

【促进财经高效运行】 2020 年，县人大常委会加强财政预决算审查监督，听取审议预算执行、决算、预算调整、审计等报告，加强支出预算和政策监督，促进政府依法理财、科学理财，提高财政资源配置效率。深化部门预算审查监督，注重发挥专（工）委和专家的作用，对 8 个部门（单位）预算进行会前预审，首次安排 2 个部门预算人代会重点审查，提升部门预算编制科学性。关注政府资金安排使用情况，专题听取政府资金绩效管理实施情况，批准县政府关于 2020 年岱山县本级地方债务限额和预算调整方案的议案和关于2020年度政府投资项目调整的议案。加大审计查出问题整改监督力度，县人大常委会对审计查出问题整改情况进行满意度测评，推动政府及职能部门进一步深化认识、完善制度、加强监管。审议全县各级行政事业单位国有资产管理情况专项工作报告、国有资产管理情况综合报告，重点提出“创新举措，妥善解决历史遗留问题”等意见建议。

【共推民生福祉改善】 2020年，县人大常委会紧盯票决产生的10大项民生实事项目，审查批准调整部分项目内容，对项目实施全过程开展持续跟踪监督，推动民生实事项目当年见效、群众受益。围绕“食有所安”，听取和审议全县“菜篮子”工程建设情况，深入宁波、定海等多地进行对比调查，提出意见建议，推动补短补缺、改善民生。围绕“学有所教”，听取和审议教育人才发展情况专项工作报告，推动政府凝聚教育人才发展强大合力，不断健全教师培养机制，尊师重教，为教师静心育人提供坚实保障。围绕“病有所医”，专题听取审议意见落实情况汇报，跟进县域医共体建设，增强人民群众的获得感。围绕“老有所养”，专项调查全县养老服务体系建设情况，推动政府完善养老服务保障，提升养老服务品质。

【全力守护美丽生态环境】 2020年，县人大常委会牢固树立“绿水青山就是金山银山”的发展理念，严格执行环境状况和环境保护目标完成情况报告制度，跟踪审议意见落实情况，推动提升绿色生产生活水平。围绕全国县级文明城市创建工作，组织开展“创建全国县级文明城市——人大代表在行动”主题活动，编印《“创建全国县级文明城市——人大代表在行动”情况反映专刊》，为提升文明指数贡献人大力量，县委主要领导给予批示肯定。聚焦乡村人居环境质量，综合运用调研视察、专项审议、专题询问等监督方法，开展全县美丽乡村建设情况专项监督，围绕增强工作合力、建立长效机制等，提出意见建议，助推乡村振兴。对高亭城区生活污水治理及运行管理工作，连续4年开展跟踪监督，推动政府标本兼治、补齐短板。

2020年5月9日，县人大代表调研“菜篮子”工程
（县人大常委会办公室　供图）

【保障法律条例实施】 2020年，县人大常委会构建人大执法检查“监督闭环”，探索完善执法检查流程，充分发挥执法检查“法律巡视”利剑作用。开展《中华人民共和国残疾人保障法》执法检查，针对发现的问题，建议县政府完善服务保障体系，改善医疗康复条件，加强无障碍环境建设。监督《浙江省宗教事务条例》贯彻实施情况，着力助推宗教领域和谐稳定。组织开展《浙江省电动自行车管理条例》专项监督，编印《情况反映》专刊2期，跟踪监督问题整改，工作成效得到县委、县政府主要领导肯定。主任会议专题组织学习《舟山市物业管理条例》，听取专题工作汇报，为开展执法检查打下坚实基础。配合市人大常委会开展立法调研活动，立足岱山实际，提出针对性的意见建议，助推科学立法、民主立法、依法立法。深化

规范性文件备案审查，对18件政府规范性文件进行合法性审查，《岱山县农村供水工程运行管理办法》审查案例入选全省规范性文件审查纠正案例选编。

【维护司法公正】2020年，县人大常委会抓实“动员自查、全面调研、量化评价、会议表决、整改落实、成果运用”等六个环节，组织开展部分法官履职评议，提升审判队伍依法办案的能力和水平。支持检察机关强化法律监督职能，组织人大代表点评案件整改落实，更好发挥公益诉讼在维护社会公共利益中的重要作用。贯彻国家监察体制改革精神，推荐2名县人大代表担任县监察委员会特约监督员。配合省人大常委会开展社会矛盾纠纷调处化解“最多跑一地”三级联动专项监督，查找存在的主要问题和薄弱环节，推动加快完善体制机制，维护社会和谐稳定。听取执法司法机关“扫黑除恶”专项斗争工作情况报告，助力打好专项斗争，切实提升人民群众安全感。扎实做好人大信访工作，依法处理、及时转办、强化督查，切实维护群众合法权益。

2020年11月30日至12月4日，县人大常委会举办岱山县人大代表履职能力提升培训班 （县人大常委会办公室 供图）

代表工作

【代表履职保障优化】2020年，县人大常委会抓好代表履职服务保障这一基础，拓展代表参与常委会工作的广度和深度，充分体现代表主体地位。坚持和完善代表列席常委会会议、旁听法院庭审等制度，深化代表履职“菜单式”服务，组织代表常态化参与常委会调研视察、执法检查、专题询问、“代表活动月”“人大代表在行动”等主题活动，切实让人大代表知政有渠道、履职有平台。出台《关于岱山县人大代表活动经费管理使用的意见》，努力为代表履职创造条件。重视代表履职能力建设，组织50余名履职优秀的县人大代表参加第五期履职能力提升培训班，提升代表议政督政能力。推进代表履职登记、代表向选民述职等工作，开展代表履职积极分子、代表好议案好建议的评选。

【密切代表联系群众】2020年，县人大常委会抓住密切代表与群众联系这一关键，畅通社情民意收集和民生诉求回应渠道，进一步深化代表联络站建设。优化阵地功能，拓展阵地内涵，代表接待日、代表课堂等活动日益丰富，“双员制”等乡镇特色的代表联络站的阵地功能有效突显。出台《关于进一步深化全县人大代表联络站工作和建设的指导意见》，以“五好六化”建设为抓手，提升代表联络站能级，高亭镇、东沙镇、岱西镇、岱东镇代表联络站通过市人大达标考核。完善代表联系选民制度，县领导干部代表带头进站接待选民，了解并办好群众身边的“关键小事”。着力擦亮“社情民意直通车”品牌，健全社情民意分类处置机制，通过分级流转和跟踪督办，确保事事有回音、件件有着落。全年，共编印《社情民意直通车》10期，解决选民实际问题257件。

【代表建议办理】2020年，县人大常委会抓牢落实代表建议这一重点，注重“提好”“面商好”与“督办好”有机结合，促进代表建议提质、办理工作提效。认真组织代表会前视察，引导代表准确把握发展和民生主题，提出议案建议。加强议案建议办理全过程监督，坚持常委会领导重点督办和各工作委员会对口督办制度，较好地形成“群众需、代表提、政府办、人大督”的闭环模式。县十六届人大四次会议以来交付的114件建议意见和3件闭会期间的建议已按期办理答复完毕，其中交由政府办理的115件中，已解决和基本解决的71件，占办理总数的61.7%；正在解决和列入计划需逐步解决的32件，占办理总数的27.8%；暂不具备条件，需条件成熟后解决的11件，占办理总数的9.6%；没有采纳，留作参考的1件，占办理总数的0.9%。

视察调研

【推进全国县级文明城市创建】 2020年，县人大常委会贯彻落实县委关于创建全国县级文明城市的决策部署，将文明城市创建工作列入人大代表督查视察工作内容，融人大工作与创城工作于一体，开启服务群众的“直通车”，印发《关于开展推进创建全国县级文明城市2020年专项活动的实施方案》，突出思想道德建设，夯实文明城市创建的基础；开展各类代表活动，丰富文明城市创建的载体；加强视察监督工作，务求文明城市创建的实效。

【开展疫情防控和“三服务”活动】 2020年，县人大常委会深入开展疫情防控和“三服务”活动，走进企业、建设工地、基层村社和百姓家，协调解决各类问题，督促各项政策措施落地落实，广大代表积极响应《致全县各级人大代表的倡议书》和“助力疫情防控和经济社会发展——人大代表在行动”主题活动，充分发挥各自岗位和行业优势，参与联防联控，主动捐款捐物，带头复工复产，结合“代表活动周”活动，视察检查全县抗击新冠肺炎疫情工作情况，用实际行动汇聚起战“疫”的代表力量。

【专题询问美丽乡村建设】 2020年，县人大常委会发挥人大力量助推全县美丽乡村建设，走出一条具有海岛特色的新时代美丽乡村之路。制定专题方案，成立以常委会分管副主任任组长的专题调查组，深入全县7个乡镇，通过走访、座谈、视察等方式，吃透情况，摸准问题，为询问工作提供例证和第一手资料。专题询问会上的提问包括规划编制、建设资金管理、长效管理机制、宣传氛围营造等问题，以及群众反映比较强烈的污水管道破损修复、村级集体经济壮大等相关问题，涉及美丽乡村建设工作的内容，体现了广大群众的呼声。县政府和相关职能部门在专题询问会上，对相关问题提出了具体的解决措施和时间安排。

【海岛大花园建设专题调研】 2020年，县人大常委会为全面落实省市县委战略部署，进一步推进海岛大花园建设，从10月开始组建专题调研组，对2020年

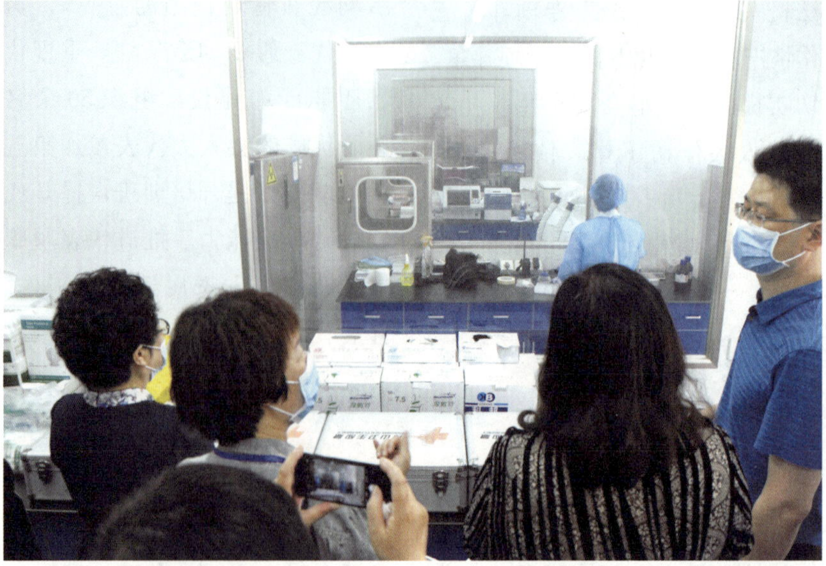

2020年6月11日，县人大常委会组织人大代表检查组，视察全县抗击新冠肺炎疫情工作开展情况
（县人大常委会办公室　供图）

实施的98个海岛大花园建设项目进行实地调研。查看近20个重点项目，走访多个项目实施单位，听取相关汇报，对海岛大花园建设项目实施情况、取得的成效、存在的问题进行深入调查研究，提出要加强统筹协作，形成工作合力，按照省市要求，谋好谋深项目，围绕长效发展，加快补齐短板，破解要素制约，保障项目实施，加强监督管理，加快项目推进，注重整体融合，保护生态体系等建议。

【开展养老服务体系调研】 2020年，县人大常委会围绕健全养老体制机制、落实养老机构建设、完善养老服务设施、创新养老服务模式、扶持社会资本发展养老服务业等方面内容，对全县社会养老服务体系建设情况进行全面调查。常委会第二十六次会议听取和审议县人民政府关于全县社会养老服务体系建设情况的专项报告。针对当前岱山县老龄化率远超全省平均水平、养老服务制度不够完善、养老服务专业人才短缺、居家养老医养结合不足、养老资源整合不够等养老面临的困境和短板，提出要优化养老服务体系基本架构，强化体系的多元性；完善体系长效常态运行机制，增强体系的可持续性；加大养老服务设施建设力度，增强体系的适宜性；加强养老助老服务队伍建设，增强体系的专业性；加大社会养老宣传引导力度，提高体系的认知度等意见建议。

【开展“最多跑一地”调查】 2020年，县人大常委会组织开展全县社会矛盾纠纷调处化解“最多跑一地”情况专项调查。调查组走遍全县7个乡镇，实地查看村（社区）党群服务中心、乡镇“四平台”建设运行情况，并结合2020年“代表活动周”，集中组织10余名市、县人大代表对县社会矛盾纠纷调处化解中心（信访超市）进行视察，并召开多个座谈会，专题听取工作情况汇报。针对体制机制还不够顺畅、基础保障还不够到位、调处化解还不够有力、主动意识还不强等问题，调查组提出要加强平台建设，提高统筹推进的力度；加强制度建设，提高调处工作的水平；加强队伍建设，提高调解人员的素质；加强法治宣传，提高全民法律的意识等意见建议。

【开展教育人才发展情况调研】 2020年，县人大常委会紧紧围绕教育是民生之首，对全县教育人才发展情况进行调查，分别向岱山中学、东沙中学、实验小学等11所学校和教师代表征求意见和建议，听取县教育局工作汇报。针对全县教育人才队伍发展中存在的师资储备攻坚力度还需加大，教师中职业倦怠心理日趋明显，梯队打造、骨干培养实效仍需压实，人才机制保障力度还需进一步加强等问题，向县政府提出要统一思想认识，凝成教育人才发展的强大合力；抓好关键环节，有序补齐教师资源“缺口”短板；突出重点建设，打造实力过硬的优质教师队伍；完善激励机制，营造人尽其才的良好环境等意见建议。

（孔梦迪）

责任编辑：吴依芳

岱山县人民政府

Daishan County people's Government

综　述

【概况】 岱山县人民政府（简称县政府）在县委的坚强领导下，在县人大、县政协的监督支持下，团结依靠全县人民，坚持以习近平新时代中国特色社会主义思想为引领，面对突如其来的新冠肺炎疫情，县政府统筹推进疫情防控和经济社会发展，为“十三五”画上圆满的句号。2020 年，全县地区生产总值 384.80 亿元，比上年增长 58.1%；一般公共预算收入 18.13 亿元；规模以上工业总产值 889.62 亿元；固定资产投资比上年增长 8%；城镇和渔农村常住居民人均可支配收入分别增长 4% 和 6%。

【疫情防控】 2020 年，县政府坚持把人民群众生命安全和身体健康放在第一位，充分运用“大数据 + 网格化”手段，实施精密智控、精准防控，加强重点人群、重点场所监测，强化进口冷链食品闭环管理，严格加强医疗机构院感防控，完成后备医院改建，打好疫情防控主动仗。实施“净海”专项行动，加强船舶作业全程管控，有效筑牢海上防线。全年全县未发生一起疑似和确诊病例，为全省少有的无确诊病例县区之一。

【争先创优行动】 2020 年，县政府深入实施争先创优行动，专班运作，推动经济高质量发展，经济运行评价指数连续 3 次达到“优”以上，“四链两图”工作法入选省工业领域“最佳实践”案例。精准开展“三服务”，坚决落实减税降费各项政策，稳妥推进“两直”补助落地，全年为企业减负 4.70 亿元，推动企业复工复产走在省市前列。抢抓国家投资新政机遇，争取到各类债券 16 亿元，项目开工 5 个，成功入选全国县城新型城镇化建设示范名单。

【国家战略推进】 2020 年，县政府全力服务保障舟山绿色石化基地。疫情期间，浙石化项目无一天停工停产，实现满负荷安全运行，预计全年产值 748 亿元，成为全省工业经济新亮点。打造承接石化产业链主平台，改革完善开发区体制机制，形成“一区两片”开发格局。加快建设国际海事服务基地，完成衢山岸基站产业园规划选址，增设供油锚位 20 个，63 万立方米保税油库获批设立，首单试加注业务顺利启动。淡水河谷公司在中国投资最大单体项目落地鼠浪湖。

【营商环境优化】 2020 年，县政府实施高水平建设最优营商环境行动，全面上线投资项目在线审批监管平台 3.0，推广应用“企业码”，设立企业综合服务中心、开发区审批服务中心，实现一般企业投资项目审批“最多 80 天”，企业开办、财产登记时间达到国际先进水平。大力实施科技新政、人才新政，签约落地中科院宁波材料所岱山新材料研究和试验基地、中国石油大学（华东）密封技术研究所化工装置密封材料研发平台、航天智慧岱山未来产业创新中心、中国招商局集团邮轮研究院舟山分院等一批重大科创平台，汽船配内饰密封件产业创新服务综合体入围省级创建名单，研发投入强度达 1.5%；建成宁波“人才飞地”，国家“引才计划”实现零突破。

【城乡品质提升】 2020 年，县政府加快打造海岛大花园，高标准规划建设高亭美丽渔港、东海郊野公园、小长涂未来社区，完成东沙镇美丽城镇创建。大力开展城乡环境综合整治，攻坚居民小区、背街小巷、农贸市场、主次干道等重点领域，成功获得全国县级文明城市创建提名资格。加快城市商贸业提档升级，建成运营新天地餐饮综合体，成功引进一批知名餐饮品牌，夜间经济示范带成为消费新热点。

【社会事业持续发展】 2020 年，县政府强力推进全国义务教育优质均衡县创建，全面完成校园品质提升工程，成功引进知名教育机构诺亚舟，开办峰景湾幼儿园，3 个县外特级教师工作室入驻岱山。深化县域医共体改革，启动建设县第一人民医院迁建工程，建成运营县口腔中心，开展全市唯一长护险改革试点，实现长三角跨省门诊直接结算全覆盖。十大民生实事项目全部完成。

（沈园凯）

重要会议

【县政府全体会议】 3 月 6 日，县政府第四次全体（扩大）会议在县行政中心召开。会议主要议题是：深入贯彻中央、省、市委经济工作会议和省人代会、县党代会、县人代会精神，立足新方位、勇担新使命，一以贯之打好“五大会战”、建设“四个岱山”，围绕县政府工作报告提出的目标任务，安排部署 2020 年政府重点工作。县长、副县长，县政府直属各单位、各乡镇政府、国有企业主要负责人，同时邀请各乡镇党委主要负责人、县委各部门负责人，县人大、政协办公室主要负责人，部、省、市属在岱山单位主要负责人，县人武部、县人民法院、县人民检察院负责人以及各群众团体、工商联等单位主要负责人共 100 余人参加会议。

【县政府常务会议】 县政府常务会议由县长、副县长、县政府办公室主任组成，由县长或县长委托负责常务工作的副县长召集和主持。根据需要安排有关部门、单位主要负责人列席会议。2020 年，共召开县政府常务会议 11 次。

2020 年岱山县政府常务会议情况一览表

表 2

届次	时间	主要议题
十六届三十次会议	1 月 2 日	审议《政府工作报告（送审稿）》《2019 年国民经济和社会发展计划执行情况和 2020 年国民经济和社会发展计划草案》《2019 年财政预算执行情况和 2020 年财政预算草案》《关于全面深化国有企业改革的指导意见（送审稿）》，听取 2020 年民生实事项目候选项目、2020 年政府投资项目年度计划、岱山新天地项目、关于要求安排《围填海历史遗留问题（批而未填部分）处理报告》编制经费、《岱山县渔农村生活污水治理专项规划》编制、关于要求增加高亭中心菜场迁建项目资金的情况汇报
十六届三十一次会议	2 月 21 日	审议《2020 年县政府重点工作任务分解》《岱山县高水平建设最优营商环境行动方案》《岱山县岱西 110 千伏输变电工程高压线路途经军用机场净空限高段采用电缆补差方案》《关于高水平推进美丽城镇建设的实施意见》《关于加快扶持岱山县工业龙头企业和重点骨干企业做优做强的实施办法》《重点骨干企业和龙头企业建议名单》《县级党政领导干部食品安全职责清单》，听取舟山市三鑫水产养殖有限公司资产评估、大衢中学体艺馆建设项目、2019 年县政府质量奖评审和 2019 年度岱山县法治政府（依法行政）建设工作情况汇报

续表 2

届次	时间	主要议题
十六届三十二次会议	4月2日	审议《东海地块安置小区商业办公房安置分配方案》《2019 年度岱山县义务教育教师工资增长方案》《岱山县防洪排涝能力提升三年行动计划实施方案（2020—2022）》《岱山县贯彻落实中央一号文件精神补短板工作清单》《岱山县 2020 年城乡环境综合整治大会战实施方案》《岱山经济开发区“区域环评 + 环境标准”改革实施方案》《关于浙江省岱山经济开发区管理运行体制机制调整完善的报告》《岱山县县属重点国有企业负责人年薪制管理办法》《关于〈城投集团和交投集团机构设置和人员编制方案〉的意见》，听取关于县交通运输局所属 15 处客货运码头资产划转给岱山蓬莱交通投资集团的情况汇报、岱山县职教园区学生宿舍附属工程建设的情况汇报、全县违建“别墅”问题项目纳入整治报备国家信息系统事宜的情况汇报
十六届三十三次会议	5月8日	听取关于秀山投资开发有限公司五宗闲置土地收回事宜、关于土地延长承包 30 年省级试点工作、关于金海家园出让金补交事宜以及关于金海智造 1.9 亿元委托贷款事宜的汇报，审议《浙江省岱山经济开发区环城投资集团有限公司组建方案》《岱山县关于进一步推进村级集体经济高质量发展的实施意见》《岱山县加强和改进新时代乡村治理工作实施方案（2020—2022 年）》《关于推进制造业高质量发展的若干意见》《关于进一步实施招商引资工作的若干意见》《岱山县关于积极有效利用外资的若干政策》《岱山县贸易企业发展扶持办法》《岱山县 2020 年城乡生活垃圾分类一体化行动计划》《岱山县建筑垃圾（渣土）管理实施意见》《岱山县创建省级园林城市实施方案》
十六届三十四次会议	5月29日	审议《关于高质量推进新时代民政工作的意见》《岱山县 2020 年海上花园城建设攻坚行动实施方案（送审稿）》《岱山县 2020 年交通大会战攻坚行动实施方案》《岱山—舟山疏港公路（高亭江南山至秀山小欢喜段）大桥管理暂行办法（送审稿）》《岱山县加快推进民宿产业发展的实施意见》《岱山县义务教育学校校园品质提升专项行动的实施方案》《岱山县防汛防台指挥工作指南》《关于深化“千村示范、万村整治”工程高水平建设新时代美丽乡村的实施意见（送审稿）》《关于加快科技创新推动高质量发展的实施意见》《2020 年度岱山县治水治污大会战实施方案》，听取关于要求收储破产企业舟山市海天船舶工程有限公司及浙江久和泓友船舶制造有限公司资产的汇报、关于浙石化板井潭地块补交出让金事宜的汇报、关于岱山县新建万头猪场县级相关配套政策的汇报
十六届三十五次会议	7月2日	听取《关于调整岱山县征地青苗及地上附着物补偿标准的情况汇报》《关于岱东猪场善后处置工作的汇报》，审议《岱山县秀山乡综合行政执法改革工作方案》《岱山县 2019 年度国土资源节约集约模范县创建工作实施方案》《关于促进集装箱企业健康稳定发展的若干意见》《岱山县大应急联动体系建设总体方案》《关于加快释放消费潜力促进经济稳定增长的实施意见》
十六届三十六次会议	7月30日	听取关于浙江省发展资产经营有限公司土地收回事宜的情况汇报，审议《关于全面落实预算绩效管理的实施意见（送审稿）》《岱山县政府投资信息化项目管理办法（送审稿）》《2020 年岱山县法治政府建设工作要点（送审稿）》《岱山县第二轮安全生产综合治理三年行动计划（送审稿）》《岱山县低效企业整治提升实施方案（送审稿）》《岱山县“无废城市”建设工作实施方案（送审稿）》《岱山县新建住宅养老服务用房配套建设暂行办法（送审稿）》，书面听取岱山县 2020 年上半年消防工作的汇报
十六届三十七次会议	9月2日	审议《岱山县高质量饮用水工程实施方案（送审稿）》《舟山市岱山县“三线一单”生态环境分区管控方案（送审稿）》《岱山县地质灾害防汛防台专项工作指南（试行）（送审稿）》《完善岱山县长期护理保险制度实施细则（试行）（送审稿）》《岱山县涉外突发事件应急处置预案（送审稿）》，听取关于围填海历史遗留问题“批而未填”项目处置、关于岱山衢山鼠浪花岗石二厂废弃矿山治理采矿权设置方案、关于增补“海上智慧一体化平台”项目的情况汇报，书面听取全县公安机关 2020 年上半年工作总结及下半年工作计划的报告、《中华人民共和国公职人员政务处分法》解读
十六届三十八次会议	10月14日	审议《抗疫特别国债分配方案》《岱山县人民政府关于进一步完善审计整改工作机制的意见（送审稿）》《岱山县节水行动实施方案（送审稿）》，听取关于调整岱山县 2020 年政府投资项目年度计划表、关于岱山机场 1408 工程土地置换事宜、关于板井潭安置房方案调整的情况汇报，书面听取《浙江省岱山县新型城镇化建设示范实施方案》、关于调整 2020 年县政府民生实事项目部分实施内容和全县退役军人工作的情况报告

续表 2

届次	时间	主要议题
十六届 三十九次会议	11 月 23 日	审议《关于进一步加强金融工作支持全县经济高质量发展行动方案》《岱山县党员干部、公职人员带头深化殡葬改革的若干规定（试行）》《岱山县丧葬民俗服务人员管理暂行办法》《岱山县政府质量奖评审管理办法（2018 年修订）补充规定》《关于秀山乡市容和环境卫生按照城市建成区管理的区域划定》，听取关于岱山县双峰片区控制性详细规划编制工作情况的汇报、关于常石商业街南侧废弃宕口边坡生态环境治理工程的汇报、关于星浦未来社区（岱山产业新城综合配套提升工程）建设方案的情况汇报，书面审议《岱山县衢山镇小城市培育试点三年（2020—2022 年）行动计划》和关于粮食安全责任制落实情况的汇报
十六届 四十次会议	12 月 29 日	审议《政府工作报告（送审稿）》《关于岱山县 2020 年国民经济和社会发展计划执行情况和 2021 年国民经济和社会发展计划草案的报告（送审稿）》《关于岱山县 2020 年财政预算执行情况和 2021 年财政预算草案的报告（送审稿）》《岱山县学前教育深化改革规范发展的实施方案（送审稿）》《岱山海岛公园建设三年行动计划（送审稿）》《岱山县店铺招牌设置规范（试行）（送审稿）》《关于建设岱山县营商服务综合体的实施方案（送审稿）》《牛山等六个石料矿规划处置方案（送审稿）》《岱山蓬莱交通投资集团债券发行财务调整优化方案（送审稿）》，听取岱山县 2021 年民生实事候选项目安排情况、岱山县联达牧场动物疫情处置县级相关配套政策的情况、舟山市岱山北部促淤围涂投资有限公司土地收回事宜的情况、岱山县新中耀修造船有限公司闲置土地及相关资产处置方案事宜的情况、岱山蓬莱交通投资集团与浙江浙石油储运有限公司、舟山交通投资集团有限公司共同出资设立舟山石油管道有限公司的情况、县交通运输局所属 35 处房地产土地资产无偿划转给岱山交投集团的情况、要求收储浙江省岱山经济开发区环城投资集团有限公司名下土地、房产等资产事宜的情况、岱山县做好被征地农民参加基本养老保险工作实施方案、2020 年全县食品安全工作、2020 年全县药品安全工作、岱山县 2020 年体育工作总结及 2021 年工作思路的汇报

【县政府专题会议】 县政府专题会议由县长、副县长主持召开，根据会议内容，分别召集有关部门和乡镇负责人出席，如有特殊情况，县长、副县长委托县政府办公室主任或副主任主持召开。县政府专题会议根据需要不定期召开，专题会议主要研究处理属于县政府领导分管职责范围、需要统筹协调的业务事项；研究突发性事件的处理意见；研究上级领导或县委、县政府主要领导对涉及面较广的具体问题所作批示、指示的贯彻落实意见；研究处理县政府日常工作中的其他事项。全年共召开县政府专题会议 13 次。

（余宗轩）

重要工作举措

【推进地质灾害防治】 4 月 16 日，县政府出台《2020 年岱山县地质灾害防治方案》（简称《方案》）。《方案》要求，以习近平新时代中国特色社会主义思想为指导，深入贯彻习近平总书记关于新时期防灾减灾救灾工作一系列重要论述精神，紧紧围绕县委、县政府的中心工作，认真分析、科学研判新形势下地质灾害防治工作，以最大限度避免和减少地质灾害造成的人员伤亡和财产损失为目标，积极防灾，科学减灾，主动避灾，总结提升“除险安居”三年行动开展成果，建立健全全县地质灾害调查评价体系，逐步实现风险防控精细化、预警监测精准化，隐患治理“即查即消”，积极构建与新时代相适应的地质灾害防治体系和长效机制，为推进“四个岱山”建设提供地质环境安全保障。

【推进城乡生活垃圾分类一体化】 5 月 28 日，县政府出台《岱山县 2020 年城乡生活垃圾分类一体化行动计划》（简称《计划》）。《计划》明确，2020 年，全县城区生活垃圾分类覆盖面在 95% 以上；新增省级高标准分类示范小区 3 个；城镇生活垃圾总量基本实现“零增长”，回收利用率在 45% 以上，资源化利用率和无害化处置率 100%，实现全域焚烧处理和“零填埋”。

【攻坚交通大会战】 6 月 2 日，县政府出台《岱山县2020年交通大会战攻坚行动实施方案》(简称《方案》)。《方案》明确，根据全县交通大会战“2112”行动目标要求，确定2020年全县交通大会战攻坚项目34个，计划完成交通建设投资19.42亿元，继续深化一批前期类项目，开工一批新建类项目，加快一批续建类项目，确保全县交通基础设施有明显改善。

【创建省级园林城市】 6月12日，县政府出台《岱山县创建省级园林城市实施方案》(简称《方案》)。《方案》要求，深入贯彻落实习近平总书记生态文明思想，自觉践行“五大发展理念”，把创造优良人居环境作为主体目标，充分发挥区位优势和资源特色，坚定不移地走海岛特色新型城市化道路。通过大力推进城市园林环境建设，加强城市生态空间保护，推进节能减排工作，切实改善城市人居环境和生活品质，努力打造现代化、可持续和国际化的海上花园城市。《方案》明确，2020年6月完成省级园林城市申报工作，年末基本达到创园标准，2021年完成省级园林城市创建工作。两年内完成绿地系统相关规划并完成报批，完善相关创园绿化制度建设，相关指标达到创园标准。

【加快释放消费潜力促进经济稳定增长】 7月7日，县政府出台《关于加快释放消费潜力促进经济稳定增长的实施意见》(简称《意见》)。《意见》明确，充分把握绿色石化基地背景下的新消费发展趋势和现代消费新特征，有效激发消费潜力，不断创造新需求，积极有力促进消费升级，努力实现经济稳定增长。2020年，社会消费品零售总额同比增长达到市政府下达的目标任务，新布置商业街区10个。培育放心消费示范单位、无理由退货承诺单位分别在430家和172家以上，建设放心消费街区1个。

【低效企业整治提升】 8月19日，县政府出台《岱山县低效企业整治提升实施方案》(简称《方案》)。《方案》明确，高举习近平新时代中国特色社会主义思想伟大旗帜，深入贯彻落实市委七届八次全会和县委十三届十一次全会精神，以高质量发展为导向，强化“腾笼换鸟”理念，坚持企业主体和政府引导相结合、综合施策和分类指导相结合、正向激励和反向倒逼相结合，全面实施低效企业改造提升，加快淘汰落后产能，实现提质增效和规范升级，促进全县经济高质量发展。《方案》要求，全面摸排全县亩均税收低于2万元企业，突出重点行业、重点区块，在工业、服务业和港口物流业领域，确定一批重点提升和关停拆除企业；以点带面，推进全县低效企业整体效益的提升。坚持问题导向，根据企业类别，结合规划布局，针对不同企业制订一企一方案；落实企业主体责任，通过综合运用法律手段、经济手段等方法，分类施策，规范提升企业。以提升资源产出效益为出发点，帮助企业加快改造提升，对产出效益低且提升无望的低效企业和“僵尸”企业，科学制定处置方案，依法予以清退。按照节约集约原则，合理安排新产能新项目，最大限度提高土地的利用水平和产出率。

【金融支持稳企业保就业】 10月13日，县政府出台《岱山县金融支持稳企业保就业实施方案》(简称《方案》)。《方案》要求，以习近平新时代中国特色社会主义思想为指导，认真落实省委省政府、市委市政府、县委县政府工作部署，强化底线思维，扎实做好金融支持稳企业保就业工作。通过货币信贷政策的结构化、精准化，运用间接融资、直接融资、监管容忍、财税优惠等多种政策工具，加强与县级相关部门的协作，促进供需双方的融资有效对接，重点行业、领域融资覆盖面明显提升，推动企业可持续经营能力显著提高，实现稳企业保就业目的。《方案》明确，产业主管部门及相关工作机制成员单位按照“六稳”“六保”工作要求，结合本部门工作职责和重点，梳理筛选重点企业名单。金融管理部门加强各项金融政策工具的灵活运用，推动政策工具落实落地，指导金融机构持续加大金融对重点行业、群体、企业的支持力度。地方金融管理部门健全风险补偿、担保增信等金融政策配套机制，提升金融机构积极性。地方政府相关部门通过健全信息共享、加大财政贴息、推进账款清欠、完善抵质押物流转等机制，优化营商环境，持续推动政银企高效精准对接，形成货币政策、财政政策和产业政策的合力。

【推进节水行动】 10月23日，县政府出台《岱山县节水行动实施方案》（简称《方案》）。《方案》明确，以习近平新时代中国特色社会主义思想为指导，深入贯彻“节水优先”方针，紧紧围绕“海洋经济、美丽岱山”建设，把节约用水作为生态环境保护和水资源可持续利用的重要举措，贯穿于经济社会发展全过程和各领域，提升全县节水水平。实行水资源消耗总量和强度“双控”，强化水资源的刚性约束，落实目标责任，实施重大节水工程，强化监督管理，推动制度、政策、技术、机制创新，通过示范引领和宣传教育，增强全社会节水意识，促进用水方式由粗放向节约集约转变，为绿色海洋经济发展提供有力支撑。

【高水平建设最优营商环境】 11月19日，县政府出台《岱山县高水平建设最优营商环境行动方案》（简称《方案》）。《方案》要求，以习近平新时代中国特色社会主义思想为指导，全面贯彻党的十九大和十九届二中、三中、四中、五中全会精神，深入落实习近平总书记在民营企业座谈会上的重要讲话精神，牢固树立和深入贯彻新发展理念，持续深化“八八战略”，按照当好改革开放排头兵、创新发展先行者的要求，以“最多跑一次”改革为引领，树立优化营商环境就是解放生产力、提高竞争力的理念，以市场添活力、人民增便利为目标，着力打造“审批环节最少、办事效率最高、群众获得感最强”的县域营商环境。

【推进职业技能提升】 11月27日，县政府出台《岱山县推进职业技能提升行动实施方案（2020—2021年）》（简称《方案》）。《方案》明确，聚集聚力高质量发展，深化人力资源供给侧改革，大力推进职业技能提升培训，以紧贴产业发展为导向，紧紧围绕全县经济社会发展需要，加大对企业职工等重点群体的职业技能培训力度。全县3年内共开展各类补贴性职业技能培训1.50万人次以上，其中2019年已培训4752人次，2020年、2021年计划各培训5200人次以上。到2021年末，技能劳动者占就业人员总量的比例在30%以上，高技能人才占技能劳动者的比例在31%以上。

（沈园凯）

政务工作

【概况】 2020年，岱山县人民政府办公室（简称县政府办公室）在县委、县政府正确领导下，以习近平新时代中国特色社会主义思想为指导，深入学习贯彻党的十九大和十九届二中、三中、四中、五中全会精神，坚持新发展理念，立足新发展阶段，融入新发展格局，忠实践行“八八战略”，围绕加快建设“四个岱山”，深度建设“湾区明珠·自贸港城”，奋力打造“重要窗口”海岛风景等中心工作，积极发挥参谋助手、综合协调职能作用，协助县政府统筹做好疫情防控和企业复工复产工作，坚决落实“六稳”“六保”等上级决策部署在岱山的贯彻落实和政府系统政务工作的高效运作。

（余宗轩）

【以文辅政工作】 2020年，县政府办公室精准把握“重要窗口”海岛风景建设征程中岱山发展的历史新方位，立足高标准严要求，不断打磨文稿，文稿“含金量”不断提升。全年完成《政府工作报告》以及领导讲话稿、汇报材料等各类重要文稿100余篇，调研报告20余篇。报省信息录用3条，其中专报2条，一条专报获副省长批示，向市政府办公室报送信息和约稿160条，被《市长参阅》录用1条，被《每日关注》录用29条，得分155分。

（沈园凯）

【服务管理工作】 2020年，县政府办公室严把公文起草关和管好公文起草的政策关、程序关、文字关和格式关，做到格式规范、内容可行、程序合理。共办理发文300件，发文同比减少8%。加强会议管理，力求精减会议数量、控制会议规模、严控会议时长。精心组织安排全县性重要会议、重大活动，完成省市领导到岱山调研等会议活动的筹备和举办。全年主办政府系统内全县性重大会议（活动）29次，同比减少3.3%，会议数量持续下降，“文山会海”现象得到有效遏制。全力做好公务接待工作，累计接待中央、省市重要领导到岱山考察40余批次。提升公务用车保障能力，规范公车平台管理，提升统筹调度水平，提供优质安全的公务用车服务，做好全县重要活动、会议和各类调研组、检查组、考察团的用车保障。严格物资采购，大宗物品一律实行政府采购。加强安全保卫，保障财产安全，严格执行值班制度，确保信息畅通，维护县政府正常办公秩序，确保县委、县政府各项工作高效运作，为坚定不移加快建设“湾区明珠·自贸港城”贡献力量。

（余宗轩）

【政府信息公开】 2020年，县政府办公室出台《岱山县政务公开工作要点》，以助力治理现代化为出发点，围绕优化营商环境和保障改善民生，加强“六稳六保”、重大项目建设、就业、教育、医疗、生态环境、征地拆迁、财政资金直达基层等信息主动公开工作。推进基层政务公开“标准化规范化”建设，按照国务院办公厅统一样式完成政府信息公开平台标准化改版，开展县和乡镇两级基层政务公开标准化目录编制工作，9月末，审核完毕并统一发布到县政府门户网站专栏。政务新媒体纳入规范化管理，开展全县行政机关政务新媒体清理整顿，按照“一个单位在同一平台只开设一个新媒体账号”的原则，推动各单位多余政务新媒体账号主动注销，所有政务新媒体账号完成备案登记，接受上级统一监测。至年底，全县明确政务新媒体账号38个，其中微信公众号27个，微博账号8个，抖音账号1个，客户端1个，头条号1个。全年县政府和各单位、各乡镇受理政府信息公开申请27条，依法依规做好答复处理、系统备案、台账登记工作，未发生因信息公开引起的行政诉讼和行政复议等争议。

（汤瑞杰）

【人民代表建议和政协提案办理】 2020年，县政府共收到县十六届人大四次会议代表议案建议115件、县政协九届四次会议提案83件。在县人大常委会和县政协的监督支持下，各承办单位直面新形势新问题，采取靠前办理、重点办理、联合办理等举措，质效并重，经过46个承办单位的共同努力，较好地完成办理工作，面商率、办复率、满意率均为100%，“回头看”后A类件问题解决率提升在10%以上，在加快建设岱山“重要窗口”海岛风景中改善了民生。

（陈　弈）

外事工作

【概况】 2020年，岱山县人民政府外事办公室（简称县政府外事办）高举习近平新时代中国特色社会主义思想伟大旗帜，紧紧围绕“湾区明珠·自贸港城”建设，履职担当，务实求新，尤其是针对新冠肺炎疫情的新形势新挑战，全力参与，日夜坚守，确保全县涉外领域总体稳定。

【涉外防疫工作】 2月以来，县政府外事办根据市县防疫工作的总体部署，全力投入境外“新冠肺炎”输入防控工作，参与市县疫情防控工作组常态化办公等。对涉外来浙人员加强县级一对一联系人建立、政策告知、信息核查、动态跟进、协调对接等工作，共同筑牢精密智控管控网。至年末，共建报一对一联系信息1641条次，其中外籍人士292人次，同步掌握快捷通道22批、295人次拟入境外籍人士动态，建报一对一信息。

【因公出国核报工作】 2020年，县政府外事办根据省市要求，因外疫情形势严峻，暂停党政领导干部和国家工作人员因公出国的审核报批工作。

【邀请来华核报工作】 2020年，县政府外事办着重做好“新冠肺炎”疫情期间外籍人士来华核报。

上半年，全县获准来华外籍人士43人次；6月起，启动快捷通道审批模式，助力县域发展，全县获准来华外籍人士22批、295人次，做好入境政策告知、动态对接、信息核报等工作，其中101人顺利入境。

【涉外稳定工作】 2020年，县政府外事办为维护国家外交整体平稳，保护公民人身财产安全及合法权益，对涉外应急安置工作机制进一步落地完善，不断提升涉外突发事件应急处置能力。一是着力完善涉外应急处置预案，多次对接市政府外事办公室，多轮征求县级主要相关单位意见，9月经县政府常务会议审议通过印发。修订主要对处置范围、处置流程、涉事部门职责等进一步明确。二是设立临时安置点，5月起，依托衢山镇、长涂镇、秀山乡、高亭镇的有关酒店设立外国人临时安置点。三是掌握有关领域的稳定工作。是年，做好国家安全、反恐、反邪教、境外经济犯罪和境外赌博打击治理等工作，确保涉外工作高效运作。

（陈　弈）

大数据管理

【概况】 2020年，县大数据管理中心以习近平新时代中国特色社会主义思想为指导，围绕县委、县政府重点工作，按照“数字岱山”建设的总体部署，组织、指导、协调公共数据和政府系统电子政务发展管理；深化“最多跑一次”改革，落实支撑改革相关的信息系统建设任务，推进“互联网+政务”深度融合；负责浙江政务服务网岱山平台、县政府门户网站建设及管理，指导全县各政府网站建设管理；组织协调全县公共数据资源整合、归集、应用、共享、开放；统筹推进政府系统电子政务基础设施建设管理；组织建立县智慧治理大联动机制，整合政府各类管理资源和管理力量，负责全县社会治理大联动工作的任务分流和协调指派、力量指挥调度、工作检查督办、考核奖惩建议等工作，全力推进政府数字化转型、岱山城市大脑、政府信息化项目建设等工作的落实，各项工作取得一定进展。

【数字助力疫情防控】 2020年，在疫情爆发的第一时间，县大数据管理中心配合其他职能部门开展新冠肺炎疫情防控工作。一是借助出入境平台，核查境外到岱人员，共筛查人员2000余人，落地核查1600余人；二是发挥大数据优势，精准定位红黄码人员，通过公安大数据优势，对到岱红黄码人员及时定位并推送，其间，共核查红黄码人员1961人，处置健康码异常人员10人次；三是在各客运站场开通智慧票务平台——健康码智能核验系统，智能识别旅客“健康码”实时状态，提高核验、检票的通行速度；四是政企合作，创新健康码应用，为助力全县复工复产，县大数据管理中心委托岱山县海莱云智科技有限公司，紧急开发防疫健康码核验平台，对外提供数据接口，省去手机出示健康码环节，实现高效通行。

【政务钉钉工作】 2020年，全县各机关事业单位浙政钉注册人数突破9000人，各单位各部门100%覆盖，激活率、信息完整率保持在100%，工作日日均活跃率保持在84%。5月，依照省、市大数据局统一部署，启动浙政钉2.0迁移工作，至年末，浙政钉全县各机关事业单位激活用户数达8400余人，累计激活率为100%。自建“岱山OA”“智慧后勤”“机关内部最多跑一次”等高频应用接入浙政钉面板，顺利完成浙政钉的迁移工作。

【“互联网+监管”推广】 2020年，县大数据管理中心继续深入推广“互联网+监管”，作为浙江省推出的一项政府数字化转型工作的项目，掌上执法率、双随机任务完成率、双随机事项覆盖率、应用信用规则率、跨部门监管率、监管库事项认领率、主项覆盖率等核心指标均达到省、市要求。省统一行政处罚办案系统已在全县正式上线运行，是全市上线前完成测试的县区。

【“互联网+政务服务”优化】 2020年，县大数据管理中心助力“最多跑一次”工作，继续深化互联网+政务服务。一是继续做好政务服务许可事项网办率、掌办率、跑零次、承诺压缩比、2.0收件比等核心指标的提升工作；二是做好政务服务2.0事项对接工作，完成284个半管控事项审批系统的对接；三是做好超期数据、异常数据的处理和推送工作。

【政府门户网站建设】 2020年，县大数据管理中心根据国家、省、市要求，继续推动岱山县人民政府网站的集约化运维能力，并按照《国务院办公厅秘书局关于印发政府网站与政务新媒体检查指标、监管工作年度考核指标的通知》等文件要求，运用网站普查平台，每天专人专员负责对网站进行监测，发现问题及时通知各单位网站管理员进行整改，维护网站安全、提高网站的质量。9月，依据省市《关于进一步推进全省政府网站集约化平台建设工作的通知》，积极开展政府网站信息资源库建设，至年末，圆满完成网站信息资源库建设。

【网络安全工作】 2020年，县大数据管理中心为加强网络安全，进行网站备案，提升网站的可信度，加快网站的访问速度。同时，加强政务外网安全管理，要求各接入单位按照“谁主管、谁负责、谁使用、谁负责”的原则，建立本单位计算机系统安全组织和安全管理制度，并采取必要的安全技术防范措施；要求接入单位明确专人负责本单位的电子政务外网IP地址分配和管理工作。县大数据管理中心定期对各单位政务外网安全管理情况进行抽查。

【数字岱山创新大厦投入使用】 12月，数字岱山创新大厦投入使用，由县大数据管理中心总体管理，第三方物业公司具体运维。围绕“让城市更聪明、让治理更高效、让企业更智慧”的目标，系统性地建设完善“一脑一园一中心”，是全市唯一的数字化综合大厦。大厦充分融入互联网思维、共享经济发展等理念，通过“园区管理系统+物联网+在线服务”模式，用平台换人，用数字赋能，全力打造全省领先的整体智治样板区、数字经济先行区。

【数字岱山大会】 11月27日，“数字引领 岱你未来”数字岱山大会在县体育馆举行。县委书记周国岭、县人大常委会主任沈兆幸、县政协主席陈雅君等县领导出席

2020年12月，数字岱山创新大厦投入使用 （县大数据管理中心 供图）

大会，大会分主会场和分会场，其中主会场承担演说、发布、交流等功能，会议规模为200人左右；分会场以展厅形式展示全县各类相关数字化应用，参展商规模为22家（包括政府单位和企业），大会上，县人民政府、杭州海康威视数字技术股份有限公司、岱山海莱云智科技有限公司三方签订“数字海洋实验室”合作协议，并举行“数字海洋实验室”揭牌。

【公共安全视频图像信息共享总平台上线运行】 2020年，县大数据管理中心进一步挖掘城市视频数据资源价值，提升各行业视频融合应用水平，建成物联感知汇聚平台，各单位、各部门可以接入全县海量感知数据，提供对物联设备、感知数据、智能应用等集中管控、分级控制服务，实现全县6600余路公共安全视频图像信息共享联网，为县公安局、县综合行政执法局、县文旅局、县应急管理局、各乡镇等提供视频共享服务，为打造全县统一的视频AI能力赋能平台。

【城市大脑两项管理办法发布】 2020年，为保障城市大脑统筹规划、集约建设、有序推进，由县大数据管理中心牵头，组织相关单位、专家，编制并发布《岱山县政府投资信息化项目管理办法》和《岱山县公共安全视频图像信息系统管理办法》两项管理办法。根据项目管理办法，有序完成全县政府投资信息化项目的统筹管理和指导建设。

【智慧治理指挥中心投运】 12月，岱山县智慧治理指挥中心在数字岱山创新大厦3楼投入使用，按县域现代化综合指挥中心规格和模式建设，接入县公安局、县海事处等业务单位专网，围绕“智能、精准、高效”目标，建立“平战结合”机制，基于“市—县—乡”三级协同的应急指挥系统＋智慧治理大联动系统，实现智能化应对公共突发事件、立体指挥调度、高效协同决策。

【“数字岱山”智慧平台建成启用】 2020年，全县场景化应用建成，一是“数字海岛”（秀山岛）建设，初步建成以海岛数据仓库、综合管控系统作为核心，集监测、展示、控制、汇报、应急、巡检和管理、营销功能于一体的智慧海岛系统；二是“智慧治理大联动系统”开发，初步完成智慧治理大联动基础平台框架搭建，系统目标整合基层治理四平台、城管、应急管理、12345、视频共享总平台等业务应用功能，打通政府职能，将政府内部资源和社会资源纳入流程，主动为百姓提供服务、提高政府办事效率；三是智慧停车系统上线，接入城区主要公共停车场，为下一步完成全县2800余公共停车泊位视频管控设备建设打下基础；四是协助各单位完成智慧食安、智慧城管、“海上智慧一体化平台”“岱你玩小程序”等一批应用建设，促进快速响应、协同化管理。

（张　瓔）

2020年12月，岱山县智慧治理指挥中心在数字岱山创新大厦3楼投入使用
（县大数据管理中心　供图）

机关事务管理

【行政中心疫情防控阻击战】2020年，县机关事务管理中心面对疫情初期复杂严峻的形势，以保障县委县政府正常有序运行的高度政治责任感，切实抵御风险，做好行政中心疫情防控方案部署和工作落实，确保行政中心秩序安全平稳。全面加强出入管控，严格落实“受控进入”要求，关闭、减少进出通道，严格做好外来人员登记询问、体温测量、佩戴口罩等排查督促工作，暂停一般事务来访。根据疫情防控形势变化，调整对策措施，严格实行“亮码管理”，发现异常情况及时处置和登记报告，始终坚守行政中心疫情防控第一道防线。及时推进防疫消杀，大厅、走廊、卫生间等公共区域每天消毒在2次以上，接待室、电梯每小时消毒1次，会议室“一会一消毒”；设置废弃口罩专用投放桶每小时消毒，一天2次集中回收处理。公务车辆全方位消毒，随车配备口罩、消毒液等防疫物资，严格执行出车前后的消杀程序。年初严格按规定暂停中央空调系统，随着疫情防控形势变化，在对空调系统进行全面消毒清理、确保第三方检测达标的前提下，夏令时节重新开启空调系统。强化机关食堂综合防控，对食堂员工开展体温检测等健康筛查，严禁有发热、呼吸道感染等症状员工上岗，严格落实食品原料采购和卫生制度，做好高温消毒灭菌处理。按照“少外出、不聚集”要求，疫情初期暂停堂食就餐，利用智慧后勤平台提供盒饭预定，后期根据疫情形势变化和干部职工需求，有序开放堂食就餐，通过错时分批次就餐、间隔入座等措施严防交叉感染，确保安全前提下有效保障食堂餐饮供应。

【办公用房和非经营资产统筹管理】2020年，县机关事务管理中心开展全县党政机关办公用房“回头看”集中检查，针对上轮检查“重本级、轻下级”的短板，重点巡检下属单位和基层站所，全年共检查二级单位20家，开具整改通知书2份。起草拟定《岱山县党政机关办公用房管理实施细则》，健全完善办公用房调配审核及报备制度，形成办公用房管理常态化、长效化管理机制。开展老旧房产使用专项清理行动，对存在安全隐患的房产实施整体搬迁。积极助力复工复产，完成非经营性资产拍租调剂，通过全面摸排、资格审核、签订补充协议等措施，落实疫情房租减免政策，累计减免租金17.86万元。

【机关食堂升级改造】2020年，县机关事务管理中心为拓展食堂接待能力，提升公务接待形象，启动实施食堂装修改造工程。委托专业装潢公司按设计方案实施，委派专人全程跟踪监督施工进展，切实加强工程质量管控。努力克服疫情对工程进展的不利影响，及时调整计划，工作前置，将主体工程及配套工作同步推进，确保工程如期竣工投运。该项目共装饰餐厅面积200余平方米，改造自助餐席位100余个，有效改善用餐环境。

【公共机构节能降耗】2020年，着力完善节能工作体系，出台《岱山县节约型机关创建行动实施方案（2020—2022年）》等文件，启动节约型机关创建行动计划，指导创建省级节约型公共机构示范单位1家。深入推进节能技改，对高能耗灯具、冲水阀等设备实施节能改造，实现照明亮度和水资源利用率有效提升，能耗进一步降低，认真做好能耗数据统计报送，全县公共机构能耗指标保持企稳下降态势。依托节能宣传周，开展“绿水青山·节能增效”节能知识网络竞赛，辐射县内外百余家公共机构，活动参与达6000余人次，同时通过发起节能倡议、播放节能宣传视频、发放节能常识宣传册及展板展览等多种形式，进一步扩大影响范围。会同县能源监察大队适时开展冬夏两季的办公用能专项监察行动，开具整改通知书限期整改，将检查结果纳入节能年度考核。启动节约型机关创建计划，督促相关单位设置节能专管员、用能设施设备排摸、创建工作计划制定及实施工作，联合县国资部门，积极探索建立国有资产调剂机制，制定出台《岱山县县级政府公物仓管理办法（试行）》，依托“资产云”系统将常见办公设备等资产统一纳入政府公物仓管理调剂，明确资产范畴、流转程序和相关责任等，进一步整合行政事业单位办公资源，有效提高资产利用效率。

【机关事业单位垃圾分类】 2020年，县机关事务管理中心严格按照《岱山县党政机关事业单位生活垃圾精准分类工作实施方案》《岱山县行政中心生活垃圾分类实施方案》要求，以任务目标和考核标准为导向，及时做好行政中心垃圾分类集置点规划设置、垃圾处置台账完善等基础工作。通过展板展览进单位入社区、宣发《垃圾分类知识宣传手册》、发布垃圾分类知识小视频等形式，营造垃圾分类的浓厚氛围。持续加大垃圾分类工作指导监督力度，不定期开展突击检查，邀请县级媒体跟踪报道，建立检查结果登记备案和通报机制，督促各部门单位落实主体责任自查自纠，县机关事务管理中心注重以身作则，全面取消会场瓶装矿泉水、食堂一次性餐盒、一次性纸杯等一次性用品使用，采购陶瓷杯、消毒柜等循环用品，从源头上促进垃圾减量。

【机关后勤保障】 2020年，县机关事务管理中心全力构筑行政中心安保工作网络，按要求布设人像感知网系统，加大全天制巡逻密度，阻止闲杂人员、推销人员进入，认真做好维稳处突工作，按计划开展反恐防暴演练活动2次。全年累计登记外来访客2.80万人次，处置信访事件117批次，接待上访人员900余人次。把消防安全工作落到实处，坚持防消结合，每月开展例行消防安全检查，全年累计排查消防器材52次，更新过期失效灭火器675支，报废水带25条。强化行政中心车辆秩序管理，开展专项集中整治行动，在机动车泊位划设统一车头朝向标识，上下班高峰期安排路口执勤人员加强引导，同时联合县创建全国县级文明城市办公室加大督查力度，建立检查结果通报机制。

【公务用车使用保障】 2020年，县机关事务管理中心持续提升公务用车保障水平不放松，加强司勤人员队伍建设，通过安全教育例会、推行积分制在线学习等有效举措，全面提升司勤人员服务保障水平；疫情期间驾驶员直面未知风险，顶住压力冲在“急难险重”第一线，有力保障全县应急车辆统筹调度。关注车辆安全状况，落实安全检查，淘汰老旧车辆，更新购置车辆8台，平台运力得到明显提高。完成省委巡视组相关意见的整改落实，平台统筹调度进一步规范。全年累计完成派车任务22400余单次，总行驶里程达120万公里，完成县党代会、人代会、政协会议、海洋文化节以及省市县领导赴舟山绿色石化基地考察调研等重大会议和公务活动的公车保障任务。

【会议服务保障】 2020年，县机关事务管理中心牢牢把握会前、会中、会后三大环节，注重细节，做好会议接待服务，疫情期间严格执行会场环境消杀、分隔入座等特殊要求，全年共服务保障全县性会议576场次，接待参会人员近4万人次，圆满完成全县各类会议的服务保障任务。

【食堂餐饮服务保障】 2020年，县机关事务管理中心加强对食堂员工的体温检测等健康筛查，严禁有发热、呼吸道感染等症状员工上岗，做好食品卫生保鲜，确保安全前提下有效保障餐饮供应。大力倡导公勺公筷、“光盘行动”等文明健康就餐方式。全年累计提供盒饭约1.10万份，堂食就餐逾30万人次。加大卫生保洁督查力度，重点做好防虫灭鼠、卫生死角清理消杀、废弃口罩集中收集处置等工作。此外，智能自动洗车机、5G自助咖啡机、自动按摩椅、便民服务工具柜以及母婴室等一批行政中心配套服务设施顺利投运，机关后勤服务保障范围进一步拓展。

【行政中心基础设施修缮】 2020年，县机关事务管理中心有序推进行政中心基础设施修缮工作，完成主楼两侧坡道沉降路面修复等基建工程，及时做好管道断裂、渗漏等应急抢修，联系电力承装公司逐步维修改造电力设施，保障行政中心正常运行。积极开展巡检排查，逐一更换维护多台电梯特种设备磨损、锈蚀、老化的组件，解除事故隐患；完成会议室空调的改造和视频、音控系统等会场设备设施的升级改造，有效保障会务正常召开。做好智慧后勤系统运维工作，与专业资质单位签订协议，完成数据安全备份，积极配合县委网络信息办公室开展智慧后勤网络安全隐患的整改工作，确保系统后台网格安全稳定。

【县委巡察反馈意见整改落实】2020年，县机关事务管理中心把整改落实县委巡察反馈意见作为一项重大政治任务来抓，牢固树立问题导向，扎实推进整改工作。中心领导班子专题研究部署巡察反馈意见问题的目标责任和整改措施，制定《关于落实县委第三巡察组反馈意见的整改方案》，全面发力推动整改落实。中心成立巡察整改工作领导小组，细化任务分解到人，集中攻坚协调联动，促成整改合力。列出问题清单，逐条提出整改措施、要求和时限，建立“销号制”，确保巡察反馈意见中的每一项问题都得到彻底整改。重点针对食堂运行风险点较多、内部管理不够规范等情况，制订《机关食堂工作人员管理办法》《机关食堂财务管理办法》《机关食堂物资采购、审批、验收实施细则》及《机关食堂物资入库出库登记管理办法》等规章制度，组织签订食堂采购定点供协议和廉政承诺书，食堂管理和运作流程规范。

（张　帆）

政务服务

【概况】2020年，县政务服务办公室以习近平新时代中国特色社会主义思想为指导，认真学习贯彻党的十九大和十九届二中、三中、四中、五中全会精神，根据县委、县政府工作部署，坚持以人民群众为中心的发展思想，紧紧围绕企业和群众生产关系最紧密的领域和事项，以“最多跑一次”改革为牵引，以企业和群众的满意度为标杆，以数字化变革为动力，在建设“重要窗口”新征程上，全力提升政务服务能级，优化营商环境。全年县行政服务中心大厅各窗口共受理各类审批事项274625件，办结273020件，按时办结率100%，日均受理1094件，未发生重大有责投诉和违规违纪现象。

【政务服务2.0平台建设】2020年，县行政许可类事项即办率达92.4%，承诺压缩比98.2%、平均跑动次数0.0012次，数字化指标均处于全市前列。推动一窗平台应用，实现政务服务2.0事项“前台一窗受理、后台分类审批、统一出件”无差别办理模式。是年，智慧大厅2.0系统1239个事项全部上线，平台共收件151589件，其中11月15日—

统一规范“最多跑一次”标识　　（邱思洁　摄）

12 月 9 日，政务服务 2.0 平台收件率达 94.5%。根据政务服务 2.0 建设方案“减窗口、减人员、提效能”的要求，将商事登记 7 个前台受办窗口调整为自助申报服务区，在全市率先实行“无窗口化”全流程网上办理。全年行政服务中心大厅窗口从 118 个精简至 60 个，精简率达 49%，累计办理政务服务事项 20 万件次，实体窗口办件量同比下降 72%，企业和群众平均等待时长压缩 54%，人流量下降 45%，实现“减窗口不减效能”。

【营商环境优化】 5 月，县政务服务办公室在岱山县经济开发区管理委员会设立企业审批服务中心，实现开发区涉企事项 100% 进驻，向舟山绿色石化基地和开发区企业提供“一站式”就近办审批服务。至年末，共上门服务 75 次，为捷盛公司等 16 家企业现场解决审批难题 40 件。6 月，岱山县率先在全市实现新开办企业可享受首套公章和税控设备全免费，全年为新开办企业节省开支 25 万元。并将企业开办环节压缩至 2 个，办理时间缩短为 4 个工作时。房屋建筑开工前所有手续办理控制在 11 项以内，办理时间控制在 6 个工作日以内；施工许可证办理由承诺期限 3 个工作日变为即办件，施工许可前置材料由 13 项精减至 3 项，实行建设工程质安监手续与施工许可合并办理；3 月起，新申报工程建设项目实行竣工图电子化管理模式，采取“一套图纸全程共享利用”，减轻企业盖章、扫描等工作负担。实现日常办税事项“一网通办”，网上办税率达 90.8%。通过推广“慧算箒”转换软件，将纳税申报时间由平均的 10 分钟 / 月，降低至 20 秒 / 月，至 5 月，有 505 户纳税人使用该软件。在用水方面，一般工程项目和房地产项目均压缩至 1.5 个工作日，各环节均压缩至 2 个；在用气方面，实现用气报装“110”，即用气报装 1 个环节，用气耗时 1 天，0 份材料；在用电方面，推行竣工检验与装表接电同步进行的工作模式，要求竣工验收合格后 2 个工作日完成装表送电。

【深化便民便企服务领域】 2020 年，县政务服务办公室持续推进减少证民、便民的“无证明化”改革，通过直接取消、其他替代、部门核查等方式，取消 108 项证明、189 项不需提交证明清单，保留 14 项证明清单。利用 12345 举报热线，在行政服务中心大厅设立投诉举报专窗，受理群众“无证明城市”创建等“最多跑一次”改革投诉和举报。8 月起，县属各部门及乡镇、社区村上报每月证明，开具等级表，至 11 月，共开具公安户籍证明和不动产证明等 1568 次。

【落实公民企业“一件事”改革】 2020 年，县政务服务办公室切实落实公民企业“一件事”改革。是年底，全县 39 件省定“一件事”中除获得信贷和办理破产外，37 件可在县行政服务中心办事大厅线下“一窗受理、集成服务”，并精简办事手续，“一张表单、一套材料、一次提交、多方复用”，实现“只跑一次”全覆盖。37 件省定“一件事”中 32 件实现网上办，22 件实现掌上办。其中与舟山市“一件事”联办，实现 6 件特色“一件事”线下线上运行。

【实现“最多跑一次”向“最多跑一地”转变】 2020 年，县行政服务中心办事大厅实现基层场所事项全进驻。在原先可办理民政残联、社保就业、计生服务、农村私人建房等事项的基础上，新增办理公安服务、不动产登记、商事登记、税务登记、城管等事项 471 项，实现“最多跑一次”向“最多跑一地”转变，有效推动基层治理提档升级。

【实现基层自助服务终端全覆盖】 2020 年，全县 7 个乡镇均配置一体式政务服务自助机，公积金、社保、公安、个体工商等常办高频事项可自助办理，将自助政务延伸至舟山绿色石化基地、高亭中心菜场、居民小区等人群密集公共场所。实现政邮政银合作全开通。借助农商银行、邮政站点等机构分布广、办事群众多的优势，开展“政务服务 + 银行 + 邮政”活动，至年末，可在银行邮政站点办理公积金贷款、社保业务办理、营业执照申领等业务。

县行政服务中心公安自助支付平台　　（邱思洁　摄）

【推进“东海渔嫂”代办】2020年，以岱东镇岢鱼人渔业专业合作社为示范点，创新推出渔业渔事“最多跑一地”改革，着力破解渔民办证难题。全县共有92人加入“东海渔嫂”代办员队伍，覆盖7个乡镇93村（社区）。每个乡镇各有一个负责人负责日常代办管理工作，包括代办业务协调、培训工作通知等日常工作。全年共待办事项289778项。提升政务服务网上办、掌上办比例。全县政务服务事项均实现100%网上可办、掌上可办（除不宜网上办理事项）。网办率为87.6%。线上办件数同比增长93.2%，其中线下办件数同比减少21535件。“浙里办”App注册推广人数共73174人，约占全县常住人口的36.6%，其中全年新增注册11550人。

【“最多跑一次”服务体系建设】2020年，县政务服务办公室在新冠肺炎疫情期间，加大政务服务创新力度，推出“不见面审批”+“线下绿色通道办理”，在全市率先开放行政服务大厅，方便企业群众办事。《岱山县打造“海岛一体化”行政服务中心》《岱山县保障企业办事　护航海岛经济》《岱山县着力破解重度失能人员护理难题》3篇经验做法入选省委改革办《竞跑者》专刊。通过打造秀山智慧码头、“云上医院”、“一站式”车辆检测站，全方位推进公共场所优化提升改革。在全市率先实行“刷脸通办”改革，构建完善统一人脸智能应用管理系统，推行“一次登记，全县通用”模式，加快实现政务办事、交通出行、景区旅游、宾馆住宿、图书借阅、档案查询等社会全领域“刷脸通办”，县行政服务中心及各乡镇便民服务中心“刷脸通办”全面运行，办理业务9200余件。

（邱思洁）

招投标工作

【概况】2020年，舟山市公共资源交易中心岱山分中心（简称岱山分中心）是全县集中统一的组织协调政务服务机构，与县政务服务办公室实行“两块牌子、一套班子”管理模式。受“新冠肺炎”影响，全县招投标工作有所下降。全年共组织完成各类交易活动419次，预算金额231542.12万元，交易额215572.60万元，增收1372.84万元，节资17342.37万元。其中建设工程项目完成交易185次，预算187314.02万元，成交额172159.06万元。政府完成集中采购交易16次，预算14377.58万元，成交额12810.11万元；完成产权交易148次，底价19513.54万元，成交额20886.39万元；完成分散采购交易70次，预算10336.98万元，成交额9717.05万元。

【疫情防控期间首个项目招标】2月，岱山分中心完成高亭镇人民路立面改造（蓬莱路—沿港中路）工程，系新冠肺炎疫情防控期间完成招标的首个项目。中心及时制定《关于做好舟山市公共资源交易中心岱山县分中心疫情防控工作的通知》，做好防疫物资的采购和储备工作，优先保障开评标区域防疫物资的需求，包括一次性医用口罩、消毒液、消毒设备、消毒洗手液等，确保物资充足、种类齐全。疫情期间招标人（招标代理机构）、投标人、评标专家等参加开评标活动的相关人员，必须随身携带身份证、“健康码”或健康证明，方可进入交易场所。

【首次完成异地远程评标】 5月，全县《岱山经济开发区综合业务用房三、四层室内装修工程》顺利完成专家异地线上“同框”评标，是全市首次实现远程异地评标。两地的评标专家通过远程异地评标系统，实现在线讨论、同时评标、实时互动，主客场的监督人员能实时在线看到两地评标的音视频及评标期间专家沟通的情况，实现同一时间不同区域同时评标工作。远程异地评标极大提高评标效率，为交易各方主体及评标专家节省交通、时间等成本。

【营商环境优化】 2020年，岱山分中心建立涉企事项“政府采购‘零跑腿’及‘最多跑一次’”事项对照清单，分为“电子卖场”的6个事项和“集中采购”的11个事项，共2个类型17个事项，基本实现“零跑腿”。汇总梳理政府采购文件条款中设置的负面对照清单，内容涵盖“资格条件禁用内容”“商务条款禁用内容”“采购需求禁用内容”“评分办法和评分标准禁用内容”4大项、共计46个条款及相关法律法规依据；通过“评分办法和评分标准禁用内容”的对照，保障民营企业在政府集中采购项目中主体地位的公平。

【“医共体”信息系统建设招标】 10月，岱山分中心历时3个月的舟山市首个“医共体”信息系统建设项目在舟山市公共资源交易中心岱山县分中心开标。28日，专家和工作人员秉持公开、公平、公正、诚实信用的原则，经过8个多小时的线上解密、资格审查、线上评标、软件演示、报价评审等一系列流程，完成招标项目，最终由上市公司“银江股份有限公司”中标。

【《岱山县村级小微工程建设项目发包管理办法（试行）》出台】 2020年，岱山分中心针对村级项目开标难、流程烦、规范乱的现状，为进一步规范全县村级建设项目的交易流程，县招投标工作领导小组办公室出台《岱山县村级小微工程建设项目发包管理办法（试行）》，对50万元以下的村级建设项目交易的全过程做出详细的指导意见，允许30万元以下的简易工程采用“建筑施工队”形式，允许5万元以下小的工程采用清包、大工方式。在保证项目受到严格监管的同时，解决全村的闲散劳动力。

（章凯淇）

责任编辑：吴依芳

政协岱山县委员会

Daishan County Committee of the CPPCC

重要会议

【县政协九届四次会议】 1月17—20日，岱山县政协九届四次会议在高亭举行，会议应到委员164名，实到162名，邀请列席人员155名。会议听取和审议政协第九届岱山县委员会常务委员会工作报告和提案工作情况的报告；举行委员大会发言，开展分组讨论；审议通过政协第九届岱山县委员会第四次会议决议；补选政协第九届岱山县委员会副主席、常务委员；表彰2019年度政协先进活动组、参政议政积极分子、提案办理工作先进单位、提案优秀承办件、优秀提案。会议期间，与会人员列席县十六届人大四次会议，听取讨论《政府工作报告》《岱山县2019年国民经济和社会发展计划执行情况及2020年国民经济和社会发展计划草案的报告》以及会议其他报告。

【县政协九届二十三次常委会议】 1月8日，县政协召开九届二十三次常委会议，审议通过县政协九届常委会工作报告和提案工作情况的报告；审议通过县政协常委会2020年工作要点；研究确定九届四次会议有关事项；审议通过有关人事事项。

【县政协九届二十四次常委会议】 1月17日，县政协召开九届二十四次常委会议，听取各组讨论九届常委会工作报告和提案工作报告的情况汇报。

【县政协九届二十五次常委会议】 1月18日，县政协召开九届二十五次常委会议，听取各组讨论政府工作报告等4个报告情况汇报；听取提案委员会关于九届三次会议提案的收集情况汇报；审议选举办法（草案）；协商提出政协第九届岱山县委员会副主席、常务委员候选人建议名单；审议总监票人、监票人名单（草案）；审议县政协九届四次会议决议（草案）。

【县政协九届二十六次常委会议】 1月19日，县政协召开九届二十六次常委会议，听取各组讨论“两院”工作报告、选举办法（草案）、候选人建议名单、总监票人、监票人（草案）、决议（草案）等情况汇报；审议通过县政协九届四次会议选举办法；协商确定政协第九届岱山县委员会副主席、常务委员候选人名单；审议通过总监票人、监票人名单；指定总计票人、计票人名单。

【县政协九届二十七次常委会议】 7月30日，县政协召开九届二十七次常委会议，听取和讨论关于岱山县国民经济和社会发展计划、财政预算上半年执行情况的报告和关于国家应急管理体系建设的报告；审议通过《政协岱山县委员会委员管理办法（试行）》《政协岱山县委员会关于委员履行职责情况统计与通报办法（修订稿）》；审议通过有关人事事项。

【县政协九届二十八次常委会议】 9月29日，县政协召开九届二十八次常委会议，听取和讨论关于高亭中心渔港治理情况的报告和关于岱山县医共体建设和发展情况的报告；反映社情民意；审议通过有关人事事项。

【县政协九届二十九次常委会议】 11月30日，县政协召开九届二十九次常委会议，听取和讨论关于岱山县“海岛大花园”建设情况的报告和县政府关于提案办理情况的报告；听取县人民法院和县人民检察院工作情况的通报；审议通过有关人事事项。

【反映社情民意信息工作会议】 5月22日，县政协召开2020年度反映社情民意信息工作会议。会议表彰2019年度反映社情民意信息工作先进单位、个人，增聘6名县政协信息员，分享交流反映社情民意信息工作的经验和做法，部署2020年度相关工作。

【政协参加单位工作联席会议】 5月27日，县政协召开政协参加单位联席会议。县总工会、团县委、县妇联、县科协、县工商联负责人介绍上年度“恋上蓬莱”工作开展和2020年度重点工作安排，并就开展参加单位政协委员“亮名片”——助力国家战略项目实施等进行交流探讨。县政协主席陈雅君出席会议并讲话。

【县委第三巡察组巡察中共岱山县政协机关党组动员会】 8月20日，根据县委统一部署，县委第三巡察组巡察中共岱山县政协机关党组动员会。县委第三巡察组组长姜兰兰作动员讲话；县委巡察办主任金平宽就配合做好巡察工作提出要求；中共岱山县政协机关党组书记潘海涌主持会议并作表态发言。县委第三巡察组副组长金博扬及巡察组全体成员，县纪委、县监委驻县政府办公室纪检监察组负责人，县政协各委办主任、副主任、机关全体干部参加会议。会上，巡察组对县政协机关党组工作进行问卷调查。

【政协常委（扩大）读书会】 8月27日，县政协举办政协常委（扩大）读书会。县政协常委会组成人员及部分市、县政协委员、政协机关干部、信息员等参加读书会。县政协主席陈雅君主持会议。县委副书记、县长孙志龙通报上半年岱山县经济社会发展情况，充分肯定县政协工作及政协委员在抗击疫情、助推经济社会发展中的作用，要求县政协及广大政协委员继续监督和支持政府工作，促进政府决策的科学化、民主化、法治化，尤其针对“十四五”规划，多建言献策，使规划更具前瞻性、针对性和指导性。读书会还邀请市政协常委李伟律师作《民法典》辅导报告。

【全县政协工作研讨会暨活动组组长会议】 12月18日，县政协召开全县政协工作研讨会暨活动组组长会议，县政协主席陈雅君，副主席俞赛飞、吴志琴、方信伦、邬建芬，各委室主要负责人，各活动组组长参加会议，会议由陈雅君主席主持。会上，各乡镇活动组和界别活动组分别总结2020年的工作亮点，并围绕2021年履职工作提出初步计划和设想，各委室主任提出2021年相关履职议题，各位副主席结合分管工作就党的建设、界别工作、“请你来协商”、民主监督、调研视察、提案办理、社情民意等方面提出2021年工作思路。

“请你来协商”专题政治协商会议

【共克时艰树信心　聚力振兴服务业】 3月30日，县政协围绕“共克时艰树信心　聚力振兴服务业”召开专题政治协商会议。县委副书记、县长孙志龙，县政协主席陈雅君，副主席吴志琴、方信伦，秘书长潘海涌参加会议，部分政协委员和行业代表到会参与协商。会议由陈雅君主席主持。会议听取和讨论有关部门关于“共克时艰树信心　聚力振兴服务业”情况的汇报介绍，提出着眼长远、提前布局，加快编制生产性服务业规划；扩大政策受惠面，落实落细帮扶政策；加快推进商业综合体的整合和建设进程；强化配套服务，浓厚消费氛围，扩大效应，拉长消费链条等意见建议。

【提升小学生托管服务水平】 5月28日，县政协召开“提升小学生托管服务”专题政治协商会议。县政协主席陈雅君，县政府副县长刘奋伟，县政协副主席俞赛飞、方信伦、邬建芬，秘书长潘海涌参加会议。会议由副主席俞赛飞主持。会议听取和讨论有关部门关于全县小学生托管服务工作的情况报告，提出确定牵头单位，成立联合规范领导小组；结合岱山县实际，制定健全校外托管机构管理办法和实施细则；加强对托管从业人员的培训，拓展托管活动内容，规范学校管理服务等意见建议。

【打造“重要窗口”海岛风景一流营商环境】 8月14日，县政协召开“请你来协商”——“打造‘重要窗口’海岛风景一流营商环境”专题政治协商会议。县委书记周国岭，县政协主席陈雅君，副主席俞赛飞、方信伦出席会议，县委办公室、县发改局、县经信局、县自然资源和规划局等有关部门和单位负责人，以及部分市县政协委员，群众代表等应邀参加会议。会议由陈雅君主席主持。会议听取和讨论有关部门关于打造‘重要窗口’海岛风景一流营商环境的情况报告，提出进一步改变管理理念，积极主动帮助企业出谋划策，提供合理解决方案；成立县企业服务中心，专人专岗为企业提供服务；加强政银合作，帮助银企对接，方便企业融资等意见建议。

【聚焦城乡垃圾分类·助推全国县级文明城市创建】 9月27日，县政协举行“请你来协商——聚焦城乡垃圾分类·助推全国县级文明城市创建”专题政治协商会议。县政协主席陈雅君、县政府副县长孙世华，县政协副主席方信伦、夏昊，秘书长潘海涌参加会议。会议由夏昊主持。县住房和城乡建设局、县农业农村局、县文广旅游体育局、县市场监督管理局、县综合行政执法局等部门负责人，部分市、县政协委员和各界代表到会参与协商。会议围绕主题，从城乡垃圾分类工作现状、举措和下一步工作思路等方面开展协商讨论，提出完善统一领导管理体系；建立健全垃圾分类利用处理体制机制；加大垃圾分类基础设施建设力度；采取多种措施新建和改造提升垃圾分类设施设备，提升处理技术能力等意见建议。

【凝心聚力同创文明县城】 11月20日，县政协召开“请你来协商——凝心聚力同创文明县城”会议，县政协主席陈雅君，县委常委、宣传部长朱永华，县政协副主席俞赛飞、方信伦出席会议。会议从创建工作开展现状、存在问题、下步努力方向等方面开展协商讨论。提出加大执法力度，建立长效机制，提升文明创建制度化规范化秩序化水平；加快既有公共场所无障碍设施改造，加强维护管理；加快推进智慧城市建设，提高城市精细化管理效率等意见建议。

【村规民约助推美丽乡村建设】 12月15日，县政协举行“请你来协商——村规民约助推美丽乡村建设”专题政治协商会议。县政协主席陈雅君、县委副书记陈海平，县政协副主席方信伦、夏昊参加会议。县委组织部、县委政法委、县民政局、县司法局、县农业农村局等负责人，各乡镇副书记、有关村干部、村民代表，部分市、县政协委员到会参与协商。会议由陈雅君主持。会议围绕村规民约修订程序、具体内容、管理细则及监督执行等方面开展协商，提出建立合理机制，提升村规民约的执行力；建立监督机制，确保村规民约合理合法的正常运行；设立试点，以点带面，加强基层社会治理等意见建议。

调研视察

【调研矛盾纠纷预防调处化解】 3月起，县政协港澳台侨与社会和法制委员会组织相关委员，围绕“着力提升全县社会治理现代化水平，切实把矛盾纠纷化解在基层”开展调研。调研组在充分听取了解相关情况的基础上，结合外地先进经验和做法，提出加强体系建设，完善全覆盖矛盾纠纷化解网络体系；加强源头管理，推动矛盾纠纷解决在萌芽状态；注重统筹协调，畅通矛盾纠纷调处的化解渠道；落实保障机制，夯实基层基础调解力量；赢得社会支持，营造矛盾纠纷调解优先的良好氛围等意见建议。

【调研“来了就是岱山人”】3月起，县政协文史资料与教文卫体委员会开展“来了就是岱山人”调研。调研组通过走访、了解、座谈，提出坚持协作协同，全方位加大“来了就是岱山人”的推动力度；坚持共享普惠，多渠道增进外来人员的幸福感获得感；立足包容开放，全社会营造“来了就是岱山人”的文化氛围；聚焦重点难点，多途径融入留居舟山绿色石化基地的外来人员等意见建议。

【调研县域海岸线开发利用和保护情况】4月起，县政协农业与人口资源环境委员会组织相关部门和政协委员就“县域海岸线开发利用和保护情况”工作开展调研。调研组通过召开专题座谈会，听取情况介绍、学习考察等方式，提出强化顶层设计，引领美丽海岸线建设；突出效率优先，推进县域海岸线高效利用；狠抓整治修复，打造绿色生态海岸线；彰显岱山特色，建设海上花园城等意见建议。

【调研城市（商业）综合体开发】5月起，县政协经济科技委员会会同县经济咨询委员会，就城市（商业）综合体开发开展专题调研。调研组通过召开会议、听取情况介绍，深入先进地区学习取经等方式，提出研判县域发展趋势强化城市商业综合体开发的规划布局；明确项目定位强化城市商业综合体开发的政策推进；立足城市运行维度注重城市综合体的开发运行质量等意见建议。

【视察安置房建设以及管理情况】7月27日，县政协经济科技委员会组织有关政协委员视察安置房建设以及管理情况。县政协副主席方信伦参加视察。视察组一行先后深入原岱山技校地块和东海地块，实地察看项目建设和管理情况，认真听取县住房和城乡建设局关于安置房项目建设及管理工作情况的汇报，提出提高认识，严把工程质量关；牢固树立安全生产意识，严防安全事故发生；强化合作，统筹推进建设进程；多方听取意见，提前谋划分配方案等意见建议。

【视察重点工程、重大项目建设情况】8月27日，县政协常委会对全县有关重点工程、重大项目建设情况进行集中视察。县政协主席陈雅君，副主席吴志琴、方信伦，秘书长潘海涌等常委会组成人员参加。视察组一行先后参观视察舟岱大桥双合段、燕窝山陆岛交通码头、“城市大脑”等重点工程和重大项目，详细了解各项目规划、投资完成情况和建设进程等，认真听取岱山蓬莱交通投资集团和县大数据中心负责人的情况汇报，并提出意见建议。陈雅君指出，建设联通陆岛的便利交通是岱山人的梦想，要让交通成为岱山经济社会腾飞的“先行官”，要主动接轨长三角一体化发展国家战略，要紧扣时间节点，确保质量第一。政协委员要紧紧围绕岱山建设发展，聚焦党政中心大局，切实找准新时代岱山发展的新坐标，自觉投身“五大会战”主战场，经常性地深入一线进行视察调研，为“重要窗口”最美海岛风景，多谋务实之举、多出助推之力。

【视察岱山县放心食品建设发展情况】9月4日，县政协副主席俞赛飞带领相关委员就全县放心食品建设发展情况进行视察。县农业农村局、县市场监督管理局相关负责人参加视察。视察组一行实地视察长涂老万顺硬糕厂、石马岙蔬菜瓜果专业合作社和枫秀缘家庭农场绿城店，结合视察情况，提出加大投入力度，进一步提高食品检测能力和水平；加强食品从业者规范培训，进一步提高经营者主体责任意识；发挥各行业协会作用，倡导食品安全知识普及；狠抓监管，确保居民安全消费等意见建议。

【视察县不动产登记便民服务提升情况】9月24日，县政协农业与人口资源环境委员会组织相关委员赴便民服务中心视察全县不动产登记情况。便民服务中心负责人向视察组详细介绍中心在“最多跑一次”改革中的创新做法、“远程视频服务”“刷脸通办”智慧政务改革。视察组充分肯定不动产登记中心的亮点做法，同时提出加大设备设施投入，提高信息化建设水平；加大宣传力度，提高不动产便民服务在百姓中的知晓率；尽早与县大数据管理中心达成数据共享，提高便民服务质量和工作效率，不断提升全县企业和群众的获得感、满意度等意见建议。

【视察县职业教育发展情况】 9月28日，县政协组织相关政协委员到岱山职教园区视察全县职业教育发展情况，并召开座谈会。县政协副主席俞赛飞、邬建芬参加视察活动。视察组一行实地察看学校的整体环境、校园文化、食堂、新建学生宿舍等，详细询问学校的发展现状以及学校发展规划，提出拓宽办学思路，破解办学瓶颈；创新办学机制，注重办学特色；坚持立德树人，注重全面发展；加强职业教育宣传，转变职业教育观念等意见建议。

【视察智能车间建设情况】 10月15日，县政协经济科技委员会组织有关政协委员专题视察岱山县智能车间建设情况，县政协副主席方信伦参加视察活动。视察组一行实地察看舟山惠生海洋工程有限公司智能控制平台和舟山晨光电器有限公司智能化生产车间，认真听取有关部门推进智能车间建设情况的汇报，并围绕智能车间建设，提出加强顶层设计，强化政策支撑；夯实基础设施，构建服务体系；强化要素保障，优化产业生态；突出示范引领，加快推进步伐等意见建议。

【视察岱山县东海渔嫂参与社会治理情况】 10月20日，县政协副主席俞赛飞带领相关政协委员就岱山县东海渔嫂参与社会治理进行视察。县妇联、高亭镇相关负责人参加视察。视察组在江南村实地了解东海渔嫂建设情况，认真听取工作汇报，结合视察情况，提出提炼东海渔嫂内核精神，持久激励东海渔嫂为建设美好家园而奋进；围绕群众需要，积极探索东海渔嫂参与社会治理的方法路径；完善管理机制，提高渔嫂协会成员尽职履责的水平和能力等意见建议。

【视察县大数据建设情况】 11月24日，县政协副主席俞赛飞带领相关政协委员就全县大数据建设情况开展视察。视察组一行实地察看县大数据管理中心，专题听取中心负责人关于岱山县大数据管理工作开展情况的介绍，并就如何进一步推动大数据发展进行座谈，提出明确职责完善职能，形成工作合力；加大政策扶持力度，强化发展保障；明确发展定位，强化招商引资；加强科学利用，提升治理效能等意见建议。

专项集体民主监督及提案工作

【开展“城乡生活垃圾分类处理”监督】 5月起，根据市政协《联动开展“城乡生活垃圾分类处理”专项集体民主监督实施方案》部署要求和县政协2020年工作安排，县政协组建8个民主监督小组，对全县“城乡生活垃圾分类处理”联动开展专项集体民主监督。按照省委、省政府推进垃圾治理“一年见成效、三年大变样、五年全面决胜”的总体目标和市委、市政府、县委、县政府关于生活垃圾分类处理的目标要求，突出聚焦分类投放和处理能力建设，更加注重发挥协商民主的特色优势，切实增强生活垃圾治理实效，为助推岱山全国县级文明城市创建和浙江“重要窗口”最美海岛风景建设贡献智慧和力量。

【助力全国县级文明城市创建——“政协委员·党外人士在行动”】 4月15日上午，县政协、县委统战部联合在高亭文化广场举行“政协委员、党外人士在行动”，助力全国县级文明城市创建启动仪式。县政协主席陈雅君，县委常委、宣传部部长朱永华，县委常委、统战部部长方海英，县政协主席会议成员、市县政协委员、信息员、党外人士200余人参加活动。活动由县政协副主席俞赛飞主持。王朋代表政协委员、无党派人士宣读倡议书。朱永华向16支队伍授旗。高亭镇活动组组长张琼尹代表乡镇活动组发言、交通财贸组组长赵仕龙代表界别活动组发言、县新的社会阶层人士联谊会（简称县新联会）理事孙勇代表党外人士发言。方海英围绕“四个积极”向助力活动提出建议和要求。陈雅君宣布活动正式启动。政协委员、党外人士在高亭城区指定区域集中开展“啄木鸟”行动，全方位营造创建氛围，彰显新时代政协委员实干助力创城的新风采。

【提案办理】 2020年，政协委员和政协参加单位、专门委员会、活动组，紧紧围绕县十三届四次党代会确定的目标任务，通过提案建言献策，反映民意，以提案形式提出意见建议97件。提案委员会根据《县政协提案审查立案实施细则》，审查立案96件，并案处理后为89件，其中，集体提出的22件，委员个人和联名提出的67件。所有提案经县委、县政府所属49个单位办理，于7月底全部办复，总采纳率为95.5%。其中，提案所提建议被采纳或基本采纳的43件，占48.3%；部分采纳或列入计划采纳的42件，占47.2%；因条件所限未能采纳或留作参考的4件，占4.5%。提案在办理过程中均经过提办双方的相互协商沟通，提案者对答复办理情况均表示满意和非常满意。

联络联谊与文史资料编辑

【“走进基层、走进群众——送医、送文化、送科技下乡”活动】 2020年，县政协坚持履职为民理念，整合县属有关单位力量，继续在衢山镇开展“走进基层、走进群众——送医、送文化、送科技下乡”活动。围绕省级美丽乡村精品村打造、乡村振兴战略实施、休闲渔业发展等提供“菜单式”服务，特别就凉峙村民宿的发展规划、业态布局、景点建设等给予精准帮扶，获得基层群众普遍欢迎。

【反映社情民意】 2020年，组织“社情民意集中征集周”活动，常态化开展网上社情民意研判及收集，全年整理上报《社情民意反映》31期，其中，《关于丰富岱山餐饮消费业态的建议》《关于提升自助售票服务的建议》等6条建议得到县委、县政府主要领导的批示，有效推动一批群众关心关注问题的落实解决。

【文史编研与宣传】 2020年，县政协编撰出版发行35万字的《歌从东海来——鱼山岛变迁口述史料》，进一步弘扬鱼山精神、鱼山速度。广泛开展徐福文化学术研究和人文交流，编撰完成《岱山徐福文化研究》第9辑。多层次地宣传、报道、展示政协形象，在岱山政协微信公众号推送工作动态67期，在省政协《联谊报》、“同心苑”公众号等省市政协主流媒体刊发稿件40余篇，2019年以来锲而不舍助推高亭中心渔港治理效果的履职方式，被省政协“同心苑”以专版形式刊登，并被“学习强国”浙江学习平台转载。

（李　军）

责任编辑：吴依芳

中共岱山县纪律检查委员会
岱山县监察委员会

Daishan County Commission for Discipline Inspection&Daishan County Supervisory Commission

重要会议与调研

【县纪委十三届六次全会】 3月20日，中国共产党岱山县第十三届纪律检查委员会第六次全体会议在县行政中心召开。县委书记周国岭出席会议并发表讲话，要求一以贯之、坚定不移推进全面从严治党，深化清廉岱山建设，既把“严”的主基调长期坚持下去，又把“进”的思路举措落实下去，推动全县全面从严治党更进一步，为加快建设“湾区明珠·自贸港城”提供强有力的政治和纪律保障。县委常委、县纪委书记、县监委主任施静海作题为“初心如磐勇担当　使命在肩奋作为　坚定不移推进纪检监察工作高质量发展”工作报告，总结2019年全县纪律检查工作，部署2020年工作任务。市纪委、市监委第三监督检查室主任林森到会指导。县四套班子领导，县人民法院院长，县人民检察院检察长，县政协秘书长，县纪委委员、县监委委员，县属及部省市属在岱有关单位主要负责人、分管纪检或党建工作负责人，乡镇党政主要负责人、纪委书记、纪委副书记、专职纪检监察干部，乡镇副科级以上干部，部分县党代表，村（社区）书记，县纪委、县监委党风政风监督员、县委巡察组组长、县纪委县监委派驻纪检监察组组长、县纪委机关各部门负责人参加会议。

2020年3月20日，中国共产党岱山县第十三届纪律检查委员会第六次全体会议在县行政中心召开　　（县纪委、县监委　供图）

【县纪委常委会】 2020年，县纪委、县监委召开常委会25次，主要是传达和研究贯彻上级纪委和县委有关工作要求，研究重要案件、人事调配等工作。

政治监督

【加强督促整改】 2020年，县纪委、县监委践行“两个维护”，协助县委落实中央关于“六稳”“六保”和疫情防控、复工复产等决策部署，建立实施“日报告”、问题销号管理等机制，编发督查报告60份，督促整改问题200余个，查处有关问题11起，处理12人。围绕舟山绿色石化基地、海岛大花园、自贸试验区建设和全国县级文明城市创建等县委、县政府中心工作，提出确保2020年度全县重点工作任务顺利推进“十严禁”纪律要求，在强化日常监督的基础上，开展优化营商环境等专项督查，向县委报送领导参阅7份，发现并督促整改问题42个。开展扶贫领域专项监督“三级联查”，全覆盖查访低收入农户2080余人，发现并督促整改问题10个，处理干部8名，其中科级干部6名，发出纪检监察建议书2份。

【协助配合省委巡视】 2020年，县纪委、县监委落实县领导领衔负责制，建立工作专班，实现“问题清单式、整改销号制”，共落实116条整改措施，全面完成31个省委巡视反馈问题的整改。快查快办、妥善办结省委巡视组移交的8件问题线索和141件信访件，严肃查处11件违规违纪案件，问责追责49人，挽回经济损失61.60万元。坚持问题整改闭环管理，对巡视反馈整改成果逐条逐项进行“回头看”，形成支撑材料252份，确保整改落实到位。

【落实主体责任】 2020年，县纪委、县监委协助县委履行主体责任，县委常委会定期听取党风廉政建设有关情况汇报，专题学习《党委（党组）落实全面从严治党主体责任规定》等重要制度，县委书记牵头研究党风廉政建设主体责任清单等重点工作。督促县四套班子成员履行“一岗双责”，推动分管领域的巡察整改工作落实到位。县四套班子、县纪委召开以“俞××案为鉴”专题民主生活会，认真剖析原因，汲取深刻教训，筑牢思想防线，堵塞监督漏洞。强化同级监督，对11名县委常委进行政治画像，建立健全县四套班子、县管干部警示教育制度化常态化机制。聚焦重点领域关键环节，对全县各单位“三重一大”事项开展监督612次，监督有关事项1899个，提出意见建议512个。严把干部选拔任用廉政意见回复关，出具拟提拔或进一步使用干部廉政意见158人次，开展新提任领导干部廉政知识测试和廉政谈话76人次。组织开展5家县属党组织落实党风廉政建设主体责任问询质询会，推动全面从严治党政治责任层层压实。

县纪委、县监委通过实地走访、现场询问，开展营商环境督查

（县纪委、县监委　供图）

清廉岱山建设

【重点清廉单元打造】 2020年，县纪委、县监委实施清廉岱山重点建设项目60个，并组织开展验收考评。积极谋划、深入打造重点清廉单元，清廉机关、清廉村居、清廉学校、清廉医院、清廉国企、清廉交通等建设稳步推进。围绕亲清新型政商关系建设，建立政商交往正面清单和负面清单，推动形成“亲而有度、清而有为”的政商交往氛围。聚焦群众痛点难点堵点问题，推动车检制度规范执行、招投标市场环境优化、残疾人“两项补贴”规范发放等清廉重点项目成效初显，风清气正的政治生态和尊廉崇廉爱廉的社会氛围逐步形成。

网格廉情监督员走访企业，询问职能部门、公职人员在服务群众、帮扶企业等方面存在的问题 （县纪委、县监委 供图）

【基层综合治理】 2020年，县纪委、县监委聚焦全面从严治党“最后一公里”，积极探索新路径，试点实行网格廉情监察、村级“清廉指数”、村级政治生态分级预警和评估等工作机制。全过程监督村级换届选举工作，对1161名村（社）组织候选人进行资格联审，查处违反换届纪律问题1起，保障村级换届工作顺利推进。推动建立实施村级小微权力清单及规程指南7项32条，推行农村集体资金支付网上审批制度，实施《进一步规范渔农村集体财务管理的若干规定》《岱山县村级小微工程建设项目发包管理办法》，建立村干部廉政档案457份，基层权力运行更加规范。打造涉纪信访“无访岛”“无访村”，是年，全县无涉纪信访村58个。东沙镇桥头村获评全市首批清廉村居示范点，第二批7个清廉村居示范点通过验收。

【清廉文化建设】 2020年，县纪委、县监委强化清廉主题教育，开展“讲政治、守纪律、敢担当”为主题的第十六个党风廉政宣传教育月活动，集中组织家庭助廉、党纪法规学习、网上考学等“八个一”系列活动，常态化开展好家风故事会、岱山县名家风采、清廉家庭建设、晒家风家训等“家风正”“四个一”活动。突出清廉教育阵地打造，推出“清廉基层行”廉政主题课14堂，打造“清风之旅”等路线，树立“清廉文艺晚会”“廉政小站”等清廉特色文化品牌，推动清廉文化“进船头、进渔户”。注重清廉专题宣传，组织展出清廉主题书画作品120件，推出清廉公益广告30则，打造“清风号”公交路线，拍摄展播纪检人形象片和扶贫主题微视频，并被人民日报视频、央视频、央视新闻移动网等国家级网络媒体推送，清廉岱山建设有关宣传报道在省级以上媒体刊登211篇。

纪检监察体制改革

【纪检监察机构设置优化】 2020年，县纪委、县监委完成派驻纪检监察组政法编制的顺利转换，

2020年12月8日，岱山县纪委、县监委举办开放日活动，主动接受社会各界监督 （县纪委、县监委 供图）

配强监督力量，调整提升驻县财政局纪检监察组职级，向岱山经济开发区派出纪检监察工委，派驻（出）机构设置更加优化。在3家县属国企内设纪委，并在企业设立监察办公室，与企业纪委合署办公，县属国有企业的监督更加有力。配置7个乡镇纪委标准化谈话室，推行乡镇纪检监察机构制度上墙，实现基层纪检监察外网全覆盖，乡镇纪检监察机构办公硬件保障更加完备。设立村（社）监察工作联络站，聘任站长86名、联络员291名，建立“112”监督网络体系，实行“1345”工作模式，基层监督进一步规范。

【乡镇纪检监察体制机制健全】2020年，县纪委、县监委制定实施乡镇纪检监察机构工作报告等11项制度，建立乡镇纪检监察机构及其主要负责人由县纪委、县监委会同乡镇党委共同考核机制，落实乡镇纪检监察机构“两个为主”要求，对乡镇纪检监察机构的领导进一步强化。细化乡镇纪检监察机构职责清单，明确5个方面32项具体工作职责，建立案件办理流程图，全面运用检举举报平台基层版，乡镇纪检监察机构履职进一步明确。建立四位一体协作工作模式，县乡两级纪检监察机构上下联动、协同作战的合力进一步增强。是年，全县7个乡镇纪检监察机构全部实现自办案件零突破，共立案29件，同比增长38.1%。

【加强反腐合力】2020年，县纪委、县监委发挥反腐败领导小组作用，完善与法院、检察、公安、审计等部门协作机制，排查违法或行政处罚人员1138人次，发现26个问题线索。建立并动态更新476名县管领导干部廉政档案。

2020年4月20日，秀山乡村监察工作联络站成立

（县纪委、县监委　供图）

作风建设

【开展专项监督】2020年，县纪委、县监委狠抓重要节点专项监督，紧盯元旦、春节、五一、国庆等假期重要时间节点，开展违规参与“酒局”“牌局”、收受节礼、公款吃喝、公车私用等问题专项检查21次；聚焦突出问题，开展公共资源中私人会所、统计造假、违规投资入股、经商办企业和借贷问题、违规收送礼品礼金等专项整治。

【严防“四风”反弹】2020年，县纪委、县监委坚持抓在日常，各派驻机构对综合监督单位“三公经费”使用管理情况进行每月检查，推动各部门落实主体责任，完善管理制度。县纪委、县监委坚持越往后执纪越严，锲而不舍落实中央八项规定及其实施细则精神，常态化开展正风肃纪，严肃查处不收敛、不收手的违纪违法问题，全年查处违反中央八项规定精神问题30起，处理36人次，给予党纪政务处分14人次，下发纪律检查建议书2份、通报2则，不断释放执纪必严的强烈信号，有效防止问题反弹。

【深化专项治理】2020年，县纪委、县监委组织开展公共资源中私人会所、统计造假、违规投资入股、经商办企业和借贷问题、违规收送礼品礼金等专项整治。

2020年国庆节前后，县纪委、县监委开展“四风”问题专项检查

（县纪委、县监委　供图）

突出“关键少数”，定期向全县县管干部推送廉政短信和微信，提醒带头严于律己、履行“一岗双责”，督促发挥“头雁效应”，作风建设“从我做起，从领导干部做起”意识进一步增强。制订纠治“四风”正面清单和负面清单，完善廉政账户管理制度，规范公务接待有关事项。组织开展落实中央八项规定实施细则、省市县委“36条”办法专题学习教育，有效提升全县党员干部强化作风建设意识。

反腐败工作

【加大惩腐力度】 2020年，县纪委、县监委处置问题线索172件，同比增长34.4%，立案56件，同比下降13.9%，给予党纪政务处分53人，同比下降5.4%，其中科级干部8人，留置2人，移送司法3人，涉罪不移送1人。精准运用监督执纪“四种形态”，全年处理199人次，下降11.2%，加大第一、第二种形态处置力度，分别占比73.4%和18.6%，切实发挥抓早抓小、防微杜渐作用。圆满完成市纪委、市监委指定管辖的原舟山市发改委干部王某某受贿案查办任务，严肃查处高亭镇南浦村养老服务中心原院长邹某某职务侵占案等涉刑案件。落实扫黑除恶“网伞清除”任务，涉黑涉恶线索全部查结，立案4起，党纪政务处分4人，实现线索核查、案件查处清仓见底。

【开展警示教育】 2020年，县纪委、县监委常态化开展警示教育，出台《关于推动警示教育制度化常态化的实施方案》，开辟网上警示教育专栏，实行重点警示案件直播常态化，组织3起重点案件庭审过程直播观看。组织《中华人民共和国公职人员政务处分法》专题宣传学习，由派驻纪检监察组组长、乡镇纪委书记进行专题授课，制发宣传折页1万册，在各单位电子屏滚动播放学习，助推公职人员遵纪守法。

【抓好案件后续工作】 2020年，县纪委、县监委切实扎紧不能腐的笼子，印发纪检监察建议书17份，推动有关乡镇、部门聚焦突出问题完善机制、防控风险，充分发挥以案促改治本功效。坚持严管厚爱，回访教育受处分干部20人，澄清正名2人，干部干事创业热情进一步激发。

队伍建设

【干部理论武装】 2020年，县纪委、县监委带头用习近平新时代中国特色社会主义思想武装头脑、指导实践，会议专题学习习近平总书记的重要讲话等有关精神18次。积极引导干部深入学习《习近平谈治国理政》(第三卷)等内容，不断提升干部用理论指导实践的能力。深入开展全县纪检监察组织警示教育月“八个一”活动，组织专题学习13次，干部思想防线进一步筑牢。

【干部素质提升】 2020年，县纪委、县监委在全县纪检监察系统开展“日日学、周周练、月月测”

业务练兵等活动，举办全县纪检监察干部素质提升班，实现纪检监察干部全员培训。持续实施“蹲苗”工程，选派18名干部参与上级巡视巡察、重点工作、重点岗位挂职锻炼，干部实战能力不断提升。推进纪检监察工作信息化建设，完成纪检监察内外网建设和系统应用任务，加强干部信息系统运用能力培训，检举举报平台处置子平台实现线上单轨运行，问题线索处置、案件查办更加规范高效。

【强化管理监督】 2020年，县纪委、县监委聘任首届特约监察员12名，进一步解决“谁来监督纪委监委”问题。深化“五张清单一张网”建设，建立个性化责任清单36张，县纪委、县监委机关党风廉政建设主体责任进一步压实。开展县纪委、县监委政治生态情况自查自评，加强纪检监察干部廉政档案建设，对干部一一进行政治画像，强化动态监管。创新八小时外监督载体，走访干部所在社区。进一步完善工作考核考评体系，合理设置考核指标和权重，发挥考核激励鞭策导向作用。

巡察工作

【巡察全面覆盖】 2020年，围绕贯彻落实习近平总书记重要指示批示精神、“十四五”规划等决策部署，坚持提前谋划、科学部署，克服疫情影响，确保巡察进度，高质量完成本届县委巡察全覆盖。进一步贯通常规巡察、专项巡察和巡察“回头看”，开展城镇社区党组织巡察。专题分析巡察工作的开展情况及取得成效，查漏补缺、推动提升，为谋划下个巡察五年规划打好基础。

【形成联动机制】 2020年，县纪委、县监委进一步发挥巡察综合监督平台作用，深化巡察与纪律、监察、派驻等监督统筹衔接制度。规范巡察人员抽调机制，完善巡察组职责等制度5项。充分运用巡视带巡察、市委提级交叉巡察等成果，构建纪检、组织、政法、财政、审计、信访等多部门联动机制，协调解决重点突出问题21个。强化巡察机构与派驻机构、乡镇纪检监察机构协同配合，不断提升巡察质效。

【压实整改责任】 2020年，县纪委、县监委进一步健全巡察整改和成果运用机制，全面评估验收巡察整改情况，动态监督4家单位重点问题的整改情况，对3家单位开展“回头看”，向2家整改推进不力单位下发督办单，压实整改主体责任，问题集中整改率达94.2%。坚持从“态度、力度、广度、深度”出发，建立多维度巡察整改评估机制，并纳入年度考核和全面从严治党主体责任考核内容，探索形成监督、整改、治理有机贯通的链条。是年，县委巡察移送问题线索26件，给予党纪政务处分5人，移送司法1人，清退违规发放资金203.60万元，挽回经济损失808.20万元，推动建立健全制度162项。

（胡俊杰）

责任编辑：吴依芳

群众团体
Mass Organizations

岱山县总工会

【概况】 2020年，县总工会坚持聚焦主业、内强素质、外树形象，紧扣职工思想引领、经济复苏发展、参与县域治理和“四个岱山”建设，为全面展示“重要窗口”海岛风景贡献力量。是年，开展新一轮工会组建集中行动，推进“两新”组织等领域的建会率。截至年底，全县共有基层工会组织371家，其中独立建会320家，联合建会51家，共涵盖单位1247家，会员45296人。

【服务保障重点项目】 2020年，县总工会依托鱼山建设者之家，积极做好服务保障工作，先后组织开展鱼山电工上岗证新考、换证培训，共有193人次参加，其中有111人考取上岗证书；举办有50人参加的鱼山钳工技能比武，提高职工技能素质。通过“职工点单”送课、送戏、送电影上岛，丰富建设者文化生活。助力疫情防控，参与鱼山防疫巡逻工作，赠送鱼山防疫工作人员1万元的防疫物资。主动做好农民工欠薪维权工作，委派一名中层干部参与舟山绿色石化基地欠薪处置工作专班。关心鱼山青年婚恋问题，联合团县委、县人才办开展青年职工疗休养活动，有42名青年职工参加交友活动。

【“三重一新”立功竞赛】 2020年，县总工会围绕“五大会战”“四个岱山”建设等县委县政府的中心工作开展立功竞赛。制定印发《深入开展劳动竞赛助力疫情防控和“四个岱山”建设》通知，继续推进G526岱山段、整洁村庄行动等以“六比六赛”为主要内容的立功竞赛活动。通报表彰秀山大桥项目立功竞赛活动优胜单位、优胜班组和先进个人。申报G526岱山段改建工程（第三赛季）、舟岱大桥四标段、中广核岱山4号海上风电项目（一期）、浙江友联海工改建项目为2020年重大项目劳动竞赛市级竞赛项目。

【职工技能素质提升】 2020年，县总工会以岱山县电工创新工作室为平台，依托“互联网+”技师服务队优势，积极开展技术交流、技术讲座、技术攻关等活动35场（次），有1500余人参加。充分发挥电工创新工作室作用，开展网上技能学习活动，在电工创新工作室、衢山站、鱼山站，各群发送技术学习视频等200余份，开展疫情期间线上技术交流。举办全县“名师带徒”暨岱山县电工创新工作室衢山站启动仪式。红五月期间，组织劳模、工匠技术服务队到海山、晨光、恒泰等公司进行巡回服务。是年，舟山鼠浪湖码头有限公司职工创新工作室被评为第四批舟山市劳模（高技能人才）创新工作室；申报舟山海山机械密封材料股份有限公司为非公企业产业工人队伍建设改革试点单位。积极筹建县职工技能发展中心，满足职工技能提升需求。打造“匠心红帆”党建阵地，成立岱山县电工创新工作室临时党支部。

【指导企业安全生产】2020年，县总工会广泛开展“查事故隐患，提合理化建议”活动，推动企事业单位落实安全生产责任制。开展安康杯竞赛和安全生产月活动，开展劳模安全生产讲座3场，组织建筑施工单位安全演练3家；开展安全隐患随手拍和劳动保护合理化建议活动，收到申报建议10条。积极参与企业安全事故调查，通过查找事故发生的原因经过，从中总结经验教训，指导企业安全生产。

【助力企业复工复产】2020年，县总工会认真贯彻落实县委县政府疫情防控工作决策部署，组织广大职工投身疫情防控工作。通过“岱山工会”微信公众号、微信工作群等渠道，开展“云普法、权为你而来”专题普法教育4期，及时向职工群众传递病毒防疫信息及倡议书。成立县总工会疫情防控志愿服务队，赴秀山客运码头，做好进出岛人员体温测量登记工作。组织参加金海家园和竹屿小区兼合式党支部抗疫活动。落实帮扶专项资金28万元，走访2家单位，慰问防疫人员380余人，把上级工会下拨的2000副防尘口罩，赠予企业，助力16家企业复工复产。安排3名援鄂医务人员参加职工疗休养。配合妇联等单位做好“你赴“疫”线，我表心意”行动。通过“互联网+”培训为抓手，组织劳模、工匠们录制近20部视频，开展线上技能素质培训。联合教育工会，开展全县窗口服务行业职工疫情防控网上心理辅导课。联合秀山乡总工会，为从甘肃包车过来的80余名复工人员提供面包、牛奶等食品。

【基层工会建设】2020年，县总工会围绕深化“基层工会改革年”活动，积极推进工会改革创新和特色品牌建设，积极吸收农民工、渔业劳工等群体加入工会组织。是年，全县百人以上企业建会（包括联合工会）数71家，25人以上建会数234家。推进基层工会改革，激发工会自身活力。探索创新会员发展模式，组建民宿行业工会联盟、长涂镇未来蓝港一条街联合工会，推进3家国有集团公司工会联合会和G526工程项目联合工会组建。加强工会干部培训质量管理，组织全县403名工会干部参加应知应会网络考查。

【工会规范化建设】2020年，县总工会加强乡镇总工会规范化工作，推进工会干部兼挂职制度。探索建立职业化工会干部队伍，为高亭镇总工会、衢山镇总工会、县经济开发区工会招录3名职业化工会工作者。深化“六有”基层工会创建活动，制订3年行动计划，7个乡镇总工会本级的深化“六有”基层工会创建活动开展率达100%。深化职工之家建设，全面推进会员评家制度、基层工会“四亮”制度，舟山鼠浪湖码头有限公司工会、衢山镇瀛洲社区工会联合会获“2018—2019年舟山市模范职工之家”称号。

【产业工人队伍改革】2020年，县总工会探索产业导向、各类先进制造业、现代服务业和新兴产业高技能人才培养新路径，完善产业工人职能提升体系。牵头制定出台《新时代岱山产业工人队伍建设改革实施方案》，抓好改革试点，申报舟山海山机械密封材料股份有限公司为市级新时期产业工人队伍建设改革示范点。

【女职工工作】2020年，县总工会完成向县妇联申报2020年县妇联执委履职项目。三八节期间，开展“最美的瞬间　工作的我们”微视频作品征集活动，收到30份作品。指导妈咪暖心小屋创建6家，并为暖心小屋赠送母婴类物品。

【职工文化活动】2020年，县总工会深入开展“服务职工　文化暖企”“中国梦·劳动美”庆五一等系列活动，新年赠送免费电影，慰问建设者300余人；在车站、码头，组织开展“岱山有你　越来越好”主题闪演活动，为返乡建设者送上创城宣传册500份、礼包250份；开展“温暖回家路·共享新阅读”春运赠公益期刊活动，共赠送期刊1000份，工会组建、创城宣传册1500份。举办“新岱山人学说岱山话”“烘享快乐·焙感幸福”等“乐学讲堂”8场，吸引500余名职

2020年8月5日，县总工会在鱼山工地开展乐学讲堂　　（县总工会　供图）

工参加。组队参加全市职工乒乓球赛，获女子单打和混合双打第五名。开展职工文化“四送”活动，全年各级工会为企业送书刊3100册，价值5万余元；送电影115场；送各种演出16场；送器材价值4.34万元。

【保障职工权益】 2020年，县总工会大力开展“尊法守法、携手筑梦”公益法律宣传服务行动，畅通工会法律援助“绿色通道”。全年为17名农民工解决欠薪、工伤问题，涉及金额42万元。规范化推进非公企业工资集体协商制度，创建率达95%。积极推进职工医疗互助保障工作，全年为1147人（次）支付互助金45.95万元。完成县政府复工复产中关于社会秩序恢复考核指标中的“疗休养恢复”相关考核指标。同时，充分挖掘全县旅游资源，对衢山镇凉峙村、东沙镇东沙社区入选“舟山市级职工疗休养乡村基地”的6家民宿进行授牌，其中，衢山镇凉峙村被省总工会认定为首批“浙江省职工疗休养基地”。利用微信公众号推发“周游岱山”景文介绍。积极做好疗休养对接联系工作，对接省市总工会及相关部门，为舟山市防疫一线医务人员与援鄂医疗队一行25人到岱山开展疗休养活动，提供帮助。

【困难职工帮扶】 2020年，县总工会做好精准帮扶工作，建立“帮扶联系人制度”和一对一的建档立卡信息。建档困难职工19人，确定7名职工为2020年度特困职工。开展2020年“两节送温暖”工作，慰问困难职工19户，发放慰问金3.82万元，看望慰问一线环卫工人523人，送去慰问品（金）7.30万元。开展“金秋助学”工程，为18名困难家庭子女实施助学援助，发放助学金6.10万元。加强困难职工分级管理，精准帮扶，并建立定期走访慰问制度，实现困难职工帮扶常态化、走访全覆盖。

【劳模评选】 2020年，县总工会积极弘扬劳动精神、劳模精神、工匠精神，“五一”期间利用新闻媒体、网络、广场电子屏等，转播转载劳模相关视频，在《今日岱山》开设“时代劳模”板块，宣传介绍劳动模范、模范集体先进事迹。关心关爱劳模，春节期间，慰问各级劳动模范151人共6.67万元。是年，推荐3人参加市总工会组织的东极岛疗休养活动，组织85名劳模参加年度体检。

【“三服务”活动】 2020年，县总工会贯彻执行“缓减20%企业工会经费”和“小微企业工会经费全额返还政策”，安排60万元，为16家民营企业提供贴息补助。缓解和退回企业上缴工会经费273万元，完成全年目标的103%。做好新一轮医疗互助参保工作，共有236家单位、13075人参保。持续关注职工生产生活状况，推进企业职工服务中心、职工书屋、妈咪暖心小屋等阵地建设。继续落实各项惠企惠民措施，发挥五一爱心驿站、单身职工交友平台等作用，深化职工“网上网下双普惠”服务。充分发挥岱山工会微信公众号等平台作用，深化职工普惠服务。

【建功立业竞赛】 2020年，县总工会充分发挥劳模、高技能人才示范引领作用，广泛开展职工

2020年5月12日，县总工会组织技术服务队进企业　（县总工会　供图）

技能大赛和岗位创新活动，鼓励各系统培育创新团队、培养创新人才、推广创新成果。强化技能人才培育和素质提升工作，依托技能大赛、名师带徒、技能培训、班组竞赛等平台载体，选树一批具有工艺专长、掌握专业技能、体现领军作用的“首席工人”。广泛开展群众性技能竞赛活动，引导职工积极参加安全生产民主管理、民主监督等实践活动，最大限度提高职工群众安全生产意识。联合县精神文明建设指导中心在高亭仙洲公园举行“助力全国县级文明城市创建，蓝海卫士在行动”现场主题宣传服务活动，全县海运公司、渔业合作社、临港企业代表约150人参加活动。

【党风廉政建设】 2020年，县总工会召开年度党风廉政建设工作会议，部署党风廉政建设和反腐败工作重点，明确责任分工。强化党组意识形态工作，召开专题会议，调整意识形态工作领导小组成员，并从六个方面建章立制。开展党风廉政警示教育月“十个一”活动，组织党员干部和公职人员观看警示教育片，赴长涂抗倭碑、大岐山开展爱国主义教育活动等。聚焦“创文明、建和谐、促创城”建设重点，强化组织领导，助推“清廉岱山”建设。

（林　艳）

共青团岱山县委

【概况】 2020年，共青团岱山县委（简称团县委）深入学习贯彻习近平总书记关于青年工作的重要思想，以深化共青团改革为指引，全面谋划、系统部署全县共青团工作，各项工作取得新进展、新突破、新成效。是年，全县有团（工）委25个，团（总）支部333个，各级团干部535人，团员6390人。设立鱼山联合团委1个，下辖33个团支部。

【思想建设】 2020年，团县委坚持政治引领，担起培养党和政府后备军使命。全年开展“青年大学习”主题团课学习教育64期，参与人数超过8.20万人次。先后组织开展“青春担当·‘岱’你追梦前行”“践行真善美，争做新时代好队员”等主题系列活动，鼓励引导全县青少年旗帜鲜明讲政治、敢担当、善作为。持续规范共青团推优入党工作，全年共发展56名优秀青年入党，实现推优入党率100%。是年，1名青年被评为省优秀共产党员、省抗疫先进个人，1名返乡大学生获评市最美战疫志愿者，2名少先队员被推荐为舟山市新时代好少年。

【鱼山项目团建】 2020年，团县委把服务企业青年成长成才，探寻共青团工作与企业发展作为重要工作内容，积极推进“1+X”（“1”是鱼山现场指挥部团支部，“X”是各项目建设单位团组织）模式。利用新媒体传播方式，深入学习习近平新时代中国特色社会主义思想和党的十九大、团的十八大精神，发动团员青年积极参与“青年大学习”活动，提升青年树立“四个意识”的水平。组织开展“我与鱼山共成长”演讲比赛、“鱼山好声音”唱歌比赛、“鱼山杯”篮球赛等主题活动12场次；挖掘鱼山“青春故事”、激发青年干事热情，把“向榜样学习、练就过硬本领、投身国家战略”作为

2020年11月15日，团县委组织“鱼山杯”篮球比赛　（团县委　供图）

全岛青年的奋斗底色。是年，鱼山现场指挥部团支部荣获2019年度全国五四红旗团支部称号。

【文明城市创建】 9月10日，团县委围绕全国文明城市创建总要求，启动“城市啄木鸟”专项志愿服务计划，200余名志愿者走上街头，开展创城志愿服务。积极构建“团县委（县志协）—乡镇、部门志愿服务总队—村（社区）志愿服务站”的层级网络，全面打造纵横一体的组织体系。是年，共建立乡镇志愿服务中心7个，社区志愿服务站66个，志愿汇App登记注册的志愿者29172人，总活跃人数16328人，注册志愿者参加志愿服务活动的人数占注册志愿者总人数的比例为56%，累计志愿服务时数3.20万余小时。在新区志愿家党员志愿平台设立628个党支部志愿服务队，党员志愿者2660人。探索民间志愿服务团队参与城市社会治理的有效路径，发动新居民群体共同参与城市治理，新居民志愿者服务队积极参与创城、疫情防控等各类活动20场次，参与人数100余人次，累计时长215小时。

【青年发展规划试点】 10月，团县委启动中长期青年发展规划省级培育试点工作，成立由县委副书记为组长的培育试点工作领导小组。11月20日，出台《舟山市岱山县〈中长期青年发展规划〉实施培育试点工作方案》，并成立规划编制组，团县委及县委党校教师共10人作为规划编写主要力量，形成规划初稿。积极对接发改部门，将青年发展的相关内容纳入全县“十四五”规划。组建“青年智囊团”，由规划编写组、各乡镇、各机关单位团委书记为骨干力量，以“线上+线下”形式开展青年情况调研工作。线上，设计岱山青年调查问卷，围绕青年基本情况、青年思想教育、青年教育、青年需求等方面推出41个问题。线下，发动各级团干部开展大调研大走访行动，通过走访社区青年、青年紧缺人才、重点青少年、青年骨干志愿者等各类群体以及面对面访谈交流等形式，了解青年发展各方面情况。认真梳理调研成果，提出《我县创城志愿服务品牌在融入城市精细化管理中存在的问题及相关建议》，获得县委主要领导的肯定和批示。

【服务青年】 2020年，团县委积极打造青年服务载体，在鱼山石化基地建立“青年驿站”，夯实

2020年9月10日，举行岱山县“城市啄木鸟”启动仪式
（团县委　供图）

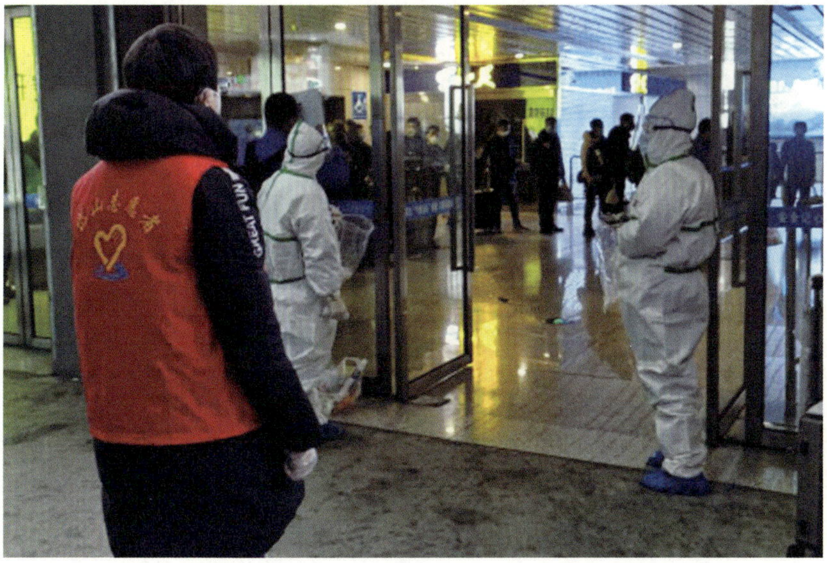

2020年2月17日，团县委组织鱼山基地突击队打好复工防疫战

（团县委 供图）

团的青年群众基础。不断延伸青年服务内容，开展以“恋上岱山、青春有约”为主题的青年交友联谊活动3次，推出“恋上鱼山”交友品牌活动6场。组织青联委员开展“青筑自贸·联创未来”系列活动，面对面倾听鱼山青年的深层次需求，为岛上青年办实事、解难事。

【维护青少年权益】 2020年，团县委积极做好维护青少年合法权益与预防青少年违法犯罪工作，加强与县检察院、县公安局等政法部门的协调沟通，充分发挥“小浪花工作室”青少年维权岗的作用，加强对未成年人的权益保护、严厉打击侵害青少年合法权益的行为。自10月以来，联合县人才联盟开展“守护小海鸟·让爱不留守”关爱留守儿童活动2次，打造关爱帮扶案例2个，帮扶124人次。

【疫情防控】 2020年，团县委认真落实新冠疫情防控措施，在疫情防控关键时期，团县委发出招募令，组织成立鱼山复工防疫青年突击队，广泛动员企业团组织和团员青年参与科学防控宣传、返工人员信息统计、体温测量、环境卫生清洁消毒等工作，努力打好复工复产防疫战。

（王骥杰）

岱山县妇女联合会

【概况】 2020年，岱山县妇女联合会（简称县妇联）团结带领全体妇联干部、妇女群众积极应对突如其来的新冠肺炎疫情和国际国内经济社会发展新形势所带来的挑战，紧紧围绕“重要窗口”海岛风景和“四个岱山”建设要求，将扛起政治职责与履行基本职能紧密结合，聚焦妇联主业、主责、主阵地，全情履职、拼搏赶超，充分发挥“重要窗口”中妇联“小窗”的作用。是年，国网岱山供电公司营业厅获评全国巾帼文明岗；高亭镇江南渔嫂协会会长林波获评全国优秀农民工称号；“岱着你 陪着她”视频获浙江省平安浙江短视频优秀奖。

【百千万巾帼大宣讲】 2020年，县妇联抓住十九届五中全会召开、庆祝三八国际妇女节110周年、庆祝岱山解放70周年等重要节点，做实线上线下的“百千万巾帼大宣讲”，发动各级妇联执委、优秀女性代表、女性社会组织带头人、“东海渔嫂”宣传员等开展微网宣、船头宣、公益宣等，共开展各类宣讲200余场，受众3万余人次。

【疫情防控】 2020年，县妇联面对新冠肺炎疫情，迅速部署形成全县妇联系统工作“一盘棋”格局。第一时间带领广大“东海渔嫂”开展入户排摸、健康宣传、设卡检查等联防联控工作。围绕“你赴‘疫’线，我表心意”主题，为援鄂医护人员提供“五送一结对”服务。各级妇联组织分组分批走访慰问女性创业者，送去防疫用品，宣传惠企政策。发动女性社会组织报名参加企业招工，有效破解短期“招工难”问题。针对农产品滞销，妇联执委通过开设“东海渔嫂”直播平台，帮助女性创业者销售农产品万余斤。

“美丽庭院”一类示范带——石马岙村高东路 23 ~ 32 号全景图

（县妇联　供图）

【参与基层社会治理】 2020 年，县妇联坚持实行中心联盟制，协同抓好调解员、渔安员等“东海渔嫂”十大员队伍建设，参与社会治理 360 余次，并按照“10+X”模式，在秀山、鱼山试点新居民东海渔嫂工作。重点扶持“东海渔嫂”十大员队伍，培育渔嫂形象示范点和工作室 13 个，联合各职能部门落实业务培训和指导 12 场。聚焦全国县级文明城市创建，发动万余名“东海渔嫂”开展宣传倡导、环境整治、平安建设等活动 200 余场。重点关注村社组织换届工作，主动沟通，有效确保女性参与基层治理四项指标高质量推进，其中渔农村女书记“一肩挑”13 位，占比 17.6%，居全省第一。

【人才关爱行动】 2020 年，县妇联有序推进“恋上岱山”服务青年人才计划，开展采摘、烘焙、环岛游等活动 13 场，参与 500 余人；成立“东海渔嫂红娘联盟”，落实“一对一”见面红娘服务 350 余次，全年共促成牵手 45 对。举办“恋上岱山·情定双合”中式集体婚礼。

2020 年 11 月 11 日，县妇联联合其他单位部门在双合景区举行 2020 岱山中式集体婚礼

（县妇联　供图）

【家庭综合平台打造】 2020 年，县妇联举办东海渔嫂家庭文化季共 4 个系列 16 项行动，多载体全面展示家庭文明建设成果。好家风故事展播、“小小的我画家风”等主题活动吸引万余人次参与，掀起传承家风文化的热潮。深化最美系列创评，评选产生县级以上各类家庭典型示范户 284 户，其中省级 8 户。推进美丽庭院连片打造，举办全县“美丽庭院”示范带建设 PK 赛，评选出一类示范带 1 个，二类示范带 2 个和三类示范带 4 个。

【助力妇女创业创新】 2020 年，县妇联成立东海渔嫂“双创”联盟，链接“云”平台，推进“十百千万巾帼云创行动”，开展“东海渔嫂”电商培训、“民宿女主人成长”培训等 8 次，为女性创业者复工复产和“后疫情时代”的创业就业持续赋能。回应社会对现代家政业的需求，做好省市“最美巾帼家政人”选树培育工作。推出“寻找海岛美食，回味妈妈的味道”公益创业集市，开展美食推介、创业咨询等 7 场，参与 1550 余人次。

【妇儿维权】 2020 年，县妇联以平安家庭建设为核心，组建县、乡镇、村（社区）三级联动调解员队伍，成立“阿拉娘家人”婚姻家庭辅导室和“东海渔嫂”维权工作站，“东海渔嫂”常驻县社会矛盾纠纷调处化解中心，全年共处理来电来访案件 126 件。联合县司法局、县检察院、县法院等部门搭建普法融合平台，开展民法典等普法宣教 24 期，引导妇女儿童学法、知法、守法。向社会组织公开购买妇儿维权服务、助力平安建设等六大类“阿拉娘家人”项目，共计 10.50 万元。

【妇联组织建设】 2020 年，县妇联以全省破难示范点为契机，通过“县镇组团，蹲点指导”“对标对表，自我强化”相结合的方式，开展分级座谈、分类走访等调研，共帮助基层破解难题 85 个，指导建立工作机制 126 个，带动各级执委开展“四必访”3000 余户，建立重点家庭档案 1500 余份，破难工作，作为先进典型代表舟山在全省妇联基层组织建设推进会上分享。紧盯村级妇联组织换届工作，把好选人用人关，关注换届全过程。以沙洋村为换届试点，综合分析，把脉村级妇联换届的执委人选，指导制定履职清单、执委轮值等制度，整合汇总后在全县推广，全县 84 个村社妇联全部高质量完成换届。强化执委履职担当，2020 年各级妇联执委认领并开展履职项目共计 64 项。先后成立岱山县安澜城投妇联和国家电网岱山分公司妇联，实现国有企业领域妇联组织建设零的突破。

（张　盈）

岱山县科学技术协会

【概况】 2020 年，岱山县科学技术协会（简称县科协）紧扣“四服务一加强”职责定位，围绕打造“重要窗口”海岛风景和县委关于群团工作的整体部署，积极实施创新驱动助力工程，持续推进“金桥工程”项目。深入整合资源助推科普惠农，组织开展“科普助推乡村振兴”科技下乡活动。全面开展科学普及工作，着力提升全民科学素质。是年，县科协被中国科协评为“全国科普日”活动优秀组织单位。

【县科协第九次代表大会】 11 月 25 日，县科协第九次代表大会在县行政中心召开。来自全县各条战线、各行各业的 105 名科技工作者代表出席会议。大会听取、审议和通过县科协第八届委员会工作报告；选举产生县科协新一届领导机构；通报表彰县科协系统 2016—2020 年度先进集体和先进个人。

【助推经济社会发展】 2020 年，县科协深入实施科技创新驱动助力工程，充分发挥科协组织体系优势，开展人才、技术、项目对接及交流合作。配合东沙古镇建设网络经济馆，全力服务保障浙石化项目，积极参与中国工程院院士王基铭团队交流座谈会及绿色石化基地行活动。继续实施“金桥工程”项目申报，带领科技工作者推动技术转移、转化和推广。全年共完成“隔热罩产品自

2020 年 11 月 25 日，县科学技术协会第九次代表大会在县行政中心召开

（县科协　供图）

2020年1月13日，县科协在东沙司基文化礼堂开展科普宣传活动
（县科协　供图）

动化数字化生产线”“梭子蟹池塘高产养殖技术集成与推广”“物联网技术在蔬菜生产中的应用示范”等“金桥工程”项目15个。

【助推乡村振兴】 2020年，县科协深入实施“乡村振兴”战略，积极整合科普资源，助推科普惠农。组织广大科技工作者和科普志愿者先后在岱东镇沙洋村、高亭镇板井潭村、东沙镇司基村、秀山乡双凤村、衢山镇凉峙村等11个社区（村）文化礼堂，赠资料，送技术，解难题。配合舟山电视台完成“渔农天地”拍摄。在衢山镇凉峙村600米滨海栈道建设海洋生物科普长廊，助推渔农村旅游发展、提高渔农村群众科学素质。全年共发放渔农民科普书籍资料5000余册，展出科普画板120余块，接受咨询人数达6000多人次。

【全民科学素质提升】 2020年，县科协充分发挥职能优势，努力构建社会化大科普工作格局。深化应急科普宣传，做好疫情防控工作，通过“岱山科普”微信公众号，推送预防新冠肺炎科普知识，深入乡镇、社区（村）发放应急科普资料2.10万份，举办疫情防控网络知识竞赛，加强舆情正面引导，答题参与人数近万人。主动融入创城中心工作，深入蓬莱三小区，开展创城结对共建志愿服务活动5次。普及防灾减灾知识，在“5•12”全国防灾减灾日期间，向各社区（村）分发防灾减灾科普资料、挂图。围绕“文明创城、绿色石化、垃圾分类、疫情防控”等，开展主题培训。以“岱山科普”“阿拉抲鱼人”微信公众号等新媒体资源，助推全民科普，全年共推文328篇，阅读量达4万余人次。

【参政议政】 2020年，县科协积极调动科技科协界人才集聚、学术渠道畅通的优势，深入开展“三服务”活动，通过走访调研，积

2020年7月1日，县科协联合团县委深入居民小区助力创城
（县科协　供图）

极为政府决策提供合理化建议。是年，各学（协）会通过科技科协界，提交政协提案5件，其中县科协提交的《关于加强校外培训监管，促进行业健康发展的建议》被县政协评为优秀提案。

【科普品牌建设】 2020年，县科协按照“党建引领、项目建设、科普先行”的要求，积极创建“县级科普教育阵地”，与机场派出所共同打造完成全县首个“市民安防体验中心”，通过“防骗、反诈、禁毒”等科普宣传体验，提升广大居民防范意识。在先锋联盟中心、高亭中心小学举办青少年数据编程公益课堂、“科学小玩家”无人机创客教育公益活动。开展第十八届科普节暨2020年全国科普日活动，重点安排“冲刺！科学+”科普智益竞赛、科普惠农行动等内容。

【自身建设】 2020年，县科协围绕党政中心工作，组织和开展系列学术交流活动，指导学（协）会开展继续教育、职业培训、技能鉴定、技术推广等工作；督促学（协）会做好年检工作；完成东沙镇科协、县盐学会的换届选举工作；开展2018—2019年度星级学会评选。县属16家学（协）会中有5家达到四星标准，4家达到三星标准。扎实推进关爱行动。在元旦、春节和“5·30”全国科技工作者日前后，开展走访慰问各领域科技工作者代表活动。多举措搭建科技工作者成长平台，是年，举荐省“百佳企业科技工作者”“百佳企业科协工作者”各1名。

（邬建斌）

2020年9月28日，县科协在高亭中心小学开展“科学小玩家”无人机科创活动（县科协 供图）

岱山县归国华侨联合会

【概况】 2020年，岱山县归国华侨联合会（简称县侨联）围绕“四个岱山”建设，凝心聚力，抓落实、促提升，充分调动侨界的独特优势和资源为侨服务，集聚侨务资源，开创侨联新气象，打造侨联新亮点。是年，县侨联被评为全市侨联基层组织“示范单位”，高亭镇“侨之家”获得“全省侨联系统先进集体”称号，获评全国侨联系统“侨胞之家”典型选树单位。

【“侨之家”建设】 2020年，县侨联依托“侨之家”，开展为侨服务。高亭镇通过提升“侨之家”硬件设施，整洁周边环境，完善内部制度，丰富活动载体等，调动广大归侨侨眷和海外侨胞参与高亭镇中心工作的积极性，助力全国县级文明城市创建。顺利打造岱东镇“沐海”侨吧，适时组织开展各界人士文化交流、海外人员回国座谈等活动。配合市侨联在岱山召开全市侨联基层组织建设推进会和全市侨联系统务虚会议，与其他县区交流侨联工作，分享“侨之家”建设经验。

【涉侨法律法规政策宣传】 2020年，县侨联借助各级侨界平台，开展《归侨侨眷权益保护法》《浙江省华侨权益保护条例》等涉侨法律法规政策宣传，认真组织策

2020 年 11 月 15 日，县侨联组织浙籍侨商走进舟山绿色石化基地
（徐增奎　摄）

划对华侨华人的宣传工作，不断深入宣传国家战略、国家意义，影响和触动广大华侨华人，增进对家乡发展的理解认同，激发他们做岱山全面深化改革开放的建设者、贡献者、共享者的自觉性。

【联情联谊】 2020 年，县侨联与宁波象山县侨联签订“友好侨联”协议书，着重在服务经济、对外联谊、新侨工作、信息交流等方面，开展全方位的友好合作。开展全县归国留学人员调查，全面了解和准确掌握全县归国留学人员情况，进一步整合资源、优化服务，团结和引导广大归国留学人员为“四个岱山”建设贡献力量。

【服务侨眷】 2020 年，县侨联持续走访慰问归侨侨眷，关心侨界民生，通过他们向海外亲友致以节日问候，协调解决生活生产上的困难。境外疫情爆发后，县侨联成立工作专班，与公安等部门联合开展涉外因素排查，开通 24 小时服务热线，通过微信及时向华人华侨、归侨侨眷、港澳同胞等传达关于疫情防控的最新举措，引导回国侨胞做好健康申报工作，做好关心关爱海外侨胞工作。配合开展政务服务 2.0 改革，理顺涉侨事项改革，完善用户手册，制定处置涉外突发事件操作细则。

【第六次归侨侨眷代表大会】 1 月 16 日下午，县第六次归侨侨眷代表大会在高亭召开。来自全县的归侨侨眷代表，留眷、港眷代表 100 余人参加会议，会议听取和审议县侨联五届委员会工作报告，部署今后 5 年全县侨务工作。市侨联有关领导及县四套班子有关领导出席会议。

【侨界基础数据库完善】 2020 年，县侨联在 2014 年侨情数据基础上，开展新一轮数据更新，开展在读留学生的信息排摸，在抓好疫情防控工作的同时，做好信息储备，为开展联络联谊工作打好基础。不断充实全省统战基础侨情信息数据库，通过各种方式和途径，将岱山籍侨团侨领、侨商领袖、科技人才、专家学者、知名华商、华裔名人等的基本情况、投资方向、产业发展、专业领域、独特优势等方面录入，纳

2020 年 1 月 16 日，县第六次归侨侨眷代表大会召开　（县侨联　供图）

入岱山建设招商引资引才数据库。

【服务侨联界政协委员】2020年，县侨联充分发挥侨界的独特优势，集中侨界智慧，不断提高参政议政的能力和水平，组织参加“助力全国县级文明城市创建——政协委员·党外人士在行动”活动，围绕文明城市创建、最多跑一次改革等热点，开展专题调研和督查，提出建设性意见，反映侨界心声，把侨界关注的热点、难点问题及时反映给相关部门。

（陈艳华）

岱山县工商业联合会

【概况】2020年，岱山县工商业联合会（简称县工商联）深入贯彻落实党的十九大精神和中央、省市经济工作会议精神，紧紧围绕“四个岱山”建设，奋力打造“重要窗口”海岛风景，充分发挥工商联的优势和作用，广泛凝聚非公有制经济人士力量，有力地促进全县非公有制经济的快速发展和非公有制经济人士的健康成长。是年，被浙江省工商联评为2019—2020年度“五优”县级工商联。

【企业家教育培训】2020年，县工商联举办产业发展大讲堂，邀请全国商法研究会常务理事、宁波大学法学院教授郑曙光，对《浙江省民营企业发展促进条例》进行宣讲，共有50余名非公企业家代表参加。

【非公经济代表人士综合评价】2020年，县工商联按照“凡进必评”的原则，对124名非公经济代表人士进行综合评价，评选出A级95人，B级17人，C级12人，比较客观地反映全县非公经济代表人士队伍的现状。综合评价体系的完善，为非公有制经济代表人士的考察、选拔和政治安排提供“标尺”和“准绳”。

【政企交流】2020年，县工商联着力抓好“亲”“清”新型政商关系，聚焦聚力高质量发展，引导全县企业家树立新发展理念，推动全县经济社会和民营经济高质量发展。年初，对县工商联常委以上的会员企业进行走访慰问，对企业家反映的意见建议进行梳理，积极向上级和有关部门反映企业家的诉求。开展“亲清直通车·政企恳谈会”，恳谈会以“强信心、保增长”为主题，听取疫情影响的惠企、助企政策落实情况，聚焦应对后期疫情影响，确保企业平稳发展。邀请县法院领导班子与企业家代表开展交流活动，为企业提供法律援助。联合县检察院开展检察开放日活动，服务“六稳”“六保”护航民企发展。搭建电力服务平台，邀请县电力公司在商会大厦设立“红船·光明驿站”，每月定期为有用电需求的企业服务的同时，还推出服务企业“一口受理”机制及线上服务机制，有效保障企业用电安全。

【银企合作】2020年，县工商联推动疫情期间的银企交流合作，成立金融政策服务工作专班，及时向工商联会员企业推广“浙里掌上贷”融资服务平台、省18条惠企政策和减税减费减租减息减

2020年7月22日，岱山产业发展大讲堂在县行政中心举办

（县工商联　供图）

2020年8月31日，县工商联举行政企恳谈会　（县工商联　供图）

支“五减”有关政策措施以及县20条惠企政策。协调金融机构做好复工复产金融服务，县内各银行通过减低融资门槛、加大减费让利力度等手段，共帮扶民营企业196家，帮助疫情防控重点保障企业5家，解决贷款4235万元。

【商会组织建设】2020年，县工商联围绕“领导班子优、工作保障优、会员发展优、商会建设优、作用发挥优”的“五优”要求，扎实开展浙江省“五优”县级工商联创建活动，成功获评2019—2020年度省级“五优”县级工商联。

【异地商会建设】12月，宁波市岱山商会三届一次会议在宁波召开，280余名宁波岱山商会会员和岱山籍在甬各届人士参加会议，岱山县有关领导赴甬出席会议，以增进岱籍在甬人士和家乡之间的感情。

【招商引资】2020年，县工商联依托各类工商联组织网络优势，以商引商、以情招商，充分发挥异地商会的作用，加大招商引资力度。先后组织人员到宁波、杭州、上海等地，走访联络在外地的岱籍企业家，积极向外推介岱山，同时邀请宁波、杭州等地的企业家到岱山商务考察。

（刘传刚）

岱山县文学艺术界联合会

【概况】2020年，岱山县文学艺术界联合会（简称县文联）团结引领全县文艺工作者，坚定正确政治方向，合力唱响主旋律、精心开展文艺创作、积极服务人民群众，为推进“湾区明珠·自贸港城”、建设“重要窗口”海岛风景贡献文艺力量。强化政治引领，坚持用习近平新时代中国特色社会主义思想引领文艺和文联工作，牢牢把握文化领域意识形态主动权；坚持党的领导，深化党建带群建工作，指导直属8个文艺家协会成立功能型党支部，在全市文联系统，率先实现文艺家协会党组织建设全覆盖；助力文明创城，组建文艺志愿服务队开展“文明有我·‘艺’起同行——全县百名文艺家助力创城志愿服务活动”，有效扩大文明创城的知晓度；服务中心工作，深入开展文艺惠民服务活动，丰富基层群众文化生活；加强组织建设，有序推进换届工作，截至8月底，届满的县音乐舞蹈家协会、县摄影家协会、县戏剧曲艺家协会、县影视工作者协会、县民间艺术家协会等5个协会完成换届。11月，县文联换届工作结束。是年，编印出版内部刊物《大海》共4期。

【县文联第五次代表大会】11月9日，县文联第五次代表大会在县行政中心召开。县委书记周国岭出席会议并讲话，市文联主席杨亚儿致辞。孙志龙、沈兆幸、陈雅君、陈海平等出席会议。会议审议通过县文联四届委员会《凝心聚力勇攀文艺高峰，守正创新再谋时代新篇，为打造“重要窗口”海岛风景贡献文艺力量》的工作报告和《岱山县文学艺术界联合会章程（修改草案）》；选举产生县文联第五届委员会委员23名及新一届领导班子。各文艺家协会采用民主、协商的方法选举产生的95名代表出席会议。部分老艺术

2020 年 11 月 9 日，县文学艺术界联合会第五次代表大会在县行政中心召开　（县文学艺术界联合会　供图）

家、各人民团体负责人、各乡镇宣传委员、县海洋文化名人代表、非物质文化遗产代表性传承人代表、乡镇文化干部和业余文化辅导员代表共 56 名列席本次大会。

【机制建设】 2020 年，县文联制定出台《岱山县文联直属文艺家协会财务管理规定（试行）》《岱山县文联及直属文艺家协会文艺采风创作制度（试行）》，进一步促进各文艺家协会规范化建设。制定下发《关于印发岱山县文联直属文艺家协会换届工作的指导意见》《岱山县文联关于做好直属文艺家协会换届工作的通知》，有序推进各届满文艺家协会的换届工作。

【文艺惠民】 2020 年，县文联以“三服务”为载体，组织各文艺家协会开展政策理论宣讲、专题文艺演出、书画摄影讲座、职工乐学讲堂声乐辅导、图书赠送等活动，深入到鱼山基地，丰富和活跃鱼山职工的文化生活。实施“公益文艺进礼堂”活动，先后举办文艺下乡、中小学生暑期书画公益培训、书法美术作品展等系列活动，组织书写春联 30 场次，送出春联 1.20 万多对，受到渔农村群众广泛好评。开展民间文艺进校园活动，全年共组织木偶戏、渔绳结、鱼骨塑画、变戏法等项目传承人、民间艺人，开展传承教学 100 余课时。先后举办“庆祝舟山解放 70 周年　逐浪涛头再出发——岱山书画摄影作品网络展”、抗疫作品创作网络展播、《岱山地理》新书分享会暨海洋文化讲座、“我与盐的故事”主题征文、“传承越剧文化　唱响蓬莱仙岛”“与古为徒——岱山嵊泗两地临帖作品展”“岛迹如期——岱山县油画作品迎新展”等文化活动，丰富人民群众的业余文化生活。

【创作与采风】 2020 年，县作家协会先后编选出版《盐时光——岱山盐文化叙录》《岱山地理》《群岛十年诗选》等作品集。县影视艺术工作者协会共创作电视专题片（纪录片）10 余部、微视频数十部。是年，县作家协会先后赴

2020年11月7日晚，第十届“岱山杯”全国海洋文学大赛颁奖典礼在岱山举行
（县文学艺术界联合会 供图）

象山、海曙、海宁、海盐等地，开展创作采风活动。6月，县作家协会召开群岛文学新生代研讨暨作品加工会，邀请《海中洲》执行主编石林、浙江海洋大学教授李越、市作协散文创委会主任厉敏到会指导。9月，县书法家协会赴北仑进行书法写作交流活动。11月，县美术家协会赴嵊州举办“溪海同脉”嵊州·岱山美术作品交流展。10月，县作家协会与市文艺评论家协会、《海中洲》编辑部联合举办岱山本地作家小说评论（加工）会。12月，县摄影家协会赴兰溪参加“山海合作”摄影交流采风。

【第十届“岱山杯”全国海洋文学大赛】 4月1日，由中国散文学会、岱山县人民政府主办的第十届“岱山杯”全国海洋文学大赛启动，至8月31日，全国各省市及海外共有2310位作者参赛。其间，还组织开展海洋文学座谈会、作家讲座、全国作家看岱山采风等活动。经过大赛组委会筛选、推荐、评比，最终评出一等奖2名、二等奖10名、三等奖20名和优秀奖25名。

【作家协会】 2020年，县作家协会编辑出版4期《群岛》和6期《群岛小小说》，《群岛》第4期还首次推出岱山本地作家小说专号。《群岛》先后被《作品》《鸭绿江·华夏诗歌》等杂志作重点推介，并加入宁波文学内刊联盟。是年，岱山作家网正式入户阿里云，“群岛文学”公众号全年共推送64期，注册用户数达2624人。相继在岱西镇双合村、岱山绿海制盐公司、岱山新华书店沿港路门市部设立文学工作室（文学创作基地、创作驿站）。邱波彤的纪实文学集《第一场血战——鸦片战争1840年定海战役全景记录》入选浙江文化艺术发展基金2019年度资助项目。厉敏的海洋诗集《山海间》由四川民族出版社出版。赵悠燕的散文《鱼翔深海处》获第十届全国海洋文学大赛三等奖、第三届“罗峰奖”全国非虚构散文大赛优秀奖。

【美术家协会】 2020年，县美术家协会先后承办创建全国县级文

2020年12月29日，“岛迹如期——岱山县油画作品迎新展”在舟山市美术馆开展
（县文学艺术界联合会 供图）

明城市中小学生书画小报大赛、中小学生暑期书画公益培训、“清廉文化”书画巡展等活动。12 月29 日，“岛迹如期——岱山县油画作品迎新展”在市美术馆举办，集中展示 17 位美术家的 80 幅作品。戎建军水彩作品《向阳而生》入选中国美协 2020 第三届全国小幅水彩展。黄继波、金含露、王峥、傅群波等 4 人作品入选 2020 年“大成之境——浙江省油画作品展”，其中金含露获提名奖（最高奖）。

【书法家协会】 2020 年，县书法家协会先后举办“助力抗击新冠病毒疫情”书法篆刻网络展、第五期书法公益班学员结业展，承办中小学生暑期书画公益培训、“清廉文化”书画巡展等活动。7 月，岱山、嵊泗两地“与古为徒”临帖交流联展在县体育馆开展，共展出两地书法作品 70 幅。马优夫、王国卫两人作品入展浙江省书协基层会员书法篆刻大展，傅海峰、於博仕两人作品入展浙江省公职人员书法篆刻大展，於博仕作品入展浙江省农民书法篆刻大展。16 人作品入展舟山市首届书法新人新作展，其中赖其波获优秀奖，林敏峰获提名奖。

【戏剧曲艺家协会】 2020 年，县戏剧曲艺家协会先后举办越剧票友演唱会、“传承越剧文化　唱响蓬莱仙岛”专场演出。开展送戏下乡活动，全年共送戏 195 场次，观众 15 万余人次。12 月，协会组织戏剧爱好者赴普陀区开展戏剧学习观摩活动。章沙创作的小品《父亲的快递》获浙江省第三十一届戏剧小品邀请赛金奖，袁路创作的小品《我的爷爷是老兵》获舟山市创作会演表演二等奖、创作三等奖。

【音乐舞蹈家协会】 2020 年，县音乐舞蹈家协会组织会员创作《渔民老爸玩直播》《老房子》《排排渔船行行车》《因为有你》《战士》《最美逆行者》等一批优秀作品，其中沈凤峰作词、沈佳妮和大海作曲的《渔民老爸玩直播》入选浙江省第十九届音乐新作演唱（演奏）大赛，夏青青作词作曲的歌曲《因为有你》获“天佑中华　加油武汉”抗疫主题歌曲征集活动“优秀国际展播奖”，夏青青作词的歌曲《杭之风月》获浙江省 2020 年“歌颂新时代”歌词大赛铜奖。是年，协会共参与器乐（声乐）辅导，进村入企、下岛演出等活动 100 余场次，丰富基层群众、企业职工的业余文化生活。

【影视艺术工作者协会】 2020 年，县影视艺术工作者协会共创作《小康路上唱响丰收赞歌》《石壁石屋石头村》《岱山解放七十年》《两山理念十五周年系列》《垃圾分类任重道远》等 10 多部电视文艺专题片、纪录片。创作《抗疫我在岗》《罗静静的武汉之旅》《创城在行动有你也有我》等数 10 篇微视频，其中《罗静静的武汉之旅》《创城在行动有你也有我》获“舟山微故事大赛”视频作品三等奖，《听爷爷讲过去的事》获音频作品一等奖。

【民间文艺家协会】 2020 年，县民间文艺家协会组织开展民间文艺进校园活动。组织木偶戏、渔绳结、鱼骨塑画、变戏法等项目传承人、民间艺人分别到岱山实验学校、岱东小学、高亭中心小学、蓬山小学开展传承教学活动，全年累计有 100 余课时。积极参加文化遗产日、休渔谢洋大典、中秋民俗游园会、“仙岛夜精彩”周末文旅夜市等民俗文化活动，开展“仙岛印记非遗舞台”驻场展示展演 22 场次。邬佩志、王嘉定自编自创自拍的布袋木偶戏抗疫作品《战“疫”阿拉好打赢》获浙江省“安吉杯”疫情防控主题非遗优秀作品评选活动入围奖。

【摄影家协会】 1 月，县摄影家协会在文化广场举办新春专题摄影展，共展出 35 个专题 500 余幅作品。相继开展青年摄影作品交流会、“走进秀山”“走进衢山岛”季度摄影比赛、全县工业题材摄影创作活动。是月，岱山县摄影家协会微信公众号开通，全年共发布信息 13 条。9 月，由浙江省摄影家协会和中共岱山县委宣传部联合举办的 2020“黄鱼故乡　瀛洲仙山”全省摄影大赛在衢山开赛。11 月，“影像舟山”摄影艺术展（岱山展区）在新城赛丽广场展出，33 位会员的 100 余幅作品参加展出。

【队伍建设】 2020年，县文联继续巩固和壮大文艺人才队伍。影视协会新增省级会员2名。王国卫当选为省书协八届学术委员会委员，马优夫当选为省书协八届篆书委员会委员。徐琦瑶加入省作协并入选浙江省第八批青年作家“新荷计划”人才库。鱼山绿色石化基地10名职工加入县作家协会、2名职工加入县摄影家协会。11月，傅乐参加省作协网络作家新生代培育工程“新雨计划”第二期培训班；12月，徐琦瑶参加第八批新荷计划青年作家交流提升会；12月，许成国参加全省作协系统学习党的十九届五中全会专题培训班。

（徐云明）

岱山县残疾人联合会

【概况】 2020年，全县残疾人联合会（简称县残联）工作全面履行“代表、服务、管理”三大职能，全力冲刺“全面建成小康社会，残疾人一个也不能少”的目标，紧紧围绕“广覆盖”“高质量”“精准化”定位，如期完成“十三五”时期残疾人事业发展目标任务，高质量推进残疾人事业发展。是年，县残联获评舟山市2020年度综合考评优秀单位。

【“先锋助力、残健同行”服务品牌创建】 2020年，县残联强化政治引领，成立残疾人专门协会兼合式党支部，发挥残疾人党员在各协会中的先锋模范作用。在疫情防控期间，坚持“越是非常时期越要服务好残疾人”的工作理念，开展“两问两送”“四访四助”活动，并结合“三服务”、最多跑一次、残联改革与服务创新等工作，以残疾人需求为导向，完成全县7463名残疾人基本服务状况和需求信息数据动态的更新工作，入户率95.2%，直接服务残疾人5000余人次，不断扩大帮扶覆盖面。巩固基层残联组织专项改革试点工作成果，重新选聘县、乡镇、村（社区）三级残疾人专职委员，加强队伍建设，提升履职能力。做深做细省市规定的扶残助残“一件事”和岱山特色的残疾人辅助器具发放“一件事”（辅具“一键送达”办理52件），推进残疾人证网上审核办理并邮寄到家，逐步实现助残事项“跑零次”。

【“残疾人之家”建设】 2020年，县残联完成2家“残疾人之家”建设任务，创建的岱津机械“残疾人之家”为省首批五星级“残疾人之家”；率先实现万人以上乡镇“残疾人之家”全覆盖（全县共8家），其中133名精神、智力和重度肢体残疾人在5家企业创办的“残疾人之家”中实现辅助性就业，低收入人群人均增收21600元。

【残疾人服务保障】 2020年，县残联动态审核残疾人“两项补贴”，明确“三应三尽”“三级三审核”工作制度，建立多部门明晰职责、派驻纪检监察组全程监督的动态管理机制，确保精准核定、发放，目标覆盖人群达到100%。是年，1641人享受困难残疾人生活补贴，3948人享受重度残疾人护理补贴，累计补贴资金1296.48万元。加大社保

2020年8月11日，全县残疾人基本服务状况和需求信息数据动态更新工作培训班举办
（县残联　供图）

补贴力度，对551名从事个体经营及灵活就业的残疾人发放养老保险补助资金124.85万元，对91名参加城镇职工基本医疗保险的残疾人发放补助资金24.30万元，继续为全县所有持证残疾人购买意外伤害保险，完成13户贫困残疾人家庭慈善危房改造，45户因病因灾造成临时性困难的残疾人家庭得到及时救助，救助资金25.60万元。在春节、全国助残日等重要节日期间开展走访、慰问和服务活动，共慰问残疾人595户，慰问资金37.92万元。与县融媒体中心联合推进困难残疾人有线电视收视费减免和初装费减免活动，受惠残疾人家庭400余户。加强残疾评定廉政风险防控，全面落实岱山特色的3位专家联合评定、双审双签等制度，切实规范残疾人证评定管理和源头管控。是年，新做残疾证666（本）人，全县共有持证残疾人7652人。

【无障碍环境建设】 2020年，县残联完成44户困难残疾人家庭无障碍设施改造，通过开展“有爱无碍、助力创城”无障碍公共设施体验、创建省级无障碍社区（嘉和社区）等途径，督促公共场所无障碍设施加大改造力度。切实保障残疾人合法权益，全年共接待来信来访来电8件13人次，全年提供法律援助共15人次，办件满意率100%。

【残疾人就业创业】 2020年，县残联多渠道安排残疾人就业，是年，通过集中就业及分散安置残疾人就业等方式，新增残疾人就业78人，全县共有1537名有就业意愿和能力的劳动年龄段残疾人实现多形式就业，就业率达93.7%。做好高校毕业生就业，完成2位残疾人应届毕业生的就业工作安排，就业率达100%。上半年，对2019年度6家“残疾人之家”实施补助，补助资金达232.30万元。积极开展残疾人职业技能培训工作，全年组织技能培训班7期，共有180名残疾人得到培训，培训任务完成率达124.1%。其中电商培训113人，完成率达150.7%，13人参加省、市残疾人职业技能培训，5名视力残疾人参加保健按摩提升培训班。选送3名残疾人参加全国残疾人岗位精英职业技能竞赛浙江省选拔赛和省级残疾人职业技能大赛。

2020年5月21日，县残联组织残疾人开展无障碍体验活动（县残联　供图）

【残疾人康复服务】 2020年，县残联持续开展残疾人基本康复服务，配发助听器200台、盲人智能眼镜3副，安装假肢20条，髋（膝）关节置换手术17例，发放辅具225件；16名残疾儿童享受康复服务；“六一”期间，慰问残疾儿童60人，发放慰问金3万元。巩固省残疾人精准康复试点县成果，已构建县（中心）、乡镇（站）、村（社区）（点）三级各有侧重的康复服务框架，全面提升精准康复水平。

【残疾人文体宣传活动】 2020年，县残联加强残疾人文体工作，开展特殊艺术进农村文化礼堂巡演8场次，文化助残“五个一”工程受益残疾人350余人，残疾人康复体育器材进家庭255户。11月4日至6日，组队代表舟山市参加省第二届残疾人旱地冰壶锦标赛，取得一银一铜好成

2020 年 11 月 6 日，参加省第二届残疾人旱地冰壶锦标赛的岱山运动员合影
（县残联　供图）

绩（轮椅组第二名，听力组第三名），参加市残疾人书画、摄影比赛，残障少年儿童和平海报比赛等，获多个单人奖。

【扶残助残宣传】 2020 年，县残联精心组织开展“全国助残日”等活动，“惠残政策进千家”、线上助残云活动等入户超万余次；推出一周手语新闻、助残专题片《你的世界有我的爱》、“蓝海天使”公益关爱助残项目、“无声世界的美丽表达”公益手语课堂和携手抗“疫”系列视频、《吾爱之城、心手相连》无障碍宣传片等，全社会关注关爱残疾人事业氛围日益浓厚。持续打造县残联微信公众号及官方网站，是年，“县残联”微信公众号，共发布信息 133 期，推送文章 499 篇，被省残联微信录用信息 23 篇，被市残联微信录用信息 72 篇，被市残联网站录用信息 58 篇；县残联官方网站发布工作动态 65 期、基层信息 47 期，共 112 篇，被省残联网站录用信息 41 篇，市残联网站录用信息 86 篇。《今日岱山》《岱山新闻》《舟山日报》等媒体报道岱山残疾人信息共 134 次。

（陈春燕）

岱山县红十字会

【概况】 2020 年，岱山县红十字会（简称县红十字会）大力弘扬“人道、博爱、奉献”的红十字精神，积极开展人道救助，扩大救护培训，组织巡回医疗，特别是在抗击新冠疫情中，充分发挥红十字会作为党和政府联系群众开展人道救助的桥梁纽带作用，发动社会各界捐款、捐物，众志成城，共同抗击新冠疫情，实现全县新冠疫情零发生。是年，全县共有红十字会理事单位 43 家、团体会员单位 14 家、学校红十字会 22 家、乡镇红十字会 7 家、村级红十字小组 4 家、博爱家园 4 家、救护培训基地 10 家、志愿服务队 5 支，红十字会员 2870 人，其中成人会员 522 人，全县乡镇、学校、医疗机构建会率达到 100%。同时建立县红十字会学校工作委员会、志愿者工作委员会、医疗卫生工作委员会。县红十字会和基层红十字组织联系渠道畅通，工作相互支持配合，推进全县红十字事业的稳步发展。

【疫情防控】 年初，新冠疫情爆发，县红十字会第一时间向外发布募捐公告，社会各界和爱心人士纷纷捐款捐物。县红十字会本级累计接受捐赠资金 17 笔，共计 132 万余元（其中定向捐赠 81500 元）；累计接受捐赠物资 2 笔，共计一次性口罩 1.12 万副、一次性手套 5000 副。所有捐赠款物除定向捐赠外，其他款物都用于全县疫情防控所需的物资设备采购和使用。至 3 月 23 日，县红十字会所有捐赠款物都得到妥善处置，及时有效达到“清零”目标。11 月 30 日，完成第三方专项审计工作。同时，充分发挥县、镇、村三级红十字会组织作用，多方位参与疫情防控，宣传政策、发放资料、排查外来人员、精准管控居家观察对象等工作。

【红十字会改革】 7 月，县委办、县府办联合印发《岱山县红十字

2020 年 2 月 7 日，县红十字会有关领导在县卫健局一楼大厅接受香港岱山同乡会疫情防控的捐款　（任芳　摄）

会改革方案》。方案从 5 个方面共 18 条提出具体改革措施。方案的出台，有利于充分发挥红十字会作为党联系群众的桥梁纽带作用和政府在人道领域的助手作用，为全县红十字事业的发展提供政策保障。

【救护培训进渔村】 2020 年，县红十字会在伏季休渔季期间，联合县海洋与渔业局在各乡镇举办“助力复工复产，红十字‘救在身边’”的应急救护知识培训。组织专业技术人员下渔村，帮助渔民系统学习现场心肺复苏、创伤的救护以及常见急症现场处理。全力打造“一船一员一站”模式（每艘渔船配备一名渔民救护员、配备急救小药箱，建立船上急救站）。培训期间共发放急救箱 150 个、急救包 500 个，培训渔民近千人。

【救护培训进企业】 2020 年，县红十字会为 G526 岱山段、惠生海工、国网岱山县供电公司、浙石化鱼山基地、鼎盛石化、常石集团等大型企业开展救护员培训。全年共为企业培训救护员 407 人，普及培训员工 658 人。

【救护培训进文化礼堂】 2020 年，县红十字会为落实全县健康素养进农村文化礼堂的 3 年行动计划，联合各乡镇红十字会开展救护培训进文化礼堂活动，在渔农村群众中普及健康知识、传播健康理念、培育健康文明的生活方式。至 12 月，全县 41 家文化礼堂已有 20 家开展培训活动，共完成普及培训 3785 人，救护员培训 407 人，提前完成市红十字会下达的年度任务。

【巡回医疗服务】 2020 年，县红十字会组织流动医院联合县政协、县委宣传部、县卫健局、县知联会等开展巡回医疗活动，把服务送到老年人较多的渔农村社区和敬老院，送到交通不便的偏

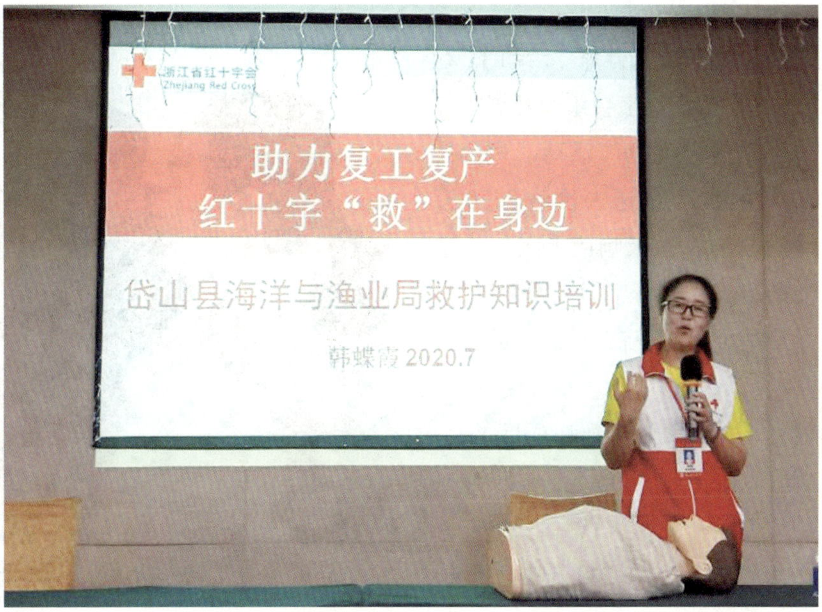

2020 年 7 月 3 日，县红十字会在衢山文化中心开展渔民救护知识培训　（任芳　摄）

远小岛。全年共开展巡回下乡服务14次，服务群众4061人次，免费赠送药品2.26万元。

【红十字“博爱家园”建设】 9月，县红十字会新建长涂东剑村博爱家园，成立村红十字小组，建立红十字精神文化宣传阵地和红十字救护培训宣传阵地。是年，全县已建成红十字“博爱家园”4家，共组织志愿服务活动57次，参加志愿者人员278人次，受益群众11797人次。其中，岱东镇虎斗村、岱西镇前岸村结合居家养老服务需求，成立居家养老红十字志愿者服务队，为辖区内困难老人、空巢老人、长期患病生活不能自理的老年人等群体提供送餐、生活照料、爱心陪聊等服务。衢山镇田涂村借助“博爱家园”平台，成立红十字渔嫂志愿服务队，积极开展禁毒宣传、医疗等志愿服务。

【“红十字博爱送万家”活动】 春节期间，县红十字会组织开展“红十字博爱送万家”活动，为全县85户困难群众送去价值8.50万元的款物。积极响应上级红十字会推出的“红十字博爱圆梦”“小天使基金”、普济白血病救助等公益项目，全年申请“小天使基金”项目1人、普济白血病项目1人，救助困难家庭9800元。

【“两捐”工作】 2020年，县红十字会通过“造血干细胞志愿者”微信群进行“造干”知识的宣传，发动更多爱心人士加入志愿者队伍。同时，组织专业技术人员到衢山、长涂、秀山等偏远小岛，开展造血干细胞捐献采集活动，1—12月，完成市里下达的采集造血干细胞血样12人。县红十字会还组织看望慰问全县首位角膜捐献者家属，并送上慰问金2000元，为1名器官捐献者的家属申请每年8000元的助学补贴。

【红十字精神宣传】 2020年，县红十字会开展“新冠疫情捐款”“博爱送万家”“走进基层走进群众”三下乡、世界急救日携手媒体开展救护员采访等专项特色活动，做好红十字宣传工作。以县红十字会网站等阵地，宣传报道人道救助行动中涌现出来的感人事迹，是年，在报刊、电视台发表宣传稿5篇；被市、县红十字会网站录用26篇。

（任　芳）

岱山县计划生育协会

【概况】 2020年，岱山县计划生育协会（简称县计生协会）紧紧围绕全县卫生健康工作大局，聚焦生育关怀和家庭健康，解放思想，转变观念，勇于创新，进一步发挥计生协会服务优势，促进人口均衡发展与家庭和谐幸福，在加快推进健康岱山建设中发挥积极作用。是年，全县各级计生协会慰问计生困难家庭218户，发放慰问救助资金6.54万元；组织开展教育培训、宣传倡导、健康服务、青春健康等生育关怀服务活动97场次，惠及群众1.87万人次。

【生育关怀行动】 2020年，县计生协会组织开展“生育关怀——圆梦微心愿”和“慈善关怀走访

2020年12月22日，社区计生专员组织开展“慈善微心愿”活动
（县卫生健康局　供图）

行动”。在开展“微心愿”活动期间，共走访慰问计生困难家庭30户，并送去电饭煲、羽绒被等心愿物品及春节问候；慈善关怀行动中共走访慰问计生困难家庭151户，送去慰问金4.53万元。

【宣传服务进企业】 9月24日上午，县计生协会联合县妇保计生服务中心，到岱美公司举行以“呵护健康，为爱负责”为主题的“世界避孕日”主题宣传活动。活动以优生优育资询、测量血压、宣传资料、避孕药具发放为主，共接受咨询100例，测量血压50例，发放宣传资料500份，发放药具300盒。

【青春健康教育下基层】 2020年，县计生协会通过与学校、村社区、医院等多家单位联系沟通，邀请专家老师，为青春期学生及他（她）们的家长组织专题讲座，举办“我和青春有个约定——拥抱健康青春”等专题讲座8场次。同时，开展“暑期青春健康教育进社区”活动10场次。

【健康和生育关怀大讲堂】 2020年，县计生协会积极开展巡回“生育关怀大讲堂”活动，为全县7个乡镇举办生育关怀大讲堂活动7场。大讲堂实行订单式服务的方式，将优生优育、生殖健康、亲子沟通、疾病预防等知识，直接送到老百姓家门口，受到群众的欢迎。

2020年10月21日，岱东镇计生健康促进和生育关怀讲座在岱东沙洋文化礼堂举办

（县卫生健康局　供图）

【“5·29”计生协会员活动日】 2020年“5·29”期间，县计生协以“守护健康　关爱家庭”为主题，开展“送知识、送服务、送温暖、助创城”等活动。针对新冠疫情特殊时期，县计生协制作图文并茂的微信版新冠肺炎、春夏季的登革热传染病、发病凶险的蜱虫病防控等健康知识小科普，进行宣讲。各乡镇举办各类活动，如长涂镇“我运动　我健康”趣味活动、衢山镇“5月的情怀计生协的爱”等。“5·29”会员活动日期间，全县各级计生协共举办健康知识讲座2期，开展上街、入户、助城创建等宣传服务活动15次，发放宣传资料3000余份，发放慰问品2万余元，线上宣传健康科普小知识3万余人次。

【市计生协会到岱山调研】 2020年9月10日，市计生协会副会长到岱山调研长涂镇计生协会工作及计生项目开展情况。调研组实地走访参观长涂镇计生协会会员之家、会员苗圃种植基地，通过听取讲解、查看资料、观看展板等方式，了解协会会员之家建设、协会会员活动、关爱计生特殊家庭等工作开展情况。

（孙珊瑚）

责任编辑：姜小金

法　治

Rule of Law

政法委及综治

【概况】 2020年，全县政法综治系统在县委、县政府的领导下，紧扣县委中心工作任务和全县社会稳定大局，充分发挥职能作用，全面推进全县社会治理、平安岱山建设、维护社会和谐稳定、扫黑除恶专项斗争等各项工作，织牢社会风险防控网络，为“四个岱山”建设，打赢“五大会战”提供安全稳定的经济社会环境。是年，岱山县平安建设三大重点指标均实现明显下降，平安指数在全省排名中较去年提升了13名，“1411”社会治理体系多次被中央、省、市主流媒体报道。

【疫情防控】 2020年，中共岱山县委政法委员会（简称县委政法委）牵头县疫情防控重点人员管控组，联合政法各部门制定出台《关于严厉打击未如实申报疫情信息行为的通告》，严打涉疫违法犯罪行为，结合维稳工作，开展涉疫矛盾排查和重点场所日常监管，确保全县疫情期间的社会稳定。

【保障“四个岱山”建设】 2020年，县委政法委主动将县社会矛盾纠纷调处化解中心（简称矛调中心）延伸到舟山绿色石化企业，牵头打造首个国家战略项目矛调中心，形成“中心调解+网格除患+专班整治”的集成治理模式，基本实现“解纷不出岛、服务在身边”。建立重点项目事前评估、事中保障、事后跟踪的专案经营机制。对高亭山外征地地块、黄泽山至鱼山输油管道铺设、县交通集散中心建设、垃圾中转站项目、秀山环岛公路等10余个重点建设项目和“五大会战”建设项目进行社会稳定风险评估，及时化解矛盾，确保项目的顺利推进。

【扫黑除恶专项斗争】 2020年，岱山县扫黑除恶专项斗争领导小

2020年11年24日，市委副书记、政法委书记徐张艳（前左一）调研指导鱼山矛盾纠纷调处化解中心工作　（县委政法委　供图）

组办公室（简称县扫黑办）高效推进“治标、治本、治根”三年行动计划和重点推进全县工作，牵头协调重大线索、案件办理，开展全县范围的督导检查9次，结合村级换届选举，牵头制定发布《岱山县关于在扫黑除恶专项斗争中依法严厉打击干扰破坏村（社区）组织换届选举行为的通告》，组建5个指导督促组进行专题调研，指导乡镇及时消除隐患。整理汇编涵盖组织领导、持续推进、线索管理、依法惩处、治理防范等五方面85项扫黑除恶长效治理机制，重点推进涉海领域治理。联合相关单位，建立海上联合执法、伏休市场渔获物销售联动监管和海上小型船舶常态化联合执法机制，共建和谐渔区。是年，全县摧毁涉黑恶团伙1个26人，破获9类涉恶案件74起，采取强制措施289人；移送起诉66起、225人，审结66起199人，判处罚金488.50万元，追缴赃款和责令退赃1108.60万元；打伞破网立案5起，给予党纪政务处分4人。在2020年全市扫黑除恶专项斗争群众感受数据测评中，县扫黑除恶群众满意率的100%，社会治安安全感100%，位列全市第一。

【法治营商环境建设】 2020年，县委政法委制定、贯彻《依法保障和服务民营经济健康发展的实施意见》和《岱山县政法领导干部联系企业责任制》，落实措施22项，推进民营企业平等保护常态化，妥善办理涉企案件13件27人，对犯罪情节轻微且认罪悔罪的实体企业经营者，不捕1人、不诉12人，依法打击合同诈骗、盗窃等侵犯企业权益违法犯罪，批捕8人，起诉25人，依法对一家船舶企业作出不诉决定并督促整改落实刑事风险问题，使该企业顺利实现并购重组。积极收集金融放贷、交通运输、市场流通、资源环保、工程建设、招投标领域涉黑涉恶线索，破案53起，打击处理恶势力犯罪案件1件、15人，法治营商环境得到明显改善。

【平安岱山建设】 2020年，县委政法委印发《2020年度平安县创建部门任务清单》《2020年度县属部门平安建设工作考评办法》《全县平安建设“固安除患2020”专项行动实施方案》，层层压实乡镇部门平安创建工作任务，形成问题联治、工作联动、平安联创的良好格局，推动各项目标任务落地落实，反邪教、诉源治理等6项专项性工作排名全市前茅。其中，平安渔场围绕“1236兴安工程”，全方位开展渔业专项整治、铁拳整治专项行动，筑牢安全红线，全县未发生等级以上渔业安全生产事故，无人员死亡（失踪）；平安市场以防疫物资市场秩序整治等20余类专项整治行动为载体，加大打击整治力度。依托平安考评月报月评、平安日报、平安指数分析和突出问题预警等制度，紧盯工作短板，对可能扣分点加强分析研判，及时发出蓝色预警1次。严格落实平安建设暗访、督查、整改、约谈四项工作制度，开展平安督查暗访工作7次，检查点位174个，发现问题点位91个，所有隐患问题均整改到位。加强平安宣传，建立县、乡两级“平安学校”和村级“平安讲习所”，组建县级“平安

2020年5月19日，全县建设平安岱山工作会议在县行政中心召开
（县委政法委　供图）

讲师团”队伍共33名，通过集中授课、视频连线、基层宣讲等方式，面向基层网格员、平安志愿者、东海渔嫂、社区群众等群体，开展“平安大讲堂”活动40余次，线上线下同步推进群众安全感、群众参与率、群众知晓率的平安“三率”宣传，微信朋友圈平安知识宣传覆盖达14余万人次，参与答题群众2万余人次。

【社会维稳工作】2020年，县委政法委立足疫情防控的新形势、新要求，积极保障村社换届工作，印发《岱山县关于在扫黑除恶专项斗争中依法严厉打击干扰破坏村（社区）组织换届选举行为的通告》，成立专项组加强督导，及时掌握并查证村民联名信访、举报村干部以及保护伞等情况，打击32项干扰村（社区）组织换届的选举行为，保障渔山村、四平村等复杂村社的顺利换届。围绕“两会”等重要时间节点，严格落实值班备勤、会商研判、工单督办等工作举措。打造反邪教、反诈骗“安防体验中心”，在每个乡镇均建立“反邪教警示教育基地”和“关爱工作站”，全力筑牢全县反邪教“防火墙”。

【基层社会治理】2020年，县委政法委在全市率先制定《中共岱山县委关于认真学习贯彻党的十九届四中全会精神高水平推进县域治理现代化的意见》，聚焦关键任务目标，打好全县治理现代化开局战的“十招三十四式”。按照“1411”体系建设要求，在县行政中心和舟山绿色石化基地牵头打造“一体两地”的县级矛调中心，抓好前期的设计、组织和建设工作，县矛调中心由县信访局负责管理运作，鱼山矛调中心从主体建筑设计、招标、建设到运行，均由政法委全力推进，在完成省标准化建设任务的基础上进行升级和创新，做到一个窗口统一受理、分类导入办事程序，形成联合化解、立接立办的工作格局，基本实现“只进一扇门、最多跑一地”。乡镇基层治理的综治工作、市场监管、综合执法、便民服务“四平台”，打造集“信息汇总、分析研判、流转督办、绩效评估”于一身的数字化联动“指挥部”，在推进城乡环境综合整治、美丽岱山建设、海岛大花园建设中发挥重要作用，处理村镇环境类和治水治污类的问题1448个。村社党群服务中心按照“标准化+特色化”模式推进改造升级，化解矛盾纠纷819件，提供民生服务145529次，群众满意率达到99.5%。全科网格进一步贯彻“最多跑一次”理念，建立完善网格地图和标准地址库联动更新机制，实现人、事、地、物、情、组织、网格等社会治理信息精准落图，同时明确网格工作“三张清单”，充分发挥网格员“移动探头”作用，开展网格微治理，90%以上信息事件在网格内得到有效处置。全县全科网格建设各项指标的完成情况名列全市第一，2名网格员被评选为全省优秀网格员。

2020年9月29日，全县中秋、国庆期间平安暨维稳安保工作部署会议召开
（县委政法委　供图）

【“海上枫桥”打造】2020年，县委政法委做深做强“东海渔嫂”“瀛洲红帆”“海陆联动调解”等地域特色品牌，“瀛洲红帆”

2020年7月24日，县委政法委联合相关单位部门举行“‘鱼’你同心，争当‘重要窗口’守护者主题活动日暨舟山绿色石化基地‘东海渔嫂巾帼先锋联盟’‘铁帽子工棚调解联盟’”启动仪式　　（县委政法委　供图）

船由40艘发展至89艘。“东海渔嫂”以十大员队伍（联盟）标准，建立指导员制度，因地制宜发展“10+X”队伍组织，全县共建立“东海渔嫂”十大员队伍（联盟）72支1206人，并将“东海渔嫂巾帼先锋联盟”建立在舟山绿色石化基地。通过“多元引导+重点培育”，在重点渔区形成衢山渔嫂助禁毒、江南渔嫂助和谐、长涂渔嫂助文化、岱东渔嫂助新风等服务特色，打造“东海渔嫂”助力海上垃圾分类、“巾帼助力渔嫂代跑”等服务品牌，东海渔嫂洁美员开展城乡环境整治、治水治污等活动100人次，衢山田涂渔嫂协助罗家岙派出所开展禁毒宣传、预防教育的活动，多次荣获省市各级禁毒荣誉，已成为岱山禁毒工作的“金名片”。

【“智慧治理”】 2020年，县委政法委依托浙政钉“掌上基层”，完成本地多通融合（平安通、流管通、河长通）以及业务推广，完成与省级部门13套系统对接联通工作，开发“网格微连心”小程序，爆料转事情后全流程信息均上传“基层治理四平台”处理。牵头建设“雪亮工程”二期重点项目，构建全县物联感知网基础，建设公共安全视频图像信息共享总平台，建成“智安小区”20个，新增人脸识别设备500余套，重点部位技防合围、一般区域基本覆盖的智能化、立体化的社会治安防控体系日趋完善。推进“鱼山码”的深化应用，针对鱼山企业考勤的混乱、职工出勤与企业考勤不统一的问题，联合县大数据中心开发“鱼山码”劳动考勤模块，实现纠纷源头的预防。

【执法监督】 2020年，县委政法委开展“执法司法规范化水平提升年”活动，牵头组建案件回访专门班子，梳理案件2347起，重点回访30起，排查政法部门和干警问题624条。成立政法系统正风肃纪组，组织政法系统常态化明察暗访，建立完善政法干警违纪违法线索的受理、调查、反馈、追责等机制，进一步强化刚性约束，是年，处置政法干警违纪违法案件比上年减少50%。作为全省首批试点县区，完成政法一体化单轨制办案试点工作，并投入130万元，改造单轨制办

2020年2月22日，东沙镇综合信息指挥室实时掌控辖区内人员动态情况
（县委政法委　供图）

2020年6月8日，全省政法一体化单轨制协同办案现场观摩会召开
（县委政法委　供图）

案系统软硬件设施和执法办案管理中心，6月8日，全市政法一体化单轨制协同办案现场观摩会在岱山召开。

【政法队伍建设】2020年，县委政法委主动将队伍建设放在服务中心、保障大局中以“八个排头兵”的标准，严格要求，严格管理、严格监督。贯彻党对政法工作的绝对领导，结合岱山实际，制定《中共岱山县委关于印发贯彻落实〈中国共产党政法工作条例〉及省委配套规定任务清单的通知》，完善落实县委政法委和政法委单位党组（党委）重大事项请示报告规定、规范县委政法委决策执行和监督问责等五大方面36项任务清单的政法工作运行体系。将全力保障中心工作作为试炼能力、磨砺本领的主战场，在金塘卡点、三江卡点设立临时党支部，通过书记带头学、党员干部谈感想，创新探索卡点快速通关、入岱人员闭环管理等工作机制，在战“疫”前线筑起坚强堡垒。机关党员干部积极投身文明县城创建和“兼合式”党支部组织的路口管理、入户宣传、“小门”管控等志愿活动，彰显政法队伍的战斗力和凝聚力。深化“三服务”活动和平安暗访检查，排查整改消防安全、生产安全、食品安全等方面的隐患和不足，在菜篮子工程建设、经济开发区发展等方面发挥应有作用。

（徐　军　潘盈贝）

法治政府建设

【概况】2020年，全县法治政府建设工作坚持以习近平新时代中国特色社会主义思想为指导，以推进《法治政府建设实施纲要（2015—2020年）》《县乡法治政府建设行动计划（2018—2020）》《2020年法治岱山建设工作要点》文件精神的贯彻落实为抓手，坚持问题导向，狠抓责任落实，创新工作载体，为加快“四个岱山”建设、努力打造“重要窗口”最美海岛风景提供坚强有力的法治保障，中共岱山县委全面依法治县办公室（简称县委依法治县办）获评2020年度法治浙江（法治

2020年2月9日，疫情防控期间，县委政法委干部入驻金塘卡点
（县委政法委　供图）

政府）建设先进单位。

【政府职能履行】 2020年，县委依法治县办加快推进个人和企业全生命周期“一件事”、全流程“最多跑一次”，39件省定“一件事”实现线下“一窗受理、集成服务”，32件实现网上办，22件实现掌上办，6件舟山特色“一件事”线下线上运行。开展“一把手”体验群众企业“一件事”全流程“最多跑一次”活动，加快改进“一件事”实施流程。推进减证便民“无证明化”改革，印发《岱山县保留证明材料清单》（2020版）14项、《岱山县取消证明材料清单》（2020版）108项和《岱山县不需提交证明清单》（2020版）189项。全面推广证明事项告知承诺制，实施“容缺受理+信用承诺”工作机制。出台《岱山县高水平建设最优营商环境行动方案》以及7个子方案，下发《2020年岱山县营商环境指标任务目标清单》，构建“1+N+X”工作体系，梳理第一批营商环境问题督办件清单9件，以督办形式落实各单位责任，限时完成整改。实施市场准入负面清单制度，对清单之外的行业、领域、业务等，各类市场主体皆可依法平等进入，确保“一单尽列、单外无单”；加强知识产权工作，出台《全面强化知识产权工作的实施意见》，成立知识产权保护中心。完成专利申请204件，专利授权177件，其中发明专利6件，培育知识产权贯标认证企业1家，培育市级以上专利示范企业2家。调整《内部审查程序落实公平竞争审查制度》，细化公平竞争审查基本流程，督促各单位对存量文件进行内部再审查，共审核文件83份，排列出过渡期文件7份、适用例外文件4份，修改文件2份，废止文件18份。加快政务服务2.0事项入库上线，入库上线办事事项1239项，收件率达93.8%。通过政务服务网，公开行政权力事项的职责、依据、程序、监督途径和执法结果等信息，纳入省统一行政执法平台的事项共3081项，全年实现办件量6331件。打造岱山县“智慧城管”行政执法平台，开展“掌上执法”工作。落实行政许可、行政处罚“双公示”制度，在浙江政务服务网公示行政许可事项826项，在全省行政处罚结果信息公开平台公示处罚信息1940条。建立健全“双随机、一公开”操作规则，提升抽查检查的规范化水平。是年，完成掌上执法各类检查并公示1986家，其中“双随机、一公开”检查并公示607家。

【行政决策】 2020年，县委依法治县办落实《岱山县人民政府重大行政决策程序实施细则》《关于规范重大行政决策程序的意见》，规范事前、事中、事后的操作程序，并抓好重大行政决策全程留痕及档案化管理工作。加强重大行政决策目录化管理，做好“2020年度菜篮子工作”“防洪排涝能力提升三年行动计划”“岱山—舟山疏港公路（高亭竹屿客运中心至秀山小欢喜段）大桥管理暂行办法”3项行政决策目录，7个乡镇、19个行政机关确定36项重大行政决策目录，并在县政府门户网站及县属部门网站上依法公开。出台《中共岱山县委依法治县委员会办公室关于推进乡镇合法性审查全覆盖工作的通知》，推进乡镇合法性审查工作全覆盖，并将此项工作纳入法治岱山（法治政府）考评内容。全县各个乡镇相继出台《合法性审查实施方案》及配套制度，明确合法性审查工作机构、审查人员、审查范围、各项管理办法及审核流程，并全面启动合法性审查实质化运作。严格行政规范性文件合法性审查，做到应审尽审，对不按法定流程制发的规范性文件“零容忍”，一经发现及时撤回纠正。县政府共制发规范性文件18件，全部文件都向县人大和市政府备案。加强对县属部门及乡镇的规范性文件备案审查，共审查备案行政规范性文件17件。开展野生动物保护、优化营商环境促进民营企业发展、与民法典不符的规范性文件专项清理，全面清理县级行政规范性文件，修改和废止与现行法律法规政策不符的行政规范性文件。出台《岱山县行政机关合同管理办法》，明确行政机关在合同磋商起草、合法性审查、签订履行以及备案归档等过程中应遵循的程序和原则。是年，全县共审查行政机关合同553件。全县行政机关共聘用法律顾问33人，做到法律顾问全覆盖，广泛参与各单位的矛盾纠纷调解、重大执法决定、行政机关合同、涉法事务处理以及法律法规培训。积极推行公职律师制度，推进情况列入法治政府建设考核。

【行政权力运行规范】 2020年，县委依法治县办出台《2020年行政执法监督工作计划》，强化行政执法监督检查。开展行政执法案卷评查、“三项制度”落实情况、“证照分离”改革事项审批监管情况、“无证明化”改革等专项督查。严格落实行政负责人出庭应诉职责，连续10年行政机关负责人出庭应诉率达100%，促进行政争议高效化解。认真履行人民法院发生法律效力的行政诉讼判决和裁定，及时办理司法建议。行政机关配合支持检察机关履行法律监督，促进检察建议落实，共发出检察建议22份，均按期回复并整改完毕。出台《2020年岱山县政务公开工作要点》，推进政务五公开和重点领域信息公开，公开各类政府信息1万余条。县政府及各乡镇、各部门全年受理政府信息公开申请27件，除3件未到期外，其余全部按时答复完成。未发生因信息公开申请引起的行政诉讼、行政复议案件。落实基层政务公开标准化规范化，编制完成基层政务公开事项标准目录，并在县政府门户网站公布。实施省信用建设“531X”工程。制定《2020年岱山县信用体系建设工作要点》，建立健全政府诚信建设组织工作体系，更新完善全县信用联络工作机制，公布《岱山县守信联合激励和失信联合惩戒措施清单（2020版）》。强化各部门各行业分级分类监管，海事管理、市场监督管理、税务统计管理、文化广电旅游体育、自然资源和规划等部门，相继开展信用分级分类监管，对于违反行业法律法规的企业和个人依法依规进行处置。优化E周融金融综合服务平台功能，已入驻E周融平台的企业达266家，所有在岱山的银行机构均入驻“E周融”平台，通过该平台可向全县开展融资服务的银行共达27个，累计授信融资业务271笔，授信总额为7.27亿元。

【社会矛盾化解】 2020年，县委依法治县办健全人民调解、行政调解、司法调解等多元纠纷解决制度，形成矛盾纠纷分层过滤的解决机制。提升全县社会矛盾纠纷调处化解中心职能，加强人民调解组织建设，配备专职人民调解员，开展矛盾纠纷排查调处工作。加强在新冠肺炎疫情防控、全国两会期间、村级换届选举的专项矛盾纠纷排查调处工作，全县共调处矛盾纠纷2859件，调解2857件，成功率99.9%。建立行政争议调解人才库，加强行政争议调解工作，着力推动县行政争议调解中心实体化运作。10月，县行政争议调解中心入驻县社会矛盾纠纷调处化解中心，共化解劳动工资支付、社会保障、土地征用等各类行政争议案件30件。完善行政复议应诉配套工作制度，制定《岱山县行政复议机构办案岗位责任若干规定》和《行政复议应诉办案人员绩效积分管

2020年8月20日，县委依法治县办对全县行政执法案卷进行集中评查
（县司法局　供图）

理办法（试行）》。进一步强化复议工作办案责任，规范应诉行为，促进案件质量和社会效果双提升；按期完成行政复议办案专区建设，建立县行政复议中心，按照规范化建设要求，配置功能用房及设施设备，促进行政复议规范化建设。受理复议申请21件，行政复议立案前成功调解4件，正式受理17件，办结行政复议案件18件（含转结5件）。圆满完成“七五”法治宣传教育规划，制定普法责任清单，各乡镇各部门严格落实“谁执法谁普法　谁主管谁普法”责任制度，开展《民法典》《浙江省民营企业发展促进条例》和疫情防控等专项法治宣传活动；出台《关于构建社会大普法格局的实施意见》，推动构建社会大普法格局；做好以案释法工作，倡导执法单位在局门户网站、微信公众号建立“以案释法”平台。深化“民主法治社区（村）”创建，加强村务公开与民主管理督查工作，指导乡镇在换届中，做好村规民约、社区公约的修订，完成15个善治村（社区），2个省级、5个市级“民主法治村（社区）”创建申报工作。

【落实法治政府建设】2020年，县委依法治县办落实党政主要负责人法治岱山、法治政府建设第一责任人职责，县委县政府主要领导、分管领导就法治建设工作，先后8次做出批示，多次组织政府常务会议、专题会议，听取工作汇报，研究部署法治政府建设工作。贯彻落实《舟山市党政主要负责人履行推进法治建设第一责任人情况列入年终述职内容工作实施方案》。严格落实领导集体学法制度，组织开展“县长学法会”“蓬莱论坛”。开展领导干部法治专题培训，加强领导干部学法工作，开展县委理论中心组学法2次，政府常务会议学法会4次，专题学习《民法典》《浙江省民营企业发展促进条例》等重要法律法规。组织领导干部任前法律知识考试7次、71人次；做好公务员年度法律知识考试，全县1780名县管领导干部和公务员参加年度法律知识测试，全部考试通过。按照省、市对法治政府建设的要求，制定《2020年岱山县法治政府建设工作要点》，对法治政府建设工作作出具体部署并将各项工作任务分解落实到各责任单位，根据部门工作绩效，严格年度综合考核评价。落实法治政府建设工作巡察督查机制，实施法治政府建设考评整改清单化管理，加强法治政府建设阶段性督查。

（费涵立）

公　安

【概况】2020年，岱山县公安局（简称县公安局）坚持以“防疫情、护发展”为主线，精心构建“现代警务”，聚力攻坚“全省乃至全国治安最好城市”，全面护航“湾区明珠　自贸港城”建设。是年，全县立刑事案件564起，同比减少18.2%；侦破304起，同比减少2.2%，其中侦破现行案件271起，抓获犯罪嫌疑人668人，同比增长29.5%；道路交通事故死亡8人、同比减少11.1%；侦破经济案件18起，抓获犯罪嫌疑人111人，挽回经济损失3200余万元；侦破涉毒案件43起，抓获毒品违法人员43人次；查处违反治安管理案件1408起，查处违法人员1064人次，其中治安拘留431人次。

【立功创模】2020年，县公安局高亭派出所被公安部命名为“全国公安机关执法示范单位”和“省级精神文明单位”，鱼山警务站荣获全国公安系统抗击新冠肺炎疫情先进集体、全省最美警队称号，并被市委组织部通报表扬，县公安局情报指挥中心荣获全省110工作成绩突出集体称号；是年，共有15个集体、84名个人受到省、市有关部门记功嘉奖。

【疫情防控】2020年，县公安局发挥公安大数据研判、网格化管控优势，周密布建“海陆联查、点面联管、内外联防”的立体化、智能化的防疫工作体系，排查各类人员12万余名、检查场所1500余家次、车辆5100余辆次、海上船舶727艘次，配合管控全县8个集中观察点、重点涉疫人员1412名、居家隔离人员1503名，实现岱山确诊病例“零发生”、公安内部防疫“零事故”。

疫情期间，县公安局组织人员设卡核查到岱人员信息　（县公安局　供图）

同时，积极回应疫情背景下经济民生关切，建成全国首家大型工地“无人警务超市”，开通群众办事“云上全科窗口”；认真贯彻落实《服务保障企业返工复工十六条措施》，首创鱼山“白名单”管理模式，保障舟山绿色石化基地7.40万余名职工安全及时返岗，获副省长、公安厅长王双全表扬。深化“护企安民”专项行动，严厉打击各类涉疫违法犯罪，成功侦破“2·21”医用口罩诈骗案等涉疫案件55起。

【维稳安保】 2020年，县公安局开展防范“法轮功”邪教组织、打击整治“全能神”邪教组织三年攻坚等专项行动。严密警卫工作和大型活动的安保措施，是年，完成三级以上警卫任务5场、大型活动安保工作20余起。

【扫黑除恶专项斗争】 2020年，县公安局制订实施《岱山县公安局扫黑除恶专项斗争方案》，以“六清行动”为抓手，紧盯开设赌场、网络敲诈勒索、寻衅滋事等突出黑恶犯罪问题，深入推进扫黑除恶收官战，涉黑涉恶重点线索全面清仓、黑恶逃犯全面清零。共立九类涉恶案件53起、破56起，采取刑事强制措施221人，移送起诉149人。据全市扫黑除恶专项斗争群众感受数据测评，岱山群众满意率、安全感实现“双百”，位列全市第一。

【违法犯罪惩治】 2020年，县公安局强化打击违法犯罪主责主业，深化开展命案侦破、打击“两抢一盗”、打防电信诈骗、“1·22”打击治理跨境赌博工作、“断卡”、追逃等专项行动。现发命案2起、故意杀人（未遂）案1起、强奸案4起均及时告破，连续10年实现命案全破。树立“立足岱山、放眼全国，深挖大案、关注小案”的打击理念，突破全国性区域性犯罪网，破获涉案价值5000余万元、舟山史上涉案价值最大的香烟走私案，得到副省长、公安厅长王双全等省市领导批示肯定。先后破获公安部督办的“‘2019·12·24’杀猪盘”诈骗案（该案串并全国案件100余起、涉案金额1000余万元，抓获犯

2020年4月28日，县公安局破获公安部督办的“‘2019·12·24’杀猪盘”诈骗案专项行动现场　（县公安局　供图）

罪嫌疑人45名）、“1·8”虚开发票案（涉案空壳公司达700余家，虚开金额300余亿元，抓获犯罪嫌疑人35名，捣毁虚开发票窝点21个）、“8·6”跨境赌博案（嫌疑人利用“乐球”App组织网络赌博，累计非法获利3000余万元，该案共抓获涉案人员102名）等大案，电信诈骗案件破案同比上年增长721.6%。精心组织“破小案”专项行动，共破获传统侵财案件331起、同比增长31.2%，抓获违法犯罪嫌疑人312人。

【“智安”工程】 2020年，县公安局投入技防资金3000余万元，其中投入400万元，完成全县20个“智安小区”建设；投入500万元，在行政中心、日达广场等人流密集区建成人脸、卡口等前端感知设备。全域覆盖、重点加密的智能化、立体化社会治安防控体系日趋完善。突出重点行业、重点部位，构筑治安保卫重点单位规范化、标准化、智能化的安全防范体系。完成智安单位建设任务32家，超额完成指标；共安装人脸识别设备96套、车脸识别设备40套，访客系统8套。围绕实名登记、安全防范、宣传培训等工作内容，推进网约房智能化建设。全县共有网约房13家，房源77间，安装集中登记设备12家，智能门锁1家，实现智能登记设备安装100%的目标。

【治理模式创新】 2020年，县公安局深化“一所一品牌”创建，其中高亭派出所完善校园警务机制，被命名为全国“青少年维权岗”，成为全市唯一获此殊荣的公安系统单位，衢山分局社区警务+蓝骑士、机场所“四队一联盟”“110向社区网格延伸”、岱西所“三治三融合”、鱼山“工棚调解室”及三级矛盾调解体系等基层治理创新亮点纷呈。推广社区民警兼任物业平安副经理、兼任组合式党支部副书记，靠前动员、培训、组织相关基层组织参与小区治安巡防和邻里守望。组建“村口瞭望员”“路口通讯员”“田埂播种员”信息员队伍，通过守护村口安全、化解家长里短纠纷、巡查路口田埂、收集信访投诉等符合渔农村治理的模式，实现辖区治安平稳和谐。

2020年7月10日，“东海渔嫂禁毒员”“东海渔嫂反诈员”联盟成立大会召开
（县公安局　供图）

【“连队化+科技化”管理】 2020年，县公安局实施大型工程项目“连队化+科技化”管控模式品牌提升行动，高标准建成启用“智慧鱼山”系统和双合卡点，构建覆盖浙石化企业的党建组织体系，深化交通问题、危爆物品、涉酒隐患的闭环管理，实现鱼山科技管岛由“智能防控”向“整体智治”转变、治理形态由“单打独斗”向“共建共治”转变、风险防控由“被动应对”向“主动出击”转变。是年，鱼山在册流动人口增至74795名、同比增长63.8%，生产建设平稳有序。以“连队化+科技化”品牌升级为牵引，出台《岱山县公安局关于打造“工棚式”淬炼育警品牌的实施方案》以及实施计划，以军事化管理、专业化提升、层次化管理、典型化培训为抓手，精心打造鱼山“淬炼育警”基地，形成党政认可、企业满意、公认点赞的特色品牌。

【“百万警进千万家”活动】 2020年，县公安局积极开展“百万警进千万家”工作，坚持“传统+科技”“脚板+指尖”，有力深化“一标三实”等基础信息采集应用，全力做好流动人员的“线上+线下”核查登记。共清理人口管理系统数据项130项。与民政、卫健、残联、乡镇等部门联动开展走访帮扶，是年，走访困难群体家庭415户、经营困难企业115个；对200余个弱势群体开展帮扶。以派出所为主体，依托警务室，构建多元调解大格局，健全矛盾纠纷经常性排查化解机制，建立人民调解、行政调解、司法调解“三调联动”工作格局。

【“净网2020”专项行动】 2020年，县公安局开展“净网2020”专项行动，形成强大震慑。严格落实7×24小时全天候网上巡查制度，紧盯本地网站、论坛及国内外主要网站，及时发现、清理网上有害信息140余条，最大限度地遏制有害信息在网络蔓延。深入开展互联网安全监督检查工作，监督检查429家次，并依法严厉查处检查中发现的违法情况，倒逼相关单位严格落实互联网安全管理主体责任，依法查处涉网管理行政案件32起。以服务实战应用为切入点，依托合成作战平台，打破壁垒，深挖资源，对网络诈骗、网络赌博、网络黑恶犯罪等涉网犯罪予以重点打击。是年，通过涉网情报研判、专案打击，侦破（含协助）各类涉网案件94起，抓获（含协助）犯罪嫌疑人496名。

【交通整治】 2020年，县公安局深入开展道路交通安全综合治理攻坚行动和全国县级文明城市交通秩序管理专项行动。全县机动车共有2.43万辆，驾驶员4.59万人，同比分别增长9.1%和2.4%，道路交通事故立案数、死亡人数、受伤人数、财产损失同比分别减少46.3%、27.3%、53.5%和2.6%。紧盯重点车辆，在全县191辆工程车安装智能视频监控系统并接入第三方监管平台；淘汰清理拖拉机172辆，淘汰率列全市第一；深化危险化学品道路交通安全隐患“铁拳整治”行动，清理油罐车32辆，全县“两客一危”车辆“三率”均达100%。认真贯彻执行《浙江省电动自行车管理条例》，深入开展电动自行车专项整治行动，创新推出外卖快递骑手记分小程序，查处电动车交通违法行为31538起，同比增长16.9%。机动车、非机动车和行人交通守法率分别达96.7%、93.7%和95.9%。

【警务改革】 2020年，县公安局围绕构建“现代警务”模式，深化警务微改革、勤务微创新。投入750万元建成投用大数据作战中心和执法办案管理中心，全面构架以情指中心、大数据作战中心、执法办案管理中心、大监督中心为牵引的“现代警务”模式。开展教科书式执法创新活动和政法一体化单轨制协同办案先行试点工作，县公安局执法效能显著提升，其中取保办案效率、立案审查平均时间分别位居全市第一和第二。结合开展派出所勤务机制改革，全面实施“智安+物业”“村口+井口”“网场+船头”“工棚+车间”“四小警务”，配套制订《关于进一步加强治安信息员建设的决定》。6月22日，长涂派出所在第一时间查获金海湾船厂一外籍散货船上可卡因156公斤，为岱山历史上查获毒品数量之最。

【“双聘”工作】 2020年，县公安局开展干部聘任民警聘用活动，大力选拔优秀年轻干部，组织225名民警、16名职工、29名事业人员与部门双向选择，明确“落聘”人员处置政策，完成中层干部聘任118人，民警聘用225人。其中，中层干部交流38人，提拔27人，续聘53人，解聘11人，中层正职交流面达72.7%，副职交流面达57.6%，中层干部平均年龄较调整前减少2岁，实现干部队伍梯次配备和能力素质兼容互补，增长年轻干部的有效供给。推动老同志“退二线上一线”，将年老民警下基层与职务序列考核办法相挂钩，其中15名从中层干部岗位退下来的民警充实到基层派出所或交警中队工作，实现警力资源二次开发，进一步激发队伍内生动力。

【教育整顿试点】 2020年，县公安局认真贯彻落实县委全县公安工作会议精神和《关于加强新时代岱山公安工作的实施意见》要求，精心组织“坚持政治建警全面从严治警”教育整顿试点工作，深化警营内部治理，重点围绕五大专题，先后组织开展三轮问题检视排查行动，查治各类问题330个，行政记过处分1人、运用第一种形态310人次，12篇经验做法在公安部、省政法委等刊物刊载交流。构建覆盖“队伍+业务”的全景式大监督体系，修订《岱山县公安局督察记分管理办法》《个人重大事项报告规定》《财务管理实施办法》等内控机制，全面从严管党治警。是年，下发督察通报25期，对一级督察扣分78人次，查处维权案件11起。实体化运作局机关党委（纪委），制订落实《政工干部责任清单》。深化推进鱼山“淬炼育警基地”建设和“一支部一品牌”创建活动，着力推进“三优工程”，营造浓厚警营创先争优氛围。

【岗位练兵活动】 2020年，县公安局强化政治建警、素质强警，深化岗位实战练兵活动。开展纪念建党99周年党课宣讲、政工干部岗位练兵比武、全警体能测试、科所队长大比武等活动，实行法律“线上测试+线下抽考”3+1模式，组织开展各类理论学习、业务培训、抽考测试120余场，参训人员3000余人次。政保大队张羽在全省公安政保部门实战大练兵比武业务知识单项中，以满分列全省第一；在全市公安机关全警实战大练兵派出所所长基本训练比武中，获得团体第二名；在全市网络攻防培训比武中，网安大队2名民警分别获得第二名和第三名。

【森林公安改革】 2020年，县公安局党委召开专题会议，讨论研究森林公安体制调整过程中存在的难点和困难，对重点任务逐项进行细化分解。按照森林公安体制改革相关政策，协调对接，将县森林公安局相关职能划入县公安局，并按照“编随事走”等原则，把原森林公安使用的5名政法专项编制划入公安机关，核增2正1副共3个股级职数。对接县自然资源和规划局，明确森林公安体制调整后各自的职责分工、划转人数以及资产档案移交的相关事宜，11月23日，3名森林公安民警转隶到位，在全市范围内率先完成人员转隶工作。

2020年7月29日，全县公安机关“坚持政治建警，全面从严治警”教育整顿动员部署会召开　（县公安局　供图）

【爱警惠警工作】 2020年，县公安局深化“三优工程”，从出行、餐饮、旅游、居家生活等方面夯实爱警惠警举措，全县对公安民警实行优先、优待、优惠的公共社会服务网点和商家增至23家。严格落实年休假、加班适时调休、子女中高考调休，开展民警疗休养、功模民警休养，开设“暑托班”，提高标准定制体检套餐，畅通因公负伤紧急救治“绿色通道”。充分发挥工青妇群团作用，积极动员民辅警参与岱山县第九届运动会、青年联谊、“情暖端午·粽香飘溢”“实战练兵　携手公益　助力创城”悦跑等活动。建成警营文化活动中心，结合首个“中国人民警察节”系列活动，开展“警营新秀”、书法摄影美术作品创作、主题征文撰写、文化沙龙、微型党课宣讲、篮球赛等活动，全警职业荣誉感、警队归属感和民警幸福感明显提升。

【人口】 至11月底，岱山县总户数76231户，总人口173733

人（男性85764人，女性87969人），同比减少2692人，人口增长率-15.5‰。出生618人，死亡1624人，自然增长率为-5.8‰。迁入602人，其中省内迁入228人，省外迁入374人；迁出2246人，其中迁往省外284人，迁往省内1962人，人口机械增长率为-9.5‰。

（施一雄）

检　察

【保障疫情防控】 2020年，县检察院坚决落实疫情防控部署，切实强化司法保障，会同县法院、县公安局、县司法局等部门第一时间发布通告，警示涉疫违法犯罪，从严从快打击借疫非法牟利犯罪行为，对1起利用医用口罩诈骗案，8天内批捕起诉，强化震慑效果。加强保障企业复工复产，通过网络平台，及时向企业提示疫情期间法律风险，对4名涉企犯罪嫌疑人，依法作出不起诉决定并进行远程公开宣告，既让相关餐饮企业安心营业，又在企业复工前上好法治课。积极投入联防联控，发动干警参与社区疫情防控、鱼山驻点执勤等一线防疫行动164人次。

【保护市场主体】 2020年，县检察院深入贯彻《浙江省民营企业发展促进条例》，着力优化法治化营商环境。与县人大常委会联合开展专题执法调研，强化监督合力。举办护航民企发展检察开放日活动，听取企业意见建议。坚持平等保护与依法惩治并重，妥善办理企业犯罪案件，依法能不捕的不捕、能不诉的不诉，不批捕2人，不起诉13人；加大侵犯企业权益犯罪打击力度，批捕8人，起诉25人。坚持依法保护与促进守法并重，率先在全省检察机关制定《涉企案件刑事合规办理规程（试行）》，创新“认罪认罚+合规考察+不起诉”办案模式，就一起船舶修造公司骗取贷款案，依法作出不起诉决定，办案模式入选全市检察机关护航民企发展典型案例。

【服务国家战略项目】 2020年，县检察院全力维护舟山绿色石化基地的安全稳定，依法打击盗窃、掩饰隐瞒犯罪所得、故意伤害等高发、多发犯罪，批捕17人，起诉32人。联合市检察院挂牌成立“驻浙石化检察服务工作站”，并与浙石化签订《检企共建协议书》，切实为“绿色石化”筑牢“蓝色司法护盾”。深化刑事合规风险防控工作，就办案中发现的生产建设材料管理漏洞等问题，制发刑事合规风险预警告知、检察建议书5份。刑事合规风险防控机制入选浙江自贸试验区三周年制度创新成果。

【法律监督】 2020年，县检察院深入贯彻省委《进一步加强检察机关法律监督工作的若干意见》，取得县委的支持，率先在全市出台《落实省委〈意见〉重点任务分工方案》。着力推进执法、司法信息资源互通共享，会同县公安局建立检警信息共享机制，通报刑事立案、撤案及检察监督等情况4次；会同县审计局建立公益保护协作机制，加强协作配合、案件线索移送；联合海事、海警、

2020年5月29日，省检察院副检察长陈惠明（左一）、舟山市委副书记徐张艳（右一）共同为驻浙石化检察服务工作站授牌　（陈金泉　摄）

海洋渔业部门建立联动，开展海洋保护公益诉讼工作机制，增强海洋生态环境保护和海上安全生产监管合力，开展联动执法监督2次。

【刑事检察职能履行】 2020年，县检察院全力打好扫黑除恶专项斗争收官战，开展案件清结攻坚行动，办结全市最大涉恶“黑车”团伙案，徐某某等15人黑恶势力犯罪集团被依法予以严惩。就案件反映出的非法营运问题，制发检察建议，促进监管整治，助推“行业清源”。建立健全涉黑涉恶案件办理联动机制，巩固专项斗争工作成效。运用捕诉一体机制，强化指控犯罪主导责任，依法打击各类刑事犯罪，是年，共批准逮捕147人，提起公诉258人。深化反腐协作，配合县监察委员会，确保职务犯罪案件质量，依法提起公诉2件、2人。强化侦查监督，开展提前介入、引导侦查20件次，撤案1件、追捕追诉2人，纠正侦查活动违法3件。强化刑事审判监督，提出抗诉2件，改判1件。强化刑事执行监督，发出纠正违法通知书2份。

【诉讼检察】 2020年，县检察院加强民事、行政检察工作。办理民事生效裁判监督案件4件，提出再审检察建议2件，均被采纳。办理民事执行监督、行政非诉执行监督案件3件，执行监督工作取得新突破。开展监督与化解矛盾并重，促进行政争议实质性化解2件。深入贯彻省人大常委会《关于加强检察公益诉讼工作的决定》，提升公益保护质效。办理公益诉讼案件21件，同比增加1倍，其中行政公益诉讼19件，民事公益诉讼2件。开展“公益诉讼守护美好生活”专项监督，助力城乡环境综合整治，发出公益诉讼诉前检察建议8份，督促加强整治山林违建、建筑工地扬尘等问题。深入开展“守护海洋”专项检察监督行动，办理全省首例海上运输安全及航道安全公益诉讼案件。建立公益诉讼快速检测实验室，运用无人机进行调查取证。开展公益诉讼人大代表专项评议，邀请人大代表实地走访案件现场，集中评议整改落实，提升监督实效。

【检察保障】 2020年，县检察院依法从严惩治电信网络诈骗、网络赌博犯罪，坚决遏制犯罪高发势头，加强保护人民群众切身利益，依法审查起诉32件、143人，同比上升72%。对一起特大“杀猪盘”电信网络诈骗案，批捕35人。强化刑事司法善治功能，全面推进认罪认罚从宽制度，加强修复社会关系、促进社会和谐。办理认罪认罚从宽案件203件、375人，案件适用率89%，定刑量刑建议采纳率95%。深化诉源治理，推进“少捕慎诉”，降低审前羁押率和轻罪起诉率，不批准逮捕46人，同比上升0.6%，不起诉157人，同比上升13.5%。加强食品药品安全领域公益保护，办理公益诉讼案件4件。

【未成年人保护】 2020年，县检察院“零容忍”打击侵害未成年人犯罪，严惩性侵未成年人罪犯5人。对未成年人罪犯坚持教育为主、惩罚为辅的原则，依法起诉6人，相对不起诉6人，附条件不起诉3人，做到宽容而不纵容。强化困境儿童权益保障，综

2020年9月24日，县人大代表验收公益诉讼整治效果　（陈金泉　摄）

合运用心理辅导、观护帮教、经济救助等方式，帮扶未成年人8次，救助“事实孤儿”2人，落实司法救助金3.50万元。推动构建未成年人保护体系，联合县卫健局等部门，强化落实侵害未成年人案件强制报告制度，推行未成年被害人“一站式”询问。深化“法治进校园”工作，组织学法用法夏令营活动，帮助未成年人学习自我保护、预防犯罪。开展法治宣讲5次，授课学生500余名。1篇微课获评全省未成年人法治教育精品网课。

【参与社会治理】2020年，县检察院深化“最多跑一地”改革，12309检察服务中心整体入驻县矛盾纠纷调处化解中心，化解矛盾纠纷9件。畅通群众诉求渠道，深化公益损害与诉讼违法举报中心工作，受理举报66件。坚持“群众信访件件有回复”，做到七日内程序性回复、三个月内办理过程或结果答复率两个100%。开展“东海渔嫂监督员”建设年活动，聘任全县“东海渔嫂监督员”71人，建立联系、培训、走访等常态化工作机制，延伸检察监督触角，深入了解基层群众法律监督诉求，促进检察工作更接地气。加强扶贫济困，办理司法救助案件6件、7人，发放救助金8.50万元，同比增加1倍。

【队伍履职能力建设】2020年，县检察院深入实施人才兴检工程，充分发挥“检校合作”“检察讲堂”“岱检会客厅”等学习平台作用，强化业务培训、岗位练兵、理论研究，促进干警实务能力和研究能力双提升。加强外派交流和干部选拔力度，安排4名干警赴内蒙古呼和浩特市检察院和市委政法委岗位锻炼，通过组织安排、公开选调等方式交流干部4人，提拔优秀年轻干部5人，进一步激发干部队伍活力。是年，共获省市级荣誉7项，市院表彰15项，8篇论文在省级以上刊物发表，14篇理论研究课题获市级以上重点课题立项。

【司法改革】2020年，县检察院严格落实司法责任制，院领导直接办案85件，列席县法院审委会5人次。完善检察官绩效考评机制，强化奖优惩劣导向。深入开展司法规范化水平提升年活动，梳理问题清单24个，逐条逐项落实整改。推行流程监控案件化办理，运用检察官联席会议、业务分析研判、案件质量评查等机制，讨论疑难案件19次，评查各类案件74件，确保“放权不放任，用权受监督”。扎实推进政法一体化办案系统全省试点工作，率先全面推行单轨制协同办案，批捕起诉案件法律文书、卷宗材料全部实现线上流转。

【接受司法监督】2020年，县检察院牢固树立“监督者更要接受监督”理念，始终坚持让检察权在阳光下运行。自觉接受人大监督，向县人大常委会专题报告扫黑除恶专项斗争工作开展情况。自觉接受民主监督，向县政协常委会通报检察工作。加强与代表、委员的日常联络，完善走访联系和意见反馈制度。以举办检察开放日活动、案件公开听证会等形式，邀请代表委员、人民监督员和社会各界人士走进检察机关、了解检察工作。抓好检务公开工作，依托案件信息公开网、“两微一端”等平台，发布案件程序性信息598条，公开法律文书292份，选送工作动态、典型案例评析122条。

（严舒译）

法 院

【概况】2020年，岱山县人民法院（简称县法院）新收各类案件3964件，收案量由2019年的上升9%逆转为下降3.1%，近7年来首次出现负增长。全年办结各类案件4008件（含上年旧存案件），结案标的总金额30.14亿元，法官人均办案163件，主要办案质量、效率指标居全市前列。郑斌被评为2020年度全省突出贡献法官。金坚儿被评为全省法院抗疫工作先进个人。立案庭被省法院记2020年度集体二等功一次。

【保障国家战略】2020年，县法院主动对接自贸试验区和绿色石化等国家重大战略项目，优化“院企对话”“巡回服务”等五项服务机制。全面落实“护航发展”

各项重大举措，完善涉重大项目案件院领导督办机制，畅通办案绿色通道，共处理相关案件671件，获市委领导批示肯定。密切关注舟山绿色石化基地建设情况，切实加强纠纷源头治理，积极参与鱼山矛盾调处中心建设，巡回法官经常性送法进基地，为基地劳动用工、安全生产等提供法律体检。

【“三服务”活动】 2020年，县法院常态化开展“三服务”活动，院领导带头走访调研县属重点企业，帮助解决企业难题37个。出台《服务和保障民营经济健康发展的实施意见》等文件，依法平等保护各类市场主体权益，办结涉企纠纷925件，涉案标的4.64亿元。强化府院联动，积极配合政府“腾笼换鸟”，将海舟等破产企业的核心资产整体打包，引入国内知名企业，加速石化产业链集聚。成功处置僵尸企业10家，盘活企业存量资产11.50亿元，释放土地资源129公顷，房屋面积24.60万平方米。持续推进金融风险防范化解，建立金融纠纷非诉解决机制，共处理金融纠纷196件，银行不良贷款率降至0.6%，低于省市平均水平。

【保障企业复工复产】 2020年，县法院针对疫情给企业生产经营带来的冲击，成立“六稳六保”专项行动小组，充分发挥司法稳秩序、护民生作用。依法审慎使用拘留、查封、冻结等强制措施，最大限度减少对涉案企业正常生产经营可能造成的影响。综合运用法治手段，为复工复产打通阻梗、提供动能，帮助安排返厂人员集中留观点、减免场地租金等，助力企业应对疫情。充分考虑企业实际困难，提前发放7000余万元执行款，被最高人民法院列入保障复工复产典型案例。编发《涉新冠疫情民商事案件二十问》等普法资料，指导企业查堵漏洞、防范风险。

2020年3月25日，院长金旭光（右一）带队赴舟山绿色石化基地开展“三服务”活动 （县法院 供图）

【保障海上大花园建设】 2020年，县法院践行“两山”理念，落实最严格环境资源司法保障制度，组建环境资源审判合议庭，审理涉环境保护案件3件。助力城市有机更新，及时审结建设工程、房地产类纠纷88件，城中村改造纠纷7件。构建执法与司法衔接新模式，与县综合行政执法局联合成立“法院城管联络室”，快速化解占道经营、违章搭建等城市管理非诉纠纷。

【惩治刑事犯罪】 2020年，县法院审结刑事案件168件，判处罪犯282人，其中涉恶九类案件23件，判处罪犯71人。打好扫黑除恶专项斗争收官战，坚持“不降格、不拔高”，审结省扫黑办督办的普陀徐某某等15人全市最大涉恶“黑车”团伙案件，公开宣判定海公安分局某基层派出所原所长钟某某“保护伞”案件，有效震慑违法犯罪。加大“打伞破网”“打财断血”力度，率先在全市实现涉黑恶执行案件执行到位率、追缴退赔执行率均破90%。着力增强人民群众安全感，审结老百姓深恶痛绝的电信诈骗案12件、31人，“黄赌毒”案件16件、41人，涉案金额共计1800余万元。严厉打击借疫情趁机敛财行为，快速审结1起妨害疫情防控贩卖口罩诈骗案。保持惩治腐败犯罪高压态势，审结职务犯罪案件2件、2人。强化人权保障，推进律师辩护全覆盖，确保没有委托辩护律师的被告人均能获得律师帮助。

2020年7月1日，全市最大涉恶案件开庭审理　　（县法院　供图）

【化解民事纠纷】 2020年，县法院审结民事案件1885件，解决争议标的额6.64亿元。充分发挥调解在化解社会矛盾中的作用，民事调撤率60.7%，居全市首位。审结抚养、赡养、婚姻、继承等纠纷172件，依法保障幼有所育、老有所养、弱有所扶。审结涉生命健康、名誉、隐私等纠纷120件，保护公民人身权和人格尊严。审结物业合同纠纷232件，促进社区和谐。实施农民工欠薪争议案件快立、快审、快结，审结欠薪纠纷143件，涉案金额413万元。加大司法救助力度，为确有经济困难的当事人，缓减免交诉讼费11.20万元，发放救助金10万元。

【审结行政诉讼】 2020年，县法院审结行政诉讼案件62件，非诉行政案件14件。加强司法与行政良性互动，支持和监督行政机关依法行政，发布2018—2019年度行政审判白皮书，针对行政执法领域问题，积极提出司法建议。会同行政机关召开全县执法协调会34次，举办行政诉讼专题讲座，不断促进行政执法规范化。推动行政争议调解中心整体入驻县矛调中心，建立行政争议调解人才库，诉前实质性化解土地征用、房屋拆迁、行政处罚等行政争议26件，行政诉讼收案同比下降31.3%。积极落实行政机关负责人出庭应诉制度，出庭应诉率连续十年保持100%，领跑全省。

2020年11月11日，县人民法院开展夜间专项集中执行　　（县法院　供图）

【执行工作】 2020年，县法院坚决贯彻落实《中共岱山县委全面依法治县委员会关于加强综合治理从源头切实解决执行难问题的实施意见》，不断巩固“基本解决执行难”成果。办结执行案件1859件，执行到位标的2.21亿元。首次执行案件（首次执行案件：指法院判决、调解协议等法律文书生效后，原告第一次向法院申请强制执行的案件）12项质效指标有9项列全市第一。健全对失信被执行人的联合惩戒机制，重拳出击严惩拒执行为，对“老赖”在出国出境、乘坐飞机、贷款融资等方面予以限制，共有780人次被依法纳入失信人员黑名单、1291人次被依法限制高消费，“一处失信，处处受限”的信用惩戒格局进一步完善。推行自动履行正向激励机制，通过信用修复、给予授信融资支持等举措，鼓励当事人主动履行生效法律文书，营造“失信者受罚，守信者获利”的良好氛围。

【诉源治理】 2020年，县法院深化“最多跑一地”改革，选优配强县矛调中心入驻人员，提供立案、司法确认等高质量司法服务。实施人员力量、工作重心“双下沉”工程，依托诉调联盟平台和社区巡回法官工作机制，全面拓展司法服务的深度和广度，确保有人留守的岛屿就有司法服务，努力将更多矛盾化解在基层、解决在萌芽状态，就地化解纠纷658件，司法确认人民调解协议262件，有力维护群众合法权益和基层和谐稳定。出台《民事纠纷诉前调解操作指引》，培训人民调解员300余人次，促进基层组织化解纠纷能力提升。民事案件收案同比下降14.1%，诉源治理成效进一步显现。

【司法服务】 2020年，县法院充分利用“移动微法院”、政法一体化办案等智能服务平台，尤其是疫情期间，全面开启办案“云模式”，网上立案2406件、网上开庭731件，线上调解纠纷1261件，让群众切实感受到“指尖诉讼、网上解纷”的便利。坚持所有涉案资产上网拍卖，成交额11.70亿元，最高溢价率138.3%，为当事人节约佣金360.30万元。同时不放弃传统便民手段，根据海岛渔区特点，采用船头调解、候潮开庭、伏休执行等方法，向老弱病残群体提供上门立案、巡回审理等司法服务，持续传递司法温度。

【司法责任制改革】 2020年，县法院完善司法责任制综合配套改革，进一步细化审判权责清单，规范审判权运行。健全院庭长审判监督管理机制，实现“四类案件”全流程在线监管。构建专业化审判模式，组建破产案件、劳动争议、建设工程、家事纠纷等专业审判团队，提升办案专业化水平。实施案件繁简分流，适用速裁程序、简易程序和小额诉讼程序审结案件1588件，实现纠纷解决提速，深化以审判为中心的刑事诉讼制度改革，全面准确适用认罪认罚从宽制度，一审刑事案件认罪认罚适用率80.9%。推进院庭长重点办理重大复杂疑难案件，共办结2241件，占结案数的55.9%。

【思想政治建设】 2020年，县法院巩固深化“不忘初心、牢记使命”主题教育，开展政治大学习、理论大培训、思想大讲堂、认识大讨论等系列活动，推动政治学习常态化、制度化。坚持“抓党建带队建促审判”工作思路，探索“党建+审判”工作新模式，成功打造“阳光司法”等党建品牌，被列入“全省法院党建工作创新案例”。坚守意识形态阵地，院党总支、政治部、纪检监察部门每季度联合分析研判干警思想动态，引导广大干警自觉践行“两个维护”，坚定不移走中国特色社

2020年5月14日，省高院政治部主任何震（前左二）在河鱼人合作社考察调研
（县法院　供图）

会主义法治道路。开展法官论坛、优秀庭审和优秀裁判文书评选等活动，提升干警法律适用能力、群众工作能力。组织干警参与《民法典》、省高院“疫情下的系列云”等培训1300余人次。召开专业法官会议9次，编写劳动争议类案指引，统一司法裁判尺度。强化案件质量评查和责任追究，完善员额法官考评指标体系，共评查案件3521件，发布评查通报12期，责任追究11人次。

【党风廉政建设】 2020年，县法院推行机关效能积分制管理，对19项日常效能行为进行量化考核，通过行为赋分、积分考核、团队竞赛等方式，加强对人对事规范化管理，被列为全省法院党风廉政建设特色亮点工作。针对司法体制改革背景下廉政风险新动向，实施廉政风险分级分类防控机制，共排摸出廉政风险点百余个，制定45项防控措施，加强事前预防、事中监督、事后处置。完善案件廉政回访机制，回访重点案件103件。坚持抓早抓小抓预防，运用第一种形态处理干警6人次。

（朱晨希）

司法行政

【法治服务保障】 2020年，县司法局派遣“小何”工作室常驻舟山绿色石化基地开展法律服务，调处劳资、合同、工伤以及人身损害等各类矛盾纠纷。抽调中层骨干进驻鱼山岛矛盾纠纷调处化解中心，参与鱼山岛劳资纠纷调处工作。充分发挥公证“中立见证者”作用，办理全县重大工程招投标现场监督69件。并制定《关于严厉打击未如实申报疫情信息行为的通告》，和公安、法院、检察院联合发文。充分展现司法行政“抗疫”威力，组织干部200多人次到基层一线，参与卡点测温、巡逻排查等工作。开展“防控疫情 法治同行”专项法治宣传活动，推进疫情防控法治宣传进乡村、进社区、进企业等“十进”活动，编印疫情防控法治宣传折页5000册和挂图40份。排查涉企矛盾纠纷专项排查19次，调处矛盾纠纷95起，通过各乡镇网格员走访了解基层情况1000余次。开展“送法进企业”活动3场，编印发放“法雨春风”——《浙江省民营企业发展促进条例》宣传折页2000册，依托“法治岱山”微信公众号、“岱山论坛”等，开展《条例》解读推送21条次，进行“社会普法大讲堂”网络直播活动1场。由县司法局主要领导带队，联合县经信局、律师事务所，实地走访舟山大众胶带有限公司等全县规模以上重点企业，了解企业复工复产情况，同时开展企业“法治体检”活动。共走访企业83家，排查处理涉企矛盾纠纷28件，提供法律意见书或解决方案16个。

【法治政府建设】 2020年，县司法局制定出台《2020年法治岱山建设工作要点》《2020年岱山县法治政府建设工作要点》，将法治建设纳入全县各乡镇和部门年度综合考核，设立依法治县办公室秘书科。推动县属各部门、乡镇实现重大行政决策目录化管理全覆盖，是年，县政府及县19个部门、各乡镇已完成目录清单网上公示公告，共计39个。全面推进乡镇合法性审查工作全覆盖，指导全县各乡镇落实审查机构人员、明晰审查流程、制定审查方案。推进秀山乡综合行政执法改革，梳理下放26个方面共458项处罚事项，秀山乡成立全市首家基层综合行政执法队。落实各责任部门、乡镇党政主要负责人履行法治建设第一责任人职责，将法治建设纳入县委巡察内容，在全市建立首支法治监督员队伍，全面启动法治岱山建设社会满意度测评宣传工作。加强行政规范性文件的合法性审查，促进行政执法“三项制度”全面落实，建立监督反馈、案卷评查等机制。开展执法案卷评查、“证照分离”改革事项审批监管情况、“无证明化”改革情况等专项督查工作。共审核文件156件，出具合法性审查意见书30份，其中规范性文件16件，同时要求部门和乡镇的规范性文件进行备案审查，审查备案5件。完善行政复议应诉配套制度，成立全市首个县（区）级行政复议应诉案件咨询委员会，落实部门负责人100%出庭应诉制度，履行法定答辩、举证、出庭等职责，成功通过全省首批市县行政复议规范化建设评估。是年，全县共开庭审理行政诉讼案件37件，行政机关负责人出庭应诉37人次。共办结行政复议案件15件（含去年转结5件），其中驳回6件，维持2件，撤销2件，确认违法1件，撤回4件。推动“岱山县行政争议调解中心”实体化运作，10月，入驻县社会矛盾纠纷调处化解中心，建立全县行政争议调解工作人才库。新收复议申请21件，立案前调处成功4件，审理阶段调处成功4件，调撤率达57.1%，同比上升53%。

【文明执法】 2020年，县委依法治县办在全市率先实现乡镇“一支队伍管执法”。秀山乡综合行政执法改革方案获省政府批复同意，并经省司法厅审定划转19个领域644项处罚事项。组建秀山乡综合行政执法队，建立综合行政执法各项制度，完善办公场地、智慧平台等软硬件设备设施。开展执法整治120余次，整治占道经营、违章停车、环境卫生等各类问题260余个，立案处罚3起。健全行政执法机制，实现行政执法事前事中事后信息依法及时主动公开、行政执法全过程留痕和重大执法决定法制审核全覆盖。通过浙江政务服务网，公示行政执法事项及法律依据、办事程序、审批依据、监督方式、救济渠道和执法结果等信息；完善执法文字记录，规范音像记录、行政执法档案，实现行政执法全程留痕，主要执法单位和各乡镇政府共配置执法记录仪290台、照相机96台、录音笔31支；推行重大行政执法决定法制审核制度，落实法制审核主体责任，配强法制审核人员，编制重大执法决定法制审核目录清单。全县“互联网+监管”共完成执法检查6389次，其中掌上执法6380次，掌上执法率达99.9%。双随机抽查254次，完成率达100%，双随机事项覆盖率100%。应用信用规则率达63.8%，跨部门监管率（联合抽查任务占比）9.8%，投诉举报事件转执法3件，基层综治事件转执法5件，风险预警事件的处置率达100%。推进省统一行政处罚办案系统在全县的推广应用工作，各相关单位均完成系统测试，并于11月正式上线应用，共上线办理处罚案件227件，其中一般处罚案件21件，简易处罚案件206件。严格执行执法主体确认和执法人员资格管理制度，定期组织申领浙江省行政执法证综合法律知识培训考试，提升执法人员行政执法能力。2020年，共组织综合法律知识考试2次，全县有持证人员1185名（含部颁证件），持证率达97.9%。开展全县行政机关执法主体关联、行政执法证清理以及信息完善、签名采集等工作，规范公正文明执法。

【法律服务体系构建】 2020年，县司法局对全县“七五”普法期间的普法项目进行整体优化，首次制作《法治同行 乡村治理》“七五”普法成果宣传册，通过市考核组对全县“七五”普法的检查。深化民主法治村（社区）建设，高亭镇嘉和社区、岱东镇涂口村完成省级民主法治村（社区）建设，高亭镇闸口二村、岱西镇海丰村、长涂镇港南村、衢山镇皇坟村、衢山镇万南村完成市级民主法治村建设。加强法治文化阵地建设，打造港南村、三弄村法治墙、枫树村法治广场、竹屿

2020年8月31日，秀山乡综合行政执法队成立　　（县司法局　供图）

社区法治宣传教育廊等法治教育文化阵地，选择火箭村宪法主题法治公园申报，全国法治宣传教育基地。开展春运“把法带回家，平安你我他”“崇尚法治　共创文明”“宪法宣传周”、《社区矫正法》《民法典》等主题法治宣传活动，共张贴挂图100张，制作展板50余块，发放法治宣传资料8000余份，接受法律咨询500余人。开展领导干部学法、国家工作人员宪法宣誓、青少年法治知识竞赛等活动。开展县委理论中心组学法会2次，政府常务会议学法会4次，组织开展领导干部任前法律知识考试7次、71人次，通过率为100%，参加微信法律知识考试1780人。推进政法一体化办案平台法律援助协同应用，开通“农民工欠薪求助绿色通道”，完善“容缺受理”“上门服务”等便民举措。办理全县各类法律援助777件，其中认罪认罚案件285件。充分发挥公证“中立见证者”作用，为县重点民生项目招投标、乡镇重点工程、秀山岛徒步大会等提供现场公证服务，推行公证顾问、公证不出岛、最多跑一次等创新便民利企举措，共办理各类公证事项560件。创新青年执业律师“引才、留才”机制，推进所所结对，不断培育壮大公职律师队伍。开展法律服务教育整顿和违规兼职专项清理活动，提升律师队伍执业规范化水平。做好律师行业执业“互联网+监管”工作，通过浙政钉“掌上执法”，完成随机抽查3户次，专项检查3户次，日常巡查7户次，查出问题5户次。疫情期间，组织律师走访企业120家，排查处理涉企矛盾纠纷35件，帮助解决问题、困难19个，走访联系村（社区）785次，解答各种法律咨询739人次，帮助审查修订各种合同协议59件，参与调解和处置其他涉法事务79件。

2020年6月5日，人民陪审员选任摇号活动现场　　（县司法局　供图）

【基层安定保障】2020年，县司法局严格落实专职人民调解员配备要求，撤销3个人民调解委员会，成立2个企业人民调解委员会。以“疫情防控”“村级换届选举”等工作为重点，开展矛盾纠纷排查调处活动。加强“东海渔嫂”调解员队伍建设，设立长涂东海湾渔业合作社“东海渔嫂”调解员联盟示范点。成立衢山镇“和事佬”调解工作室，建立赵行法个人调解工作室。加强人民陪审员、人民监督员工作，新选任人民陪审员42名、人民监督员20名。全县共排查各类矛盾纠纷2599件，调处成功2597件，调处成功率99.9%，涉及金额1.90亿元。成立全市首个社区矫正委员会，完成了1∶20的专职社工配置，落实社工薪酬规定保障待遇。走访排查340余人次，对违规对象警告5人次，训诫6人次，同时落实手机定位+电子腕带双管控。加大“智慧矫正”力度，利用“心岸”学习App和微信公众号。编印《社区矫正法》解读手册2000余份，组织社工矫正对象学习《社区矫正法》。开展远程视频会见工作，加强监地合作，借助远程视频会见平台，为服刑人员及其家属提供高效、便捷、优质的会见服务。是年，全县共接受社区矫正对象71名，解除矫正67名，完成审前调查85件。高亭镇司法所通过省司法厅“枫桥式”司法所评选。

（费涵立）

责任编辑：韩信安

军事

Military Affairs

人民武装

【概况】 2020年，岱山县人民武装部（简称县人武部）围绕军民融合发展战略，按照“奋发求作为，持续打基础，潜心谋发展”的思想，突出国防动员和兵员征集，着力提升国防后备力量建设水平。是年，县人武部被省军区评为“全面建设先进人武部”。东沙镇武装部被省军区评为“先进基层武装部”。部机关职工刘琦科被省军区评为优秀职工。

【海防战备】 2020年，县人武部认真贯彻落实“中央军委2020年开训动员令”，进一步修订完善本级作战方案体系，高标准落实任务分队登记备勤，强化常态准备、迅疾反应的作战基础支撑，以临战状态，抓好各项作战准备。着眼东南沿海海上斗争新形势，坚持“面向海洋、重心向船”的工作指导，坚决执行上级赋予的各项重大任务，动员组织民兵完成舟山警备区赋予的海上应对行动实兵演练任务。

【民兵整组】 2020年，县人武部围绕应急维稳救灾有能力、支援保障作战有保证、服务经济社会发展有作为、建设发展可持续的目标要求，编实编强民兵应急力量、专业力量和特殊力量三类队伍，按照细化部署任务、展开教育训练、检查考核验收等步骤，高质高效完成年度基干民兵编组调整任务。

【军事训练】 2020年，县人武部根据年度训练计划安排，采取理论授课、专业辅导、实装操作等方法，严密组织民兵连长、民兵应急队伍、民兵安全警戒分队集训，全面提高民兵干部和民兵队伍军事技能、本职业务和组织指挥等方面的素质。积极组织民兵岗位练兵活动，承办全市海上侦察警戒分队集训，多次对接推进对口保障军兵种民兵训练。严格把握标准，严密组织施训，顺利完成年度民兵训练任务。

【安全管理】 2020年，县人武部

2020年5月22日，衢山镇民兵整组点验大会召开　　（县人武部　供图）

坚持每月分析安全形势，认真开展经常性安全教育和“条令学习月”活动，着力树牢安全观念。抓好“两个经常性”工作，突出季节性事故预防、大项活动安全风险评估和枪弹以及兵器室等重要目标管理，加强安全工作。狠抓保密办公检查自查，针对智能手机、信息技术发展等实际，抓好网络使用管理，安全管理秩序正规。

【“四反”工作】 2020年，县人武部针对当前意识形态斗争严峻形势和干部职工思想实际，定期开展时事政策、条令法规、安全保密等经常性教育，定期走访县公安、信访等部门，认真组织要害部位人员的政治考核，确保纯洁可靠。积极打好舆论导向主动仗，针对互联网时代信息的传播特点，坚决占领正面舆论宣扬主阵地。

【征兵工作】 2020年，县人武部针对征兵工作新情况新问题，做到早筹划、早开展。上半年开学之初，面向应届高中生发放征兵宣传册1000余份，组织国防教育和征兵政策宣讲报告会4场。在县内主要道路、广场、码头，悬挂征兵条幅标语，播放征兵宣传片，并给每名适龄大学生青年寄送征兵政策宣传单以及鼓励应征入伍信函，通过微信公众号等新媒体，广泛宣传征兵新政策。8月以来，认真开展上站体检、政治考核、走访摸底、廉洁公示、新兵输送等工作，指导全县适龄青年做好网上兵役登记工作，确保兵役登记工作一人不落，圆满完成新兵征集任务，大学生征集比例显著上升，“五率”全部达标。

【基层武装部正规化建设】 2020年，县人武部依据《浙江省后备力量基层建设规范》文件精神，继续巩固基层武装部正规化建设成果，督促基层武装部进一步提高和完善。按照“人员编组有序、器材配套完善、教育训练结合、规章制度落实、重点任务完成”的目标要求，指导各乡镇抓好武装部规范化建设，完成各乡镇应急排编配物资的购买工作，确保乡镇应急排遂行应急任务。扎实推进基层武装部建设以及“青年民兵之家”建设。

2020年9月9日，县人武部政委麻攀（右一）为入伍新兵佩戴光荣花

（县人武部　供图）

国防教育与国防动员

【概况】 2020年，县国防动员委员会（简称国动委）、国防教育委员会（简称国教委）紧贴军事斗争准备和任务要求，不断加强国防动员各领域的军民融合建设，推动国防动员体系军民融合式发展。围绕提升国防动员和后备力量“能打仗、打胜仗”的能力，着力构建完善应战准备、应急处突等机制，建立军民结合、平战一体的联合指挥体系。适时组织国防潜力调查，及时调整和完善国防潜力数据。国教委利用学校、社区的宣传橱窗、电子屏、新媒体等渠道广泛宣传国防教育公益广告和宣传标语；组建成立新的国防教育讲师团，进学校、进社区开展国防教育，不断增强全民国防观念。

【国防教育】 2020年，县国教委根据国防教育进学校、进党校、进社区的要求，积极协调有关部门，认真抓好“三进”工作。8

2020 年 12 月 22 日，县委副书记、县国防教育委员会主任陈海平（左三）到县人武部现场办公　　（县人武部　供图）

月，在全县所属的 3 所高中（技校）开展学生军训，增强学生爱军尚武意识。积极协调宣传、教育、文化、广电、新闻出版等部门和工青妇等群众团体，筹划组织国防教育宣传周教育活动。全县各乡镇、企事业单位、学校在教育宣传周期间，通过组织参观金维映故居、大鱼山革命烈士纪念碑、石马岙革命烈士陵园、中国海防博物馆、郭继胜连连史馆等国防教育基地，开展革命传统教育。

【党管武装】 2020 年初，根据工作需要，及时调整县国防动员委员会及各办公室成员；7 月，召开县委议军会、党管武装暨国动委全体会议，研究解决全县国防后备力量建设发展的问题和难点，并在会议当天，县四套班子领导参加军事一日活动，亲身体验军营生活。第四季度，按照年初工作的计划要求，组织县国动委成员单位的规范化建设考评推进工作。

【国防潜力调查统计】 2020 年，结合全县机构调整改革，进一步健全战时国防动员组织指挥体系，组织参加新版《国防动员潜力指标体系》业务培训，并对全县国防动员和国防潜力情况进行调查。将近年来开展海上情报信息工作的经验、做法、成果嵌入试点建设，进一步扩大民兵情报信息工作影响面。5 月至 6 月，根据舟山警备区动员部署精神，县里组织县国动委相关单位进行再动员和任务部署，利用一个月的时间，对全县国防动员潜力进行摸底、调查、统计、录入和上报，圆满完成当年度国防动员潜力数据的调查工作。

（王超军）

预备役工作

【概况】 2020 年，岱山预备役部队以《预备役部队军事训练与考核大纲》为依据，以上级党委扩大会议精神为指导，围绕“能打仗、打胜仗”为目标，适应形势抓统筹，盯牢能力抓落实，坚持按纲施训、科学组训、依法治训，以军事训练任务为牵引，狠抓训练工作落实，着力提高实战化水平，圆满完成年度各项任务。

2020 年 11 月 3 日，岱山防空营举行开训动员大会　　（岱山防空营　供图）

【应急排训练】 7月13—22日，岱山预备役部队以抗洪抢险、防抗台风、山林灭火、防暴维稳和应急救护为基本课题，遵循“任务常态化、队伍专业化、建设规范化”的要求，依托华其山训练基地，组织完成30人应急排训练。通过训练，应急排专业技能和处置突发事件能力得到进一步提升，为有效遂行非战争军事行动任务奠定坚实基础。

【专业训练】 11月初至12月中旬，岱山预备役部队分二批组织训练。训练主要采用“学、练、考”的总体思路，按照理论辅导、示范教学、操作训练、考核验收的方法进行。经考核，单兵专业训练合格率100%，优良率在70%以上。

（贾留春）

武警工作

【概况】 2020年，武警岱山县中队（简称县中队）以习近平强军思想为指导，以《军事训练与考核大纲》（简称《大纲》）为遵循，对照新时代基层建设“三个过硬”标准，聚焦“沉心静气、以战领建、强硬提软、争创先进”的总体要求，在狠抓实战化训练上下苦功，在推动精细化管理上出实招，在落实常态化防疫上使长劲，不断打牢基础固强补弱、稳步发展确保安全，部队全面建设呈现良好势头，在市支队《大纲》考评中，连续三个季度被评为红旗单位。中队党支部始终坚持以新《大纲》为依据，深入学习军委基层建设会议和三级党委（扩大）会议精神，重点把握疫情期间部队建设的特点规律，精心谋划、精细落实，强力推进部队全面建设，狠抓各项工作落实，实现年度工作稳妥起步、有力展开，并以新规学习贯彻为抓手，强固中队建设的“主心骨”；以试点推进为契机，点亮举旗铸魂的“引航灯”；以应对强敌为牵引，立起练兵备战的“硬标杆”；以制度落实为根本，筑牢安全管理的“防火墙”；以疫情防控为重点，提升后勤保障的“满意度”。是年，县中队被武警浙江省总队评为“四铁”先进中队；中队政治指导员陈泽华荣立个人三等功1次。

【组织建设】 2020年，县中队始终把提高党支部解决自身问题能力、领导单位全面建设能力、带领官兵遂行多样化军事任务能力，作为建设全面过硬中队的基础工程来抓，面对中队建设的基本情况，紧盯“三个过硬”标准，围绕“去年工作怎么看，今年工作怎么干”，全面总结上年度成功经验，深入反思制约中队发展“四个不够”的短板弱项，反复征求官兵意见，最终制定“沉心静气，以战领建，精细实涵，争先创标”的总体目标。通过组织“标兵中队标准”大讨论活动，提炼倡导“四为”建队文化，借势解读工作思路，为2020年度工作的全面展开奠定良好的思想基础。县中队连续28年被省总队评为“基层建设先进中队”。

【思想政治教育】 2020年，县中队坚持围绕创新理论这个重点，用好个人品读、原文朗读、集中导读“三读法”，组织官兵学好“两本纲要”和《习近平谈治国理政

2020年10月1日，县武警中队举行升国旗仪式　（县武警中队　供图）

（第三卷）》，做到有划线、有注记、有摘抄、有体会。同步开展“学习心得大家谈”活动，人人上台谈认识、亮观点，有效激发官兵学习热情。严格落实“三个半小时”，引导官兵用新闻热点印证创新理论，用创新理论提领思想认识，切实搭好理论学习的桥和路，不断启发“学习主席思想、听习主席指挥，做习主席好战士”的政治自觉。按照“3+X”模式，抓实思想政治教育、倡导“体会式”笔记，推开“互动式”课堂，在兵言兵语、兵说兵话中，修正认识偏差。教员队伍能力有所提升，1 人获支队政工“四会”比武第一名，并代表支队参加总队优秀政治教员评比，荣获团体第一名，1 篇教案被评为省总队优质教案。

【军事训练】 2020 年，县中队严格落实训练计划、会操、考核等制度，不断规范训练秩序，建立完善官兵训练档案；坚持抓两头、带中间，采取操场练、会操评、考核促方法，突出不同层次不同重点，积极发挥训练尖子的作用，“训练龙虎榜”作用明显，训练奖励兑现及时，投入 7 万余元，用于购买健身组合器材、训练馆装修和更换目标沙盘，改善训练环境，比学赶帮超氛围更加浓厚。是年，县中队勤训轮换优秀率达到 58%，为市支队仅有的 2 个总评达到优秀的单位；在三次季度《大纲》考核中，获得第一 1 个、第三 2 个；在支队军人运动会暨创（破）纪录比武中，取得第一 1 个、第二 1 个和第三 3 个的好成绩。

【执勤战备】 2020 年，县中队认真贯彻新“十六字”执勤思路，对照“智慧磐石”工程建设标准，更换升级哨位终端，重新安装报警系统，确保遇有情况，能第一时间按照方案联动处置。充分释放执勤方式优化改革效能，做好备勤室枪柜开启程序演练，全方位提升执勤目标安全系数。狠抓执勤“常见病”“多发病”治理；采用每日讲评执勤通报、每周调整执勤编组、每月分析执勤形势、每季评选执勤标兵的方式，督导哨兵履好职尽好责。是年，共担负武装押解勤务 12 批次，执勤任务圆满完成。

县武警中队组织定枪训练，提高射击精度　　（县武警中队　供图）

【文化建设】 2020 年，县中队充分发掘官兵智慧，先后完成强军目标、灯箱更换、荣誉室翻新和“维映书屋”建设，营区政治环境焕然一新。每周组织“灯塔读书会”活动，通过图书推荐、好文分享、报刊导读、录像辅导等方式，培养官兵阅读习惯，积蓄文化涵养。周末假日，特别是疫情期间，按照“外封闭，内丰富”要求，广泛开展“一队一品”、集体生日、篮球对抗、烧烤晚会、跳广场舞等活动，有效舒缓工作压力，密切官兵关系。将《谁是最可爱的人》《中国共产党的 90 年》等 4 本红色书籍配发到班，集中观看《高山下的花环》《建国大业》《为了和平》等红色影片，积极推送手机“云课堂”，创新开展红色“云旅游”，严密组织“翻晒奖牌奖状，细数历史荣誉”活动，结合“四大纪念日”，引导官兵学好抗日战争史、抗美援朝史，进一步拓展课堂的广度和深度。

【后勤保障】 2020 年，县中队始终把提高保障效能作为目标，始终坚持以人为本，以保中心、保生活为重点，提升综合保障效益，为执勤处突及遂行各项执勤打下坚实的基础。紧扣“厉行节约，过紧日子”的新形势，用好伙食费提高的新政策，根据“早餐蛋奶加肉菜、牛羊水产天天换、谷物果蔬品种多”新要求，坚持每周研一菜，做到粗菜精做，精菜细做，确保官兵吃饱吃好、吃到定量标准。每日准备红薯、黑米粥、盖浇饭、纯牛奶等食物，丰富哨兵夜餐。针对暑期高温湿热的特点，在食物上严把食品采购、制作和储存关，落实分餐、餐厨具消毒、食物留验制度，在饭堂加装塑料门帘和纱窗，及时杀灭蟑螂老鼠蚊蝇，防止病从口入。始终严格落实财经纪律和使用管理有关规定，上报年度预算计划，得到业务股室的充分肯定。坚持双主官联签，每月对经费使用、收支情况进行研究和统筹安排，坚持专款专用，做到“月初有计划，月中有审查，月末有公布”，自觉接受群众的监督，阳光财政公示，保证财务制度的落实。

（秦　伟）

人民防空

【概况】 2020年，岱山县人民防空管理中心（简称县人防管理中心），按年初省、市人防办和县国动委工作会议要求，切实抓好人防宣传教育、指挥通信、工程结建和规范化建设等项工作。认真做好“新中国人民防空创立70周年”宣传活动。

【防空防灾宣传教育】 2020年，县人防管理中心大力开展人防宣传教育工作，结合“3·1”国际民防日、“5·12”防灾减灾日、“九一八”事变88周年、新中国人民防空创立70周年等重要时间节点，利用文化广场LED大屏、县电视台、微信公众号、《今日岱山》等主流媒体，进行防空防灾知识、人民防空70周年发展史的系列宣传活动。会同县普法办在县文化广场开展有关法律咨询宣传服务活动，发放宣传资料500余份。全年共向社区、乡镇、各机关单位发放防空防灾宣传品5000多份，向各中小学发放人防知识教材2000余册，进一步扩大人防、民防知识知晓面。

【防空工程建设】 2020年，县人防管理中心完成拟建项目易地建设核定17个。完成2个住宅小区项目地下室质监交底。完成4个建设项目人防工程竣工验收。做好在建人防结建工程日常检查工作，发现问题及时向建设、施工单位提出整改意见，以确保人防工程质量。开展已建工程“三清三查”执法检查，抽查结建工程，确保工程的防空效能和平时的正常使用。

【通讯警报】 2020年，县人防管理中心积极完成年度省、市、县及重点镇人防应急指挥网络及通信电台常态化互联互通训练，指挥通信、视频演练等达到规定要求。加强人防警报维护管理，组织参加全省“4·4”“5·12”防空防灾、“9·18”防空警报统一试鸣。科学规划指挥信息系统建设，是年，更换警报器1台，新增超短波通信电台1套。

【专业队伍建设】 2020年，县人

2020年10月16日，县人防管理中心在县融媒体中心开展防空演习

（黄泽宏　摄）

2020 年 6 月 10 日，县人防管理中心在县消防救援大队开展消防救援专业队伍点验 （黄泽宏　摄）

防管理中心对抢险抢修、医疗救护等 7 支人防专业保障队进行调整和充实，调整后专业队人员数量由 110 人增至 200 人，平均年龄下降，专业技术人员比例提高，专业技能增强。各专业队按“准军事化”要求，结合人武部民兵应急分队训练和部门岗位技术练兵等活动，进行整组点验和专业训练，队员参训率在 90% 以上。3 月 6 日，参加县人武部组织的应急民兵整组工作会议，进一步强化局应急民兵队伍建设，整合编组新加入的应急民兵，提高民兵预备役人员遂行任务的能力。

【人防规范化建设】 2020 年，县人防管理中心全体干部职工立足人防工作实际，按照“最多跑一次”“颗粒化”等要求，进一步梳理完善人防网上审批事项，积极推进投资项目在线审批监管平台建设。加强人防业务知识的学习培训，全年共组织 19 人次，参加省、市办等相关业务培训。按照规范化建设要求，认真做好“二库一室”建设，严格执行保密纪律，落实保密措施。

（盛光福）

双拥共建

【概况】 2020 年，全县双拥共建工作坚持军地合力，军民同心，全面提高工作水平的要求，积极做好军人生活排忧解难工作，发放慰问金；发放随军家属生活补助，解决 8 名部队子女就学和 1 名随军家属随调工作，协助解决部队紧急临时供电及阅读吧建设经费。建立常态化联系退役军人制度，深化“三服务”活动，积极推进退役军人服务保障体系建设。是年，建成运营县级退役军人服务中心 1 家，推动建成“枫桥式”5 家、“示范型”30 家的退役军人服务中心（站）。全年办理部分军队退役人员军龄登记，支出各类优抚安置资金。发出“致敬·2020 清明祭英烈”网上祭扫活动倡议书，为烈士家属

2020 年 11 月 11 日，岱山县举行首届“最美退役军人”发布仪式暨 2020 年老兵返乡欢迎仪式 （王佳　摄）

开展“致敬清明祭英烈，代为祭扫勇担当”活动。组织做好“9•30”烈士纪念日公祭活动。

【优待政策落实】 2020年，全面落实优待政策，发放义务兵家庭优待金，大学生入伍奖励优待金，在乡重点优抚对象门诊医疗补助金。认真做好抗日战争75周年和抗美援朝70周年走访慰问工作，慰问退役军人和优抚对象，发放慰问金。审核批准60周岁以上农村籍退役军人老年生活补助，全年发放各类抚恤补助资金。开展退役士兵社会保险接续工作，全县受理退役军人社会保险接续申请，并申请补助资金。

【接收安置工作】 2020年，全县发放退役士兵一次性经济补助金，完成退役士兵职业技能教育培训，补助培训费。坚持实行阳光安置，完成符合政府安排工作条件的退役士兵和转业干部的工作安置，转业士官全部安置到全额事业编制岗位和中央、县属国有企业岗位。组织全日制大学毕业生退役士兵参加公开招聘事业单位工作。

【优抚社会化活动】 2020年，县退役军人事务局继续开展优抚服务社会化活动，通过政府购买服务方式，开展“大手牵小手坚守初心传承红色血脉”、美丽乡村游等活动，服务优抚对象，提升服务保障水平。

部分优抚对象抚恤和生活补助标准标准一览表

（2020年1月1日起执行）

表3　　单位：元／月

优抚对象类别		原标准	调整后标准
三属	烈士遗属	3555	3865
	因公牺牲军人遗属	3346	3637
	病故军人遗属	3137	3410
在乡老复员军人	解放战争入伍	2116+141	2306+141
	新中国成立后入伍（1954年10月31日前）	1975+141	2153+141
带病回乡退伍军人		1975+100	2153+100

部分优抚对象优抚金标准一览表

（2020年8月1日起执行）

表4　　单位：元／月

优抚对象类别	原优抚金标准	新优抚金标准
参战和“参核”人员	850	900
年满60周岁部分烈士子女（含新中国成立前错杀后被平反人员的子女）	560	610

自费参加职工基本养老保险并已领取基本养老金的部分优抚对象抚恤补助金标准一览表

（2020 年 8 月 1 日起执行）

表 5　　　　单位：元 / 月

优抚对象类别		原国家标准	新国家标准
残疾军人			
“三属”	烈士遗属	2332	2565
	因公牺牲军人遗属	2003	2203
	病故军人遗属	1884	2073
在乡老复员军人	解放战争入伍	1466	1616
	新中国成立后入伍（1954 年 10 月 31 日前）	1461	1611
带病回乡退伍军人		615	665
参战和“参核”人员		650	700
年满 60 周岁部分烈士子女（含新中国成立前错杀后被平反人员的子女）		490	540

县退役军人服务中心办事大厅场景　　（王佳　摄）

【退役军人服务中心（站）建设】 2020年，县退役军人事务局贯彻落实省、市退役军人事务工作会议精神，按照“服务不缺位、保障全覆盖、尊崇有氛围、引领建新功”的创建目标，县退役军人服务中心、长涂镇退役军人服务站成功创建为浙江省首批“枫桥式”退役军人服务中心（站）；县退役军人服务中心，高亭镇、东沙镇、岱东镇、长涂镇、衢山镇退役军人服务站创建为首批全国“示范型”退役军人服务中心（站）。

2020年11月11日，全县首届最美退役军人表彰会活动现场　（王佳　摄）

【退役军人荣誉体系建设】 2020年，县退役军人事务局深入挖掘、培树典型，浙江舟山科成制药有限公司毛伟平被评选为浙江省首届模范退役军人；长涂镇倭井潭社区张岳富被评选为舟山市第二届最美退役军人；评选产生岱山县首届最美退役军人，全面提升退役军人的荣誉感和自豪感。开展为现役军人送立功喜报活动，积极营造尊崇英雄、关爱功臣的浓厚氛围。

【退役军人“三服务”活动】 2020年，县退役军人事务局深入推进“三服务”活动，建立“1+1+N”联系模式，采取定期不定期的沟通联络、走访慰问、谈心交心等形式，开展常态化政策宣传、调查研究、帮困解难、政策落实等工作。全面梳理退役军人信息资料，建立生活困难人员台账，实施精准帮扶。

（王幸海　王　佳）

责任编辑：姜小金

工 业

Industrial

综 述

【概况】 2020年，全县上下深入贯彻上级党委政府决策部署，始终坚持疫情防控和复工复产“两手抓，两手硬”，有力确保全年工业经济在疫情期间平稳过渡。是年，全县新增规模以上企业2家，新增小升规企业13家，其中直接升为规模以上企业4家。实现规模以上工业总产值889.62亿元，同比增长206.7%；规模以上工业增加值同比增长131%。规模以上工业中，高新技术产业增加值增长239.3%，占规模以上工业的89.4%；装备制造业增加值增长4.3%，占规模以上工业的9.1%；战略性产业增加值增长57.6%，占规模以上工业的1.7%。规模以上工业企业六大主导行业实现总产值873.64亿元，比上年增长216.8%，所占比重为98.2%。其中石油化工工业实现总产值747.85亿元，同比增长385.6%，所占比重为84.1%。规模以上工业总产值和工业增加值增速均位列全市县区第一。

【产业数字化发展】 积极实施5G+工业互联网应用平台、工业企业大数据平台等产业数字化项目，完成岱山县工业互联网主平台和企业驾驶舱部署，联接设备500台，开发工业App21个。加快发展壮大数字产业。数字经济核心产业营业收入4.51亿元，同比增长53.9%，增幅居全市8个县区功能区第一。完成数字大楼建设项目并组织企业入驻，培育创新服务主体落地5家，完成数字经济企业入库1家。加快推进数字新基建。完成《岱山县5G网络通信基础设施布点规划（2019—2030年）》编制，开通5G基站207个，完成IPv6整体规模部署，逐步向应用试点延伸。

【工业投资持续增长】 全年完成工业性投入396.90亿元，同比增长17%，浙石化4000万吨炼化一体化、二期炼油项目等13个石化配套衔生项目完成投资364.20亿元。工业技改项目完成投入9.48亿元，同比增长428.3%，其中鱼东220千伏、鱼东—蓬莱220千伏等电力项目5个，完成投资7.24亿元，占总技改投入的76.4%。清洁能源以及为浙石化配套的电力设施加快投入，完成投资28.30亿元，其中丽舟风能衢山风电场二期工程投入9750万元，中广核4号海上风电项目（一期）实现全部投运，完成投资20.10亿元。传统产业方面，晨光电器、奥博管业等一批机械加工企业克服疫情影响，产销逆势飞扬，新建厂房和先进设备，总投资在5000万元以上。宁兴船舶、顺正船舶、荣畅船舶重组后加快设施设备改造升级。舟山晨光电器有限公司、舟山惠生海洋工程有限公司2家企业的数字化车间竣工验收。县经济开发区地块通过实施“腾笼换鸟”，盘活土地133.33公顷，引进并落地绿色石化产业链项目13家，其中卓然石化装备项目计划投资40亿元，润和催化剂项目计划投资20亿元。

（黄　伟　童良波　李彩娜）

船舶修造

【概况】 2020年，全县正常生产的船舶修造企业共13家，全年规模以上船舶工业完成产值70.19亿元，同比增长9.1%，占全县规模以上工业（除浙石化外）的49%。完成外贸进出口总额11.50亿美元，其中出口9亿美元，出口总额同比增加3.8%。交付船舶92.70万载重吨，手持订单62万载重吨。全县较大型修船企业修理外籍船舶441艘。

【盘活破产企业闲置地】 2020年，通过司法拍卖的形式收购宏鹰拆船、海舟船舶和晨业船舶等3家船舶企业，盘活闲置土地110.80公顷，岸线1897米，建设高端石化循环经济产业园。引进以工业大型装备模块化、集成化制造的专业生产商上海卓然工程技术股份有限公司，并成立浙江卓然科技有限公司，总投资30亿元，可实现年产值达到百亿元的生产规模。

【浙江友联升级改造工程】 2020年，浙江友联新建船体联合车间、涂装车间、管子加工车间等生产配套设施，形成年修理各类船舶130艘以上、常规修理5艘、改造2艘豪华邮轮的生产规模。并通过“实战”提升修造船技艺，以豪华邮轮的修理改造和海工平台维修、海工模块建造为发展方向，致力于成为中国豪华邮轮修理与改造基地。

（金志广）

水产品加工

【概况】 2020年，全县共有规模以上水产品加工企业5家，规模以上水产加工行业实现总产值2.15亿元,同比下降16.3%。是年，岱山县水产品行业实现外贸自营进出口总额2.01亿元，同比下降28.2%。其中出口1.84亿元，同比下降27.0%；进口0.17亿元，同比下降39.5%。

【环岛食品成功获评“小升规”】 2020年，舟山市环岛食品有限公司在拍得原千岛水产场地后，投资成立并投产，企业主要进行金枪鱼的加工出口生产。经过1年的小升规培育后，被评为“小升规”企业。是年，产值达9082万元。

（祝冰辰）

机械与纺织纤维制造

【汽配行业发展】 2020年，全县汽配行业重点优势企业受全球疫情影响，产值略有下滑。至年末，全县汽配行业共有汽配企业99家，同比去年减少2家，其中规模以上14家，期末从业人员达6937人。是年，汽配行业实现规模以上工业产值17.01亿元，同比下降21.3%；实现自营进出口总额6.60亿元，同比下降19%。东沙汽（船）配小微园区二期建设完工，10余家原居民区小微企业搬迁至汽船配小镇，推进小微企业集约发展。是年，作为省隐形冠军企业，海山密封材料有限公司又成功上榜专精特新国家级“小巨人”企业，为国内细分行业的龙头企业，其主导产品市场占有率在全省位居前列，公司生产规模、研发能力、市场占有率也位居全省前列；作为国内密封材料五强企业，其主导产品隔热密封组件的国内市场占有率达13%。奥博管业一期完成设备5G联网和MES系统部署。

【化纤行业发展】 2020年，化纤行业受到全球疫情影响，产销率较上年相比，有所下降。是年，有舟山欣欣化纤有限公司规模以上的企业1家，全年产值5706万元，同比下降22.7%；实现利润1630万元，同比增长50%。

（黄　伟）

玩具与电机制造

【玩具制造】 2020年，全县玩具制造业行业产值呈下降趋势。玩具制造业以生产长毛绒电动玩具和圣诞玩具为主，且企业规模偏小，产品档次和品牌附加值较低。是年，全县共有玩具及配件企业138家，期末从业人员1839人。舟山玩具厂作为全县唯一一家玩具行业规模以上企业，实现产值

2009万元，同比下降22.3%。是年，全县有6家玩具企业开展对外贸易，因疫情影响，实现外贸自营出口总额3895万元，同比减少2.7%，其中舟山玩具厂自营出口总额1529万元，占全县玩具制造业自营出口总额的39%，进出口总额同比减少32.47%，该厂主打产品为电动动物玩具，大部分产品出口日本、德国和美国等海外市场。由于疫情影响，是年，线下各种经贸展会均取消，舟山玩具厂、舟山艺成贸易有限公司、岱山县易达欣玩具有限公司、岱山县华弘玩具有限公司等多家企业参与网上交易会，以拓宽市场。

【电机制造】 2020年，电机制造业继续转型升级，加快智能数字车间试点建设，进一步实现企业的转型升级，力促企业向智能方向发展。是年，全县共有机电制造业73家，期末从业人员3779人，其中规模以上企业1家——舟山晨光电器有限公司，实现规模以上行业产值4.25亿元，同比增长51.4%。该公司完成直流无刷数字化车间建设并测试运行，新研发成功的BCDL无刷吸尘器电机，各项指标性能达到或优于国际最新产品，产品可替代进口，是年，获评国家第二批专精特新“小巨人”企业。

（黄　伟）

盐　业

【盐田废转】 10月，省经济和信息化厅和省自然资源厅下发《关于同意舟山市相关盐田废转的批复》，全县6个盐场废转盐田面积为661.09公顷，其中双峰盐场290.47公顷，岱北盐场32.34公顷，青黑盐场104.39公顷，后岸盐场64.49公顷，怀慈盐场13.10公顷，桂花盐场156.29公顷。至此，县内各盐场被全部批准废转。

【原盐收购及县内盐产品销售】 2020年，浙江绿海制盐公司对原桂花盐场2018年生产的原盐，在5—6月进行全部收购，共计收购原盐1829.06吨。2020年，县盐业公司仍负责县内盐产品的销售。盐业市场化后，消费者可选择的食盐品牌增多，全县共批发销售各类盐产品72.10吨，其中300克小包装加碘盐10.77吨、50千克食盐53.78吨、1000克非碘盐7.55吨。

（朱安平）

工业技术

【概况】 2020年，县科学技术局始终坚持把创新驱动实体经济作为县域经济发展的根本，紧紧围绕推动经济高质量发展的目标要求，不断强化企业创新政策供给，完善企业梯度培育机制，搭建创新服务载体，推进政产学研合作，为建设“创新岱山”、打造“重要窗口”海岛风景注入强大动力。全年列入市级（含市）以上科技项目52项，其中国家级项目2项；全县新增高新技术企业3家、省级科技型企业32家、省级重点农业企业研究院1家；岱山汽船配内饰密封件产业创新服务综合体入选省级创建名单。

【各级各类科技项目实施】 2020年，全县持续深化创新引领产业改造提升，紧紧抓好科技项目实施，加快推进船舶修造、海工装备、汽车零部件、微电机等领域关键技术的研发，着力提升区域科技进步，为推进全县经济和社会的发展提供技术支撑。全年共实施国家级项目2项、省级项目35项、市级项目15项。

2020年岱山县市级以上科技项目一览表

表6

级　别	项目名称	承担单位
国家级	高强度不锈钢增压废气循环管研发	舟山市奥博管业有限公司
	基于BIM的复合船舶脱硫装置安装设计	金海智造股份有限公司

续表 6

级 别	项目名称	承担单位
省级	掺烧高浓度废液的煤焦制气气化炉	浙江石油化工有限公司
	节能减排的硫磺联合装置	浙江石油化工有限公司
	基于 MPIMS 模型的炼化一体化工程计划优化、调度排产系统	浙江石油化工有限公司
	不溶性硫磺 IS	浙江石油化工有限公司
	满足酸性水储存、提纯、净化工艺要求的硫磺装置	浙江石油化工有限公司
	回收利用芳烃装置低温热	浙江石油化工有限公司
	节能优化苯酚丙酮装置氧化单元	浙江石油化工有限公司
	基于原料、助剂母料选型等工艺配方优化的重包装薄膜	浙江石油化工有限公司
	聚乙烯小中空专用料	浙江石油化工有限公司
	聚丙烯纤维专用料	浙江石油化工有限公司
	裂解汽油加氢装置 C9+ 产品	浙江石油化工有限公司
	碳三加氢反应器优化研究	浙江石油化工有限公司
	石脑油加工装置生产优化	浙江石油化工有限公司
	27/60 万吨 / 年 POSM 装置	浙江石油化工有限公司
	优化利用氢气	浙江石油化工有限公司
	发电机出入舱装置	浙江友联修造船有限公司
	集成式螺旋桨压桨装置	浙江友联修造船有限公司
	修船超高压水除锈清洗系统	浙江友联修造船有限公司
	国六标准尾气净化隔热罩	舟山海山机械密封材料股份有限公司
	新能源汽车隔热罩	舟山海山机械密封材料股份有限公司
	国六高功率小体积内燃机用无石棉密封材料	舟山海山机械密封材料股份有限公司
	一种高氟橡胶密封板材	舟山海山机械密封材料股份有限公司
	大型极地 LNG 管廊模块	舟山惠生海洋工程有限公司
	2600T 级超大型乙烯裂解炉	舟山惠生海洋工程有限公司
	天然气模块电气房	舟山惠生海洋工程有限公司
	超大型单体乙烯装置裂解炉关键技术	舟山惠生海洋工程有限公司
	液化天然气输送测压工艺技术	舟山惠生海洋工程有限公司
	基于能源管理体系要求的节能减排项目	舟山惠生海洋工程有限公司
	大众捷达 KBB40 遮阳板	舟山市银岱汽车零部件有限公司
	废弃混凝土分离及浆水回用关键技术	舟山市恒尊港务建筑构件有限公司
	智能喷淋降尘系统及混凝土骨料清洁加工技术	舟山市恒尊港务建筑构件有限公司
	封闭式搅拌站系统减震及结构改良降噪关键技术	舟山市恒尊港务建筑构件有限公司
	具有可泵性能的绿色 HPC 混凝土	舟山市恒尊港务建筑构件有限公司
	粉仓料位监测及除尘系统关键技术	舟山市恒尊港务建筑构件有限公司
	高强高性能混凝土	舟山市恒尊港务建筑构件有限公司
	大型极地 LNG 管廊片区整体优化及联合吊装方案研究	舟山惠生海洋工程有限公司
	高固体分环氧耐候面漆研发	舟山市恒泰漆业有限责任公司
	海上微型电站技术研究与开发	浙江舟山联合动能新能源开发有限公司
	甲状腺良性结节热消融治疗的疗效研究	岱山县第一人民医院
	多模态 MRI 增强结合弥散加权成像对非哺乳期乳腺炎的鉴别及诊断模型的建立	岱山县第一人民医院
	鱼山绿色石化项目基地肾综合征出血热流行特征与病毒基因特点研究	岱山县疾病预防控制中心

续表 6

级　别	项目名称	承担单位
市级	2000 万吨 / 年炼化一体轻烃资源利用优化项目	浙江石油化工有限公司
	加工机会原油常减压装置腐蚀预测及防护技术开发与应用	浙江石油化工有限公司
	茂金属聚乙烯催化剂成套技术开发	浙江石油化工有限公司
	优质甜瓜品种翠雪 7 号引进示范及栽培技术研究	岱山县金荣家庭农场
	海岛花园式苗圃建设与示范	岱山县秀山乡秀东村股份经济合作社
	岱东镇文旅产业开发	岱山县上船跳乡村旅游有限公司
	优质柑橘品种红美人设施保护地栽培技术研究与示范	岱山县金荣家庭农场
	“可食地景”的多种组合模式应用及示范	岱山县秀山乡秀东村股份经济合作社
	岱东乡村民宿营销平台开发	浙江省岱山县岱东生态园管理有限公司

【全县科技创新和人才发展大会】 10 月 23 日，全县科技创新和人才发展大会在县行政中心召开。大会深入学习贯彻习近平总书记关于科技创新和人才工作的重要论述，全面谋划、系统部署岱山科技创新和人才工作。会上签约授牌中科院宁波材料所岱山新材料研究和试验基地、中国石油大学流体智控岱山研究中心、航天智慧未来产业创新中心等一批重大合作平台，表彰科技创新企业和科技人才代表。

2020 年 10 月 23 日，全县科技创新和人才发展大会在县行政中心召开

（县经济和信息化局　供图）

【科创平台建设】 2020 年，全县大力实施科技新政，出台《关于加快科技创新推动高质量发展的实施意见》。汽船配内饰密封件产业创新服务综合体，立足产业发展需求，整合优化创新资源，打造集创意设计、研究开发、检验检测、标准信息、成果推广、产业孵化、展览展示等功能于一体的服务平台，于 10 月成功列入省级产业创新服务综合体创建名单。综合体初步实现“载体集聚 + 企业集聚 + 创新平台集聚”多元化发展的模式，全年综合体共计帮助企业建立产学研合作项目 12 个，帮助企业检验检测 300 次以上，新增服务机构 5 家，孵化高新技术企业 3 家，科技型中小企业 15 家。汽船配内饰密封件产业创新服务综合体“一平台六中心”功能不断完善，综合体支撑产业发展能力显著增强。

【中试基地建设启动】 10 月，县政府与中国科学院宁波材料技术与工程研究所签署共建岱山新材料研究和试验基地合作框架协议，中试基地建设启动，并初步商洽确定新材料研究和试验基地机构设置方案。该基地紧扣岱山产业特点和中国科学院宁波材料技术与工程研究所的科研优势，根据“技术工程化、人才国际化、产业属地化”的发展思路，打通“新材料研究—工程化关键技术突破—示范应用—产业化商品化（转移转化）”通道。围绕“新材料 + 先进制造”的全链条设计、一体化实施，力争实现“产业链、创新链、资金链”三链融合，为全县发展石化新材料产业打下基础。

【汽船配科技创新服务】 2020年，省级岱山汽船配公共科技创新服务平台共为全县汽船配企业提供服务950多次。1月，平台实验室通过上汽通用公司的GP-10复评审；9月，通过中国合格评定国家认可委员会（CNAS）的复评审。平台充分利用实验室管理系统软件，从接收委托检测到报告发放进行有效的跟踪，为建立实验室设备标准档案提供支撑。

【创新主体培育】 2020年，全县新增高新技术企业3家，分别为舟山市茂隆刹车盘制造有限公司、舟山嘉程机械股份有限公司、舟山市永立传动带有限公司。新增省科技型企业32家，分别为舟山市九橙信息科技有限公司、浙江瑞程石化技术有限公司、舟山神鹰车辆配件制造有限公司、舟山市恒尊港务建筑构件有限公司等。至年底，全县共有高新技术企业21家，省科技型企业150家。

【交流合作】 2020年，县科技局积极与长三角地区高校科研院所开展产学研对接，上海船舶工艺研究所与舟山惠生海洋工程有限公司、浙江海洋大学与浙江舟富食品有限公司、东南大学—无锡集成电路技术研究所与舟山晨光电器有限公司签订战略合作协议；深化完善科技创新券制度，实行创新券长三角区域通用通兑。实施企业“当家做主”的产学研协同创新制度，出台《岱山县产学研合作补助办法（试行）》。深入挖掘企业需求，促进产业端与技术端的精准对接。

【科普宣传】 2020年，县科技局紧紧围绕“科技战疫 创新强国”主题，联合县卫健局及相关单位，在枫树社区开展科普讲座活动，讲座主要针对科技战疫相关知识，提高村民新冠肺炎知晓鉴别、护理与防治的能力。

【科技特派员制度实施】 2020年，县科技局进一步实施科技特派员制度，助力农户增收。全县共下派7名专业技术人员开展科技特派员工作，其中市级3人，县级4人。科技特派员结合自己特长，深入渔农村，帮助农户掌握先进的农业适用技术，并根据农户对科技的实际需求，采取现场讲解、入户面授等方式，提供技术指导，全年共实施市县科技特派员项目10项。

（夏圆圆）

电 力

【概况】 2020年，国网岱山县供电公司（简称县供电公司）紧紧围绕省市公司、岱山县委县政府工作大局，建设打造“海岛示范”岱山样板，各项关键经营指标实现稳步提升。全社会用电量突破49亿千瓦时，同比增长209.9%；完成售电量8.11亿千瓦时，同比增长4%；综合线损率3.3%，同比下降1.14个百分点。全年实现营业收入4.83亿元；完成固定资产投资5226.20万元；投产10千伏及以上线路13.38千米，变电容量21.22万千伏安；电费回收率100%；全员劳动生产率62.54万元/人·年，同比增长5.3%。疫情期间，大力推广电力复工复产指数、转供电费码、力调电费码等大数据成果，贯彻落实阶段性降电价等政策，降低社会用电成本2247万元，赢得政府的认可和百姓的口碑。公司获评2020年度国家电网有限公司先进集体、全国用户服务满意单位、岱山县政府质量奖；衢山供电所获评国网公司五星级供电所。

【安全生产】 2020年，县供电公司强化安全生产源头风险管控，开展春秋季安全大检查，发现问题113项，整改率100%。成立安全管控中心，稽查现场380次，查处违章20起。开展电力设施安全警示标识专项排查，发现拉线警示管缺失等三类504项问题，整改343项。开展电力防外破联合执法行动，外破事件同比压降31.3%。完成应急救援基干队伍跨县域联合演练、“护网2020”等重要演练20余次。科学处置220千伏蓬莱变3号主变扩建期间等电网风险27项。完成引流线、跌落式熔断器、铜铝设备线夹的专项隐患排查，发现缺陷99项，消除严重及以上缺陷21项。综合治理书海等3条高故障线路，实现全年零故障。实现岱山区域35千

2020 年 9 月 27 日，县供电公司举办无人机巡查技能竞赛

（县供电公司　供图）

伏输电线路无人机巡检全覆盖。完成 35 千伏“长涂变”综合检修和“幸福变”保护装置改造。计划、故障停电时户数分别压降 30%、50.2%。在全市故障停电立功竞赛中，秀山、衢山供电所包揽前二名。公司获评舟山市“平安单位”，衢山供电所获评全市安全班组建设劳动竞赛优秀班组。

【电网发展】 2020 年，县供电公司对接政府“十四五”总体规划，完成岱山电网“十四五”发展规划研究工作，明确未来 5 年电网发展总体蓝图和建设重点任务。完成岱山西北部电力设施布局规划研究，提前应对石化配套项目用电接入需求。围绕“首台首套”“首面首域”，完成《衢山岛“十四五”高弹性配电网规划》研究，完成 110 千伏大衢变 3 号主变扩建等 3 项主网建设改造任务，为新增负荷接入和网架结构优化打好基础。全面完成年度 16 项配电网建设改造任务，重点完成 14 回 10 千伏线路网架的完善，核心城区网架更为合理。架空线路简易自动化覆盖率提升至 90%。实现龙峙至“大西变”线路联络，解决“大西变”单线单变问题。

【电力优质服务】 2020 年，县供电公司制定阳光业扩实施细则，落实优化环境再提升十大举措，电力指标从 72% 提升至 82%。在全市范围内率先完成网上国网推广任务，累计推广 4.23 万户。业务线上可办率达到 100%，减少群众跑腿 1.20 万余次。开展力调电费码推广应用，整改完成率单月提升 47.11 个百分点，实现指标逆转。圆满完成削峰、填谷各项需求侧响应任务，累计响应电量占全市总量的 39.2%。完成长涂、秀山“全能型”供电所打造，实现“全能型”供电所全覆盖。大力拓展电力市场，完成全年 2100 万千瓦电能替代任务，智慧电务、EPC 承包项目等综合能源业务合同总金额达 4769 万元，完成年度目标任务的 298%。服务社会绿色低碳发展，完成《推动

2020 年 9 月 28 日，县供电公司召开岱山县电力发展“十四五”规划征求意见交流会

（县供电公司　供图）

2020 年 12 月 2 日，县供电公司采用研发的电磁超声波电缆故障快速定位装置检查线路 （县供电公司　供图）

海洋潮流能商业化应用多维服务管理》创新项目。新能源并网容量提升至 11.58 万千瓦，全年消纳清洁电量 1.48 亿千瓦时。计量设备主人巡视率提升至 97.9%。完成全部高压用户供售同期调整。圆满完成县两会、中高考等各项保电任务。

【企业管理】 2020 年，县供电公司实施提质增效专项行动，落实原 35 千伏竹屿变设备再利用、账外物资梳理等系列举措，唤醒沉睡资源 466 万元。成立劳务检修服务队伍，试点开展检修用工新模式，外协队伍利用更高效。深化同期线损数据应用，基本完成高损线路、设备治理，查处偷窃电行为 32 起，追缴电费损失 38.32 万元。解决金海重工、日达广场等电费回收老大难问题。费控智能缴费比例提升至 38.4%。深化现代（智慧）供应链场景应用，配网物资抽检实现全覆盖。公司入选全省首批卓越引航试点单位，1 篇案例获省公司优秀案例二等奖。QC 成果“具有红外调距功能的自动告警标识牌”获全国电力行业、浙江省、省公司年度优秀 QC 成果三项一等奖。变电运检质量信得过班组建设成果荣获全国电力行业一等奖。

【企业文化建设】 2020 年，县供电公司开展服务国家战略项目、助推绿色港口发展等主题宣传活动，参与拍摄的电视剧《奋进的旋律》在中央媒体播出，青年说《追光百年——乘风破浪的舟山电力》获第八届全国品牌故事大赛一等奖，《光明颂歌》等 2 项作品获中电传媒杯全国电力行业优秀影视作品展评二等奖，企业品牌形象进一步彰显。完成 24 户困难、残疾户“千户万灯”公益项目。稳妥完成离退休人员社会化管理关系转接工作。完成首期小二班培训任务。17 人取得中高级职称，1 人获评“浙电工匠”称号，1 人获得“岱山十佳工匠”称号。

2020 年 12 月 7 日，县供电公司向种植户推广力调电费码使用 （县供电公司　供图）

5名新进员工获国家电网公司“优秀学员”称号。积极响应支援西部地区电力发展，4名员工完成国家电网公司援藏援疆的帮扶任务。衢山、东沙和长涂供电所获评省公司“五小”供电所示范点。打造中心营业厅“火凤凰”品牌，推进全国巾帼文明岗创建。

2020年岱山县各行业用电量与比重一览表

表7 单位：万千瓦时

行业分类		2019年	2020年
城乡居民生活用电合计	电量	15638.21	17010.84
	占比	9.89	3.47
农、林、牧、渔业	电量	713.11	687.16
	占比	0.45	0.14
工业	电量	44957.26	392197.19
	占比	28.42	80.04
建筑业	电量	73121.09	59015.72
	占比	46.22	12.04
交通运输、仓储和邮政业	电量	11647.84	8108.03
	占比	7.36	1.65
信息传输、软件和信息技术服务业	电量	947.25	1023.20
	占比	0.60	0.21
批发和零售业	电量	2454.86	2848.78
	占比	1.55	0.58
住宿和餐饮业	电量	2304.85	2304.13
	占比	1.46	0.47
金融业	电量	284.02	303.22
	占比	0.18	0.06
房地产业	电量	449.50	616.14
	占比	0.28	0.13
租赁和商务服务业	电量	517.20	561.82
	占比	0.33	0.11
公共服务及管理组织	电量	5157.01	5344.13
	占比	3.26	1.09
全社会用电总计		158192.18	490020.35

2020年岱山县供电生产情况一览表

表8

项　目	2019年	2020年
供电最大负荷（万千瓦）	17.13	16.66
供电量（万千瓦时）	81649.99	83871.43
售电量（万千瓦时）	78057.96	81138.45
线损电量（万千瓦时）	3592.03	2732.98
线损率（%）	4.40	3.26
供电负荷率（%）	78.61	79.02

（李海民）

经济开发区建设

【概况】 2020年，岱山县经济开发区坚持“八八战略”再深化，不断增强“窗口意识”，强化“窗口担当”，聚焦石化产业延链、补链、强链，强化服务国家战略，加快建设重大平台和重大产业项目。在体制机制完善、招商引资、僵尸企业处置、营商环境优化、基础设施配套等方面持续突破，有效推动开发区经济社会快速发展。是年，县经济开发区核心区块实现工业总产值45.40亿元，同比增长13.3%；实现税收收入2.80亿元，增长2.8%。

【实行“党工委+”体制】 2020年，县经济开发区由县委常委兼任党工委书记，破解碎片化难题，形成集中统一领导、精简高效的体制架构，形成分工明确、相互协同、高效精简的体制机制。重点抓好招商引资、项目建设、产业发展，在鱼山设立岱山社会事务综合管理组，强化同舟山绿色石化基地管委会和浙石化企业的“三方联动”，着力培育绿色石化中下游产业链。

【招商引资】 2020年，县经济开发区充分发挥紧邻舟山绿色石化基地的区位优势，组建专业招商组和招商小分队，围绕“一图一库一政策”工作导向，结合“四链两图”，提升项目招引针对性、竞争性。是年，完成合同利用资金68.80亿元，实际到位资金15.90亿元，其中，外资2070万美元；新落户企业26家，招引石化产业链企业15家，其中卓然石化设备模块化生产项目总投资达30亿元，成都润和催化剂生产项目总投资可达20亿元；浙石化仓储物流基地项目总投资10亿元，实质性在谈石化配套及中试基地项目4家。

【石化循环经济产业园打造】 2020年，县经济开发区进一步承接浙石化上下游产业溢出，努力建设国内有影响力的石化装备制造基地和配套高端产业基地。是年，卓然公司完成可研报告和总平面布置（一期）方案；润和公司三类用地9.64公顷已摘牌，完成项目可研初稿和开展环评报告编制；中科院宁波材料所岱山新材料研究和试验基地已签订投资框架协议，项目建设规模已确定，处于总平面布置方案确认阶段。

【“僵尸企业”处置】 2020年，县经济开发区建立联动工作机制，组建工作专班，健全完善府院联合工作机制，明确职责、各司其职，全年共处置“僵尸企业”6家，盘活土地138.07公顷。加快推进石化产业循环经济发展中心建设，进一步完善园区商贸服务产业，有效承接、吸纳鱼山溢出效应。县开投集团通过市场化手段，依法对海天船舶进行收储，海天船厂生活区改造完工，办公楼改造处于施工阶段。对宏鹰拆船、海舟船厂、晨业船舶等僵尸企业，制定“一企一策”的处置方案，多次召开工作推进会和协调会，妥善解决债务、风景区规划调整、航道论证、审批服务等难题，成功盘活土地112.33公顷，涉及资金8.93亿元。

县经济开发区内的标准厂房二期工程　　（岱山经济开发区管委会　供图）

【综合配套工程优化】 2020年，县经济开发区全面升级开发区综合配套工程，岱山县产业新城综合配套区（未来社区）项目编制规划方案基本完成，项目一期正式动工。新建德馨南路、远航路三期和海云路道路1.20千米，新增污水管网4千米，完成场地平整近千亩；新建产业孵化基地二期、污水处理厂、新材料产业园基础设施提升工程、2000吨级危险品码头提标工程等项目。是年，园区内71家企业内部管网和高亭片公共部分完成摸排及整改，完成“污水零直排区”创建工作。推动2000吨级危险品码头升级、1万吨级公共物流码头(海天船厂)改造，大幅提升园区配套能力。

【重大科创平台建设】 2020年，县经济开发区大力引进和培育重大科创平台，签约落地中科院宁波材料所岱山新材料研究和试验基地、中国石油大学（华东）密封技术研究所化工装置密封材料研发平台、航天科工未来产业创新中心等一批重大科创平台，以化解断链断供风险为核心，实施石化关键部件国产替代工程。建立县域产业创新服务综合体建设、培育机制，有效整合孤立、分散的行业创新要素和公共服务资源，打造集创意设计、研究开发、检测检验、创业孵化等功能于一体的产业创新综合服务体。汽船配内饰密封件产业创新服务综合体成功列入省级创建名单，

县经济开发区设立的行政服务审批窗口　（岱山经济开发区管委会　供图）

卓然（浙江）集成科技有限公司、润和催化材料（浙江）有限公司、浙江瑞程石化技术有限公司、浙江舟富食品有限公司、舟山晨光电器有限公司、舟山市奥博管业有限公司等一批规模以上企业正布局建设企业研究院。

【“三服务”2.0版实施】 2020年，县经济开发区完善审批服务，在经济开发区设立行政审批服务综合窗口，建立“一站式”审批服务机制，建立“容缺+承诺”“代办+代跑”“专窗+专人”等工作机制，为入区企业投资项目提供高效快捷的审批服务。全年共接待企业53家，办理各项业务64项，“岱山县为园区企业提供‘一站式’就近办审批服务”等经验做法得到上级部门的肯定和推广。

【“数字园区”建设】 2020年，县经济开发区坚持把数字化运用到开发区基础设施建设和产业发展的各方面，在基础设施方面，依托未来社区积极建设“智慧楼宇”，打造智慧展厅、智慧管控、智慧办公、智慧研发等智慧场景。投资6400万元建设新材料产业技术智控中心，设置智慧城市规划展厅、智慧管控中心；投资1500万元建成“数字孪生城市”CIM平台一期，建立开发区地理信息模型，提供园区“规建管”一体化的数字服务支撑；投资1000万元搭建仓储物流网络平台，依托数字化，做好仓储、物流、港航等方面的统一平台化服务。加快高新技术项目建设和传统工业转型升级，重点推进数字车间、工业互联、企业上云等。

（孙华盛）

责任编辑：姜小金

海洋与渔业

Marine Management and Fishery

海洋捕捞

【概况】2020年，全县海洋工作以创建省级渔业转型发展先行区为主线，全力以赴抓好渔业领域的疫情防控和复工复产，确保“两手抓、两手硬”。全年渔业总产值53.77亿元，按现价计算，比上年下降4.9%。水产品总产量33.58万吨，比上年下降12%，其中国内捕捞31.90万吨，下降5%。渔民劳均收入10.35万元，渔区人均收入4.02万元，分别比上年增长7.8%和8.5%。全年未发生较大以上安全事故。

【捕捞作业】2020年，岱山海洋捕捞春秋汛生产单位按作业类型分，帆张网515个，对（单）拖网26个，蟹笼251个，拖虾368个，刺网218个，围网75个（其中深水围网75个），灯光抄网25个，小型张网171个（包括海底串9个）。是年，全县国内捕捞生产效益总体较为平稳。帆张网、拖虾、对拖网作业生产效益与上年基本持平，其中拖虾全年单位平均产值215.18万元，比上年平均增值15.83万元；对（单）拖网全年平均235.61万元，平均产值与上年基本持平；帆张网全年平均248.62万元，比上年平均增值0.15万元；蟹笼全年平均产值237.70万元。从渔获物种类看，梭子蟹产量74125吨，比上年同期减少10.6%；虾类产量38874吨，比上年同期减少23%，小黄鱼产量27353吨，比上年同期减少9.5%；带鱼产量32225吨，比上年同期减少17.7%；鲳鱼、海鳗生产形势较好，增长幅度较大，鲳鱼产量9370吨，增长66.6%，海鳗产量14818吨，增长82.3%。

【科技示范船】2020年，县海洋与渔业局通过对渔船上通导设备、助渔设备、生活舱室和鱼舱冷藏设备的改造，改善捕捞环境，提升水产品质量，提高渔业生产效率。全年完成渔船改造49艘。深化生产渔具机械化、自动化改造，积极对接航天九院十三所，加快对蟹笼自动脱钩装置、饵料切割机等渔具的研发。

2020年度全县渔村劳动力情况一览表

表9

各乡镇	渔业村社个数（个）	总户数（户）	总人数（人）	总劳动力（人）		
				合计	其中	
					捕捞劳动力	养殖劳动力
高亭镇	18	8367	22778	7778	4071	88
东沙镇	5	566	1518	465	195	154

续表 9

各乡镇	渔业村社个数（个）	总户数（户）	总人数（人）	总劳动力（人）		
				合 计	其 中	
					捕捞劳动力	养殖劳动力
岱东镇	2	1508	3968	2093	1309	123
岱西镇	2	519	1802	666	307	154
秀山乡	1	196	570	206	122	66
长涂镇	2	1275	2677	1123	735	95
衢山镇	25	10861	24285	12402	5469	270
合 计	55	23292	57598	24733	12208	950

2020 年全县主要捕捞作业产量和产值一览表

表 10

类型	对拖	帆张网	拖虾	蟹笼	深围	大机流	单拖	灯抄
产量（吨）	4947	129070	71630	49701	4109	20099	770	11911
产值（万元）	5240	128041	79188	59666	4388	21419	886	12277

2020 年全县主要捕捞品种产量一览表

表 11　　单位：吨

年份	小黄鱼	鮸鱼	梅鱼	带鱼	鲳鱼	海鳗	梭子蟹	虾类
2020	27353	10151	40142	32225	9370	14818	74125	38874

海水养殖

【养殖尾水治理试点建设】 2020 年，县海洋与渔业局持续推进全县水产养殖尾水的治理工作，委托第三方对 4 家养殖尾水治理示范点（岱山县恒舟水产养殖专业合作社、岱山南锋水产养殖试验场、岱山县东升对虾养殖专业合作社和舟山市兴东水产养殖有限公司）进行跟踪监测。检测数据显示，4 家尾水治理点尾水达标排放合格率 100%。是年，全县完成 265.93 公顷水产养殖尾水处理面积，比计划多完成 51.13 公顷。

【健康养殖示范场创建】 2020 年，全县新创建健康养殖示范场 3 家，为岱山县飞兵水产养殖场、秀山乡渔业专业合作社和岱西镇双合社区养殖场。7 月，启动 3 家水产健康养殖示范场创建工作，指导养殖单位进行水产养殖尾水设施建设（建设内容主要包括沉淀池、曝气池、生态处理池和生物滤坝等）、完善 3 项记录（苗种投入品采购记录、生产管理记录和产品销售记录）、实施制度上墙和病死鱼虾无害化处理等工作。11 月，3 家健康养殖示范场均通过验收。

【种养基地数字化改造】 2020 年，县海洋与渔业局在 2 家企业开展数字化养殖试点工作，建设在线监测系统和生产过程管理系统，养殖产能整体提高在 20% 以上，生产成本降低 5% 左右。同时，加大配合饲料推广力度，共发放海水蟹配合饲料 100 多吨，合计 6000 包，引导养殖企业不断增强养殖环保意识和生态理念。

【养殖技术培训】2020年，县海洋与渔业局有序开展养殖技术推广服务工作。6月，在舟山市实用人才实践培训基地（岱山县兴丰梭子蟹养殖专业合作社）举办渔技推广培训班1期，邀请浙江省海洋水产研究所专家就疫情防控进行现场教学和指导，培训学员达56人次。11月，县海洋与渔业局组织养殖户参加舟山市海洋与渔业局举办的关于“水产养殖高质量发展”“水产品质量安全”培训班，由国内知名水产专家现场授课，并外出考察，向养殖业发达地区学习取经。

渔业经营体制改革与民生保障

【基层管理组织建设】2020年，县海洋与渔业局把渔船管理从传统渔村“剥离”出来，成立专业合作社，以破解基层渔船管理组织多、小、散等问题。全县44个渔业村社整合提升至15个基层管理组织。

【渔业生产成本补贴】4月，县海洋与渔业局提前为1600余艘渔船，发放2019年度国内渔业生产成本补贴1.30亿元，缓解疫情影响给渔民群众带来的资金压力，切实减轻渔民群众负担。

2020年全县渔业固定资产原值情况一览表

表12　　单位：万元

乡镇	合计	其中：当年新增固定资产总额	村社集体资产值	股份合作单位资产原值				私营个体经营资产值
				小计	其中			
					捕捞业	养殖业	水产品加工业	
高亭镇	104953	0	29174	1400	1400	—	—	74379
东沙镇	979	27	65	414	298	—	116	500
岱东镇	28222	1327	615	6982	6675	307	—	20625
岱西镇	3760	30	30	3150	3100	—	50	580
秀山乡	2310	140	510	1800	1800	—	—	—
长涂镇	12127	138	627	500	400	—	100	11000
衢山镇	130237	224	8248	90100	88802	1003	15	31889
合　计	282588	1886	39269	104346	102475	1310	281	138973

渔业安全管理

【渔船点验中心整合规范】2020年，县海洋与渔业局将全县原有的17个点验平台整合为1个县级点验中心和7个乡镇级点验中心，所有村社的渔船点验职责均划入乡镇渔业指挥中心，实现扁平式管理。同时，为适应渔船海上作业生产的新形势新要求，发布渔船安全点验新规，并举办新闻发布会，通过媒体，宣传新规细则。

【渔港“港长制”深化】2020年，县海洋与渔业局在高亭、衢山、长涂等4个国家二级以上渔港成立综合管理站，实现“办公有场地、管理有专员”。海警进驻衢山、长涂渔港，进一步促进管理要素向渔港集聚。

【渔船回港执法检查】2020年，通过海陆联动，县海洋与渔业局加大对渔船回港执法检查和渔政船出海突击检查频率，着力突出对“五超”行为、无证驾驶、编组不落实等违规对象的精准打击，加大对渔船安全生产主体责任的追究力度。全年共开展执法检查939次，查处渔船违法违规行为148起，强制停航40艘，移送公安、海警9起28人，行政拘留9人，在渔区形成强大的震慑力。全面加强涉外管控，严

2020 年 3 月 4 日，县海洋与渔业局在岱山海域开展渔船开捕检查
（刘静达　摄）

防非法越界捕捞事件发生，2 次派遣渔政船，到中韩渔业协定线中方一侧水域进行巡航检查。

【渔船安全检查整治】 2020 年，县海洋与渔业局始终把隐患当成事故来对待，坚持关口前移，加强日常防范，加强源头治理、前端处理。对检查出的渔船安全隐患，采取“分类施策、销号管理”方式加以整改。渔船检查建档、高危渔船隐患整改、渔船纳入基层组织管理等六项指标落实率均达到 100%。

【渔业安全管理】 2020 年，县海洋与渔业局通过一系列规章制度，规范全县渔业安全层级管理，进一步健全渔船编组生产、渔船船东船长记分、渔船进出渔港报告规定、帆张网渔船网具超载处罚、出卖未过户渔船专项整治措施等 6 项规定。全年共启动 9 级以上大风等应急值班 150 天，发送各类恶劣天气气象、航行通告、安全管理指令、宣传信息等短信 100 万余条；突出对“黑色 5 小时、特殊天气、高危渔船、落单渔船”等重点环节的点验，深化渔船异常情况处置程序，对出现报警提示的渔船一对一真实核查、闭环管理。

【渔船管控“数字化”建设】 2020 年，县海洋与渔业局在渔船上试点安装驾驶室视频监控、黑匣子等设备，以加强对渔船驾驶行为的规范管理，防止疲劳驾驶、无人值班。积极对接航天二院，研发船载低轨卫星通信系统终端。在衢山中心渔港、长涂渔港开展智慧渔港建设，提升渔业管理渔船管控的数字化水平。深化渔船进出港报告制度，至年底，全县所有渔船均录入进出港报备系统。

【万员培训工程】 2020 年，全力克服疫情影响，县海洋与渔业局探索创新各类培训模式，在全市率先实行“线上＋线下”相结合的培训方式，开展“万民渔民技能大轮训”活动，累计完成普通船员、职务船员、船东船长面对面安全教育培训共 1.08 万人次。

2020年11月21日，县海洋与渔业局在岱山海域检查帆张网渔船（刘静达　摄）

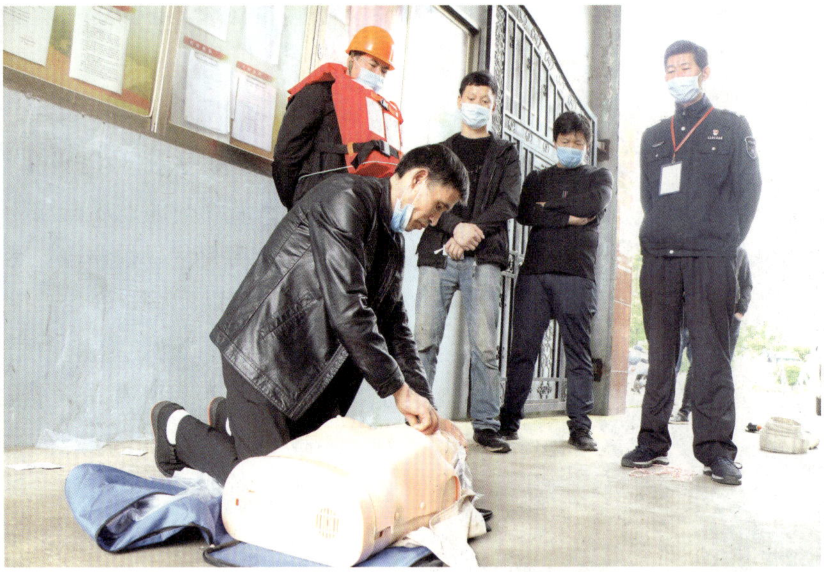

2020年5月9日，县海洋与渔业局开展渔民技能培训　　（胡玲翁　摄）

同时，加大救助技能培训力度、增设“监护人”培训项目，邀请东海救助局宁波基地资深教师到岱山授课，开展渔民安全意识提升培训班。

一打三整治

【专项治理小型三无船舶】 2020年，县海洋与渔业局先后出台《关于规范港内涉渔接驳船管理的意见》《全面整治小型“三无”船艇的实施方案》，对人员、船舶、设备设施、活动范围等提出明确要求，并联合公安、交通、海事、海警等部门和乡镇开展清港行动。91艘涉渔接驳船全部纳入管理；联合海事、交通等部门开展清港行动，集中清缴105艘小飞艇，纳入管理28艘。

【严查禁用渔具】 2020年，县海洋与渔业局通过海上查、陆上堵，加强对禁用渔具的检查。共清理地笼网206顶、违规张网、流刺网6727米。

【严查流通渠道】 2020年，县海洋与渔业局和市场监管部门开展联合执法，堵住违禁渔货物流通渠道。严格落实渔获物进场索票索证制度，派出执法人员驻守高亭农贸市场、城郊菜场及饭店经营场所，每日分时段开展抽查，禁止8种海洋捕捞冰鲜或活体水产品上市出售。共检查市场、饭店等场所461次，没收违禁渔获物453.69公斤，全部赠予社会福利机构。

【开展增殖放流】 2020年，县海洋与渔业局共投放日本对虾、大黄鱼、三疣梭子蟹、黑鲷、半滑舌鳎等5个品种的海洋水生生物苗种，共计1.07亿尾，有效增加周边海域生物资源量。

渔业综合管理

【蟹文化综合产业园建设】 2020年，《蟹文化产业园修建性详细规划》获批，陆域工程现场完成“三通一平”、海堤工程通过完工验收、码头工程取得海域权证及岸线批复。2家落户企业均取得土地及海域权证，陆域工程在图审中，完成后方冷库地基处理及大楼基础结构，全年共完成投资1亿元。

【渔船建造和船名号规范】 2020年，县海洋与渔业局严格落实“三个相符”，即建造图纸符合船检技术规则规范、图纸与实船相符、实船与证书相符。是年，在全县共新建各类渔业船舶126艘，其中县里渔船52艘，市内县外渔船44艘，市外渔船30艘，以蟹笼和刺网作业类型为主。对全县所有大中型以上的渔船按规范在驾驶室外两侧悬挂船名号标识牌。

【登船检验】 2020年，县海洋与渔业局共登检渔船1897艘，对救生衣（圈）、灭火器、求生信号弹等安全消防设备缺失、失效、破损的渔船，及时进行更新增补；继续开展渔船号灯、自动舵等专项清理整治，巩固前期治理成果；继续对全县渔船老旧气胀救生筏实行更新补助政策，全县165艘渔船共发放专项补助资金32万元。

【“最多跑一次”改革】2020年，县海洋与渔业局借助渔小二办证系统梳理整合渔业高频办事事项，优化渔民申请、部门审批、证书发送等办事环节。自该模式实施以来，已有35个涉及渔业办事的行政许可事项实现“最多跑一地”，办理各类渔业证书113件，服务渔民群众80余次。

【渔船环保设施设备安装】2020年，县海洋与渔业局继续强势推进渔船防污染设施设备安装工作，分别安装渔船防污染设备782套、生活污水贮存柜605套，完成省里下达的指标任务。

【渔业船员服务中心建设】2020年，针对渔业劳动力存在流动量大、用工制度不规范、供需信息不对称和船员中介市场混乱无序等问题，县海洋与渔业局联合省船舶交易中心在衢山镇推进渔业劳动力市场建设试点工作。8月，衢山渔业船员服务中心挂牌并投入使用，在系统原有功能的基础上，整合渔业船员合同、一船一档、渔船开捕申报及船员实名登记等信息，实现渔业船员信息的实时动态和可追溯管理。是年，共签订合同12000余份，船员上船登记10000余名。

【网格调解服务体系优化】2020年，海上网格以各合作社渔船整体划分，陆上网格以“东海渔嫂”为依托，织密对渔村家庭的精准服务网，强化与海上渔民老大之间的联络，实现渔船海上服务“零距离”。同时，加大联谊协调，与宁波奉化、温州瑞安、江苏启东等渔业县区，签订共建共管协议。

渔港建设与管理

【美丽渔港建设】2020年，围绕“港城融合、产城融合”发展目标，高起点规划、高标准建设美丽渔港，完成《美丽渔港、活力港湾概念性方案》的设计，江南段渔政码头拆除工程的完工，江南段岸线综合整治工程完成EPC招投标，推进相关政策处理工作，共完成各类投资约3亿元。

【渔港综合整治】2020年，县海洋与渔业局出台《高亭中心渔港环境整治实施方案》，在全县各渔港码头设置监控摄像头44处，专门配置渔港巡查力量和渔港保洁队伍，实时掌握渔港排污及靠泊渔船动向。伏休前后，组织实施渔港环境整治提升攻坚战，在20天内清理完常年堆放的渔船网具，并统一搬迁至南峰网具专用堆放场，同时常态化开展巡查，确保高亭中心渔港的整洁和优美。在此期间，共整改渔用通道渔具堆放119处，清理废旧品垃圾59处，清理渔港海上垃圾143车（约39吨）、清理海面油污39次。加大执法力度，全面规范渔港管理，共查处明火作业（修船）等违规行为183起、排油污渔船13艘，并全部整改完毕。

（胡玲翁）

责任编辑：李慧慧

农　业

Agricultural

综　述

【概况】 2020年，县农业农村局（县水利局）（以下简称县农业农村局）围绕“海岛大花园”和高水平建设“四个岱山”的目标，大力推进美丽乡村建设、农业农村产业升级、水利水务工程建设，各项工作推进有力。2020年，全县深化美丽乡村建设，长涂镇长西村等3个省级美丽乡村精品村创建、高亭镇大峧村等3个市级美丽乡村精品村创建基本完成。在实现全县渔农村生活垃圾分类处理全覆盖的基础上，结合长涂镇未来社区建设，开展长涂镇智慧垃圾分类设计，实现垃圾分类“智能化、社会化、规范化”。积极建设长西村等“一米菜园”样板村、岱东镇、岱西镇“可食地景”。通过部门立项、向上争取、招商引资等方式进一步确定项目，明确全年开展26公顷产业发展一期、风貌提升、精品村庄打造、生态河道建设等13个项目。东沙镇“四治融合”入选“浙江乡村振兴十大模式”。“祭海谢洋大典”入选全省二十四节气农耕文化活动。

【农村基础保障建设】 2020年，县农业农村局完成全国第一批“第二轮土地承包到期后再延长30年”试点村——衢山镇皇坟延包试点，成功列入全省“家庭农场整体提升试点县”（全省共8个），补助资金500万元；出台《岱山县关于进一步推进村级集体经济高质量发展的实施意见》，将薄弱村标准提高至年经营性收入在15万元以上，完成5个薄弱村“消薄”任务；深化“肥药双制”改革，构建化肥、农药“进—销—用—回”数据信息闭环，大力推广绿色农业生产方式，全力争创绿色农业发展先行县；稳定粮食生产，做好粮食生产功能区非粮化整治，完成粮食播种面积892.42公顷；全面推进“清廉村居”建设，完成7个示范村和1个示范点建设；建成全县村级资金网上审批系统，实现“无现金”管理，审核经济业务8772笔，涉及资金1.91亿元；强化“菜篮子”商品保供能力，完成蔬菜基地防灾减灾能力提升改造16.67公顷；加快推进衢山万头猪场建设，是年底完成肉猪舍主体工程；完善“菜篮子”供应店布局，新建供应店3家，推出“鱼篮子”建设，完成鱼篮子建设3家。

【水利工程建设】 2020年，县农业农村局完成4.60亿元水利建设的投资任务，全力推进水系连通及水资源综合利用工程，完成总工程量的30%；继续开展大陆引水工程建设，完成马目、岱北加压泵站工程建设和设备调试，以及岱山本岛—衢山岛管道的敷设，大陆引水岱山段工程全线完工；完成渔农村饮用水达标提标工程11个，惠及人口4.25万人；加快强排泵站工程建设，启动实施强排泵站9座（包括原计划第二年实施的3座），年末完成总体工程的30%；2020年向上申报项目争取资金，获省补助4870万元、中央补助260万元、政府专项债券3000万元，融资2.10亿元（到账3000万元）；推进完成《岱山县水利综合规划》《“十四五”水安全保障规划》《岱山县高质量饮用水建设方案》《海塘安澜“一县一方案”》等四项规划。

【渔农户帮扶工作】 2020年，县农业农村局开展机关干部结对帮扶低收入渔农户工作，全县共结对贫困户1524对，帮扶资金和实物价值稳定在每户1600元以上；做好低收入渔农户再排摸工作，家庭对年人均收入在8000元以下的渔农户进行再排摸，确保“不落一户、不落一人”；扶持建立帮助低收入渔农户就业增收的扶贫基地，直接吸纳低收入渔农民就业；持续开发村公益性岗位，安排低收入渔农户就业。

种植业

【种植业生产】 2020年，全县粮食作物种植面积892.42公顷、产量4571吨。蔬菜种植面积1431公顷、产量20736吨。果用瓜种植面积297公顷、产量4215吨。油料种植面积322公顷、产量978吨。

【主要农作物品种】 **水稻** 单季晚稻种植面积326.91公顷，比上年增加98.38公顷；产量2487.10吨，比上年增加971.30吨。单季晚稻引进秀水519、甬优1540、嘉58、嘉丰优2号等品种6个，主推品种为秀水134、嘉禾218、嘉优中科3号。

蚕豌豆 主要品种为白花大粒、双绿5号、浙豌1号，种植面积108.77公顷、产量330.20吨，分别比上年减少107.36公顷、289.80吨。

马铃薯 主要品种为中薯3号、中薯5号、费乌瑞它，种植面积99.36公顷、产量383.10吨，分别比上年减少109.97公顷、667.10吨。

小麦 种植面积63.35公顷、产量282.30吨。

大豆 以鲜食为主，种植面积49.64公顷、产量162.9吨，分别比上年减少193.43公顷、553.6吨。

玉米 推广苏玉糯2号、浙凤糯3号、美玉7号等品种，以鲜食为主，种植面积75.54公顷、产量412.60吨，分别比上年减少207.19公顷、796.60吨。

甘薯 种植面积149.53公顷、产量453.90吨。

油菜 主要推广品种为浙大622、浙油50。种植面积为160公顷、产量439吨，比上年减少3.20公顷和增加23.30吨。

花生 种植面积为158公顷、产量529吨，分别比上年减少18.47公顷和增加26.90吨。主要产地岱东镇后沙洋。

蔬菜 播种面积1431公顷、产量20736吨，分别比上年减少27.20公顷和51.90吨。

瓜果 西瓜推广早佳、拿比特、早春红玉等品种，种植面积186公顷。甜瓜推广哈翠、玉菇等品种，种植面积79公顷。草莓种植面积22公顷，主要推广越丰、圣诞红、香蕉等品种。

【栽培技术】 2020年，县农业农村局示范推广单季晚稻“两壮两高”高产栽培技术、水稻缓（控）释肥轻简化施肥技术、西瓜长季节栽培技术、马铃薯大棚免耕栽培技术、穴盘育苗技术、蔬菜微灌及水肥一体化技术、土传病害防控技术、草莓立架基质栽培技术、秸秆综合利用等先进适用技术。开展水稻高产示范创建、缓释控肥等新肥药生产试验示范，实行农药购买实名制，推广有机肥替代化肥。

“菜篮子”工程建设

【生产基地建设】 2020年，全县建设市级放心菜园13.33公顷，分别为岱山县枫秀缘家庭农场6.67公顷、岱山县七色蔬果蔬专业合作社6.67公顷，重点提升改造蔬菜基地的防灾减灾能力，项目均被列入市级蔬菜基地提升改造（防灾减灾）项目。进一步提升全县蔬菜基地的防灾减灾能力，提升改造岱山县金荣家庭农场蔬菜基地3.33公顷。其中，枫秀缘家庭农场共投入建设资金45.44万元，七色蔬果蔬专业合作社共投入建设资金28.41万元，金荣家庭农场共投入建设资金16.53万元。

2020年1月15日上午，县委副书记、代县长孙志龙（左三）检查2020年岱山县“菜篮子”春节年货供应情况 （县农业农村局 供图）

【“菜篮子”供应店建设】 2020年，全县新开设“菜篮子”供应店3家。其中，高亭镇1家（兴博长河路供应店），衢山镇1家（源泰衢山供应店），长涂镇1家（鸿威长涂供应店）。“菜篮子”工程进一步向外岛延伸拓展。开展“鱼篮子”供应点的建设工作，共建设“鱼篮子”销售点3家，分别为兴博长河路供应店、枫秀缘绿城供应店、高亭菜场福平水产品供应点，对“鱼篮子”供应点的销售面积、销售品种、销售价格、灯箱样式等作出相应要求，规范“鱼篮子”的经营标准。至年底，全县共有菜篮子供应店（点）18家，其中高亭农贸市场内3家（福平水产、戎万兴豆制品、欢兴香蟹园蔬菜供应点）、竹屿农贸市场内1家（福旺蔬菜供应点）、桥头农贸市场内1家（欢兴香蟹园蔬菜供应点），高亭城区范围农贸市场外9家（源泰嘉和园店、源泰锦绣华府店、绿欣锦元华庭店、绿欣闸口店、千叶长河路店、枫秀缘沿港路店、枫秀缘绿城店、兴博长河路店、戎万兴豆制品专营店），东沙1家（塘田桥头店），衢山2家（源泰衢山店、振衢衢山店），长涂1家（鸿威长涂店）。

【“菜篮子”工程管理】 2020年，全县共创建省放心市场4家（分别为高亭中心菜场、竹屿新区菜场、岛斗农贸市场、秀山农贸市场），创建星级文明市场4家（分别为高亭中心菜场、竹屿新区菜场、秀山农贸市场、岱西农贸市场）。完成海滨市场的提升改造，并于10月1日对外营业。全年共开展定量检测103批次，其中监督抽检52批次，检测合格率均为100%；定性检测2315批次，合格率100%。配合省市相关部门，完成例行及监督检测任务103批次，检测合格率均为100%。

【应急保供】 2020年，针对新冠疫情，县农业农村局做好“菜篮子”应急保供工作。下发《关于进一步加强蔬菜生产保障工作的通知》，鼓励叶菜类保障型蔬菜种植。是年，全县共种植速生型叶菜4.40公顷。开展商品储备，与水产品、豆制品、蔬菜、猪肉等重要菜篮子商品相关企业，签订应急储备协议，储备冻猪肉80吨、水产品250吨。

【供应活动】 2020年，县农业农村局开展元旦、春节、五一、国庆中秋的平价供应活动，天数达37天。其中，春节期间举办年货供应会，设摊9个，展销各类商品150余种，并特别推出冻猪肉及达州特色农产品销售。元旦、春节期间，销售特价猪肉47吨、禽蛋34.50吨、蔬菜69吨、冻水产品13.50吨。开展水产品平价供应活动，伏休期间(5月1日—8月1日)和国庆期间(9月30日—10月8日)在全县3家“鱼篮子”供应点开展冻水产品平价供应，共计销售特价冻水产品11.50吨。

畜牧养殖业

【畜牧禽养殖】 **家畜** 2020年，全县生猪饲养0.19万头。年内生猪出栏0.04万头。全县有生猪养殖场1家，存栏生猪0.15万头。山羊饲养0.62万头，年内出栏山羊0.32万头，羊肉产量为70.60吨。年末，耕牛存栏21头。

家禽　2020年底，全县饲养家禽8.85万羽，年末存栏3.85万羽，比上年分别下降7.9%和上升11.9%。年内出栏家禽5万羽，禽肉产量114.30吨。

野生动物　主要驯养野生獐等。2019年划入县自然资源和规划局管理的秀南獐场，年末存栏种獐300余头。

畜牧生产　2020年，新建万头规模场1家，6月引进投资公司——浙江徐丰农业有限公司，猪场计划投资1.05亿元，设计规模母猪存栏1500头，建成年出栏肉猪3万头。9月，公司进驻施工现场，开展施工前期工作。7月起，全县实行规模养殖场养殖管理码工作。

2020年，衢山镇新建泥螺山万头猪场　　（县农业农村局　供图）

2020年岱山县家畜家禽饲养情况一览表

表13

家畜（头）						家禽（万羽）					
猪		牛		山羊		饲养	存栏	肉禽	蛋鸡	蛋鸭	鹅
饲养	存栏	出栏	存栏	饲养	出栏			出栏	存栏	存栏	出栏
1865	1505	360	21	6230	3210	8.85	3.85	3.79	0.96	0.40	0.07

【畜牧养殖污染治理】　2020年，县农业农村局配合县环保部门对全县禁养区进行重新划定。是年，县政府下发《岱山县人民政府办公室关于印发岱山县畜禽养殖禁养区划分调整方案的通知》，进一步规范全县畜禽养殖治理工作。年末，全县规模畜禽养殖粪污综合利用率在95%以上。

【生猪检疫】　2020年，县农业农村局对境外调入生猪实施活猪检疫，共4504头；外调生猪4504头；对境内出栏生猪实施产地检疫360头，岱山本岛、衢山2个定点屠宰场（点）的待宰生猪实施宰前检疫和宰后检验，检出病死猪5头，病害脏器1844.47千克，均作无害化处理。

【动物疫病防控】　**非洲猪瘟防控**　2020年，县农业农村局加强屠宰环节非洲猪瘟的监测工作，共开展非洲猪瘟实验室检测497批次，做到及时诊断，采取相应措施。加强对县外调入冷鲜肉疫病的防控工作，全年共开展专项检查30余次，抽检样本865份，监测结果均呈阴性。

重大动物疫病强制免疫　3月和9月，按照省防治动物疫病指挥部要求，县农业农村局分别组织开展春秋两季集中免疫工作，因新冠病毒影响，通过电话文件部署形式组织开展防疫工作。全年共使用家禽禽流感疫苗4.73万毫升，预防注射家禽4.65万羽次，散养户家禽免疫率在95%以上；使用牛羊口蹄疫疫苗0.86万毫升，注射羊0.41万头次；使用羊小反刍兽疫0.31万头份，注射羊0.30万头次。散养户牲畜免疫率在90%以上，规模养殖场免疫率达100%。并在集中免疫后，开展免疫血清监测。

犬免疫 9月，实行《舟山市养犬管理条例》，配合县公安部门在全县开展犬类集中免疫工作，共免疫犬只463只。

【动物疫病监测】 2020年，县农业农村局对境内规模户和散养户的畜禽进行抗体监测，抽检家禽禽流感、新城疫血清样本123份，山羊口蹄疫、小反刍血清样本175份，其抗体合格率在85%以上。

【畜产品安全监管】 2020年，县农业农村局继续推行畜产品安全可追溯制度，督促养殖屠宰企业规范，并落实病死或者死因不明动物的登记、报告和处置措施，杜绝病害动物及产品流向市场；组织开展动物防疫、畜产品质量安全会议和联合检查20余次，纠正处置违法行为10余次。开展新冠疫情期间的市场活禽销售监管工作，累计检查农贸市场115个，出动检查人员60余人次。全年在养殖和屠宰环节开展瘦肉精检测1026批次，结果均呈阴性。是年，执法立案职能转入执法大队。

【病死动物无害化处理】 2020年，县农业农村局指导各乡镇建立病死动物规范化处置机制，减少病死畜禽随意丢弃行为。在衢山镇兴昌肉食品厂、岱山县联达牧场，新建病死动物无害化处理冷库2座。落实病死猪无害化处理补助相关政策。全年生猪规模化养殖场病死猪无害化处理数量为78头，申请补助资金0.62万元，以一卡通形式拨付给养殖户；屠宰环节病死猪无害化处理数量为17.70头，申请补助资金1.56万元。

水利体系建设

【概况】 2020年，全县加快农田水利建设步伐，全年水利建设资金总投入5.12亿元，比去年减少39.4%；农田有效灌溉面积2499.33公顷；节水灌溉面积1860公顷；在建围垦工程包括舟山绿色石化基地围填海工程、长涂双剑涂围垦工程2个项目，全年完成投资3.60亿元。继续推进水利防洪排涝工程建设，重点实施水系连通工程1项、新建平地水库1座、海塘加固1条、强排泵站建设6座、水库除险加固5座、山塘综合整治3座。

【水利规划编制】 2020年，县农业农村局紧紧把握“水利工程补短板，水利行业强监管”的总体基调，完成《岱山县水利综合规划》《“十四五”水安全保障规划》《岱山县水资源节约保护和开发利用总体规划》《浙江省海塘安澜千亿工程岱山县规划方案（2020—2030)》《岱山县水资源保障规划》《岱山县节约用水十四五规划》等多项规划的编制工作，为岱山县水利事业高质量发展提供规划保障。

【防洪排涝体系建设】 2020年，县农业农村局针对重点滞涝区域在遇强降雨特别是高潮位时排涝不畅的问题，完成6座强排泵站的招投标工作，并顺利开工。

【重大水利项目建设】 2020年，县农业农村局完成岱山县水系连通以及水资源综合利用工程的前期工作并顺利开工；开展岱山县海塘安澜工程（城防海塘）、岱山县磨心水库扩容以及河库联网工程等重大项目的前期工作。为保障各项水利项目的顺利开展，申请政府专项债券3000万元，融资2.10亿元(到账3000万元)。

【农业水价综合改革】 2020年，全县累计完成农业水价综合改革面积1493.33公顷，在编制水价综合改革工作总结报告、逐项梳理改革验收台账的基础上，于7月顺利通过省级验收。通过农业水价改革，建立农业水价形成、精准补贴和节水奖励、工程管护、用水管理等4项机制，促进农业节水减排。

【“无欠薪”治理】 2020年，县农业农村局全面落实在建水利工程农民工实名制管理、进出场登记和工资保证金制度，实行人工费用与其他工程款分账管理制度，督促完善建立农民工工资专用账户，及时按月足额向农民工发放工资。2020年在建水利工程上报县防处办项目共 6 个，协同县防处办开展专项督查 3 次，对发现的问题及时督促整改落实，确保在建水利工程领域无欠薪情况发生。

围　垦

【舟山绿色石化基地围填海工程】 工程位于岱山县大、小鱼山岛，主要任务是在大鱼山的东西两侧开展围填海工程，为舟山绿色石化项目提供必要的建设用地。工程建设内容为工程填海成陆总面积 17.35 平方千米，新建围堤 12.85 千米，项目估算总投资 183.75 亿元。工程自 2015 年启动以来，至 2020 年，已移交浙石化土地 1100 公顷，陆域形成标段已完成；西北堤完成施工；东堤完成全段合龙，2020 年完成工程投资 3.50 亿元。

【长涂双剑涂围垦加固工程】 工程围涂面积 751.33 公顷，由海堤和水闸组成。加固方案分二期实施，一期实施西片围区周边西围堤加固、磨盘山水闸修复、磨盘山至狗山咀隔堤加固；二期实施东片东围堤未建堤段和已建堤段加固。2020 年，完成西围堤一期加固工程，完成工程投资 1000 万元。

水利工程运行管理

【省级美丽河湖创建】 2020 年，在“品质河道”建设的基础上，县农业农村局全力推进桂太河库水系（枕头山村—沼潭村）美丽河湖建设。12 月，经县级自评、市级验收、省级复核，确定为省级“美丽河湖”。

【水利工程标准化创建】 2020 年，全县水利工程标准化管理创建项目 3 处，分别为长涂镇西鹤涂海塘、高亭镇谢家岙山塘、东沙镇桥头山塘，总投资 85 万元。10 月，全部创建完成并通过县级验收。

【超期未鉴定水库、海塘的清零】 2020 年，县农业农村局全力推进超期未鉴定水利工程的安全鉴定工作，全县共 22 座水库、9 条海塘超期未鉴定。委托资质单位开展水库、海塘安全鉴定报告的编制，通过专家审查、审批，12 月底，超期未鉴定水库、海塘全部清零。

【“水美乡村”“乐水小镇”创建】 11 月，通过县级自评、市级验收，县农业农村局完成南浦村、大岭村、塘墩村、板井潭村的“水美乡村”创建，高亭镇“乐水小镇”创建。

【水域调查】 2020 年，县农业农村局委托资质单位，编制完成《岱山水域调查报告》。调查表明，岱山县陆域面积 326.25 平方千米，水域总面积 6.28 平方千米。共有河道 123 条，长度 149.84 千米，面积 1.84 平方千米，总容积 493.97 万立方米，河网密度 0.46 千米／平方千米；水库 59 座，水域面积 2.87 平方千米，总库容 1910.38 万立方米；山塘 224 座，水域面积 1.15 平方千米；沟渠 65 条，总长 29 千米；其他水域面积 0.42 平方千米。

2020 年岱山县水域调查情况汇总表

表 14

水体类型	数量（条／座）	长度（千米）	面积（平方千米）	容积（万立方米）	水面率（%）
河道	123	149.84	1.84	493.97	0.56
湖泊	—	—	—	—	—
水库	59	—	2.87	1910.38	0.88
山塘	224	—	1.15	433.69	0.35
沟渠	65	29.00	—	0.13	—
其他水域	178	—	0.42	0.68	0.13
合计	649	178.84	6.28	2838.85	1.92

【汛前、汛中安全大检查】3月上旬，县农业农村局组织开展水旱灾害防御汛前大检查活动，通过摸排，发现安全隐患49处，要求各水管单位整改，整改完成33处、落实安全度汛措施16处。6月底，组织开展汛中大检查暨水利设施、涉河涉堤工程安全隐患大排查，全面排查全县水利设施安全隐患，重点检查水库存在的隐患和病险水库度汛措施，确保安全度汛。

【《山洪灾害调查报告》完成】2020年，县农业农村局委托资质单位编制完成《山洪灾害调查报告》。调查涉及全县7个乡镇、33个行政村、53个自然村。主要成果包括山丘区小流域暴雨计算成果53个，重要村落设计暴雨洪水计算成果53个，重要村落的现状防洪能力评价成果53个，重要村落的危险区等级划分成果8个，重要村落的预警指标分析成果8个。通过分析评价工作，分析小流域暴雨洪水特征，提供山洪灾害重点防治区内重要村落的现实防洪能力、危险区等级划分以及预警指标等成果，为山洪灾害预警、预案编制、人员转移、临时安置、防灾意识普及、群测群防等工作提供科学、全面、详细的信息支撑。

水资源管理

【大陆引水工程】2020年，大陆引水一期开启天数357天，平均日引水量1.14万吨/日，全年共计引水406.65万吨。完成舟山市大陆引水三期岱山段工程的施工，实现设计全程的引水。大陆引水三期开启天数62天，平均日引水量3.83万吨/日，全年共计引水237.48万吨。

大陆引水一期工程之海上施工现场　（县农业农村局　供图）

【海水淡化工程】2020年，全县4个海水淡化厂共供水120.51万吨，其中岱山本岛海水淡化20.53万吨，长涂海水淡化7.41万吨，衢山海水淡化33.46万吨，秀山海水淡化59.11万吨。

【“3·22”世界水日中国水周宣传活动】3月22日，县农业农村局组织开展节水知识网上问答活动，累计参与活动590余人，有效增加居民惜水、节水、护水意识。

【自来水供应】2020年，舟山市岱山自来水公司总供水量为1833.39万吨，合计售水量1659.58万吨（其中生活用水444.08万吨、工业用水1128.73万吨、非经营用水81.13万吨、特殊行业用水5.64万吨），管网漏损量为173.81万吨，供销差率为0.905，出厂水以及管网水水质合格率为100%。秀山自来水厂总供水量为145.05万吨，合计售水量121.29万吨（其中生活用水33.58万吨、工业用水85.94万吨、非经营用水1.77万吨），管网漏损量为23.75万吨，供销差率为0.836，出厂水以及管网水水质合格率为100%。衢山自来水厂总供水量为321.68万吨，合计售水量245.13万吨（其中生活用水104.41万吨、工业用水126.48万吨、特殊行业用水14.24万吨），管网漏损量为76.55万吨，供销差率为0.762，出厂水以及管网水水质合格率为100%。全年自来水生产量2300.12万吨，全县渔农村饮用水覆盖率达到99.9%，供水保证率、水质合格率和城乡规模化供水工程覆盖人口比例均达到99%，水费收缴率达到98.8%。

农经管理

【社区村体制改革】 2020年，根据市委、市政府《关于社区村体制改革完善工作的意见》文件精神，县农业农村局在2019年基础上调整优化渔农村社区村体制结构，按照要求实行一村一经济合作社，做好社区村体制改革“回头看”工作。

【扶持村集体经济发展】 6月，县农业农村局制定出台《岱山县进一步推进村级集体经济高质量发展的实施意见》，对经营性收入在15万元以下的10个后进村分类指导，守住“返薄”警戒线，共申报项目20余项，向市级申报集体经济项目6个、抱团发展项目1个，共涉及8个村。至2020年底，10个市定相对薄弱村全部“消薄”，全部村达到总收入30万元、经营性收入15万元以上，全县村集体经济总收入1.88亿元、经营性收入8946万元。

【清廉村居建设】 5月，县农业农村局召开清廉村居建设工作推进会，印发《岱山县加强和改进新时代乡村治理工作方案》，共组织创建清廉村居试点村7个，创建省级善治示范村15个。成功创建清廉村居示范点7个，创建省级善治村15个。

【闲置农房盘活利用】 4月，县农业农村局印发《岱山县渔农村闲置农房盘活利用管理办法（试行）》，各乡镇成立闲置农房盘活利用工作小组。11月，下达《岱山县闲置农房盘活利用重点区块和示范区任务》，在全县范围内重新调整划定闲置农房盘活利用十大重点区块，分别为高亭镇大峧山、东沙镇江窑湖、岱西镇双合、岱东镇沙洋、长涂镇长西、长涂镇叮嘴门、秀山乡秀北、衢山镇东岙、衢山镇涨网套、衢山镇狗头颈，明确2020年以及此后三年（2021—2023年）示范区创建计划。

【村级三资监管体系健全】 2020年，县农业农村局制定出台《岱山县渔农村集体财务管理规定》，4月，完成电脑和高拍仪的采购和安装，共开展业务培训2次，总计150人次。6月起，全县78个村社全面推行村级资金网上审批及村务卡使用。全年共审批业务18171笔，涉及资金5.50亿元。

【新型经营主体培育】 2020年，县农业农村局培育省级示范家庭农场3家、市级示范经营主体5家，申报规范合作社8家，培育农创客16名，持续开展新型农业经营主体数据库系统信息的录入工作。

【村级财务审计】 2020年，县农业农村局开展村级财务“一年一审”工作。对5个乡镇32个村的财务进行集中审计，指导乡镇开展自审工作。74个村、4个合作社的财务“一年一审”工作全面完成。

【土地承包延包】 2020年，根据《中共中央国务院关于保持土地承包关系稳定并长久不变的意见》，衢山镇皇坟基自然村第二轮土地承包2020年到期后再延长30年，并列入全国第一批试点。是年末，延包工作全面完成。

【宅基地网上审批管理】 2020年，县农业农村局完成与县自然资源和规划局有关宅基地管理职能的交接工作。围绕数字乡村和宅基地管理数字化建设，推动“农民建房一件事”项目落地，与浙江政务服务网、“浙里办”对接联通，推进农民建房“一件事”网上办、掌上办。通过一个窗口受理、多部门内部联审联办运行机制，提高办事效率。9月，全面实行网上审批，宅基地网上审批55件。

农业机械

【农业机械规模】 2020年，全县农业机械总动力29590千瓦。其中耕作机械动力3733千瓦，种植机械动力125千瓦，收获机械动力1136千瓦，收获后处理机械动力404千瓦，植保机械动力218千瓦，排灌机械动力9020千瓦，农副产品加工机械动力2477千瓦，畜禽养殖机械动力439千瓦，林果业机械动力93千瓦，茶叶机械动力120千瓦，食用菌机械动力21千瓦，农田基本建设机械动力7397千瓦，其他农业机械动力4407千瓦。全县有塑料大棚115万平方米，冷藏保鲜库2181立方米。

【农业机械引进与推广】 2020年，县农业农村局出台鼓励粮食生产的农业购机补贴政策，做好农业机械相关服务与监督，推广适用的农业机械。通过"三联三送三落实"、农业专班、粮食生产安全、渔农村环境整治等工作组，下村检查、服务、指导各社区村、各农户的生产作业，帮助指导粮食、蔬菜种植户、农机大户，做好防疫、复产及耕种工作，推广适合岱山农业生产方式的农业机械。引进各类农业机械，水稻生产从耕作、种植、植保、收获、到烘干，实现全程机械化，其他农业领域作业各环节继续引进适用机械，农机化综合水平进一步提高。是年，全县农机综合机械化率为85.2%。

【农业机械购置补贴】 2020年，针对购置补贴操作程序，县农业农村局深入基层对涉及具体操作的各个环节逐一进行培训。严格按照补贴操作流程，切实做好档案管理，确保补贴信息档案完整。坚持公开、公正、透明的原则，在局网站首页，及时公开农机补贴实施方案、补贴金额、补贴经销商名单、操作程序、补贴资金使用进度、结算公示等内容。全年下拨农机购置财政补助资金112.56万元。其中，中央补贴资金40.54万元、省级补贴资金3.93万元，市级补贴资金16万元，县级财政补贴51.98万元，已全部补贴至申请的农机主。

【农机执法检查】 县农业农村局开展2020年"绿剑"春季集中执法中农机安全的检查工作。做好节假日期间拖拉机道路交通安全工作，配合公安交警部门，开展重点区域、事故多发路道检查，严厉查处无牌行驶、违法载人、超载超速等违法违规行为。组织开展"护航复工复产、农机安全生产"攻坚行动，完善农机大户安全管理制度并上墙，检查农机具操作安全情况，加大对上路拖拉机的监管力度，遏制农机事故发生。组织开展"安全生产月"农机安全相关活动。全年上路检查110天，累计排查172处农机使用单位，排查出一般隐患120项，完成整改120项。全面拆解报废本地籍拖拉机173辆，上路变型拖拉实现"清零"。

【农机安全管理】 2020年，县农业农村局全面落实农机安全责任，共签订农机安全生产责任书7份，签订农机安全承诺书300余份。广泛开展农机安全生产的宣传活动，开展农业机械安全集中宣传咨询活动6次，组织片组安全活动82次，发送安全短信4600余条次，发放《道路交通安全法》宣传手册及宣传资料600份。

农产品质量安全

【农产品质量安全检测】 2020年，县农业农村局制定出台《2020年岱山县农产品质量安全监测工作的通知》《关于开展2020年农产品质量安全监督抽检工作的通知》。全年完成定量检测103批次，其中监督抽检52批次，合格率均为100%；定性检测2315批次，合格率100%。配合完成部、省、市级各类抽验检测任务103批次，合格率100%。

【追溯体系建设】 2020年，县农业农村局依据《岱山县农产品质量安全追溯体系建设管理办法（试行）》，完成新增二维码追溯主体11家，全县共建成农产品二维码可追溯主体87家，开具农产品追溯二维码30余万张，农产品追溯管理覆盖率达94.4%。联合县食品安全委员会办公室、县市场监督管理局、县海洋与渔业局下发《关于开展地产食用农产品产地准出与市场准入有效衔接工作的通知》，给未配备二维码追溯设备的主体，发放岱山县食用农产品合格证200余本，全年累计开具农产品合格证7000余张，基本实现高亭中心菜场的农产品产地准出与市场准入的有效衔接。

【专项整治】 2020年，针对草莓、青菜、豆类、禽蛋等农药、兽药残留高风险品种，县农业农村局开展多次专项整治行动，共出动执法监管人员50余人次，检查相关主体20余家次，抽检高风险农产品23批次，检测结果均合格。以县级以上示范性合作社、农业龙头企业、家庭农场等配备二维码追溯设备的主体为重点检查对象开展生产记录本检查行动。全年共检查52家种养业规模生产主体，整改完成8家未完善生产记录的农业生产主体。督促配备农残监测设备以及二维码追溯设备的主体，加强自测以及二维码开具工作。配合农业综合行政执法队对岱山县李金明家庭农场未附具合格证销售农产品案进行查处，处罚金1000元。

【信用体系建设】 2020年，根据《浙江省食用农产品信用综合监管实施办法（试行）》要求，县农业农村局完成全县规模以上农业生产主体入库，并根据其从事种养过程中遵纪守法、质量管控、社会责任等相关信息进行评价。省厅根据农产品生产主体信用评价结果核定，发布严重失信者名单。评选岱山县石马岙蔬菜瓜果专业合作社等10家主体为红名单。与浙江岱山农村商业银行股份有限公司的农产品质量安全信用评定体系达成合作协议，予以红名单信贷优惠。2020年，为2019年“红名单”单位共贷款70万元，利息优惠3.60万元。

【系列宣传活动】 1月，县农业农村局开展春节前集中性“三下乡”活动。3月，组织开展春耕备耕“五送”科技下乡服务活动，通过现场宣传和专题宣讲，扎实推进春耕备耕生产与农业发展。9月，开展农产品质量安全进校园活动，在岱山初级中学，为同学讲解农产品质量安全工作开展情况，并解答相关疑问。10月，在东沙镇成人技术学校开设农产品质量课程，为当地农户讲解当前农业政策以及生产过程中质量安全高风险环节。

农业行政执法

【农业投入品检测】 2020年，县农业农村局组织人员在全县范围内开展农业投入品质量监督抽检工作，共抽取农业投入品25批次，不合格1批次，合格率为96%，其中兴丰农业生产资料有限公司宫门生资部抽查的五月慢青菜种子检测结果不合格，GB16715.2-2010标准规定水分≤7.0%，实测结果为7.5%，并进行立案调查处罚。

【农资监管】 2020年，为进一步加强农资市场监管，县农业农村局对农资经营单位开展调查，打击生产经营假冒伪劣农产品，确保农业生产和农产品质量安全，开展岱山县化肥农药实名购买提升暨省级肥药两制改革示范农资店创建工作。实施农药实名制购买，总投资24.85万元，完成“肥药两制”改革示范农资店建设13家，超额完成省厅下达的工作任务。严格按照“最多跑一次”的原则，在窗口报批农药经营许可证1家并发放。开展《农药管理条例》以及配套规章的宣传贯彻、农药经营主体台账的督查等活动，严厉打击有关违法行为。加强对兽药、农药等农业投入品的监管，重点加强对疫病防治、饲料中有毒有害物质、养殖过程中不规范用药的监管，全年共开展投入品监管检查103次，印发识别假劣农药、肥料等农资宣传资料1500余份。

【“绿剑”执法以及农资打假系列专项行动】 2020年，县农业农村局开展“绿剑”系列集中执法行动及农资打假护农保春耕联合执法行动，联合县市场监管局、县供销社开展联合执法行动2次，以农资经营单位、食用农产品生产主体为主要对象，以种子、农药、肥料、兽药、饲料和饲料添加剂等农业投入品的经营和使用为检查重点，在此期间共出动执法人员81人次，检查农业企业、农资经营店30家次。共办结农业执法案件4起。

【农业植物疫情防控】 2020年，县农业农村局完成《岱山县农作物生物灾害应急预案》的修订工作。健全监测网络，为及时、准确掌握疫情信息、报告疫情发生动态和预报防控措施提供依据。开展梨树疫病、黄瓜绿斑驳花叶病毒病、红火蚁等系列植物疫情的普查，无疫情发现。开展加拿大一枝黄花除治防控行动。制定防治方案，落实防治农药，组织全县各乡镇开展加拿大一枝黄花春季秋季防控工作，并进行督查，确保各项措施落实到位。2020年春季，全县加拿大一枝黄花发生面积为76.73公顷，比去年同期减少5%，其中化学防控58.40公顷，占总防治面积的76.11%，绿化造林及翻耕复种3.67公顷，人工、器械割除以及其他各类方法除治14公顷，防治面积达100%。

水政执法

【水法规宣传】 3月22日，县农业农村局通过省农民信箱发布2020年“世界水日”“中国水周”宣传口号。在微信公众号上开展有奖答题活动，活动中共有300多人参与答题，发放宣传资料和纪念品50多份，共投入宣传资金4.20万元。各乡镇除设点咨询宣传外，还安排宣传车到人口密度高的地方进行巡回宣传，以滚动字幕进行宣传水法规内容。

【水政监察】 2020年，县农业农村局开展水政监察日常巡查及专项行动。共出动执法人员92人次，主要排查侵占水工程设施及其管理范围，损毁防汛、水文、水土保持、水利工程设施，新增涉水违建等方面的违法行为。全面完成全县23人的水政监察证年审注册工作，对持有水政监察证的人员全部实行实名注册，并顺利通过省水政监察总队的考核。2020年，县农业农村局完成2019年遗留下来的舟山市博越物流有限公司无证取水案，共处罚款7万元；全年办结个人水库大坝非法取土案件1起，罚款800元。

科教信息

【特色示范创建】 2020年，岱山县成功创建省级农业绿色发展先行县，省级农业绿色发展示范区1个，市级农业绿色发展示范区2个；推进“肥药两制”改革，完成“肥药两制”数字化建设，开展专项培训班1期；开展重点农业乡镇建设，完成秀山乡市级重点农业乡镇创建；推进基层农技推广体系改革与建设，新建岱山岙里头家庭农场、岱山县伟博园家庭农场、岱山县枫秀缘家庭农场等3家省级高品质绿色科技示范基地，开展农业新品种展示、引进试验及高效栽培模式示范；创建完成省级绿色防控示范区2个。

【高素质农民培育】 2020年，县农业农村局开展西甜瓜专业高素质农民培育1期，培育高素质农民69名。选送县乡23名农技人员到省各培训基地，参加基层农技人员知识更新培训。完成岱山县2018级果蔬花卉生产（蔬菜）中专班第四学期教学工作。

【各类现代农业发展项目】 2020年，完成2018年省级现代农业发展专项资金项目——岱山县高产优质玉米示范基地建设和省农林渔业经营与管理体系建设专项资金项目——岱山县衢山镇罗家岙草莓基地建设的验收。实施2020年现代农业发展专项资金项目2个，分别为衢山镇皇坟白枇杷基地建设和衢山镇三弄村田园综合体建设，计划总投资252万元，补助资金140万元。实施市级增效致富项目2个，分别为岱西镇忠良果园转型升级示范项目和岱西镇摇星浦水果基地扩建项目，计划总投资46万元，市补资金23万元。下达第二批省级农业绿色发展先行示范项目建设计划，项目计划总投资800.50万元，省补资金630.50万元。

【农业标准化建设】 2020年，县农业农村局开展省精品绿色农产品基地——岱山海岛茶叶、特色水果等精品绿色农产品基地创建，新申报绿色食品7个，主要涉及葡萄、枇杷、水稻等农产品。开展无公害农产品复查换证12

个。是年底，无公害农产品个数42个，绿色食品10个，农产品地理标志1个，全县“三品一标”率达到68.2%。

【渔农业产业化工作】2020年，县农业农村局对省级渔农业龙头企业进行监测评价，全县共有省级农业龙头企业1家、市级5家、县级6家。组织2家农业企业参展省农博会，举办首届“国际茶日”活动，开启茶旅精品路线。岱山县素红家庭农场的草莓荣获舟山市精品草莓擂台赛银奖。

渔农村建设

【概况】2020年，县农业农村局围绕深化“千村示范、万村整治”工程，建设海上花园城市总目标，出台《中共岱山县委办公室岱山县人民政府办公室关于印发〈深化“千村示范、万村整治”工程高水平建设新时代美丽乡村的实施意见〉的通知》、《关于下达2020年度岱山县美丽乡村建设任务清单的通知》等文件。实现美丽乡村建设，打造“五美”岱山，发展秀美乡村，2020年，岱山县创建美丽乡村精品村6个；开展兰秀风情线提升工程；打造特色美丽村口3个；建设1000户美丽家庭样板户及“一米菜园”和“可食地景”等项目建设；持续推进历史文化村落建设。开展整洁村庄行动和人居环境“三大革命”工程，为创建全国县级文明城市奠定基础。

【美丽村庄建设】2020年，县农业农村局依照《岱山县美丽乡村建设五年规划（2017—2021年）》《岱山县乡村振兴规划（2018—2022年）》，成功创建美丽乡村精品村6个，其中3个省级美丽乡村精品村（衢山镇凉峙村、长涂镇倭井潭村、长涂镇长西村），3个市级美丽乡村精品村（岱东镇北峰村、高亭镇大峧村、衢山镇东岙村），累计投入各级资金约2500万元。凉峙村完成沿港路墙体立面改造、岛侧山铁索桥改造、沙滩景观提升等工程；倭井潭村完成景观打造、环境风貌提升等工程；长西村完成文化休闲小公园、4.67公顷粮食作物基地、大岙23.33公顷一期农旅基地、上船跳村庄打造等工程；北峰村完成农房立面改造、文创广场建设、

岱东沙洋绿色农产品基地　　（县农业农村局　供图）

村民活动场所打造等工程；大峧村完成火烧浦立面改造、“十里花海”及稻田建设等工程；东岙村完成沙龙沙滩景观提升、休闲公园、夏以从河塘景观美化以及村口饮用水井升级美化等工程。

【美丽风景线建设】 2020年，县农业农村局重点实施兰秀风景线提升工程，完成秀山李家、双凤、北客厅等景观节点打造，实施景观绿化2.67公顷，完成三礁岙里樱花公园二期工程，新增造林2公顷。双凤田园画板完成稻亦有稻、水上花海、垂钓等项目。

【美丽村口建设】 2020年，县农业农村局依照海岛大花园的建设目标，挖掘各村的个性和特色，通过建设标志性建筑或景观小品，打造富有特色的美丽村口。南浦村、司基村、三弄村的村口景观工程全部打造完成。

【美丽庭院建设】 2020年，县农业农村局全面推进美丽家庭样板户创建，将美丽花园与各村特色相结合，开展房前屋后“一米菜园”和农田“可食地景”建设。全年创建完成美丽家庭样板户1000户，“一米菜园”试点村3个（北峰村、东岙村、长西村）。

【历史文化村落建设】 2020年，县农业农村局推进秀北村、倭井潭村省级历史文化村落工作，开展双合村省级历史文化村落规划。完成秀北村包括兰秀博物馆、思源路修复改造等20多个项目建设。完成倭井潭村包括硬糕作坊、参府弄街巷等7个项目建设。完成对双合村省级历史文化村落规划的省、县级评审工作。

【整洁村庄行动】 2020年，县农业农村局推动美丽乡村建设、美丽城镇建设、全国县级文明城市创建等重点工作的整合联动。出台《关于岱山县高标准推进整洁村庄专项行动的通知》《岱山县创建全国县级文明城市渔农村乡镇管理专项行动实施方案》等文件。成立渔农村乡镇环境卫生专项工作组，与整治村庄行动办公室形成一办一组。组建巡查组下沉各乡镇进行暗访检查，对逾期整改不到位的问题按照通报、曝光、约谈的程序压实整改工作。通过电子屏、村宣传栏、发放倡议书等形式，进一步营造创城氛围。全年累计清理各类陈年垃圾2720吨、整治房前屋后乱堆乱放2098处、整改乱贴乱画1490处、新换破损分类垃圾桶347套、整顿家禽放养160处。

【人居环境“三大革命”】 2020年，县农业农村局开展渔农村垃圾分类提升行动。高标准推进双合村生活垃圾分类处理工作，发放垃圾分类宣传手册5000册，完成制度、宣传标语上墙，累计投入资金13万元左右。双合村实施垃圾收集房建设、积分兑换点建设（试运行中）、智能垃圾分类投放箱采购等提升项目6个。推进长涂镇垃圾分类“智能化、社会化、规范化”，完成《岱山县长涂镇垃圾分类智能化落地方案》，通过“一户一档，实名管理”“定时定点投放”“大数据管理后台”“阳光房智慧化改造”“垃圾分类宣传教育”等5个方面，推进长涂镇垃圾分类工作，并于2020年底试运行。实施农村生活污水提标改造工程。按照《岱山县政府固定资产投资三年计划（2018—2020年）》，完成高亭镇塘墩村，东沙镇桥头村，岱西镇海丰村、摇星浦村、后岸村，衢山镇里高涂村、太平村7个村的渔农村生活污水提标改造工程，惠及1000户农户。开展渔农村公共厕所服务大提升行动。基本完成文卫街公厕新建任务，累计投入资金约20万元。海丰村俞家公厕、南浦村南浦公厕等18个省级星级公厕（包含桥头村登山路公厕、东岙村沙龙公厕、涂口村上船跳公厕3个示范公厕）完成申报，完成公厕基本情况（包括地址、面积、类型等）的全面摸底汇总。

（夏丹维）

气　象

【概况】 2020年，岱山县气象局认真学习贯彻习近平新时代中国特色社会主义思想，贯彻落实中国气象局战略决策、省市气象局长会议和县党代会、人代会精神，努力推进气象现代化，加强开展公共气象服务。是年，县气象局被县委县政府和舟山市气象局分别表彰为2019年度优秀考核单位，被县政府表彰为全县渔业工作先进集体、全县乡村振兴工作先进集体、全县治水治污工作考核优秀单位；县气象局机关支部被县直机关党工委评为“五星支部”、第一批模范机关——“服务助跑模范机关”。是年，县气象局相继被浙江省气象局党组、中国气象局党组表彰为全省气象部门创建模范机关先进单位和全国气象部门创建模范机关先进单位；县气象局协管的中国台风博物馆，被中国气象局、科技部评为全国首批“国家气象科普基地”。

【基层党建和模范机关创建】 2020年，县气象局积极创建模范机关，坚持党旗引领、党员示范，深化党建+气象业务服务，发挥党建三级联动工作机制作用，提炼总结“124”支部工作法，设立“抢占服务高地，勇当气象先锋”年度建功榜，成立红帆气象志愿先锋队，开展社会公益服务，探索向社会推出“岱山渔业气象服务党员线上工作室”。赵虎炯被评为全省气象部门2018—2019年度优秀共产党员。

【气象专业人才队伍建设】 2020年，于梦颖被县市人才公共服务中心认定为F类人才；何欢然等人撰写的《ECMWF　S2S模式的降水预报技巧评估》一文在第十七届长三角气象科技论坛被评为优秀论文。

【政府决策服务和社会公共服务】 2020年，以社会需求为牵引，县气象局开展有针对性的气象保障服务和气象资料服务，助力全县“五大会战”。切实做好梅雨期、台汛期以及冬汛期等重大灾害性天气过程的监测预报预警服务，全面完成重大节庆、重大赛事和重大活动专题气象的保障服务工作。是年，累计发布各类预警信号127次（其中暴雨预警17次，

岱山县气象局预报员调研休闲渔船实时风力情况　　（县气象局　供图）

大风预警53次，大雾预警13次，雷电预警19次，台风预警8次，联合县自然资源和规划局、县应急管理局发布地质灾害气象风险预警17次)，发布台风消息、警报等66次，启动重大气象灾害（寒潮、暴雨、台风等）业务服务应急响应14次，发布天气公报3期、重要天气报告22期、春运气象服务专题40期、气象微博368条、微信公众号153条。气象短信息免费服务对象5000余名，共发送气象短信732次，共291万条。气象灾害预警的时效性和覆盖面进一步提升，加强与县环保部门的监测资料的共享和联合会商，做好生态环境变化、灰霾等灾害性天气的动态监测和联合预警，联合向社会发布岱山环境空气质量等级预报。

【"气象防灾减灾六大能力提升"省级试点工作】 2020年，县气象局提档升级"岱山群众渔业避风渔港风力实时监测查询系统"，开展高亭、衢山、长涂等中心渔港避风条件的气象评估，推进渔港安全避风三色图的制作与发布，为全县群众渔船安全避风和海上抢险救灾提供技术支撑。建设并投入运行岱山休闲渔业气象服务系统，深化休闲渔业专项气象保障服务和气象安全管理，联合海洋与渔业、文旅等部门建立以气象灾害预警为先导的联动机制。在全年为期215天的休闲渔业运营期，通过分海区精细化风力预报，使各营运海区增加的适航天数均在110天以上，开展休闲渔业适航指数预报、突发性强天气监测预警提醒等专项气象服务。

【岱山气象现代化建设】 2020年，县气象局实施乡镇自动气象站加密工程，完成对岱西站、长涂渔港站2个七要素自动气象站的升级改造，新建黄泽山站、秀山客运中心站2个七要素自动气象站和东沙古镇站、岱西青黑站、衢山桥梁山站、长涂东剑站4个四要素自动气象站，新建秀山秀北、衢山罗家岙、岱山党校地块、鱼山4个雨量自动监测站，全县42个各类气象自动站基本实现乡镇、主要岛屿、产业功能区块的全覆盖，基本消除气象灾害监测盲区，为"舟山绿色石化基地""自贸试验区"等国家战略项目建设的气象信息保障服务提供数据支撑。

【海岛气象信息"高速公路"构建】 2020年，县气象局落实乡村振兴

东沙古镇站自动气象站　　（县气象局　供图）

气象服务行动实施方案，推动乡村气象防灾减灾组织责任体系建设，推进 14 个气象防灾减灾标准化乡村创建，新建 3 个农村文化礼堂气象科普点。聚力“三服务”，打造“百姓家门口的气象服务站”，继续通过党员“走进小区听民声”和“科普走亲”活动，分别在高亭镇天都花苑居民小区、衢山镇皇坟村、长涂岛军事研学基地等，投放安装户外气象显示屏；深化开展从“气象进社区”延伸到“气象进小区”的城市居民小区颗粒化气象信息服务和防灾科普宣传服务。充分利用遍布全县城乡的户外公共气象信息显示屏、气象科普公共宣传栏和气象预警大喇叭（农村应急广播），向广大群众传播天气预报信息、气象灾害预警和贴近民生的气象科普知识。

【基层气象安全监管体系建设】 2020 年，县委、县政府将气象防灾减灾工作纳入县、乡镇各级考核体系范畴。由县安委办发文公布全县 2020 年度气象灾害防御重点单位，明确乡镇属地检查工作职责。是年，完成对全县 35 家易燃易爆危险化学品场所防雷安全的全覆盖检查，联合县教育局完成对全县 25 所中小学校以及幼儿园的校园气象灾害防御工作检查，联合县文化和广电旅游体育局完成全县 4 个 AAA 级以上景区的气象灾害防御工作检查。扎实推进“最多跑一次”改革，进一步简化流程、优化服务。全年完成《浙江岱山经济开发区区域雷电灾害风险评估报告》《东沙汽船配小镇雷电灾害风险评估报告》专家评审会。

【气象防灾减灾科普宣传】 2020 年，县气象局充分利用世界气象日、全国防灾减灾日、全国科普日等社会宣传日，联合渔业、应急、科协等部门，深入开展气象防灾科普社会宣传活动，组织气象干部职工走上街头、进村入户，宣传防灾减灾法规、科普知识。开展气象科普进群众渔港活动，为渔民兄弟送去气象科普读本和防台知识宣传品。在岱西镇文化礼堂开展以“提升基层应急能力，筑牢防灾减灾救灾的人民防线”为主题的科普讲座，对全县 182 名网格员进行气象防灾减灾知识视频培训。在疫情防控期间，为配合做好企业复工复产，党员策划、编录《气象灾害防御线上课堂第一讲——企业篇》以及《第二讲——社区篇》《第三讲——校园篇》等系列气象灾害防御科普课件，开辟线上宣教课堂，通过钉钉、微信微博、企业群等线上传播，开展面向复工复产企业工人、民工和社会各界人士的远程科普培训。

【智慧岱山气象建设】 2020 年，县气象局着力提升微信公众号的智能化和通俗化水平，将微信公众订阅号升级为服务号，实现预警信号的实时自动推送，开发智能网格预报产品。在汛期，推出微信天气快报系统，轻点一下手机屏幕，极大风、能见度、降水、温度等实时资料统计在 1 秒内生成。

【三级联动打造基层党建共同体】 2020 年，浙江省气象局纪检组党

省气象局党组副书记、纪检组长薛根元（右二）考察舟山绿色石化基地

（县气象局　供图）

支部、舟山市气象局机关第一党支部、岱山县气象局机关支部开展气象部门党建三级联动。党员干部走进鱼山岛，开展气象助企“三服务”，通过了解石化企业的气象服务需求，提高舟山绿色石化基地的气象防灾减灾能力。

【主要气候要素】 **气温** 2020年，全县年平均气温为18℃，同比常年偏高1.8℃，同比上年，偏高0.4℃。年度平均气温比常年明显偏高。全年12个月平均气温情况，7月平均气温比常年偏低0.7℃，其他月份都偏高。是年，全县极端最高气温为35.7℃，出现在8月14日；年内≥35℃高温日，出现1天。年极端最低气温为-4.7℃，出现在12月31日。

降水 2020年，全县年降水量为1481.1毫米，同比常年偏多487.9毫米，偏多49.1%，比上年减少404.7毫米，偏少21.5%。年度总降水比常年偏多。全县降水主要出现在1月、6月、7月和9月，四个月降水占全年的六成。各月降水量相比常年，4月、8月、10月和12月降水量各偏少60%、76%、74%和55%，且月降水量＜100.0毫米，12月份降水量最少为18.7毫米。根据气象干旱监测显示，全县处于中度干旱。岱山县曾在1967—1968年、1969—1970年、1988—1989年、2003—2004年出现秋冬连旱。1—3月、5—7月、9月和11月降水量各偏多241%、29%、48%、41%、107%、258%、132.3%和15.7%；春季降水主要发生在3月、5月的上旬和下旬、4月的中旬。夏季主要降水为6月、7月梅雨。秋季降水量集中在9月中旬和11月下旬。

日照 2020年，年日照时数为1849.4小时，同比常年偏少355.2小时，偏少16.1%，同比上年增多161.7小时，偏多9.6%。全县年度日照时数比常年偏少，除2月、4月和8月日照比常年偏多，其他月份都偏少。时间分布上，2月、4月和8月日照时数比常年偏多13%、27%和9%。仅1月份日照不足100小时，为56小时，比常年偏少60%，该月日照之少，仅次于2008年同期；7月日照比常年偏少45%，为全县历史之最少。3月、5—6月、9—12月日照时数比常年偏少3.7%、20%、28%、19%、5%、33.4%、25%。

天气日数 2020年，全县降水日数为151天，同比常年偏多14天，比上年偏少11天。大风日数为23天，同比常年偏少63天，比上年偏少5天。大雾日数为35天，同比常年偏多8天，比上年偏多1天。灰霾日数为17天，同比常年偏多12天，比上年偏少1天。

【主要气候事件及其影响】 2020年初，全县连阴雨天气多，其中1月各旬降水都比常年偏多，各旬日照时数都明显偏少；尤其1月22—28日，出现连续阴雨天气，春节前后生活影响较大。2月11—16日，出现连阴雨天气，其中，11—12日，出现中到大雨。12—15日，全县出现连续性浓雾或雾天气。冬季连阴雨，对生产生活影响较大。

春季多雷雨大风，其中3月21日傍晚到夜里，岱山普遍出现雷电和中雨，25日、26日夜里，出现2次雷阵雨过程。受高空冷涡影响，4月12日，县内出现罕见强对流天气，沿海普遍出现11～13级西北大风，其中最大下三星岛40.8米/秒(13级)，6个测站出现12级，10个测站出现11级，7个测站出现10级，并伴有雷电活动。5月15日，出现雷阵雨，岱山出现9～11级雷雨大风，南部地区出现大到暴雨。16日下午到17日早晨，南部区域出现雷雨。

岱山县于5月29日入梅（常年6月15日），较常年偏早17天，7月18日出梅，较常年偏晚12天，梅雨期共50天，较常年（常年平均21天）偏多29天，时长列历史第二（1954年60天）。2020年梅雨总体呈两个特点：一是入梅早，出梅迟，全县梅雨量579毫米，较常年（186.5毫米）偏多2倍，东沙698毫米，岱东617毫米，衢山604毫米，高亭579毫米，高亭新城576毫米，岱西560毫米，长涂556毫米，秀山545毫米，鱼山497毫米，入梅以来全县面雨量为491毫米。二是梅雨长，梅雨量大，列历史第二。主要降水时段：6月受梅雨锋影响，多过程性降水；7月上中旬，受梅雨锋影响又持续多降水。

6月中旬气温极高，8月中旬晴热少雨。其中6月中旬平均气温25.7℃(比常年偏高3.4℃)，为历年同期之最高；11—15日、17—18日，最高气温都在30℃以上。14日，随着副热带高压的加强控制，天气晴热，最高气温达34.3℃，为2020年入夏以来第一个高温日，18日出现34.3℃的高温天气。8月中旬，天气晴热，自8月6日至25日，连续20天无降水日，土壤趋旱。

2020年有4个台风影响岱山县，其中8月3—5日，受202004号台风“黑格比”影响，全县各地累计雨量10～20毫米，沿海普遍出现10～12级大风，其中12级1个测站（桥梁山），11级2个测站(石子门、下海山)，10级14个测站。8月25—26日，受202008号台风“巴威”影响，全县普遍小雨，沿海出现9～10级西北大风。受202009号台风“美莎克”外围环流影响，1日夜里到2日县内出现中到大雨，局部暴雨，全县累计面雨量36.3毫米，沿海出现9级西北风，最大出现在鱼山岛站（24.4米/秒）。受202010号台风“海神”外围环流影响，6日下午到夜里，岱山沿海出现8～9级北到西北风。

9月中旬多阴雨，并有局部大暴雨。其中9月中旬，连续阴雨，气温明显偏低，降水明显偏多，日照明显偏少。10日夜里到11日上午，受低压影响，全县普遍出现大雨到暴雨，降水量50～90毫米。17—19日，受冷暖气流交汇的影响，有一次明显降水过程；其中18—19日，县内普遍出现暴雨，局部大暴雨，过程雨量60～80毫米。

汛期和台汛期降水概况是台汛期（7月1日至10月15日）岱山县降水量555.7毫米，比常年偏多31.4%。汛期（5月1日至10月15日）全县降水量995.4毫米，比常年同期偏多40%。2020年汛期降水以梅雨为主。

年底强寒潮人侵，12月29—31日，受强寒潮影响，岱山县及沿海出现9～11级偏北大风，其中下三星站达12级（34.3米/秒）。29日下午起，全县气温呈现断崖式下降的特点，29日，最高气温和30日最低气温差为20.2℃。30日、31日，全县平均气温均在0℃以下，31日，全县最低气温仅为-4.7℃。

（胡巧儿）

责任编辑：王贤照

商　贸

Commerce and Trade

供销合作经济

【概况】 2020年，县供销合作社联合社（简称县供销联社）。坚持从“三农”工作大局出发，牢记为农服务根本宗旨，持续深化综合改革，主动适应农业产业结构调整新变化、适应农村市场新需求，加快改革，创新发展，优化服务。社会化服务体系更加完善，供销网络更加健全，为农服务水平更加高效，供销社的地位和作用更加显现。是年，全系统共有有限公司5家、转制后留牌基层社8家、渔农民专业合作社21家、农资经营门店11家、庄稼医院4家，农资仓储配送中心1家；县渔农合联设有现代渔农业生产服务中心1家，新建特色渔业产业联合会1家。全系统实现销售总额30475万元。

【渔农合联综合改革】 2020年，县供销联社充分发挥县渔农合联执委会职能，推进“生产、供销、信用”三位一体综合服务体系建设。8月，以岱东镇抲鱼人渔业专业合作社为主体，联合全县涉渔专业合作社、渔业生产加工企业、电子商务企业及县供销社、县海洋与渔业局、农商银行等单位，成立全市首家特色渔业产业联合会——岱山县抲鱼人渔业产业联合会。运行“产业＋渔农合联＋服务新载体”的新模式，注重为会员提供特需性、精准性服务。推动省农信担保岱山代办点实质性运作。针对全县重点和特色渔农产业，开展农业信贷担保业务合作。联合县农商银行，先后推出“惠农贷”“新农贷”“安农贷”、扶贫小额信贷、精准扶贫信贷、专业合作社贷款等信用融资担保服务，累积金额4208万元。推进网上供销建设，完成岱东3家、衢山1家、东沙1家，共5家电商服务点建设。强化电商培训，推进以社区配送为主的微电商发展。

【为农服务体系健全】 2020年，

2020年8月31日，县供销联社组织召开岱山县抲鱼人渔业产业联合会成立大会

（县供销联社　供图）

县供销联社通过整合资源，创新经营理念，完善供销为农服务体系。继续完善以“联采直供”为主体的农资经营服务工作，确保全县农资商品中的80%以上品种进入“联采直供”模式。全年各农资经营门店通过“联采直供”，实现化肥供应1194吨，农药供应46.30吨。依托全县已有的4家庄稼医院、2家庄稼医院联系点，强化庄稼医生培训，增强基层农技服务力量。持续推进农药废弃包装物回收工作，积极参与渔农村“治水治污”、环境整治、整洁田园工作和“美丽乡村”建设，全年共回收各类农资废弃包装物56.50万余只（瓶、袋），回收金额31万元，焚烧处置废弃包装物6.56吨。大力推广绿色农业生产方式，深化“肥药双制”改革，构建化肥、农药“进—销—用—回”数据信息闭环。全面贯彻落实农药实名制购买的要求，各农资门店按要求签订农药实名制购买的工作责任状。坚决杜绝高毒、禁用农药上架销售。扎实开展全县农资储备工作，在岱中、衢山两地，落实350平方米的化肥专用储备仓库，同市农资公司签署农药代储备协议，于9月底完成全县200吨化肥、1吨农药的储备任务。强化基层经营服务窗口建设，全年配合县农业农村局完成全县13家省级“肥药两制改革示范”农资店建设工作。

2020年6月30日，县供销联社开展全县农资储备情况检查

（县供销联社　供图）

【茶产业发展】 2020年，县供销联社发挥茶叶专业合作社作为全县茶叶生产龙头企业的作用，通过购置先进生产设备、建设精品茶园、完善生产工艺，开展茶叶标准化生产茶叶专业合作社克服疫情影响，及早安排采摘加工人员，县供销社组织机关人员轮流参与茶叶生产期间的抗疫检查工作，确保全县茶叶生产环境稳定有序。是年，全县共采摘茶叶鲜叶7.50万公斤，生产绿茶1.50万公斤。对“蓬莱仙芝”商标及包装进行重新设计，赋予新包装“仙文化”内涵。争取农业部门对茶农订购的新包装给予部分资金补助。至年底，全县茶农订购“蓬莱仙芝”新包装累积金额31万元。

【专业合作社建设】 2020年，县供销联社领办的农民专业合作社数量为21家，总注册资金1073.45万元，共有入社社员1397户，种养殖面积1404.67公顷，带动周边农户18050户。石马岙蔬菜瓜果专业合作社被推荐申报为2020年度国家级农民合作社示范社。加强项目申报，积极争取资金，持续推进渔农民专业合作社各项目建设，是年，共完成“草莓标准化栽培技术推广”等4项市供销社财政扶持资金的申报，争取项目资金24.40万元。完成“现代农业综合服务中心”省供销社财政扶持资金项目的申报，争取项目资金150万元。促进渔农村产业融合，以茶叶、草莓、葡萄、“七色蔬”等精品果园和示范基地为引领，大力发展休闲采摘游等项目，分别在岱东、岱西建立2家供销系统农旅融合示范点，使“农业＋旅游业”生产经营新业态得到推广。强化品牌意识，组织县特色农产品参加“舟叁鲜”全市农产品区

2020 年 11 月 22 日，县供销联社组织参加省农博会　（县供销联社　供图）

域公用品牌发布会，“茶叶”“花生”“新希望”3 家专业合作社和小傅草莓家庭农场被列入“舟叁鲜”区域公用品牌第一批授权使用单位。组织“蓬莱仙芝”系列茶产品、沙洋晒生、衢山紫菜、长涂老万顺硬糕等岱山特色农产品参加中国国际茶叶博览会、中国田园博览会、省农博会，提升岱山农特产品知名度。

【渔农村人才培训】 2020 年，县供销联社整合培训资源，积极开展渔农村人才培训活动，加强渔农村实用人才队伍建设。9 月，岱东、东沙 2 家电商服务点开展渔农村网络直播带货培训班 2 期。11 月，石马岙蔬菜瓜果专业合作社开展蔬菜栽培技术培训 2 期。全年共培训涉农（渔）专业人员 188 人。

【资产经营管理】 2020 年，县供销联社努力稳定全系统资产经营收入。规范资产租赁，严格执行《岱山县供销社资产出租管理办法》，在市场分析调查的基础上，合理确定拍租底价，对符合拍租的资产全部纳入公开拍租范围，全年共对系统所属 44 处资产予以公开拍租，确保资产运行的公开公平，实现资产收益 156.95 万元。强化安全管理，加大对系统危旧资产的排查和维修力度，先后投入资金 28.96 万元，对所属 11 处资产实施维修，对确实无法维修改造的危房，予以封闭不再租赁，彻底消除安全隐患。整合系统资源，对系统下属企业管理机构整合实施合并后，空置的办公房予以出租，全年新增资产租赁收益 9.20 万元。多途径盘活资产，加强同各乡镇、企业、承租户的沟通协调，争取引进优质租户，实现资产整体出租，改变县社资产出租小和散的局面。

（范海旺）

2020 年 11 月 8 日，县供销联社组织开展蔬菜栽培技术培训

（县供销联社　供图）

烟草专卖

【概况】 2020年，岱山县烟草专卖局(分公司)立足“131”战略“巩固提升年”定位，强基础、攻难关、活队伍，为“十三五”圆满收官、“十四五”谋篇布局贡献智慧和力量。是年，全县累计销售卷烟11141.30箱，同比增长4.3%；销售额52512.39万元，同比增长4.7%；毛利14950.76万元，同比增长6.7%。

2020年12月24日，专卖执法人员清点查获非法经营加热的不燃烧卷烟

（县烟草专卖局　供图）

【疫情防控】 2020年，县烟草专卖局（分公司）立足海岛实际，第一时间成立疫情防控工作领导小组，制定疫情防控策略，做到保障防护物资采购与发放“双到位”。发挥在职党员先锋作用，累计参加兼合式党支部和社区疫情防控志愿服务34人次，29人次捐款4100元，其他扶贫捐款3200元，1人次献血200毫升。通过向全县1300余户客户推送H5倡议书、无接触拜访等，提振客户经营信心，其中H5倡议书被全市推广；运用网上办、掌上办、预约办等方式，实现“群众办证不见面”。组建“问计一线”队伍，下基层19人次，走访慰问零售户48户。

2020年3月25日，客户经理深入复工复产企业推广线上服务软件

（县烟草专卖局　供图）

【经管模式优化】 2020年，县烟草专卖局（分公司）坚持疫情防控和经营管理“两手抓”，市场状态稳中有升。自9月“香溢购”非烟商城上线以来，已完成912单，总金额56万余元。深化海岛版“一网通办”，全年“掌上办”、“网上办”共办理许可证498户，网上办证率达99.6%，位居全市首位。提升模式生长力，加速扩容“香溢家”会员。组建“5+1”“香溢家”攻坚小组，落实到店“三必谈”制度，深化会员日活动。全年共发展千人俱乐部客户8户，累计吸粉3.50万人，活跃消费者会员累计2450人，线上活跃累计21416人。累计建成合作店16户，占比1.2%；现代终端（含合作店）317户，占比23.5%；甲类终端301户，占比22.3%；省标店招改造350户，

2020年7月3日，县烟草专卖局组织开展“廉在我心”廉政作品展

（县烟草专卖局　供图）

占比25.9%；验收“四全门店”100家，占比7.4%；安装“双屏机”213台，占比15.8%；“香溢通”使用覆盖面27.4%；“香溢坊”激活率94.4%，访问率82.2%。

【市场监管】 2020年，县烟草专卖局（分公司）持续深化“互联网+专卖”，狠抓监管护市场。全年共查获违法案件125起，同比增长101.6%；查获各类卷烟9163.20条，同比增长60.1%，其中省外流入真烟1648条，同比增长115.7%；假私烟2803.10条，同比增长18.8%；查获5万元以上案件3起，同比增长200%；取缔违法大户1户、注销重点零售户2户。聚焦云端破网，查获非法经营加热不燃烧卷烟网络案，“2020·07·02”案件已抓获犯罪嫌疑人20人，查获加热不燃烧卷烟（烟弹）2000余条，初步查实涉案金额超亿元；“2020·11·21”海上走私卷烟案查获卷烟227350条，案值近5000万元，抓获犯罪嫌疑人28人。

【“最多跑一次”改革】 2020年，县烟草专卖局（分公司）主动对接“政务服务2.0”建设工作，强化海岛版“一网通办”，全力推进海岛烟草红色服务品牌建设，依托“岱烟党群服务站建设”，推进“双零”服务网络提质扩面。特别在疫情期间，推进网上办、掌上办、预约办等举措，畅通网上咨询和办理渠道，做好网上办证答疑和指导服务，努力实现“群众办证不见面”。全年通过“掌上办”“网上办”，共办理许可证498户，网上办证率达99.6%，居全市前列。

【业务党建融合】 2020年，县烟草专卖局（分公司）创新打造党建与业务融合新阵地，按照“一街（一镇）一站”布局。是年，建设完成“岱烟党群服务站”8家，打通服务社会、服务群众、服务客户“最后一公里”，助力形成工、商、零、消、政、社会公益生态圈，此做法已在全市推广。

【“清廉岱烟”建设】 2020年，县烟草专卖局（分公司）深入开展廉政教育工作。通过钉钉平台，

2020年9月9日，“岱烟党群服务站”投入使用

（县烟草专卖局　供图）

开展线上学习、测试与提醒，用好用活“党风廉政”内部站点、钉钉“党风馆”等，随时随地开展“掌上廉政教育”。组织开展“清廉岱烟”警示教育月活动，巧用艺术作品倡廉，在全体员工中征集反映廉洁从业、爱岗敬业、规范自律、清廉家风、公平公正等廉政主题的书法、绘画和摄影作品，深化廉政建设，并择优参加全市系统“清风拂舟”廉政主题艺术作品征集活动。全年累计组织观看廉政警示教育片 1 次、演出廉政小品 1 部、开展线上测试 3 次、征集廉政艺术作品 12 件、参观警示教育基地 15 人次、发放廉政教育书籍 52 人次、收集学习心得 5 篇、讲授专题纪律教育课 10 堂。

【队伍建设】 2020 年，县烟草专卖局（分公司）发挥“项目 + 团队 + 人才”工作机制，依托“青年论坛”、内训师、创客 2.0 等，挖掘青年“能手”。累计开展“青年论坛”3 次，新开发内训课程 3 门，制作完成 H5 作品 3 件、微视频 4 个。积极参与省局（公司）“谋划‘十四五’建言献策”活动，全员累计投稿 214 篇，录用 171 篇，投稿数和录用数均位居县区第一。对内开展领导接待日 10 次、主动约谈 23 人次、组织基层调研 20 次，对外开展志愿服务，完成与司基村和蔚蓝公寓结对，全员“志愿汇”服务时长近 1560 小时，助力全县创城和脱贫攻坚行动。

（王 喆）

粮食流通

【概况】 2020 年，全县粮食工作以确保落实粮食安全责任制有效落实、切实保障全县粮食安全和有效保障应急救灾物资为目标，采取有效措施，应对粮食应急保供工作，做好粮食增产保供专班工作，落实储备粮安全规范管理，开展问题整改“回头看”专项行动暨库存检查。切实保障军粮供应，继续推进依法管粮，开展订单粮食收购，做好舟山—松原粮食对口产销合作工作，实现全年保供稳价。有序推进国有粮食企业公司制改制工作，加强对原粮食企业房屋资产管理。切实做好救灾物资的收储、轮换、日常管理和应急配送工作，各项业务工作稳定有序。

【粮食安全责任制】 2020 年，根据市粮食安全工作协调小组办公室下发的《舟山市粮食安全县（区）长责任制考核办法》《2020 年度粮食安全县（区）长责任制考核方案》以及舟山市人民政府与岱山县人民政府签订的 2020 年度粮食安全责任书的要求，县粮食和物资储备局会同相关部门，采取积极有效措施，切实提高粮食可持续生产能力，保护农民种粮积极性；规范地方粮食储备管理，不断提高粮食应急保障能力，推进粮食质量安全监管保障能力建设，粮食安全责任制得到全面落实。

【粮食应急保供工作】 2020 年春节期间，为扎实做好疫情期间的粮食市场保供稳价工作，确保粮食供应不脱销断档，县粮食部门加大粮源组织力度，县粮食收储

2020 年 1 月 30 日，县经济和信息化局组织人员检查华润万家粮食仓储情况
（县经济和信息化局 供图）

公司和部分粮食经营单位在1月27日至31日，紧急向外采购大米336吨，加大市场投放力度，确保县内有效供给。加强粮食市场实时监测，随时掌握全县市场供需和价格动态。加强舆论正面引导，宣传县内粮食库存充足、价格平稳，以消除群众恐慌心理。

【增产保供专班工作】 2020年，根据省农业专班考核内容，县粮食部门通过均衡轮换，使储备粮实物库存占储备规模保持在70%以上。认真落实省下达的200吨成品粮储备规模，新增150吨规模，于9月底前落实到位；落实好省下达的150吨食油储备规模要求。加强对粮食经营企业的监查，全县列入统计范围的5家粮食单位库存粮食达到必要库存要求。制定出台2020年订单粮食收购政策，并组织开展对地产粮的收购工作。是年，全县粮食市场销售平稳，粮价稳定，供需有序，未发生粮食、食用油脱销断档、价格暴涨情况。

【市场供应】 2020年，全县市场粮食供应以粮食经营企业（户）和超市为主，县城粮油供应超市所占份额基本同上年持平；粮食来源依靠市外调入，民营企业和部分经营规模较大的个体工商户直接从省外采调，多数个体工商户从宁波庄桥粮油批发市场采购。居民口粮以晚粳米为主，辅以少部分晚籼米。县内油菜籽种植较少，居民食用油多从县外调入，品种以瓶装调和油为主。是年，受疫情影响，粮油价格总体上涨，年初高亭市场普通江苏晚粳米批发价为3.80元/公斤、年末为4.30元/公斤；普通吉林晚粳米年初批发价为4.73元/公斤、年末为5.00元/公斤；江苏产“超级雪花粉”年初批发价为4.36元/公斤，年末为4.36元/公斤；5升装“金龙调和油”年初批发价为53.00元/瓶，年末为58.00元/瓶。全年辖区内未发生粮价暴涨、断供和群体性粮食抢购事件，粮食市场平稳。

【应急保障】 2020年，县粮食和物资储备局按《岱山县粮食应急预案》要求，落实应急供应网点11个、应急运输单位1个、应急加工单位1个，并签订协议，实行挂牌定点。10月，开展粮食安全应急业务培训，进一步提高粮食安全应急预案启动时的应急反应能力和应急保障能力。落实成品粮储备350吨和应急供应成品粮250吨，加强对库存落实情况的检查，切实增强政府对粮食市场的调控能力。做好粮食市场行情日常监测和分析工作，县粮食行政管理部门设立粮食价格监测点5个，对26个品牌的大米、小麦粉、食用油进行监测，并对监测点粮油价格信息和市场粮油行情进行分析，通过政府信息平台向社会公开发布。

【产销合作】 2020年，岱山县继续履行与粮食主产区安徽省南陵县和东至县粮食行政管理部门签订的“粮食产销长期合作关系协议”，为两地粮食经营企业的产销合作搭建良好平台。县壮禾粮油贸易有限公司继续加强同江苏省泰兴市乾坤米业有限公司、如皋市海河米厂购销合作关系，调入的优质大米继续保持上升势头。是年，县粮食收储有限公司继续委托吉林省松原市扶余市社里粮库，代储和轮换岱山县部分地方储备粮，并配合市粮食和物资储备局开展的“吉浙好粮缘 全球云相荐——2020年松原粮食进舟山”活动，进一步拓展和粮食主产区的产销合作关系。

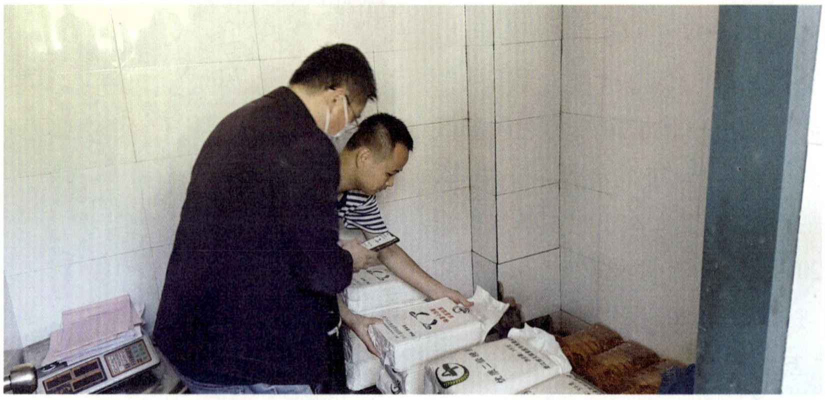

2020年10月30日，县经济和信息化局组织人员走访部队，抽查军粮供应质量
（县经济和信息化局 供图）

【仓储管理】 2020年，严格按照《浙江省地方储备粮管理办法》的相关要求，县粮食行政主管部门加强对储备粮的监管，按“双随机、一公开”原则，每季度1次对储备粮的数量、质量和安全生产等进行检查。是年，全县储备粮数量真实、质量良好、储存安全，“规模、费用、仓储”三到位。县粮食收储公司深入开展仓储管理规范化建设和“星级粮库”创建，严格抓好仓储管理制度，规范保粮工作，做到账实相符、账卡一致、堆装整齐、储粮安全。

【军粮保障】 2020年，县粮食和物资储备局贯彻落实《关于进一步完善军粮供应管理工作的通知》文件精神，从4月1日起调整军粮供应品种，油、豆纳入主渠道供应。提高军粮质量标准，调整军粮供应价格，军粮采购实行国家统筹。切实加强军粮质量管理，认真落实军粮“一批、一检、一报告”制度，建立军粮质量档案，并向驻岱部队后勤部门征求军粮供应政策调整后的意见和建议，以及大米、小麦粉和油、豆的质量和口感。聘请部队助理员和司务长6人作为军粮特邀监督员，随时接受军粮质量和服务等内容的监督，军粮做到专仓储存、专人保管，军粮供应手续规范、齐全。

【依法管粮】 2020年，县粮食和物资储备局贯彻落实《浙江省粮食安全保障条例》，强化宣传，提高《条例》普及程度。按照“双随机、一公开”要求，规范开展粮食收购市场和政策性粮食出库等专项检查；对超期储存粮食和正常储存年限粮食竞价销售实施分类监管，落实属地监管责任和措施，督促存储企业履行出库义务，维护粮食市场秩序。对补库的储备粮委托省粮油产品质量监督检查站做好满仓鉴定。

【订单粮食收购】 2020年，县粮食和物资储备局继续会同县财政局、县农业农村局、农发行岱山信贷组，出台当年订单粮食收购政策。订单对象为2020年全县晚稻种植面积在3.33公顷以上的种粮大户，中等质量标准的订单粮食收购价格2.66元/公斤，每交售1公斤晚粳稻奖励0.40元，本岛补贴运费0.08元/公斤，外岛补贴运费0.12元/公斤。是年，县粮食收储有限公司共收购订单粮食174吨，作为地方储备粮入库储存。

【房屋资产管理】 2020年，县粮食和物资储备局继续加强对原粮食企业房屋资产的监管，组织人

2020年11月12日，种粮大户投售订单粮食　　（县经济和信息化局　供图）

2020年10月14日，县经济和信息化局组织人员召开“岱山县粮食问题整改回头看”汇报会　（县经济和信息化局　供图）

员对原粮食企业房屋资产进行排查，对排查中发现的原长涂粮管所收购仓护坡塌落、清泰路仓库渗漏等情况，进行加固和维修。针对宫后弄4户住户变相出租公有房屋情况，上门发“收房通知书”，要求将房屋腾空，由县粮食行政主管部门移交至县住建局统一管理，已取得部分进展。

【山外粮库拆除】 2020年，根据高亭镇山外片区城中村改造项目进程，配合县治违拆违现场指挥部做好山外仓库地块拆迁工作，县粮食行政主管部门主动对接指挥部，配合指挥部出台安置方案，并在高亭镇育才路落实3套房屋，顺利拆除原山外粮库。

【问题整改“回头看”】 2020年，根据省、市关于组织开展问题整改“回头看”专项行动暨库存检查的文件精神，县粮食和物资储备局认真组织开展自查，并配合普查组进行普查。普查组认为，岱山县政策性粮食库存账实相符、账账相符，数量真实，库存粮食质量、储备粮管理及轮换、安全储粮和安全生产、政策性粮食补贴拨付使用、政策性粮食销售出库、问题整改“回头看”、其他政策性粮食管理制度主体责任落实，企业内控制度健全完善，“一符四无”鉴定、“星级粮库”考评等工作开展正常。

【国有粮企改制】 2020年，县粮食和物资储备局委托县海博会计师事务所对高亭、长涂、城郊、东沙、衢山粮管所以及县粮油储运贸易公司、县军粮供应站共7家企业进行审计，按要求制定企业公司制改制工作实施方案。是年，完成县军粮供应站公司制改

2020年7月14日，县经济和信息化局组织人员检查应急救灾物资储备情况　（县经济和信息化局　供图）

制工作，企业性质由全民所有制企业改制为有限责任公司，出资人由县国资委变更为舟山群岛新区蓬莱国有资产投资集团有限公司，名称变更为岱山县金禾军粮供应有限公司。

【应急物资保障】 2020年，县粮食和物资储备局按3万名避灾安置人员的需要，落实应急物资储备数量，进一步提升应急救灾物资的保障能力。根据县新冠疫情防控办《关于进一步加强冬春季和春节期间新冠肺炎疫情防控工作的通知》，制定《防疫物资保障方案》，并新增口罩、橡胶手套、体温计、防护服和消毒液等防疫物资储备，由中国邮政岱山营业部负责配送救灾储备物资。根据《关于加快推进救灾物资仓储设施建设的指导意见》的要求，拟新建县级救灾物资仓储设施，已草拟岱山县新建县级救灾物资仓库项目书，并进行初步选址。

（柳启海）

对外贸易

【概况】 2020年，全县实现外贸自营进出口总额92.03亿元，同比下降4.2%，自营出口额为71.40亿元，同比增长2.3%。其中，船舶63.09亿元，增长5.4%；水产品1.84亿元，下降27%；汽配、微电机5.89亿元，下降17.1%；玩具0.39亿元，下降2.7%。自营进口额为20.64亿元，同比下降21.5%。年末有自营进出口权企业197家，其中自营进出口额超200万美元的企业17家。全年新增外商投资企业4家，合同利用外资31684万美元，实际利用外资6815万美元。全年新增15家自营进出口获权企业，同比增长7.1%。全县外贸总体保持平稳发展势头，船舶产业支撑作用显著，外贸出口稳中向好。

【利用外资规模稳定】 2020年，全县有效应对全球疫情对外商投资的巨大冲击，强化利用外资政策导向，不断拓展利用外资新途径。全年新设外商投资企业4家，合同利用外资31684万美元，完成目标任务19500万美元的162.5%；实际利用外资6815万美元，完成目标任务6500万美元的104.8%。全年引入自贸区离岛片区新设外商投资企业3家；自贸区内合同利用外资28805万美元，同比下降4.4%；实际利用外资6015万美元，同比下降35.2%。外商投资领域涉及体育保障组织、技术服务、能源等，全县外资利用领域不断拓宽。

【造船企业出口回暖】 2020年，常石集团（舟山）造船有限公司成功交付16艘船舶，包括集装箱船7艘和散货船9艘，全年实现自营进出口额52.10亿元，同比下降6.4%；其中出口36.80亿元，同比增长1.4%。全年出口前低后高、持续回暖，企业发展呈现良好态势。

【修船行业出口增幅创新高】 2020年，全县修船行业实现出口26.30亿元，同比增长149.3%。其中，友联修造船有限公司全年已结关修船总数达97艘，出口19.60亿元，同比增长156.6%；金海船务工程股份有限公司出口3.20亿元，同比增长39%；岱山金海船舶修造有限公司出口3亿元。修船行业出口增幅再创新高，骨干企业均呈现逆势增长态势。

【外贸企业参加线上展会】 2020年，县商务局充分利用国家及省市举办的线上展会，积极组织出口企业参加线上广交会、浙江省网上交易会等各类线上展会，有效缓解疫情对全县外贸出口的冲击，助力企业争取订单、拓展客户。是年，共组织企业参加27个线上展会，参展企业102家次。

【电器出口快速增长】 2020年，舟山晨光电器有限公司实现出口9197万元，同比增长32.3%。面对招工难、用人成本高、海运成本上涨等问题，晨光电器持续巩固亚洲、中东等传统优势市场，积极拓展意大利、土耳其等国际新兴市场。全面打造生产车间“数字化”“智能化”，出口订单不降反增，企业出口竞争力进一步增强。

【外籍商务人才入境邀请】 从6月开始，为减少外国商务人员因疫情对生产经营的不利影响，县商务局积极协助企业做好外籍人员入境邀请工作，主动对有需要的企业进行申报培训并指导表格填写，确保申报材料一次性通过。同时，提供全程跟踪服务，及时解答企业疑问，为全县重要经贸企业复工复产提供有力保障。截至2020年底，共组织申报22批次、289人，签发邀请函20批次、268人。

（祝冰辰）

个私商业与电子商务

【概况】 2020年，全县社会消费品零售同比降低2.3%，增速排名市内各县区第一。限上批发和零售业销售额同比增长67.5%。其中限上批发业商品销售额同比增长69.8%，限上零售业销售额同比增长8.6%。限上住宿餐饮业同比降低6.8%。其中限上住宿业同比降低1%，限上餐饮业同比降低15.5%。

【夜市经济打造】 2020年，全县首家美食城——新天地美食广场于10月1日正式营业，入驻餐饮企业14家，星巴克连锁品牌正式入驻岱山；完成夜经济示范带配套设施项目，周边增添海岛渔民画、街景景观、灯光亮化等元素，营造夜经济氛围；新增高亭菜场夜市、仙岛夜精彩文旅夜市和衢山校园路星空夜市，其中菜场捞风夜市获舟山市夜市评比三等奖。

【数字生活新模式推广】 2020年，县交通局新建长途客运中心智能人脸识别无人超市，投资金额40万元，填补长途客运中心商业业态空缺。组织海上瀛洲螃蟹宴电视直播、金种子公益助农电商直播、“团小岱”助农电商直播、捞风夜市开街电商直播等活动，累计吸引近10万人气。县经信局联合县人力社保局，召开首届全县渔农特产视频直播带货培训班和首届电商网红直播培训班，培育本土直播带货网红，推介岱山渔农特产、文旅资源。

（王　一）

市场管理与服务

【概况】 2020年，全县市场管理和服务工作坚持稳中求进的总基调，认真履行职能，积极开展工作，以提高发展质量和效益为中心，以提升市场管理和服务水平为根本，以创建“放心市场”“星级市场”为抓手，全面巩固农贸市场提升改造效果，切实推进农贸市场规范管理，实现全县市场健康发展。是年，高亭中心菜场创建为全县首家“五化”市场；岛斗农贸市场和高亭中心菜场创建“省放心市场”顺利通过；海滨农产品交易点提升改造工程完成。组织开展高亭城区市场、乡镇市场以及市场周边专项整治工作，抓好重大节日和日常“菜篮子”供应，保障市场正常交易和有效供给。加强市场经营性国有资产租赁管理，并继续为经营户办实事办好事。全年，全县农贸市场完成交易总额60938万元，同比下降28.8%；交易量36217吨，同比下降12.9%。其中高亭中心菜场成交额36019万元，同比下降36%；成交量25601吨，同比下降13.5%。

【省放心市场、星级农贸市场创建】 3月，县市场管理服务中心在高

2020年11月20日，省放心市场——高亭中心菜场　（徐豪杰　摄）

高亭中心菜场“五化”市场大数据中心　　（县市场管理服务中心　供图）

亭中心菜场、岛斗农贸市场以及竹屿菜场，开展省放心农贸市场创建工作。根据《浙江省放心农贸市场创建实施方案》的要求，以“消费环境放心、食品安全放心、管理服务放心、诚信经营放心、价格计量放心”五放心为标准，制定创建工作的实施方案和工作计划，通过宣传发动、全面实施和巩固迎检三个阶段，提升菜场管理水平和服务质量。10月，省考核组对高亭中心菜场、岛斗农贸市场创建省放心农贸市场，以及竹屿菜场省放心农贸市场续创，进行现场考核，并顺利通过。高亭中心菜场、岛斗农贸市场及竹屿菜场获评全县首批省三星级文明规范市场。

【“五化”市场创建】 8月，县市场管理服务中心按照《浙江省农贸市场和专业市场“五化”提升行动方案》的要求，高亭中心菜场按照全方位建设便利化市场、立体式打造智慧化市场、多维度建设人性化市场、多场景创建特色化市场、高标准建设规范化市场的标准，通过完善基本设施，提供智慧服务、加入特殊人群服务和志愿服务，设立科普基地和文创基地等特色载体，引入海岛特色食品专区、文旅载体、主题活动等，推进“便利化、智慧化、人性化、特色化、规范化”的民生市场建设工作。10月23日至24日，省市场监督管理局对创建工作进行考核验收，高亭中心菜场各项指标均符合考核标准，成功创建全县唯一一家“五化”市场。

【市场提升改造工程】 2020年，县市场管理服务中心认真抓好农贸市场提升改造工程。海滨市场提升改造工程7月18日开工，9月18日完成整体改造工程，10月1日投入运营。改造后的海滨市场共设摊位113个，整体摊位布局更合理，摊位利用率更高。积极推进数字市场建设，完成浪激渚菜场、山外菜场与高亭中心菜场大数据中心联网对接工程，浪激渚菜场、山外菜场的食品安

改造后的海滨农产品交易市场　　（徐豪杰　摄）

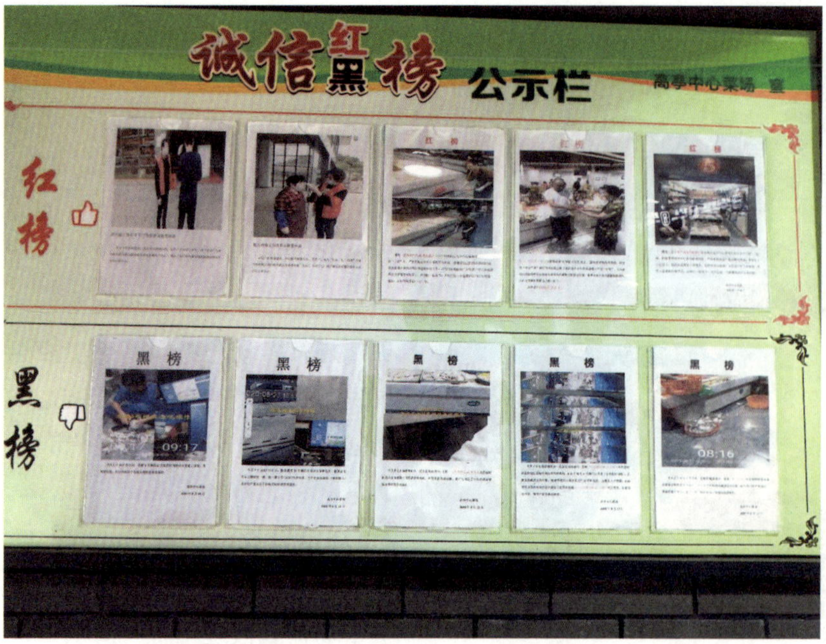

2020年9月18日，高亭中心菜场内的诚信红黑榜公示栏

（县市场管理服务中心　供图）

全检测数据实时上传到高亭中心菜场大数据中心。

【市场管理】 2020年，县市场管理服务中心进一步落实工作职责，强化市场管理。在高亭城区菜场成立专班，开展集中整治攻坚专项行动，着重解决占道经营、卫生保洁不力、车辆乱停等现象，同时以点带面，抓好农村市场的整治工作；在所属市场实行经营户诚信经营12分考核机制，对违反市场公约，未落实标准化计量要求、侵害消费者权益、不文明经营等行为纳入信用考核，实行诚信奖励和失信惩罚制度。对全年信用累计扣除12分的，丧失下轮摊位（营业房）招租资格，2年内不得进入中心所属各个市场经营；落实诚信红黑榜公示制度，将考核结果公开公示、对经营户违约行为进行公示曝光，用罚扣保证金等奖惩方式推进长效管理。是年，共公示经营户失信行为40余起，罚扣保证金7600元。以强化经营性国有资产租赁管理为载体，探索建立清廉的经营性国有资产租赁长效管理机制，完成经营性国有资产租赁情况自查，建立经营性国有资产租赁情况、闲置情况月报制度。

【食品安全监管】 2020年，县市场管理服务中心做好节假日期间市场食品安全工作，强化食品安全日常监管，严格落实索证索票管理制度，实行溯源管理，与每个经营户签订食品安全责任书，以规范交易行为。邀请杭州天迈食品检测中心专业人员到岱山，进行检测设备使用的业务指导培训，积极参加浙江省市场协会举办的食品安全业务培训，进一步提高检测人员的食品安全意识和专业水平。抓好上市商品的农药残留检测工作，各市场的食品安全检测室，每天对市场内的近千种商品按照经营户数15%的抽查率，进行抽样检测，全年共检测31427批次，合格率为99.99%。其中检测农药残留21666批次，合格率为99.99%；其他项目检测9761批次，合格率为100%。

【“三服务”工作】 2020年，县市场管理服务中心以“三服务”工作为依托，继续为经营户办实事办好事，解决市场存在的热点和难点问题，全年落实服务16起，收集并处理各类问题50条。通过调整、清理各市场摊位，帮助果农、菜农、养殖户解决“卖难”等问题；对市场经营户中的残疾人、低保对象，适当减免摊位租赁费，对自产自销临时经营的60周岁以上的老年人免收摊位费。是年，为20户残疾人经营户减免摊位费，共计16327元。

（徐豪杰）

责任编辑：姜小金

住房和城乡建设

Housing and Urban-rural Development

城区建设

长河路品质提升工程　　（县住房和城乡建设局　供图）

【概况】 实施城市建设政府投资项目20个，完成固定资产投资8.90亿元。建筑业完成总产值18.60亿元，完成房地产开发投资18.32亿元，商品住宅成交均价10885元/平方米。年末，建成区面积8.45平方千米，实有城市道路面积168.73万平方米，排水管道长度136.85千米。县城人均地下结建防护面积达到2平方米。是年，岱山县住房和城乡建设局（简称县住建局）被舟山市住房和城乡建设局评为2020年度全市住房城乡建设系统目标责任制考核优秀单位、2020年度全市住房城乡建设系统先进集体。

【长河路提升工程】 长河路（沿港西路至衢山大道）共计2.60千米，西起育才路路口，东至长剑大道，2020年，主要完成车行道“白改黑”、人行道局部翻新等，总投资2700万元。

【蓬莱森林公园】 公园位于磨盘山，为周边居民提供健身休憩场所，总面积70公顷，主要进行部分坟墓拆迁，部分绿化建设。投资10000万元。2020年，完成安澜阁内部装修、周边环境打造和坟墓拆迁数量的调查摸底工作。

【采霞路改扩建一、二期工程】 采霞路改扩建一期工程，位于紫宸府地块北侧段，长250米、宽15米，投资1084万元。采霞路改扩建二期工程，道路长150米、宽32米，投资477万元。2020年，完成工程建设，并竣工验收、通车使用。

市政建设

【交通治堵工作】 2020年，全县交通治堵工作有序推进，拟定《2020年度岱山县治理城市交通拥堵工作实施方案》，分解工作职责，落实工作任务，协调解决难点问题，督查考核工作实绩，认真做好协调联络及信息报送等日常工作，建立每个月通报、每两个月例会、每季度督查、每年度考核等制度。7月，开始全面实施八大行动。完成港湾式候车亭改造（包括嵌入式停靠站），新增城市道路0.40千米。改建城市道路（长河路品质提升改造工程）约2.60千米。

【老旧小区改造】 2020年，县住建局原计划改造老旧小区63幢，实际完成改造71幢，投入资金7065.30万元，涉及群众1237户。其中，人民路改造项目25幢，通过“非集中”公开招标形式进行开标，成为疫情防控期间全市实施的首个“非集中”公开招投标项目；蓬莱新村一小区计划改造16幢，实际完成改造17幢；沿港中路改造项目22幢，结合“美丽渔港活力港湾”规划，旨在打造高标准的沿海滨港带。新增清泰路沿街改造项目7幢，已完工验收。

【县污水处理厂扩建工程】 工程位于徐福大道与聚星路交汇处西南侧，拟用地面积45491平方米，总投资3.20亿元。该工程分综合处理厂区和预处理厂区建设，综合处理厂区收集高亭中心城区和经济开发部分生活污水，预处理厂区主要收集海洋生物产业园产生的工业废水。综合处理厂区建设规模3万吨／日，其中扩建2万吨／日，预处理厂区建设规模0.40万吨／日。2020年，已完成用地预审、环保初步审核、初步设计审批、规划两证等相关工程的前期批复，11月5日，完成工程招投标，启动实施桩基工程。

【县垃圾中转站建设】 项目位于东沙镇杨家岙水库东50米，占地面积约2.32公顷，设计规模按照生活垃圾压缩规模300吨／日、装修垃圾处理规模120吨／日、大件垃圾处理规模15吨／日、园林垃圾处理规模2吨／日、渗沥液处理规模50吨／日建设，总投资8800万元。2020年，完成项目工可批复和建设项目用地预审与选址意见书，启动设备采购、图纸深化、施工图编制。

【高亭城区小区污水零直排二期改造工程】 该工程主要建设内容是对高亭城区内44个住宅小区进行污水零直排改造，涉及雨水管安装、污水管网非开挖修复、雨污水分离等。污水零直排二期改造工程包括海德花园、半岛城市花园、浪琴花园、华枫花园、海月名都、太阳城三期、渔父乐园、康园新村、御景苑、太阳城一期、中泰花苑、蓬莱新村三区、蓬莱新村四区、银舟公寓、海滨公寓、天都花苑、太阳城二期、嘉和园、恒丽府第、锦绣华府、蓬莱阳光、蔚蓝公寓等22个小区，通过对生活小区道路开挖或管道非开挖修复、管网铺设及道路修复，计划总投资3000万元。2020年，完成总工程量的60%。

【新老城区纳污管网维护工程】 2019—2020年新老城区纳污管网维护建设，投资1000万元（其中2019年投资450万元，2020年投资550万元），主要对新老城区约1.50千米污水管网进行开挖式和非开挖式修复，修复1号污水泵站并投入运行。投入运行后，改善新老城区污水排放的现状，为实现新老城区污水管网接顺、污水零直排打好基础。

【高亭城区排涝能力提升工程】 高亭城区排涝能力提升工程，建设内容为梳理城区排涝瓶颈、治理易受灾的教育局点位、衢山大道点位，长河新增强排泵，增强整个城区强排能力，总投资1000万元。2020年，工程竣工验收。

【农村生活污水运维标准化改造】 2020年，县住建局协同相关部门全力推进农村生活污水治理工作，在农村生活污水治理设施运维管理体系建立、第三方水质检测委托、运维信息平台信息完善、治理设施标准化运维等方面做工作。全县共有74个行政村，建有农村生活污水处理设施的行政村70个，共建有纳厂设施37个，处理设施127个。据统计，渔农村生活污水治理受益农户30551户。已建立健全县、镇、村三级“站长制”，通过对农污处理设施环境整改、湿地翻新、设备维修等，已完成64个日处理能力在30吨以上农污设施的标准化运维改造，并纳入标准化运维。

建筑业

【概况】 2020年，县住建局深入开展建筑工程“标准化工地”创建活动。岱山绿城蔚蓝公寓三期B区工程、高亭中心菜场迁建工程、县公安局衢山派出所及交警大队衢山中队业务技术用房、县职教园区学生宿舍楼工程（4号、5号）、衢山镇万南万北新村周边配套道路工程被评为“2020年度舟山市房屋建筑工程和市政公用工程安全文明标准化工地”。浙江宝晟建设有限公司被评为“舟山市先进建筑业企业”。全县建筑业完成县内外总产值18.60亿元，同比减少4.6%。

【企业管理】 2020年，全县建筑业企业32家（新增4家），其中建筑行业企业18家、交通行业企业4家、电力行业企业1家、水利水电行业企业10家、石油化工企业2家、商品混凝土企业5家（浙江宝晟建设有限公司、顺丰建设有限公司同时具备建筑、交通、水利水电三项行业资质，浙江劲华建设有限公司、舟山市恒富建设有限公司、浙江伟成建设有限公司、舟山市五匠建设有限公司等4家企业同时具备建筑行业企业资质、水利水电行业资质）。中介服务机构4家，其中监理企业2家，造价咨询企业2家（舟山市荣欣工程管理有限公司同时具备工程监理、工程造价咨询资质），检测机构企业1家。

【建筑节能与新技术推广应用】 2020年，全县绿色建筑项目6个，建设规模5.80万平方米，其中二星级绿色建筑2个，二星级绿色建筑占比达到33%。开展图审阶段控制、施工过程监管、竣工验收阶段管控等方式，严格执行新建建筑节能标准，新建建筑节能执行率达到100%。完成高星级绿色建筑“岱山县中心幼儿园城西分园”项目，完成可再生能源18万平方米。

【招投标管理】 2020年，全县完成工程招投标项目100项，工程预算投资额82839.48万元，实际中标价71893.95万元，其中工程建设必招项目共有21项，占比21%，工程预算投资额为68875.97万元，实际中标价59968.67万元；建设工程非必招项目共有79项，占比79%，工程预算投资额为13963.51万元，实际中标价11925.29万元。非必招工程建设项目中，公开招标35项，累计工程造价7649.68万元，实际中标价7212.01万元；邀请招标44项，累计工程造价6313.83万元，实际中标价5940.26万元。工程造价平均下浮率为5.7%，应招标项目招标率达到100%。

【质量监督】 2020年，全县新增受监工程27个（含市政道路及附属工程4个，造价4806.07万元），新增受监面积约14.28万平方米；跨年受监41个，总面积81.60万平方米。房屋建筑工程竣工验收项目26个，建筑面积约为56.92万平方米；市政基础设施工程竣工验收项目4个，工程造价约为0.60亿元。

【安全管理】 2020年，县住建局对全县所有在建工程的各个阶段进行全面检查，共计日常检查76次，开展脚手架、支模架、扬尘治理、起重机械、消防安全等专项检查11次；共签发日常检查记录表38份，提出整改意见419条，其中限期整改通知书9份，对衢山1家工程下发全面停工整改通知书。6月2日，在原技校地块住宅小区工程现场，举办全县首次市级建筑工程质量安全施工标准化管理现场观摩会，全市住建系统行业主管部门以及各建筑企业相关负责人共200余人参加。

2020年6月，蔚蓝公寓北区竣工交付　　（县住房和城乡建设局　供图）

房地产业

【房地产业发展基本情况】 2020年，房地产开发投资18.32亿元，同比增长34.4%，其中住宅投资17.03亿元，同比增长42.3%；商品房施工面积102.91万平方米，同比增长18.3%；商品房竣工面积32.46万平方米；商品房销售面积10.87万平方米，同比减少39.8%。商品住宅成交均价为10885元/平方米。年末，全县剩余可供市场销售商品住宅面积17.98万平方米，同比减少14.5%。全县有房地产开发企业38家。

【房地产市场监管】 2020年，县房管处贯彻落实房地产市场各项调控政策，实施房地产中介领域专项整治，开展长租公寓市场风险排查，不定期开展商品房预售资金入账检查工作，确保所有在建项目排查全面覆盖。严格商品房预售许可、现售备案管理，全年批准商品房预售许可4件，商品房预售上市面积达23.96万平方米，同比增长209.5%。做好紫宸府、君宸府等5个商品房项目商品房现售备案工作。认真落实房地产专班工作各项指标任务，全面排摸未建、在售房地产项目，及时做好房地产市场形势分析，协调解决企业在建设中碰到的问题。

蔚蓝公寓　项目位于高亭镇对港山，规划用地面积12.41万平方米（不含酒店），总建筑面积：32.29万平方米，其中地上建筑面积25.60万平方米，地块分南北两区域，南区住宅总量691套已交付。北区为三期规划设计12幢高层住宅，住宅总量1428套，分A区、B区分期规划建设。其中A区于1月13日竣工交付，B区于6月12日竣工交付。2020年，投入开发资金13970万元。

峰景湾　项目位于高亭镇山外山，规划用地面积31.30万平方米，总建筑面积26.84万平方米，规划户数2562户。项目分四期开发，7月30日，东二区200栋低层住宅楼竣工交付，该项目除酒店工程外，其他工程均已竣工交付。12月底，酒店主楼以及地下室中间结构已验收，进入幕墙龙骨保温面施工、内部粉刷施工。14栋产权式酒店别墅，已全部结顶，外立面干挂石材施工完成，门窗完成安装。2020年，投入开发资金11760万元。

君宸府　项目位于高亭镇和谐路68号。规划用地面积2.69万平方米，总建筑面积7.68万平方米，其中地上建筑面积5.37万平方米，容积率≤2.0，规划新建住宅10幢，其中，2栋多层住宅，8栋高层住宅，共计住宅485套，车位591个。7月29日，竣工交付，2020年，投入开发资金6840万元。

紫宸府　项目位于高亭镇竹

2020年7月，君宸府住宅楼竣工交付　　（县住房和城乡建设局　供图）

屿新区C9-3-1地块，规划用地面积4.65万平方米，总建筑面积8.14万平方米，其中地上建筑面积5.29万平方米，容积率1.8，规划新建住宅16幢，其中，多层住宅5栋、小高层8栋、高层住宅3栋，共计住宅786套，车位773个。4月20日，竣工交付。2020年，投入开发资金9030万元。

银河湾　项目位于高亭镇环城北路6号。规划地上建筑面积12.73万平方米，项目由13栋高层住宅楼和1栋小高层保障房组成，其中商品住宅979户、面积11.87万平方米，保障房108户、面积0.51万平方米，商业用房0.09万平方米。项目拟分二期投入建设。12月底，该项目形象进度为一期项目：1～8号楼、14号楼安装施工、公共部位装修完成，15号楼立体施工完成。二期项目：9～13号楼主体施工完成、1～9层粉刷施工，窗框工程施工，外立面施工。一期附属工程、配套用房、景观绿化等工程施工，假山、边坡治理完成。2020年，投入开发资金16640万元。

盛世豪庭　项目位于高亭镇板井潭陆家岙。由岱山辰宇置业有限公司开发建设，有31栋11层住宅楼和5栋18层住宅楼组成，共计住宅套数1840套，面积18.70万平方米，小区房源作为鱼山岛绿色石化企业配套住宅使用，不对外销售。12月底，形象进度：土建已完工，进入竣工验收阶段。2020年，投入开发资金22940万元。

【房屋交易管理】　2020年，县住建局共审核二手房交易1523件，建筑面积29.58万平方米，同比分别增长18.2%和146.7%。

2020年岱山城区主要住宅小区建设情况表

表15

项目名称	开发总投资（万元）	施工面积（万平方米）	新开工面积（万平方米）	竣工面积（万平方米）
盛世豪庭	22940	19.47	0	0
银河湾	16640	12.61	0	0
蔚蓝公寓	13970	14.38	0	14.32
峰景湾	11760	4.53	0	4.53
君宸府	6840	5.37	0	5.25
紫宸府	9030	8.36	0	8.21

【白蚁防治】 2020年，县房管处共办理新建房屋白蚁预防公共服务受理单13件、面积18.57万平方米，新建白蚁施工3件、面积12.37万平方米，白蚁灭治上门服务308户，安装监测装置400套。

【物业管理】 根据创城方案，县住建局会同县综合行政执法局、乡镇、社区以及物业公司对居民小区进行整治，督促物业企业做好小区全国县级文明城市迎检工作，按照任务清单逐条对标对表、查找差距，整改落实。推进机动车停车位、电动车充电桩改造工作，12月底，太阳城一区新建105个机动车停车位，太阳城三区新建24处电动车充电桩，半岛城市花园新建203个机动车停车位。2020年，完成物业承接查验备案5件，物业竣工验收5件，住宅专项维修资金、房改房维修基金使用审核62件，保修金使用审核12件，业主委员会备案审核3件；各类信访投诉392件。归集住宅专项维修资金3234万元。完成太阳城一区、华枫花园、海德花园、蓬莱阳光的保修金退还工作。县房管处制定《岱山县物业服务项目前期招标投标管理办法（试行）》《关于做好业主委员会发挥自治作用的指导意见》《岱山县居民小区物业管理服务质量考核奖励实施办法（试行）》；指导高亭镇建立《物业管理联席会议制度》；根据《岱山县居民小区物业管理全覆盖工作实施方案》，完成72幢无物业管理的楼宇实施物业管理。

【直管公房管理】 2020年，县房管处完成直管公房维修5处，计房屋建筑面积350平方米。开展每月一次及台风汛期直管公房的安全巡查。做好高亭、东沙直管公房租户共138户的资格审查工作，新申请入户6户，因租赁资格不符合予以清退2户。

2020年12月，东沙镇通过省美丽城镇考核组的考核验收

（县住房和城乡建设局　供图）

专项工作

【海上花园城建设】 6月，县住建局制定《岱山县2020年海上花园城市建设攻坚行动实施方案》，明确全年实施城中村改造、城乡老旧小区和危旧房改造、“三改一拆”违法建筑拆除、美丽城镇和美丽村庄建设、城市道路及交通大通道建设、中心城区提升、城市景观亮化建设、城乡公园绿化建设、城乡给排水及水利建设、公共服务设施提升改造等十大攻坚行动，共34类72个项目，计划总投资约30.39亿元。完成投资31.49亿元，完成年度计划的103.6%。全县有19个项目被列入舟山市2020年海上花园城建设攻坚行动级计划，投资5.93亿。2020年，完成投资9.39亿元，完成年度计划的158.4%。

【“三改一拆”行动】 2020年，县住建局以“去存量、控新增”为重点，坚持拆、改、用结合，强势推进“三改一拆”“四边三化”行动，巩固“无违建”创建成果工作。实现存量违建全面“清零”，共拆除违法建筑1.18万平方米，完成市定年度任务的118%。在“两路两侧”整治成果的基础上，对重点问题点位再次排摸，发现问题点位15处；10月，提前完成年度整治任务。通过省级精品道路“板燕线”复评。做好拆除后建筑垃圾清理、场地平整清理工作。

落实即查即拆制度，对正在发生的违法建设行为，做到“及时发现、及时报告、及时拆除”。常态化运行防违控违综合管理平台，定时抽查各乡镇巡查轨迹，保持对新增违法建筑的“零容忍”。

【安居工程建设】 **原技校地块住宅小区** 项目位于高亭镇环城北路北侧，长岙水库西侧，为城中村改造大岙片区配套安置房项目，用地面积4.47万平方米，总建筑面积15.03万平方米，新建11幢高层，层数17～30层不等。概算投资10.20亿元，设计总户数911户，配建停车位1000个。2020年，主体结构完成100%，装饰装修部分完成95%，附属市政工程完成40%。投资7.60亿元。

顺峰家园二期 项目位于高亭镇顺福路西侧，为城中村改造闸口片区配套安置房项目，用地面积1.66万平方米，总建筑面积4.27万平方米，新建6幢11层小高层。概算投资2.83亿元，设计总户数290户，配建停车位290个。2020年，顺峰家园二期主体结构完成100%，装饰装修完成52%。完成投资2亿元。

东海地块住宅小区 项目位于高亭镇和谐路东侧，长河路南侧，为城中村改造东海片区配套安置房项目。用地面积3.72万平方米，总建筑面积11.9万平方米，新建11幢高层住宅和1幢8层办公楼，概算投资为8.43亿元，设计总户数652户，配建停车位789个。2020年，土方开挖完成100%，地下室结构完成100%。完成投资4.01亿元。

山外地块住宅小区 项目位于沿港东路北侧，磨盘山隧道西侧，用地面积6.35万平方米，总建筑面积22.25万平方米，新建13幢高层住宅，层数17～27层不等。概算投资16.62亿元，设计总户数1364户，配建停车位1486个。2020年，地下室结构完成100%，上部主体结构完成50%。完成投资8.29亿元。

高亭山外地块住宅小区项目　　（县住房和城乡建设局　供图）

【城乡危旧房治理】 2020年，排查公共房屋602幢，建筑面积87.89万平方米，排查出丙类6幢，鉴定C级危房3幢，年末，已全部通过维修加固解危。县住建局对全县所有登记在册、尚未实质性解危的城镇危房开展人员转移基础信息排查，全面摸清在自然灾害天气时需转移的人员为642人，应用“浙江安全码”，实现对人员转移的精准管控。

村镇建设

【渔农村困难群众住房救助】 县住建局根据省建设厅《关于做好

农村危房常态化长效治理改造工作的通知》和《关于决战决胜脱贫攻坚高水平做好农村困难群众危房改造工作的通知》的要求，于5月25日前核实确定全县困难家庭1697户（根据县民政局5月最新数据），并全部录入浙江省农村房屋信息管理系统。其中低保户1481户，低保边缘户207户，五保户分散供养9户。经第三方鉴定，确认危房25户，其中C级危房20户，D级危房5户（低保13户，残疾人12户）。9月底，已全部完成解危。

【省级“美丽宜居示范村”创建】2020年，秀山乡秀北村、岱东镇北峰村列入省2020年美丽宜居示范村创建村。县住建局积极联系衔接相关设计单位，完成秀山乡秀北村、岱东镇北峰村美丽宜居示范村建设规划（暨村庄设计）编制工作。龙头村和高涂村根据创建要求，完成各项建设任务及台账工作，迎接省住房和城乡建设厅督查验收；积极帮助协调解决各村在示范村建设中遇到的问题，如财政补助资金拨付、建设项目审批服务等。12月，岱东镇龙头村和衢山高涂村顺利通过专家组验收，其中岱东镇龙头村为优秀验收村庄，衢山镇高涂村为合格验收村庄。

【美丽城镇创建】2020年，县住建局制定《岱山县美丽城镇建设行动计划》，3月，完成《岱山县美丽城镇建设行动方案》的编制。各乡镇已形成“一镇一方案”。4月，出台《高水平推进美丽城镇建设的实施意见》，明确每个乡镇的创建目标、任务和要求。岱山县将美丽城镇建设工作列入年度全县“海上花园城市建设十大攻坚行动”，实行“挂图作战”，每月考评。12月，205个项目已全部开工，完成投资5.29亿元，完成年度投资的100%。其中，东沙镇37个建设项目完成投资6887万元，完成年度投资的100%，并通过省美丽城镇考核组的考核验收，被评为2020年浙江省美丽城镇达标城镇，被岱山县评为2020年度新时代美丽城镇建设优秀城镇，被市美丽城镇达标办公室确定为2020年度美丽城镇市级样板。

【城乡环境综合整治】2020年，城乡环境综合整治大会战秉持三个“坚持”，坚持问题导向，坚持民生为本，坚持成效至上，着力“改善提升基础设施、治理规范行业乱象、补齐城市管理短板、序化公共区域环境、健全常态管理机制”，为成功赢得全国县级文明城市提名资格奠定坚实基础。4月14日，印发《2020年岱山县城乡环境综合整治大会战实施方案》，全面推进十四大行动，包括精品示范街（路）创建、背街小巷整治、住宅小区周边餐饮业油烟扰民整治、瓶装液化气市场整治、住宅小区违法建筑整治、城区外卖服务业规范整治、城区快递服务业规范整治、建筑垃圾乱倾倒专项治理、居民小区环境专项整治、城区沿街遮阳篷整治、高亭中心渔港环境巩固提升、城区生活垃圾处置能力提升、城区“门前四包”升级实施、货运车辆占道现象整治。岱山县获得全市2020年度城乡环境综合整治攻坚行动先进集体。

（胡亚楠）

城管执法

【城市管理执法体制改革】2020年，县综合行政执法局严格按照《岱山县“门前四包”星级评定考核细则》，界定责任包干范围，认真评定“四包”落实情况，完成1956家店铺公示牌上墙及星级评定。出台《岱山县城市管理领域信用信息管理办法（试行）》，全力建设城市管理领域信用体系，推进“城市管理+信用”深度融合。对失信行为人的行政处罚结果，记入不良信息共175人次，完成企业信用修复3件。成立“法院城管联络室”，出台《关于建立城市管理行政执法联络工作机制的意见》，深化城管执法和司法良性互动，共协调解决诉讼案件1件、完成强制执行案件7件。升级实施“社区吹哨 城管报到”工作机制，加强与基层社区的双向联动，协调解决社区停车难、乱晾晒、僵尸车等相关问题3000余件。

【城管平台建设】2020年，县综

合行政执法局依托“智慧城管”平台，充分发挥平台巡查上报、监督审核、组织协调等多种功能，运用执法记录仪、车载视频监控系统、视频监控终端等设施设备，提升执法精度和取证效率，全面提升城乡环境治理成效。全年共受理各类问题15613起，处理率达97.5%,绩效工作评价达到A级。

【市容环境整治】 2020年，县综合行政执法局在城区设置人行道车辆违停提示牌79处、人行道机动车停车位702个、绿色停车位13个，缓解“停车难”问题。对城区海山大厦、仙洲桥周边长期无序占道停放的货运车辆开展整治行动，设置货运车辆疏导场地。集中改造城区沿街遮阳篷，更新部分遮阳篷。完成新区户外广告、废弃报刊亭和电话亭“清零”，整治老区13条主次干道沿街店铺户外广告。开展快递服务业规范经营整治，排摸全县快递网点52家，搬迁快递物流总站6家，落实快递总站的“门前四包”职责。牵头开展日达商贸区周边交通市容秩序整治行动，科学引导车辆停放，有效提升周边环境品质。

【违法建设拆管】 2020年，县综合行政执法局整治居民小区15个，“一对一”帮助半岛城市花园小区解决创城过程中遇到的困难和问题。深入实行不违规装修承诺制和装修备案制，分片组加强城区住宅小区常态化巡查。全年共处理违法建设74起，拆除违建面积317平方米。

【建筑垃圾管控】 2020年，县综合行政执法局制定出台《岱山县建筑垃圾非法倾倒专项整治行动实施方案》《岱山县建筑垃圾（渣土）管理实施意见》，共发放建筑垃圾处置许可证4张，建筑垃圾（工程渣土）准运证572张，清运建筑垃圾78.44万吨，工程车辆篷布密闭式安装率达100%，实现建筑垃圾资源化综合利用。实行建筑垃圾袋装化，落实店铺装修提前审批机制。

2020年6月3日，法院城管联络室成立　（县综合行政执法局　供图）

【市政公用管护】 2020年，县综合行政执法局增配流动强排泵车设备2台，完成城区雨污水管网系统检测疏通和长河清淤工作。履行燃气行业管理职责，加强对瓶装煤气站、燃气企业的检查，督促完成全县燃气入户检查，及时整改隐患，有效保障用气安全。推动本岛燃气一体化工作，完成浙江中裕燃气有限公司和岱山县安通天燃气公司股权转让协议的签订。

【园林绿化养护】 2020年，县综合行政执法局全面对照海岛大花园建设要求和创城标准，高标准谋划、养护和管理城区园林绿化。制定印发省级园林城市实施方案，积极推进省级园林城市申报工作。科学规划县儿童公园、湿地公园、长剑大道和鱼山大道等重要区域的改造，提升县城品质。启动竹屿新区游乐场地建设工作，增设儿童游乐设施，并打造该区域周边绿化景观。

【执法规范工作】 2020年，县综合行政执法局配合县司法局做好秀山乡综合行政执法体制改革试点工作，调整秀山乡执法改革划转事项。全面提升执法办案能力，共承办一般程序案件立案391件，结案372件；简易程序案件结案98件，行政处罚款总额136.40万余元。并大力推进“非现场执法”行动年工作，运用“非现场执法”模式累计立案1543件，结案1487件，结案率96.4%。

（周明镜）

环境卫生

【环卫管理】 2020年，县环境卫生管理处严格按照定人、定岗、定责的工作制度，高标准、高质量落实各项环卫作业，使道路清扫保洁、垃圾收集清运、公厕保洁管理等作业效率和质量得到显著提升；持续开展处领导班子一线督查、部门轮流互查、科室自查自纠相结合的多层级、多角度的巡查考核，严控环卫作业质量和作业安全管理，确保各项工作安全、有序、高效开展。

【道路保洁】 2020年，全县共配备道路保洁员503人，其中县本级150人，各乡镇353人。全县道路保洁总面积达336.14万平方米（包括绿化带69.64万平方米）。其中，县城区道路保洁面积168.67万平方米（包括绿化带44.71万平方米）；乡镇道路保洁面积167.47万平方米（包括绿化带24.93万平方米）。在保洁质量上，做到路面无果皮纸屑、无垃圾杂物以及保洁时间不低于每天8小时等作业要求，加强机械化清扫作业力度，使道路保洁质量得到进一步提升。

【垃圾分类处置】 2020年，城区共有专用收集、清运车辆37辆，县环境卫生管理处根据省、市要求开辟的垃圾分类清运专线进行分类收运，做到生活垃圾日产日清。对有害垃圾与可回收物实行每月“定时定点”上门收运，并由工作人员做好对回收种类、数量的确认，建立相应的收运记录台账，实行溯源管理。其他垃圾和易腐垃圾进行分类收集后，出岛外运至团鸡山垃圾焚烧场和餐厨垃圾处置中心进行资源化、无害化处理，运送期间严格落实运输密闭化、操作规范化等作业标准，确保垃圾出岛工作安全有序进行；可回收物定期收集后进行回收；有害垃圾由于城区产生收集量少，在新区环卫中转站临时暂存，储存到一定的量后，再交由具备处置资质的单位进行无害化处理；建筑硬垃圾作为制砖材料，进行资源化利用；建筑软垃圾运至团鸡山垃圾焚烧场，焚烧发电，其中木板运至木材燃料厂作为燃料颗粒，进行资源化利用。全县共出岛焚烧处置生活垃圾84292.68万吨，其中岱山本岛41533.98吨，外岛乡镇42758.70万吨，均达到无害化、资源化处理。

【公厕保洁管理】 2020年，全县公厕总数293座，其中县城区46座、各乡镇247座。县环境卫生管理处深入贯彻落实省、市推动“公共场所服务大提升”的决策部署，进一步提升城市公共厕所服务水平，在星辰大厦、嘉和名邸、仙洲公园、观海平台、原二轻局等5座公厕内免费提供热水、洗手液、厕纸、手机充电、干手器、Wi-Fi、垃圾分类等便民服务设施。配合完成对全县申报创建的A级旅游厕所进行实地创评。经评定，岱西镇双合村公厕、衢山客运站公厕、竹屿客运站公厕符合AA级旅游厕所标准，观音山景区旅游公厕符合A级旅游厕所标准。

【环卫基础建设】 2020年，全县投入环卫基建资金973.55万元。其中，县本级投入626.55万元，购置生活垃圾分类集中投放库27个、分类果壳箱183个、其他垃圾投放箱体160个、分类垃圾桶130个、智能可回收物设备16台、道路保洁车辆70辆、分类垃圾袋470余万个、生活垃圾分类作业车3辆，购置各类垃圾分类宣传品，提升全县生活垃圾分类转运处置能力。各乡镇投资347万元，用于购置环卫作业车13辆（其中3辆人力车，10辆机械车）、各类垃圾容器3800个及生活垃圾处理设备2台等，进一步夯实全县城乡环卫硬件设施基础。县环卫处配合县住建局建设新环卫中转站，在原有中转站基础上增加生活垃圾分类、大件垃圾处置、建筑软垃圾（绿化垃圾）处置、垃圾渗滤液处置等功能（其中有毒有害垃圾暂存点根据环保要求建设，避免对环境造成污染）。年末，已完成项目审批。

【城区生活垃圾分类】 2020年，全县城镇生活垃圾分类覆盖面在96%以上；城镇生活垃圾回收利用率在46%以上，资源化利用率和无害化处理率均达到100%。新增省级高标准分类示范小区3个（太阳城一区、海月名都、华枫花园）；选定居民小区20个作为全县第一批“撤桶并点”工作建设小区。完成茗都华庭、碧水豪园2个小区的设施设备安装摆放和长剑大道、鱼山大道等31条道路的撤桶进店工作，总计撤除生活垃圾桶572个。采取生活垃圾定时定点分类收集制，一天分三个时间段上门收集，增加餐厨垃圾夜间收集，避免因垃圾桶减少导致垃圾随意丢弃，造成的环境污染问题。

【城乡环境整治】 2020年，县环境卫生管理处持续开展城区主要道路、背街小巷、卫生死角等区域环境卫生整治，做好城区绿化带、道路周边烟头烟蒂和白色垃圾捡拾工作，确保城区道路整洁、美化。更新城区老旧收集容器、公厕等环卫设施设备。共组织人员900余人次，开展城区卫生集中整治80余次，清理垃圾堆放点550余处，清洗城区各路段路面3200余处，清运大件垃圾及杂物1400余车，更换分类标志2300余张，维修及更换果壳箱200余个、公厕洁具100余件。全面做好垃圾收运处置防控工作。在加强对新区中转压缩机房、环卫车辆、公厕等设备和场所消毒的同时，积极应对废弃口罩等特殊有害垃圾的收运处置工作，发放245个红色垃圾桶到城区小区、码头等公共场所，并固定“废弃口罩专用收集车辆”，实行定时定点收运，将收集的“废弃口罩”纳入医疗废弃物处理系统进行进一步处理，共对664.85千克废弃口罩进行无害化处置。

（周碧俊）

责任编辑：韩信安

自然资源管理和环境保护

Natural Resource Management and Environmental Protection

自然资源和规划

【全县经济社会发展用地保障】 2020年，县资源规划局统筹疫情防控和复工复产工作，从用地（海、矿）保障、优化服务、企业减负等方面细化措施。完成1个计划批次报批，总面积36.08公顷，其中新增26.37公顷。向省林业局追加征占用林地定额指标90.53公顷，用于鱼山占林项目报批。通过土地预审项目共38个，总面积125.76公顷；全年完成15个项目32.68公顷的土地征收，收储国有土地6宗579.53公顷，全县土地储备总面积达879.13公顷。是年，合理编制全县年度国有建设用地供应计划，批准供应国有建设用地45宗，供地面积556.98公顷。其中，划拨用地15宗，供地面积66.11公顷；出让30宗，供地面积490.87公顷。新批工业用地实行“标准地”出让制度。全面推行区域评估制度，87.59平方公里的4个特定区域实行压覆矿产“零审批”，提升企业用地审批效率。消化批而未供土地90.32公顷，完成城镇低效用地再开发56.31公顷，盘活利用国有存量建设用地460.82公顷。成功创建省级国土资源节约集约模范县。

【耕地保护和垦造】 2020年，县资源规划局继续加强耕地“三位一体”的保护和建设，全面落实耕地保护补偿机制，发放省、市、县补助及配套资金193.68万元。量质并举，开展生态造地，新增水田4.10公顷，完成表土剥离9.08公顷。开展粮食功能区非农化非粮化整治行动，完成3.33公顷区块的整治工作。继续实施火箭盐场垦造耕地项目，完成农田基础水利工程竣工验收。

【森林岱山建设】 2020年，全县完成营造林421.47公顷，其中，百万亩国土绿化154.80公顷；实施彩色健康森林建设（森林综合抚育）266.67公顷，累计栽种珍贵树12.42万株。在长涂镇长西村、高亭中心菜场建成珍贵树种示范林、示范点（示范单位）。东沙镇司基村、岱东镇涂口村被命名为浙江省“一村万树”示范村。东沙镇和岱东镇被授予“浙江省森林城镇”称号。完成森林资源动态更新暨林地变更调查，确保9180公顷的重点公益林面积保有量。赠送浙江楠红楠、乌桕、普陀樟等珍贵树苗2.15万株，用于4个乡镇13个村的森林抚育项目。浙江省“十三五”林木新品种选育重大专项抗逆树种示范推广基地在秀山乡双凤盐场挂牌成立。是年，共受理林木采伐申请7件，核准采伐量155立方米。严格执行林地定额管理，全年共审核转报使用林地108.76公顷，征收森林植被恢复费1507.15万元。加强林业有害生物和陆生野生动物疫源疫病监测。完成在养野生动物处置工作，5家养殖户自愿退出养殖，1家保留养殖，共放归成年獐498只，幼年獐154只，处置率达100%，发放综合奖励资金95.54万元。积极开展救助和保护野生动物，共救助

东沙镇“一村万树”示范村建设之绿化造林项目　（马雪忠　摄）

负伤的河麂、游隼、苍鹭、白鹭等野生动物30头（只）。开展“以水灭火”和“引水上山”工程，购置消防泵27台，安装储水桶20只。加强春节、清明节等重点时段野外用火管控，继续开展“鲜花换鞭炮、换香烛”活动，倡导鲜花上坟、文明祭祖，共赠送鲜花8万余束。2020年度全县未发生森林火灾。

【城乡规划】 2020年，县域国土空间总体规划编制取得进展，建立“多规合一”协调平台，成立岱山县国土空间规划编制工作领导小组，形成《岱山县国土空间总体规划》初步成果。新编、修编控制性详细规划工作有序推进，完成《双峰新城控制性详细规划》，并获批。完成《岱山县主城区规划管理单元划分及重点单元控制性详细规划》，并通过专家评审，为中心城区有序开发建设提供规划和管控依据。完成《岱山岛美丽渔港活力港湾城市设计》国际方案的征集，为高亭港提供高质量的城市设计、立面改造及景观建设方案。深入推进“多规合一”村庄规划编制工作，完成衢山镇田涂村、衢山镇皇坟村、秀山乡秀东村、岱东镇龙头村4个村庄的规划。

【地质矿产资源管理】 2020年，全县共有采矿权18宗，全年开采矿产资源约7600万吨。采矿权延续5宗，分别为：衢山镇下洞礁矿、衢山镇小鼠浪矿、衢山镇双子山矿、岱西镇牛山矿、长涂镇西车头矿；采矿权注销8宗，分别为：秀山乡小欢喜至畚斗岙公路工程矿、官山至秀山大桥工程矿、衢山镇周家岙矿、大小鱼山（新增块段）矿、东沙镇小岙矿、岱西镇剪刀头山矿、衢山镇上六公路工程矿、东沙镇东垦山矿。是年，新计提矿山地质环境治理恢复与土地复垦基金合计6066.71万元。完成废弃矿山治理项目5处，实施矿山复绿专项行动，印发《岱山县2020年矿山地质环境保护和粉尘防治提升改造方案》，衢山镇万南村、万北村凉亭基岗建筑用石料（凝灰岩）矿创建为绿色矿山，并通过全国绿色矿山遴选。

【地质灾害防治】 2020年，县资源规划局完成新增隐患点治理9处，治理面积共17420平方米。

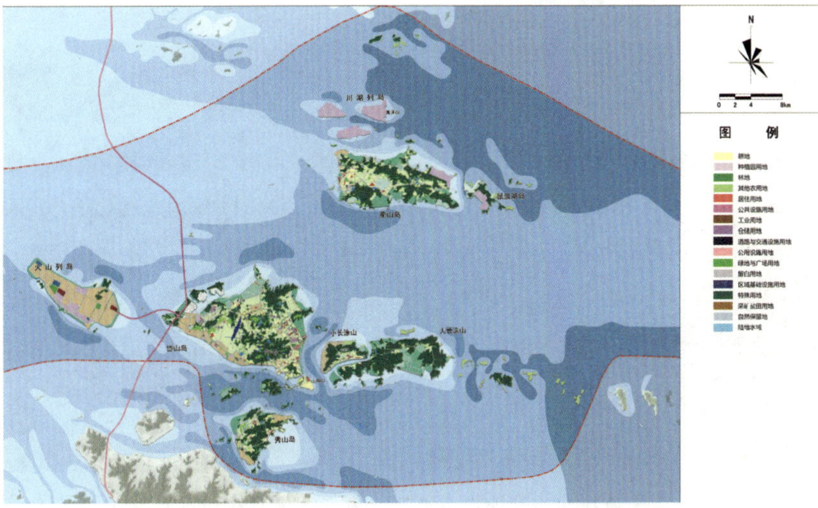

岱山县国土空间总体规划（2019—2035年）（县自然资源和规划局　供图）

新发现小规模不稳定边坡46处，投入资金约248.80万元，均完成排险。全年共核销地质灾害隐患点6处。全面开展地质灾害精细化风险防控工作，划定全县风险防范区41个，完成全县地质灾害防治指南编制和地质灾害精细化防治报告编制，形成全县地质灾害风险“一张图”，有效提升地质灾害监测预警水平和应急处置能力。

【不动产统一登记】 2020年，县资源规划局继续提速增效，推动“网上办”“掌上办”集成优化。5月，在全市率先开展“刷脸通办”智慧政务改革，完成“刷脸通办”业务受理1000多件；12月，启动不动产电子证书证明，真正实现不动产抵押权登记的不见面“跑零次”办理。创新工作服务，在不动产继承视频见证服务的基础上，推出二手房过户委托视频见证服务。是年，共办理不动产登记业务20221件，其中，颁发不动产权证书8551件，不动产登记证明6881件，涉及抵押金额891.70亿元。

【信访维稳】 2020年，县资源规划局围绕世界互联网大会，第三届上海世界进口博览会和“两会”等重要节点抓常态化管理，做好信访维稳工作。组织开门接访和信访突出问题排查，全力推进违建别墅问题的清查整治行动，部署开展农村乱占耕地建房问题的整治专项行动。全年共受理群众来信来访62件，比上年增加44%，其中来信3件，来访3批34人次，网上信访22件，“12345”电话34件，办结率100%。

【各项基础性工作继续推进】 2020年，县资源规划局完成第三次全国国土调查工作，成果通过国家级内业核查及数据库质量检查。深化行政审批制度改革，推进自然资源和规划领域“多规合一”，建设项目规划选址和用地预审两证合一，探索小型项目，用地批准书、用地规划许可、工程规划许可三合一办理。建立完善自然资源核算制度，编制年度自然资源资产负债表，完成全民所有自然资源（海洋资源）资产清查省级试点工作。

2020年，县资源规划局对秀山乡秀北村顾家4号屋旁边的地质灾害治理项目进行遮阳网覆盖　（潘佳露　摄）

海洋管理

【国家海洋督察问题整改】 2020年，县资源规划局继续实施国家海洋督察问题整改，涉及6类问题26个项目，全部整改完毕。

【海洋环境质量监测】 2020年，在岱山海域共布设5个监测站位，对海洋生态进行监测。是年8月的监测结果显示，水质pH和化学需氧量含量符合第一类海水水质标准，溶解氧和活性磷酸盐的平均含量符合第二类海水水质标准，无机氮含量较高，平均含量超第四类海水水质标准。沉积物质量良好，有机碳、硫化物含量均符合第一类海洋沉积物质量标准。海洋生物生态监测中多样性指数H′较低。赤潮灾害应急监测方面，2020年岱山海域未发现赤潮。

【防灾减灾】 2020年，县资源规划局联合项目承建单位对2个海洋灾害三级隐患区提出工程性整治建议，完成海洋灾害应急预案修编、避灾点规划以及识别、灾害预警和疏散标识制作、开展应急演练、灾情网络监测和海洋减灾宣传教育培训等非工程性整治工作，并编制技术报告、工作报告和整治台账。

【海域使用金征收】 2020年，县资源规划局严格完善海域使用金征缴、月度统计、报表上报等各项工作，确保海域使用金应收尽收。是年，对144宗海域使用确权项目，征收海域使用金1187.92万元。

【海域海岛使用管理】 2020年，县资源规划局严格规范日常海域海岛使用审批、招拍挂以及登记发证工作，保障重点项目用海和自贸区用海用岛。严管严控新增围填海，除国家重大战略项目外，全面停止新增围填海。是年，全县共确权发放海域不动产权证书10本，确权面积共计93.64公顷，共注销海域使用权证书3本，面积100.72公顷。

【海岸线整治修复】 2020年，根据《浙江省海岸线整治修复三年行动方案》，2018年至2020年全县需完成7.92千米海岸线的整治修复，修复岸线段为岱山岛西北侧岸线（生态红线代码：33-s03Ic），每年修复2.64千米。2020年共完成海岸线整治修复5.28千米，至此3年任务已全部完成。

（滕　睿）

生态县建设

【概况】 2020年，全县生态环保工作重点聚焦污染防治攻坚战，加快推进绿色发展，以确保环境质量持续向好为核心，扎实开展生态环境保护各项工作，生态文明呈良好发展态势。是年，岱山县生态环境质量持续保持优良，获评2020年生态省建设和美丽浙江建设集体二等功，治水治污方面第四次捧得“大禹鼎”（银鼎）。

【美丽岱山建设】 2020年，县生态环境局深入实施《岱山县生态文明建设示范县建设规划》，启动“十四五”生态环境保护规划编制。环境质量报告制度全面实行，县、乡镇两级实现生态环境质量报告制度全覆盖。成功召开全县生态文明创建暨治水治污大会战工作会议。制定出台《岱山县“三线一单”生态环境分区管控方案》，成立岱山县生态文明建设委员会及其办公室机构，进一步完善全县生态文明建设体制机制。

【排污许可证登记】 2020年，全县以排污许可证制度为核心的污染源监管体系初步形成，按计划完成县域内750家排污单位的清理整顿及发证登记工作，排污许可登记完成率达100%。

【生态宣传教育】 2020年，县生态环境局全面推进全媒体全矩阵宣传模式。线下，举行“美丽中国，我是行动者”世界环境日系列宣传。走进岱山经济开发区开展“企业环保咨询日”活动。组织浙江传化艺术团在东沙镇秀山乡开展“两山理念15周年”公益演出2场。线上，依托《舟山日报》、

“6·5”世界环境日，市生态环境局岱山分局在县文化广场组织开展宣传活动
（市生态环境局岱山分局　供图）

岱山新闻网、看岱山、岱山生态环境公众号等平台，开展“两山理念”的宣传，全年共向省市县媒体报送宣传信息60余条。

【生态文明教育基地和绿色学校创建】2020年,秀山潮流能发电站、东沙中心幼儿园省生态文明教育基地创建成功。岱山东沙中学、岱东小学被评为省级绿色学校。

环境污染减排和整治

【污染减排】2020年，岱山县主要污染物减排工作完成年度削减化学需氧量、氨氮、二氧化硫、氮氧化物各削减0.5%的目标任务。

【“蓝天保卫战”行动】2020年，县生态环境局大力开展柴油货车污染治理攻坚任务，完成60辆重型柴油车远程排放监控设备安装工作，完成年度任务的100%。印发《岱山县扬尘综合整治实施方案》，深入开展扬尘专项整治工作。完成1台10吨燃气锅炉的低氮改造以及重点行业的工业窑炉整治任务。开展臭气异味专项治理，完成双赢水产污水处理设施的除臭任务。

【品质河道建设】2020年，县生态环境局高标准完成岱西镇芭弄河、长涂镇中段河道二期、高亭镇大峧支河、秀山乡桔场河、岱东镇磨心北二河的品质河道建设。

【医疗废物处置】2020年，县生态环境局积极开展疫情期间医疗废物的“日产日清”和规范贮存的指导检查，累计出动执法人员100多人次，检查医疗机构和定点医疗观察点120余家次，疫情期间累计无害化处置医疗废物量36.01吨，隔离点生活垃圾6.81吨，确保全县医疗废物及时、有序、高效、无害化处置。

【污水零直排区创建】2020年，高亭镇、衢山镇两个乡镇以及县经济开发区“污水零直排区”建设项目初步通过市级验收。

【湾滩长制试点工作】2020年，根据省市开展湾滩长制试点评估工作的要求，完成县级湾滩长调整和全县62个湾滩公示牌设置情况的调查，并完成全县湾滩长制试点工作自评估工作。

【土壤污染详查】2020年，县生态环境局深入开展土壤污染防治，完成全县5个采样点位的土壤详查采样方案编制，并完成全部点位样品的采集、检测和数据上报。

环境监管和执法

【辐射安全监管】2020年，县生态环境局对舟山绿色石化基地开展20余次的现场夜查，完成对本岛以及衢山、秀山、长涂共15家各医疗探伤单位及工业探伤单位的年度检查和监督性监测。

【环境执法】2020年，在强化生态环境保护执法监管底线思维的前提下，县生态环境局全面实施环境执法监管“五步三清单”工作法，通过“一查、二服、三督、四罚、五公开”的工作流程，推动环境监管和治理由“被动”向“主动”转变。对污染小、环境信用良好的企业，建立环境监管正面清单，减少检查频次。1—12月，行政处罚26件，处罚金额780.54万元，其中查封扣押1家，发出限期整改通知书6份，责令改正决定书29份。

【环境信访】2020年，县生态环境局共受理环境信访件61件，已结案61件，处理率100%，结案率100%。

【环境监测能力建设】2020年，县生态环境局完成高亭镇等3个环境空气自动监测站和5个乡镇小微空气自动站建设，在全市率先实现乡镇环境空气质量自动监测全覆盖。投入100万元完成部分应急防护装备以及监测设备的采购。开展无人机巡河、巡湾(滩)工作，提升环境监管科技水平。

【“最多跑一次”改革】2020年，县生态环境局继续推广“区域环评+环境标准”改革实施方案，推行免于环评手续、网上在线备案、降低环评等级、精简环评内容、承诺备案管理、创新环保“三同时”管理等六项措施，完成3个降级登记表备案，7个零土地技改备案，“最多跑一次”环评审批再提速。

【环境应急处置】 2020年，县生态环境局完成10家企事业单位的突发环境应急预案编制。积极开展环境应急演练，联合衢山镇政府、浙江友联修造船有限公司及相关单位在浙江友联修造船有限公司，共同开展应急综合演练，模拟泊位平台因电焊作业发生火灾的场景，根据应急预案流程开展演练、监测。为贴近实战效果，以无脚本盲演形式，参与市生态环境局组织的2020年度辐射事故应急演练，进一步提升全县环境应急处置能力。

环境状况

【环境空气质量】 2020年，全县环境空气质量总体良好，环境空气质量优良率为97%。根据环境空气自动监测站获得的有效监测数据，全年共发布环境空气质量日报364期，其中空气质量为优的207期，占日报总期数的56.9%，空气质量为良的146期，占日报总期数的40.1%，空气质量为轻度污染的11期，占日报总期数的3.0%。二氧化硫年平均值为0.005毫克／立方米，二氧化氮年平均值为0.014毫克／立方米，可吸入颗粒物年平均值为0.030毫克／立方米，细颗粒物年平均值为0.018毫克／立方米，均低于《环境空气质量标准》(GB3095-2012)二级标准限值。一氧化碳日均浓度范围为0.1～1.0毫克／立方米，臭氧日最大8小时滑动浓度范围为0.027～0.201毫克／立方米。岱山县酸雨污染仍较严重，降水样品中pH＜5.60的样品数占总样品数的96.2%，酸雨量占总降水量的94.5%。

【地表水环境质量】 2020年，全县列入地表水水质常规监测的断面共3个，分别为枫树长河、磨心水库、桂太长河。根据监测结果，该3个监测断面均符合指定功能水质类别要求，达标率为100%。

2020年岱山县地表水水质评价结果一览表

表16

水域功能	站位断面	超标项目及类别	定类因子	2020年水质类别	2019年水质类别	指定水质类别	符合程度
集中式饮用水水源	枫树长河	—	高锰酸盐指数、化学需氧量	Ⅲ	Ⅲ	Ⅲ	√
	磨心水库	—	高锰酸盐指数、总磷	Ⅱ	Ⅱ	Ⅱ	√
农业用水	桂太长河	—	高锰酸盐指数、化学需氧量	Ⅳ	Ⅳ	Ⅳ	√

注：括号内表示项目类别，√表示达到指定功能水质要求

2020年岱山县千吨万人及以上的集中式饮用水源地水库水质单因子评价结果一览表

表17

站位断面	超标项目及类别	定类因子	2020年水质类别	2019年水质类别	考核水质类别	符合程度
小高亭水库	—	高锰酸盐指数、总磷	Ⅱ	Ⅲ	Ⅲ	√
磨心水库	—		Ⅱ	Ⅱ	Ⅲ	√
枫树水库	—		Ⅲ	Ⅲ	Ⅲ	√
浪荡湾水库	—		Ⅱ	Ⅱ	Ⅲ	√

注：2020年小高亭水库评价标准调整为地表水环境质量标准Ⅲ类河流型

疫情期间，市生态环境局岱山分局组织人员开展水质监测

（市生态环境局岱山分局　供图）

【集中式饮用水源地质量】 2020年，全县列入千吨万人及以上的集中式饮用水源地常规监测的断面共4个，分别为小高亭水库、枫树水库、磨心水库和浪荡湾水库。根据监测结果，4座水库水质均符合《地表水环境质量标准》（GB3838-2002）Ⅲ类标准限值要求，达标率为100%。

【城区声环境质量】 2020年，全县声环境质量总体较好。区域环境噪声昼间平均等效声级52.8dB（A），符合《声环境质量标准》（GB3096-2008）1类声环境功能区控制限值要求，其中昼间等效声级在55dB（A）以下的面积为4.56平方千米，占监测网格总面积的83.4%，表明城区多数地段处于声环境质量较好状态。

声环境功能区监测结果表明：1类声环境功能区环境噪声昼夜小时平均等效声级范围为49.7～53.3dB（A）；2类声环境功能区环境噪声昼夜小时平均等效声级范围为53.5～56.3dB（A）；3类声环境功能区环境噪声昼夜小时平均等效声级范围为59.9～63.7dB（A）；4类声环境功能区环境噪声昼夜小时平均等效声级范围为57.8～63.6dB（A）。各功能区测点昼夜平均等效声级均符合《声环境质量标准》（GB3096-2008）相应标准限值要求。

交通噪声昼间平均等效声级为63.3dB（A），符合《声环境质量标准》（GB3096-2008）规定的4类声环境功能区标准限值要求。

2020年岱山县区域噪声监测监测结果一览表

表18

区域	时间	网格大小（米×米）	网格总数（个）	平均LeqdB（A）
高亭城区	昼间	225×225	108	52.8

2020年高亭城区交通噪声监测结果一览表

表19

区域	时间	平均车流量（辆/小时）	平均等效声级dB（A）	项目	声级范围LeqdB（A）			
					50～55	55～60	60～65	70～75
高亭城区	昼间	448	63.3	路段长（km）	0	0	8.186	0
				占总长%	0	0	100	0

2020年岱山县城区建成区各功能区每季度监测结果一览表

表20　　　　单位：dB（A）

区域 季度	居民文教区			混杂区			工业区			道路交通干线二侧		
	Ld	Ln	Ldn	Ld	Ln	Ldn	Ld	Ln	Ldn	Ld	Ln	Ldn
一季度	54.4	39.5	53.3	53.1	47.4	55.0	58.2	52.1	59.9	57.6	48.1	57.8
二季度	48.9	41.0	49.7	57.5	41.8	56.3	56.7	53.2	60.0	62.4	52.5	62.5
三季度	50.4	42.9	51.4	52.9	46.2	54.3	62.9	55.1	63.7	59.7	54.4	61.9
四季度	49.2	41.3	50.1	53.3	44.0	53.5	59.3	53.9	61.4	62.2	55.5	63.6
全年	50.7	41.2	51.1	54.2	44.9	54.8	59.3	53.6	61.3	60.5	52.6	61.5

（吴　磊）

责任编辑：王贤照

交　通
Transportation

综　述

【交通事业建设概况】 2020年，岱山县交通运输管理局（简称县交通局）全面做好交通“加速、提质、增效”三篇文章，一以贯之打好“交通大会战”、建设“四个岱山”，坚定不移加快建设“湾区明珠·自贸港城”，交通（港航）事业取得长足发展，圆满完成年度任务。全县完成交通基础设施投资20.02亿元，完成年度任务的100.1%；完成市交通大会战建设投资14.34亿元，完成年度任务的104%；完成水工项目投资6.80亿元，完成年度计划6亿元的113.3%；完成市港口货物吞吐量1.83亿吨，同比增长28%；完成县港口货物吞吐量1.87亿吨，同比增长28.4%。

【交通运输概况】 2020年，全县水路货运周转量达到628.27亿吨千米，同比增长3%；公路货运周转量完成16.52亿吨千米，同比减少4.2%。全县水路客流量658.81万人次，同比减少8.8%；车流量153.09万辆次，同比增长49.1%。全县海运运力达到258艘/201万吨。

交通基础设施建设

【舟岱大桥岱山段】 2002年，舟岱大桥岱山段北通航孔桥及62.50米节段梁预制、安装全部完成，累计完成形象进度的98%。投资2.35亿元，完成年度投资计划的100%。

【新江南大桥】 至2020年8月底，完成新江南大桥延伸段道路水稳基层及沥青砼两层施工，投资421万元。9月，新江南大桥全面建成通车。

【G526岱山段改建工程】 2020年，江南村跨线桥及匝道桥下部构造全部完成；彩霞路至标尾段建成通车；岱西至江南大桥段完成工程量的51.6%。投资10.10亿元，完成年度投资计划的101%。

2020年1月，舟岱大桥主塔完成封顶　　（县交通运输局　供图）

2020 年 10 月，G526 岱山段海上作业施工现场　　（县交通运输局　供图）

【岱山交通集散中心启动】 2020 年，确定交通集散中心方案，完成场地回填，投资 4000 万元，完成年度投资计划的 133%。

【道路工程建设】 2020 年，完成高亭炮台山隧道入口两侧景观改造，投资 750 万元；G526 兰山客运中心至江南段景观廊道完成 8.70 千米景观廊道建设的 92%，投资 4140 万元；完成双合（舟岱大桥）两侧环境提升改造招标文件的编制工作，发布招标公告，投资 46 万元。

【旅游工程建设】 2020 年，双合石壁东出口已开工，磨心谷景区开展 EPC 招标工作，投资 1860 万元；开展鹿栏晴沙景区配套工程（岱山上船跳至大嘴头至鹿栏晴沙绿道工程）EPC 招标工作，投资 1367 万元。

【3000 型环保沥青拌合楼】 2020 年，该项目总占地面积 2.70 公顷，总建筑面积约 2100 平方米，总投资 7400 万元。10 月，完工并投入生产，年末，共拌出沥青约 7.10 万吨、水稳 1.83 万吨。

【衢山上洞礁至六条溪公路】 2020 年，该项目路段（K9+600 ～ K13+873）工程完成施工，投资 2656 万元。

【秀山兰山客运码头停车场】 该项目总投资 2764 万元，2002 年，完成路基路面排水交安工程的 100%，完成总工程量的 80%，投资 550 万元。

【衢山西长沙至里高涂至外泥螺山公路】 该项目为农村通村公路，全长 6.23 千米，总投资 1.56 亿元，2002 年，完成工程路基施工的 25%，投资 1321 万元。

【岱山海丰至浪仇线公路】 11 月，海丰至浪仇线公路动工，12 月，完成路基施工的 15%，投资 1317 万元。

【秀山环岛公路（海岙至九子段）】 该项目全长 2.16 千米，按三级公路标准建设。2020 年，完成施工、监理招标工作，投资 1128 万元。

【“四好农村路”建设】 2020 年，完成国道大中修 6 千米、农村公路大中修 22 千米、提升改造工程 3 千米、路网完善 5 千米及江南大桥维修加固工程，建成长涂公路服务站，改造岱西公路服务区，完成万里美丽经济交通走廊创建示范县、浙江省“四好农村路”示范县申报，完成东沙镇市级“四好农村路”示范乡镇创建。

【秀山至定海跨海通道（青山大桥）前期工作】 2020 年，完成该项目前期研究专题 11 项，编制线位论证方案并经专家评审通过，作为预备类项目列入舟山市“十四五”交通发展规划（初稿）。

港口水运工程项目建设

【鱼山二期材料码头开工】 2020 年，浙石化液化油品码头已投入使用输油臂 94 根，能装卸九大类、40 余种危险货物。

【衢山万良客运码头开工】 该项目新建 500 吨级高桩梁板式客运码头 1 座。码头平台和栈桥荷载同为 10 吨。10 月，动工。年末，完成码头结构施工量的35%，投资1800万元。

【大岭山交通码头扩建】 该项目新建500吨级高桩梁板式客运码头1座，10月，动工，年末，完成码头水工结构施工量的20%，投资440万元。

【燕窝山陆岛交通码头续建】 该项目新建车渡泊位2个、客运码头泊位1个，以及相关附属设施。于2月开工，是年末，码头栈桥桩基和预制构件施工完成100%。新建防波堤1条，完成工程量的73%。完成后方陆域场地回填，投资2.60亿元，完成年度投资计划的104.2%。

【燕窝山客运中心工程续建】 该项目总占地7公顷，总建筑面积3.30万平方米，新建车辆泊位367个。是年末，完成投资3500万元。

【双子山老海堤加固工程完工】 2020年，完成双子山油品储运贸易基地陆域形成工程（一期）护岸升级加固工程老海堤内外护面、堤顶道路建筑，并完成交工验收工作，共投资1200万元。

【海事服务基地建设启动】 2020年，基地完成保税船用燃料油加注锚位划设、保税仓库和出口监管仓库设立、岸基产业园规划（初稿）编制及意见征求，完成海域征用所涉经费及渔民政策的处理，加快推进鼠浪湖北锚地试加注业务，友联船厂开展首单邮轮的维修。

智慧交通建设

【概况】 2020年，县交通运输局完成汽运售票系统优化项目（人脸支付、电子发票）、智慧公交项目（智能调度、安全系统）、部分客运站LED智能显示屏的置换和升级、长途汽车站无人商店软硬件的升级；在全市率先推出“刷脸支付”“车检站网上预约车辆”“电子发票”等服务。

【“智慧交通”综合应用平台】 2020年，“智慧交通”综合应用平台已完成大部分数据的采集汇聚工作，实现全县公交、两客一危、普货、出租、港航船舶等运输工具，以及公路、桥梁、隧道等重点基建，港航重点企业等数据的接入，覆盖交通监管行业的重点监控地带，完成“水路统筹，一体监控”的数字管理网络的搭建；并以智慧交通指挥中心为核心，开展灾害天气、重点节假日、重大活动、公共卫生防控等重点领域7×24小时值班和信息报告制度。

水上客运

【概况】 2020年，因疫情影响，水上客运受到一定的冲击，全年运送旅客610万人次，同比减少7.6%；运送车辆152万辆次，同比增长51.8%；营运航次8.44万次，同比增长2.3%。

【运力结构调整】 2020年，新建452客33车/标准5吨大型客滚船“蓬莱阳光”轮，7月，代替“通达3”轮投入营运，同时退租“通达3”客滚船；岱山7轮客滚船改建成危险品货船，前期图纸设计已完成；岱山6轮改建出租给舟山海晶公司；实行老旧船舶“梯次淘汰”，岱山8轮客滚船航行区域为遮蔽航区，不适合改建货滚船，于3月强制报废，已完成拍卖工作；仙洲轮处于报停状态。

【航行班线调整】 2020年，秀山大桥通车后，为缓解三江客运码头泊位紧张局面，制定应急疏运方案，国庆、中秋双节期间，三江至高亭客滚船航线临时调整为海丰至高亭航线（仅载货车）；首次启用“三江至秀山+竹屿至衢山”两线联票、水陆联运模式，提升运输节点效率和综合效率。9月起，加密秀山线客滚船航班，从36班增加至48班，末班从23:10调整为23:30。8月，撤消海丰—鱼山航线高速客船航线，保留客滚船航线（载车不载客）。

【绿色通道实行】 2020年，对主要航线过渡的3.60吨及以上货车过渡费实行10%优惠，对集装箱车予以30%过渡费优惠；对“菜篮子”配送工程、岱山汽运公司班车过渡、岱山四大岛屿和鱼山岛卫生垃圾车过渡等收费继续实行优惠。

【客运服务设施建设】2020年，投入72万元，完成竹屿客运站候船大厅地面环境更新改造，铺贴面积约为1500平方米，候船大厅坐椅重新摆放设置；完成2座公厕的升级改造，新增烘手机、特殊人群和儿童设施，增加照明数量，配备高质量洁具；投入16万元，采购一批室内外不锈钢垃圾桶、烟蒂桶等；投入11万元，设置一批宣传城市景观、展示城市历史文化的公益广告，共计335块；投入80万元，更新衢山客运站旅客接送大巴2辆；完善各站母婴室设施设备及管理制度，其中秀山客运中心母婴室申报省级“妈咪暖心小屋”；投入50万元，完成秀山站职工食堂建设。

【客运服务信息化建设】2020年，投入80万元，完成各站LED显示屏的更新改造；新建长涂站网约车道2道，竹屿站网约车道1道，方便过渡车辆购票。推出售票人脸支付服务与人脸识别核验。其中“刷脸支付”服务为全市客运服务行业首例；旅客可以直接通过“刷脸”检票进站，实现无纸化售检票乘船，乘客出行更为便捷；推出船票电子发票，实现乘船“无纸化”。

水路货运

【概况】2020年，全县新增货运企业2家，减少货运企业3家，全县共有货运船258艘，载重吨201.01万吨，同比增长22%。

2020年岱山县新增水路货运企业情况一览表

表21

企业名称	取得经营资质日期	注册资本（万元）	运力（艘/吨）	所属乡镇
船来船往智慧航运有限公司	2020.3.3	5000	6/16112	高亭镇
舟山市中荃海运有限公司	2020.11.26	1000	1/5997	高亭镇

【企业减少】2020年，减少舟山市润丰船务有限公司、舟山长海船务有限公司、岱山县蓬莱客运轮船有限公司共3家。

【船舶新增】2020年，新增船舶37艘、499512载重吨。总运力达到258艘、2010063总载货吨；其中万吨级货运船舶48艘、1644217总载货吨。

2020年岱山县境内货运船舶分布情况一览表

表22

镇属	总运力		其中：万吨货轮	
	艘	载货吨	艘	载货吨
高亭	111	729529	18	569763
东沙	8	74905	4	62836
岱西	9	84996	5	72056
衢山	21	807919	15	806219
长涂	39	175830	2	47084
秀山	68	133920	4	86259
岱东	0	0	—	—
其他	2	2964	—	—
合计	258	2010063	48	1644217

陆路客运

【概况】2020年，全县拥有公交客车133辆，共计6245座，行驶里程620.90万千米，运输旅客476.98万人次，实现营业收入952.20万元。

【公交设施建设】2020年，完成卫生局西侧临时停车站场、鱼山汽车站建设；新建更新更换港湾式候车亭15座；完成小长涂大浦口公交站宿舍装修改造，新建单位食堂。

【运力调整】2020年，购置公路大巴客车12辆，投入高亭至鱼山专线；购置10辆新能源纯电动公交客车，投入岱山本岛公交线路。

【公交线路优化】12月，开通K511路夜间公交班车，运营时间至22时30分，填补全县夜间公交的空白，方便沿线特别是岱西经济开发区企业人员、群众的出行。调整K513路线路走向为高亭经石马岙、茶前山至青黑；调整衢山岛斗至下洞礁班线，改善偏远村落群众公交出行。

【经营模式优化】7月13日起，鱼山至高亭线路日发班次增至40班次。调整岱山至宁波班线班次，由原来的日发14班增至日发30班，方便岱山、宁波两地人员的往来。11月，舟岱公司新增鱼山至定海新城定制包车业务，采用点对点的运输方式，公路、水路、连岛大桥无缝对接。

2020年12月，汽运公司K511路夜间公交班车开通（县交通运输局　供图）

2019—2020年岱山县陆路客运情况一览表

表23

项目	2019年	2020年	同比增减（辆）	同比增减百分比%
车辆数（辆）	148（舟岱10辆）	166（舟岱10辆）	18.00	12.2
运送旅客（万人）	600.53	503.60	-97.00	-16.0
行驶里程（万千米）	790.26	872.40	82.14	10.4
总营收（万元）	4731.19	6481.05	1749.86	37.0
公交短途	1019.70	764.00	-255.70	-25.0
长运班车	1765.10	3626.00	1860.90	105.4
包车	359.26	586.00	226.74	63.1
货运	133.74	330.00	196.26	146.7
出租车	843.67	861.48	17.81	2.1
公务平台	270.76	271.43	0.67	0
租赁车辆	44.26	42.14	-2.12	-5.0

【信息化建设】2020年，县交通局推出智慧出行管理平台，及时掌握旅客的流动信息，完成运力云平台（客流大数据分析系统）的建设，优化企业运力配置，全景化统计岛内客流变化走势，为企业管理层提供决策依据；完成主动安全监管系统，提升公交运营安全保障水平；完成微信小程序信息化发布平台的建设，让乘客享受准确、便捷的实时公交出行信息服务；完成售票系统上云平台，完成ERP智慧办公系统系统，筹备智慧公交二期（智慧公交调度系统），长途客运中心完成人脸识别售票、检票系统。

【爱心服务】2020年，对持有证件的现役军人、人民警察、国家综合性消防救援队伍人员，以及老幼病残等旅客，开展优先购票、安检、等乘车的服务；对年龄超过6周岁但不足14周岁或者身高超过1.20米但不足1.50米的未成年人，执行客票半价优待；对残疾军人、因公致残的人民警察和残疾消防救援人员，凭证件执行客票半价优待；对全县教师实施免费乘车。

【复工复产包车】疫情期间，为保障县相关企业在春节后尽快复工复产，投入客运车辆30辆，安装车辆区域隔离设置，做好驾驶员保障措施，分别从云南、河南、山东、宁波等地运送“三返”人员，共投入车辆245辆次，运送人员4391人次。

陆路货运

【概况】2020年，全县拥有营业性货运汽车1510辆、22319吨。集装箱运输企业78家，总运力515辆、16710吨。

2020年岱山县货运汽车情况一览表

表24

项 目	总 计	大 型	中 型	小 型
车辆（辆）	928	878	9	41
运力（吨）	22319	22205	35	79

【集装箱企业】2020年，全县拥有集装箱车运输企业共78家，总运力515辆、16710吨。是年，减少盛翔物流企业1家，诺安物流公司运输车辆在50辆以上、营运收入在1000万元以上。

交通旅游

【概况】4月，岱山县仙岛旅游投资发展有限公司并到岱山蓬莱交通投资集团有限公司（简称交投集团）旗下。围绕提升岱山整体旅游环境、建设岱山旅游配套服务设施、打造精品景点、提高景区服务质量目标，交投集团强化措施，落实责任，不断壮大项目开发建设实力，取得一定的成绩。

【经营情况】2020年，交投集团实现收入752万元，支出980.50万元，净利润-228.50万元。其中公司本级营业收入343万元，亏损70.60万元；主管景区经营收入109万元。其中磨心山景区经营收入72万元，同期减少8.4%，共接待游客9.30万人，减少23.8%；双合石壁景区经营收入36.90万元，接待游客1.95万人；夜排档租金收入13.97万元，物业管理费支出38.80万元。灯塔博览园公司接待游客9.70万人次，亏损174.80万元；交通旅行社接待旅游客人0.26万人，旅游人员1.01万人次，实现营业收入300万元，利润16.90万元。

【项目建设】2020年，交投集团投资5000多万元，开展双合石壁东入口景观提升、双合危岩体改造、爱心平台工程、栈道工程、全面健身中心5个项目建设；开展东沙部队幼儿园地块、博物馆提升前期策划工作，完成整体项目建议书批复；完成磨心谷、东沙湾滩涂公园、双合石壁景区提升工程、秀山滑泥公园4个子项目概念规划设计。其中磨心谷项目完成土地预审、可研批复、EPC招投标等；全面健身中心项目完成底板浇筑工程，投资3000万元打造成生态景观、旅游道路。在衢山上洞礁—六条溪完成沿海侧2米宽自行车道的建设；鹿栏晴沙道路配套工程建设慢行系统，为游客提供休闲散步场所；整合休闲渔业资源，与高亭镇对接，将原高亭客运码头二号泊位开辟为休闲渔业码头；将原旅游集散中心改造成休闲渔业服务中心。

蓬莱交通投资工作

【资源配置】 2020年，交投集团强化资源配置，经过资源整合，共有土地面积35.10公顷，房屋48处，总面积6.41万平方米；码头15处，总岸线3.14千米。年末，共辖有控股、参股企业23家，总资产约64.51亿元，总负债约46.63亿元，净资产约17.88亿元，资产负债率约为72.3%。

【资产整合】 2020年，交投集团完成仙岛旅游、灯塔博览园、秀山风景等公司的股权转让工作；承接码头、候船楼、场站等行政性资产，提高集团融资能力。

【国有企业转型】 2020年，交投集团采用注销、整合、调整相关公司的方式，将原23家企业缩减为18家。不断拓展市政道路工程业务，完成交投工程公司新增三级市政资质；合作港口开发建设、海事业务服务，开展码头维修、围填海、疏浚挖泥、房地产开发等业务，运用交通系统的资产和劳务优势，发展物业管理、资产租赁等产业。

【业务拓展】 2020年，交投集团与浙石油合资，成立岱山县浙石油综合能源销售公司，建立岱东丰收供能站；与舟山石化园区投资发展有限公司合作，推进鱼山客运码头功能转变以及后续危化品码头二期建设；与岱山经济开发区环城投资集团有限公司合作，开发岱山经济开发区优质岸线、陆域及码头资源。

【资产盘活】 2020年，交投集团对闲置的浪激渚码头、秀山兰山老客运码头、长途倭井潭码头和秀山惠生集团周边地块等资产进行招商引资，通过设立合资公司、改变码头使用功能（客运变货运）、码头土地租赁合作等方式，多途径、多渠道拓展产业模式，盘活国有闲置资产。

【融资渠道拓宽】 2020年，交投集团创新融资方式，积极申报地方政府专债、项目贷款、省部级补助资金等措施，项目建设资金得到有力保障。推行PPP项目2个（燕窝山陆岛交通码头及防波堤工程和G526岱山段公路改建工程），成功申报地方政府专债项目9个，争取3.70亿元专债资金，争取上级补助资金约6.50亿元。

【安全监管】 2020年，交投集团逐级签订安全生产管理责任书，制定、修改安全生产目标考核办法及各类工作预案。督促所属企业通过安全教育培训和应急演练，增强安全意识和应急处置能力。组织40余人次参加市级以上安全管理员培训；组建应急抢险队伍9支、149人，配备应急抢险机械设备13台，储备应急物资44种，开展应急演练活动16场次；对下属企业开展各类安全监督检查共159家次、520余人次；下发安全督查通知书共9份，现场督促整改50余项，整改率100%；高度重视疫情防控工作。各客运站场、运营车辆、景区博物馆每天进行3次消毒，配置10台大型测温仪；加强一线疫情防控和职工的防护；加强联动机制，发现“黄码”“红码”人员，由交投汽运公司浙LA6810专车送往秀山做核酸检测。

【交旅融合】 2020年，交投集团探索“互联网+道路客运”新模式，开通岱山至舟山本岛市内快车，借助网络、手机平台，乘客实现App和微信线上购票；推进干线公路与各景区、乡村旅游点“最后一公里”通达工程，开通游①定制班线，连接全县各旅游景区；结合海岛地方文化特色，全面覆盖、深度植入人工智能、大数据、电子控制等信息技术，秀山客运中心，利用数字化服务提高旅客候船体验，建立智慧运营新业态模式，发挥秀山客运中心交通枢纽辐射作用。

疏港公路工程建设管理

【青山大桥项目】 2020年，县疏港公路建管中心启动秀山至定海跨海通道（青山大桥）项目前期研究工作，加强在定海侧线位现状的勘探，青山大桥定海侧线型方案列入市交通“十四五”规划，并将情况反馈给项目编制单位；定海区资源规划局已取得该地块地形图，根据相关规划，重新布线，确定最终用地红线。年末，完成青山大桥工程线位论证报告（初稿）。

【大桥管养】 2020年，县疏港公路建管中心开展每月经常性检查、维护（修理）工作。共检查278项次，进行维护保养共266项次，维护保养类型主要为机电设备的运行维护、小型结构维护修复和路面清洁等，确保疏港公路保持安全正常运营状态。针对官山大桥主缆扶手绳立柱以及拉索装置有锈蚀的情况，委托专题单位编制《官山大桥缆、吊系统局部维修工程可行性研究报告》。深化健康监测系统应用，对官山大桥和秀山大桥桥梁结构安全进行评估。年末，系统运行正常，未发现结构安全问题。加快推进官山村道工程建设，完成官山村道工程栈桥建设。

【大桥运行管理】 2020年，县疏港公路建管中心贯彻“安全第一、预防为主、综合治理”的安全管理方针，坚持线上巡视和线下巡逻相结合，紧抓防汛防台物质设备采购，完善并细化各项安全措施，更换灭火器111个，设置区域安全告示牌6块。深化视频监控系统应用，加强信息互通、协调配合，协助公安部门做好大桥交通安全管理工作。处理闯卡车辆83辆次，劝阻非机动、行人上桥56人次，劝返大桥保护区无关人员14人次。发布《大桥管理暂行办法》，以提升大桥安全管理能力和水平为重点，建立健全大桥运行管理体系和应急联动机制，制定《大桥突发事件应急管理预案》。组织开展大桥灾害性天气应急处置桌面演练和桥面突发事件应急处置演练。

【合同管理】 2020年，县疏港公路建管中心以法律法规为准则，高标准、严要求完成工程计量审核、变更审批、合同审查等工作。审核计量合同支付18项，涉及金额约3300万元；审核结算10项，涉及金额约5.80亿元，其中审定结算4项，审定总金额约5.45亿元；开展变更审核37项，涉及变更总资金约300万元；完成总合同价约1448万元的合同签订。创新秀山大桥航标控制价审核模式，节约投资约260万元。认真贯彻执行农民工工资支付分账管

秀山大桥室内全景监控管理　　（县交通运输局　供图）

理暂行办法，完成5个标段农民工专户注销工作。开展分包备案审查工作，审核秀山大桥机电工程交、竣工质量检测分包申请。

【制度建设】3月18日，针对县委第三巡察组反馈的巡察意见。县疏港公路建管中心经过2个月的集中整改，巡察反馈的7个问题已整改到位。批评教育2人、谈话提醒1人；清退违规发放福利1.77万元；挽回经济损失14.09万元；建立、完善制度7项。同时，以巡察整改为切入点，不断完善中心内部建设，相继出台《小额项目采购管理制度》《网络平台信息发布管理制度》等制度，进一步推进疏港公路管理工作的健康发展。

交通行业监管

【公路管理】2020年，全县公路基础设施建设投资约2381万元，完成农村公路大中修22.12千米，通村联网公路5千米，县内公路提升改造3千米以及江南大桥维修加固工程，建成长涂公路服务站，提升改造岱西公路服务区，积极申报浙江省“四好农村路”示范县、万里美丽经济交通走廊创建示范县和东沙镇市级“四好农村路”示范乡镇。进一步完善和优化公路路网，全县路网密度达到118.20千米/百平方公里，县道平均路面使用性能指数、路网综合评价指标均有所上升，运行能力显著提高。打造海岛高品质公路，强化国道公路养护管理，投资1055万元，完成国省道大中修6千米，构建“畅安舒美”的公路出行环境。修补坑洞沉陷1848.60平方米，路面灌缝47.70公里；新添置7台机械装备，提高养护施工效率。拆除非公路标牌4块，整治马路市场4个，更换各类标志23块，修补、安装减速带240米，修理补全警示桩、里程牌380根，爆闪灯2盏，漆划标线6701平方米，投入资金约30万元，开展公路沿线季节性水果摊位、运输车辆“滴漏抛洒”的整治。共上路巡查365天，巡查里程4.50万千米，出动2500人次，发现违法案件15件，查处15件，赔（补）偿案件15件，行政处罚1件，完成许可案件3件，协助市局完成国道涉路施工许可3件，并加强对涉路施工许可事中事后的监管。利用抖音等社交软件，开展“线上宣传”活动，促进公路执法领域相关法律法规有效实施。开展安全隐患大排查10次，出动人员191人次，发现安全隐患32处，整改32处，整改率达100%，封闭交叉口6处，改造提升路口4处，完成市、县级挂牌重大安全隐患整治各1处，并逐项销号。抓好汛期、台风等恶劣天气的安全生产与应急管理工作，落实应急抢险队伍、物资、设备，提高应急抢险处置力度。投入资金59万元，完成农村公路4米以上落差路段钢护栏安装2.47千米，大力推进地质灾害隐患和危险边坡排查整治工作，重点治理娘杨线、高东线、板黄线、三叶线边坡塌方隐患点共8处，改造何桥线路灯17盏，修剪遮挡行车视线的树木3.91万平方米，为进一步完善公路灾害和突发事件防御和处置，6月22日联合养护公司和交投工程建设公司在秀山三叶线开展汛期水毁应急抢险联合演练。建立国道、省道公路边坡分类管控长效机制，完成国道、省道边坡排查、分类和建档。加强公路安全监管，在板东线、三叶线边坡、遥岩岭隧道新增13个监控点位；在各公路养护站新增7个监控点位，增设1处连续式交通量调查设备。

【公路养护】2020年，县公路段贯彻落实“预防为主、防治结合”的方针，封闭G526嵊泗连接岱山本岛段中央绿化带开口6处、改造路口2处。边坡治理公路长涂2处、高双线2处、三叶3处，共7处。积极排查统计管养公路沿线的绿化，及时补种缺损苗木。公路保洁以5辆清扫车为主，人工清扫为辅，清扫路面5.56万千米。加强恶劣天气的应对能力。做好汛期、台风、抗冰雪、大风寒潮、地质灾害等突发公路险情的应急保畅预案。对浪塘线与何桥线交叉口进行路面改造、绿化提升、路灯等设施的修缮，投入资金为50余万元；绿化补植975株，除草24.80万平方米，绿化修剪5.88万平方米、绿化保洁12.82万方米、清理堆积物80立方米、隧道清洗6600米。开展常态化检查48次，开展安全教育24次，召开安全会议18次，发布各类安全提醒信息60余条，坚决把事故隐患消灭在萌芽之中。

【车辆检测】2020年，县车辆检测站共完成本岛营运车辆检测461辆次，同比减少124辆次；外岛营运车辆检测91辆次，同比减少10辆次。车辆检测减少是因为从3月起取消了县内运营车辆二级维护检测。本岛年检汽车6517辆，同比增加850辆次；摩托车290辆，同比减少20辆次。外岛年检汽车1780辆，同比减少527辆次；摩托车103辆，同比减少41辆次。

【工程质量监督】2020年，县交通局工程质量监督项目包括G526兰山客运中心至江南段景观廊道工程、衢山岛万良客运码头工程、年度农村公路大中修工程、全县2020年度养护大中修工程、G526岱山段江南大桥维修加固工程5个项目；继续监督项目包括G526岱山段改建工程（协助市局监管）、燕窝山陆岛交通码头工程引桥部分、衢山岛上涧礁至六条溪公路工程（K9+600～K13+873）3个项目，公路、水运工程项目共有8个，组织监督技术交底5次，现场检查31次，出动人员125人次，下发各类检查意见书42份，发现并督促整改安全问题158个，开展质量安全约谈3次，完成交（竣）工质量评定备案3项，交通建设工程项目的质量安全监督覆盖率达100%，所有受监督的项目均无重大安全事故发生。

【道路运输行业监管】2020年，县公路管理所面对突如其来的新冠肺炎疫情，一手抓疫情防控、一手抓经济发展，复工复产有序推进，行业管理稳步推进。实现货运量713.69万吨，同比减少12.5%；货运周转量133097万吨公里，同比减少11.4%。新建港湾式停靠站15个（秀山乡7个，高亭镇4个，衢山镇4个）。完成出租车更新改造21辆。其中放弃更新2辆。开展1+1旅游包车租赁业务，新采购商务车2辆。引进滴滴打车平台并正式登记运营，登记可运营出租车62辆。批准全县经营的网约车平台共有4家。完成小长涂大浦口公交站装修。新增农村物流服务网点12个（岱东镇2个，岱西镇2个，长涂镇1个，高亭镇2个，东沙镇5个）；完成岱东镇沙洋运输服务站建设。

客运管理 全县营运客运车辆合计301辆，客位8317座，其中县内班车47辆、1497座，跨县班车5辆、208座，跨市班车9辆、395座，旅游包车19辆、794座，城内公交车86辆、4748座，公交运行线路11条，覆盖全县所有行政村，出租车135辆、675座。联合公安部门做好汽车租赁行业全面整治工作。对浙江省岱山交投汽车运输有限公司、舟山市宝宏汽车销售有限公司、舟山市锦宏汽车服务公司进行实名制等相关内容的检查，督促各汽车租赁企业依法依规做好备案登记和规范经营工作。确保身份登记率达到100%，保证承租人身份查验制度执行率达到100%。开展建制村通客车质量自查工作。全县74个建制村通客车率为100%。开通公交线路11条，城乡道路客运车辆共有138辆，公交化运营车辆117辆。其中城市公交车辆共73辆，农村公交车辆44辆。

货运管理 2020年，货运企业开户48户，新增车辆368辆。全县营运性货车（不含牵引车）948辆、22896吨，营运货车平均吨位达24.10吨，车辆大型化特征更加明显；集装箱挂车534辆、17268吨，占总营运货车的56.3%和75.4%。淘汰老旧营运柴油货车共190辆。开展网格化管理。设立“监管责任网格长”“监管责任网格员”“主体责任网格长”“主体责任网格员”“属地安全监管网格员”“保险业务网格员”等6项职务的网格化成员，并在辖区3家危运企业内设立网格化管理公示牌，自觉接受社会监督。启动全面资质审查。共排查道路危险货物运输企业55家次，发现并整改安全问题或隐患15项；复核驾驶员23名，其中持外省从业资格证人数7名；复核押运员22名，其中持外省从业资格证人数4名；共复核安全员4名，无持外省从业资格证人员。开展道路危险货物运输车辆排查整治，共排查出驻外省经营车辆2辆，排查出涉嫌挂靠经营车辆2辆，辖区内已无挂靠经营车辆。

出租车管理 2020年，县公路管理所严厉打击不规范经营活动，共处理未按照规定使用客运出租汽车计价器案件3起，出租车不规范经营上黑榜4辆。加大网上巡查力度，对被投诉的车辆予以重点巡查，网上巡视车辆226辆次。受理道路运输行政许可案件127起，审批通过127起，从业资格证继续教育436人次，营运车辆办理营运证368辆、注销营运证574辆，车辆营运证年审通过1476辆次，车辆营运证换补发239辆次。

驾培行业管理 2020年，县公路管理所落实驾培行业源头监管。通报“5·20”酒后驾驶教练车的违法行为，注销教练员资格1名，解除劳动关系。对全县驾培行业教练员进行为期3个晚上的安全教育培训，引领“文明驾驶、安全行车”的良好车风。联合县公安局交警大队开展全县机动车驾驶员培训行业的专项检查工作。逐项落实整改。全县汽车驾驶员培训招生2216人，结业1788人。

维修行业管理 2020年，县公路管理所加强机动车排气污染防治，自行申请及认定有机动车排放M站5家。推进汽车维修电子数据上传工作，提升全县机动车维修行业信息服务能力。组织汽车修理人员参加市级汽车维修工技能大比武，参加尾气检测与排放故障诊断项目的培训，提升维修业整体水平。

【道路运输市场执法】 2020年，县公路管理所共出动稽查人员1213人次，出动稽查车辆323辆次，共检查车辆2246辆次。查处违法营运行为为12起，其中客运出租汽车驾驶人员未按规定使用客运出租汽车计价器3起，客运包车未按班车模式定点定线运营1起，未取得道路危险货物运输许可、擅自从事道路危险货物运输1起，共收缴罚款4.12万元。未发现被处罚人要求组织听证、申请行政复议和行政诉讼案件的情形。共受理投诉案件73起，其中12345举报投诉中心67起，网上投诉2起，12328热线4起。全年掌上执法检查49家次，共设置双随机任务7项，接收跨部门检查任务1项。对抽取到的2家企业进行各项检查，未发现问题。

港航行业监管

【船舶检验】 2020年，全县船检工作贯彻落实“规范保质量、高效强服务、公正树形象、创新谋发展”质量方针，开展专项整治活动。结合营运检验，加大对各类船舶的检验力度。至11月底，共检验船舶178艘，载重吨57840吨、功率33457.10千瓦。其中年度检验82艘，载重吨25151吨、功率15253.70千瓦；中间检验31艘，载重吨10880吨、功率5766.20千瓦；换证检验37艘，载重吨12461吨、功率6272.30千瓦；附加检验28艘，载重吨9348吨、功率5864.90千瓦；完成船舶图纸审核53套。

【港政（航道）管理】 2020年，辖区港口企业共28家，其中取得港口经营许可证的港口经营企业19家（新增1家）、船舶港口服务企业9家。港口经营企业包括港口危险货物经营企业6家（新增浙江省岱山交投港口物流有限公司），港口普货装卸企业11家，港口旅客运输服务企业1家，港口拖轮企业1家。普通货物临时装卸作业点12个，其中高亭镇1个，岱西镇1个，鱼山1个，长涂镇2个，衢山镇7个。临时包装危险品作业点12个，其中高亭镇2个、秀山乡1个、长涂镇2个、衢山镇7个（衢山本岛3个、小衢山1个、黄泽山1个、双子山1个、鼠浪湖1个）。全县港口货物吞吐量1.83亿吨，完成年度计划的110.9%，同比增长28%。其中鼠浪湖码头完成吞吐量6757万吨（内混配矿完成1985万吨）。水运工程建设投资6亿元，完成年度计划的90%。开展各类检查107次，其中航道巡查20次，港口岸线使用情况检查10次，港口企业以及港口设施保安单位的各类检查75家次，港口在建项目工程检查2次，发现安全隐患91项，完成整改63项，落实整改28项。

完成危险货物作业审批 2313 次，其中浙石化 2142 次，广厦（舟山）能源集团公司 114 次。指导 6 家企业完成港口经营许可证换发工作。4 月，成立海上疫情防控专班，全面开展排查清理，坚决防止境外人员从海上非法入境，坚决防止境外疫情从海上输入。加大检查力度，强化到港船舶及船员管控。由港航牵头，组织海警、海事、海洋渔业等部门开展联合海上执法，并通过 24 小时不间断的电子巡查等方式，对全县港口水域、岸线、码头、临时装卸作业点和岙口等进行巡查。出动人员 22202 人次，出动船只 1021 艘次，对各类码头、岙口、无人岛、临时作业点等进行现场巡查 14514 次，查验各类船舶 4254 艘次，查验各类人员 8628 人次，对从业人员宣传 6549 人次。开展进厂驻点，强化外轮“一船一案”管控。对全县在港维修船只 37 艘，均已落实“一船一案”防控措施。坚持“人防”与“技防”结合，强化船员换班管控。船员换班 2180 人次，其中上船 1137 人次，下船 1043 人次。加强口岸管理，查验出入境船只 315 艘，出入境人员 2772 人次，监管在港船只 6650 艘次，未发现涉嫌非法入境人员及偷渡事件。

【港航执法检查】 2020 年，共组织、参与执法检查 215 次，其中出艇 94 次，出动检查车辆 121 辆次，电子巡查 102 次，参加日常执法与联合执法出动检查人员 784 人次，检查船舶 310 艘次，执法检查港口普货企业 483 家次，检查临时装卸点 157 家次。全县港口危货企业 31 家，水路运政类立案 9 起，结案 9 起，罚没款 8.20 万元，其中一般程序 5 起，简易程序 4 起。案由种类为：未随身携带船舶营运证件、未取得船舶营运证件的船舶从事水路运输、超越许可范围经营水路运输业务、未按照规定对从业人员进行安全生产教育和培训；港政类立案 3 起，结案 3 起，均为简易程序，无罚没款。加强涉外码头的疫情防控工作，针对舟山绿色石化基地、常石集团、鼠浪湖码头、黄泽山，做好防疫工作与复工复产工作。各个涉外码头均未发生染疫现象，货物吞吐量突破 5700 万吨。开展海上“净海”专项行动。4 月 20 日开始，共出艇 48 艘次，出动执法人员 195 人次，查获各类违章船舶 3 艘，并进行立案查处；开展联合清港除险行动。成立内港船舶缉查编队，重点缉查“三无”“非法改装”船舶；成立码头排查编队，督促码头业主落实监控等安全措施，建立码头长制。对无主码头、废弃码头、临时码头、易登陆的滩涂等走私高危风险点，督促属地政府加强管理，逐个落实“一点一策”管控措施。出动检查车辆 150 艘次，出艇 40 次，出动执法人员 300 人次，全面完成 9 艘小型无证“黑名单”运输船舶拆解工作。

【行政审批】 2020 年，县交通局共办理审批服务事项 6026 件，办结 6026 件，办结率 100%。所审批的事项无一发生违法违规和申请人投诉行为。深入推进“最多跑一次”改革。通过办事事项“颗粒化”拆分、完善、落实，

2020 年 4 月 29 日，岱山县港航执法大队开展反走私联合执法专项检查

（县交通运输局　供图）

实现交通改革从“最多跑一次”到“一次不用跑”的加速，实现从“窗口办”到“网上办”“掌上办”的提升，“跑一次”事项覆盖率达到100%、“零上门”事项覆盖率达到100%。承诺时限压缩比在95%以上，即办率在85%以上。

【水路运输管理】2020年，全县共有海运企业42家，无运力企业1家，总运力263艘、载重吨201.04万吨，同比增加36万吨。单船平均载货7644吨，同比增加1210吨。水路货运企业新增固定资产10.28亿元，超额完成年度指标。6家海运企业入选2020年市级航运重点骨干企业。开展2020年水路运输(服务)企业年度核查和企业经营资质的预警工作，出动检查人员165人次，对40家辖区内水路货运企业、1家船舶管理企业进行核验，均通过年度核审。开展企业经营资质预警检查115家次，共有8家企业被预警，其中红色预警4家、橙色预警1家、黄色预警1家和绿色预警2家（2家绿色预警公司已落实解警）。出动检查人员298人次，对辖区内所有水路货运企业进行各类专项检查，共排查出隐患和问题56处，完成整改48处。制订完善各项应急预案，确保春运、国庆等重大节假日期间交通运输“安全、有序、畅通”。国庆、中秋期间全县旅客流量23.90万人次，同比增长19%；过渡车辆合计5.61万辆次，同比增长60.3%，再创新高。

交通运输安全管理

【概况】2020年，县交通局积极构建完善安全生产责任体系，落实属地监管、部门监管、企业主体以及人员安全生产责任，从源头上防范化解重大安全风险，开展各类专项检查83次，发现各类隐患247处，全部落实现场整改或限期整改，遏制了较大及以上事故的发生，安全形势总体平稳。

【安全生产目标管理】2020年，县交通局制订落实交通运输行业安全生产管理目标责任制考核，定期和不定期召开行业安全生产工作例会，并将安全生产管理工作纳入党委会专题讨论和研究，召开定期例会3次，召开不定期的行业生产会议16次；制订2020年度安全生产检查、培训和应急演练计划，并组织实施；局党委班子成员分别组织带队开展安全生产大检查大排查等专项工作，其中局主要领导带班安全检查13次，分管领导带班检查20余次，其余分管领导均落实了每年不少于4次的安全会议和检查工作；强化行业安全生产“双随机”管理工作机制，并对督促检查中发现的安全隐患和管理上的问题进行通报。

【行业安全检查】2020年，县交通局加强水路客运管理，以强化落实各项管理制度为重点，落实“车客分流”和“车客分离”管理，加强车船、港口设施等设备检测工作，确保“船适航，车适行、人适任”，确保设施设备正常运转。结合各类安全生产专项检查，对码头、趸船、引桥、液压房、发电机房等客运设施重点部位进行全面检查。开展各类检查83次，出动检查人员235人次，发现各类安全隐患5处，均已落实整改。检查船舶273艘次，发现问题273项，整改273项，整改率100%。加强道路客运管理，重点落实旅客售票实名制、出县班车运行和车辆管理情况。严格把好车辆场检、门检等工作。加强客运车辆动态管理，坚决杜绝客运班车超员、超速，疲劳驾驶，不按信号灯指示行车，乱停乱放，逆向行驶等严重违章行为。利用GPS定位系统建立区域限速监控，短信及时警告和约谈告诫来实现超速监控，加强上路现场检查，出动检查人员122人次，检查车辆429辆次，发现安全隐患18处，及时落实整改。加强危险化学品车辆运输信息化管理，共出动检查人员58人次，发现安全隐患24处，全部落实整改。公路管理部门加强公路道路巡查工作，发布大风暴雨等恶劣天气预警信息和警示标志标识，落实应急队伍、应急设备和物资，防范公路道路出现水毁、塌方和防范有冰冻雨雪。组织191人次，开展“春运”安全检查，出租房、站房消防设施检查，“汛前”安全检查等各类专项检查，开展全县4个主要岛屿公路的全面检查，发现安全隐患32处，全部落实整改。质监部门按照“两排查”（排查各分部工程隐患点、排查识别危险源）、“两提醒”（信息平台提醒、注意规范操作提醒）和“五检查”（查现场隐患排查和危险源辨识情况、查各参建单位安全台账、查安全管理人员职责履行情况、查安全专项方案落实情况、查特种作业人员和机械设备到位情况）的“225”工作法，强化安全监管，开展各类检查18次，出动人员80人次，发出安全检查意见书12份，发现安全隐患168处，整改168处。列入2020年重大安全隐患挂牌整改项目共2处。其中市级1处隐患为高双线东前线路口；县级1处隐患为外南线K0+125～K0+325，以上两处隐患已整改完毕并销号。

【应急预案系统建设】 2020年，县交通局完善《交通运输系统防御自然灾害（三防）工作预案》和操作手册，通过微信公众号等平台发布交通信息，强化预警预报，提升应急工作的规范性；大力推进指挥中心建设，完善应急装备配置。组建抢险队伍5支、79人，落实抢险机具设备18台；结合行业实际，组织开展公路应急抢通、船岸应急联动、道路“两客一危”事故处置等应急救援演练，提高应急处置能力；健全汛期和重大节假日应急值班和领导带班制度，做好指挥协调、应急处置和信息上报。

【专项整治】 2020年，县交通局强化辖区内3家危货企业所属驾驶员、押运员、安全员从业资格合规性复核，开展企业驾驶员违章行为“回头看”。坚决纠正“小车大罐”“大罐小标”车辆挂靠经营，开展车辆异地经营、淘汰不合格车辆的危险货物运输治理工作，清退2辆挂靠经营车辆，将2辆驻外省经营车辆转回原籍地。联合公安等部门开展设卡执法，实行高密度上路巡查，出动交通执法人员461人次，检查企业52家次，立案查处2起，检查车辆541辆次，立案查处黑车1起。开展“企业内部管理、安全责任落实、车辆安全、驾驶行为”等关键指标的动态评价活动，组织实施动态评价循环整顿6期。大力推广车辆智能安全装置，对辖区20辆危险化学品运输车辆实施安装具备防碰撞功能的智能视频监控报警装置。加强小型无证运输船舶的专项整治。公布全县海上小型无证运输“黑名单”船舶名录；联合海事等部门开展水上集中打击行动，出台《整治海上小型无证运输“黑名单”船舶自愿拆解资金补助方案》，9月底，全面完成9艘小型无证“黑名单”运输船舶拆解工作，提前完成全年清零任务，进一步保障辖区水上运输安全稳定。

（解永绥）

责任编辑：韩信安

邮政　电信

Postal and Telecom

邮　政

【概况】 2020年，岱山邮政各类业务累计完成总收入2644.08万元，完成年计划的87.8%；其中邮政业务收入累计完成2440万元，完成年计划的88.3%；其他业务收入累计完成204.08万元，完成年计划的81.6%，完成净利润229.10万元，完成率为100.9%。全员劳动生产率达到14.73万元/人。根据省分公司制改制工作要求，自4月9日起，中国邮政集团公司浙江省岱山县分公司更名为中国邮政集团有限公司浙江省岱山县分公司（以下简称岱山分公司）。

【普遍服务】 2020年，岱山境内服务营业网点总体稳定，农村邮政局、所覆盖率达100%；网点普遍服务四项基本业务开办率为100%，网点正常运营率达100%；城市党政机关党报当日见报；实现建制村100%通邮。全县机要通信无失密丢损。全县未发生违反普遍服务“两条红线”的情况，申诉处理率为97%，普遍服务达标集中整治问题整改达100%。实现机构通信无失密丢损。至年末，全县有服务网点22个，其中城镇营业网点5个、农村营业网点14个、报刊亭3座。邮筒信箱28个（其中村邮站信报箱20个）。便民服务站66个。城区邮件自提点102个。邮政车辆46辆，其中邮运及投递汽车11辆、摩托车11辆（农村投递6辆）、电动车24辆。有邮运邮路6条，总长199千米，其中汽车邮路4条、水路邮路2条。城市投递道段31条，总里程523千米；农村投递道段12条，总里程432千米。

【寄递业务】 2020年，岱山寄递事业部在做好疫情防控的基础上，通过走访电商客户，开发微店、直播平台客户，协同开发“阿金嫂”“可以吃的石头”“岛民阿杰”以及地方特色农产品“二头洞海蜇”“沙洋花生”等产品，引入寄递业务，使寄递业务得到快速增长。全年累计完成寄递

邮政电商平台助农服务　　（中国邮政岱山分公司　供图）

业务收入215.09万元，其中国内标准快递累计业务收入71.56万元，快递包裹累计业务收入116.91万元，国际业务累计业务收入8.59万元，物流业务累计业务收入17.24万元。12月，成立高亭特惠快递经营部。

【代理金融业务】 2020年，岱山邮政部门全年累计完成代理金融类业务1751.29万元，完成年计划的89.6%，储蓄期末余额为12.60亿元，定期储蓄呈增长趋势，活期储蓄占比11.2%，价值存款为9.10亿元。

【农村电商业务】 2020年，农村电商批发业务，"邮乐购"总站点186个，其中商超型145个；分销业务，累计销售额160.90万元，完成年计划的100.6%；支局同心圆生态圈，累计发展邮特惠会员数2095个，完成全年目标的68.5%。数字化优质站点31个，完成率为110.7%。开通自提网点40个，完成率为181.8%。绿卡绑定站点99个，完成率为450%。掌柜会员数5547个，完成率为277.4%。开通便民服务站点数98个，完成率为445.5%。工业品下乡生态圈，自营批发金额达156.51万元，完成年度计划的137.3%。十大工业品牌销售额为45.89万元，完成率为131.1%。发展"邮乐小店"数量971个，邮乐小店月分享数141.75个，完成率为109.04%。惠农项目生态圈，完成自营农产品63.73万元，完成率为122.6%，基地农产品完成6.59万元，完成率为109.8%，省内精品项目完成0.80万元，完成率为100%，万单扶贫项目销量2303单，完成率为100.1%。邮乐优鲜上架48款，销量为3万元。在新冠疫情防控期间，渠道平台中心携手市场营销部，助力地方农产品销售，实现大白菜销量2.30吨，销售金额为0.36万元。7月，岱山县长涂镇首家"邮善邮乐"慈善超市上线。至年末，累计服务低保户人数逾1400人次，实现"邮乐服务平台"的功能拓展、线下实体网络以及"邮乐购"服务站点建设，为城乡百姓提供家门口"零距离"的公共服务。

【传统邮政业务】 2020年，函件业务主动融入地方政府新农村建设项目，完成社区法治、清廉文化建设，大峧山乡村旅游、长涂抗倭、岱西双合石壁、秀山创城等主题的文化墙绘业务，主动参与文化惠民服务活动，积极拓展宣传品制作。全年累计完成函件收入100.93万元，完成年度计划的108.6%，同比增长6.5%。集邮业务，累计完成业务收入54.79万元，比上年同期有所减少，完成年计划73.1%。报刊业务，完成收入135.74万元，同比增加6.9%，完成年度计划的101.3%。其中订阅收入100.66万元，比上年同期有所减少；零售报刊收入0.33万元。

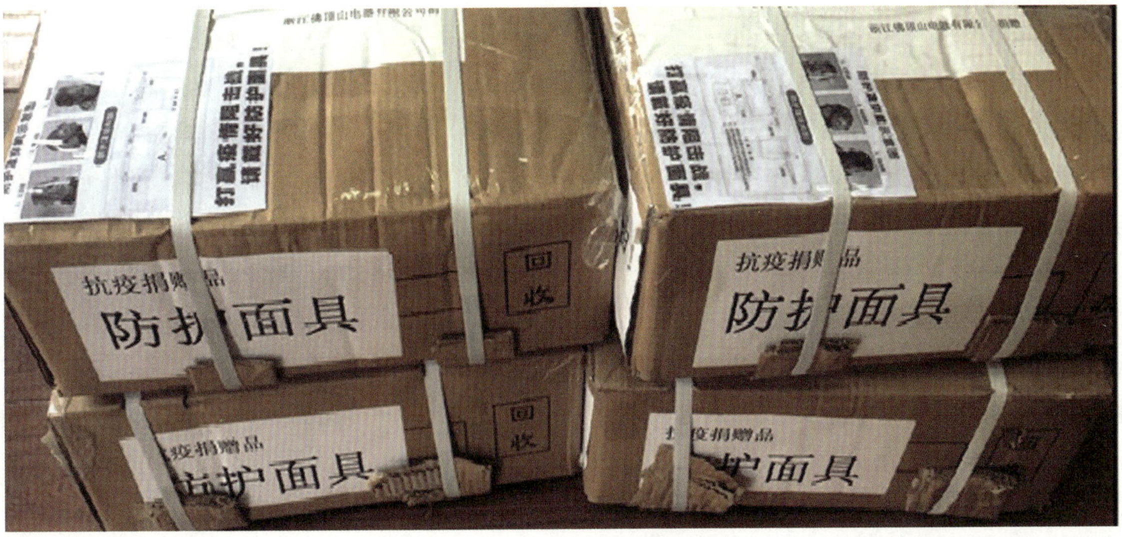

2020年2月24日，中国邮政岱山分公司收寄首批捐赠物资绿色通道邮件　（中国邮政岱山分公司　供图）

2019—2020 年岱山县邮政业务情况一览表

表 25

项　目	2019 年	2020 年
国内函件（万件）	15.39	14.57
国际及港澳台函件（万件）	0.04	0.01
机要（万件）	0.14	0.17
包件（万件）	12.80	16.68
特快（万件）	0.96	0.85
汇票（万张）	0.12	0.02
订销报纸累计份数（万份）	292.34	276.99
期发订销杂志累计份数（万份）	0.66	10.99
销售集邮邮票（万枚）	10.03	6.39
邮政储蓄期末余额（万元）	117332.76	125994.34

【公司综合管理】 2020 年，岱山分公司围绕主动服务地方经济建设这个中心，克服内外诸多困难，各项工作基本达到进度要求。企业全年通信质量、服务质量目标管理责任制考核得分 89.4 分，列全市第二。是年，分公司衢山支局投递员林朋军获全国邮政行业劳动模范称号；分公司继续保持省级文明单位、省级巾帼文明岗、青年文明号、五一巾帼标兵岗等荣誉。积极推进“平安邮政”建设，开展“消除事故隐患，筑牢安全防线”员工发现身边安全隐患的活动、企业交通运输“亲情助安”活动。安全教育培训常态化。全年按规定组织开展各科目演练，新员工消防灭火和邮件处理场地疏散演练 2 次，入库尾箱风险排查 2 次。全国“两会”期间，做好寄递渠道安全服务保障工作和安全信息日报工作。分公司开展各类场所安全风险排查整治活动，完成国庆等一系列重大活动的安全保障工作。安保干部全年累计检查 141 天，检查储蓄网点 93 次、中心业务库 48 次，检查运钞 48 次，邮政营业以及邮件处理场地 148 次，检查运钞及其他车辆 244 辆（次），检查其他作业场所 26 次；共处罚 70 人（次）。是年，分公司安全生产治安目标管理责任制考核得分 91.5，列县区分公司第一名。

（鲁利娜）

电　信

【落实从严治党】 2020 年，岱山电信以党建为统领，落实全面从严治党责任制。深入学习《习近平谈治国理政》（第三卷）、十九届五中全会精神，通过“两深入、两服务”，切实解决基层一线的难点、热点问题，制定“堡垒指数”和“先锋指数”考核办法，全面落实“三基三度”四维评价办法。开展党风廉政教育，通过集团巡视整改、政治生态专题整改、学习《典型案例警示教育材料》、身边人正能量宣传，营造廉洁从业氛围。

【智能网络升级】 2020 年，岱山电信积极推动 5G、光网、政务云等新基建发展，为全县建设新一代数字基础设施提供强有力的网络保障基础。加快推进 5G 网络建设，坚持 5GSA（5G 独立组网）方向，全力打造覆盖更广、速度更快、成本更低、体验更好的 5G 精品网络。全县已具备 5G 基站能力 35 个，实现全县主城区、重要乡镇、重要景区等区域 5G 网络室外覆盖，并实现重要热点区域的室分覆盖。完成中广核海上平台 5G 基站建设和开通，成为浙江省首个海上 5G 基站。

【打造云网融合】 2020 年，岱山

2020 年 10 月，中国电信岱山分公司百日攻坚“美丽乡村点亮行动”启动
（中国电信岱山分公司　供图）

电信扎实推进云改战略和数字化转型，进一步提升“云为核心、网为基础、网随云动、云网一体”的硬实力，推动和加速全社会信息化、网络化、数字化和智能化的进程。建设基于 IPv6 的下一代信息基础网络，出口带宽达到 164G，基本建成满足 IPv6 的高性能城域网网络。提升千兆网络覆盖接入能力，全面提升千兆网络入厂园、入社区、入户覆盖面。大力推进云基础设施建设，提升岱山产业数字化升级的 DICT 能力。推进新型大数据中心建设，至年末，岱山电信是全县唯一拥有 B 级 IDC 机房的运营商。

【助力疫情防控】 2020 年，岱山电信主动作为，助力疫情防控和复工复产。实施精密智控，通过数据（定位）支撑“健康码”平稳运作，为老百姓出行和企业复工复产提供有力支撑。强化网络保障，在抗疫期间，共发送防控定向公益短信 4.35 万条，保障专线电路（视联网）57 条、视频会议 8 场，紧急开通一批县疾控中心视联网系统、公安监控、隔离区域点位等。助力复工复产，向政府及社会各界提供“无接触式快速检测、高精度体温筛查、异常体温预警”解决方案，完成首批热成像设备安装实施，持续推进来电名片、天翼平安乡村、天翼云课堂的宣传与推广。

【海底光缆新建】 2020 年，岱山建成一批重点海缆项目，解决海岛通信瓶颈。新增岱山—鱼山、岱山—秀山等海底光缆项目并投产运营。主动采用海光缆资源共享、置换措施。拓宽海底通信光缆资源渠道，共享纤芯资源，做到集约用海，进一步保障海底通信网络的安全性和可靠性。已累计建成 10 条、长达 320 公里的海底通信光缆网络，通达所有规模居住的岛屿，提供高达千兆的带宽接入速率，进一步保障海底通信网络的安全性、可靠性。

【助力数字化转型】 2020 年，岱山电信聚焦“整体智治”，助力“最多跑一次”改革，支撑政务云运营，保障数字政府建设，为各局办、乡镇提供云服务，至年末，政务云资源池整体规模约 7300 核。助力基层治理，启动电视端平台开发，搭建完成主体架构，陆续推进养老、云会议、天翼看家等平台的对接。助力智慧城市重点项目，承建城市大脑平台、雪亮工程、天翼看家监控点建设。助力应急通信保障，建成市区县和外岛功能区、悬水小岛乡镇配置便携式移动站。

【助推数字经济】 2020 年，岱山电信加快工业互联网发展，打造岱山友联 5G+ 船舶制造。打造秀山岛 5G+ 智慧岛屿。推动招商引资与科技创新，加强信息化应用，开拓智慧海洋数字化产业。开启万物智联时代，打造智能抄表，实现岱山国网电力公司管网监测，智能抄表，减少漏损，提高效率。发挥云网融合、安全可信、专享定制三大独特优势，助力企业上云。

【强基深耕行动】 2020 年，岱山电信开展强基深耕行动，完善奖优罚劣制度。持续推进触点优化，核心厅和社区厅突出转变；在产品布局上，从单一的公众产品加载向全业务产品加载转变；在销售模式上，从单向推销向互动体验、贴心服务转变。强化营维融合，打造“以我为主”的营维服一体化战斗堡垒队伍，强化客户感知。深化服务，巩固提升全网服务能力。

【卫星通信业务创新】 2020年，岱山电信加快海洋卫星通信项目建设，与衢山镇政府创新推进“卫星+驾驶舱安全预警系统”建设，项目入选参加北京国际通信展。完成410条船只海洋卫星通信产品的安装工作，为渔民兄弟提供卫星宽带的流畅上网服务。开展船载卫星通信导航终端产品的生产、研发和销售，积极引入海上卫星相关数字应用合作单位，最终形成海洋卫星终端全产业链布局。

【“数字大会”电信展台】 11月26日至28日，岱山县“数字岱山”会展在县体育馆开幕，岱山电信集中展示中国电信近年来践行“云改数转”等所取得的成果，包括5G率先规模商用、启动云终端计划、5G+智慧农业、5G+工业互联网、5G+智慧医疗、5G+智慧养老、海洋通信卫星等。会展期间，电信的展台推出各类相关数字化应用、居家产品展示等，受到各方好评。

【基础网络建设】 2020年，全年布放各类监控光缆188个点位（包括智慧城管、交警人行道、公安治安、社区等），布放光缆242.89纤芯公里。新增H接入能力4929纤芯。完成6个C类机房、10个D类机房的标准化整治工作。持续做好无线网络覆盖和优化，完成4G无线800M低频率网络优化17个站点的覆盖，新增4G无线基站10个，合建新增5G基站31个。率先建成一张低频广覆盖、高频吸容量，高低频协同、容量适配的精品4G网络，新增综合大楼5G云网中心展厅。

2020年11月27日，岱山“数字大会”活动现场之电信展台
（中国电信岱山分公司 供图）

【网信安全工作】 2020年，岱山电信高度重视网络和信息安全工作，致力于成为信息基础设施的保卫者、清朗网络空间的守护者、智能安全服务的提供者、网络安全生态的建设者。打造专业可靠的团队，完善自主可控的“两平台一中心”，培育全方位的网信安全服务能力。承建党政专用BJ，有效保障党政专用通信网的安全运作。强化反诈建设及研判，开展“断卡行动”，对疑似涉诈号码进行自动、精准研判处置。

【服务能力提升年行动】 2020年，岱山电信全面提升客户服务水平，持续开展提速降费、骚扰电话整治、行风纠风等工作。全面推进服务领先计划，实施“服务能力提升年行动”。落实提速降费，开展移动、宽带网络质量“双提升”行动，打造“三千兆”精品网络。持续优化携号转网服务，严格执行携转交互规范，确保用户“携得了、转得快、用得好”。

【退休党员社会化管理】 2020年，岱山电信完成国有企业退休党员社会化管理工作。从退休党员的信息采集、人事和党员档案的电子化管理、一人一档一光盘

2020年1月，中国电信岱山分公司开展“四个一”送温暖活动

（中国电信岱山分公司 供图）

和纸质档案的封存和移交、最终到各乡镇、落实在各党支部的属地管理，岱山电信完成所有退休党员党组织关系的转接工作。

【助力创城攻坚】 2020年，岱山电信作为城市管理的窗口服务单位，进一步强化组织领导，细化分解目标，严格落实窗口服务单位软硬件设施配置标准，优化完善各类基础设施。突出数字赋能，对接城市大脑，强化信息化应用和推广，积极助推“智慧岱山”建设。强化保障到位，落实隐患排查。持续做好技防设备应用智能通信保障工作，积极做好防范和应对工作。结合创城工作要求，加强路长志愿者行为规范管理，汇聚创建工作的强大合力。

【企业文化建设】 2020年，在春节来临前，岱山电信开展以“美好期盼”为主题的“四个一”活动。班子成员分别赶赴宫门支局、秀山支局、衢山支局，开展拍一张全家福、送一个“福”、办一次座谈会、包一顿饺子活动。6月19日，岱山电信组织党员职工10余人参加义务献血活动。9月，岱山电信组织开展“慈善一日捐”活动。

（俞光云）

移 动

【概况】 2020年，中国移动通信集团浙江有限公司岱山分公司（下称移动岱山分公司）党支部荣获“集团有限公司第二批基层示范党支部”称号、“集团有限公司先进基层党组织”称号；移动岱山分公司荣获“2020年度消防安全工作先进单位”称号；移动岱山分工会荣获“全省员工书画摄影作品下基层活动示范点”称号、“浙江公司2020年度先进工会小组”称号；《提升岱山政府食堂就餐满意度》一文，荣获“2020年全国QC小组成果发表赛”专业级成果。

【市场建设】 2020年，移动岱山分公司以提升细分市场份额为目标，全面推进细分市场发展。开展“两战赢、赢新春”外来务工营销；开展“以突破论英雄”校园攻坚专项劳动竞赛；突破快递、骑手市场，项目获新华社报道。

【宽带营销】 2020年，移动岱山分公司打造三大场景标准化营销模板，持续推进宽带高质量发展和场景攻坚。找准营销重点、拓展营销触点，深挖农村市场。小微宾馆融合产品差异化竞争，与本地民宿协会开展战略合作，拓展民宿市场。渗透新建小区，借助B改H、党建和创攻坚存量小区。与装修公司异业合作，探索智慧家庭市场。

【5G业务发展】 2020年，移动岱山分公司以聚力行动为抓手，努力提升5G终端销量。通过全渠道拓展，高标准、严要求，确保渠道5G终端销售占比。实现每月高星级渠道参与率100%，高星级渠道达标率超目标。重点推动5G终端机套匹配率和达量限速套餐迁移率，闭环管理资费叠加。

【渠道转型】 2020年，移动岱山

分公司核心商圈渠道稳份额，弱势区块强覆盖，有序推进渠道建设工作，持续优化渠道结构。针对鱼山热点、外来务工聚集区，持续推进直销增员，强化队伍建设，多通道开展个性化人员招聘。

2020年6月16日，中国移动岱山分公司试点5G+航拍，完成海洋文化节通信保障
（中国移动岱山分公司　供图）

【D类集团发展新模式】 2020年，移动岱山分公司全渠道开展D类集团拓展战训，提炼一套可执行、有成效的发展模式。组成网格经理＋渠道经理＋服务经理＋政企督导＋市场督导＋产品经理的攻关团队，通过排模，划分目标行业客户，进行行业破零，实现业务的融合拓展。实行“两步走”，深化沿街商铺、民宿等场景看管体系，直销补强客服小微经理离职困难，持续提升队伍营销技能，固化D类市场训战成果。

【专线业务发展】 2020年，以数字岱山建设为契机，移动岱山分公司坚持以项目带动专线发展的思路，落地岱山的新增项目和新进企业，达成秀山数字海岛、东沙智慧旅游、开发区智能化工厂等批量专线业务。

【行业ICT业务】 2020年，移动岱山分公司持续贯彻“铁三角团队”机制，充分发挥团队各成员职责，政府机关—大数据管理中心—代理公司—集成施工单位等全项目流程，建立合作，筑成行业项目生态链管理体系，加强行业项目商机把控。

2020年11月26—28日，中国移动岱山分公司助力“数字引领　岱你未来”数字岱山大会召开
（中国移动岱山分公司　供图）

【移动云签约】 2020年，移动岱山分公司结合云训战的培训，做好意向集团的持续跟踪，以四大抓手为切入点，寻找适合岱山推广的云产品，以“低资费、使用便捷”为卖点进行推广移动云空间产品；以项目带动云产品推广，完成岱山智慧公交项目云主机订购，提升云产品实际实用。

【高亭城区5G全覆盖】 2020年，根据市公司总体规划和部署，移动岱山分公司统筹部署，积极落实，深化专业间协同，从进度、质量全过程标准化管控，共计开通5G站点78个（宏站62个，室分16个），实现高亭城区和鱼山生活区5G连续覆盖。联合县电视台，创新采用5G+无人机，完成海洋文化节通信保障。通过5G终端控制无人机进行现场直播，全程视频直播流程无卡顿，整体效果良好。

【鱼山网络工程】 2020年，移动岱山分公司在密集工棚的生活区，主要采用工棚室分和3DMIMO站点缓解流量压力。前期已开通室分21个（含14个工棚漏缆），3DMIMO站点2个，3DMIMO改造2个（AAU抬升），微站12个（主要解决二期弱覆盖）。总计新增215个小区，日流量新8943G。移动岱山分公司组织开展多次党员活动，针对鱼山十五号地块工棚宿舍区，通过5G-ONU主动更换、宽带低流量用户促活等手段，全面提升有线流量。

【家宽服务质量提升】 2020年，移动岱山分公司落实项目“家宽网络质量投诉压降15%”课题，从完善网络质量、提升装维规范性、持续做好质差用户优化等方面开展。全年共计完成B改H穿线2300余户，全面提升网络稳定性；完成教师新村和中泰花苑“一改二”，有效降低故障率；完成6套千兆OLT入网，基本完成城区千兆宽带全覆盖；积极配合全县创城工作，同步开展主动网络诊断活动3场，提升用户体验；持续开展质差整治工作，早于用户解决网络潜在的问题。

【加强安全管理】 2020年，移动岱山分公司拓宽安全宣传阵地，借助公司党支部“宜岱移路”微信公众号等平台，及时发布公司安全工作动态信息；组织开展新老大楼应急疏散演练、防汛抗台应急通信保障演练、防恐防爆演练等活动；固化会议制度，将安全生产工作纳入公司发展重要议程，组织召开半年度安全生产专题会议、每季安全工作会议并固化安全生产事故应急预案学习；利用云表单开展安全知识答题，开展安全隐患随手拍活动。

2020年6月3日，岱山移动与各合作单位进行抗台防汛应急演练

（中国移动岱山分公司　供图）

【党业整合工程】 2020年，以党支部获评“集团公司2020年先进基层党组织支部”为契机，围绕“党建工作质量提升年”工作要求，构建“5赋5格”网格模式，移动岱山分公司激发组织活力和服务能力；搭建“赛学知用”“亲情网格”平台，打造“党建展示厅”，制作“和格微课”；构建“两优一先”保障体系，优化责任机制、优化攻坚体系、党员干部冲锋在先，“两战赢，赢新春”“聚力行动”专项劳动竞赛成效明显；推进与浙江省岱山交投汽车有限公司、岱山金枪鱼综合利用加工基地党建和创项目，到长涂镇人民政府、鼠浪湖码头开发有限公司等单位进行信息化授课，推动长涂未来社区、秀山数字海岛、开发区智慧社区等重点项目落地，做大党建和创朋友圈。

（王科诺）

联　通

【概况】 2020年，中国联合网络通信有限公司岱山分公司（简称岱山联通）全面完成全年生产经营目标，实现收入累计同比转正，数字化转型初具成效，市场趋势稳中向好。完成主营收入2000万元，毛利目标达到63%，客户满意度同比提升25%，5G用户规模达到5000户，5G基站30个，满足岱山城区和重要企事业单位的5G网络覆盖。岱山联通内设市场综合运维管理中心、集团营销中心、区域营销中心，共有员工39人。

2020年4月，岱山联通5G智能产业展示现场　　（詹李倩　摄）

【服务质量优化】 2020年，岱山联通围绕深化服务模式转型，开展全满意度一期工程、大服务机制运营、“用户＋管理”双办结、精准服务维系等服务工作，服务质量、客户体验得到提升，全年未发生越级申诉事件。是年，岱山联通推进云店、直播、手厅扫码叫号，所有营业厅完成云店销售100%破零，通过每月抖音直播3场，围绕5G业务，为岱山农产品助力。通过多举措提升高星客户满意度，不定期开展主题活动，“三八女神节”“感恩父亲节”专场活动，吸引星级用户百余人参加，通过活动牵引进行5G升级，接触率达到62%。公司信息化服务以规范化管控为途径，全面完成计费账务、数据管理、用户服务、系统保障、综合管控、内网安全、收入保障、业务稽核、库房管理等工作。

2020年4月，岱山联通5G抖音直播　　（江碧波　摄）

【网络建设】 2020年，岱山联通通过制定精简策略、用户迁转、基站退服、投诉处理、站点恢复的流程，完成2G退网工作。以提升移动、宽带网络质量为核心，实施降本增效，提升维护水平。平均故障历时同比改善32.83分钟。实现网络效能提升，节能降耗。和友商共享共建5G网络，完成30个5G基站的建设。城域网出口带宽达到20G。投资1000多万元，建成岱山嵊泗100G波分系统；投资300多万元，完成岱山城域网建设。配合做好旧城改造。积极推进分组传输网络建设，实施传输网络结构优化；加强重要集团客户、大项目的通信保障。增补光纤物理网各型号主干光缆约58.75千米。完善鱼山岛网络优化网络资源建设工作，通过拆闲补忙，调整网络资源，提升用户体验。开展大数据、大带宽业务的优化调整，流量经营项目一阶段上行带宽已经扩容至20G。开展保留站点、重要机房的蓄电池清理和整治工作，完成精密空调、油机维保合同签订和百盛家园核心机房新油机的采购、安装。开展“超频”“超长”断站整治，对小区故障和告警同步进行梳理整治，改善用户体验和感知。开展数据网隐患排查和整治工作，完成固网话单传送割接，结合传输网新建工程。全年安全生产平稳运行，未发生重大安全事故和责任事故。

【市场营销】 2020 年，岱山联通优化产品和佣金体系。完成全业务产品体系优化及本地收敛，聚焦优势业务及产品，提升全业务运营水平。聚焦重点产品（冰激凌套餐），通过开展全员劳动竞赛、上量佣金激励等方式，拉动产品整体上量。做好重点区域产品支撑，通过月度、季度、阶段性促销活动，有针对性地牵引各综合网格完成产品的发展。聚焦活动牵引。自有渠道通过开展 GOV 品牌月、荣耀品牌月，并持续开展挑战 21 天劳动竞赛、终端内购会、招联分期活动；同时，在全省自有营业厅专业线业绩评价中，排名全省第三。互联网业务发展势头良好，全年，累计发展互联网用户 3 万余户。紧紧围绕 1+N+M 的基调，做好存量生态圈运营，新建生态圈补点（高亭安澜商圈、秀山惠生海工、衢山友联船厂）。致力发展创新业务，全年签订大小集团业务 40 余家。加大智慧家庭组网力度，增加宽带营销场景。10 月，完成海军某部队智慧营房建设工作。11 月 26—28 日，岱山联通助力岱山数字大会，联通自研 5G 技术应用场景受到相关部门的肯定。12 月 1 日，完成“低轨卫星互谅网 +5G+ 物联网”海上融合组网通信试验项目，该项目是国内首次把卫星互联网、5G 和物联网结合在一起的海上综合试验，成功在海上构建起 5G 手机实现视频通信等功能。

2020 年 12 月，岱山联通参加数字岱山展会　　（江碧波　摄）

【服务提升工程】 2020 年，岱山联通积极落实国家提出的携号转网业务，全年为 400 多个用户提供该项业务，其中携入 300 多户，携出 90 户。县分多渠道全面提升用户在消费、服务、网络、应用等方面的体验，确保用户最多跑一次。改善营商环境，从原来 5 天左右的服务周期缩短至 2 天。加强对营业客服的业务过程管控，确保每一环节的到位，建立完善的客户责任清单，提升客户体验。

【企业文化建设】 2020 年 2 月，岱山联通开展疫情关爱活动，为一线人员提供口罩和消毒液，积极投入复工复产；4 月 20 日，参加市公司组织的线上读书日活动；5 月 17 日，利用国际电信日，举办国企开放日，让市民走近联通、体验 5G 生活；6 月 21 日，参加市公司组织的舟山联通客服技能大赛并取得优异成绩；7 月，参加市公司组织的员工子女“童心向党”暑期走读活动；8 月 3 日，开展高温慰问送清凉活动；9 月 10 日，开展高考员工子女慰问活动；10 月中旬，开展员工秋游活动；11 月 2 日，岱山联通开展“传家训、立家规、扬家风”廉洁教育活动；11 月 20 日，派代表参加市公司组织的共青团第三次团员大会；12 月 31 日，举行“迎新年登山活动”。

（邬　娜）

责任编辑：李慧慧

财政　税务

Finance and Taxation

财　政

【财政收入】 2020年，全县完成财政总收入272609万元，增长3.9%。完成一般公共预算收入181290万元，增长3%，完成年初预算181280万元的100.01%，其中：地方税收收入137350万元，下降0.8%；非税收入43940万元，增长17%。主要收入科目情况：增值税（地方50%部分）51001万元，下降1.1%；企业所得税（地方40%部分）21771万元，增长19.3%；个人所得税（地方40%部分）5100万元，增长2.9%；资源税17659万元，增长17.2%；房产税5426万元，增长36.9%；城镇土地使用税4250万元，下降45.8%；土地增值税4968万元，增长37.9%；契税14222万元，增长80.4%；其他地方税收收入12953万元，下降48.8%；专项收入5966万元，下降41.7%；其他收入37974万元，增长39%。

2020年9月15日，省财政厅领导到岱山调研财政绩效管理工作（陈佩兰　摄）

【财政支出】 2020年，全县一般公共预算支出完成543385万元，增长6.8%，完成调整预算542880万元的100.1%。主要支出科目情况：农林水支出137616万元，增长8.3%；教育支出52452万元，增长3.5%；交通运输支出39638万元，下降27.6%；城乡社区支出68410万元，增长33.5%；文化旅游体育与传媒支出9982万元，增长5.4%；卫生健康支出36939万元，增长3.6%；一般公共服务支出47422万元，增长6%；公共安全支出23240万元，增长5%；科学技术支出11455万元，增长13%；社会保障与就业支出63966万元，增长7.3%；其他支出52265万元，增长20%。

【组织财政收入】 **优化收入结构**　2020年，全县一般公共预算收入占GDP的比重为4.7%，一般公共预算收入占财政总收入的比重为66.5%，税收收入占一般公共预算收入的比重为75.8%。地方税收收入完成13.74亿元，下降0.8%。其中：主体税种完成7.79亿元，增长4.1%，对地方税收和地方财政贡献率分别为56.7%和43%；资源税等其他税种完成5.95亿元，下降6.6%，对地方税收和地方财政贡献率分别为43.3%和32.8%。

组织非税收入　加强非税收入和土地出让金收入管理，掌握土地出让情况，强化非税收缴监管，完成非税收支、土地出让金收支、社保基金收支预决算的编制工作。落实全省企业职工基本养老保险专项自查，做好社保基金全省统收统支各项工作，取得省级调剂金补助4.53亿元。全县非税收入25.15亿元，增长15.8%，其中，纳入一般公共预算管理的非税收入4.39亿元，增长18.4%。

夯实收入基本盘　加强收入源头管控，压实各乡镇和相关部门责任。特别关注重点项目税收落地、县内企业外迁等动态，加强重点行业及规模以上工业企业税源变化的分析、研判。抢抓专项债窗口期，争取上级部门对岱山更多的支持。

【加大财政支出】　保障国家战略以及交通发展　2020年，聚焦舟山绿色石化基地建设，保障各项社会管理事务支出1.97亿元。助力交通建设大会战，投入5.50亿元，支持大桥码头、岛内公路等基础设施提升。

助力城乡面貌改善　投入1.25亿元，打好城乡环境综合整治大会战，提升城乡综合环境和公共服务设施。投入治水治污、蓝天保卫战资金1.20亿元，打好污染防治攻坚战。投入5863万元，助力森林岱山、美丽乡村建设，成功入围2020—2022年绿色转化财政专项激励政策名单。

落实惠企政策　落实支持小微企业渡过难关等财税政策，减税降费4.71亿元。加快惠企资金兑现速度，全年拨付各类各级资金1.66亿元。健全科创人才激励保障机制，2020年至少安排1500万元的科技创新专项资金，引导和促进企业及其他社会资金，投入科技创新活动。落实《岱山县中小企业专项信用贷款财政支持办法》，利用财政杠杆压减贷款利率。

【社会民生保障】　落实防疫惠民举措　2020年，全县建立特殊时期防控资金应急支付机制，拨付防控专项资金3018万元。做好“两直”资金的分配兑付工作，发挥6亿元“两直”资金惠企利民效益。

支持公共服务发展　优化教育资源，投入2201万元，完成县中心幼儿园城西幼儿园建设、实施中小学食堂提升改造。助力健康岱山建设，投入7000万元，支持第一人民医院迁建工程。完善养老服务体系建设，投入959万元，支持社会事业发展，保障养老服务机构补助及居家养老、智能化养老等项目。

提供社会保障　助力打赢精准脱贫攻坚战，全年分配扶贫资金3079万元，扶贫项目绩效填报比例100%。发放低保、低保边缘、特困人员救助金共3163万元，补

2020年4月10日，县财政部门减租金助推企业复工复产　　（黄海娜　摄）

助残疾人两项补贴资金1411万元。落实渔民养老保障制度，发放传统海洋捕捞渔民和遗孀待遇补贴资金565万元。支持"菜篮子"稳产保供，投入799万元，加快推进蔬菜基地及农贸市场建设。

【深化财政改革】 2020年，县财政部门推进财政数字化转型。改革会计核算中心运作模式，压实用款单位主体责任，开放相关端口，让人大、审计参与跟踪监督，促进透明规范。推进财政电子票据改革工作，327家用票单位实现电子票据开通申请。至年末，所有分配到人（户）的涉农补助和民生补贴实现"一卡通"发放，涉及资金6350万元，惠及2.91万人。加快全面实施预算绩效管理改革，初步建立预算绩效全过程管理机制，实现专项资金绩效目标申报、自评项目、监控部门三个全覆盖。完善全过程预算绩效管理链条，强化绩效评价结果应用。依托"预算云"系统，规范预算管理业务流程。

【强化监督管理】 **"四个公开"促廉** 2020年，推动公款竞争性存放、政府投资项目审价、政府采购、预决算"四个公开"。推进公款存放公开、公平，并运用存放杠杆促进金融业加大对地方经济的支持力度，全年开展公款竞争性存放招投标6期。强化政府采购全流程监管，全年政采云平台交易额2.47亿元。规范预算信息公开体系，细化部门预算，政府预算、部门预算及时向社会公布。加强政府投资项目审价管理，共出具工程造价咨询报告156份，审定金额29.13亿元，调整金额4.07亿元，调整率13.1%。

防范各类风险 强化地方政府债务管理，落实化债举措，完成年度隐性债务化解计划；加强抗疫特别国债与其他财政资金的统筹衔接，确保用于公共卫生等基础设施建设和抗疫相关支出。做好全省企业职工基本养老保险的专项自查，加强养老保险参保率、基金征缴收入完成情况等各项指标的动态跟踪。

（高汉旗）

税　务

【概况】 2020年，面对新冠疫情全球蔓延、减税降费、鱼山征管体制划转、经济下行压力加大等复杂局面，县税务局着力发挥税收基础性、支柱性、保障性作用，交出建设岱山"重要窗口"海岛风景的高分报表。全年组织各项收入36.35亿元，同比增长6.7%。其中税收收入23.34亿元，同比增长1.3%；地方税收收入13.74亿元，同比下降0.8%。社保非税收入13.01亿元，同比增长17.9%。

【税收收入】 2020年，全县税收收入形势较为平稳，从新增税源上看，僵尸企业清欠税款成为一次性税收增长点；从税种上看，税收收入以增值税和企业所得税为主，企业所得税与契税增幅较大；从行业上看，三大产业税收贡献以第二产业为主，第三产业下降明显。

增值税、城镇土地使用税、耕地占用税 增值税全年总量与上年相持平；城镇土地使用税因浙江省税务局房产税、土地增值税两税征期延长的政策影响，同比下降45.8%；耕地占用税因土地储备中心收储鱼山地块面积减少影响，同比下降76%。

企业所得税 全年入库5.29亿元，同比增长19.6%，主要是企业补缴带来企业所得税增长。

房产税、契税、土地增值税 房产税由于岱山县安澜城市建设投资集团有限公司补缴以前年度税款，同比增长37.5%。契税因浙江石油化工有限公司入库鱼山出让地块相关契税，同比增长81%。土地增值税因破产企业资产拍卖和补缴税款入库，比上年增长36.5%。

第二产业和第三产业入库税 第二产业入库税收15.77亿元，同口径增长19.6%，占总体税收收入的67.6%；第三产业入库税收7.56亿元，同口径下降20.1%，占总体税收收入的32.4%。第二产业在税收总量和增速上都远超第三产业。

【"三服务"工作】 2020年，县税务局积极落实各项减税降费优惠政策。深化"三服务"工作，组建“暖企抗疫”服务团队6个，走访纳税人7400余户，帮助企业解决涉税问题、难题134个。开展“发票数据重构产业链”工作，充分运用税收大数据深化产业链分析，帮助县内2户企业实现出口转内销和1户企业解决劳动力问题，推动产业链贯通。全面提高出口退税效率，平均退税时间缩短至1.19个工作日。全年实现出口退税3.52亿元。深化“银税互动”，帮助50户纳税人获得“税银贷”信用贷款1.06亿元，缓解融资难题。优化“一对一”“点对点”服务措施，确保“减免降抵退缓”六个全面到位。完善增值税发票风险快速反应机制，实现法制、税政、风险等多部门联合预警机制，认真组织开展风险应对工作，确定31户风险企业涉嫌虚开增值税发票并移送稽查处理，配合县公安部门对上述企业进行立案查处。

【营商环境优化】 2020年，县税务局不断深化“放管服”改革，提升纳税人满意度。扎实推动优化营商环境“10+N”行动落地见效，对标一流标准打造“无事不扰、有求必应”的税收营商环境。建立完善重大项目税务服务专员机制，对全县14个重大项目提供个性化纳税服务。全面开展以“岱你办税”为核心的纳税服务品牌体系创建活动，打造“海岛自助诊疗队”“税务流动窗”“帮困纳税人之家”等纳税服务品牌。其中“海岛自助诊疗队”特色服务品牌获评2020年度全省纳税宣传服务十大优秀品牌和岱山县2020年度宣传思想文化工作创新项目。持续优化电子税务局等线上办税缴费渠道，199项税务事项均实现“最多跑一次”“网上办”“掌上办”100%全覆盖。建立电子税务局支持中心，进一步深化办税服务厅与管理部门之间的融合、衔接，实现全域管理、实时响应、集成办理。不断加大电子发票推广力度，普通发票中，电子普通发票占84.4%。强化问题导向，对全县12000余户纳税人开展四轮大走访活动，下户找问题、问需求、送政策，收集、整理并解决纳税人各类需求建议206个。运用“网格化、组团式”税收服务，建立“县局—税务所—网格员”三级架构，共设立网格22个，网格员32个，线上网格覆盖面达100%，发挥宣传、辅导、服务和联络四大作用。全面落实“好差评”评价体系，形成评价、反馈、整改和监督全流程衔接，提升办税服务体验。

【税收服务和宣传】 2020年，县税务局开展便民办税春风行动，坚持从纳税人的需求出发，充分应用现代信息技术，推行电子税务局新办纳税人的“套餐式”服务，一站式受理企业开办事项。持续推广“非接触式”办税缴费服务模式，网办率由年初的81.7%提高至全年的96.6%。推行发票“网申邮达”方式，与邮政速递合作，为网上申领发票的纳税人提供免费快递服务。继续做好纳税信用评价工作，提高纳税遵从度。2019年度2891户企业类纳税人信用评价成功，其中，A级纳税人265户，B级纳税人1213户，C级纳税人141户，D级纳税人228户，M级1044户。评价、发布个体和其他类型企业

2020年1月6日，省税务局副局长郑力坚（左二）到岱山开展“三服务”活动调研

（柳京宏　摄）

纳税人10661户，其中，A级34户，B级2029户，C级353户，D级219户，M级8026户。以“减税费优服务，助复产促发展”为主题，开展第29个税收宣传月活动，携手“仙岛岱山”微信公众号等网络平台，开展税收知识网上答题活动和点赞活动。利用征纳沟通平台，推送12条优惠政策，惠及21000多户次纳税人。

【税收征管】 2020年，县税务局积极打造综合治税格局，提高税收收入质量，优化税费征管秩序。加强与财政局、自然资源和规划局、各乡镇等单位的联系，强化协作配合和信息资源共享，形成税收征收综合治理格局。制定重点项目税收落地任务清单和政府投资项目税收指标表，推动项目税收充分落地，全县九大重点项目和八大重大工程项目共实现税收收入3.79亿元。持续开展房产税、土地增值税税源普查工作，提升房产税、土地增值税两税比对工作成效。联合法院，建立税费追缴协作联动机制，实现税务、法院及破产管理人三方联动，加快僵尸企业处置，共处置完成6家僵尸企业，实现税收收入1.47亿元。协助开展低效企业整治清理工作，促进企业有效整治，已关停淘汰35户低效企业。加强大企业税收风险分析应对工作，通过约谈、纳税评估等措施，促使企业提高纳税遵从度，共有12户企业入库税收1167万元。有序推进个税改革第三轮个税汇算清缴工作，组建“个税汇算清缴青年突击队”，建立咨询、催报、辅导的全流程工作机制，圆满完成汇算工作，确保个税改革红利精准落地。开展环保税复核和税源清查工作，新增环保税纳税人2户，调整1户企业环保税核定率。

【非税社保费征管】 2020年，县税务局切实做好社保非税组织收入工作，全年完成社保非税收入13.01亿元，其中社会保险费累计收入12.35亿元。社保收入征收方面，落实阶段性减免社会保险费政策，实现全年减负14568万元，惠及单位2087个，继续实施失业保险单位缴费比例下调政策，实现全年减负1413万元，惠及单位2199个；继续实施阶段性降低工伤保险费率政策，实现全年减负734万元，惠及单位1808个，全年实际共减收社会保险费16715万元。积极做好部分退役士兵社保费补缴工作，全年共计补缴入库296万元。圆满完成城乡居民医保集中征缴工作，实现100%征缴率。非税收入征收方面，因残疾人就业保障金新政调整减收残保金947万元，其中分档减缴政策减收193万元，30人以下免征政策减收754万元。积极落实文化事业建设费免征政策，实现全年免征20万元。年末，有序推进水土保持补偿费、防空地下室易地建设费、排污权出让收入等3项非税收入的征管职责划转工作。

【税务干部队伍建设】 2020年，县税务局强化政治建设，加强党对税收工作的全面领导。搭建党委理论学习中心组、党支部“三会一课”、青年理论学习小组等干部学习交流平台，切实贯彻青年理论学习提升计划。组织中心组理论学习进“乡村文化礼堂”活动，获评岱山县2020年度全县先进党委理论学习中心组。深入推进基层党组织建设，开展“一

2020年3月10日，县税务局个税汇算清缴青年突击队在行动（柳京宏 摄）

2020 年 8 月 11 日，县税务局开展“一支部一品牌”创建活动　（柳京宏　摄）

部门一支部”建设，设立支部 15 个，统筹推进“模范机关”和“初心护航站”示范点创建，打造“一支部一品牌”，推出“衢通税海　屿见初心”“税海载文　初心领航”等一批具有岱山特色的党建品牌。深入开展“作风建设年”活动，全力推进“税务 + 纪委”协作机制。建立党建、工建、团建、妇建“四驱”联动的税务文化建设模式，高亭税务所通过省级文明单位复评、第一税务所获评省级青年文明号并通过市级巾帼文明岗复评，1 人获评市级巾帼建功标兵荣誉。

【服务岱山发展】 2020 年，县税务局全面落实助力长三角一体化高质量发展的税收征管服务措施 10 项，积极服务岱山“联舟通甬融沪”的区域一体化建设。全力服务政府招商引资工作，开展税收测算和政策辅导，全年共为 31 项招引项目测算税收，定期对 301 户招商引资企业经营情况和税收贡献进行调研。积极参与岱山文明县城创建活动，组织志愿团队参与交通劝导 500 余人次、社区卫生整治 80 余人次。成立志愿者服务队，积极支援基层社区防疫“一线”，先后提供疫情防控志愿服务 80 余人次。助力脱贫攻坚战，开展进农村结对帮扶，走访慰问贫困户，搭建起党建阵地和政策宣讲平台。全年累计扶贫结对贫困户 49 户、困难社区 1 个，派出扶贫干部 1 名，资金投入以及产业扶贫超 22 万元。

（沈　芹）

责任编辑：李慧慧

金　融

Banking

综　述

【全县银行机构情况】2020年，全县共有银行机构9家，其中国有商业银行4家：即中国工商银行股份有限公司岱山支行（简称工行岱山支行）、中国农业银行股份有限公司岱山县支行（简称农行岱山县支行）、中国银行股份有限公司岱山支行（简称中行岱山支行）和中国建设银行股份有限公司岱山支行（简称建行岱山支行）；其他金融机构5家，即中国邮政储蓄银行股份有限公司岱山县支行（简称邮储银行岱山支行）、浙江民泰商业银行股份有限公司舟山岱山支行（简称民泰银行岱山支行）、台州银行股份有限公司舟山岱山支行（简称台州银行岱山支行）、浙江岱山农村商业银行股份有限公司（简称岱山农商银行）和浙江岱山稠州村镇银行股份有限公司（简称岱山稠州村镇银行）。银行系统共有员工662名，网点40个（包括二级支行、分理处、营业部等）。

【银行机构存贷款情况】年末，全县银行机构各项存款余额314.70亿元，比年初增加53.79亿元，同比增长20.6%，增速位列全市第一。其中，非金融企业存款余额45.25亿元，同比增加17.94亿元；住户存款余额154.71亿元，同比增加17.88亿元。各项贷款余额209.97亿元，比年初增加31.52亿元，同比增长17.7%，增速高于全市贷款平均增速6.2个百分点。其中，短期贷款余额39.12亿元，同比减少0.14亿元；中长期贷款余额169.45亿元，同比增加30.36亿元。

中国人民银行岱山县支行

【信贷资金保障】2020年，中国人民银行岱山县支行（简称人行岱山县支行）坚持目标导向，印发《2020年信贷支持岱山县高质量发展的指导意见》，推动县金融办公室出台《关于进一步加强金融工作支持全县经济高质量发展行动方案》，深入挖掘有效信贷需求，增加信贷支持力度，获县委县政府领导的肯定和表扬。

【金融防疫】2020年，人行岱山县支行用足用好央行政策性低息资金。按照疫情防控应急保供、支持复工复产和稳企业保就业需要，分阶段、有梯度地推动再贷款资金又好又快落地。配合省行做好专项防疫再贷款协调发放工作，涉及资金4405万元。对县内法人银行机构发放再贷款2.45亿元，同比增加1.95亿元，发放金额创历史新高。加大普惠小型企业贷款延期还本付息政策、普惠小微企业信用贷款支持计划的贯彻力度，为2家法人机构的213笔、2.73亿元普惠小微贷款提供延期支持；岱山农商银行累计发放普惠小微信用贷款1.07亿元，涉及275户。

【银企对接】2020年，人行岱山县支行充分发挥政银企合力，做实做细“行府合作”。会同县经信

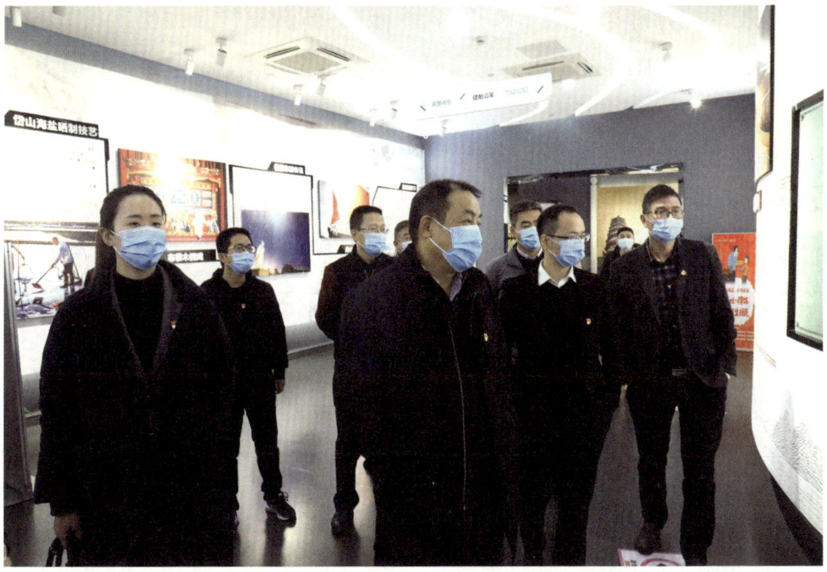

2020 年 12 月 16 日，人行杭州中心支行纪委书记宋剑锋（右三）到岱山调研（朱志文　摄）

局、发改局及时推送“疫情防控企业”和“受疫情影响的受困企业”两张清单，指导各银行机构主动对接，对 149 家企业发放贷款 2.12 亿元。联合乡镇，开展政银企对接会 3 场。接受电视新闻采访 3 次，及时公布有关金融支持政策。组织金融帮扶活动。开展“百名行长助企业复产复工”专项行动和“金融三服务”行动。是年，全县金融系统走访对接 200 余户，解决或部分解决问题 150 个。

【融资工程】 2020 年，人行岱山县支行贯彻落实“1+4”资金保障体系。印发金融支持企业复工复产相关指导意见，推动县政府办公室出台金融支持稳企业保就业实施方案，引导银行机构扎实做好对民营、小微、制造业等领域的信贷支持。12 月末，全县小微企业贷款余额 59.75 亿元，比年初增加 9.84 亿元，同比增长 19.7%；制造业贷款余额 47.23 亿元，比年初增加 6.43 亿元，同比增长 15.8%。联合县市场监督管理局、财政局出台小微企业和个体工商户“首贷户拓展三年行动”方案，在县行政服务中心设立首贷户金融服务窗口。全县银行机构共支持首贷户 140 余家，贷款金额 2.5 亿元。开展“订单＋清单”对接行动。12 月末，17 家“订单＋清单”企业在县内银行机构的贷款余额达 1.39 亿元。促进银行机构落实降本减负。是年，全县银行机构减息让利 4700 余万元。督促法人机构如期完成存量 LPR 转换工作。

【金融风险防范】 2020 年，人行岱山县支行加强企业风险监测力度，摸清全县不良贷款企业风险底数。开展法人银行流动性风险排查和资产质量真实性核查，保持流动性合理充裕。加强对银行机构存款保险标识工作的检查指导，确保全县存款保险标识平稳有序启用。强化系统外金融风险的预警。配合县法院、县检察院，做好“职业放贷人”和渔区禁毒联盟有关风险的提示工作。

【金融管理】 2020 年，人行岱山县支行维持金融秩序，强化企业银行账户管理与服务。开展存量

2020 年 4 月 8 日，召开全县银行机构负责人会议（朱志文　摄）

企业银行账户风险摸底，完善企业账户全生命周期管理制度。下发加强客户信息保护工作相关通知，指导全县银行机构将扫黑除恶专项斗争融入合规文化建设。组织开展打击治理电信网络诈骗宣传活动。配合全市“断卡”行动，营造良好的“断卡”行动账户风险防控氛围。

【现金管理】 2020年，人行岱山县支行督导全县银行机构坚持“收支两条线”，确保现金消毒、存放等符合要求。加大新版5元人民币宣传力度，通过岱山新闻媒体采访，加大宣传覆盖面。整治拒收人民币现金行为，维护人民币合法地位，保障公众支付方式选择权。做好人民币反假币工作，会同县公安局深入推进打击整治假币违法犯罪专项行动，营造全民参与反假货币、维护良好货币流通秩序的氛围。

【经理国库工作】 2020年，人行岱山县支行积极提升经理国库水平，开通绿色通道助力疫情防控。向县医疗机构调拨疫情资金300万元。拨付企业疫情返岗交通补助资金13笔，计31.38万元。下发《农村国债业务标准化服务点创建方案》，稳步推动邮储银行衢山支行农村国债标准化试点厅堂改造。按时准确拨付直接到达市县基层、直接惠及企业和人民的财政资金发放到补助对象，共拨付2096笔、1.88亿元。简便退税手续，畅通退税渠道。12月末，共办理个人所得税退税9962条，计491.41万元。

【金融服务】 2020年，人行岱山县支行完善信用体系建设。开展征信信息安全和征信合规管理风险排查，确保居民征信信息安全。在县农商银行网点新增1台自助查询机，进一步解决征信查询需求。积极培育信用农户，强化诚信经营理念。推广应收账款融资服务，是年，完成成交金额5.39亿元，新增平台注册企业23家。

【移动支付服务】 2020年，人行岱山县支行大力推广移动支付应用。主动融入“数字岱山”建设，打造近洋捕捞等海上移动支付应用模式。联合浙江省银联，推出“买菜就用云闪付”优惠活动。积极助力乡村振兴战略。协调解决2家村级实体经济融资难、融资贵的问题。积极跟进司基、鱼山2个五星级助农服务网点工作，优化乡村支付环境。12月末，全县银行机构涉农贷款余额158.14亿元，比年初增加29.88亿元，同比增长23.3%。

（王婕好）

国有商业银行

【农行岱山县支行】 2020年，农行岱山县支行在岗员工75人，设综合管理部、风险管理部、公司业务部和个人金融部、营业大厅。下辖衢山支行（二级支行）、新澜支行（二级支行）2个网点。农行岱山县支行坚持党建引领，凝聚发展合力。全力抓好存款组织，存款规模保持高位增长。支持中小微企业融资畅通，助力复工复产。积极推进普惠金融、“云链保理”供应链融资，各项工作取得积极进展。年末，各项存款余额509808万元，比年初增加96486万元，各项贷款余额419848万元，比年初增加28920万元。中间业务收入3486万元，同比增加1434万元。实现拨备前利润14203万元，同比增加2746万元；实现拨备后利润14563万元，同比增加5604万元。全年实现无经济刑事案件、无重大违规事项、无重大经营风险和无重大负面舆情，实现连续34年安全经营无事故。

【工行岱山支行】 2020年，工行岱山支行在岗员工54人，设业务部、综合管理部、个人金融业务部和营业部，下辖支行营业部、竹屿支行（二级支行）、衢山分理处（二级支行）3个网点。工行岱山支行积极贯彻落实国家重大金融战略和人民银行政策，全面部署“百名行长助企业复工复产”活动，发放经营贷款1.15亿元，足额解决复工复产融资需求和“1+4”资金优化疫情防控领域服务支持。开展“融资畅通工程”，深入开展“三服务”工作、“首贷户”拓展行动、“三张清单”公示行动，积极推进人行支付结算相关政策执行与消费者权益保护工作。实现拨备前利润 0.98 亿元，完成率 101.3%；实现净利润 0.86 亿元，完成率 118.5%。存款余额 52.31 亿元，较年初增加 9.24 亿元，增幅 21.5%；贷款余额22.17亿元，较年初增加2.70 亿元，增幅 13.9%；其中公司贷款余额17.78亿元，较年初增加2.19 亿元；普惠贷款余额 1.15 亿元，较年初净增加 0.5 亿元。处置不良贷款 2301 万元，不良率较年初减少 1.28 个百分点，实现不良贷款清零。

【建行岱山支行】 2020 年，建行岱山支行在岗员工 52 人，设综合管理部、业务部、个人金融部，下辖支行营业部、衢山支行 2 个网点。建行岱山支行以党建引领为抓手，聚焦农村市场，加快推进“三大战略”业务发展，全力支持企业复工复产、创新拓宽个人存款、金融科技、普惠金融、乡村振兴业务，着力抓好新金融数字化建设，提升对公资产业务，发挥机构存款作为对公存款压舱石作用。落实好财政分层对接，重点关注财政存款的变化及停留情况，同时做好招投标过程管理，提速资产业务发展。截至 2020 年 12 月 31 日，一般性存款余额 40.69 亿元，资产业务规模 41.21 亿元，实现中间业务收入 619 万元，不良贷款余额 128.23 万元，信贷资产不良率 0.1%。

【中行岱山支行】 2020 年，中行岱山支行在职员工 24 人，设综合管理部和营业部，下设自助银行 2 家。中行岱山支行按照“激发活力、敏捷反应、重点突破、加快建设新时代全球一流银行”的战略目标，继续支持中广核浙江岱山海上风力发电有限公司岱山 4 号海上风电项目（一期），投放资金 2.87 亿元。获取省行对舟山群岛新区岱山中屹城市建设综合发展有限公司 1.60 亿元项目贷款批复，并于当年投放岱山顺峰家园二期安置房项目 0.42 亿元。疫情期间，投放舟山中行首笔“战疫贷”信用贷款 100 万元；为存量授信企业提供贷款利率调减、贷款利息减免、融资费用补偿、无本续贷周转等金融服务。年末，各项存款总额 13.95 亿元，同比减少 7.5%；贷款总额 16.39 亿元，同比增长 22.7%；不良余额 19 万元，不良率 0.01%。实现营业收入 4475.39 万元，实现净利润 2397.92 万元，继续保持零案发率。

（方宽军 励 栋 夏菲菲 余燕娜）

其他性质银行

【岱山农商银行】 2020 年，岱山农商银行有员工 306 名，下辖营业部以及 9 家支行，共设营业网点 25 个，遍布全县各乡镇。积极响应复工复产的要求，提供专项授信 1 亿元，第一时间足额解决抗疫企业生产资金需求。向人民银行申请再贷款 2.39 亿元，全部发放支持小微企业。主动承担农村集体“三资”代理业务，实现所有村、社区资金模块中的收入、支出、审批功能。打造“蓝海红帆”新引擎推进会，畅通信息沟通渠道，对岱山民宿协会、东沙汽船配小镇产业园、村级集体经济项目、新材料产业园授信 10 亿元，为客户提供“足额、便宜、便捷”的全方位普惠金融服务。年末，各项存款余额 106.66 亿元，较年初增加 16.44 亿元，同比增长 18.2%，存款规模率先在全县金融机构突破 100 亿元大关。各项贷款余额 63.16 亿元，较年初增加 13.79 亿元，同比增长 27.9%，存、贷款均实现两位数增长。

【民泰银行岱山支行】 2020 年，民泰银行岱山支行有员工 31 人，设综合部、业务部和营业部，设营业网点 1 个。全力做好疫情防控信贷服务，采取合理延期还贷、展期续贷、降低利率、无还本续贷、信贷重组等措施，扶持中小微企业渡过疫情难关，受到县政府肯定。按照年初制定的工作目标，加强内部管理，大力推进业务发展。年末，各项存款余额 123358 万元，比年初增加 20264 万元。各项贷款余额 88394 万元，比年初增加 16236 万元。累计发放贷款 92951 万元，其中中小企业专项信用贷款 4883 万元，共 27 户。银行承兑汇票余额 400 万元。

【岱山稠州村镇银行】 2020 年，岱山稠州村镇银行有员工 53 个，设高亭和衢山营业网点 2 个。全力做好疫情防控工作，建立每日报告动态机制并及时应对。持续提升小微金融支持力度，对60余家企业进行续授信，创新“信易贷”产品，着力破解小微企业融资无抵押物的难题。通过引入渔船全抵押加担保模式，增强在同行中的竞争力。年末，各项资产总额9.75亿元，存款余额8.14亿元，贷款余额6.16亿元，成本收入比50.6%，拨备覆盖率231.8%，拨贷比7.5%，资本充足率23.5%，流动性比93.1%。

【邮储银行岱山支行】 2020年，邮储银行岱山支行在职员工46个，设综合管理部、综合业务部（三农金融部）、县支行营业部，下辖星河路支行和衢山镇支行网点2个，离行式自助银行2处。做到疫情防控和经营发展“两手抓”，坚持“三个视角”找差距，加强防控，夯实风控基础，促进经营和管理工作有序推进。年末，存款余额21.96亿元（对公个人业务全辖含邮政代理），市场占有率7%。列全县金额机构第五位，同比增加2.20亿元，同比增长11.3%。贷款余额5.68亿元，市场占有率2.7%，同比增加1.47亿元，增长34.9%。不良贷款余额21.80万元，不良贷款率0.02%，资产状况良好。实现利润1136万元，资产利润率0.5%。中间业务收入率12.7%，成本收入比为64.1%。

【台州银行岱山支行】 2020年，台州银行岱山支行有员工21人，设业务拓展部、小额信贷拓展部和前台业务部，设营业网点1个。坚持“中小企业的伙伴银行”市场定位，以“支农支小”普惠金融为主，不断优化贷款结构，合理调配信贷资源，加大乡村振兴信贷投入，着力控制信贷风险。年末，存款余额23510万元，贷款余额41266.90万元，其中涉农贷款余额36875.30万元，占各项贷款的89.4%。

（杨　洋　孙佳薇　柴涵文
金　盈　姜涵以）

保　险

【概况】 2020年，全县共有保险业务机构16家，其中财产保险9家，即中国人民财产保险股份有限公司岱山支公司（简称人保财险岱山支公司）、中国太平洋财产保险股份有限公司岱山支公司（简称太保产险岱山支公司）、天安财产保险股份有限公司岱山支公司（简称天安财险岱山支公司）、中国平安财产保险股份有限公司岱山营销服务部、中国大地财产保险股份有限公司岱山营销服务部、中国人寿财产保险股份有限公司岱山支公司（简称国寿财险岱山支公司）、安邦财产保险股份有限公司岱山营销服务部、中华联合财产保险股份有限公司岱山支公司、阳光财产保险股份有限公司岱山支公司；人寿保险7家：即中国人寿保险股份有限公司岱山支公司（简称中国人寿岱山支公司）、中国太平洋人寿保险股份有限公司岱山支公司（简称中国太保寿险岱山支公司）、泰康人寿保险股份有限公司岱山营销服务部、民生人寿保险股份有限公司岱山营销服务部、中国人民人寿保险股份有限公司岱山支公司（简称人保寿险岱山支公司）、生命人寿保险股份有限公司岱山营销服务部、阳光寿险保险股份有限公司岱山支公司。是年，全县保险业务机构实现保费总收入3.63亿元，同比增长0.1%。其中财产保险收入1.23亿元，同比增长2.2%；人身险保费收入2.40亿元，同比减少0.9%。全年赔款支出1.01亿元，同比增长4.3%；给付支出0.30亿元，同比减少7.5%。

【人保财险岱山支公司】 2020年，人保财险岱山支公司紧紧围绕集团“3411工程”和“稳中求进，创新改革”的工作基调，逐步推进车险改革进程、增强“车意”融合进度、深化警保合作，促成多项合作项目，确保业务稳步发展。全年实现保费收入5886.44万元，同比增长2%，占岱山财险市场份额的50.5%；承担各类风险保障责任716.60万元，共支付赔款3237.80万元。

【中国人寿岱山支公司】 2020年，中国人寿岱山支公司紧扣“开放包容、严谨高效、对标晋级、共创共赢”工作方针，紧盯“四大基本任务目标”，调整团险结构，提高银保销售技能。各项指标与上年同期相比都有所增长。截至11月30日，实现保费收入8157.60万元（含续期保费），其中首年新单保费2862.17万元(含短期险保费)。10月底，市场占有率为38.3%。

【人保寿险岱山支公司】2020年，人保寿险岱山支公司加强个险队伍建设，提高销售专业技能，提升创费能力，采取各种形式的营销活动，绩效显著。管控风险，依法合规。全年完成标保297.53万元，同比增长123.7%，居全市各县区首位。全年月均有效人力38.30人，超额完成市公司下达的年度有效人力指标。

【国寿财险岱山支公司】2020年,国寿财险岱山支公司坚持“迅速、及时、准确、合理”的原则，提供专业化、系统化保险服务。稳中求进，做好续保，拓展新保，确保业务持续多元化健康发展。全年实现保费收入1591.27万元，同比增长13.8%。其中车险968.94万元，船舶险260.83万元，财产险132.54万元，责任险174.34万元，意外险17.12万元，工程险23.30万元，家财险6.02万元，其他险种8.18万元。车险续保率79.8%。

【太保产险岱山支公司】2020年,太保产险岱山支公司坚持“三高”发展要求，统筹兼顾、综合施策，持续推动各项业务板块均衡发展，较好地完成年度目标任务。全年实现保费收入2739.26万元，同比增长4.9%。其中车险880.77万元，同比增长9.7%，非车险1858.48万元（含未成年人156.86万元，互保510.05万元），同比增长1.2%。银保业务299.92万元，同比增长5.3%，交叉销售业务71.62万元，同比增长5.4%。

【中国太保寿险岱山支公司】2020年，中国太保寿险岱山支公司创新“双轮驱动”，深化“两个聚焦”，法人条线加快业务转型，优化业务、队伍结构，既抓核心业务保费，又抓寿险市场份额。全年实现保费收入6941.69万元。其中个险保费6535.39万元，市场占比30.5%。续期保费5873.87万元；短期险保费345.51万元，其中意外险223.42万元，短期赔款金额102.21万元。死、伤、医赔款537.81万元。

【天安财险岱山支公司】2020年，天安财险岱山支公司加强承保质量管理，参与大项目投标，开发新的非车领域，做好业务风险防控和核保沟通工作。实现保费收入160.90万元，事故赔款71.88万元，事故报告赔付率51.6%。

（过宓晖　陈　燕　余越飞
应　益　童艳艳　钱仕芳
贝竹贤）

责任编辑：韩信安

经济管理

Economic Management

发展和改革

【概况】 2020年，面对错综复杂的宏观环境和艰巨繁重的改革发展稳定任务，全县发展和改革工作始终坚持把打好"五大会战"、建设"四个岱山"作为各项工作的出发点和立足点，全县经济社会保持快速健康发展。实现地区生产总值384.80亿元，增长58.1%，首次进入中国社科院发布的年度全国综合竞争力百强县排名并名列第160位，其中第一产业增加值36.30亿元，下降10.6%；第二产业增加值256亿元，增长113.9%；第三产业增加值92.50亿元，增长8.3%；全社会固定资产投资增长8%；城镇、渔农村常住居民人均可支配收入实现56646元和39238元，分别增长3.8%和6.3%。

【群岛新区建设】 2020年，舟山绿色石化基地初步建成，浙石化4000万吨/年炼化一体化项目一期全面投产，二期部分装置进入试产阶段，实现产值748亿元，占全县规模以上工业总产值的84.1%。鼠浪湖矿石中转基地产能稳定释放，全年完成货物吞吐量6600万吨、混配矿1700万吨，磨矿项目于8月25日建成试产。国际油品储运基地黄泽山一期151万立方米灌区项目建成投用，完成货物吞吐量277万吨，63万立方米保税仓库（含10万立方米燃料油保税罐）于8月25日经杭州海关批准设立。全面融入长三角一体化发展，不断深化与上海、宁波等地交流合作，全年引进长三角区域一体化发展项目30个，其中亿元项目8个。践行江海联运发展战略，构建外联内畅交通网络，舟岱大桥、G526岱山段改建、燕窝山陆岛交通码头等重点交通基础设施加快推进，岱山将跨步进入大桥时代。

【宏观经济调控和指导】 2020年，县发展和改革局深入调研分析，科学编制年度计划，合理安排2020年度全县经济社会计划发展目标，编写完成《关于岱山县2019年国民经济和社会发展计划执行情况和2020年国民经济和社会发展计划草案的报告》。坚持发挥经济决策参谋作用，及时跟踪经济社会发展热点，做好疫情防控对经济发展影响的研判，提出应对举措，落实中央对防疫物资生产企业补助政策。继续加强以51家重点工业企业和19家服务业企业为基础的经济运行情况的网络监测，加强高质量经济形势分析，全县13项市对县考核指标有6项排名全市第一。

【规划编制和研究】 2020年，县发展和改革局根据《岱山县人民政府办公室关于印发岱山县"十四五"规划编制工作方案的通知》的文件精神，组织启动"十四五"规划编制工作。3月，基本完成基础材料及实地调研；6月，综合形成岱山县"十四五"发展基本思路稿；11月，经多方论证，最终形成"十四五"规划纲要（草案）。编制2020年县级专项规划目录25项，其中

“十四五”规划体系类12项，其他类13项。

【重点项目建设管理】2020年，全县安排重点项目32个，年度计划投资456.50亿元，完成投资460亿元，完成年度计划的100.8%。32个项目中，其中夜经济示范带项目、中广核岱山4号海上风电项目（一期）、舟山市大陆引水三期岱山段、大衢渔港扩建疏浚工程已完工；27个项目在建。同年，全县14个项目列入市重点建设项目；舟山绿色石化基地围填海工程、浙石化4000万吨/年炼化一体化项目、G526岱山段改建工程、燕窝山陆岛交通码头及防波堤工程、中广核岱山4号海上风电项目（一期）5个项目列入省重点建设项目。

【固定资产投资管理】2020年，全县共实施固定资产投资项目137个，全社会完成固定资产投资467.20亿元，同比增长8%；民间项目投资、交通投资、生态环保和公共设施投资、高新技术产业投资四个结构性指标分别完成384.10亿元、24.70亿元、22.80亿元、278亿元。

岱山县长河路品质二次提升工程、岱山县水系连通以及水资源综合利用工程、岱东镇北峰海塘配套闸站、栲门海塘配套闸站工程、岱山县全民健身中心项目、城西幼儿园工程、双合石头记文旅综合体、新材料产业园基础设施提升工程、东海地块、住宅小区项目、山外地块住宅小区项目、衢山镇“污水零直排区”建设、衢山岛万良客运码头工程、舟山蓬莱—鱼东220千伏线路工程、乙烯裂解副产品综合利用项目、浙优科技催化剂项目、舟山绿色石化基地鱼山门站工程、黄泽山石油中转二期罐区项目、晨光电器研发中心以及电机生产车间项目、奥博管业新建生产车间工程、中浩水产新建生产厂房工程项目、岱东丰收站综合供能服务站项目等59个项目开工。

宁波舟山港主通道工程、G526岱山段改建工程、燕窝山陆岛交通码头及防坡提工程、衢山岛上洞礁至六条溪公路、岱山县大衢渔港扩建工程、蓬莱公园提升改造、吉祥路延伸工程、衢山派出所业务技术用房、岱山经济开发区新建德馨南路、远航路三期和海云路工程、标准厂房二期、4000万吨/年炼化一体化项目二期工程、双子山油品储运贸易基地陆域形成工程、顺峰家园二期、原技校地块住址小区、浙石化岱山配套小区、君宸住宅小区、紫宸住宅小区、银河湾商住小区、浙江友联海工改建项目、衢山风电场二期、中广核岱山4号海上风电项目、岱山经济开发区金枪鱼综合利用加工基地项目、银岱汽车内饰产业基地项目等78个项目在建。

【行政审批制度改革】2020年，岱山县全面推进企业投资项目简化、优化、标准化，全面应用投资项目在线监管平台3.0版，依托在线平台实行统一收件、统一审批、统一出件，实现4个100%，完成企业投资项目审批“最多80天”、低风险小型项目“最多20个工作日”改革。扎实推进县省级以上平台工业用地“标准地”制度改革工作，并向省级以下平台拓展，2020年，全县共出让21宗工业用地，面积478.11公顷，新批工业用地依照“标准地”制度，出让率100%。持续发挥投资项目联合会审中心作用，协调解决浙江石油化工有限公司液体化工码头（一期）装卸设施改造、黄泽山二期104万方油品储罐、浙江友联修造船有限公司2000万吨级多功能码头等20余个重点项目立项报批存在的难、堵点问题。

【服务业发展管理】2020年，县发展和改革局编制下发《岱山县2020年服务业发展重点工作任务清单》，完成全县15家服务业领导小组成员单位的任务考核。面对新冠疫情给全县服务业短期发展带来的不利影响，县发展和改革局集中精力抓好“六稳”“六保”，全力以赴推进服务业企业复工复产，实现全县第三产业服务业增加值92.50亿元，增长8.3%，占GDP比重24%。

【政策性农村住房保险】2020年，全县政策性农村住房保险继续以村或社区为单位投保，由人保财险岱山支公司承保。截至2

月底，按期全面完成年度政策性农村住房保险投保承保工作。按保险对象为“具有岱山户口的拥有农村土地承包经营权或宅基地使用权的居民住房”的投保条件，参保率达到100%。全县投保农户47067，其中有房低保户1243户；保费按二类风险区域每户10元执行，签单总保费47.07万元，其中普通农户自缴保费3元，计13.75万元。省、县财政分别补助每户普通农户5元和2元、低保户6.50元和3.50元，计33.32万元。是年底，该项保险发生灾案21个，总赔付9.05万元。

【金融管理】 2020年，县发展和改革局组织开展金融“三服务”活动，疫情期间牵头成立抗击疫情帮扶企业金融“三服务”领导小组。2月25日，县委金融工作座谈会召开。6月，制定出台《关于深入开展金融“三服务”活动的通知》。全年推动对接民营企业228家300余户次，解决金融需求问题234个，组织召开各类政银企对接会8场。6月1日，对挂牌省股交中心创新板的岱山县宏远工艺玩具有限公司、浙江舟山市汇众汽车配件制造有限公司、舟山市鑫舟机电设备有限公司等3家企业，以及挂牌省股交中心成长板的舟山嘉程机械股份有限公司、舟山盛泽胶绵股份有限公司、岱山县联合汽车配件制造股份有限公司、舟山市天瀚塑业股份有限公司、舟山市金寿机械股份有限公司等5家企业进行奖补，共计165万元。7月25日，对舟山市红阁商贸有限公司、岱山县吉市市场开发经营有限公司，下达受疫情影响企业减租减息减支联动“两直”补助资金9.68万元。12月10日至12月21日期间，舟山宏波新型墙体材料股份有限公司、舟山盛凯密封材料股份有限公司、舟山福乐圣诞礼品股份有限公司等3家企业挂牌省股交中心成长板。

【能源管理】 2020年，县发展和改革局依法实施对重点用能单位和主要耗能设备能源利用效率的监察、监测，编制与审核节能季度监测报告，加强1000吨以上能耗企业的月度能耗、电耗监测，建立节能责任制，明确职责，每季度对规模以上企业的节能降耗工作进行一次监测，达不到标准的责令整改。根据《舟山市人民政府办公室关于加快推进10蒸吨/小时以上35蒸吨/小时以下燃煤锅炉淘汰工作的通知》，完成3台10蒸吨/小时以上35蒸吨/小时以下燃煤锅炉淘汰工作；建设完成中广核岱山4号海上风电场、衢山丽舟风能以及分布式光伏发电等清洁能源项目的建设工作。1～12月，中广核岱山4号海上风电场发电93.40万千瓦时；赛丽风力发电9497万千瓦时、丽舟风能发电3075.50万千瓦时；潮流能发电58.90万千瓦时；分布式光伏太阳能发电4822.40万千瓦时，累计发电1.75亿千瓦时，共节约标煤5.03万吨，减少二氧化碳排放12.31万吨。

【社会信用体系建设】 2020年，县发展和改革局制定出台《2020年岱山县信用体系建设工作要点》《岱山县守信联合激励和失信联合惩戒措施清单（2020版）》《2020年岱山县社会信用体系建设工作考核赋分办法》等文件；积极落实《岱山县社会信用体系建设中长期规划》和《岱山县社会信用体系建设三年行动计划（2019—2021年）》；配合市信用办，加快推进舟山市公共信用信息平台、舟山市金融综合服务平台（E周融）等平台建设，所有在岱银行机构均入驻E周融平台，入驻率达100%，授信成功率在90%以上。着力组织落实国家城市信用状况监测数据和案例的归集与上报工作；海事、市监、税务等10余个部门均已开展信用分级分类监管。开展信用宣传20余场次，开展信用修复5例，报送信用典型案例18条。不断推进信用+审批、信用+招投标、信用+融资服务、信用+公务员招录审查、信用+社保资金补助等，“信易+”场景应用不断丰富。全量公示行政许可和行政处罚。

【价格管理】 2020年，县发展和改革局坚持依法行政，规范定价行为，深入开展清费减负工作，各项工作取得显著成效。2020年，县发展和改革局调整岱山本岛供水价格分成；核定衢山客运站至黄泽山、小衢山航线票价、岱西镇中心幼儿园保教费标准、岱山县体育馆体育设施服务项目的收费标准；批复各停车场收费标准；落实省、市新冠疫情防控期间临时降低企业用气用水用电价格政策措施；制定出台《关于完善机动车停放服务收费管理的通知》和《关于建立岱山县城镇非居民用水超定额累进加价制度的通知》；开展行业协会、商会经营服务性收费清理规范工作；调查各景区门票降价及优惠政策落实情况。

2020年，在报刊、网络上，公布与群众生活较密切的主要商品价格行情以及高亭与舟山各县区的菜蓝子商品对比价格。全年粮食价格小幅波动，整体呈上涨态势。其中上半年江苏晚粳米的涨幅相对较大，下半年普通江苏晚粳米和精制江苏晚粳米的零售价继续走高，其他品种粮食价格则在下半年较为平稳。截至12月末，普通江苏晚粳米、普通东北晚粳米、精制江苏晚粳米和精制东北晚粳米的零售价同比分别上涨18.3%、2.4%、15.7%和3.7%。食用油价格总体较为平稳。全年肉类价格窄幅波动，总体走高。下半年，除了精瘦肉的零售价一直较为稳定外，条肉和肋排的价格一直在高位徘徊。2020年初和10月，全县的鸡蛋和鸭蛋价格出现小幅涨价，其他时间段较为平稳。蔬菜价格涨跌互有，总体来看价位较高，全年高亭农贸市场的监测品种蔬菜价格均价为9.52元，同比上涨40.8%。水产品和豆制品类价格较为平稳。

根据《政府制定价格成本监审办法》《浙江省政府制定价格成本监审实施细则》《浙江省政府制定价格成本监审目录》规定，进行定期成本监审和定调价成本监审。2020年，县发展和改革局开展了对舟山市岱山自来水有限公司定期成本监审，实施了岱山科亮环保公司污水处理成本、秀山兰山到三江运营成本、安通天然气管道公司配气成本、环卫所生活垃圾收费成本、东沙古渔镇景区及岱东鹿栏晴沙景区门票等的成本监审工作。

【价格认证】 2020年度，县价格认证中心协助配合公安、检察院、法院及其他单位，办理各类涉案财物的价格认定，客观、公正、高质、高效地完成认定工作，为司法机关办理案件提供有效的价格依据。2020年，共完成认定案件176起，价格认定总金额2793万元。

（余　军）

统计管理

【强化预警预判】 2020年，县统计局加大对全县经济运行情况的预警预判和分析研究力度，对标对表全年经济目标任务，通过经济形势分析会、统计工作联席会，认真做好国民经济核算、工业、固定资产投资、房地产、建筑业、服务业等月度、季度经济运行的监测分析评估，特别是分析浙石化及其配套企业对全县、全市经济影响情况。建立完善全县经济运行统计监测体系，出台《岱山县经济运行统计监测机制》，确定市对县考核指标、县人代会目标、GDP相关配套指标监测对象，明确部门责任分工和工作机制。加强部门统计工作，理顺GDP相关指标及市对县考核指标的各职能部门职责，健全各乡镇、部门月度预报工作制度，将监测预警工作落到实处。

【高质量发展评价体系建立】 2020年，县统计局全面对标省、市高质量发展指标体系，客观反映岱山县情实际，优化设置各项指标、权重和目标值，从质效提升、结构优化、动能转换、绿色发展、协调共享、风险防范等六个方面63项指标，全方位构建县域高质量发展统计监测指标体系，编印《岱山县高质量发展指标体系实施方案（试行）》。通过高质量发展任务的具体化、指标化，加强相关数据审核匹配，对发展体系各指标进行评价分析，形成县域高质量发展评价报告。

【“三服务”活动】 2020年，县统计局建立完善自贸区岱山片区、衢山镇小城市培育等重点区块的统计监测指标体系；加强全域旅游、文化产业、数字经济核心产业等派生产业增加值核算工作；全力打赢精准脱贫攻坚战，积极开展全县低收入农户全面小康统计监测。围绕国家战略、自贸区块、重点行业、重要项目，开展调查研究，撰写调研课题、统计专报、统计分析等，形成专题报告22篇。全年编撰《岱山统计》30期，其中统计分析15期、统计专报1期、统计信息14期，第七次人口普查专刊10期。严格落实统计服务下基层制度，成立专班，"点对点"开展"三服务"活动。深入乡镇和重点企业开展统计业务培训，帮助解决企业统计难题27个。

【打通"最后一公里"】2020年，县统计局全面排查县域范围内经济活动，加快推进应统尽统。加强与县市场监督、税务等行业主管部门沟通联系，做好部门间数据的横向比对分析，建立"准规模企业"名录库，梳理出一批具有发展潜力的小微型企业。积极督促行业主管部门落实企业"升规上限入统"培育工作责任，实现齐抓共管工作格局。全年共计入库企业30家，其中工业9家、投资9家、建筑业3家、批发业4家、餐饮业1家、住宿业1家、服务业3家。重点聚焦绿色石化产业集群，通过每月实地走访调研、派驻专业同志"现场办公"等方式，全面了解浙石化投资和生产经营情况，加强相关产值、投资、能源等定期报表业务指导。围绕"四链两图"，密切跟踪石化配套服务和下游产业链企业投产情况，加快石化产业链企业升规入库。全力推进浙石化二期投资项目入库工作，积极向省市局争取投资项目入库申报"资料容缺机制"走绿色通道办法，"全程代理"护航重点项目，完成浙石化二期2个县市长项目顺利入库。

【统计普法宣传】2020年，县统计局以乡镇、企业统计员为重点，依托业务培训、专业统计年报会议、"三服务"活动等，深入开展面向乡镇、企业统计人员的统计普法宣传工作，讲解统计法律法规。以社会公众为基础，在"12•4"国家宪法日等活动日、各类统计培训会议上，积极开展各类统计法律及统计知识宣传活动，有序推进统计信用建设，开展全县统计诚信单位创建活动，抓好诚信企业创建工作，通过对争创诚信企业申报资料审核评分和现场考评，评选出首批全县10家统计诚信企业。

【统计基层数据管控】2020年，县统计局制定出台《岱山县统计局全面落实防范和惩治统计造假弄虚作假责任制实施办法》《数据质量管控规则》《统计数据质量管理与责任追究制度》《统计数据质量管理评估制度》等办法制度，建立健全全过程质量管理和全员责任体系。强化统计基层数据管控，开展对一套表联网直报企业统计员和职能部门及乡镇统计分管领导、统计人员的业务知识和统计法治培训。加强对源头数据监测，采取"开网即查，随报随查"方式，对数据的逻辑关系、异常波动、修改痕迹进行审核、监测。建立完善《统计专业数据质量核查办法》，对全县共计187家企业和99个固定资产投资项目的数据质量核查全覆盖，开展统计执法检查30家，处罚1家。2020年，省、市对岱山县的历次数据核查与执法检查，均未发现存在统计造假问题。

【第七次全国人口普查】2020年，县统计局严格按照国家、省、市人口普查工作的时间节点及工作要求，开展人口普查工作，制定普查主要工作进度表。认真做好前期宣传工作与人大提案回复工作。9月，完成全县普查指导员和普查员选聘以及地图绘制工作，分乡镇开展综合业务培训10期。10月16—31日，全面完成全县第七次全国人口普查摸底工作，共普查摸底14.20万户。11月1—30日，完成短表、长表登记工作，共普查登记短表14.25万户，长表9082户。11月16日—12月10日期间，做好人口普查数据的比对复查工作。12月11—30日期间，做好长表行职业编码工作。统筹破解鱼山人口普查难题，提出《优化鱼山岛绿色石化基地人口普查方案》，报国家人普办、省人普办同意，采用"电子采集+企业自主申报+行政数据运用"的普查工作创新模式，利用公安等部门行政资源、人口管理系统和企业分区分级负责，来推进石化基地人普工作。

（何　燕）

审 计

【概况】2020年，岱山县审计局获省审计厅表彰等各类荣誉6项，市、县荣誉25项；获评2020年度全省审计机关考核优秀单位（连续5年），舟山市审计系统2020年度考核优秀单位（连续5年）。全年上报信息及专报等163篇次，其中：获中国审计报录用9篇次，获省审计厅录用24篇次，县领导批示专报8篇。全年共实施审计或审计调查项目17项，查出主要问题金额29365万元，其中收缴国库1133.28万元。审计期间整改金额14762.61万元，推动被审计单位制定整改措施85项；促进被审计单位制定、完善规章制度8项，移送审计案件线索1起，移送处理人员1人。

【政策跟踪审计监督】2020年，县审计局围绕助力疫情防控工作，把疫情防控资金和捐赠款物专项审计作为重大政治责任，及时发现问题，督促整改；围绕服务县域经济高质量发展，开展“最多跑一次”改革推进情况专项审计调查，助力营商环境提升；围绕加快推进职工基本养老保险省级统筹制度，开展岱山县企业职工基本养老保险专项审计，揭示缴费基数夯实率有待提高、一次性补缴参保政策对职工基本养老保险基金支付能力造成的影响等问题，进一步促进规范基金征缴、支出和管理行为；围绕贯彻落实国务院新增财政资金“直达市县基层、直接惠企利民”的要求，开展财政资金直达市县基层直接惠企利民情况专项审计，促进全县“两直”资金直接惠企利民。

【财政预算执行情况审计】2020年，县审计局扎实开展预算执行和决算草案审计，以全口径财政性资金为基础，以盘活存量、优化结构、提高绩效为目标，加强财政资金的统筹使用监管；重点关注政府数字化建设情况，推动出台了《岱山县政府投资信息化项目管理办法》，提高信息化项目建设质量和财政资金投资效益。通过数据分析、筛查疑点、现场核查，加强部门预算执行审计，实现县本级110家一级预算单位审计全覆盖。2020年，岱山县审计局组织开展岱东镇人民政府2019年度财政决算审计，重点突出对民生工程、重点工程以及社会保障、强农惠民等专项资金的使用效益情况的审计，以及税收征管成本、税收奖励政策、招商引资等方面审计。

【领导干部经济责任审计】2020年，县审计局把审计工作融入干部大监督机制，对领导干部开展常态化“经济体检”。2020年对8名领导干部实施任期经济责任审计，查处主要问题金额7415万元。对2020年19名新提拔领导干部（单位主要领导）开展任前履行经济责任事项告知，对未整改到位的问题积极督促整改。进一步深化巡审联动新方式，发挥巡察审计沟通协调作用。根据县委巡察办和县委审计办编制的项目计划，实行审计组和巡察组同步进驻实施，共同解决审计、巡察中出现的矛盾和问题，建立成果共享机制。

【领导干部自然资源资产审计】2020年，县审计局组织实施岱西镇领导干部自然资源资产离任审计，重点关注土地利用、污水处理设施运营、绿化工程实施以及河道水体保护等内容，推动领导干部切实履行自然资源资产管理和生态环境保护责任。

【政府投资领域审计监督】2020年，县审计局组织开展“政策跟踪审计+投资审计”“专项审计+投资审计”“经济责任审计+投资审计”等嵌入式审计项目组织方式，实现审单位、审资金、审项目、审人有机结合。重点关注全县政府数字化改革进程，开展政府数字化项目建设管理情况的审计，揭示部分项目建设进度缓慢、项目建设集约性不强等问题，促进提高信息化项目建设质量和财政资金投资效益。着力服务绿色石化，对舟山绿色石化基地配套的用于产业链提升的开发区二期厂房建设进行重点关注，多次赴开发区就项目申报和抗疫，特别是国债资金的使用管理情况进行指导。着力监督城乡环境综合整治成效，将垃圾分类专项资金纳入县财政局组织实施的2019年度财政预算执行情况审计重点内容之一。围绕优化营商环境，开展财政资金直达市县基层、直接惠企利民资金的全程跟踪审计，推进特别抗疫国债中493万元重新分配，“万头猪场”建设工程点对点直接拨付资金355.43万元。加大乡村振兴资金审计监督，重点关注全县水利工程建设、美丽乡村建设项目实施情况，推动收缴工程款241万元。

【审计整改督查】 2020年，县审计局推动县政府修订出台《岱山县人民政府关于进一步完善审计整改工作机制的意见》，健全完善审计整改长效机制和联动机制。充分发挥审计整改联席会议成员单位作用，联合县纪委、县委组织部、县财政局等成员单位，对秀山乡领导干部经济责任审计和自然资源资产离任审计问题整改情况进行专项督查。加大“巡审联动”整改力度，将审计问题整改纳入县委巡察的重点内容，在全县第七轮巡察动员会上对高亭镇政府虚假整改问题进行通报批评。建立《审计整改问题分级管理办法》《督促指导被审计单位主动公告整改结果操作办法》等制度，完善审计整改“双跟踪”机制，促进10家被审计单位、11个审计项目审计整改结果公告。

【审计工作成果转化】 2020年，县审计局把加强审计理论研究作为推进审计工作理念创新的有力抓手，2020年《探析提升审计成果的综合运用与转化》《大数据环境下银行内部审计质量控制研究》两篇课题按时结项，《推动基层财政资金使用绩效高质量管理的思考》课题中标2020年省级一般课题。

【全县内审工作】 2020年，县审计局印发《2020年度内部审计指导和监督工作要点》，落实年度内部审计工作考评办法，推动将内部审计纳入党风廉政建设责任制考核内容。推动出台《中共岱山县纪律检查委员会等六部门关于印发加强岱山县部门和单位内部管理的主要领导干部经济责任审计工作的指导意见的通知》，指导县教育局对高亭小学、县机关幼儿园等六所学校校长实施“三年一轮审”。与县委组织部联合举办内审业务综合能力提升培训班，邀请多位资深专家授课，县21家内审单位负责人及内审人员参加培训；抽调县农业农村局、县教育局等四家单位内审人员，参与重大水利工程审计调查等项目审计，通过“一带一”“点对点”现场指导，提高内审人员实务操作能力。组织、指导全县内审单位，开展优秀项目、论文、内审案例评选。岱山县上报的2篇案例获浙江省2020年度优秀内部审计论文案例；1个内审项目被省审计厅评为表彰项目；2家单位被评为“全市内部审计工作先进集体”，3位内审人员被评为“全市内部审计工作先进个人”。

（王　俏）

投资促进工作

【概况】 2020年，岱山县投资促进中心认真贯彻落实招商引资大会战工作部署，坚持招商引资“生命线工程”不动摇，推进“大平台、大产业、大项目、大企业”建设，高起点谋划、高标准招商，加快融入长三角、接轨大上海，圆满完成招商引资各项工作任务。2020年，全县共计引进亿元以上重大产业项目18个。其中，20亿～50亿级重大产业项目1个，10亿～20亿级先进制造业项目2个，另有1亿元以上产业项目15个。全年实际到位市外资金37亿元，完成市里下达的考核任务30亿元的123%。全年实际使用外资7815万美元（含友联增资1000万美元），完成市里下达的6500万美元考核任务的120.2%，其中自贸试验区内实际利用外资6015万美元，完成市考核任务5000万美元的120%；合同使用外资31284万美元，完成全年指标任务19500万美元的160.4%。全年完成招商引税1.69亿元，完成市下达考核任务1.60亿元的105.6%。2020年，岱山县荣获全市招商引资大会战考核先进单位一等奖。

【全县招商工作】 2020年，岱山县投资促进中心强化招商引资

“一把手”工程，实行县委、县政府主要领导、县属单位主要负责人“周招商”工作制度，组织相关领导外出招商引资行程安排，推动重大项目加快落地。县委、县政府主要领导赴北京、深圳、江苏、上海、杭州等地招商30多次，全县各级招商单位外出招商及接待客商200多批次，招商局集团、华能集团、上海电气等一批国际国内500强企业纷纷考察岱山。压实招商责任，完善招商引资考核办法，建立“人人有任务、个个都招商”的考核体系，提高招商引资一、二类考核单位在年度综合考核中占比权重，对全年招商引资指标完成较差的单位取消年度评优。按照全员招商理念，下达《全县2020年度招商引资补充指标任务》，将县委办、县府办、人大办、政协办、纪委、组织部、宣传部、统战部及三个驻外招商联络点等11家单位纳入招商引资工作考核对象，凝聚招商合力。建立招商引资工作晾晒通报制度，组建晾晒通报钉钉群，每月通报招商引资工作情况，明确工作进度，压实工作责任，切实形成全民招商的良好态势。实施重大项目预评估制，组建由发改、规划、环保、税务等部门组成的评估专家组，并实行AB岗工作制，确保重大项目预评估及时高效。召开招商引资领导小组会议3次，对16个项目议题进行评估。全年共有“三个一批项目”109个，新引进项目63个。

【招商体制机制建设】 2020年，县委常委会、县委财经委员会专门研究全县“双招双引”优化工作，召开全县高水平建设营商环境暨招商引资大会，制定印发《关于进一步实施招商引资工作的若干意见》，全面加强县招商引资领导小组统一领导，实施扁平化层级管理。推进全民招商，建立8个专项招商组、34个招商小分队、3个驻外招商联络点、36名“双招双引”专员，实现高效统一的招商引资架构体系。在宁波建立“双招双引人才飞地”；县经济开发区在上海等各大城市外聘兼职招商专员，取得成效；调整优化驻京、驻沪、驻杭等驻外机构职能，并增加宁波驻外招商联络点，统一挂招商联络点牌子，并下达产业类项目、外资项目、招商信息提供等招商引资考核任务；组建设立瀛洲招商服务公司。优化营商政策环境，研究出台《岱山县关于积极有效利用外资的若干政策》和《岱山县贸易企业发展扶持办法》等招商政策。提拔一批优秀年轻干部，充实全县多个招商层级队伍，其中县投资促进中心新入职科级干部3名，另有兼职2名，新招专业人才2名。

【外资招引工作】 2020年，岱山县投资促进中心始终将外资招引摆在招商引资的核心位置，聚焦重点产业，依托重点区块，突出招大引强，集全县之力攻坚外资招引，提前超额完成全年外资招引任务。一方面，紧扣油气全产业链、石化产业链、风电产业链、先进制造业等岱山重点产业发展方向，瞄准有外资背景的世界500强、中国500强、央企国企和上市企业，鼓励境外投资者参与县内企业优化重组，尤其是参与船舶、船配、汽配等优势传统产业转型升级，支持境外投资者以并购方式设立外商投资企业，支持落地岱山的外资企业增资扩建或投资新的领域，增强招引成功率。另一方面，县政府分管领导多次召开外资专题会议，研究外资项目落地过程中存在的各类问题，确保外资招引畅通无阻，相继引进招商局工业集团邮轮修理基地项目、中广核新能源（岱山）有限公司增资扩股、中裕燃气收购安通燃气、浙江盛安隆数据技术有限公司（卓然）等5个外资项目。

【推进石化产业链招商】 2020年，岱山县投资促进中心依托舟山绿色石化基地、石化循环经济产业园、新材料研究和试验基地三大项目平台，全力攻坚产业链项目招引，加强产业链条设计。围绕乙烯、丙稀、芳烃和生产配套产业链四大产业，画出产业链鱼骨图，精心绘制“四链两图”招商图谱，明确招商引资路径，准确把握好项目的整体布局和产业方向。全面梳理浙石化关联企业200余家，研究企业项目落户可行性，逐一对接目标企业。对有投资意向的企业采用“走出去、请进来”

的招商形式。拓宽招商引资渠道，通过参加舟山聚酰亚胺论坛、举办岱山石化装备制造产业推介会等活动，以及委托招商等多种方式，打开石化产业链招引新局面。上海卓然石化设备模块化生产、布克哈德石油化工装置专用设备技术服务、四川润和10万吨/年催化剂生产、浙江鑫月高科技新材料生产、浙江远赋化工商贸有限公司、舟山沛盛安装工程有限公司、浙江佑盛石化工程有限公司等8家企业相继落户。岱山县紧紧围绕“四链两图”招商引资，做实石化产业链建链、延链、强链文章，该做法得到郑栅洁省长批示肯定，成功入选省创先争优“最佳实践”案例。

【融入长三角一体化建设】 2020年，岱山县投资促进中心围绕岱山油气产业链、石化产业链、先进制造业等重点产业招引方向，依托岱山新材料产业园和离岛片区自贸区块，强势推进长三角区域招商引资。至2020年底，全县已与上海金山区、奉贤区、宁波镇海区建立长三角合作关系，进一步提升长三角地区的合作水平。同时岱山县投资促进中心与上海金山区、奉贤区投资促进部门建立了招商引资互帮互助合作关系。围绕长三角区域世界500强、央企、国企、知名民企及行业龙头企业，开展项目招引，多次赴上海、江苏等地，上门走访对接，开展扣门招商，全年累计走访对接招商局南京油运股份有限公司、上海聚量企业管理集团等长三角区域企业100多家。攻坚产业链招商，持续在油品全产业链、石化产业链、风电产业链等重点领域发力突破，全面落实招商引资项目领办机制和“四个一”推进机制，全力攻坚产业链项目招引，全年累计引进上海卓然工程技术股份有限公司等长三角区域优质企业20余家。强化展会招商，紧扣岱山重点产业招引方向，精心策划展会招商活动，召开浙江岱山石化装备及配套产业重大对接洽谈会、鱼山绿色石化港区航运大会等重大展会和重要招商活动，进一步打响岱山知名度。

（张哲衡）

国有资产监督与管理

【概况】 2020年，国有资产监督管理部门围绕县国资委提出的工作思路，积极探索国有资产监管新机制，深化国有企业改革，提升国有资产的保值增值水平。至2020年年末，全县国有企业94家，其中国有独资71家，国有控股8家，国有参股15家。国有企业总资产363.97亿元，负债305.98亿元，企业净资产57.99亿元，实现营业收入12.61亿元。

【管理制度建设】 2020年，县国资监管办加快落实省委对深化国企改革的部署要求，加强改革攻坚探索，加快改革落地见效。完成《国资国企监管权力和责任清单》《重点国有企业负责人年薪制管理办法》。推进国企改革“1+N”政策体系的形成。

【投融资工作】 2020年，县国资监管办编制2020年投融资计划，全县国有企业共向各金融机构融资担保67.06亿元。其中发生贷款业务46笔，贷款金额37.97亿元。完成担保业务30笔，提供担保金额24.31亿元。资产抵押贷款7笔，抵押贷款金额3.18亿元。资金出借4笔，出借金额1.60亿元。2020年全县国有资本预算收入需上交1200万元。安排2020年度县级企业国有资本经营预算总支出1200万元。加大重点项目投入，双剑涂完成投资1056万元，完成年度任务的105.6%。

【国有资产管理】 2020年，县国资监管办强化对企业各项大额资产的购置、报废、捐赠等事项的调查和审批，确保每项内容真实、有效。2020年度各企业集团固定资产购置14笔，金额705万元，固定资产报废1笔。做好舟山群岛新区蓬莱国有资产投资集团有限公司、县海宏港口等国有企业2020年度的工资总额核定工作。

【国资监管】 2020年，县国资监管办实施对下属三家县属重点国有企业交投、城投、开投等县属重点国企综合考核，主要分个性指标考核、共性指标考核、综合评议和附加考评四个方面，从企业的年度重点工作任务完成情况、经营情况、党政建设、内控制度、安全生产、国资管理等进行全方位考核，对企业出现的各种问题进行汇总分析，并向主要负责人问责，压实主体责任，加强国资对国企的监管。

【民生福祉保障】 2020年，县国资监管办有效落实关于新冠肺炎疫情防控期间减免企业房租措施的要求，严格对标对表，确保政策落实到位，做到应减尽减，保障民生福祉，包括城投集团、交投集团、国投集团、开投集团、盐业公司、博海公司、东沙汽船配公司及众益公司等9家公司共计减免房租650万元。

（毛金芝）

口岸与海防管理

【口岸与海防“十四五”规划编制】 2020年，县口岸办编制完成《岱山县口岸发展“十四五”规划》和《岱山县“十四五”海防基础设施规划》，已分别纳入《国家口岸发展“十四五”规划》（初稿）和《国家边海防委员会“十四五”规划》项目数据库。岱山县口岸发展“十四五”规划拟扩大开放区域4个，总面积为163.82平方公里；拟扩大开放航道4条，总航程为182.20千米；拟扩大开放锚地14个，总面积为122.03平方公里。岱山县“十四五”海防基础设施规划项目共22个，包括：交通设施类执勤道路项目18个（共48.20公里），监控设施类智能管控项目4个。规划估算总投资5175.50万元，其中：中央投资4433万元，省级投资594万元，县级配套148.50万元。

【口岸开放】 2020年，舟山绿色石化基地、惠生秀山海工基地作为舟山“十三五”首批扩大开放项目，处于国务院征求各部委意见阶段。黄泽山油品储运基地项目一期实现对外启用，鱼山绿色石化项目一期实现临时开放。秀山惠生海工项目临时开发处于征求驻舟查验单位意见阶段。舟山绿色石化基地项目北向航道以及配套锚地已向市政府申报扩大开放。

【海防基础设施建设】 2020年，县口岸办完成2019年度开工建设的4个项目，并落实交工验收事宜。2020年度3个建设项目均完成初步设计送审稿和施工图设计初稿的编制工作，已联系县发改局行政审批科衔接相关的报批事项。

【反走私综合治理】 2020年，围绕全县年度反走私工作要点和“国门利剑2020”行动方案，县口岸办签订各类反走私责任书、承诺书178份。组织开展联合行动和各类专项巡查检查348次；专项巡查码头、港（岙）口等沿海非设地风险区域781个次，检查各类船舶875艘次、车辆1185辆次，排查供油点（油库）29个，查获涉渔“三无”船艇8艘；检查各类超市、市场112个次、经营户471家次；发现并查处涉嫌走私案件9起，查获涉案走私烟23万条、查扣无中文标签的葡萄酒188瓶、查明网售无中文标签澳大利亚进口食品9瓶、查获涉嫌无合法来源进口煤炭8985吨（案值417万元）。

（毛康泽）

海事管理

【概况】 2020年，舟山岱山海事处在舟山海事局党委的正确领导下，面对前所未有的复杂形势，战疫情、保安全、促发展，推进实施12项重点工作任务，提升治理能力和治理水平，助推地方经济发展和国家重大战略实施，确保辖区安全稳定。党支部被命名为浙江海事局“精品支部”，单位创建成为第六届全国文明单位。

【船舶监督管理】 2020年，辖区内船舶进出港10426艘次（客船除外），其中油船进出港501艘次，散货船进出港1799艘次；辖区内船舶载运危险货物申报930艘次，其中载运包装危险货物船舶399艘次，载运散装液体危险货物船舶500艘次；辖区内共申报涉污涉危作业1735艘次，其中主要以船舶能效报告为主。涉污作业报告共有704次，其中申报垃圾接收442次，油污水作业接收14

次，压载水排放或接收248次。

【综合执法】 2020年，舟山岱山海事处着力加强值班室建设，实现区域对象全覆盖、辖区信息全获取、监管履职全到位、力量布局全适应、执法过程全掌控。加大执法力度，提升执法水平，推进执法任务的实时透明高效和执法过程的动态掌控、闭环管理。1—12月，共计发布现场综合执法任务9266项，完成现场任务9246项，完成率99.7%，视频关联率92.8%。派出执法单元3344个、出勤人数8008人，检查船舶数量4750艘次。累计巡航556次，巡航时间3933.23小时，巡航里程16432海里，出动执法人员6487人次。

【海上应急搜救和事故险情处置】 2020年，辖区共发生海上交通事故3件，沉船2艘，死亡（失踪）7人，直接经济损失约440万元。事故件数降低78.6%，沉船数下降71.4%，死亡失踪人数降低36.4%，经济损失下降76.2%，事故四项指标全面下降，辖区水上安全形势总体平稳。

【疫情防控】 2020年，舟山岱山海事处坚决贯彻习近平总书记关于疫情防控的重要指示精神和上级决策部署，筑牢疫情防控海上壁垒。开展“净海行动”，加大对港口、码头、临时靠泊点的检查频度，积极协同地方政府做好客运航线管控，严防疫情从海港口岸输入。保障重点民生以及生产物资运输，积极落实“一断三不断”要求，疫情严重期间有效保障1000余吨食盐调供外运，14.60万吨铁矿石运往武钢，12.50万吨医用口罩核心原材料从鱼山出运。助推重大项目复工复产，增派力量加强对重点水域的防控，确保舟山绿色石化基地、鼠浪湖矿石中转码头正常运营。加强与口岸单位协调联动，注重对船舶代理及码头指导，实现船员换班“应换尽换”，疫情期间共保障12艘次/175名国际航行船舶船员的换班。助力岱山港口经济抵抗住疫情压力，是被舟山市第一批通报表扬的疫情防控、复工复产一线表现突出的基层党组织。

【系统治理】 2020年，舟山岱山海事处多次积极主动向县政府汇报海上安全总体形势，在海上交通综合治理等方面提供海事方案，为地方政府出台文件、部署行动、压实责任，提供专业意见。成功推动地方政府开展小型“三无”船舶整治，开展“清港行动”，探索形成“政府牵头、联合清剿、纳规管理”的治理模式。创新推动打捞清除碍航沉船，开辟以“政府主导、依法实施、公开透明、先行先试”为主旨的碍航沉船打捞工作机制。进一步优化综合执法机制，深化与指挥中心、交管中心的协同联动。全年共查获违法船舶498艘次，立案1205起，罚款560余万元，留滞船舶20艘次，移交公安、海警无证驾驶人员19人次。全面评估、分级分类治理水上交通领域安全风险隐患，1项列入省安委办挂牌督办，20项顺利完成销号。密集开展“春雷”“蓝盾”“雷霆”等行动，总结形成非法内河船“拦、扣、拘、惩、诫”闭环整治体系。2020年，共开展内河船集中拦截行动47次，查处内河船19艘次，罚款67.72万元，留滞船舶246天，单船留滞时长最长50天，强制卸载重载内河船6艘次，移交海警拘留5人次共计56天，移交港航部门4艘次，移交市场监督管理部门2艘次。率先实现将非法内河船成功移交市场监督管理部门，联合卸载、没收煤炭近万吨。贯彻落实“一规定”“一手册”，切实提高客渡运船舶现场监督检查质量和效率。深入开展无线电、供油船安全与防污染、危险化学品运输、入沪船舶、长期逃避海事监管船舶等一系列专项整治活动以及水上交通安全专项检查，严肃查处各类违法违规行为。紧盯重点船舶、重点水工项目、重点避风水域，强化预警预控和实时管控，防御“黑格比”等台风以及寒潮大风。成功承办宁波舟山港2020年化学品污染应急演练，指导浙石化常态化开展应急演习。

【服务重大项目】 2020年，舟山岱山海事处建立鱼山液货船选船监管长效机制，探索推进危化品运输船舶航行、停泊和作业行为的全流程管理，全年累计检查抵港船舶1027艘次。制定出台《鱼山绿色石化散装化学品安全监管手册》，明确监督检查要求和后续处理程序。推动浙石化开展未列明物质运输条件的评估。全程跟踪码头、航道、锚地、海底管线、电缆、口岸开放等建设，推动解决鱼山危险品锚地涨网、鱼山南侧水域船舶违规锚泊等隐患。2020年，鱼山共进出危化品船舶2123艘次，危险货物吞吐量1511.10万吨。助力鼠浪湖码头累计接卸量破亿吨，落实“一船一议”工作机制，常态化开展护航保障工作，实现码头接卸效率提升在10%以上。全年安全保障鼠浪湖码头安全接靠一程船超160艘次，其中40万吨级船舶63艘次，二程船超1200艘次；完成吞吐量6622万吨，同比增长28.4%，提前2个月完成年度吞吐量计划。指导黄泽山油品储运基地开港运营。试点运行大型液货码头进靠船舶质量控制政企联动机制，组织编写《黄泽山大型油轮安全监管手册》，保障该码头获批启用，并于5月12日安全靠泊首艘10万吨级外轮。全年保障靠泊154艘次，接卸油品293万吨。保障中广核浙江岱山4号海上风电场实现54台风机全容量投产运行。严格落实常态化巡航巡查，对施工船、警戒船、交通船开展检查点验，保证相关船舶不带“病”作业，累计检查船舶37艘次，立案调查17起，安检船舶12艘次，滞留2艘，保障燕窝山陆岛交通码头水工项目顺利推进。

【第六届全国文明单位成功创建】强化政治建设统领，开展争做服务重大国家战略“领跑者、样板区、示范窗口”工作。开展厉行节约、反对浪费宣传教育。规范开展“三会一课”、主题党日等活动，设立并运行3个党小组，首次与部海事局政法处党支部联合开展“联学联建共促海事高质量发展”活动。创新培育以“党建引领、岱山领先”为主要内涵的“岱领”党建文化品牌，改造完成党建文化走廊。成功创建第六届全国文明单位。落实外部“不诚信行为”管理，衢山海巡执法大队被评为浙江海事局外部“不诚信行为”管理“两登记”工作先进集体。

（徐　群）

舟山绿色石化事务管理

【概况】2020年，舟山绿色石化基地紧紧围绕“全力保障浙石化4000万吨／年炼化一体化项目一期全面达产、安全运营，推进二期项目报批建设，争取开展三期围填海先导工程”的总体目标，继续超常规推进舟山绿色石化基地建设，保质保量完成了各项任务。

【炼化一体化项目建设加快推进】2020年，4000万吨／年炼化一体化项目一期装置已全面达产，实现稳定运行并生产出合格产品。2020年累计加工原油2306万吨，累计产值747.85亿元。项目二期已完成整体形象进度53.7%，其中炼油芳烃部分79.4%、乙烯化工部分48.8%、公用工程部分36.6%、码头储运部分35.6%。2020年度累计完成固定资产投资373亿元。

【基地场地工程逐步收尾】基地二期场地工程已基本完成，矿山开采爆破工程、东侧促淤堤工程、东区吹填成陆等均已建成，基地场地排水工程中南随塘河工程已建成，1号、5号水闸均已建成投用。小鱼山开山工程正在有序按需进行中，鱼唇湖生态修复已完成工程量的70%。

【三期围填海先导工程抓紧实施】根据国家、省、市领导指示精神，加快协调推进基地三期有关工作，先期启动导流堤工程，至12月底，已取得该项目用海预审意见、项目核准和初步设计批复，抓紧推进工程EPC招标。

【项目党建工程】2020年6月28日，成立浙江舟山绿色石化基地临时党委，依托“四上”党建工作法，整合全岛201家项目单位下属的86个基层党组织以及1155名党员，优化调整为79个单建和7个联建临时党组织，并将岛上企业党组织划分为7个片组，派驻党建指导员86名，组织开展“东海渔嫂巾帼先锋联盟”“铁帽子专业调解联盟”、基地篮球赛、迎国庆长跑、无偿献血等活动，创新推广中石化宁波工程公司和中石化第十建设公司党建带工建方案，探索创新党组织和合共建新模式。

【清单化服务保障】2020年，舟山绿色石化基地健全浙石化服务保障长效滚动工作机制，建立健全问题清单、需求清单、任务清单“三张清单”，对清单实时动态更新，完善清单内容，细化帮扶措施，压实工作责任，以精准化服务推动高质量发展，确保一期产能充分释放、二期加快建设、三期前期顺利开展。

【疫情防控】2020年，舟山绿色石化基地以“确保鱼山不发生疫情；确保浙石化生产安全进行”为目标，联动浙石化、基地管委会，建立协调会商机制。加强智慧管控，完善鱼山入岛各卡口准入机制。积极探索“铁桶管理”“白名单准入”“缓冲留观”等疫情防控的举措，有力贯彻中央省市县委关于复工复产的工作要求，2月5日即开通全市首趟企业包车，共计接送返工人员261车4816人，有效保证项目一期正常运行，二期顺利建设。

【基地安全保障】2020年，舟山绿色石化基地在交通运输方面，深化车辆专项整治行动，以视频监控、物联网、微卡口等科技设备为支撑，对岛内车辆设卡检查整治，确保岛内车辆底数清楚、通行安全可控，同时协调解决鱼山大桥货车通行事宜，推行鱼山大桥货车超限检测、定时上桥、错峰出行的货车通行措施，确保项目一期生产、二期建设的货运物流通道畅通。在社会治安方面，以“连队化+科技化”为载体，全面推行鱼山一卡通管理模式，形成政、企、警三方共抓、共管、共推工作格局。社会纠纷调处方面，2020年7月8日，县社会矛盾纠纷调处化解中心（绿色石化基地）挂牌成立，县劳动纠纷专项整治工作专班和岱山社会事务综合管理组信访维稳小组成建制入驻中心，按照县域治理现代化和矛盾纠纷“最多跑一地”工作要求，不断推进网格化源头预防，多元化中心调解、数据化智慧赋能。在社会环境整治方面，制定出台《舟山绿色石化基地社会治理集中整治行动方案》，着力解决基地内生活区安全、道路交通安全、矛盾纠纷等突出问题。

【社会服务保障】2020年，舟山绿色石化基地在医疗卫生方面，加大医疗保障力度，加强与上海金山医院合作，全力做好可能出现的烧伤等意外伤害。与浙石化签订医疗应急保障合作协议，项目一期生产现场设立24小时值班的现场急救点，确保人员第一时间得到救治。在公共卫生方面，建立岛上常态化病媒生物消杀工作机制，做好日常生活垃圾收集清运、环境卫生整治等工作。1—12月，共出岛处置生活垃圾约18730吨，并组织人员对全岛范围内道路及岸线可视范围进行环境卫生集中整治，确保全岛公共区域干净整洁，有效降低病媒生物密度，保障企业生产安全及人员身体健康。在食品供应和安全方面，开展营地内经营者市场主体资格检查工作，保障营地经营场所规范有序。在教育保障方面，及时保障浙石化职工随迁子女就读需求，已安排185名义务教育阶段学生到高亭城区学校就读，安排135名幼儿到高亭城区公办幼儿园或城区普惠性民办幼儿园就读。在人员安置方面，制定《疫情防控常态化下鱼山岛人员防台避险转移安置方案》，围绕“三防”撤离工作，完成全县现有11处避灾场所的安全鉴定，扩大中基船厂等避灾场所储备基地。

（陈　伟）

自由贸易试验区建设

【黄泽山油品储运基地加快建设】2020年，黄泽山油品储运基地加快建设。一期151万立方米地面储罐项目于2月初完成开港试运行以来的首单业务，至5月，累计完成营业性收入5360万元，提前完成“营业性收入5000万元以上”年度目标；二期104万立方米地面储罐项目于10月13日动工建设，全年累计完成年度投资1.52亿元。黄泽山—鱼山原油管道项目启动；洞库项目前期成果移交工作持续推进。

【黄泽山油品储运基地30万吨级码头对外启用】 4月29日，省人民政府正式批复同意黄泽山油品储运基地30万吨级及8万吨级码头对外启用，这标志着黄泽山油品储运基地口岸开放工作圆满完成，可正式开展对外油品贸易，实现外轮靠泊作业。黄泽山油品储运基地口岸开放对加快复工复产，推动黄泽山油品储运基地产能进一步释放、提升浙江自贸试验区油品等大宗商品资源配置能力具有重要意义。

【双子山陆域形成工程持续推进】 2020年，双子山一期约500亩陆域形成工程在国家严控围填海指标的情况下，以"海陆并进"方式推进。其中老海堤加固工程于5月完成；东侧山体开采平整工程，累计完成总工程量的51%左右，预计全部完成后可形成约20公顷的平地面积，以满足该区域布局码头及其他配套设施之需。

【鼠浪湖矿石中转基地产能逆势上扬】 2020年，鼠浪湖矿石中转码头共靠泊一程船171艘，其中包括成功靠泊65艘40万吨超大型铁矿石船。全年完成货物吞吐量6622万吨，同比增长13.3%，完成混配矿1704万吨，同比增长8.5%。是年，与淡水河谷合作的磨矿项目建成试生产，项目公司完成在岱注册，标志着全球最大港与最大矿合作进一步深化。

【鼠浪湖矿石中转码头接卸量破亿吨】 8月10日15点30分，满载40万吨铁矿石的马绍尔群岛籍矿砂船"希纳"轮，顺利靠上舟山鼠浪湖矿石中转码头1号泊位，开始矿石卸载作业。截至11日上午，鼠浪湖矿石中转码头矿石累计接卸量突破1亿吨。

【秀山东锚地内开展2020年国内首单锚地综合海事服务】 2020年1月1日，浙江自贸试验区供应船队在岱山区块秀山东锚地上，为巴拿马籍大型半潜船"发展之路"，提供保税燃料油加注、物资补给等业务，并在当天傍晚全部完成。

【自贸试验区改革经验全面复制推广】 2020年，舟山绿色石化基地全面推进自贸试验区第五批、第六批改革试点经验复制推广。第五批18项改革试点经验复制推广整体情况与市级层面一致，除2项外，其余16项已完成复制推广，其中"国际航行船舶进出境通关全流程'一单多报'""保税燃料油跨港区供应模式""海关业务预约平台"等7项因管理权限原因需在市级层面办理。第六批共37项改革试点经验，除4项外，其余33项已通过任务清单形式分解至浙江自贸试验区岱山片区建设工作联席会议成员单位。截至2020年底已完成复制推广7项。

【制度创新全面推动】 2020年，舟山绿色石化基地创制形成制度创新经验4项，分别是"推行开办企业'一件事'服务模式""基层渔业渔事管理服务新模式""企业取得用气'110'服务模式""实施基层综合行政执法改革"，经梳理后上报自贸委。于2019年创制的"首个自贸试验区市场主体登记行政服务地方标准""首个自贸试验区企业投资项目行政服务地方标准"2项制度创新经验，正式入选浙江自贸试验区挂牌成立三周年制度创新成果报告。

（何佩璐）

责任编辑：虞迪燕

市场监督管理

Market Supervision and Management

综 述

【概况】 2020年，全县市场监督管理工作坚持以“政治建局、法治立局、科技强局、改革兴局”四大战略为发展主线，对标对表建设“重要窗口”海岛风景的新目标新定位，努力创新市场监管治理体系、提升市场监管治理能力，以高质量工作谋求高质量发展，勇于担当、奋发作为，统筹推进市场监管各项工作。

【基层基础机构建设】 县市场监督管理局设立14个职能科室和5个股级的基层派出机构。基层派出机构分别为：衢山分局（辖衢山镇）、高亭分局（辖高亭镇、岱东镇）、东沙所（辖东沙镇、岱西镇）、长涂所（辖长涂镇）、秀山所（辖秀山乡）。下属事业单位4家，分别为岱山县市场监管综合行政执法队（副科级参公事业单位）、岱山县质量技术检测所、岱山县消费者权益保护委员会、岱山县个体劳动者协会。

服务经济

【保障舟山绿色石化基地建设】 2020年，县市场监督管理局全力以赴保障绿色石化基地建设。建立班子成员带队上岛服务机制，派驻6名干部专职服务基地建设。通过实行专职干部“代办”、建立金融代办机制、“海岛网运”等举措，实现鱼山区块办理证照和特种设备使用登记等“办事”不出岛，办理注册登记23家，办理特种设备安装告知2464台、使用登记4028台。配合鱼山社会事务管理组，做好基地疫情防控、食品药品安全、市场秩序维护、矛盾纠纷调处等工作。全年共立案查处各类违法案件24件，罚没款45.39万元。同时，强化“三

2020年1月17日，县市场监督管理局在衢山制冰厂开展特种设备检查
（县市场监督管理局 供图）

服务”工作导向，顺利解决浙石化抗氰急救注射液的采购难题。

【“最多跑一次”改革】 2020年，县市场监督管理局进一步深化“证照分离”改革，形成454项“岱山版”事项清单，其中“告知承诺”事项破百项，完成全部事项的具体改革举措和事中事后监管措施。打造企业开业“一件事”全闭环服务再提速。“企业开办”实行一网、一窗、一次工作机制，开办环节压缩至2个、办理时间从原来的2个工作日缩短为4个工作时，企业开办网办率达到100%。企业“注销”实行一网服务，企业注销登记当场办结率100%。在全市率先推出市内企业跨县区迁移“迁入一次办、迁出电话办”的简易办理模式，从原来的3个环节减少至1个，减少材料50%，减少跑动次数50%。在全市率先全面实施向新开办企业赠送印章和税控盘的惠企政策，实现开办企业“零成本”。打造全市首个“无窗口化”商事登记服务体系，全面实现“办事零窗口、全程零纸质、服务零距离”。

【“三强一制造”建设】 2020年，县市场监督管理局大力实施“三强一制造”战略。成功发布“浙江制造”标准1项，2项顺利通过立项答辩。舟山晨光电器有限公司制定的《高效吸尘电机》产品标准入选2020年度浙江省企业标准“领跑者”名单，以该企业为主修订的《吸尘器电机》国家标准的建议已通过国家标准化管理委员会的投票，等待立项。指导制定发布公共服务地方标准规范4项，进一步提升服务业质量和管理水平提升。建立东沙汽船配小镇品牌指导服务站，实现企业商标、专利、知识产权服务等一站式服务。全年新核准注册商标67件，挖掘和培育地方特色商标37件。

【实施知识产权强省战略】 2020年，县市场监督管理局率先出台全市首个由政府层面制定的《全面强化知识产权工作的实施意见》，成立知识产权保护中心，通过推进知识产权保护体系建设、强化高质量前瞻布局、提升运用效益和水平、强化管理服务支撑等4方面举措，为岱山县知识产权工作提供，政策支撑和服务指导。全年完成专利申请204件，专利授权177件，其中发明专利6件，培育知识产权贯标认证企业1家，培育市级以上专利示范企业2家。全力推进科研院所引进工作，主动对接高端科研院所——航天二院，促成航天二院与岱山县签订战略合作框架协议。航天智慧岱山未来产业创新中心、航天智信·技能大师工作站在岱成功落户。

【诚信营商环境建设】 2020年，县市场监督管理局牵头做好“互联网+监管”工作，检查任务100%。依托浙江省行政执法监管平台实施，掌上执法率达到99.9%，随机抽查结果100%公示。各部门跨部门联合双随机占比达到9.8%，双随机抽查任务设置时引入信用权重的任务数占比达到63.8%，分别超过5%、50%的任务目标。扎实开展市场主体年报工作，完成个体年报率88%，其中电子化申报率85%；农民专业合作社年报率、企业年报率分别为90%、94%，年报率均创历年新高。

【服务民生工程】 2020年，县市场监督管理局全面贯彻“六稳”“六保”任务要求，以“三服务”工作为导向，精准发挥市场监管职能，出台支持企业（个体工商户）复工复产举措10条，以优准入、宽限期、减费用、强支持的方式，助推经济平稳健康发展。年初以来，全局走访企业、群众等300余次，其中领导带班60余次，解决困难105个。免费检定校准计量器具6380台，减免费用20.20余万元；减免国有资产房屋租金81508元。成立县级、局级两个层面的小微企业和个体工商户纾困专班，完成拟补助名单核查及“两直”资金兑付工作，实现“两直”补助资金市场主体信息确认、财政资金兑付“两个百分百”目标，精准补助市场主体2023家，兑付总金额1552.30万元。

安全监管

【强化食品安全监管】 2020年，岱山在全市率先出台县级《党政领导干部食品安全职责清单》，率先调整成立县食品药品安全委员会，聚力完善监管责任机制。加强基层协管能力建设，完成3个乡镇省级三星级食安办的验收。扎实开展校园食品安全“护苗”、渔农村食品“护老”、网络安全“清网”、水产品整治、食品安全百日执法“亮剑”等专项行动10次，积极保障风筝节、徒步大会等重大活动及中高考、两会重要时段的食品安全工作。加大食品抽检与风险监测力度，完成食品定量检测734批次，定性检测42506批次。

【强化药品安全监管】 2020年，县市场监督管理局加强药品医疗器械全过程监管，全年开展中药饮片、药品网络销售、高风险医疗器械、化妆品安全、规范处方药销售等专项整治7次。创新开展药品零售行业“交叉互评”活动，构建共建共治共享的药品监管新格局。全年未发生系统性食品药品安全事故。

【强化特种设备安全监管】 2020年，县市场监督管理局加强安全风险防控和隐患排查整治，创新开展特种设备隐患周报制度和到期设备精准告知服务，相继开展油气产业链全生命周期、移动式压力容器、危化学品、电梯安全等专项整治11次，全年共立案查处特种设备使用单位违法行为5起，罚没款为全市第一。以长涂所为试点，推进基层特种设备管理标准化创建。编制《特种设备使用安全管理标准化手册》，以实施“一图、一码、三清单”模式，对辖区特种设备使用单位探索进行档案管理、隐患治理、精准告知、基层监管等四个方面的标准化管理，努力实现特种设备使用管理和监管效能“双提升”。

2020年1月13日，县市场监督管理局执法人员在高亭中心菜场开展春节市场专项执法检查行动（县市场监督管理局 供图）

【强化产商品质量安全】 2020年，县市场监督管理局完善产品质量监督监督抽查、跟踪监测和风险研判机制。以新国标电动自行车、电动车头盔等民生产品为重点，组织开展专项整治，强化安全风险隐患排查治理。全年共抽查产（商）品113批次，其中生产领域17批次，流通领域96批次，发现不合格产品35批次，立案13件。

维序维权

【维护市场秩序】 2020年，县市场监督管理局重拳出击市场违法经营行为，相继开展防疫物资市场秩序整治、反不正当竞争、违规涉企收费治理、扫黑除恶、打击假冒伪劣等20余次专项整治行动，查处一批如无合法进口来源煤炭案、网络发布虚假宣传案等新型、典型案例，维护了市场秩序公平稳定。其中，一化妆品案件首次被评为全省药品领域优秀案例，并入选浙江省网络监管执法十大典型案例。全年累计查办的案件数、罚没款总额和个案罚没款数分别达到150件、668.89万元和4.46万元，其中罚没款总额和个案罚没款数均创历史新高。

【构建良好消费环境】 2020年，县市场监督管理局先后组织开展“3·15”国际消费者权益日、教育课堂、消费约谈、消费体验等

2020年1月14日，县市场监督管理局在衢山镇东岙社区开展“三下乡”宣传　（县市场监督管理局　供图）

宣传活动，有力提升社会公众知晓率。做好放心消费创建工作，创建放心消费单位444家，其中无理由退货单位182家，放心工厂27家。建设放心消费街区1个，放心乡村1个，消费教育基地1个，先行赔付企业2个，绿色通道企业4个，联系全国12315平台ODR企业2个。提升消费和解能力，加大对企业消费维权服务站指导，2020年共处理各类投诉举报394件，其中投诉171件，举报221件，咨询2件，为消费者挽回经济损失12.50万元，全县未发生重大消费投诉举报案件。

（章佳琪）

责任编辑：李慧慧

应急管理

Emergency Management

应急救援

【大应急联动体系建立】 2020年，县应急管理局立足应急管理改革方向和信息化发展趋势，积极打造应急指挥与调度系统联动体系。6月中旬，编制完成《岱山县“大应急”联动体系建设总体方案（试行）》，完善“组织、指挥、防控、力量、保障、制度”六大体系，初步形成统一指挥、功能完善、反应灵敏、协调有序、安全可靠、运转高效的应急指挥机制。加紧建设县应急指挥中心，将水利、森林防火、渔业、交通等部门监测预警系统接入应急指挥中心，实现乡镇、重点应急处置部门的信息资源共享共建，形成对全县各类隐患“一张图”在线视频监测。

【应急联动长三角一体化发展】 2020年，县应急管理局推动长三角交流合作机制，建立健全岱山县石化产业应急管理和应急联动体系。4月，赴丽水庆元考察学习。5月22日，与宁波镇海区就长三角一体化签订战略合作框架协议，按照“资源共享、优势互补、区域联动、共同发展”的原则建立全面战略合作关系；9月8日，镇海区应急管理局到岱山交流考察，在机制交流、应急联动、人员培训等领域，构建长期稳定的合作交流关系，深入推进长三角应急管理体系和能力协同发展。

【应急队伍建设】 2020年，县内有重点行业应急救援队伍28支、共256人，乡镇应急小分队17支、共244人，全部录入应急指挥平台，实现汛期即时查看、调度。5月，组织开展社会救援队移动抽水泵、升降灯等应急救援设备实操培训。6月，组织社会救援队参加全县水利工程应急抢险演练。7月，指导协助矿山专业救援队开展水上应急救援演练。9月，组织社会救援队与高亭镇10个村社区签订结对协议，发挥社会救援队的抢险救援能力。指导协助危化专业救援队伍开展危化品长输管线泄露事故应急演练，提升全县专业救援队的救援水平。借助岱山县与宁波工程学院签订合作协议的契机，为社会救援队搭建理论学习和实训演练平台。

防汛防台抗旱

【防汛防台工作动态】 5月29日，岱山进入梅雨期，入梅较常年早17天，出梅较常年晚12天，整个梅雨期长达50天，较常年偏多29天，平均雨量为579毫米，较常年（186.50毫米）偏多两倍。台风次数及影响较常年偏少偏小，主要防御“黑格比”“巴威”“美莎克”等3次台风和整个梅雨期的8轮较强降雨，全年未发生重大涝情和灾情。

【防台机制建设】 2020年，按照“1办+13个专项组”架构，县应急管理局完善防汛工作机制，编制完成《岱山县防汛防台工作指南（试行）》《岱山县人民政府防汛防旱防台指挥部工作规则》，并建立《三防指挥中心联动运作机制（试行）》《救灾物资储备使用管理联动机制》等机制，调整充实乡镇防汛防台指挥机构，村级防汛防台工作组以及水库山塘、地质灾害等各类责任区网格，更新852名基层防汛防台体系网格及责任人、转移避险人员等信息。强化精准管控水平，在高亭镇茗都华庭小区开展“一小区一策”试点，在高亭镇长剑大道开展“一道路一策”试点。

【防台基础】 2020年，县应急管理局重新修订预案8个，更新张贴村（社区）防汛形势图86张，新增强排系统3套、大功率移动排水车4台，提升城区移动排涝能力。配备卫星电话、移动单兵、便携式卫星移动站等应急装备。落实智慧防汛运用，首次对全县危房、地质灾害、小流域山洪、海上养殖、农家乐等领域转移的人员，实行安全码录入，共438人赋码，赋码率100%。开展汛期安全隐患排查治理，汛前累计出动324人次，检查排摸工程、避灾场所等650处（个），查找出各类问题隐患75处；汛中查找出水利等方面存在的隐患或苗头42处，全部实现闭环管理整改。

【鱼山安全度汛保障】 2020年，县应急管理局围绕疫情防控常态化下人员防灾避险转移安置工作的要求，按转移0.80万和3万人员标准，编制《疫情防控常态下鱼山岛人员防台避险转移安置方案》。在岱山本岛范围内梳理出中基船厂宿舍、县体育馆、实验学校等26处可接收鱼山避险人员的场所，并落实治安、医疗、卫生防疫和志愿服务者队伍，配备相应的生活保障物资，制订人员转移交通运输方案，确保人员及时转移、及时安置。

减灾救灾

【防灾动态】 2020年，县应急管理局积极推进高新、绿色石化产业灾害防御工作，率先在县经济开发区启动全县首个“区域性地震安全性评价”，并通过省地震局批复。组织开展全县建设工程防震安全摸底调查，完成16家

2020年12月29日，岱山县召开防御寒潮工作会议　　（县应急管理局　供图）

2020年6月13日，全县开展安全生产月公益跑团活动(县应急管理局　供图)

学校、8家医院、16个重大建设工程的抗震设防摸底自查工作。委托第三方机构对全县避灾点实地踏勘、安全检测，重新鉴定并公布全县37处避灾点，其中6个避灾场所完成应急物资储备、标识标志配备、管理制度完善，达到省级规范化避灾场所建设要求，高亭镇枫树村成功创建省级综合减灾示范社区。

【防灾减灾安全宣传活动】 2020年，县应急管理局依托防灾减灾日、安全生产月、安康杯竞赛等载体，利用短信平台、大型电子屏、农村应急广播、新媒体等，发布宣传短信、标语和小视频，共计4500余条次，发放宣传资料3000余份，开展主要负责人和安全员专题培训5批次250余人。安全生产月期间，组织开展环岛跑团宣传活动，开展进码头、进企业、进社区、进医院宣传等，多渠道宣传普及安全生产、防灾减灾和自然灾害自救知识，增强普通民众风险防范的主动意识以及自救能力。

安全监管

【概况】 2020年，县应急管理工作牢抓“遏重大、降一般、减总量、提本质”主线，严格落实安全责任，积极推进安全生产治理体系和能力现代化，努力促进全县安全生产形势稳定好转。是年，全县共发生各类生产安全事故5起，死亡5人，同比分别下降28.6%和37.5%，岱山县被市政府考核为安全生产目标管理责任制优秀单位。

【重点领域整治】 2020年，县应急管理局研究出台《关于全面整治小型三无船舶工作方案》《海上小型无证运输船舶专项整治工作方案》《关于规范港内涉渔接驳船管理的意见》等文件，开展无证小船专项整治行动，全县487艘无证船舶，共拆解船舶11艘、清理没收110艘，纳管港口接驳船102艘、纳管海钓船（小飞艇）28艘，自行处置236艘。开展渔业安全“铁拳整治2020”专项行动，集中整治危及渔业安全的风险隐患，共开展执法检查831次，查处渔船安全违法违规行为127起，强制停航32艘，移送公安、海警5起，共10人。深入实施小区生命通道治理，开展各类专项检查382家次，整改隐患287项，录入网格化消防事件类“民情工单”11581条。实施油气产业链全生命周期安全整治，完成危险货物道路运输挂靠经营、危险货物道路运输企业异地经营专项整治，检查各类危化企业70余家，车辆270辆次，船舶21艘次，发现整改各类问题130余个，立案处罚30起。

【小微企业综合整治】 2020年，县应急管理局制订下发《岱山县小微企业安全生产和消防安全综合整治行动方案》《岱山县工贸行业小微企业安全生产专项整治实施方案》，建立包片督导工作机制，充分发挥乡镇安监员、社区网格员以及群众的合力，共检查企业510家次，排查隐患653处，开展负责人和安全员培训250余人，10家小微企业完成安全生产标准化创建。高亭镇、东沙镇深入推进小微企业安全生产和消防安全专项整治，分别完成

79家小微企业安全生产“一企一档”的建设任务和60家小微企业安全生产分级分类管理工作。

【复工复产监管服务】 2020年，县应急管理局成立复工复产专项“三服务”小组，下派驻企安全指导员，邀请第三方服务机构和专家上门指导开展安全服务，帮助企业做好节后返工人员防控、安全培训、设备检测检修等工作。疫情期间，共检查指导企业247家次、发现并整改隐患1443处；核查在修油轮61艘，提出整改项313项，提升安全管理68家次；利用在线App免费为5700多名企业员工提供培训，推进全县6700余名特种作业人员领码上岗、亮证作业，得到广大企业认可。

【依法行政】 2020年，县应急管理局继续简化办事流程，推行网上受理、电话预约，现场审查和上门送证同步推进，办理危险化学品经营许可证26家，烟花爆竹经营许可30家，非煤矿山设施设计审查2家，第三类非药品类易制毒备案2家，努力实现“一次都不跑”。继续完善项目安全预审制，对拟引进的浙石化配套项目以及下游产业的安全论证和评估工作，共出具项目评估安全预审意见19份。推进机关部门间“最多跑一次”，6个事项全部实现线上办理，网上办理县级重大隐患销号9件。组织开展矿山、危险化学品、船舶修造、涉氨涉粉等行业执法行动，全面落实行政执法三项制度和“双随机、一公开”抽查制度，1—12月，办理行政处罚案件41起，处罚企业34家，处罚个人7人，合计罚款123.56万元，其中非事故36起，罚款62.46万元。

火灾防治

【森林防火动态】 2020年，县应急管理局强化机构改革后的森林防火责任体系，对基层进行森林消防专项督查和业务指导。初步建成全县性森林防火远程监控管理平台，共建成47个森林防火视频监控点，有效监控范围覆盖全县重点生态公益林90%以上区域，实现全县重点风景区、重要设施周边、公墓区等重点林区的监控全覆盖。加强野外用火情况监控，充分利用高山瞭望、地面巡逻等“立体式”监测手段，做到火情早发现、火警早报告。12月10日，在岱西镇组织开展冬季森林防灭火培训以及实战应急演练。是年，全县未发生森林火灾，森林火灾发生率控制在25次/10万公顷，受害率控制在1‰以内。

【防火宣传】 2020年，县应急管理局常态化开展防火宣传，充分利用媒介，多渠道多角度宣传森林防火重要性。倡导鲜花上坟，针对春节、清明祭坟习俗，继续开展“鲜花换鞭炮”“鲜花换香烛”活动，积极倡导文明低碳祭祖。“3.19”森林消防宣传日，在县林场进行森林防火宣传活动，发放森林防火宣传册300多份。在春节、清明期间，组织机关、乡镇、护林员和志愿者800多人次，送出鲜花8万余束。

（包佳丽）

消防安全

【灭火救援与抢险救灾】 2020年，全县共接警出动216次，出动消防车489辆次，消防人员2312人次，抢救被困人员33人，疏散人员6人，抢救财产价值508.20万元。其中，共发生火灾事故8起，直接财产损失17.30万元，无人员伤亡，未发生较大以上火灾事故。火灾起数较2019年下降20%。

【队伍建设】 2020年，县消防救援大队在全市消防救援队伍队列会操暨条令纲要知识竞赛中荣获第一名。对标“国家队、主力军”职责使命，进一步加强练兵备战。在全市消防救援队伍春季体能对抗赛中，衢山大道站余波参加九大科目比武个人总积分排名第一名，被市消防救援支队记个人三等功一次并颁发体能“全能王”奖杯。在全市消防救援队伍夏训第二次比武竞赛中，大队荣获团体第二名，衢山大道站荣获中心站团体第一名。以支队正规化试点建设为契机，对营区实施改造升级，突出“火焰蓝”元素，打造文化驿站、心灵驿站、休闲驿站和训词公园“三站一园”，确定“五项制度”的党建格局。

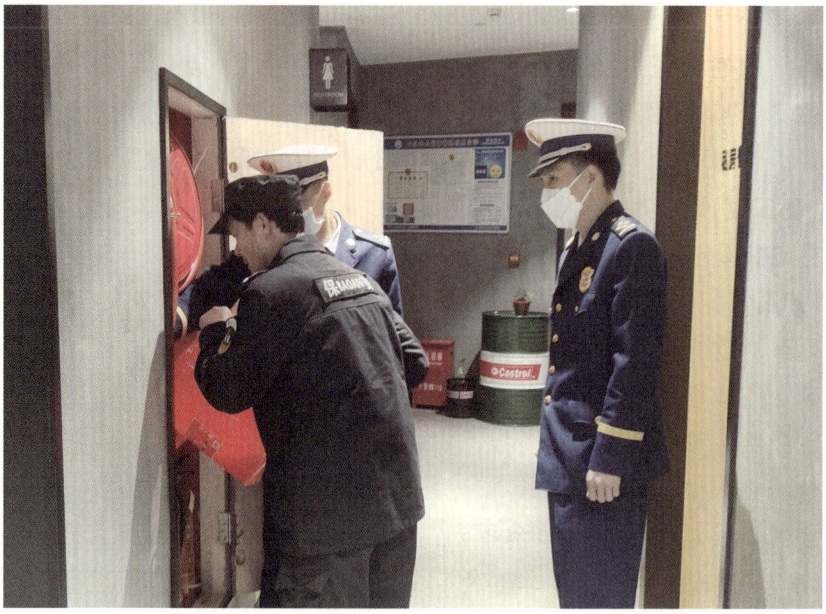

2020年，县消防队员常态化开展高层地下建筑、商业综合体的消防安全检查
（县消防救援大队 供图）

【火灾防控】 2020年，县消防救援大队制定消防网格员评级制度和配套奖励政策，规范基层网格排查和宣传工作，组织专职网格员开展业务培训，落实先进奖励表彰，激发消防网格员工作积极性。全年各乡镇累计开展各类消防安全检查、宣传并录入网格化消防事件类“民情工单”11518条（次）。统筹推进高层建筑、居住出租房、电气火灾和电动自行车治理等专项工作。115幢高层配备专职消防安全楼长、经理人，接入消控室内消防安全远程监控系统。联合高亭镇，为300余家城中村出租房的电气线路穿管，配备灭火器、逃生三件套等消防器材。按照三年行动计划，深化打通消防生命通道治理，对118家公共建筑、居民小区的消防车通道划线、标名、立牌，实行标识化管理。在全县范围内推动建设电动自行车集中充电桩110处，共1920个接口。主动对接县政府挂牌督办的2家县级重大火灾隐患单位（岱山县闸口船厂、嘉和名邸小区），通过制定整改方案，落实整改期间人防、技防和物防措施，多次走访企业督促整改，并于国庆前完成整改。

2020年2月1日，县消防救援大队组织指导员开展“亮身份、表决心”集体宣誓活动
（县消防救援大队 供图）

【监督执法】 2020年，县消防救援大队联合住建、市场监督管理等部门，开展住宅小区、“低小散”行业消防安全整治。对48个小区开展消防安全体检，详细列出消防问题清单，抄告相关部门，推动整改落实。将“低小散”行业消防安全检查宣传纳入基层网格工作任务指标，三四季度开展的全县网格化消防检查、宣传活动，共录入9000余条。出台公众聚集场所投入使用、营业消防安全告知承诺制实施办法，全面细化审批流程和执法措施；在受理申请环节取消5项申请资料，仅保留2项，申请门槛降至最低；创新推行“零资料”受理许可制，明确办事群众无需提供任何纸质

申请资料，所有资料均由消防部门线上提取；制定《公众聚集场所消防安全标准注释和图示》，提高群众承诺效率和质量，将从申请到领证审批时间平均缩短至60分钟。实行消防安全失信行为管理，完善信用修复机制。对公众聚集场所投入使用、营业消防安全告知承诺制实行“承诺+信用”事后监管，将承诺失实的单位和个人纳入信用黑名单管理，实施部门间联合惩戒，形成公众聚集场所权力“放得下”、服务“跟得上”、事后“管得劳”的良好局面。2020年，10家社会单位被列入失信名单。开展“双随机、一公开”工作任务。是年，大队监督检查各类单位541家，开展“双随机、一公开”监督执法186家次，开展各类专项检查382家次，整改隐患287处，办理行政处罚24起，罚款10.65万元，临时查封2家，责令“三停”2家。同时，积极配合安委会完成年度安全生产任务，联合县安委会、各乡镇，开展重点行业小微企业检查200余家次。

2020年7月8日，全县首座消防主题公园建成　（县消防救援大队　供图）

【消防宣传】 2020年，县消防救援大队结合疫情防控要求，开展线上宣传，发动154家重点单位的负责人、管理人、员工，集中观看云课堂“安全课”活动。组织辖区公共交通公司、汽车营运公司等从业人员收看“车辆消防安全”网络直播。依托仙洲公园，建设全县首个消防主题公园，进一步拓展固定的宣传阵地。强化“东海渔嫂”队伍专业赋能，发动“东海渔嫂”参与消防安全工作，打造“东海渔嫂”消防宣传品牌。大力推进消防宣传教育“五进”工作，开展全县网格员消防安全培训、小微企业消防培训演练等集中培训，创新开展中小学校消防安全教育“每周一课”，深化“消防安全进军训”活动，全年累计开展各类宣传活动92次，培训社会人员、网格员、学校师生约4000人次，发放各类宣传资料5万余份。抓住春节、国庆、安全生产月、“119”消防日等重要节日节点，加大消防站开放力度，开展消防宣传主题活动。2020年，大队累计接待群众的参观学习约2000人次。同时，依托省市县主流媒体，借助微信微博、头条号、网站、App、广播、电视、户外视频等媒介资源，推送消防工作动态，普及消防常识，提升人民群众自防自救能力和全社会抗御火灾的能力。

（周胤铮）

责任编辑：王贤照

教　育

Education

综　述

【概况】 2020年，岱山教育以办好人民满意教育为宗旨，深化改革促发展，力补短板提质量，积极创建全国义务教育优质均衡发展县。岱山县教育局被浙江省教育厅认定为2020年度浙江省教育工作业绩考核优秀单位。

【学校以及学生入学情况】 全县有中小学17所，其中普通高中2所、职业高中1所、初中4所（含九年一贯制学校1所）、小学10所；幼儿园21所（含分园），其中教育部门办5所、乡镇办8所、民办8所。中小学生（含在园幼儿）14101人，其中普高1554人、职高653人、初中2609人、小学6208人、在园幼儿3077人。学前三年幼儿毛入园率134.8%；小学适龄儿童少年入学率100%，巩固率100%；初中适龄儿童少年入学率100%，巩固率100%；高中段毛入学率99.3%；三残儿童少年入学率100%。

【教育经费投入】 全县地方教育经费总投入56130万元，同比增加1602万元，增长2.9%。其中，国家财政性教育经费总收入52638万元，同比增加2084万元，增长3%，占总投入的93.8%（国家财政性教育经费包括：一般公共预算安排的教育经费52585万元，占总投入的93.7%；政府性基金预算安排的教育经费53万元，占总投入的0.1%）；事业收入1361万元，同比减少699万元，减少33.9%，占总投入的2.4%（其中学费收入1186万元，同比减少630万元，减少34.7%）；捐赠经费收入195万元，同比增加22万元，增长12.7%，占总投入的0.4%；其他教育经费1906万元，同比增加727万元，增长61.7%，占总投入的3.4%。全县幼儿园、普通小学、普通初中、普通高中、中等职业学校生均一般公共预算教育事业费全面增长，幼儿园18634.91元，同比增长18.3%；普通小学28572.28元，同比增长0.9%；普通初中36274.74元，同比增长0.1%；普通高中41249.66元，同比增长2.4%；中等职业学校36131.13元，同比增长0.5%。全县幼儿园、普通小学、普通初中、普通高中、中等职业学校生均一般公共预算公用经费全面增长，幼儿园1886.36元，同比增长6%；普通小学5397.21元，同比增长14.2%；普通初中7403.83元，同比增长18%；普通高中5492.64元，同比增长1.1%；中等职业学校12728.47元，同比增长0.5%。全县幼儿园、普通小学、普通初中、普通高中、中等职业学校生均一般公共预算教育经费全面增长，幼儿园23590元，同比增长17.2%；普通小学31707.90元，同比增长5.2%；普通初中41440.10元，同比增长1.9%；普通高中50807.90元，同比增长2.9%；中等职业学校63226.59元，同比增长5.7%。

【学校校舍建设】 全县小学占地面积147620平方米，校舍建筑面积58534.25平方米，其中普通教室 22398.73 平方米，固定资产总值 7607.52 万元。普通初中占地面积 162339.20 平方米，校舍建筑面积 53627 平方米，其中普通教室 22208 平方米，固定资产总值 12941.39 万元。普通高中占地面积 110631 平方米，校舍建筑面积 48482 平方米，其中普通教室 13645 平方米，固定资产总值 3856.70 万元。职业高中占地面积 83021 平方米，校舍建筑面积 37158 平方米，固定资产总值 17334.69 万元。

【教师师资力量】 全县教职工 1728 人，其中专任教师 1329 人。专任教师中，幼儿园 268 人，小学 518 人，初中 284 人，普通高中 196 人，职业高中 63 人。专任教师学历合格率分别是幼儿园 100%；小学 100%，其中大专及以上学历 100%；初中 100%，其中本科及以上学历 97.2%；普通高中 99.5%；职业高中 95.2%。

教育行政

【教育优质均衡发展县创建】 2020 年，县教育局全面完成全国义务教育优质均衡发展县创建攻坚工作。制定出台创建方案和迎检攻坚阶段任务清单，明确任务，落实责任。投入 1084 万元，实施义务教育学校校园品质提升工程，共涉及 14 所学校 16 个项目；对学校专用教室、生均公用面积等薄弱点，进行“一校一策”整改。完成学校和县级层面 31 个指标的台账资料准备，做好全国义务教育优质均衡发展县的省级网上申报工作。教育满意度比上年提高了 3.78 个百分点。全县义务教育优质均衡发展经验《海疆小岛抱团奔向优质发展路》，在《中国教育报》2020 年 12 月 12 日第 2 版刊登。

【政府教育履职考核】 2020 年，首次迎来省人民政府教育督导委员会对岱山县人民政府履行教育职责的考评。县教育局全面梳理 24 条指标，协调相关县属单位，牵头做好迎检工作。是年，县人民政府履行教育职责考核为优秀。

【现代化学校创建】 2020 年，县

2020 年 9 月，实施校园品质提升工程后的高亭小学　　（高亭小学　供图）

教育局以创建浙江省现代化学校为抓手，努力提升学校现代化办学水平，夯实实施教育现代化战略的重要基础。按照现代化学校督导评估细则，准确把握评估重点，紧扣学校办学思想、育人模式、队伍建设、学生发展、学校发展等关键指标，指导学校做好创建工作。实验学校、敬业小学和高亭成校参加省级现代化学校认定。

【教育督导机制改革】 2020年，县教育局在全市率先建立督导片区责任督学制度，制定实施《岱山县教育督导片区责任督学聘任与管理办法》，着力建设一支数量足够、结构合理、素质较高的专业化教育督导队伍，全面加强全县教育督导力量。首批聘任15名机关干部，担任专职责任督学，分4个片区驻校办公，对学校的办学行为和教育教学工作进行监督、检查和指导。

【“最多跑一次”改革】 2020年，县教育局深入推进教育治理数字化转型，首次实现入学入园报名无纸化，共有2461名学生通过县教育局招生报名系统，完成入学入园报名；首次实现中考优待“一件事”网上办，申请人跑零次就能实现各部门间的联审联办，共办理7件。28个事项进驻岱山县“最多跑一次”机关内部协同办事平台，共办理47件。

【家庭困难学生资助】 2020年，县教育局秉承“应助尽助、精准资助”的工作原则，切实做好家庭困难学生资助工作。学前教育阶段受助幼儿48人次，为低保家庭幼儿、福利机构监护的幼儿、革命烈士和革命伤残军人子女、“五保”供养的幼儿和残疾幼儿（简称“五类生”），共免保育费18.25万元。对义务教育阶段的家庭困难的学生继续实行营养改善计划工程，资助标准为每周免费提供5天午餐，共资助848人次、54.16万元；同时按非寄宿制小学生每年500元、初中生每年625元的标准，为家庭困难学生提供生活补助，共资助959人次、26.54万元。普通高中对家庭困难学生发放助学金，标准为每生每学年2000元，并对“五类生”实行免学费和代办费，对因受灾、重大疾病等原因造成家庭经济困难的学生免收学费，共资助221人次、54.70万元；对中等职业学校高一、高二年级家庭经济困难的学生提供国家助学金，受助学生161人次、16.10万元。

【新居民子女平等享受教育权利】 2020年，县教育局积极保障浙石化职工子女在岱山入学入园，共安排314名浙石化职工子女在高亭城区就读，其中义务教育阶段189人，学前教育阶段125人。全县义务教育阶段2975名外来务工人员随迁子女全部入读公办学校，其中50名随迁子女通过流动人口积分制，入读高亭城区小学。135名市外户籍的考生参加中考，105名符合条件的考生被普通高中学校录取；39名省外户籍的考生参加浙江省普通高校招生考试。

【残疾儿童少年平等享有受教育权利】 2020年，全县共有3～18周岁持证残疾儿童少年60人，其中，学前教育阶段3人，义务教育阶段40人，高中阶段17人，各年龄阶段特殊学生入学率均为100%。资源教室建设、送教上门等工作取得实效。东沙镇中心幼儿园、岱东小学、怀慈小学、县职业技术学校4所学校的资源教室完成基础建设，衢山镇中心幼儿园被评为舟山市示范性资源教室，大衢中学被评为舟山市送教服务工作示范点，县中心幼儿园太阳城分园被评为舟山市融合教学示范点。

【疫情防控】 2020年，为防控新冠肺炎，县教育局切实做好全县师生的信息排摸、动态跟踪，加强全域管理，并多渠道开展防疫形势宣传和科普教育。全县学校均延期开学，开展线上教育教学，开设钉钉直播课堂、“小鱼易连”互动云课堂、县有线电视专递课堂等，同时面向学生和家长推出“云德育”“云家长学校”，延迟开学期间，全县共推送精品录像课1600余节。4月中旬至5月初，全县各学段学生分批开学，所有学校实施“一校一案”，严把校园重点部位、敏感场景、关键环

2020 年 4 月，开学复课前进行教室消毒　　（岱山实验学校　供图）

节，严格落实防疫物资和设施配备，有序做好开学复课工作。建立医校联动机制，保障开学后师生健康安全。

【全省区市教育局长暑期读书会】 7 月 24 日，2020 年全省设区市教育局长暑期读书会在岱山举行。会议围绕深化初中教育教学改革、提升初中教育教学质量，开展集中学习交流。省教育厅党委书记、厅长陈根芳出席会议并讲话。会后，陈根芳考察了高亭中心小学和岱山实验学校。

【岱山县第 36 个教师节庆祝大会】 9 月 10 日，县委、县政府召开岱山县第 36 个教师节庆祝大会。县四套班子主要领导，县委教育工作领导小组组长、副组长及成员单位，县政府分管副县长，乡镇党委书记、分管负责人，县教育局班子及机关干部，各中小学、幼儿园、成人学校、广播电视大学的书记、校长，教育发展研究中心主任，责任片区督学，离退休教师代表，教师代表等参加会议。

基础教育

【普高教育】 2020 年，县教育局全面完成普通高中整合工作，东沙中学教育资源得到充实，办班规模由 12 班扩大到 16 班，大衢中学不再开办高中教育。强化普通高中分类特色发展，岱山中学与浙江师范大学省基础教育研究中心合作，研究符合学校发展需求的课程改革思路与方案；东沙中学探索多元化办学，开设日语小语种教学，新增日语学生 36 名。落实高一新教材启动与推进工作；加强高三教学的专项研究，开创讲练评一体化的高三复习课堂教学模式。做好引进甬派名师带教的先期工作。

【学考选考高考中考】 2020 年，县教育局全面实施浙江省人民政府关于进一步深化高考综合改革试点的若干意见，统筹做好常态化疫情防控下的各项考试组织工作。1 月、7 月，全县考生 2136 人次参加学考、选考 6751 科次。受疫情影响，原 6 月举行的普通高校招生考试延迟一个月，共有 558 人（含社会考生）参加，549 人被高校录取，录取率 98.4%；37 人参加中职单独招生考试，36 人被录取，录取率 97.3%。岱山中学一段上线 58 人，其中普通类 47 人，保优率为 150%，超过 2019 年的 141%；东沙中学艺术类一段上线率 73.3%，有 23 位学生被 985、211 重点高校以及八大美院录取。原 6 月中旬举行的中考推迟至 6 月下旬，857 人参加中考，全县中考平均分超过全市平均分 3.4 分，为近三年首次；后 20% 学生较全市平均低 3.9 个百分点，较去年降低 2.3 个百分点；初中毕业生升入高中段比例为 99.7%。

【义务教育】 2020 年，岱山实验学校教育集团实施竹屿校区一年级招生“户房一致”制度，取消高亭小学、高亭中心小学市外户籍毕业生直升岱山实验学校教育集团嘉和校区的政策。出台《深化岱山实验学校集团化办学体制改革的实施意见》，确定集团评估细则，推动校区协同发展。进一步推进优质教育资源跨校跨岛共建共享，新增“互联网+义务教育”结对帮扶学校7对，共有10对、15所学校（学部）参与“互联网+义务教育”结对帮扶，实现全县全覆盖，提前一年完成省厅任务。是年，结对学校共开展同步课堂245节次、线上网络研修376次。组织大衢中学创建浙江省义务教育标准化学校，推动全县学校实现义务教育标准化。

【学前教育】 2020年，县教育局出台《岱山县学前教育深化改革规范发展实施方案》，做好学前教育第三轮行动计划收官工作，加快农村幼儿园补短提升。完成县经委幼儿园机构改革工作，并更名为岱山县中心幼儿园兰亭分园；开办峰景湾小区幼儿园，注销衢山镇桂花第一幼儿园，认定峰景湾幼儿园、衢山镇三之三新城幼儿园为普惠性民办幼儿园。出台《岱山县普惠性民办幼儿园认定及管理办法（试行）》，加大对普惠性民办幼儿园扶持力度。推进学前教育招生改革，全面实行公办幼儿园招生“服务区”制度。推进幼儿园等级创建，峰景湾幼儿园通过二级幼儿园预评，县中心幼儿园兰亭分园通过三级幼儿园复评，全县等级幼儿园比例和覆盖面均达到100%，二级及以上幼儿园覆盖面为75.6%，普惠性幼儿园比例为95.2%。衢山镇中心幼儿园被确定为省第二批“安吉游戏”实践园。

【立德树人全面落实】 2020年，县教育局开展疫情期间的“开学第一课”，以及“我想对模范人物说”“致敬抗美援朝老战士”等主题教育活动和“我想成为什么样的人”等思想讨论，引导学生树立正确的价值观。组织5000多名中小学生开展“致敬先锋 学做先锋”暑期社会实践活动，发动3000多名青少年参与中小学思政“新时代，新内容”主题学习活动，组织近6000名少先队员集中开展“党的十九届五中全会精神”主题教育活动。助力全国文明城市创建，组织社会公益志愿服务186场，引导广大未成年人在实践中树立奉献精神，提升文明素质。岱山县教育局被市委、市政府评为全国文明城市创建工作先进集体。

2020年11月，岱东小学学生在学校的晴沙农场接受劳动教育

（岱东小学　供图）

【“五育”并举】 2020年，县教育局完善县、校二级竞赛和展演体系，承办岱山县第九届运动会青少年部竞赛，举行全县中小学（幼儿园）校园韵律操视频展演活动。学校体育在各级各类赛事中均获佳绩，敬业小学获评全国体育特色学校；高亭小学获浙江省青少年阳光体育运动会第八次排球比赛小学女子组第一名，并获短式网球比赛男、女乙组第三名；职业技术学校2名学生获得浙江省中学生田径锦标赛暨第十五届中学生运动会高中组田径比赛冠、亚军。在2020年浙江省中小学生艺术节中，15名学生获得各类奖项。是年，全县小学、初中、高中合计参加《国家学生体质健康标准》测试10817人，优秀率30.3%，良好率34.1%，合格率99.1%。组织全县各校开展劳动教育，职业技术学校申报省级劳动教育基地，岱东小学等5所学校被评为市级劳动教育示范校，高

2020 年 11 月，高亭初中开展虚拟机器人拓展性课程　（高亭初中　供图）

亭初中等 6 所学校被评为市级劳动教育达标校；舟山市未成年人“扣好人生第一粒扣子之劳动美”主题教育实践现场展示活动在岱东小学举行。加强儿童青少年近视防控工作，学生近视率下降至 56.7%，实现全县儿童青少年近视率下降 1 个百分点的目标。

【学校特色文化建设】 2020 年，县教育局积极开展文明校园创建，新增 3 所市级文明校园，在全市率先实现市级文明校园全覆盖，高亭小学获省级文明校园提名。开展美丽学校建设，蓬山小学、秀山小学通过市级美丽学校优秀级验评，至此，全县市级美丽学校优秀率 94.1%，达标率 100%。东沙中学和岱东小学被评为浙江省第十批绿色学校，东沙镇中心幼儿园被列为浙江省第十批生态文明教育基地。扎实推进学校德育品牌创建，开展学校德育品牌创建工作交流会，邀请浙江省德育特级教师厉佳旭进行现场点评指导，高亭中心小学《“七彩童心”德育活动的课程化实施》、长涂小学《扬军校特色 育海燕品质》被评为舟山市第二期中小学德育品牌项目。大力推进科技教育，在第 21 届全省中小学电脑制作活动虚拟机器人项目比赛中，共有 8 人获一等奖，1 人获二等奖，其中高亭初中 5 名参赛学生均获省一等奖。怀慈小学“一瓦一世界”创新实验室案例，入选 2020 年中国国际教育装备展（上海）博览会“赋能教育”专题云展教育案例。

【心理健康教育】 2020 年，为期两年的全县“未成年人心理健康教育发展朝阳花计划”培训圆满完成，学校心理健康教育队伍进一步壮大，各学校配备专兼职心理健康教育教师达到 100%，心理健康教育持 C 证率在 80% 以上。重视防疫期间以及开学复课阶段的学生心理防护工作，面向全县中小学生推送心理微课 15 节，并指导各校开好复学心育第一课；认真开展学生心理筛查，对重点对象实施精准干预，定期跟踪帮扶。

2020 年 2 月，健康教育老师沈春燕为岱山实验学校家长开展线上心理辅导课　（岱山实验学校　供图）

【教育开放与交流】 2020年，县教育局进一步加大长三角、甬舟一体化开放交流力度，多次组团赴上海、宁波等地考察，与上海奉贤区初步确定教育战略合作框架协议。做好高亭初中委托办学筹备工作，与上海世外教育集团基本达成合作共识。成功引进诺亚舟教育集团，9月开办诺亚舟峰景湾幼儿园。新增2所长三角结对学校，至年底，全县共有8所学校和长三角以及省内名校结对。县外特级教师工作室首次入驻岱山，共开设3个特级教师岱山工作室，实施教师帮带扶机制。

【校园安全】 2020年，县教育局进一步推进学生交通安全、校园消防安全、传染病防控、防溺水教育、防治欺凌教育等重点领域的专项教育宣传及整治工作。推进等级平安校园建设，大衢中学、岱中小学、东沙镇中心幼儿园被认定市AAAAA级平安校园。实施“餐饮等级”提升工程，对学校食堂实施食品卫生量化分级管理，等级幼儿园以上学校食堂量化等级率达100%，其中A级10所，B级28所，AB级占97.4%。创建4所智安校园示范点学校，完成13所学校智慧阳光厨房建设，高亭小学获浙江省健康促进学校金奖，7所学校获银奖、铜奖。投资约64万元，新建国家教育考试综合管理平台，推进考试安全。

职业教育

【校企校际合作】 2020年，县职业技术学校继续与浙江国际海运职业技术学院实行中高职一体化联合办学，打造国际邮轮、物流服务与管理等传统专业，加强化学工艺专业建设合作，108名中职学生进入浙江国际海运职业技术学院接受高职教育，其中43名为化工专业。对接舟山绿色石化基地建设，积极开拓新的校企合作项目，为浙江鼎盛石化工程有限公司、浙江捷盛石化工程有限公司新招订单培养学生52人。与常石集团、海中洲集团等合作，新招常石、海中洲订单班学生55人。深化产教融合，县职业技术学校在浙江鼎盛石化工程有限公司成立“双师型”教师培训培养基地，提高教师实践操作技能；130余名学生与县职业教育集团合作企业签订见习合同。

【中等职业技术学校教育教学建设】 2020年，县教育局完成职业技术学校实训设施建设三年行动计划，有效改善学校专业实训设施设备。职业技术学校“船舶工匠孵化基地”获省“中职教育质量提升行动计划”立项，“倪中发大师工作室”终期考核结果良好，学校正式获批省中职高水平专业建设单位（建设专业为化学工艺），并在浙江省中职学校职业技能大赛“工业分析检验”项目赛中获团体二等奖。

成人教育

【服务经济社会】 2020年，县教育局充分利用职业技术学校教育资源，大力支持企业复工复产，

2020年11月5日，长涂成校为残疾人举办电商培训　（长涂成校　供图）

切实帮助常石集团、鼎盛石化、捷盛石化、岱美公司等企业解决用工、培训等需求，开展“三服务”活动23次，完成企业职工培训约1200人次。同时，做好新时期扫盲扫尾工作，完成扫盲67人，对全部脱盲人员完成信息更改，完成全县“十三五”扫盲计划。认真开展渔农民成人高中“双证制”学历教育，完成双证制高中学历教育84人。积极克服疫情影响，组织开展各种适应岱山经济产业特点、受群众欢迎的成人教育培训，全年受训56398人次，其中职业技能培训3966人次（含考证类和非考证类），656人获职业资格证书。完成60岁以上老年教育22151人，占60岁以上老年人口的43.2%。在48家农村文化礼堂举办242场教育宣传活动，受益居民19971人，覆盖率达100%。输入终身教育学分银行成果数47309人，占常住人口的21.8%，超过省定标准。

【社区教育】 2020年，县教育局直面疫情防控实际，采用线上线下相结合的办法，积极开展老年教育、家庭教育、生活垃圾分类教育等培训，切实做好社区教育工作。是年，全县社区教育培训达79059人次，占常住人口的36.8%；成功举办2020年舟山群岛新区终身学习活动周开幕式暨岱山社区教育成果展示活动；衢山成校“渔民学堂”被评为浙江省成教品牌；衢山镇瀛洲老年学堂建成并投入使用，并通过省民生实事项目验评；岱山县先锋联盟中心被评为浙江省市民终身学习体验基地；岱东镇的“红色方言课堂”被评为浙江省社区教育进农村文化礼堂品牌项目；岱美公司刘海平被评为2020年度浙江省百姓学习之星；《东沙古镇传承传统渔文化促进当地旅游经济发展的实践》荣获浙江省社区教育优秀案例评选一等奖；中国海洋渔业博物馆被评为舟山市终身学习体验基地；“阿拉屋落门口类”社区文化培育和“红色方言课堂”被评为2020年舟山市“终身学习品牌”项目。

2020年11月4日，2020年舟山群岛新区全民终身学习活动周开幕式暨岱山县社区教育展示活动开幕式 （县教育局 供图）

【语言文字工作】 2020年，省市评估组对全县党政机关、新闻媒体、公共服务行业、乡镇等重点领域，以及高亭镇休闲街、高亭小学的语言文字规范化工作进行全面、细致的检查评估。根据浙江省语委办公室、浙江省教育厅办公室公布的《2020 年浙江省区域推进语言文字规范化县（市、区）名单》，岱山县被确定为浙江省区域推进语言文字规范化县。

师资人才建设

【全县“不忘初心、牢记使命”主题教育总结大会】 1月10日，县委召开全县“不忘初心、牢记使命”主题教育总结大会。会议深入学习贯彻习近平新时代中国特色社会主义思想，认真贯彻落实中央、省、市主题教育总结大会精神，全面总结全县主题教育，巩固拓展主题教育成果，加强不忘初心、牢记使命制度建设，奋力谱写新时代岱山发展新篇章。县四套班子领导，县人民法院院长、县人民检察院检察长，县属单位党委（党组）主要负责人，乡镇党委主要负责人，县委主题教育领导小组成员及办公室负责人，县委巡回指导组各组组长，市委第三巡回指导组全体成员等约100人参加会议。

【学校党建工作】2020年，县教育局在全县范围内推进中小学校党组织领导下的校长负责制试点工作，强化学校党组织把方向、作决策、带队伍、保落实的领导职责。进一步充实基层党组织力量，加强学校党政班子建设，选拔18名优秀党员干部担任校级领导，其中85后5人；完成基层党组织改选工作9个。制定《中共岱山县教育局委员会关于进一步规范基层党组织建设的通知》，实现系统内党组织和党建工作全覆盖，进一步加强小规模幼儿园、民办幼儿园的党建自主造血功能。认真做好新形势下党员发展工作，7名优秀教师加入党组织。

【师德师风建设】2020年，全县教育系统开展“不讲规矩、不守纪律、不担当、不作为”专项整治活动，积极营造教育系统自律务实、赶学比超的氛围。举行“担当优质均衡新使命　展现美好教育新作为”第36个教师节庆祝大会、“岱山教育感谢有你”教职工荣退仪式等。加强优秀师德典型选树，评选表彰11名模范教师和2个模范团队，多渠道宣传先进育人事迹。制定《岱山县教育局关于严禁中小学校和在职中小学教师违规补课的通知》，成立专项整治领导小组，严格查处违规补课现象。实施违法失信“黑名单”管理，加大对教职工违反文明交通行为处理力度。

【人事制度改革】2020年，县教育局开展新一轮县管校聘，加大系统外调剂力度，建立起能者“上”、庸者“下”、劣者“汰”的机制。全县1205名教师全员参与“县管校聘”工作，其中63人系统内外竞聘上岗，最终11人被分流到系统外，1人被解聘。加大义务教育学校教师校长交流力度，交流教师校长34名，占符合条件的18.4%；交流骨干教师7名，占交流人数的20.6%。完善外岛教师积分交流考核办法，5名教师根据积分从外岛交流到本岛。首次实施局机关双向选择竞争上岗，精简10余个岗位。建立局机关和学校的人事定期流动机制，2名机关干部被选拔为校级领导，5名优秀青年教师到机关科室挂职。建立教研员遴选与退出机制，3名教研员交流到基层学校任教。

【教育人才引育工程】2020年，县教育局招募银龄讲学支援教师2名，分别到东沙中学、大衢中学任教。根据高层次人才引进政策，招聘县职业技术学校化工专业人才1名。重视队伍新生力量储备，招聘新教师14名，定向培养教师8名；首批11名2016级定向委托培养教师毕业上岗。

【教师队伍建设】2020年，县教育局开展教师分类培养工作，确立今后五年分类培养目标。健全师徒结对制度，切实发挥骨干教师示范辐射作用，促进青年教师成长。通过常态化组织优秀教师和教研专家到离岛学校支教、积极打造青年教师联盟等方式，助推离岛学校教师专业素养提升。是年，教师中被评为市教坛中坚4人、被评为市教坛新秀7人、被评为市教坛新苗11人、被评为市中坚班主任5人、被评为市新秀班主任5人。评选产生县第七届A、B级骨干教师172人，县教坛新秀59人。

【教师专业培训】2020年，县教育局制定《岱山县教育局关于进一步规范学校内设机构和中层配置的规定》，进一步完善学校选人用人机制；积极开展股级干部竞聘上岗，5名教师通过竞聘担任学校负责人。加强干部教育培养，出台《岱山县教育系统基层学校干部挂职锻炼实施办法》《岱山县教育系统中小学校、下属事业单位领导干部管理办法（暂行）》等，建立局领导班子成员与年轻校级干部结对帮扶、城镇学校与离岛学校校长结对帮扶等制度，开展教育系统基层党组织党建业务专题培训、校级后备干部培训班、校（园）长管理论坛等，提升基层党建干部、后备干部和校（园）长的综合素养和业务水平。

【实施双轨制师训模式】2020年，县教育局立足疫情防控，全面实施线上线下双轨师训模式。制定下发《停课不停研，全面展开线上校本研修的指导意见》，指导各校开展线上校本研修活动，并组织开展疫情背景下校本教研案例评比、“疫情过后，我们做什么”主题活动等，完成网上研讨活动近100次，1项典型案例入选《浙江省2020年度教师培训质量评价分析报告》。是年，全县培训平台教师注册数为1611人（含民办幼儿园教师），完成教师培训总学时101090学分，教师培训人均62.75学分，教师自主选课实际参训率98.6%；自制培训项目34项，参训6166人次，项目平均得分99.34分，学评教满意率99.6%，优秀项目率100%。获浙江省中小学教师培训工作绩效考核优秀。

教育保障

【教育经费依法保障】 2020年，全县一般公共预算教育经费支出5.25亿元，占一般公共预算支出的18.6%，同比增长0.01个百分点（按2016年教育经费统计口径）。义务教育阶段中小学生均一般公共预算公用经费定额标准初中1120元/生·年，小学820元/生·年，生均一般公共预算专项公用经费250元/生·年，普通高中生均一般公共预算公用经费定额标准1300元/生·年，中等职业学校生均一般公共预算公用经费定额标准2500元/生·年。

【党风廉政建设】 2020年，县教育局制订党风廉政建设主体责任清单，明确局领导班子党风廉政建设和反腐败工作组织领导与责任分工。严格遏制违规补课，加强内部审计。强化“八个严禁”，规范全县中小学校和在职教师无偿辅导行为，严肃查处违规补课教师2名。成立教育系统审计工作领导小组以及办公室，加强对大宗物品采购、小型基建项目等审计，完成8所学校校长任期（离任）经济责任审计，涉及资金2.97亿元，并对发现的7个问题进行整改落实。高度重视信访维稳工作，全县教育系统未发生群体性信访事件。

教学设施

【基建项目】 2020年，县教育局完成固定资产投资5400万元。建筑面积2908平方米的峰景湾幼儿园装修工程完工并启用；按一级幼儿园标准设计、建筑面积5225平方米、12班规模的县中心幼儿园城西分园新建项目主体工程结顶，进入装修施工；实验学校科创楼以及北面校园改造工程、大衢中学艺体馆工程、东沙中学校建工程二期相继开工建设；双峰新城校区建设、高亭中心小学综合改造项目启动前期工作。

【教育技术装备投入】 2020年，县教育局教育技术装备经费投入1040万元，生均教育技术装备经费1002元，新建或改造各类专用教室27间，全县网络实现万兆到校。针对海岛教育短板，着力发展智慧教育，在常规信息化终端建设的基础上，投入226万元建设同步课堂教室7间；开展精准教学建设，投入90万元，衢山片区精准教学联盟新增学生移动学习终端330台，实现敬业小学五年级段和桂花小学3个年级段学生人手一个学习终端。全县中小学新增图书27707册，生均拥有藏书量66.34册。实施防近视三年行动计划，投入127.50万元，改造灯光教室227间，全县中小学课桌椅均实现可升降调节。

教学科研

【“学为中心”课堂教学改革】 2020年，县教育局围绕“学教方式变革”主题，积极做好“学为中心 深度学习”教改推进工作。举办“学在岱山·蓬莱之秋”新课堂教学研讨活动，举办特级教师工作室导师主题沙龙5个，以及相关主题研训活动，开展全县小学各学科“课堂学教方式变革”微课评比活动。制定《岱山小班化教育2.0行动计划》，举办小班化教育教学现场推进会，开展赵飞君名师网络工作室“自然小班环境下课堂学教方式变革”主题研讨。积极探索基于学科和跨学科的综合化教学，成立县STEM教师创客研究小组，开展项目学习公开课与案例展示活动等。建立《岱山县教学质量分析检测系

2020年10月27日，县教育局举办“学为中心 深度学习”特级教师工作室导师主题沙龙（县教育局 供图）

统》，将终结性评价与形成性评价有机结合，为教研员和一线教师开展教学研究、改进教学方法提供科学、客观的量化依据。是年，3个教研组被评为浙江省先进教研组，1名教师获省优质课评比一等奖，5名教师在省学科基本功大赛（技能比武）中获奖（一等奖1名、二等奖3名、三等奖1名），2名教师微课（书画作品）入选省级，2篇教学案例入选浙江省“基于技术的教与学方式变革”典型案例。

【教育科研稳步推进】 2020年，县教育局进一步完善《岱山县教育科研工作考核评估细则》，坚持以校本研究、行动研究为主，广泛开展各类群众科研活动，加大对课题研究的过程性指导力度，教育教学研究质量有新的突破。共申报各级各类课题329项，立项180项，其中省级立项7项(1项为省重点课题)；省教研课题成果获奖2项，其中赵飞君老师主持的《基于单元逆向设计的小学语文课堂学教方式变革研究》获省一等奖，为全市唯一；获省师训课题成果一等奖1项；获市教科成果奖16项；教师论文获省级以上奖项14篇。《优质·均衡：海岛县域城乡学校共同体新样态的实践研究》获市对县品牌孵化项目考核第一名。

（徐琦瑶）

责任编辑：韩信安

文化广电旅游体育

Culture Radio Television Tourism and Sports

公共文化

【群众文化机构】 至2020年末，全县有图书馆1个、文化馆1个、乡镇文化站7个以及县图书馆分馆4个、县文化馆分馆7个。其中县文化馆建筑面积4500平方米，县图书馆建筑面积7591平方米，图书馆总藏书量达355750册。县级公共文化机构均按规定配齐工作人员，各乡镇综合文化站均配有专职文化干部，有专职在编文化干部12人，编外文化员17人。是年，通过自我学习、集中培训等方式，实现县级文化单位专业人员全年参加脱产培训时间不少于15天，乡镇、村（社区）基层文化专兼职人员参加集中培训时间全年不少于5天。

【文化基础设施】 2020年，以推广全民阅读为目标，岱山县在城市社区科学规划建设3家城市书房，配备自助图书借还机等设施，并纳入公共图书馆服务体系范畴。完成县图书馆、县文化馆法人治理结构改革任务，修订发布单位章程，创建了由举办单位、服务对象和社会人士构成的理事会，重点在运行规划、长效机制等方面进行深入探索。对4家乡镇图书分馆进行提档运营，优化空间环境，完善制度建设，创造舒适阅读环境，提供优质阅读服务。100%完成图书馆服务体系建设任务。是年，全县55家渔农村文化礼堂全部按照《浙江省农村文化礼堂管理和服务》运行，整合文化礼堂宣传文化、党员教育、科学普及、普法教育、体育健身等功能，设置礼堂、讲堂、展览展示和文体活动等区域，配备1名专职管理人员，实现有设施、有网络、有内容、有队伍的文化礼堂四大标准。每年组织群众性文化活动2次以上，宣讲培训等活动6次以上，各类展览展示4次以上，礼仪活动2项以上，每月电影放映1场以上，完善乡村公共文化服务体系。

【“三服务”惠民】 2020年，县文化和广电旅游体育局开展“服务企业、服务群众、服务基层”的“三服务”文化惠民活动。8月19日晚，由县文化和广电旅游体育局主办的聚力“三服务”扬帆新时代——“爱上岱山”文艺晚会，走进鱼山绿色石化重点工程。11月18日至24日，“油走岛迹”2020岱山县美术作品展走进鱼山岛15号营地，共展出县美术家协会会员反映海岛美丽风景及美好生活的作品40幅，受到近千名建设者们的欢迎。

【文化“三下乡”】 2020年，岱山县继续推进“三团三社”“三下乡”基层文化活动，对送戏下乡进行社会化采购，县文化馆启动“基层文化配送车”，开展“幸福点单 快乐配送”文化礼堂点单式服务。全县全年开展送戏下乡演出116场，观众9400人次。县图书馆向馆外配送各类图书、期刊共15437册；新建馆外流通站19家，其中包括11家三余书屋。县影视公司农村数字电影共放映1196场，观众约120000人次。

【文化走亲】 2020年，由县文化馆创作具有海岛特色的音乐、舞蹈、戏剧等文艺精品力作，赴衢江、临安等地开展7次文化走亲活动，展示海洋文化、仙岛风情，讲好“岱山故事”，向县外游客全面展现岱山县人文自然景观，推动全县文化和旅游的高度融合。

【文旅宣传阵地建设】 2020年，“岱山旅游”微信公众号共推送信息212篇，共有粉丝34000余人。开通抖音账号，全年发布视频36则，共有粉丝12000万余人。发挥互联网等现代信息技术优势，为全县文旅工作提供宣传阵地保障。

【基层文化队伍建设】 2020年，县文化和广电旅游体育局选派业务干部和“种文化”文艺辅导员，按需、定点到各文化礼堂、学校进行广场舞、少儿美术、少儿声乐等培训，总计115课时，受益学员12300余人次。岱你“艺”+“益”公益性活动——夏季培训班、秋季培训班，总计468课时，受益学员达3300余人次。

（周钰喆）

文艺创作

【文学创作】 2020年，岱山作协编辑出版《群岛》4期，《群岛小小说》6期。编选出版《岱山地理》《群岛十年诗选》《盐时光—岱山盐文化叙录》。着力塑造群岛文学品牌品牌，举办第十届“岱山杯”全国海洋文学大赛颁奖典礼；《江南诗》2020年第3期集中发表舟山群岛诗群小辑。抓好文学创作、队伍建设与阵地建设。会员百余件作品发表在省级及以上报刊，一作品入选浙江文化艺术发展基金年度资助项目。在岱西镇双合村、县绿海制盐公司、岱山新华书店沿港路门市部设立文学采风基地、创作驿站，文学阵地建设得到拓展。岱山作家网、群岛文学论坛、公众号等，成为传播、交流与分享舟山海洋文学的重要平台。加强文学研讨和交流，与舟山市文艺评论家协会、《海中洲》编辑部联合举办、举行群岛文学新生代研讨会、岱山本地作家小说评论（加工）会等。组织2020“文学与地域”联盟会议，邀请省内部分县区作协负责人到岱山，共议“一县（区）一品”文学品牌打造。

（李国平）

【戏剧音乐舞蹈】 2020年，县文联组织广大文艺工作者共创作抗疫歌曲5首：《战士》《从没有如此》《没有硝烟的战场》《最美逆行者》《送去阳光温暖》，其中《战士》《从没有如此》《最美逆行者》在“浙江省新闻网”上发布，阅读点击量超20.70万；《从没有如此》歌词在“浙江省音乐家”“浙江省文化馆”微信公众号上发布；《最美逆行者》《从没有如此》入选市文联《艺刊》。共创作戏剧小品5件：广播剧《想妈的孩子》，小品《疫路同行》《新生》《爱在身边》《你不能走》，三句半《众志成城》，其中，广播剧《想妈的孩子》在“浙江新闻网”上发布。是年，共创作文艺作品8件，其中小品《父亲的快递》获舟山市创作二等奖、表演一等奖；三人舞《一口锅》获市创作一等奖、表演一等奖；群舞《海岸线》获市创作二等奖、表演三等奖；男声独唱《老房子》获市创作二等奖、表演二等奖；男女声表演唱《渔民老爸玩直播》获市创作二等奖、表演三等奖。小品《父亲的快递》获浙江省第三十一届戏剧小品邀请赛金奖；男女声表演唱《渔民老爸玩直播》获2020浙江省音乐新作大赛入围奖。

【美术书法】 2020年，戎建军水彩作品《向阳而生》入选中国美协2020第三届全国小幅水彩展。贝栋作品《岛风如期3》在浙江省文旅厅举办的“诗画浙江”浙江省群星美术写生汇报展获提名奖；黄继波、金含露、王峥、傅群波作品入选2020大成之境——浙江省油画作品展，其中金含露作品《古镇新貌》获学术提名奖；李小红、杨淞杰、贝栋、金含露、傅群波、王国卫、王峥、黄继波、戎建军入选小康“风从海上来”——2020全面决胜小康舟山美术作品展。俞世祥渔民画作品《舟山大钓》入选2020首届中国洞头渔民画大展。马优夫的篆书、王国卫的草书入展浙江省书协基层会员书法篆刻大展。傅海峰的行草书、於博仕的小楷入展浙江省公职人员书法篆刻大展。於博仕的小楷入展浙江省农民书法篆刻大展。赖其波的篆刻获舟山市首届书法新人新作展优秀奖，林敏峰的草书获舟山市首届书法新人新作展优秀提名奖。

（沈凤峰）

【影视】 2020年，岱山县影视艺术工作者协会组织会员参加由舟山市委宣传部、市文联等发起的“庆祝建党100周年青年大学生影视文化季”活动，协会共选送《红色展馆系列》《答案》《传承大鱼山精神》等6部短视频、电视专题片，有3部入围，其中《金维映陈列馆》《答案》分获优秀作品奖和鼓励奖。会员创作的系列短视频《馆长说收藏》、广播剧《听爷爷讲过去的故事》分获浙江省县市新闻奖二、三等奖；县融媒体中心选送的《看！东海小岛上的“鱼山速度”》入选省“寻红色印记·看美好‘窗口’”融媒体作品征集100件优秀作品，《舟山党员——俞丹燕》《舟山党员——陈志鸿》分获市委宣传部“一枚党徽”创意短视频三等奖和优胜奖；会员单位——国网岱山县供电公司创作的电视专题片《海上电灯人》获第九届全国品牌故事大赛三等奖，《零》和《光明颂歌》同获第十五届中电传媒全国电力行业影视作品大赛二等奖；会员创作的《这岛·这年·这味》获省公安机关警营“家”文化短视频大赛优秀作品奖，《四件宝》《反诈灵魂八问——水手》《为民》《护航》《使命》分获全市公安机关“三微”大赛微电影类最佳编辑奖、微视频类最佳创意奖、最佳编辑奖和优秀短视频奖；会员创作的岱山县“双减”短视频入选省级推荐清单；拍摄创作“一枚党徽”“海岛形象宣传”“创城在行动”“感恩海洋MV”等400多部微视频、短视频，其中“烟花”台风期间相关原创短视频浏览量突破200万。创作反映岱山建设新成就和人民群众新生活的优秀新闻作品，有8篇作品分获2020年度舟山市广播电视新闻奖一、二、三等奖。以会员单位——县融媒体中心为主的新媒体，全年共直播谢洋大典、防台抗台、公益助农等14场，有29万人次收看，其中“烟花”台风期间公益直播助农售出各种水果4万余斤，价值20余万元。

（夏伟君）

【摄影】 2020年1月，县摄影家协会在文化广场举办新春专题摄影展，共展出35个专题、500余幅作品。相继开展青年摄影作品交流会、“走进秀山”“走进衢山岛”季度摄影比赛、全县工业题材摄影创作活动。是月，“岱山县摄影家协会微”信公众号开通，全年共发布信息13条。9月，由浙江省摄影家协会和中共岱山县委宣传部联合举办的2020“黄鱼故乡　瀛洲仙山”全省摄影大赛在衢山开赛。11月，“影像舟山”摄影艺术展（岱山展区）在新城赛丽广场展出，33位会员的100余幅作品参加展出。

（徐云明）

图　书

【公共文化服务】 2020年，县图书馆秉承“业务一张网，服务一朵花”的宗旨，以本馆为中心，依托乡镇分馆、城市书房、三余书屋、图书流通站，深入推进公共文化服务。挂牌成立长涂分馆，实现岛上读者就地自助借还办证服务；充分发挥文化礼堂公共文化服务的作用，是年，27家农村文化礼堂纳入图书馆管理体系（全县农村文化礼堂87家）；在岱山新天地二楼大厅安装瀑布流借阅一体机，让市民利用碎片化时间阅读学习；开启人脸识别借阅服务，是舟山市首家实现“人脸识别借书”功能的图书馆；开通“电子网证”借阅服务，推进贴心公共图书馆建设；推广“线上线下信阅借阅活动”，推出“预约借书活动”“场馆预约活动”，助力“最多跑一次”。

【基础服务优化】 2020年，县图书馆有效借书证数18330个，比上年增加2946个，增长19%。全年新增藏量18404册，总藏量355750册，书刊文献外借册次201608册次。新增电子图书5万册，总电子图书藏量53584册，其他渠道免费共享电子图书80万册。数据库27个，其中共享市馆数据库25个，自建数据库2个。全年微信公众号发布206条，线上服务54539人次，门户网站访问量67144人次，移动图书馆访问量83.42万人次。

【“市民身边的图书馆”打造】截至2020年底，全县有县图书馆分馆4家、城市书房3家、图书流通站108家，进一步完善15分钟阅读服务圈，打造“市民身边的图书馆”。全年流通工作领域为30多家单位赠送图书18000余册。在民宿、酒店、景区等公共场所，新建“三余书屋”11家，其中在浙岱渔10001休闲渔船上挂牌成立岱山首家“海上三余书屋”，实现公共文化服务由陆地向海洋延伸。通过“购买服务”，提升改造竹屿港城市书房。加强特色馆藏建设，“绿色石化数据库”等数字图书馆建设初具成效。

【服务品牌建设】2020年，县图书馆开设“少儿绘本课堂”“少儿英语绘本课堂”，为孩子们学习交流提供公益平台。举办“仙岛岱山朗读团”、线上“最美声音赞美最美的您”诗歌朗诵活动，献礼抗疫逆行英雄。推进诚信社会建设，在“仙岛夜市”开展“书香信阅服务”，信阅借书800余本。7月至10月，每周六、日晚举办“仲夏阅之梦”，阅读推广活动24场。全年共组织“仙岛岱山朗读会”等各类阅读推广活动155场。

文博

【文物保护】2020年，岱山县加强和规范文物修缮保护工作，完成秀山厉家四房民居的文物修缮工程，并设立秀山方言馆、海洋生物科普馆、乡贤馆等，加强文物的保护与利用。金维映故居、毛主席语录牌、东岳宫、中共东海工委旧址、超果寺、王家恒旧居、定海县保警二中队第四分队驻地原址等7处不可移动文物列入首批全省革命文物。秀山厉家四房民居、小长涂王氏民居、中共岱山县东沙旧址分别列入第九批市级文保单位。是年，全县推进不可移动文物活化利用，县级文保点兰秀博物馆列入首批岱山县级根雕制作非遗体验基地。全年检查文物保护单位171家次。开展双随机检查3次，组织执法检查人员123人次。至年底，全县共有各级文物保护单位27处，其中全国重点文物保护单位1处、省级文物保护单位3处、市级文物保护单位8处、县（区）级文物保护单位15处。

【文物利用】2020年，县海洋文化博物馆结合各博物馆的文化资源，推出“掌上博览”系列小故事。以岱山灯塔为元素，完成加湿器、小夜灯等9件灯塔系列文创产品的开发。并设计推出灯塔双景纸雕灯摆件、岱山灯塔海洋罗盘万年历，推动灯塔文化传播。

【队伍建设】2020年，县海洋文化博物馆组织文物工作人员参加省、市文物管理培训。12月7日，岱山县召开文化遗产保护培训会，全县各乡镇文化分管领导，各乡镇文化站、旅游办负责人，业余文保员，各文保单位负责人等40余人参会。开展讲解员讲解技能业务培训，举办“同讲普通话·携手进小康”暨“2020讲好岱山故事”优秀案例讲解比赛活动，推动博物馆讲解服务系统化、规范化、专业化发展。组织博物馆讲解员参加由中国文物报社主办的2020年博物馆讲解员线上培训班，进一步提升业务水平。选送3人参加舟山市线上讲解活动，1人获专业组一等奖，2人获二等奖。其中2人代表舟山市参加浙江省博物馆举办的2020讲好“浙江故事——全省博物馆优秀奖讲解案例推荐活动”，并获得优异成绩。

【研学教育活动】2020年，县海洋文化博物馆将“寻味之旅”作为博物馆主打研学品牌，结合岱山特有资源，推出“寻味之旅——可盐可田”特色贡盐研学路线，通过现代制盐、古法制盐以及各类互动体验项目，使参观者了解盐文化和制盐方法。充分发挥阵地作用，设立“渔耕岱韵”海洋文化实践基地，开展“鱼骨塑画”“国庆小灯笼制作”“小小讲解员”“渔绳结”“纸艺岱山”“渔家技艺”等6场“海博小课堂”

主题研学游活动，共接待学校、旅游、研学等各类团队人员5万余人次。

（俞增增）

电　影

【农村数字电影放映】2020年，在岱山县数字电影放映工程的全覆盖的基础上，县影视演艺公司充分利用农村文化大礼堂以及其他文化阵地，继续使老百姓看上“好电影”。全年7支农村数字电影放映队共放映电影1196场，观众约92880人次。

【电影惠民活动】2020年，县影视演艺公司在文旅夜市开展流动电影放映134场，观影15600人次。全年放映廉政电影490场，放映新中国成立70周年爱国主义教育95场。为鱼山大桥工程建设者放映30场，观影人数约3000人。

【院线运行情况】2020年，县影视演艺公司继续实施惠民购票政策，2D电影票价为10元，3D电影票价为20元。全年共计放映影片152场次，观影827人；放映收入22420元，惠民补贴11000元。

（陈彦伊）

广播电视

【广播电视安全播出】2020年，县文化和广电旅游体育局抓好广播电视安全播出和安全生产工作，部署落实全国两会、省两会、元旦、春节、“五一”“十一”等广电安全播出保障工作。开展安全生产月期间的安全生产检查以及教育培训，提高职工安全生产防护意识。9月，组织开展1次较大规模的广播电视安全播出应急演练，市局、市监测中心以及各县区局、台、网技术负责人参与观摩。完成中心机房UPS电源、配电柜保护开关等的更新改造，提高机房电源安全保障能力。在重要保障期以及台风等自然灾害前夕，开展安全大检查大排查，主要是机房消防、电源系统、供电线路安全、电器设备等重点部位、设备的安全防范和保障，做好线路巡查加固、安全隐患消除工作。

【广电惠民工程建设】2020年，县文化和广电旅游体育局继续实施广电低保工程。对新列入低保的60户普通用户转为广电低保用户，实行收视费减免政策。同时免收全县近1700户低保户的有线电视收视费；为全县渔农民数字电视整转用户免费配置基本交互机顶盒，全年共为893户用户免费配置机顶盒，减免资金31.70万元，减轻渔农民数字电视整转负担。做好全县80多个行政村农村应急广播系统的建设维护工作，对部分社区村缺失的设备进行补充完善，使7个停播的村应急广播重新恢复播出。为鱼山浙石化基地安装应急FM广播系统1套，安装高音喇叭50余个，实现鱼山石化工人居住区域全覆盖。扶持宾馆复工复产，推出对全县各类宾馆减免疫情期间2个月的有线电视收视费。为支持全县学生听课不停学，配合县教育局免费开设6套有线电视频道，开展空中课堂教育学活动。全力服务政府重点工程项目建设，切实做好526国道线路建设、老城区立面改造、美丽乡村打造等重点建设工程的线路预埋、迁移等工程。提升便民服务质量，及时做好用户安装、迁移以及用户故障抢修工作，全年故障维修排除5000多次。多渠道开通缴费服务，方便用户业务办理。

【广电网络升级改造工程】2020年，县文化和广电旅游体育局继续实施有线网络升级改造工程，完成FTTH(光纤到户)约2500户：完成衢山镇涨网套沙龙村、岛斗镇区高岭岗、小街弄、北街弄、幸福村、小岙等区域2000户用户网络的FTTH网改工程。启动实施城区闸口社区旧网FTTH的改造工程，网改用户约1300余户。

【广电增值业务市场拓展】2020年，县文化和广电旅游体育局抓好互动点播、宽带以及增值套餐业务，提升广电业务产品竞争力和吸引力，同时加大市场营销力度。1月至12月，争取推出大众用户（居民用户），宽带32条，互动点播接口2000个，融合套餐139个，付费频道新增59个，续费68个。积极参与监控、道闸、人像感知（人脸抓拍）等项目建设，全年共承接监控等各类集客项目30余个，安装监控摄像头500余个，各项工程协议资金超300万元。做好宾馆等集客用户维系，集客部完成蓝天宾馆、雪晶宾馆2家宾馆的宽带电视接入业务，其中蓝天宾馆接口74个，雪晶宾馆接口38个。跟进做好开元大酒店、蓬莱阁大酒店的营销服务工作，确保2家宾馆有线业务存续接入。

（郑　波）

群众体育

【职工体育】 7月1日至3日，县排球协会女子队在参加浙江省第三届女子体育节气排球比赛中，获青年女子组团体总分二等奖（银牌）、中年组女子团体总分三等奖（铜牌）。7月6日至8日，岱山县选派12名“东海渔嫂”参加浙江省第三届女子体育节趣味乌篷船比赛，获团体二等奖。9月19日至20日，全县选派8名选手代表，参加浙江省首届生态运动会风筝赛，其中王海港获软体造型第一名；李亚红获串类最长类第二名、室内盘旋类风筝优秀表演奖；汪国忠获硬翅类第三名。10月，岱山农商银行足球俱乐部在舟山市第六届渔农村足球赛（硬式沙滩足球）获第二名。

【县第九届运动会】 10月22日，岱山县第九届运动会在岱山职业技术学校田径场开幕。此届运动会共有98个代表团、110个单位、8000余名运动员参与，运动项目设30个大项、118个小项。整个运动会历时3个月。

【体育下乡】 8月至11月，县文化和广电旅游体育局组织人员定期到鱼山，开展以体育赛事活动、体育培训指导和体育设施器材为内容的“体育三下乡”活动。同鱼山绿色石化基地管委会联合举行“浙江火电·鱼山杯”职工篮球赛，共有来自鱼山各项目参建单位的15支代表队、近200名篮球爱好者参加。同时选派县羽毛球协会资深教练范建波、徐辉等人员，进行社会体育指导羽毛球项目的培训。

【全民健身活动】 2020年，县文化和广电旅游体育局在高亭、岱东、东沙、衢山、秀山等地，组织开展“三下乡”为民服务活动；借助协会力量，开办寒暑假公益培训班，设羽毛球、乒乓球、象棋等项目。开展体育进渔农村文化礼堂活动，共计授课11场，项目涉及养生、排舞、木兰拳等，共有来自全县各乡镇健身爱好者1000多名学员参加。

【体育民生工程】 2020年，县文化和广电旅游体育局建设完成衢山镇万南村社区、长涂镇港南村社区、岱西镇海丰村社区共3个社区多功能运动场，岱西镇、秀山乡共2个笼式足球场以及县体育发展中心游泳池、衢山镇游泳馆的改造提升工程。新建长涂镇长西村与衢山镇万南村共2家百姓健身房。

【体育教学】 2020年，全县初中、小学大课间活动实施率100%，确保学生每天1小时的体育活动时间。2020年，全县学校按要求实施开展《国家学生体质健康标准》测试和上报工作。全县小学、初中、高中合计参加测试人数10817人，优秀率30.3%，优良率64.4%，合格率99.1%。因疫情影响，优秀率和合格率低于2019年的31.6%和99.3%。

【设施建设】 2020年，为加快全县体育设施建设，先后在高亭镇枫树村、衢山镇太平村、岱西镇海丰村等地，建设健身活动小广场，推进“健康岱山”建设。是年，分别在县文化广场、衢山镇万南村、高亭镇锦绣华府小区、高亭镇竹屿社区、岱东镇龙头村、岱西镇前岸村等地安装健身路径17条，配建移动式篮球架5.5副、室外乒乓球台2副、室内乒乓球台3副、室内台球桌1副。

【体育产业管理】 2020年，岱山县以做好辖区实体店防疫和安全工作为重点，加强基础性规范建设，根据2019年的销售实际情况，结合省市中心线上线下各类促销活动，有针对性地对实体店开展帮扶和提升工作，进一步提升辖区整体销量。至年末，全县共有体彩实体店33家，其中中石化易捷便利连锁店3家，高亭城区11家，乡镇和海岛19家。全年岱山体彩总销量为5044万元，其中高频玩法销量为2859万元，竞彩销量为568万元，即开销量为419万元。

（刘 艺）

产业发展

【省级全域旅游示范县创建】 2020年，县文化和广电旅游体育局通过比选，被确定浙江省全域旅游示范县创建服务单位，制定相应工作计划；对标《浙江省全域旅游示范县（市、区）评分细则》，查找短板和得失分项；查找创建验收软硬件所需佐证材料，召开全县全域旅游工作任务分解及业务培训会，全面动员各部门明确工作任务，落实工作职责。高质量拍摄全域视频、制作台账、撰写汇报材料等，顺利完成专家暗访和视频汇报等重点工作，是年12月，通过浙江省第三批全域旅游示范县（市、区）验收。

【海岛公园建设】 5月，县文化和广电旅游体育局启动《岱山海岛公园建设规划》编制工作。制定《岱山海岛公园建设三年行动计划》，围绕海岛公园的总体定位和发展愿景，按照市级评审意见，完成《岱山海岛公园建设规划》修改稿。规划建设秀山岛文化旅游主题岛，秀山乡通过完善交通体系建设、推进美丽乡村建设、完善旅游配套设施、推进数字海岛建设等方面工作，着力打造“泥岛花乡”文化旅游主题岛。指导衢山镇凉峙村和东岙村高品质民宿群落建设项目推进。凉峙村为创建高品质民宿群落，实施建设沿港路海塘美化、美丽村口打造、岛侧山景观打造、村内绿化提升、铁索桥改造等工程。东岙村对沙龙区域实施建设，完成民宿村墙体立面改造一期工程、入口美化、休闲公园、AAA公厕及停车场等工程。是年，东岙村成功创评AAA级景区村庄。

【文旅产业融合】 2020年，县文化和广电旅游体育局依托秀山岛滑泥主题公园，滑泥运动成功申报为2020年浙江省运动休闲旅游优秀项目。长涂倭井潭获得省级工业游示范基地称号。是年，围绕长涂岛特色资源优势，开发军事研学旅游等活动。

【数字文旅建设】 2020年，县文化和广电旅游体育局建立文旅监控平台。完成秀山岛、东沙古镇、鹿栏晴沙、观音山等主要景区及图书馆、博物馆、体育馆等文体场所的视频监控系统建设，实现对主要出入口、停车场及人流密集点等重要区域的整体监控覆盖。开发“岱你玩”微信小程序。项目通过招投标，由中船（浙江）海洋科技有限公司建设实施，6月启动开发，9月10日上线运营，吸引近300户商家首批签约入驻，囊括景区门票、酒店民宿、旅游线路、美食特产等近250个旅游产品，实现产品预订、行程定制、场馆预约等“一机游”服务功能。同时，依托小程序平台，开展1000万张景区优惠券发放、新天地开业福利发放等活动。推出岱山旅游“一卡通”，12月6日首发，在2020海岛公园秀山岛徒步大会活动中，应用“岱你玩”小程序，开展参赛人员签到、比赛奖品抽取等活动。

【文创产销体系构建】 2020年，县文化和广电旅游体育局编制《岱山旅游文创总体策划及文创产品设计》，已完成总体策划方案送审稿。制定岱山全域旅游文旅商品合作方案，搭建岱山文创设计、产销平台。创新产品设计开发。已完成“岱走岱山”和“仙岛鲜味”主题笔记本、马克杯和“仙岛岱山”明信片、咔嗞茶礼盒、渔民画丝巾、帆布袋平安旗汽车挂件、风筝书签、“仙岛鲜味”封胶带、灯塔主题拼图等设计生产，完成瑜伽垫、防晒服、沙滩拖鞋、手机防水袋等产品打样。岱山本土文创产品亮相市长直播带货、“我在海边等你”推介会、金山文旅推介会、省旅交会、义乌博览会、百姓文化节、朗读会等活动，促进岱山本土文创产品提质升级。东沙香干、倭井潭硬糕入围“2020年舟山特色产品伴手礼”，东海阿金嫂下饭宝入驻杭州大厦高端生活超市及盒马

2020年8月15日，举办“我在海边等你”岱山文旅推介会　　（县文化和广电旅游体育局　供图）

鲜生超市，并成功入选首届浙江特色伴手礼产品，入围浙江省特色旅游商品大赛商品。积极组织文旅商品企业参加义乌文旅博览会、上海国际文化产业等博览会。在第15届中国义乌文化和旅游产品交易博览会上，岱山“绿眉毛（舟山鸟船船模）”和“沙瓶画”获工艺美术铜奖，东海阿金嫂（浙江舟山市）商贸有限公司荣获优秀参展企业奖。

【数据统计与项目申报】 2020年，县文化和广电旅游体育局加强旅游基础数据统计，对接各相关乡镇、工商部门、旅游企业，做好旅游产业增加值所需相关数据的采集工作；完成小长假日数据统计与分析，及时做好数据的测算、收集、报送工作。加强项目报送管理与统计，按时完成全县旅游项目库、海岬小镇培育等项目报表的及时更新和报送。

【“百县千碗·仙岛鲜味”品牌建设】 2020年，成立县“百县千碗·仙岛鲜味”工程推进指导小组。认定岱山开元大酒店有限公司、岱山县衢山镇雅理卉大酒店有限公司为美食体验（示范）店，挖掘地方美食，征集美食故事，设计制作仙岛鲜味装饰画、胶带、餐垫等周边产品推广，打响“百县千碗·仙岛鲜味”IP品牌。岱山开元大酒店有限公司被浙江省旅游饭店星级评定委员会评定为银树叶级绿色旅游饭店。

【海岛民宿品牌建设】 2020年，县文化和广电旅游体育局对民宿业主、导游从业人员进行素质提升、业务技能等培训达140余人次。岱山县素海民宿被评为2020年浙江省白金级民宿，是2020年舟山市唯一一家白金级民宿；夏至民宿、潇禾别院被评为2020年浙江省银宿级民宿；素色名宿、锦上云宿·海上花开、潇禾别院、夏至民宿被评为舟山市2020年度“岛居舟山”最美民宿。至年末，全县共有民宿205家，其中省白金宿级民宿1家，省金宿级民宿2家，银宿级民宿9家，市级最美民宿15家，县级精品民宿25家；全县民宿共有房间1356间、床位2439张。

（於飞燕）

文化市场

【行政执法体制改革】 4月28日，中共岱山县委机构编制委员会办公室发文，明确县文化市场综合行政执法队在县文化和广电旅游体育局挂牌，以县文化和广电旅游体育局的名义统一行使行政处罚权以及与之相关的行政检查、行政强制权等职责，整合原县文化市场行政执法大队和县旅游质量监督管理所，统一行使文化、文物、出版、广播电视、电影、旅游、体育领域的行政执法职责，并承担“扫黄打非”有关工作任务。内设综合科、执法科2个业务科室，参公编制7人，在编5人，县文化市场综合行政执法队队长由县文化和广电旅游体育局局长兼任，设专职副队长1人（副科级）；股级职数3人。

【疫情防控】 自1月23日起，岱山县在全市范围内率先关停县内所有网吧、娱乐场所、景区、文化场馆，对全县规模以上宾馆酒店、民宿、休闲渔业实行严格的疫情防控措施；暂停旅行社经营活动。对关停的44家公共文化经营单位，严查偷开暗开，坚决做到发现1起，查处1起。对全县3家星级宾馆、14家规模酒店开启地毯式检查模式，确保宾馆酒店防控措施到位。从3月20日起，对全县网吧、KTV、舞厅等文化经营单位，恢复营业，分类明确复工四大要求，实行“一对一”验收制度，并签订疫情防控诚信承诺书，坚决做到通过一家，开业一家。同时抓好文化旅游市场常态化防控，对于防控不到位的场所，先实行驻点指导，后实行“场所停业+主要负责人培训考试”的模式。

【安全监督检查】 2020年，县文化和广电旅游体育局积极开展以规模以上酒店等公共场所控烟、危化品整治、安全生产大排查等为主要内容的专项行动，重点检查场所安全制度落实、消防设施设备配备使用、危化品储存管理等情况。全年开展定期检查和不定期的监督抽查，共检查规模以上酒店等400余家次，未发现安全隐患，确保市场安全有序。

【助力全国县级文明城市创建】 4月，县文化和广电旅游体育局召集全县12家网吧，23家娱乐场所，26家旅行社、分社和营业部，召开文化旅游市场全国县级文明城市创建部署会，对创建全国县级文明城市所涉及的考察内容、考察标准及时间安排作详细说明，要求各场所从营造氛围、文明行为、公共设施、管理规范等方面着手做好相关工作。统一为全县网吧和旅行社制作规章制度、社会主义核心价值观、“讲文明、树新风”等公益广告400块；为17家规模以上酒店制作社会主义核心价值观标牌、行业规范标牌、垃圾分类、“光盘行动”“公筷公勺”等标牌1800余个，监督酒店不主动提供一次性消费用品、门前四包等，对于不合规的酒店，及时通知负责人整改。倡导全县KTV、网吧等场所通过电子屏循环滚动宣传标语。成立由文化、公安、卫健、市监、消防、烟草等部门组成的文化市场专项整治小组，开展每周2次的联合执法行动。

【文化旅游市场秩序规范】 2020年，县文化和广电旅游体育局开展文化旅游市场“春风行动”、暑期整治、旅游市场集中检查、非法地卫设施专项整治等行动，严查网吧接纳未成年人、未按实名登记、擅自关停“清网卫士”、娱乐场所接纳未成年人、曲库含有禁止内容的曲目、超时经营、不合理低价游宣传、未经委派私揽旅游业务、租用无营运资质车辆等，共查处1起擅自从事互联网上网服务经营活动，3起歌舞娱乐场所播放的曲目含有《娱乐场所管理条例》禁止内容，2起歌舞娱乐场所在规定的禁止营业时间内营业，2起歌舞娱乐场所接纳未成年人，1起擅自从事娱乐场所经营活动，1起未按规定配备救护人员，1起个人擅自安装和使用卫星地面接收设施，1起没有建立承印验证制度、承印登记制度、印刷品保管制度、印刷品交付制度、印刷活动残次品销毁制度等案，收缴非法地卫设施68套，切实规范市场秩序。

【“扫黑除恶”攻坚战】 重点行业领域专项整治是2020年扫黑除恶专项斗争的“重头戏”，也是巩固3年斗争成果的“攻坚战”。6月至10月，县文化和广电旅游体育局开展全县文化旅游市场行业乱象整治专项行动。制定工作方案，明确任务清单，通过日常检查、错时检查、突击检查、“双随机”抽查，以及部门协作联合检查等形式，结合信息化监管形式，加强对文化旅游市场涉黑涉恶线索的排摸，做到全覆盖、无死角。重点整治网吧、歌舞娱乐场所、校园周边环境、旅游市场等行业领域，推动扫黑除恶专项斗争取得全面胜利。

【执法案卷质量提升】 2020年，县文化和广电旅游体育局共办理行政处罚案件12件，涉及文化、体育、广播电视、新闻出版四种类型，罚款人民币6.90万元，没收违法所得6322.70元，没收非法财物1件，停业整顿1家，取缔1家。10月29日，（岱）文广旅体罚字〔2019〕第10号案件被市司法局评为2020年度全市优秀行政执法案卷，被县建设法治政府（依法行政）工作领导小组办公室评为全县优秀行政执法案卷。12月15日，（岱）文广旅体罚字〔2019〕第08号案卷被省体育局评为2020年度全省体育系统优秀行政执法案卷。

【“最多跑一次”改革】 2020年，县文化和广电旅游体育局全面深化“最多跑一次”改革，共梳理“最多跑一次”事项125项；许可类事项79项、其他类事项39项、行政确认类事项6项、行政给付类事项1项，其中网上办事项实现率、掌上办事项实现率和跑零次事项实现率均达到100%，行政许可事项即办件比例为94.9%，承诺期限压缩比例为99.2%，均完成县跑改办要求的各项指标任务。同时，积极探索“最多跑零次”，推出“上门指导”“上门送件”等便民措施，全年共上门送件十余次；对审批过程中缺少非主要材料的事项，实行容缺受理。全年共办结25件行政许可项目（其中设立7件，延续13件，注销3件，体育事项1件，文物修缮1件），备案8件，实现办结率100%。

（任　喆　张　陆　魏佳超）

景区建设

【景区管理和旅游收入】 2020年，县制订出台《岱山县A级旅游景区管理制度（试行）》《旅游景区“报平安”制度》，实施景区旅游景区大整改行动，加强常态化疫情防控，结合创城重点，梳理景区游客服务中心、标识系统、旅游安全、环境卫生、基础设施、旅游厕所等方面八大类95条问题清单，开展全县旅游景区大整改行动，形成全县多部门联动、全力参与、密切配合的工作格局。推进景区数字化建设，是年，收费景区均安装门禁系统，实现景区售验票系统智能化，游客可在“岱你玩”旅游小程序上自主购票，实现网上预约制，采取预约、限流、错峰等疫情防控措施，有效维护管理景区秩序。全年累计接待旅游人次800.56万人次，比上年增加7.3%；累计旅游总收入114.59亿元，比上年增加7.3%。

【秀山岛景区】 2020年，景区与岱山萤火虫户外拓展有限公司签订合作协议，开展运营合作。对照国家AAA级旅游景区要求、全国文明县城创建标准，完善滑泥主体公园景点的基础设施，更新三礁旅游区标识标牌，打造花渔坊集市区，亮化四季花海灯光等。推进秀山海岛公园建设，打造生态旅游休闲带。推进秀山智慧景区建设，依托数字海岛工程建设，打造平安信息指挥室，在全乡范围内布控624个监控点位。

【东沙古渔镇景区】 2020年，东沙古镇通过国家AAAA级旅游景区资源评估，为国家AAAA级旅游景区创建打下基础。投资450余万元，完成占地5400平米的桐盘湾斜坡花海以及可食花园项目；完成古镇美食街11间店面房的修葺与打造；新增景区监控24座，做到景区监控全覆盖；建设东沙东渡路西侧生态彩色停车场和公共厕所，新增车位203个；完成古镇进门口、美食街、解放路三条核心街道的灯光工程，完善景区标识标牌。

【鹿栏晴沙景区】 2020年，投资约200万元，巩固提升鹿栏晴沙景区，新增标准式沙滩足球场2个，建成运营300平方米的水上闯关游乐园，提升景区母婴室和游客服务中心，规范景区内旅游业态和旅游项目运营，优化升级安全管理体系，全面规范标识标牌。

【观音山景区】 2020 年，投资约 300 万元，完成景区游客服务中心装修、景区停车场建设、景区标识标牌系统打造、景区登山步道及护栏建设、景区分类垃圾桶安装、监控及 Wi-Fi 覆盖等工程建设。

【双合石壁与磨心山景区】 4 月，双合石壁景区和磨心山景区由岱山县蓬莱交投集团接管。是年，景区开展创城工作，投入 16 万余元，制作公益广告、建立母婴室，配备 AED 急救设备等。

【景区城镇创建以及 A 级景区村庄创建】 2020 年，岱山县成功创建浙江省 AAA 级景区城，东沙镇、秀山乡创建为浙江省 AAA 级景区镇。衢山镇东岙村、秀山乡秀东村、岱西镇火箭村创建为浙江省 AAA 级景区村庄。衢山镇涨网套村、秀山乡秀南村创建为浙江省 AA 级景区村庄。衢山镇田涂村、衢山镇乍浦门村、衢山镇石子门村、衢山镇高涂村、衢山镇龙潭村、衢山镇三弄村、衢山镇打水村、衢山镇塘岙村、衢山镇皇坟村、东沙镇桥头村、岱西镇海丰村、岱西镇前岸村、岱东镇北峰村、岱东镇虎斗村、高亭镇黄官泥岙村、高亭镇闸口二村、高亭镇南浦村、高亭镇大峧村、高亭镇枫树村创建为浙江省 A 级景区村庄。

【A 级旅游厕所创建】 2020 年，衢山镇东岙村公共厕所创建为国家 AAA 级旅游厕所，成为全县第 2 个 AAA 旅游厕所。岱西镇双合村公共厕所、衢山客运站公共厕所、竹屿客运站公共厕所创建为国家 AA 级旅游厕所。观音山景区旅游公厕创建为国家 A 级旅游厕所。

（邬佩志）

非物质文化遗产

【非物质文化遗产保护】 2020 年，全县已形成四级名录保护体系，新增毛伟平水罐定位瘀痹通络疗法舟山市级非物质文化遗产名录 1 项。截至 2020 年底，有国家级非物质文化遗产名录 2 项，省级 11 项，市级 33 项，县级 70 项。2 月，县非遗工作者与省级代表性传承人共同创作岱山布袋木偶戏抗疫作品《战“疫”阿啦好打赢》，并参加由浙江省非遗保护中心主办的安吉杯疫情防控主题非遗优秀作品评选活动，获入围奖。3 月，开通“岱山非遗”微信公众号，全年发布推文 36 期。4 月，岱山县与中国传统手艺原创视频平台合作拍摄东沙香干、长涂倭井潭硬糕及岱山渔网编织、渔绳结项目，并由“谷雨”微信公众号宣传推广。5 月，引导香干、硬糕、阿金嫂海鲜下饭宝参加舟游列岛直播活动，做好渔民画、船模、渔绳等非遗工作室疫情期间小微企业的纾困工作。10 月，启动文化基因解码工作，制定全县文化基因解码工作方案，成立工作专班、专家咨询组，梳理全县近百项文化元素、16 项重点文化元素的解码，跨年度开展解码工作，有序推进优秀文化的创造性转化、创新性发展。

【非物质文化遗产传承活动】 2020 年 6 月，开展文化遗产日活动，组织长涂打莲湘参加全市文化和自然遗产日活动。推出 2020 文化和自然遗产日文化遗产保护成果云展览 2 期。开展非遗“三进”活动，先后组织布袋木偶戏进岱山实验学校、秀山小学、北峰社区、沙洋社区、田涂社区等地演出，组织渔绳结进景区、进城市书房等。坚持“走出去，请进来”，深化山海协作工程，开展非遗走亲活动。7 月，举办全市非遗“三进 • 四季行”（岱山夏季行活动），邀请金华、丽水、杭州等地节目参演。是年，岱山县打造“仙岛夜精彩”周末文旅夜市，其中仙岛印记非遗舞台除本土节目外，还邀请杭州、绍兴、宁波等非遗戏剧曲艺节目驻场演出 22 场次。9 月，与上海金山文旅局共同主办“2020 金山海渔文化节”。10 月，岱山三宝、船模、渔民画等非遗项目走进 2020 全国非遗曲艺周之第七届宁波“阿拉非遗汇”。

【非物质文化遗产传承基地建设】2020年，县文化和广电旅游体育局发挥各类文化场所在非遗传播中的重要作用，投入30余万元，建立东沙非遗传习所，提升东沙木偶戏馆。实施非遗店铺常态化开放，开展东沙景区、鹿栏晴沙景区渔民号子、祭海等海洋非遗常态化展示展演活动百余场次。开展首批非遗体验基地的创建工作，其中东沙渔文化体验基地、长涂倭井潭硬糕制作体验基地入选首批舟山市非物质文化遗产体验基地，长涂倭井潭社区打莲湘体验基地、岱东上船跳盐文化体验基地、兰秀博物馆根雕体验基地入选首批县级非物质文化遗产体验基地。

【非物质文化遗产传承队伍建设】2020年，全县已建立各级代表性传承人队伍、各非遗项目展示队伍。徐明辉、赵鼎善、童信福、毛伟平4名传承人入选第四批舟山市级代表性传承人。至年末，全县有县级以上代表性传承人22人，其中省级传承人5人，市级传承人12人。单个非遗项目的展示队伍22支。开展传承人的服务、宣传、培训工作，全年发放各级传承人补助经费7万余元。做好名师带徒工作，培养王承尧、郑芝萍、金君德3名木偶戏传承人，组织柴亚娣、韩萍飞“唱新闻”传承人参加浙江省文化馆组织的曲艺培训班。

（邬佩志）

宣传营销

【长三角客源市场拓展】7月28日，县文化和广电旅游体育局首次尝试“旅游+民俗文化+体育赛事”模式，举办仙岛岱山文旅推介展示活动。8月14日，“我在海边等你”仙岛岱山文旅推介展示在岱东渔人码头举行。精准对接杭州著名旅游目的地市场，及早谋划亚运会市场。9月19日，举行仙岛岱山——2020岱山（金山）文旅专题推介会。10月9日至11日，仙岛岱山2020岱山（宁波）文旅推介暨非遗特色展示亮相宁波天一广场。11月12日至14日，仙岛岱山2020岱山文旅推介走进浙江音乐学院、衢江区、临安区。

【以文促旅活动】2020年，在百姓文化节启动仪式、仙岛夜精彩·岱山文旅夜市、文化和自然遗产日、文化走亲、旅游推介会、秀山徒步大会等活动现场，县文化和广电旅游体育局依托文化展演开展，全县旅游宣传，通过文艺表演、发放岱山文创纪念品、新版宣传册等方式，为岱山旅游集聚人气。9月23日至25日，参加诗画浙江文旅周暨2020浙江（北京）旅游交易会。11月7日至10日，参加“中国义乌文化和旅游产品交易博览会”。11月17日至20日，组织参加舟山文旅（西安郑州）推介会。

【宣传营销体系完善】2020年起，在开往上海，杭州，宁波的交通旅游大巴上添置印有岱山文旅信息的椅背套，开展点对点直线式宣传。3月27日，杭州—宁波高铁广告上线。4月5日，“岱你游”活动的首站——秀山健康

2020年7月17日，岱山百姓文化节启动仪式举行

（县文化和广电旅游体育局　供图）

游率先开启。5月4日，“岱你游”活动第三站——岱山二日游正式启动。5月6日，下发《岱山县疗休养团队奖励政策》补充通知。5月20日，石马岙社区评上“省级文明示范村”。5月23日，“舟游列岛·GOU，GOU，GOU，”舟山群岛直播卖货专场，吸引超320万网友观看，当场成交1652单，成交额28.35万元。5月29日，推出“岱山有仙气双零好空气”《舟山·岱山疗休养五日游指南》。6月5日，向社会征集文旅夜市方案。7月17日，“仙岛夜精彩”岱山文旅夜市暨2020百姓文化节启动。7月28日，首次尝试“旅游+民俗文化+体育赛事”模式，举办仙岛岱山文旅推介展示活动。8月11日，寄送20份明信片，发往希腊友好城市。8月14日，“我在海边等你”仙岛岱山文旅推介展示会在岱东渔人码头举行。精准对接杭州著名旅游目的地市场，及早谋划亚运会市场。10月5日至9日，文化真人秀《阅读课》剧组在岱山鹿栏晴沙、石里民宿、东沙古镇等景区、民宿，取景拍摄。

【旅游惠民工程】 2020年，县文化和广电旅游体育局参与舟山惠民季，针对舟山—宁波—松原—达州四城市民，颁布相关政策：舟山人只要带着身份证就能半价甚至免费旅游。4月3日，岱山60万文旅消费券发放启动，支持帮扶文旅企业共渡难关。9月10日，“岱你玩”小程序上线，“爱上岱山”——1000万景区消费券发放活动启动。12月10日，“爱上岱山”第二波景区消费券发放。12月6日，开展“一起走秀　泥岛花乡”2020海岛公园秀山岛徒步大会。

（周钰喆）

节庆赛事

【百姓春晚】 1月20日晚，2020“百姓春晚”在县体育馆上演，晚会主题为“向幸福出发”，舟山广播、舟山电视、无线舟山App、《舟山广电新周报》对晚会进行宣传转播。第一篇章“家·年味浓浓”，岱山的百姓春晚追忆仙岛年味，把中华文明之美、仙岛鲜味之魅、吉祥幸福之味，搬入岱山百姓春晚的舞台。第二篇章“佳•硕果累累”，讴歌过去的一年，岱山人民干在实处，走在前列，众志成城“不忘初心　牢记使命”，取得硕果累累的佳绩，踏歌起舞庆丰收。第三篇章“加•信心满满”，百姓春晚为新区走进新时代、打造“湾区明珠·自贸港城”的改革梦，为新区新气象创全国文明城市助力。

【百姓文化节】 7月17日，以“文明在我心·文化伴我行”为主题的2020百姓文化节在县体育馆举办。启动仪式上，安排舞蹈、歌曲、朗诵、乐器等节目，配套开设“岱山印象”“仙岛印记”“仲夏阅之梦”“深夜放映厅”“运动+”“岱心阁”等项目。

【海洋文化节暨休渔谢洋大典】 6月16日上午，2020年舟山群岛·中国海洋文化节暨休渔谢洋大典，在县鹿栏晴沙海坛举行，整个休渔谢洋大典由祭海谢洋和歌舞谢洋两大块内容组成。祭祀

2020年1月5日，“金鼠闹春”2020书画作品展举办

（县文化和广电旅游体育局　供图）

与舞美皆有不同程度的创新，320位参祭手持高香跨过四方石桥汇聚海坛，以更为庄严的入场仪式表达渔民真诚的祈福心愿。舞美方面以中国古时最崇高三进礼序还原龙宫盛世造景，三境（进）三请，层层递进，威严庄重，彰显龙文化礼制，呈现一场龙宫盛会，打造沉浸式视觉体验。

【金鼠闹春——2020书画作品展】 1月5日至20日，由县文化和广电旅游体育局主办、赛丽美术馆承办的“金鼠闹春”2020书画作品展开幕。县文化和广电旅游体育局局长李仲仪，赛丽正宏集团董事长、浙江赛丽美术馆创办人夏赛丽女士，原中国美术学院版画系教授李以泰，哈尔滨工程大学教授白一，浙江甲骨文学会副秘书长盛郁龙，中国书法家协会会员贾广雅等应邀参加。此次书画作品展共展出来自全国30余位著名书画大师和名家精心创作的约60幅书画精品。开展期间，书画家们现场提笔写福、写对联，无偿赠予岱山人民。

【文旅夜市品牌建设】 2020年，县文化和广电旅游体育局着力打造集文化、旅游、休闲为一体的“仙岛夜精彩”文旅夜市品牌，丰富产品供给。自7月17日起，“仙岛夜精彩·岱山文旅夜市”于7月至10月每周五、周六晚在县体育馆上演，持续开设“岱山印象”“仙岛印记”“仲夏阅之梦”“深夜放映厅”“运动+”“岱心阁”等项目，每个周末给市民及游客带来不一样的文化体验。

【中国·岱山岛国际风筝节】 11月7日，2020年中国·岱山岛国际风筝节开幕式在鹿栏晴沙景区举行，此次赛事共有35支来自全国各地的风筝代表队以及23支国外网络风筝代表队，共计200余人参赛。岱山队获团体总分第三，其中赵丁尚获软体造型类（挂件）第一名，李亚红获龙串类第二名，罗岱国获软翅串类第三名，裴静获现代风筝大放飞表演赛最佳放飞表演奖。

2020年7月17日，“仙岛夜精彩·岱山文旅夜市”在县体育馆上演

（县文化和广电旅游体育局　供图）

【秀山岛徒步大会】 12月6日，2020海岛花园秀山岛徒步大会暨长三角万人徒步大会联赛（岱山站）在秀山岛举行，此次徒步大会分为5公里半程组和10公里全程组两个组别，共有3000余名运动员参赛。

【气排球精英赛】 7月18日，中国体育彩票2020年中国·岱山岛气排球精英赛开幕式在县体育馆举行，共有来自全省各地61支队伍、近500名运动员参赛。

【沙滩高尔夫球赛】 8月29日至30日，“东方蜜月城堡杯”2020中国岱山岛沙滩高尔夫球挑战赛暨岱山县产业项目招商会在鹿栏晴沙景区举行，此次赛事共有来自上海、杭州等地的17支代表队、160余名高尔夫球手参加。

（邬佩志　周钰喆　林　颖）

责任编辑：赵悠燕

卫生和健康

Hygiene and Health

综　述

【医疗卫生基础设施建设】 2020年，全县卫生健康系统结合实际，大力推进县域医共体建设，全面强化公共卫生安全保障，着力改善计划生育管理服务，顺利完成各项任务。全县共有医疗卫生机构117家，其中县级医疗卫生机构6家，基层医疗卫生机构54家，其他各类医疗机构59家。基层医疗卫生机构中有乡镇卫生院7家，社区卫生服务站4家，村卫生室43家。全县卫生技术人员1246人，其中执业（助理）医师600人，注册护士504人，每千人执业（助理）医师3.45人，每千人注册护士2.90人。3家县级医院核定床位447张，乡镇卫生院均未设置住院床位，全县每千人床位2.57张。

【全县人口信息情况】 全县全年总诊疗175万人次。年末，全县户籍总人口173773人；已婚育龄妇女24542人，综合节育率77.9%；出生上报674人，死亡上报1531人，全县出生率、人口自然增长率分别为3.85‰和-44.89‰，计划生育率99.7%，一孩率71.5%、二孩及多孩率28.5%；全员人口信息覆盖率为100%。

疫情防控

【医疗救治网络健全】 2020年，全县建立以定点医院岱山县第一人民医院为龙头、各医疗机构发热门诊（诊室）为网底，县急救中心为纽带的医疗救治网络。岱山医疗健康集团内2个院区规范设置发热门诊，7家分院建成规范化发热诊室。核酸检测能力持续提升，岱山医疗健康集团内有96孔核酸检测设备以及13孔核酸快速检测仪各2套；各成员单位均具备新冠抗体检测能力。隔离病区功能更加完善，按30张救治床位设置，设4间负压病房和1间负压手术。救治支撑保障能力持续增强，配置负压救护车2台，完成车辆洗消中心建设，配足配齐急救、抢救、重症救治、监护、检测等仪器设备。

【县级医疗救治专家组组建】 2020年，全县组建由感染、ICU、呼吸、放射、检验、院感、护理、中医专业等21名专家组成的医疗救治专家组，专家组24小时值班，科学指导全县新冠肺炎医疗救治工作。梳理全县医疗救治力量，尤其是感染科、呼吸科、ICU、急诊科等重点岗位的医护力量，先后派遣罗静静、夏金松、冯叶柳等多名医护人员驰援湖北。

【医防融合的闭环管理模式建立】 2020年，全县下发《关于做好全县医疗机构新型冠状病毒感染肺炎疫情防控期间疾病诊疗工作的通知》等文件，落实医疗机构职责，规范医疗机构流程，规范发热门诊管理，加强院感防控，建立两员两监督机制，对所有医院工作人员进行核酸检测。对发热门诊、住院患者和陪护人员做到应检尽检。加强医院核酸检测能力，紧急启建岱山县第一人民医院 PCR 实验室项目。通过闭环管理，医疗防控有序对接，抓紧落实各项防控措施。

【复工复产复学期间的防疫指导】2020 年，全县成立岱山县企业开复工疫情防控工作检查指导组，严格落实“一企一策”制度，指导复工企业 955 家次，164 家规模以上企业指导覆盖率 100%。派出 35 名健康指导员入驻学校开展健康指导，助力学校复学复课。

【核酸检测和疫苗接种】2020 年，县疾控中心定期开展疫情风险研判，开展可疑病例及中高风险地区返岱人员流行病学调查、新冠病毒核酸采样检测和新冠病毒疫苗紧急接种等工作。全县共开展核酸检测 69150 次，未发现本土确诊病例和疑似病例。疫苗紧急接种 5300 余人次。

【入境船员的疫情防控】2020 年，按照市政府统一部署，全县派员加入海关疫情处置及转运专班，建立省、市、县三级联防联控的海关工作体制，加强入境船员疫情防控，守好“国门、省门、市门、县门第一关”。全年以人道救援方式，接收新冠核酸检测阳性外籍船员 21 人在县定点医院医学观察，均已全部出院。

医疗事业

【县域医疗卫生能力提升】2020 年，县卫生健康局进一步推进集团按独立法人事业单位进行法人登记；全面落实党委领导下的院长负责制，推进党委书记、院长分设工作，建立基层党组织参与重要事项决策制度和书记、院长定期沟通制度。推动优质医疗资源精准下沉，实行医共体内临床科室垂直化管理，形成“大科室”运行模式。通过委培与引进持续补充卫生人才，委托大专院校培养医学生 28 名；毕业委培医学类毕业生 20 名，已全部分配至集团各成员单位；引进急需卫生人才 12 名。深化“双下沉、两提升”柔性引进人才，与上海金山医院、上海仁济医院、舟山医院等三甲医院建立医联体。上海金山医院为全县危化中毒病人救治提供绿色通道，上海仁济医院每周有 3～5 名专家利用双休日来岱服务，舟山医院派出 1 名专家常驻衢山院区，另外舟山医院和市中医院各有 1 名专家到岱山定期坐诊。

【县域医疗基础设施建设】2020 年，县卫生健康局加强基层医疗机构硬件建设。先后完成高亭、秀山、长涂 3 家分院新建。7 家分院全部达到“省级规范化乡镇卫生院”和“浙江省乙等乡镇卫生院”标准，全部配备 DR 设备（数字化 X 机），业务用房标准化率达 100%。建成长涂镇东剑、港南 2 个离岛健康小屋。完成 5 个村卫生室标准化、规范化建设，村卫生室标准化、规范化率达 60%。做实做深家庭医生签约服务工作。推进集团院区骨干专科医生定期到各分院全－专科门诊出诊，融入家庭医生签约团队，提高重点人群签约率，切实加强对家庭医生签约服务的组织领导和统筹协调。建立医共体县乡两级疾病诊疗目录，依托信息化建设，不断完善和加强双向转诊服务工作。

【县域医疗提升工程建设】2020 年，县卫生健康局着力提升县域医疗卫生服务能力。投资 1500 万元，启动岱山医疗智慧信息平台建设。投资 400 万元，建成岱山医疗健康集团口腔中心，于 2020 年 11 月建成并投入使用。强化中医特色专科建设，投入资金 350 万元，对中医院区业务用房分步进行装修改造，建成针灸推拿治疗中心、治未病科和中医护理治疗中心，做大做强病区中医护理方案和中医特色治疗，开展中医康复服务。

医教科研

【继续医学教育全面覆盖】2020 年，县卫生健康局加大医务人员学历教育和在职培养力度，选派骨干医生到上级医院进修，广泛开展全科医生和社区护士岗位培训，基层医疗机构全科医生、社区护士培训率均超过95%，继续医学教育单位达标率100%。全年共有62人次报名参加执业（助理）医师资格考试；263人次初级卫生技术人员参加远程医学继续教育培训；实验室生物安全培训13人、社区护士岗位培训3人、乡村医生注册培训80人。

【住院医师规范化培训】 2020年，县卫生健康局进一步推广新模式住院医师规范化培训，加强住院医师规范化培训基地建设。全县23人报名参加新模式住院医师规范化培训并被录取，其中本科11人、助理全科12人。全年通过全科助理规范化培训结业考核5人，住院医师规范化培训4人。

医政管理

【“最多跑一次”改革】 2020年，县级医院优化“一站式”综合服务。按要求设置门诊综合服务中心，提供医事服务“多能岗”一站式服务，包括检查预约、投诉受理、双向转诊上转处理等。住院部设置一站式入院准备中心，提供出院病区服务，不出病区为患者提供床边结算、自助结算以及发票打印等出院手续办理服务。县第一人民医院已完成医院门诊“智慧药房”建设，做到门诊取药“随到随取”。开启电子发票应用，提高医疗票据使用便捷度。医疗费用智慧结算已有门诊自助结算、诊间结算，病房床边结算、病区结算等多种方式。至年末，住院智慧结算率在60%以上，门诊智慧结算率在70%以上。实现“智能停车”，系统自动显示剩余车位和停车费用。

【网络医院深化工程建设】 2020年，县卫生健康局优化互联网医疗工作。在年初2家分院试点基础上，7月，医共体成员单位全面开展“互联网+共享药房”建设；8月，全面建成。8家单位共投入31万元（系统接口费15万元、共享药房平台费用16万元）。全年网络医院大型设备预约778单，完成全年指标的155.6%。共享药房286单，完成全年指标的62.7%。互联网+护理和病理远程会诊工作稳步开展。

【强化医疗质量监管】 2020年，县卫生健康局继续强化全县13个医疗质控中心职能。8月，对全县医疗设备、口腔医疗等12个医疗质量控制中心组成人员进行调整；并根据浙江省中医药管理和质量控制要求，成立岱山县中医药管理质控中心，开展相关医疗质控的自查及整改。11月，全县新成立临床用血质控中心。建立完善医院运行机制和医务人员激励机制，提升医院的整体管理水平。抓DRGs评价，积极对接医保部门，明确医院等级认定标准，做好DRGs差异系数的设置前期准备工作，提升医院精细化管理水平。

卫生执法

【双随机监督执法】 2020年，县卫生健康局开展辖区内公共场所、生活饮用水、医疗机构、传染病防治等双随机执法工作。全年双随机任务数235家，其中国家任务数125家，监督完成113家，监测74家，暂停营业完结的12家，查处案件47件；省级任务数110家，监督完成108家，监测78家，完结2家，查处案件52件。

【公共场所卫生执法】 2020年，县卫生健康局开展快捷连锁酒店专项检查、民宿专项执法、旅游旺季以及节假日节前保障、“放心游”游泳场所水质互联网公示、住宿场所清洗消毒风险治理等各专项工作。全年监督900余户次，监测200余户次，抽查各类公共用品用具3606件，合格3305件，合格率91.7%；抽查空气、水质等非产品样品51份，合格47份，合格率92.2%。实施行政处罚310件，罚款8万余元，分别为监测不合格102件，无健康证3件，无证营业4件，未清洗消毒保洁184件，其他17件。

【生活饮用水执法】 2020年，县卫生健康局对集中式供水单位每季度1次监督，二次供水单位每半年1次监督。开展社区生活饮用水卫生检测示范项目，集中式供水单位量化分级管理工作，饮用水卫生水质本年度监督60户次，对集中式供水单位监测采样47份，合格44份，合格率93.6%，其中源水6份，均合格；出厂水7份，合格6份，合格率85.7%；管网水34份，合格32份，合格94.1%。对二次供水监测，采样6份，合格5份，合格率83.3%。对现制现售饮用水监测采样23份，结果均合格。实施行政处罚4件。在线监测，开展现制现售饮用水单位监督监测等各项工作。

【学校卫生执法】 2020年，县卫生健康局出动卫生监督员70余人次，在春秋季开学初、中高考期间，对全县17家中小学校传染病与常见病防控以及教学与生活环境、饮用水卫生等方面进行监督监测。根据监督监测情况，实施行政处罚3家。

【医疗卫生执法】 2020年，县卫生健康局开展打击非法医疗美容专项、医疗机构自查自律专项、医疗机构消毒隔离监测专项行动，重点对30余家医疗机构开展专项检查工作，全年度有证医疗机构查处案件7件。查处取缔无证行医窝点6起，实施行政处罚6起，共计罚款253600元，没收违法所得2763元。

【传染病防治】 2020年，县卫生健康局完成对分类监督综合评价工作，开展医疗机构传染病防治执法专项检查。对医疗机构消毒效果监测109份，合格96份，合格率88.1%，诊疗场所物体表面共55份，合格54份，合格率98%；医务人员、卫生员共受检54份，合格率为77.8%；对监测不合格的8家单位进行行政处罚。

2020年10月，卫生监督员对学校教学环境进行监督检测

（县卫生健康局　供图）

【医疗废物监督】 2020年，县卫生健康局开展医疗废物智能监管建设，8家医疗机构实现医废智慧监管；稳步推进口腔诊疗机构多元化监管在线监测工作，对12家口腔诊疗机构的灭菌效果进行在线监测；开展抗（抑）菌制剂专项整治工作，检查消毒产品生产企业1家，疾病预防控制机构1家，妇幼保健机构1家，医疗机构25家，检查产品15个，检查结果良好。做好餐饮具集中消毒服务单位质量安全提升工作，每季度进行监督监测，共采样4批次、40套，合格率100%。做好辖区内消毒产品卫生安全评价报告网上备案服务工作。开展医废专项检查，对7家医废储存收集不规范的医疗机构进行行政处罚。

【职业卫生监督】 2020年，县卫生健康局开展尘毒专项治理、汽修行业职业病危害专项治理等工作，对73家以粉尘、噪声、油漆等职业危害因素为主的用人单位，进行职业卫生监督，共有60余家企业进行职业病危害项目申报。在监督检查过程中发现的职业卫生管理档案不齐全、未落实职业健康监护工作等违反《中华人民共和国职业防治法》相关规定的行为，出具卫生监督意见书40余份，立案查处37起。加强职业健康体检机构监管，从体检范围、制度建设、操作流程、档案管理、网络报告等方面进行监

2020年9月，卫生监督员对企业进行职业卫生监督（县卫生健康局 供图）

督指导，开展现场检查及每季1次报告单质控工作。是年，全县有290余家企业开展职业健康检查，收到《职业健康检查报告书》642份，共计检查12385人次，检出职业禁忌证470人，疑似职业病1例。

【规范行政处罚】 2020年，全年立案查处406件，分别为公共场所310件，医疗（打非）类13件，传染病防控类15件，放射卫生1件，职业卫生37件，生活饮用水4件，学校卫生3件，控烟执法23件，合计罚没款金额51.54万余元。其中简易程序265件、较大数额罚款6件。在具体办理处罚案件时，均使用说理式文书，并实行行政处罚一卷一评一登记制度，有效保证案卷质量，未发生一起被依法撤销、纠正案件，未发生行政复议以及行政诉讼案件。

【规范投诉举报】 2020年，全年共受理投诉举报案件13起，其中非法行医5起，公共场所8起，共查处13起，查处率100%，办结率100%。经两次以上现场调查，对情况属实的投诉举报，进行处理，立案处罚7起。

渔农村卫生

【基层医疗卫生服务体系完善】 2020年，县卫生健康局持续推进村卫生室标准化建设引领提升工程，完成高亭镇石马岙（4星）、东沙镇司基（5星）、衢山镇万北（联合）（4星）、岱东镇沙洋（4星）、岱西镇青黑（3星）5家村卫生室规范化建设，规范化率达到60%。深入开展“优质服务基层行”工作，高亭镇、东沙镇、衢山镇、长涂镇4家中心卫生院达到基本标准。完成村级基层医疗机构统一更名，社区卫生服务站4家，村卫生室42家。

【基层医疗卫生服务能力提升】 2020年，县卫生健康局加大全科医生培训力度，选派4名全科医生参加为期3个月的全市首席全科医生培训；深入实施“基层卫生人才能力提升项目”，选派4名基层医疗骨干到医共体牵头医院开展新冠肺炎等重大疫情的防控应对能力培训；选派2名医生参加全省残疾人康复服务知识培训班；组织全县14名基层医疗卫生机构相关负责人参加全省基层卫生管理人员培训班。

【家庭医生签约服务】 2020年，全县扩大家庭医生签约覆盖面，提升服务内涵。通过拓展老年人、慢性病人员等重点人群的精准签约和功能签约服务，进一步扩大家庭医生签约服务覆盖面，至年末，家庭医生签约服务覆盖率为40.1%，十类重点人群签约率为75.8%，其中65岁以上老年人签约服务率为61.8%、高血压签约服务率为84.4%、糖尿病签约服务率为87.1%。符合救助政策的残疾人、低保及低保边缘老年人、计划生育特殊家庭等特殊人群签约服务覆盖率为100%。新增东沙镇中心卫生院为签约服务示范点。

【基本公共卫生服务项目】 2020

年，县卫生健康局探索建立县局对医疗健康集团、集团对各分院的基本公共卫生服务项目绩效考核制度，明确医疗健康集团对分院开展一年4次的项目绩效考核，年度考核需涵盖辖区所有分院和所有项目，结果与绩效工资挂钩；县局联合县财政每年2次进行实地抽查复核。是年，全县基本公共卫生服务项目工作全市排名第2。

【母婴健康促进工程】2020年，全县7岁以下儿童保健覆盖率99.6%，3岁以下儿童系管率97.2%，孕产妇保健覆盖率达100%，孕产妇系统管理率93.5%。加强妊娠风险评估，县级高危筛查率100%，连续26年保持孕产妇零死亡。加强与公安、民政、乡镇等部门之间的沟通联系；充分发挥公共卫生管理员和社区责任医生作用，完善信息搜集与报告；继续实施流动孕产妇免费建卡系管制度，5月，出台《鱼山地区流动孕产妇管理办法》。抓好《母子健康手册》的推广使用工作，母子健康手册App服务对象覆盖率在90%以上。

【民生实事项目提前完成】2020年，省民生实事项目工作要求全县新建1家托育机构、20个托位。3月，摸底完成县内0～3岁托育服务的机构数；5月，组织县委编办、县教育局、县市监局、县民政局等单位研讨全县托育机构备案以及相关工作，研讨备案基本流程。8月，全县新开岱山县峰景湾诺亚舟幼儿园，设置1个托班、20个托位，提前完成省级民生实事项目任务。

疾病预防控制

【传染病疫情管理】2020年，全县共报告法定传染病951例，报告发病率443.14/10万，较上年下降43.1%。其中报告乙类传染病8种320例，报告发病率149.11/10万，较上年下降22.7%，丙类传染病4种631例，发病率294.03/10万，较上年下降49.9%。全县12家传染病诊疗机构网络正常运行率100%，及时报告率100%，及时审核率100%，有效证件号完整率100%，综合率100%。

【疾病监测项目】2020年，全县纳入省、市疾病监测项目的有13个，其中国家级疾病监测项目4个，省级疾病监测项目8个，市级疾病监测项目1个，分别是全国死因监测报告、肿瘤随访登记、心脑疾病报告、居民健康素养监测和省级农村生活饮用水水质监测、农村环境卫生监测、疑似食源性异常病例/异常疾病监测、食源性疾病主动监测、布鲁氏病监测、发热伴血小板减少综合症、碘缺乏病监测、疟疾媒介监测以及市级细菌性痢疾监测等项目。

【结核病防治】2020年，全县共报告新登记活动性肺结核病人37例，查痰37例，查痰率100%；检出涂阳病人16例，菌阴15例，结核性胸膜炎6例。37例活动肺结核病人全部进入系统管理。对非网络直报的疑似病人进行追踪，对确诊的传染性肺结核及时进行收治，登记后的肺结核病人详细录入治疗期间信息，并对转归后的病人及时进行结案。

【艾滋病防治】2020年，全县累计报告居住地址为全县的HIV/AIDS患者74例，其中存活64例，死亡10例（2例为2021年死亡）。现存活病例中，HIV感染者37例，AIDS患者27例，管理60例，4例拒绝管理。是年，全县新增本地报告HIV / AIDS患者7例（外地病例5例，本地病例2例），较上年同期减少4例，新增外地报入1例，按居住地址算共计新增3例（死亡1例）。新增加管理HIV / AIDS患者2例，为本县报告，感染途径均为性传播，其中1例为同性传播。抗病毒治疗60人、治疗率为93.8%，病毒抑制率为96.4%（53/55）。积极开展重点人群艾滋病监测，对外来民工人员、外来婚嫁女、被监管人员、外出务工返乡人员等重点人群和性病门诊病人进行监测，共开展各类检测39042人次（11例为阳性，确诊7例），其中重点人群检测3902人次，完成全年任务数的213%（3902/1690）。积极开展高危行为干预工作，提高自身预防知识，减少高危行为的发生，全县主要娱乐场所均自觉放置艾滋病宣传资料和安全套。累计干预公共场所性服务者1256人次，发放宣传资料1520份，发放安全套1500只；男男人群300人次，性病患者631人次。多途径开展艾滋病防治知识宣传，利用“世界艾滋病日”开展艾滋病防治宣传活动，走进工厂、社区和学校，健康讲座，发放宣传卡、册、画，看望生活困难的艾滋病患者4名。

【新型布尼亚病毒感染病例防控】 2020年，全县共报告新布尼亚病毒感染确诊病例6例，1例死亡病例，发病率3.00/10万。与上年同期相比，发病率人数上升3人。是年，发病呈散发状态，近年来发病人数一直保持在较低水平，防控取得初步成效。

【霍乱防治监测】 2020年，全县肠道门诊腹泻病人监测登记495人次，采样检验325人份，采样率65.7%，全部标本经细菌学培养均为阴性；外环境水源、食物（以小海水产品为主）、粪便等监测作霍乱弧菌培养，共采集各类样品260份，经检验结果均为阴性。是年，全县无霍乱病例报告。

【免疫规划】 2020年，全县免疫规划疫苗22剂次，单苗接种率均在98%以上。各苗接种情况为：卡介苗累积应种550人，实种548人，接种率99.6%；脊灰疫苗累积应种3092人次，实种3070人次，接种率99.3%；百白破疫苗累积应种2947人，实种2926人，接种率99.3%；麻疹疫苗累积应种1677人，实种1666人，接种率99.3%；乙肝疫苗累积应种1970人，实种1964人，接种率99.7%，乙肝首针及时率99.4%；甲肝疫苗应种881人，实种871人，接种率98.9%；乙脑疫苗累积应种1652人，实种1636人，接种率99%；流脑疫苗累积应种3506人，实种3480人，接种率99.3%；白破疫苗累积应种1057人，实种1045人，接种率98.9%。

【流动儿童免疫规划管理】 2020年，全县分别于3、6、9、12月，开展流动儿童摸底调查4次，掌握流动儿童的来源及分布。发现流动儿童后，检查其疫苗基础免疫完成情况并做好记录。未完成全程接种的、通知其到就近乡镇卫生院进行补种，并给予建卡、建证，加强日常流动儿童的预防接种工作。通过社区、行政村、公安流动人口登记站等途径，开展流动儿童免疫预防知识宣传。对入托入学流动儿童实施入托、入学查验预防接种证的制度，对无预防接种证以及未按规定接种的儿童进行补证和补种。全县纳入免疫规划管理的0～7岁流动儿童共3775人，其中外省户籍3256人、本省外县户籍519人，分布于全县各乡镇。

【慢性病死因监测以及慢性病管理】 2020年，全县报告户籍居民死亡1587例，报告年死亡率9.1‰。报告新发糖尿病403例，年发病率230.18/10万；报告冠心病急性事件90例，年发病率51.40/10万；报告新发脑卒中547例，年发病率312.43/10万；报告新发恶性肿瘤1076例，年发病率614.58/10万。全县累计发现高血压、糖尿病患者分别为28078人和7236人，发现率分别为15.9%和4.1%；高血压、糖尿病患者规范管理率分别为70.6%和70.8%；血压、血糖控制率分别为66%和64.6%。

【肿瘤登记管理】 2020年，岱山县报告新发肿瘤病例1076例，报告年发病率614.58/10万，其中男性634.19/10万，女性595.47/10万；死亡肿瘤病例605例，报告年死亡率345.56/10万，其中男性468.70/10万，女性2225.56/10万。恶性肿瘤发病前10位分别为肺癌、胃癌、甲状腺癌、乳腺癌、肝癌、结肠／直肠癌、前列腺癌、宫颈癌、胰腺癌、子宫体癌。发病年龄最低1岁，最高94岁。从55岁开始，发病率迅速上升，发病率在570.56/10万以上，75岁组发病率最高，达1491.81/10万。恶性肿瘤死因前10位分别为肺癌、肝癌、胃癌、肠癌、胰腺癌、乳腺癌、宫颈癌、前列腺癌、食道癌、鼻咽癌。

【食品安全风险监测】2020年，全县完成食品中化学污染物和有害因素监测共171批次，其中蔬菜水果中农药残留量项目检测50批次；烤肉、腊肉、腌菜、香肠、熟肉制品中亚硝酸盐项目检测20批次；即食海蜇中含铝食品添加剂项目检测10批次；腐竹中二氧化硫项目检测10批次；糕点中防腐剂脱氢乙酸项目检测20批次；果汁中甜蜜素项目检测10批次；大白菜、娃娃菜、食用菌、茭白中添加剂甲醛项目10批次；豆制品中防腐剂苯甲酸和山梨酸项目检测15批次；大米中硒元素项目检测10批次；水果中硒元素项目检测10批次；老酒中甜蜜素项目检测6批次；经检测：7批次即食海蜇含铝食品添加剂超标、2批次豆制品中山梨酸超标，其余检测样品均符合国家相关标准规定。

妇幼保健

【母婴健康安全】2020年，全县孕产妇死亡率继续保持为零，全县新生儿死亡率为0，婴儿死亡率1.59‰，5岁以下儿童死亡率1.59‰，主要生命指标继续保持较低水平。7岁以下覆盖率99.5%，3岁以下系管97.1%，孕产妇保健覆盖率达100%，早孕建卡率95%，孕产妇系统管理率93.8%，产后访视率98.6%。加强妊娠风险评估，对首次就诊建档的孕产妇落实妊娠风险筛查与“五色”分级评估，按照风险严重程度明确分级标识，对分级标识为“橙色”及以上的纳入高危孕产妇专案管理，县级高危筛查率100%。

【预防艾滋病、梅毒、乙肝母婴传播】2020年，全县共检出艾滋病感染孕产妇1例，为省外户籍，转介1例，无艾滋病产妇分娩，在岱期间咨询随访做到全程专人负责。发现接梅毒阳性患者有3名，管理梅毒孕产妇4例（2019年未结案1例），孕期均接受规范化治疗，至年末，已分娩4人（其中1例转介到省外分娩）；孕期检测发现乙肝表面抗原阳性患者18人，做到孕期干预和随访；县里两家分娩单位乙肝表面抗原阳性产妇22例，活产24例，全部免费注射乙肝疫苗和乙肝免疫球蛋白针，开展后期随访。

【“两癌”筛查项目】2020年，全县做好城乡妇适龄妇女“两癌”筛查工作，按照指标任务数，合理安排“两癌”筛查工作进度，“两癌”筛查工作从6月初启动。全年完成宫颈癌检查2311人，确诊宫颈癌1例；乳腺癌筛查2318人。对阳性人群进行跟踪随访，并督促病人到相应医疗机构进行进一步检查治疗。

【农村妇女叶酸增补项目】2020年，全县共有323人服用叶酸，累计发放叶酸1162瓶，目标人群增补叶酸知识知晓率、叶酸服用率均达到90%，叶酸服用依从率也超过80%。各项指标均达到省厅考核要求。

【优生两免项目】2020年，全县积极实施国家免费优生项目，把好优生第一关，为群众免费提供婚前保健、孕前优生健康检查等服务。全县共完成男婚检人数263例，女婚检人数230例，婚检率80.8%。孕前优生健康检查470人，目标人群覆盖率94%。病残儿父母再生育二孩的优生指导和服务率100%。是年，开展的艾滋病检测实验室和梅毒血清学检测室间质量评价分别获得全优。“国免”项目实验室质量评价成绩全优。

【产前筛查和新生儿疾病筛查】2020年，全县共出生活产婴儿394人，采集标本394例，采血率100%。新生儿听力筛查率100%。产前筛查583人，筛查率为93.9%。

【幼托机构卫生保健管理】2020年，全县贯彻执行《浙江省托儿所幼儿园卫生保健管理办法实施细则》和《浙江省托幼机构卫生保健制度》，继续加强集居儿童的膳食以及卫生消毒工作管理，开展托幼机构保育人员的上岗前专业知识培训和保健人员定期复训工作，成绩合格者颁发上岗合格证。年末，对全县有办园许可证的幼儿园按照《浙江省托幼机构卫生保健考核评分细则》逐项进行评审，对不符合要求的提出整改意见并组织回头看。各托幼机构各项管理制度、卫生消毒与隔离以及营养与膳食管理进一步规范。

爱国卫生

【健康岱山建设】 2020年，县卫生健康局强化组织体系建设，推进健康岱山建设工作。建立健全岱山建设成员单位和乡镇分管领导和联络员网络，印发《健康岱山建设领导小组成员单位工作职责》；组织召开健康浙江建设业务和信息系统管理培训，扎实开展全县健康浙江建设工作；建立工作协调、部门联动、督查考核等制度，推进工作协调。由县健康办负责汇总协调，确保各项工作高效落实；全力推动各项工作高效落实。将健康浙江建设内容纳入县对部门、乡镇的年度重点工作考核，并于年底对各部门、乡镇进行了考核打分。

【巩固国家卫生县城创建成果】 2020年，县卫生健康局进一步巩固和提升国家卫生县城创建成果，建立国卫县城长效管理机制；顺利通过国家卫生乡镇省级和国家级暗访，秀山乡、岱西镇、岱东镇、东沙镇和长涂镇国家卫生乡镇通过复评，衢山镇省级卫生乡镇顺利通过省级复评，已申报创建国家卫生乡镇；不断完善乡镇基础设施，加强社会卫生管理，提升群众健康水平；加快小城镇环境综合整治，有序开展爱国卫生月、春季和秋冬季灭鼠、夏季灭蟑灭蚊蝇以及灭越冬蚊等各项爱国卫生活动，助力新冠和登革热疫情防控；秀山乡秀北村被命名为无蚊村。

【城乡环境卫生整洁行动】 2020年，县卫生健康局巩固深化村庄综合整治治理成果，农村生活垃圾有效集中收集率达到100%，生活污水有效治理建制村比例

2020年4月，志愿者清理生活垃圾　　　　（县卫生健康局　供图）

为93.2%，集中式供水人口比例在99%以上，河道保洁覆盖率达100%，农作物秸秆综合利用率为97%；建制镇生活垃圾无害化处理率达100%，生活垃圾可回收物智能回收设备共回收可回收物约23吨、有害垃圾184.70公斤；清理垃圾4800多吨、蚊蝇孳生地1380余处。围绕“通景、融景、造景”的精品化绿化建设目标，县卫生健康局着重做好燕窝山陆岛交通码头、兰山客运码头等主要入城口、重要交通集散枢纽打造，做好G526兰山客运中心至江南段景观廊道整体建设，截至9月底，完成8.70千米景观廊道建设75%，累计完成投资3440万元，完成新建美丽经济交通走廊28千米。

【病媒生物防制】 2020年，岱山县城继续引入市场化运作模式，开展病媒生物防制工作，累计投入资金60余万元。加强防治结合，开展环境卫生消杀、孳生地清理和灭越冬蚊专项行动，结合元旦、春节、爱国卫生月、国庆节等节日活动，加大环境卫生整治力度。全年共投放灭鼠药物4197公斤，其中溴鼠灵颗粒3719公斤，蜡块478公斤；投放灭蟑药物603公斤，其中灭蟑颗粒剂398公斤，药笔205公斤。

【健康教育工程】 2020年，县卫生健康局开展健康知识讲座148场，宣传栏刊出54期，印发宣传资料96775份（册）。根据“健康舟山”建设任务，认真落实健康细胞（健康社区、健康单位、健康促进学校、健康促进幼儿园、健康家庭等）的创建活动，组织召开全县健康细胞创建工作推进会。是年，新创建健康促进学校铜奖5所：东沙中学、大衢中学、岱山初级中学、长涂小学、秀山小学（已通过县级考核）；银奖2所：衢山镇桂花中心小学、衢山镇敬业小学（已通过市级考核）；复评健康促进学校金奖1所：高亭小学（已通过省级考核）；健康示范单位3家：岱东镇卫生院、秀山乡卫生院、医疗健康集团岱西分院；健康示范社区8家：岱东镇涂口村、岱西镇海丰村、东沙镇桥头社区、衢山镇鼠浪村、衢山镇枕头山村、秀山乡秀南村、长涂镇倭井潭村；健康促进医院新创建1家、复评1家；推荐1户家庭参加舟山市健康家庭大奖赛，获得第二名。积极开展健康细胞创建，不断扩大无烟场所覆盖面。全年共有3家单位（岱山中学、高亭初中和衢山敬业小学）被命名为舟山市无烟单位，全县党政机关事业单位无烟单位创建全面完成。

人口与计划生育

【生育友好型社会全面构建】 2020年，全县继续深入贯彻实施中央《决定》和省市相关《实施意见》，广泛开展计生政策宣传，鼓励群众按政策生育，引导家庭负责任、有计划地安排生育，继续执行《岱山县完善全面两孩政策配套措施鼓励生育的实施办法（暂行）》，《办法》规定对于生育两孩及以上家庭给予1000元分娩补助；入园按每学年补助2000元／人助学补助。积极实施出生缺陷干预工程，加强孕前指导和产前筛查诊断，做好孕期和围产期保健，对于35周岁以上且在舟山市保健建册的舟山市户籍育龄妇女实施母婴健康保险项目和高龄孕产妇特殊补助检查项目等。是年，全县有65人已享受到两孩分娩补助，共发放财政补助资金6.50万元。另据计生统计年报数据显示：截至是年末，全县户籍总人口173733人，出生上报674人，其中二孩及多孩率28.5%，与上年同期基本持平，全县总和生育率维持在0.71，实现人口与经济社会可持续发展。

【计划生育服务与管理】 2020年，根据省、市、县“跑改办”指示精神，县卫生健康局通过流程再造、委托代办、线上线下、事项精简、“一件事”联办等改革措施，实现在生育登记、再生育审批、婚育证明出具等计划生育民生服务领域的“最多跑一次”改革。是年，共申领发放生育服务登记卡765本，其中通过网上App申领266本，通过App自助申领占34.8%。

【母婴设施创建持续推进】 2020年，县域内已建成母婴设施（通过验收列入监管）共7家，其中公共场所6家，行政企事业单位1家，取消不合规范的母婴场所2家。推进东沙古镇、鹿栏晴沙等旅游景点母婴设施建设，对新建和扩建的乡镇卫生院、县中医院等母婴室建设提出指导方案。对机关、企事业单位“妈咪暖心小屋”进行改造升级。将各处母婴室地理信息标志上传给省级平台，群众可以在浙里办App上查询到全县母婴室地理位置以及配置情况。

【出生人口性别比治理】 2020年，全县重点打击计划生育“两非”行为，加强怀孕对象全周期管理以及孕情消失追溯调查等长效管控机制。强化区域协作和部门联手，开展对重点行业和重点单位的监督检查，对县域内医药批发企业、药品零售商店违禁销售妊娠终止药品，开展全面整顿清查，对行医场所B超管理使用情况、B超从业人员资质、出生婴儿实名制登记落实、生育全过程管理、终止妊娠审查审批制度落实以及终止妊娠药品的销售、使用和管理情况等进行重点督查。是年，全县出生性别比为107.35，出生性别比总体维持在合理区间范围内。

【计划生育家庭扶助】 2020年，县卫生健康局完善计生利益导向机制，全面实施渔农村部分计划生育家庭、城镇计划生育家庭奖励扶助制度和计划生育家庭特别扶助制度。经审核，确认农村奖扶对象5270人（其中新增对象952人），城镇奖扶对象458人（其中新增对象156人），共计5728人，应发奖扶金额549.89万元。确认独生子女死亡或伤残特扶对象549人（其中新增对象36人），应发特扶金额475.20万元，计生并发症人员特扶对象27人，应发扶助金额9.72万元。共计发放奖扶、特扶金额1034.80万元。2020年发放城镇失业无业人员独生子女父母奖励费1.26万元，受益人数达36人。2020年发放公益金19.79万元，为64户计划生育特殊家庭实行社会救助。

医保服务

【医疗保险】 2020年，全县参加职工基本医疗保险62596人，比上年增加4351人。参加城乡居民基本医疗保险110616人，比上年底减少4840人。全民参保率99.5%。全年职工基本医疗保险基金收入21622万元，基金支出20207万元，累计结余11932万元；城乡居民基本医疗保险基金收入18845万元，基金支出19358万元，累计结余8299万元。

【生育保险】 2020年，全县生育保险参保单位1720家，参保人员29555人，比上年增加2077人。生育保险待遇支出459万元，同比增长0.7%。

【长期护理保险】 2020年，县卫生健康局通过政保合作模式开展长期护理保险试点工作，参保对象为参加城乡居民基本医疗保险人员，基金收入986万元，基金支出183万元，受益3686人次/月。

【医疗救助和医保支付方式改革】 2020年，县卫生健康局对特困供养人员、低保家庭、低保边缘家庭及患重特大疾病困难人员，实施贫困医疗救助5.70万人次，共支出救助金697万元，其中，资助参保2484人、132万元，门诊救助56648人次、336万元，住院救助843人次、229万元。对精神病人实施住院医疗救助83人次、12.80万元，免费服药医疗救助583人、44万元。是年，持续推进医保支付方式改革。门诊实行总额预算、住院实行DRGs点数付费改革全面实施。

【药品和医疗服务价格管理】 2020年，县卫生健康局对全市集中谈判的15只药品和国家“4+7”扩面的第二、第三批药品按核定指标数实行带量采购，其中全市集中谈判药品价格降幅为45.4%，国家“4+7”扩面药品价格降幅为53%。完善医保药品支付标准制度体系，是年9月1日起，全面实施药品医保支付价，所有纳入省药械采购平台在线交易的医保目录内药品（不含自行采购产品），均纳入医保药品支付范围。定点公立医疗机构与民营医疗机构医保药品执行相同的支付标准。定点零售药店医保药品支付标准统一按医疗机构支付标准上浮15%（不含国家和省谈判药品）执行，上浮额以最小包装计最高不超过200元。定点民营医疗机构医疗服务医保支付政策参照相同级别公立医疗机构执行。

老龄健康

【全县老年人口基本信息与老龄化发展状况】 2020年，受生育率水平下降、家庭少子化、人口外迁等因素影响，全县人口年龄结构更趋老化。按户籍人口统计，截至年末，全县户籍总人口数173541人，60周岁以上63019人，占36.3%，比上年同期增加2523人，增长4.2%。65周岁及以上老年人口43435人，占人口总数的25.03%，比上年同期增加2640人，增长6.5%。统计数据显示，全县老年人口在持续快速增长。老年人口总数由2010年末的38552人增长至2020年末的63019人，老龄化系数由2010年末的20.2%增长至2020年末的36.3%，10年间老年人口净增24467人，年均增长5.04%。

【敬老服务持续优化】 2020年，县卫生健康局发动各村镇社区，面向老龄群众，开展各类活动。开展“温暖重阳”走访慰问老年人活动，为老年人献爱心、解难题、办实事；举办“九九重阳情，暖暖敬老心”重阳节文艺演出；各地还通过入户发放宣传资料，现场设摊测量血压、推拿按摩、理发、现场咨询等多种形式，宣传防疫知识、老年健康科学知识和老年人权益保障等相关政策。做好各类推荐申报工作，爱心志愿服务队被授予省敬老文明号。开展“岱山县敬老爱老助老模范社区（村）”创建活动，评出有敬老爱老助老优良传统、积极开展优质为老服务的社区（村）9个。

【老年健康服务体系建设】 2020年，县卫生健康局着力构建老年健康服务体系，深入推进医养结合工作，加强老年人健康管理，将医疗卫生服务延伸至社区家庭，以家庭医生签约为抓手，由乡镇卫生院负责为辖区内65周岁以上老年人，提供多种形式的健康管理服务。加强与养老院的对接与服务，主动帮助海阳集团牵线架桥，探索基层医疗卫生机构医护人员参与到养老机构管理与服务活动中去。扎实推进老年医疗建设，通过实施健康小屋“舟山群岛网络医院”服务品牌建设，绿色就医通道等举措，有效缓解海岛老年人就医困难。县第一人民医院增设老年病科，设置病床8张。启动安宁疗护试点工作，全县确定东沙镇中心卫生院为安宁疗护试点乡镇卫生院，为临终关怀对象建立家庭病床，提供居家安宁疗护服务。

（费忠磊　王波澜　陈　达　王成林　金海虹　王德伟　鲁　鹏　计　瑛　孙珊瑚　高乐明）

责任编辑：李慧慧

人力资源和社会保障

Human Resources and Social Security

综 述

【概况】 2020年，岱山县人力资源和社会保障局（简称县人力社保局）以习近平新时代中国特色社会主义思想为指引，以围绕建设“四个岱山”、打好“五大会战”为目标，对标“重要窗口”的新目标新定位，紧扣“服务发展、保障民生”工作主线，聚焦稳企业、增动能、补短板、保平安，人力社保各项工作取得新进展。

【机构管理设置】 2020年，设办公室（挂政策法规科、行政许可服务科牌子）、就业促进和失业保险科、事业单位人事管理科（挂人才开发和市场科牌子）、专业技术人员管理科（挂职业能力建设科牌子）、养老和工伤保险科（挂基金监督和内审科牌子）、劳动关系科，核定行政编制13名。完成所属事业单位机构改革，撤销县劳动能力鉴定中心，县就业管理服务中心更名为县就业管理中心，县职业技术培训中心更名为县技能人才评价管理服务中心。所辖县社会保险事业管理中心、县就业管理中心（挂县创业服务中心牌子）、县人才市场管理中心、县劳动监察大队、县技能人才评价管理服务中心、县劳动人事争议仲裁院6个事业单位，事业编制55名。其中，县社会保险事业管理中心是由县人力社保局管理的相当于副科级公益一类事业单位，内设办公室、计划财务科、内控管理科、养老待遇审核计发科、参保登记业务科、工伤待遇审核结报科、综合受理科，事业编制25名。

（盛世儿）

事业单位人事管理

【事业单位招考录用】 2020年，县人力社保局录用事业单位工作人员167人，其中公开招聘43人，面向大学生退役士兵招聘1人（市里代招），面向残疾人招聘1人（市里代招），紧缺人才引进54人，士官转业安置9人，教育系统公开招考教师14人，定向委培11人，卫生系统紧缺人才引进3人，公开招聘护士10人，定向委培21人。

【事业单位调动】 2020年，县人力社保局严格执行人事调配有关规定，除机构改革人员划转和教育、卫生系统内部调动外，共办理事业单位工作人员调动38人，其中调往县外的7人，县内调动31人。

【事业单位岗位设置管理】 2020年，县人力社保局进一步深化事业单位人事制度改革，建立健全事业单位岗位管理制度，完善对全县完成岗位设置的事业单位的日常管理。并对其他事业单位中196名符合专业技术职级晋升的人员进行审批。

（夏存波）

工资福利

【工资晋升和警员套改】 2020年1月起，县人力社保局对符合晋升级别的341名公务员晋升级别工资，人均月增资52元；1503名机关工作人员晋升一档级别工资档次，人均月增资103元；事业单位3587名工作人员晋升一级薪级工资，人均月增资81元。公务员非领导职务套改并普遍晋升，落实公务员非领导职务晋升后工资和津补贴变动775人次。

【奖金和津补贴核定】 2020年，县人力社保局明确全县机关、事业人员平时考核奖、年终考核奖和13个月工资及扩大部分，规范应休未休年休假工资报酬。同步提高教师收入待遇，确保义务教育教师平均收入不低于当地公务员平均水平。核定法院、检察院员额内法官、检察官以及司法辅助人员绩效奖金总量分别为178.10万元和92.30万元。1月起，再次调整精简退职人员、计划外长期临时工、机关企事业单位遗属生活困难补助费标准。

【退休和工龄认定】 2020年，县人力社保局审批办理全县机关、事业单位干部职工退休105人，其中：机关单位退休27人、事业单位退休78人。认定机关事业单位工作人员连续工龄103人次。

（夏存波）

人才工作

【人才引进】 2020年，县人力社保局共举办专场招聘会6场，省外高校驻点招聘2场，参与省市组织的各类招聘活动10场，开展线上招聘4场。共引进高校毕业生1441人，完成年度考核指标1300人的108.5%。其中博士研究生11人，硕士研究生75人，本科531人，专科824人。

【毕业生实现就业】 2020年，全县应届高校毕业生到档400人，其中硕士13人，本科203人，专科及以下184人，未就业35人，就业率为91.3%。

【人事档案信息化管理】 2020年，县人力社保局共办理流动人员人事档案转出271人，流动人员人事档案转入105人，高校毕业生就业协议签约209人，开具各类证明126人。

【人才服务】 2020年，县人力社保局共受理人才认定6批，认定各类人才85人，其中E类人才10人，F类人才75人。受理住房补贴30起。其中E类1起，F类24起，全日制本科3起，夫妻共同申请2起。

（蒋 叶）

专业技术人员

【专业技术资格】 2020年，根据《浙江省专业技术资格评审工作评审工作实施细则（试行）》文件精神，县人力社保局贯彻评审政策，组织落实各系列专业技术资格评审和各类执业资格考试，确保专业技术人才队伍质量。共有823人获得相应专业技术资格或执业资格。年末，全县企事业单位专业技术人员总数达6161人，其中：高级712人、中级2484人、初级2965人。

2020年岱山县企事业单位专业技术人员情况表

表26　　单位：人

系列	合计	职称				学历					年龄				性别		聘任情况	
		高级	中级	助级	员级	研究生	本科	专科	中专	高中以下	51～60岁	41～50岁	31～40岁	30岁以下	男	女	已聘	未聘
	6161	712	2484	2444	521	101	3645	1717	424	274	1104	2265	1842	950	3444	2717	5269	892
卫生技术	964	155	340	263	206	9	597	290	59	9	93	366	208	297	310	654	924	40
中学教师	642	299	258	74	11	18	592	31	0	1	161	315	108	58	295	347	626	16

续表 26

系列	合计	职称				学历					年龄				性别		聘任情况	
		高级	中级	助级	员级	研究生	本科	专科	中专	高中以下	51～60岁	41～50岁	31～40岁	30岁以下	男	女	已聘	未聘
小学教师	834	78	437	312	7	1	716	113	4	0	63	347	260	164	127	707	806	28
中等学校教师	77	28	32	15	2	2	70	4	1	0	26	29	9	13	48	29	75	2
工程技术	2456	123	864	1242	227	50	1096	869	268	173	490	747	883	336	2105	351	1859	597
经济专业	412	7	214	181	10	10	247	123	15	17	92	161	134	24	217	195	343	68
会计专业	385	10	97	237	41	3	148	144	61	29	79	152	121	33	96	289	325	60
群众文化	30	3	10	16	1	0	17	9	2	2	7	7	11	5	14	16	29	1
新闻专业	35	0	15	20	0	2	26	6	1	0	6	6	22	1	19	16	35	0
农业技术	30	3	16	11	0	4	16	7	0	3	7	10	6	7	20	10	29	1
档案专业	47	1	27	17	2	0	36	9	2	0	12	26	9	0	6	41	26	21
政治工作	35	3	13	18	1	0	24	8	0	3	11	15	7	2	26	9	11	24
广播电视播音	4	0	1	3	0	0	2	2	0	0	2	0	2	0	0	4	4	0
统计专业	21	0	9	7	5	0	8	9	0	4	5	7	8	1	5	16	20	1
图书资料	14	1	10	3	0	0	10	3	1	0	3	10	1	0	5	9	11	3
船舶技术	127	1	114	12	0	0	4	82	8	33	43	56	28	0	127	0	119	8
党校教师	3	0	2	1	0	2	1	0	0	0	0	1	1	1	2	1	3	0
教练员	5	0	1	4	0	0	5	0	0	0	0	0	4	1	3	2	3	2
出版专业	1	0	1	0	0	0	0	1	0	0	1	0	0	0	1	0	1	0
社会工作	15	0	9	6	0	0	13	2	0	0	0	5	8	3	6	9	6	10
翻译专业	3	0	0	2	1	0	1	2	0	0	1	0	2	0	0	3	3	0
工艺美术	1	0	0	0	1	0	0	1	0	0	0	0	0	1	1	0	1	0
审计专业	3	0	3	0	0	0	3	0	0	0	0	1	2	0	1	2	3	0
艺术专业	1	0	1	0	0	0	0	1	0	0	0	1	0	0	1	0	1	0
实验技术	2	0	0	0	2	0	2	0	0	0	0	0	2	0	0	2	2	0
律师	10	0	10	0	0	0	10	0	0	0	0	3	5	2	8	2	0	10
海关	4	0	0	0	4	0	1	1	2	0	2	0	1	1	1	3	4	0

【继续教育培训】 2020年，县人力社保局贯彻落实《浙江省专业技术人员继续教育十二五规划》和《舟山市专业技术人员知识更新工程（2013—2020）实施方案》精神。完成105名建筑、水利和交通行业不具备规定学历人员的专业理论知识培训班。采用电脑终端、手机移动端、实时在线学习的方式，进行公需课程轮训。

【教授（专家）工作室设立】 2020年，县人力社保局为进一步推进甬舟人才一体化发展，引导高层次人才向企业集聚，帮助企业解决技术难题，设立舟山恒泰漆业有限责任公司胡建坤教授（专家）工作室和浙江舟富食品有限公司张泓教授（专家）工作室。

（汤铁英）

职业资格人员

【职业资格鉴定】 2020年，根据《2020年舟山市职业资格鉴定计划》，全县共有3166人获得相应职业资格，其中高技能人才培养853人，组织线上培训260人。

【高技能人才评定】 2020年，赵仕波获第二届千岛工匠称号，王代囊等10人评为岱山县十佳技能大师。是年，对全县148名在一线岗位从事紧缺工种的企业技师及以上人员发放岗位补贴，共发放41.78万元。

【技能人才评价】2020年，县人力社保局完成舟山银岱汽车零部件有限公司、浙江鼎盛石化工程有限公司的企业技能人才自主评价，共有132人获得国家职业资格证书。浙江鼎盛石化工程有限公司是全县首家完成技能等级认定资格单位，并发放技能等级证书19本。

【职业技能大比武】2020年，县人力社保局举办全县职业技能大比武活动，涉及先进制造、海洋旅游、综合服务等3大行业板块、10个竞赛项目。组队参加市级焊工技能精英赛，取得第四名、第六名成绩。参加市级劳动关系协调员技能比武，取得第二名成绩。参加2020年上海金山区园艺技能邀请赛，获铜奖。

（汤铁英）

就业培训

【重点人群就业帮扶】2020年，县人力社保局对兰亭社区、大岙一村等10家社区（村）开展高质量就业社区（村）建设，全面排摸重点人群底数，并进行动态跟踪帮扶；不断扩大就业见习规模，新设立舟山晨光电器有限公司、舟山市奥博管业有限公司、舟山惠生海洋有限公司等3家高校毕业生见习基地，新增高校毕业生见习人数153人，发放见习补贴147.10万元。对19名困难大学生发放求职创业补贴5.40万元。

【公共就业服务】2020年，县人力社保局发挥县人力资源市场主渠道作用，搭建供需洽谈平台。2020年，组织举办浙石化、鼎盛石化专场招聘和综合性人力资源招聘活动15场，累计进场招聘企业235家次，提供就业岗位5034个。拓宽跨省劳务协作区域，

2020年10月25日，岱山县船舶电工技能大比武举办（县人力社保局　供图）

2020 年 11 月 21 日，鼎盛石化专场招聘会举办　　　（县人力社保局　供图）

组织鼎盛石化、捷盛石化、岱美公司、晨光电器等企业赴安徽省阜阳市、河南省商丘市、吉林省松原市等地区开展“点对点”劳务协作交流，签订跨省劳务合作协议 20 份。

【服务大众创业】 2020 年，县人力社保局加强创业扶持力度，新增创业担保贷款 2070 万元，创业贷款贴息 100.27 万元，发放一次性创业奖励、创业场租补贴、创业社保补贴等各类补贴 289.26 万元。举办 2020 年中国·浙江舟山群岛新区全国大学生创业大赛厦门赛区赛，开办乡村振兴合作创业人培训班 5 期，组织专家开展助力乡村振兴活动 10 次。是年，完成创业培训 636 人，其中电商培训 326 人。

（包　燕）

2020 年 6 月 30 日，岱山县乡村振兴合作创业带头人培训班举办
（县人力社保局　供图）

劳动监察与仲裁

【劳动保障监察】 2020 年，县人力社保局共受理劳动监察投诉举报案件 16 起，涉及劳动者 128 人，追回被拖欠工资 157.86 万元，结案率达 100%；联合交通、住建、水利等部门开展根治欠薪夏季行动、冬季行动和企业欠薪大排查行动 10 余次，检查在建工程项目 300 余家，共排查单位 300 余家，发现欠薪隐患企业 60 余家，发放限期整改指令书 36 份，发放询问通知书 49 份；以实施《保障农民工工资支付条例》为抓手，积极对标 “无欠薪” 县创建标准，健全完善部门联合预警监控、工资支付日常监督、欠薪失信协同监管和联合惩戒等制度，狠抓制造业企业、工程建设项目、企业欠薪失信 3 个专项治理，顺利通过“省考”，成功创建省“无欠薪”县。

【服务鱼山重点项目】 2020 年，为有效化解劳资纠纷问题，县人社局派专人驻点鱼山，开展岛内

2020年11月17日，县人力社保局对鱼山“六项制度”落实情况进行专项督查

（县人力社保局　供图）

纠纷调处工作，接待现场投诉219批次，涉及人数921人，涉及金额4030.37万元，接听来电投诉1340件。6月，抽调公安、司法、人社、住建等12名人员组成县劳动纠纷专项治理工作专班，紧盯岁末年初时间节点，组建根治欠薪工作专班领导小组，狠抓规范化建设，实现鱼山岛所有总包单位“六项制度”全面落地。

【劳动争议仲裁】2020年，县人力社保局共受理劳动争议仲裁案件245起，涉及541人，申请金额1768.89万元；审结249件（其中调解202起、裁决47起），涉及740人，结案金额1365.90万元。全年仲裁调解率为81.1%，结案率为95.7%。全县7个乡镇均建立基层劳动人事多元化解中心，打造以调解、监察、仲裁“三位一体”为基础、多方力量共同参与的“1+X”劳动纠纷多元化解机制。

（毛诗缘）

社会保障

【企业职工养老保险】2020年，全县参加企业职工养老保险98318人（其中在职人员52666人，退休人员45652人），全年净增5495人。企业职工养老保险基金收入141116万元，基金支出133765万元，累计结余30304万元，基金支撑力2.72个月。跨省转出345人，省内转出206人。跨省转入96人，省内转入226人，其中退役军人9人。企业退休人员养老金人均达到2602元/月。

【城乡居民养老保险】2020年，全县参加城乡居民养老保险43902人（其中缴费人员17339人，享受待遇人员26563人）。城乡

2020年3月15日，县人力社保局现场调处鱼山劳资纠纷

（县人力社保局　供图）

2020年7月23日，县人力社保局在银河湾小区现场督查劳动保障工作

（县人力社保局　供图）

居民养老保险基金收入10377万元，基金支出7819万元，累计结余10803万元。城乡居民基本养老保险基础养老金每人每月190元，其中65周岁及以上人员每人每月200元。

【机关事业单位养老保险】 2020年，县人力社保局推进机关事业单位职业生涯全周期管理“一件事”改革，通过打破部门壁垒、畅通信息渠道，实现数据互通和共享，机关事业单位养老保险业务办理更加便捷高效。全县机关事业单位养老保险参保人员8955人（其中在职人员5847人，退休人员3108人）。机关事业养老保险基金收入25825万元，基金支出25043万元。

【工伤保险】 2020年，全县工伤保险参保单位2225家，参保人员54945人，净增980人；认定工伤案件625件。工伤保险基金收入631万元，支出2707万元，累计结余1826万元。

（方　颖）

【失业保险】 2020年，失业保险基金收入3281万元，其中失业保险费收入948万元，历年滚存结余2663万元；失业保险基金支出4130万元，其中失业保险待遇支出1214万元，失业保险用于促进就业支出1073万元。县人力社保局积极发挥失业保险预防失业、稳定就业功能，是年，继续实施降低失业保险费率政策，共减征失业保险费398万元，返还企业社保费1252万元，发放稳岗补贴259万元。

（包　燕）

责任编辑：韩信安

社会生活

Social Life

社会救助与社会福利

【概况】 全年累计支出各类民生保障资金6636.20万元，支出民政事业建设各类项目资金1623.60万元。县政务服务中心民政窗口全年办理结婚登记700对、离婚登记312对，办理涉外无婚姻登记记录证明1份，补发婚姻登记226对，提供婚姻档案查询服务985人次，举行颁证仪式209场，开展各类婚姻家庭辅导312人次；依法办理婴幼儿收养手续8件；办理部分军队退役人员军龄登记980件；办理老年证890张；办理编制、变更、撤销、设置路门牌1431件；办理社会团体成立、变更、注销39件，提供上门服务27次、延时服务14次、预约服务25次。

【城乡居民最低生活保障】 1月1日起，岱山县城乡居民最低生活保障标准提高至每人每月810元。至年末，全县在册低保对象1632户、1951人，低边对象157户、276人。全年发放低保救助金1734.58万元，低保边缘救助金102.14万元，累计救助1836.72万元，其中物价补贴234.96万元。

【支出型贫困家庭救助】 4月27日，岱山县民政局、岱山县教育局、岱山县残疾人联合会、岱山县慈善总会联合出台《关于进一步做好支出型贫困家庭救助工作的通知》，实施支出型贫困家庭救助机制，经摸底排查，全年共对符合条件的69户、97人开展救助。

【困难群众医疗救助和临时救助】 2020年，全县持续加强孤儿和困境儿童生活保障，实施特困对象供养，落实高龄津贴。截至12月底，全县共有孤困儿童108人，累计发放保障资金69.03万元；特困供养125人，发放保障资金168.77万元；享受高龄津贴910人，发放津贴26.12万元。全县全面落实残疾人“两项”补贴，新核查护理补贴466人，生活补贴177人。

【社会救助专项核查】 2020年，全县开展低保专项“回头看”行动，新申请低保户36户、低保边缘户5户，确保社会救助“不落一户、不落一人”。开展低保专项治理工作，制定专项治理方案，采取多样化手段开展动态核查，全年开展核查5次，共核查低保低边9393户、11728人，核出异常73户、107人。

【社会救助联席会议制度落实】 2020年，全县落实落细社会救助联席会议制度，开展省大救助信息系统应用学习，落实入户走访制度，明确联席成员职责，定期形成问题清单，交流经验做法，及时解决社会救助工作难题。

【特困人员供养与孤儿和困境儿童生活保障】 2020年，全县特困人员（农村“五保”对象和城镇“三无”人员）年供养标准为人均13527元。至年末，全县共有特困对象126人，其中农村“五保”对象117人，城镇“三无”人员9人，全年共计发放生活补助金174.12万元；实施孤儿和困境儿童生活保障机制，保障困境儿童与孤儿108人，提供保障经费69.03万元。

【“邮善邮乐”慈善超市试点】 2020年，全县继续开展邮善邮乐慈善超市建设工作，继衢山镇慈善超市顺利运营后新增长涂镇慈善超市1家，为长涂镇最低生活保障待遇的居民提供特定货品购物优惠服务。长涂镇低保户凭低保证可在超市选购米油、日常生活用品等，享受25%的购物优惠，累积优惠额度最高20元，在结账时可直接优惠减免。慈善超市建成运营以来，2020年度累计服务低保户2200余次，享受各级财政补助资金6.93万元。

【水库移民解困】 2020年，全县实施水库移民项目建设机制，加强项目督导，及时落实跟进项目实施进度，共有17个水库移民项目，投入资金190万元。至年底，其中15个项目全部完成，7个项目验收完成，近2万余名渔农村群众受益。

【养老服务事业建设】 2020年，全县养老服务进一步提升。《岱山县新建住宅区养老服务用房配套建设暂行办法》出台。全县持续推进居家养老服务照料中心建设，新增2家示范型、3家普通型居家养老服务中心，建成启用全国首家海岛服务驿站——大长涂海岛幸福驿家，采用“政府+慈善+社会力量”的运营模式，为偏远海岛群众提供“5+X”项基本服务。依托市级智慧养老平台和全县大数据中心，完成县级“智慧养老综合服务平台”和7个乡镇分平台建设，实行老年人信息动态化管理，实现全县养老地图可视化。智能手环等智慧化远程关爱与监护系统应用推进，2800余名80周岁以上老年人配备“一键通”，满足老年人应急救助、定位和健康监测等需求。试点推进智慧小屋建设。引进和培育专业养老服务团队2家，逐步提升居家养老服务专业化水平。生活困难家庭适老化改造实施，28户低保（边）失能半失能老人家庭、优抚对象家庭接受适老化改造服务。全县新增阿尔茨海默症照护专区24张床位。实施养老护理员素质“补短”工程，共开展2期培训95人。加强安全规范管理，实施消防24小时联网监控机制，多部门组成检查工作组，对全县养老机构开展消防安全、食品安全、住房安全等方面专项检查。深化“守护夕阳”服务品牌建设，累计服务11场、990人次。

2020年4月16日，多部门联合开展对全县养老机构的安全检查

（县民政局　供图）

慈善事业建设

【概况】 2020年，岱山县慈善总会围绕县委、县政府提出的建设“湾区明珠，自贸港城”战略目标，在脱贫攻坚、补充社会保障体系中发挥了积极作用。是年，总会换届工作顺利完成，全县第二届慈善大会成功召开；慈善宣传深入人心，群众的慈善理念逐年提高；主动参与疫情防控，动员社会力量参与募捐和防疫服务；募集能力稳定增强，扶贫济困作用日益突显；志愿者队伍和服务领

域不断拓展，慈善组织的公信力显著提高。全年实现各类慈善资金收入2071.73万元，慈善救助支出1876万元，年末，慈善基金（母金）达1575.38万元。县慈善总会有银台基金会、深圳企业家晴娃娃基金会、宁波岱商基金会3个所属机构，慈善志愿者分会1个、公安、教育、交通运输、农商银行、卫生健康部门（系统）慈善分会5个，乡镇慈善分会7个和村（社区）慈善工作联络站87个。是年，县慈善总会获评市扶贫开发工作成绩突出先进单位，秀山乡获评省首批示范慈善分会，高亭镇浪激渚社区、衢山镇皇坟村获评省首批示范慈善工作站。

【完成换届工作】 7月，县慈善总会召开第四次会员大会暨第四届理事会第一次会议，审议通过《第三届理事会工作报告》《第三理事会慈善资金收支执行情况和2020年度收支预算安排计划报告》《章程》修订案，选举产生第四届理事会会长、副会长、秘书长；通过名誉会长、聘请顾问的名单；确定理事会资金监理小组，决定机构设置及其负责人和副秘书长聘任的名单。

【善款募集】 2020年，县慈善总会始终把善款募集作为慈善工作的首要任务来抓。着力抓实机关企事业单位“慈善一日捐”，继续开展“一元捐”“随心捐”等活动。随着有关部门对村级集体资金管理的不断规范，对村级慈善联络站慈善资金募集配套政策作调整，即村（社区）向社会各界募集的慈善资金仍按3万元内总会1∶1配套，其余不作配套。会同秀山慈善分会，与当地重点企业加强沟通，常石集团捐赠200万元、新澳基金捐赠300万元，定向用于秀山乡各项社会事业的发展。8月17日，召开全县民政工作暨第二届慈善大会，常石集团、岱美公司、县农商银行、县烟草公司4家企业在届内认捐1840万元，其中常石集团1000万元，岱美公司500万元。是年，全县共募集善款1945万元。做好网络众筹及监管工作，高亭镇竹屿新区虞某全家6人惨遭煤气燃爆，亲属通过“水滴筹”向社会筹款，县慈善总会第一时间参与监管，并利用互联网向大众发布开通募捐通道，共有5.80万人次参与，爱心捐款达237万元。

【疫情防控】 2020年春节，新冠肺炎疫情爆发，县慈善总会于大年初一预拨款项支持村（社区）开展疫情防控。及时开通互联网募捐通道，全县累计有近百家企业单位和万余人次捐款，募集抗疫专项善款399万元，其中，浙江晨舸船务有限公司捐赠20.20万元，李国锋个人捐赠3万元。这笔款项，除47.26万元定向支援武汉天佑医院外，其余都及时拨付给县内各乡镇、村社区、医院、企业等防疫、抗疫、复工复产。

【卫生健康分会成立】 7月1日，县慈善总会卫生健康分会成立。这是全县第5家以部门（系统）为单位成立的慈善分会。卫生健康分会设立县医务人员关爱项目，县慈善总会特资助20万元善款，专项用于关爱全县医务人员。会议现场还举行“慈善一日

2020年8月17日，全县第二届慈善大会捐款活动现场 （县慈善总会 供图）

捐”仪式，共筹得善款26.78万元。

【慈善扶贫救助】 2020年，县慈善总会响应东西部扶贫协作和对口支援行动，拨付100万元支援四川省宣汉县的脱贫工作。做好6个慈善“造血型”扶贫基地慈善扶贫资金跟踪落实；继续开展“慈善情暖千家万户”春节慰问、“中华慈善日”慰问活动。出资77万余元，为全县2341名低保低边对象购买“疾病医疗商业补充保险”。做好“全国扶贫日”深圳企业家晴娃娃基金为全县困境儿童送温暖、“全国助残日”慰问全县困难残疾人、赈济遭遇事故灾难损害家庭等实事。持续实施贫困家庭重特大病救助，发放合计面值千元的慈善助医卡、购药卡240份；继续组织实施市慈善总会“普济生命慈光”大病救助。是年，累计救助支出1876万余元，受益人数（机构）9530人次（家）。

【慈善敬老助学】 重阳佳节期间，县慈善总会及银台基金会给全县乡镇公办敬老院每位老人发放300元慰问金，送上“传爱基地”时令蔬菜、水果等。同时，组织慈善志愿者为老人提供医疗、理发、补鞋、维修电器、包饺子等服务，表演戏曲歌舞等文艺节目。春节前，携手岱山农商银行慈善分会，操办全县公办敬老院年夜饭，农商银行及爱心人士单福平向老人们分发压岁钱。持续实施“爱尔光明行”免费复明工程项目。是年，继续实施“圆梦行动”和“爱心接力”，县慈善总会和银台基金会、宁波岱商基金、晴娃娃基金和爱心人士等积极赞助，119名困难家庭大学生、高中生获得慈善助学金41.63万元。

【慈善志愿服务】 2020年，县慈善总会会同分会有计划地开展志愿服务，先后到10个敬老院、3个悬水小岛、2个村社区，开展为老人义诊看病、扶老敬老、清洁环境、文艺演出等活动。疫情期间，20余名志愿者到社区参加疫情防控。口罩紧缺时，25位志愿者自发购买原材料和简易设备，制成1885副成品口罩送给环卫工人和小区物管人员。六一儿童节期间，志愿者分会发起捐课外书籍和儿童玩具的活动，并捐款购买学习用品，把爱和关怀及时邮寄到云南山区的孩子。是年，志愿者分会开展志愿服务22次，参与人数520余人次，受益人群1600余人次，为老年人提供医疗服务1616人次，发送药品价值5万余元。

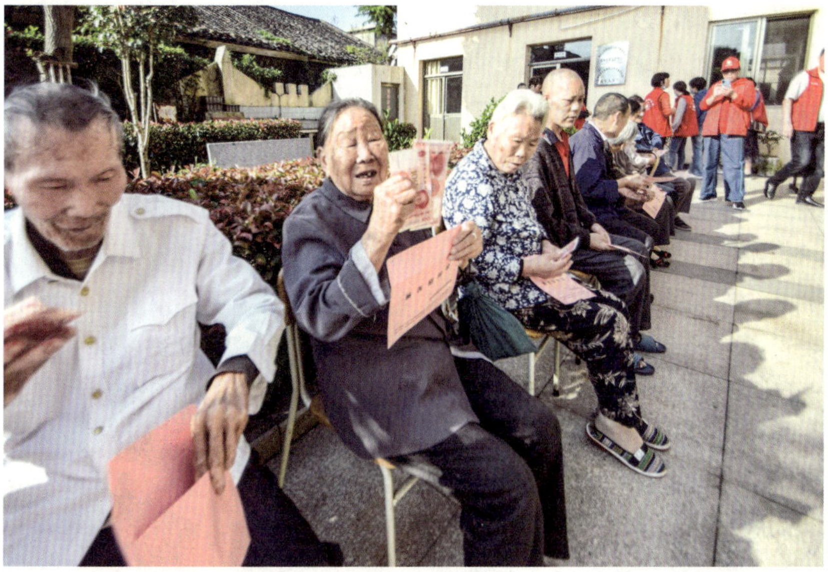

2020年10月19日，县慈善总会组织志愿者在长涂敬老院为老人发放慰问金
（县慈善总会　供图）

【慈善文化宣传】 2020年，县慈善总会大力宣传和弘扬慈善文化，提升人民群众慈善理念。通过《今日岱山》、岱山电视台、岱山慈善网站，总会、分会、联络站三级通讯员的积极努力，宣传慈善法律法规，宣传善捐爱心人士、志愿者好人好事等。魏雪波、汤芝芳、赵行法、乐水红、邱亚妮5人获评第二届市慈善总会“祥生杯”慈善公益先进人物。常石集团（舟山）造船有限公司、高亭镇商会、宁波岱山商会、浙江岱山农村商业银行股份有限公司获“慈善爱心奖”机构奖，姜银台、王义平、黄申力、虞忠完获“慈善爱心奖”个人奖。第5个“中华慈善日”期间，县慈善

2020年9月5日晚，县慈善总会组织开展慈善宣传活动　（县慈善总会　供图）

总会表彰一批为全县慈善公益事业做出新贡献的慈善工作先进个人、慈善志愿服务先进个人。

【“为爱行走”慈善活动】 9月5日晚，县慈善总会组织志愿者分会和6个志愿者团体共170余人，手持慈善宣传标语，从仙洲公园出发，沿着县城主干道，在岱山海岬跑团的后勤保障下，为爱行走5公里，一路传递慈善公益精神。9月，岱山海岬跑团带领志愿者举行环城擎旗慢跑活动2次，每次路程8公里，增强大众的慈善理念。

（魏雪波）

基层自治组织与社区建设

【幸福社区建设】 2020年，全县继续稳步推进“美丽群岛　幸福社区”建设。根据“幸福舟山”三年建设计划的要求，继续做好“幸福社区”扩面工作，总结幸福社区县级阶段性的做法和经验，对接纸媒、电视台、新媒体等各类载体，开展集中宣传和分类报道。开展浪激渚社区、闸口社区幸福社区扩面创建工作，开展创建指导。为进一步拓展基层治理模式，以“幸福社区”建设为抓手，大力推进社会组织助力社区治理和服务。从解决群众反映的问题入手，通过打造“一社一品”的特色项目，促进社区居民自治回归，鼓励民主协商、义工组建、组织培育等方式共同参与社区公共事务，做到“民事民议、民事民办、民事民管”。

【村社组织换届选举】 2020年，全县全面完成新一轮村（居）民委员会换届选举工作，加强社区居民自治体系建设。87个村社平均参选率为97.5%，本次换届共选举产生新一届村（居）委会成员399人（城镇社区65人，渔农村334人），委员平均得票率为90.1%；其中新进村（居）委会254人，占总数的63.7%（城镇社区47人，占比72.3%；渔农村207人，占比62%）；女性171人，占总数的42.9%（城镇社区47人，占比72.3%；渔农村124人，占比37.1%）；大专及以上学历200人，占总数的50.1%（城镇社区44人，占比67.7%；渔农村156人，占比46.7%）。加强村社组织规范化建设，加强村规民约、社区公约的修订完善，加强对村（居）务公开的监督和落实，逐步加强对村民会议、村民代表大会等制度的规范化建设。

【基层减负和村（居）务公开】 2020年，全县持续开展基层减负增效工作，全面开展“三多”问题清理工作，进一步梳理岱山县各部门延伸至城乡社区（村）的工作台账、机构牌子、考核督查等任务，落实村（社区）工作事项准入制度，进一步规范进村（社区）事务，明确村社盖章清单。

【社会工作者队伍建设】 2020年，全县加强社会工作者职业水平考试宣传力度。通过网上公告、电话交办、微信宣传等方式，发动各乡镇、社区以及县属各部门人员参加全省社会工作者初级和中级资格考试。组织社区干部参加市里的统一培训，并发放视频学习资料，全年共37人通过社会工作者职业水平考试，社区专业社工队伍建设初见成效。

【社会组织培育发展】 9月，县

民政局在社会组织创客空间完成“两中心一基地”的挂牌，即社会组织党群服务中心、社会组织孵化培育中心和慈善基地。是年，全县多渠道激发社会组织活力，打造全县公益组织品牌，积极引导社会组织参与社会治理。成功举办县第六届“益暖岱山”公益创投大赛，共征集28个公益项目的策划方案，补助资金54.20万元。“订单式”为老服务项目有序推进，全年开展为老志愿服务累计156次，服务时长350小时，志愿者人数1450余人次，受益老年人6620余人次。

【社会组织参与疫情防控】 2020年初，新冠疫情形势严峻，全县积极引导各社会组织参与疫情防控和捐款捐物工作。经统计，共有22家社会组织参与捐赠，累计捐款482.41万元，捐物10.38万元，捐赠口罩8800只。渔嫂协会等8家社会组织参与疫情防控宣传，参与人数820人次；民安公益救援队等6家社会组织协助乡镇、社区、村开展防控排查，参与人数209人次；阳光敬老志愿服务站等8家社会组织协助乡镇、社区、村，开展防控卡点执勤、公共场所清洁消杀、小区测量体温、外来车辆和外来人员登记、绿码检查、困难群众帮扶等志愿服务；心理协会根据疫情防控不同阶段的需要，先后开展线上心理疏导服务。作家协会等文艺类社会组织创作一批抗疫作品，用艺术作品凝聚全民抗疫的强大精神力量；电子商务促进会等4家社会组织开展“三复”等相关工作。

【社会组织登记和年检】 2020年，全县从名称核准、登记、变更、注销等环节规范社会组织。全年共登记成立社会团体、民办非企业单位19家，办理变更14家，注销6家。开展社会组织年度检查工作，全县有162家通过年检，年检率99.4%。理顺备案社区社会组织的管理体制，共有638家进行备案登记，其中拥有备案社区社会组织中有城镇社区210家、农村社区428家。

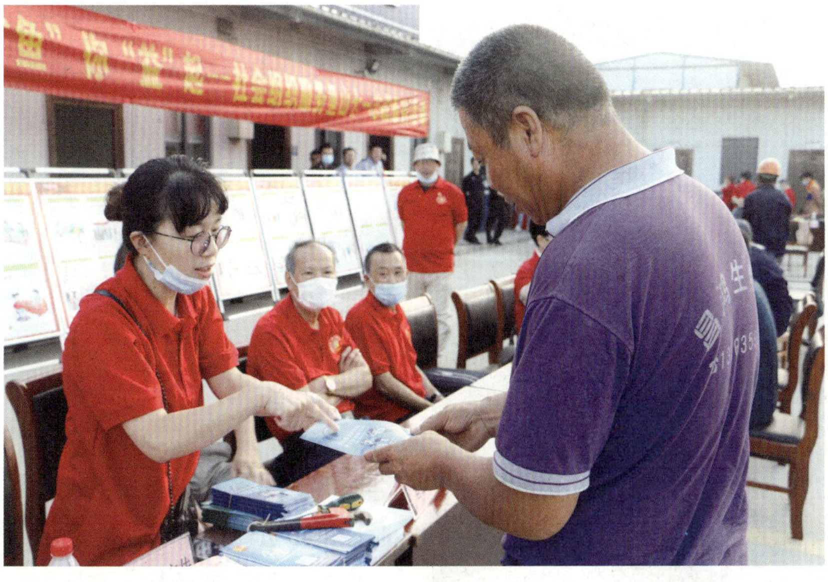

2020年7月1日，县民政局开展《中华人民共和国民法典》宣传

（县民政局　供图）

【社会组织执法监督】 2020年，全县社会组织信用体系建设，开展社会组织“双随机、一公开”工作，对其中15家进行现场抽查和社会公示。加强社会组织领域信用建设，根据年检结果，对16家社会组织下发限期整改通知书，对1家拒不接受年检的社会组织列入异常名录并予以登报公告，进一步加强社会组织规范化建设。

【社会组织党建工作】 2020年，全县坚持党建引领社会组织建设，为绿色石化基地量身定制“红帆引航，‘鱼’你‘益’起”的党建特色项目，相继开展七一志愿服务、“青春有你相聚鱼山”联谊活动、“心向党、颂祖国、唱家乡”文艺晚会和“崇尚法典精神·守护美好生活”《中华人民共和国民法典》宣讲等活动，累计受益6200余人次。

社会事务管理

【殡葬改革和管理】 2020年，全县有殡仪馆2个，殡仪服务中心1个，骨灰纪念堂4处，公墓区24处，其中1处为县级经营性公墓，其他均为乡镇级、村（社区）级公益性墓地。建立健全联办督导机制，即时解决县内“群众身后事”联办的各种问题，完成线上联办事项1415件。拟定《重点区域主要道路丧事规范方案》，确定丧事活动车辆行驶、人员禁走主要路线，创作“移风易俗、厚养薄葬”宣传作品，完成《文明治丧规范流程及指导手册》的编制。出台《关于岱山县党员干部、公职人员带头深化殡葬改革的若干规定（试行）》《岱山县殡仪服务人员管理暂行办法》。完成衢山殡仪馆火化炉后处理设备改造提升，落实资金补助62.50万元。加快推进县殡仪服务中心改扩建工程，完成风险评估、土地征用、项目建议书以及可行性研究报告等前期工作。落实节地生态安葬奖补制度，加大舆论引导，推进东沙镇、长涂镇、岱东镇等乡镇骨灰存放堂建设。春节、清明期间，开展祭祀预约、疫情防控以及代为祭扫服务，免费发放鲜花2万朵。积极探索网络祭扫平台。加强公墓销售、私坟修建管理，抓好公墓区绿化提升。承办遗体外运事项4件。开展违建“住宅式”墓地等问题、殡葬服务收费专项检查和整治行动。推进安葬（放）设施违规建设经营专项排摸暨违建墓地专项整治活动。

【地名管理和服务】 2020年，全县继续规范地名管理，进一步落实《岱山县地名管理实施办法》，持续开展不规范地名清理整顿，及时向社会通告新的标准地名，全年共审批7条地名。重点核编沿港中路、清泰路、育才路商铺号码490个，制作并设置门牌960块，幢牌93块。对高亭城区内236个广告路牌进行维修擦洗，更换部分耐力板，除锈喷漆109个单杆路牌。预设长河路23个新路牌。做好地名普查成果类档案归档，共移交给省市档案部门普查成果类档案87盒、111卷，光盘9张，地图33张。完成115个村落、近200张照片的拍摄。认真做好国家、省市地名标准词典下卷内容的编纂工作。初步完成全县乡镇、行政村（社区）地名词条95条。

2020年10月，县民政局开展“地名文化进校园”活动　（县民政局　供图）

【“最多跑一次”改革】 2020年，县民政局积极探索创新工作，推出老年证“提前跑”便民新举措。推行社会组织“1+X”审批模式，切实减少群众办事流程，优化办事服务体验。在全市范围内率先开展“收养”一件事，强化信息共享、优化业务流程、延伸服务触角，实现收养“一件事”一站式联办、一体化服务。进一步提升“互联网＋政务服务”一体化事项指标，推进政务服务2.0建设工作，全年政务服务2.0办件网上受理率在90%以上。全年办理婚姻登记，做好老年人优待证、门牌证等各类业务4610件。

（王　佳　王　盛　王幸海
於志南　李永明　王倩文
王贝晔　夏霞雨）

城乡居民生活

【概况】 2020年，岱山县牢牢把握稳中求进工作总基调，统筹推进疫情防控和经济社会发展，扎实做好“六稳”工作，全面落实“六保”任务，全县经济持续稳定恢复，基本民生保障有力。住户抽样调查数据显示，岱山居民收入稳步增长，四大项收入实现全面增长，消费水平逐步提升。

【城乡居民生活收入】 2020年，岱山县全体居民人均可支配收入50606元，比上年增加2172元，首次迈上“5万元”台阶，同比增长4.5%，增速全市第一。分城乡看，城镇常住居民人均可支配收入56646元，同比增长3.8%；渔农村常住居民人均可支配收入39238元，同比增长6.3%。

2020年岱山县城乡居民收入情况表

表27

指标名称	全体居民		城镇常住居民		渔农村常住居民	
	绝对值（元）	增幅（%）	绝对值（元）	增幅（%）	绝对值（元）	增幅（%）
人均可支配收入	50606	4.5	56646	3.8	39238	6.3
（一）工资性收入	33176	3.6	39691	3.1	20917	5.6
（二）经营净收入	6181	5.4	5375	3.5	7698	7.9
（三）财产净收入	3490	7.1	2921	7.9	4562	6.1
（四）转移净收入	7759	6.3	8659	6.0	6061	7.2

2020年，岱山统筹城乡发展，推进各种强农、富农政策，有力实施乡村振兴战略，拓宽农民增收渠道，农村居民人均可支配收入同比增长6.3%，快于城镇居民2.5个百分点。城乡居民人均可支配收入比为1.45∶1，比2019年缩小0.03，比全省平均低0.51，居全省前列，连续8年呈缩小态势，城乡统筹一体化融合发展持续推进。

【城乡居民收入结构】 2020年，岱山居民四大项收入实现全面增长，占比较低的财产净收入较快增长，收入结构进一步优化。

工资性收入 2020年，全县全体居民人均工资性收入33176元，同比增长3.6%，增速比前三季度回升1.5个百分点，拉动人均可支配收入增长2.4个百分点，占可支配收入的比重为65.6%，是拉动居民收入增长的主要动力。分城乡看，城镇居民人均工资性收入39691元，同比增长3.1%；农村居民人均工资性收入20917元，同比增长5.6%。一系列稳就业保民生政策落地见效，就业形势持续改善，推动居民工资性收入稳步回升。

经营净收入 2020年，全县全体居民人均经营净收入6181元，同比增长5.4%，拉动人均可支配收入增长0.65个百分点，占可支配收入的比重为12.2%。分城乡看，城镇居民人均经营净收入5375元，同比增长3.5%；农村居民人均经营净收入7698元，同比增长7.9%。随着减税降费、加大金融支持力度、优化市场营商环境等方面的政策落实，全县居民家庭经营状况持续好转。

财产净收入 2020年，全县全体居民人均财产净收入3490元，同比增长7.1%，拉动人均可支配收入增长0.5个百分点，占可支配收入的比重为6.9%。分城乡看，城镇居民人均财产净收入2921元，同比增长7.9%；农村居民人均财产净收入4562元，同比增长6.1%。财产净收入较快增长主要得益于：一是居民理财意识增强，投资渠道多元化，推动财产净收入的增长；二是土地流转租金和村集体经济分红，带动农民财产性收入增加。

转移净收入 2020年，全县全体居民人均转移净收入7759元，同比增长6.3%，拉动人均可支配收入增长0.95个百分点，占可支配收入的比重为15.3%。分城乡看，城镇居民人均转移净收入8659元，同比增长6%；农村居民人均转移净收入6061元，同比增长7.2%。居民转移净收入稳步增长主要得益于社会保障的提标扩面，上调居民养老金、最低生活保障、困难补助等多项标准，全面做实基本医疗保险统筹，有效拉动转移净收入的快速增长。

【城乡居民消费支出】 2020年，岱山居民人均生活消费支出28007元，同比增长0.2%，增幅虽比前三季度回落0.9个百分点，但较一季度和上半年分别回升4.0和1.8个百分点，居民消费呈逐步回暖态势。分城乡看，城镇居民人均生活消费支出29169元，同比增长0.3%；农村居民人均消费支出25820元，同比增长0.1%。受疫情影响，居民享受型消费支出大幅下降，消费习惯趋向保守，八大类消费支出呈现“五升三降”态势，上年增长较快的衣着和教育文化娱乐支出下降最为明显，同比分别下降2%和1.5%。

2020年岱山县城乡居民支出情况表

表28

指 标 名 称	全体居民		城镇常住居民		渔农村常住居民	
	绝对值（元）	增幅（%）	绝对值（元）	增幅（%）	绝对值（元）	增幅（%）
人均生活消费支出	28007	0.2	29169	0.3	25820	0.1
（一）食品烟酒	9255	-0.1	9482	0.0	8830	-0.2
（二）衣着	2730	-2.0	2950	-1.8	2317	-2.6
（三）居住	3877	1.4	3493	1.8	4599	0.8
（四）生活用品及服务	1859	1.0	2082	0.9	1438	1.3
（五）交通通信	2698	1.0	3006	0.9	2118	1.0
（六）教育文化娱乐	3183	-1.5	3351	-1.6	2866	-1.3
（七）医疗保健	2830	2.5	2969	2.8	2567	1.9
（八）其他用品和服务	1575	0.6	1836	0.2	1085	2.1

居住和生活用品以及服务类支出 2020年，随着生活水平的提高，人们对居住环境的要求也越来越高，居民用于住房装修、购置家具家电等开支不断增加，有效拉动居住、生活用品以及服务类支出增大。全年居民人均居住支出3877元，同比增长1.4%；人均生活用品以及服务支出1859元，同比增长1%。

教育文化娱乐支出 2020年，受疫情影响，教育培训机构线下教学减少，居民外出旅游娱乐活动频率下降，居民在教育文化娱乐方面的支出明显下降。全县居民人均教育文化娱乐支出3183元，同比下降1.5%。其中，城镇居民人均教育文化娱乐支出3351元，同比下降1.6%；农村居民人均教育文化娱乐支出2866元，同比下降1.3%。

食品、衣着支出 2020年，受疫情影响，居民外出活动、就餐、逛街购物等频次降低，相应的生活消费支出有所减少。居民人均食品支出9255元，同比下降0.1%；人均衣着支出2730元，同比下降2%。

【住房保障工作】 2020年，岱山县完成2011—2016年棚户区安置房竣工442套，已交付442套，交付率100%；2017年棚户区安置房竣工140套，已交付136套，交付率97%。共租赁住房申请实行常态化申请，12月底，共申请审核公示8批公租房申请对象，新增中低收入家庭租金补贴61户，实际在保租赁补贴271户，共发放中低收入租金补贴151.50万元；新增环卫工人1名，以租金补贴方式给予保障。做好紧缺型引进人才公共租赁住房分配工作，分配公租房61套。对低保、低保边缘户等社会救助家庭排摸住房情况，建档立卡，对低保、低保边缘户家庭主动保障。在年初的新冠肺炎疫情防控期间，对参与疫情防控一线的医护行业公租房保障对象，给予减免2个月的租金，共减免43户、计3.20

万元。对拖欠2019年公共租赁住房租金的保障户，通过电话、短信等方式进行催缴房租。做好动态管理，对公租房保障家庭进行跟踪检查，至12月底，对保障对象因住房、收入等条件的变化，停发租金补贴24户、退出公租房56户。在县住建局网站住房保障信息栏里及时公布年度建设计划、专项补助资金分配、保障政策信息、保障对象信息、保障对象退出等信息。

（华芳可）

民族宗教工作

【概况】2020年，全县民族宗教工作牢牢把握党的民族宗教政策和法律法规，认真贯彻落实省、市民宗工作会议精神，谋发展、补短板，防风险、保稳定，以民族和睦、宗教和谐，助推全县经济社会发展。全县有少数民族户籍人口398人。有佛教、基督教、天主教三大宗教，有县佛教协会、县基督教“三自”爱国运动委员会、县基督教协会和县天主教爱国会宗教团体4个，有政府批准的宗教活动场所44处，其中佛教29处、基督教12处、天主教3处，有已登记编号民间信仰活动场所97处。是年，县民族宗教事务局（简称县民宗局）依法管理全县民族宗教事务，3名工作人员中有2人持有行政执法资格证书。

【民族宗教领域和睦和顺环境营造】2020年，县民宗局开展民族团结进步创建工作，指导秀南村依托“我的家”新居民联络点、“荷芬工作室”、“统战微家”等工作载体，积极回应少数民族群众需求，秀南村被省民宗委确定为第三批省级民族团结进步重点培育单位。开展民族团结进步宣传月活动，通过发放宣传资料、现场宣讲教育等形式，将党的民族政策和法律法规宣传到位。联合有关部门做好在鱼山工作的少数民族流动人员登记工作，走访慰问在岱山的穆斯林群众代表。开展多种形式的送温暖活动，把党和政府的关心关怀带给宗教界代表人士，春节期间，深入各宗教活动场所开展走访慰问活动，发放慰问金共计2.30万元。

【宗教领域维稳】2020年，县民宗局全力维护宗教领域安全稳定，扎实做好重要节假日、各级“两会”召开期间等重要时段的宗教领域维稳工作。着力做好宗教领域重点难点工作，积极开展全县宗教领域不稳定因素和矛盾隐患大排查、大化解活动，全年未发生一起因宗教方面问题影响社会稳定的事件。

【宗教领域安全】2020年，县民宗局加强宗教场所消防安全，严格落实岱山县宗教（民间信仰）活动场所消防安全管理规定，4月、8月组织开展2次全县宗教领域消防安全隐患大排查大整治工作；结合宗教领域“四治”工作，在5～7月和9～11月，分组开展两轮“全覆盖”式消防安全检

2020年11月17日，县民宗局工作人员检查法华禅院在建工程安全情况

（叶淑靓　摄）

查，涉及全县200余处宗教场所和民间信仰活动场所。完成公共房屋安全排查工作，共排查出建筑安全隐患76处（其中D级危房4处），督促指导场所加快推进治理改造工作。加强部门联动，会同县应急管理局、县消防救援大队和县公安局开展宗教（民间信仰）活动场所安全工作联合督查。加强日常安全管理，联系县移动公司并指导宗教场所做好视频联网的日常维护和保养工作，做好广济禅寺、法华禅院等宗教场所在建工程的安全监管，全年全县宗教领域未发生一起安全事故。

【宗教活动场所疫情防控】 2020年，全县成立由县委常委、县委统战部部长任组长的全县宗教领域防控工作领导小组，出台部领导联系乡镇督查宗教领域疫情防控工作制度，由班子成员任组长的6个小组开展常态化“片区包干”巡查，截至6月1日，宗教场所陆续恢复开放，全县民宗干部累计巡查宗教活动场所22230次（其中宗教活动场所5720次、民间信仰活动场所12610次、私设宗教聚会点3900次），巡查覆盖率100%。充分发挥设在县民宗局的宗教活动场所视频监控平台的作用，加强对宗教场所的实时管控，确保第一时间掌握场所疫情防控动态。指导各乡镇发挥“三人驻点小组”和宗教领域巡查员、全科网格员的作用，对允许恢复开放场所进行常态化疫情防控巡查，要求场所严格落实疫情防控举措，对未恢复开放场所实行一周两次的巡查，继续严格实施“双暂停”。

【宗教基层基础建设】 2020年，县里把宗教工作纳入县委巡察工作重要内容，4—6月，对1个乡镇党委、6个村党总支开展宗教工作专项巡查，“三个纳入”工作要求得到全面落实。发挥全县民宗工作协调小组作用，6月初，召开民宗工作协调小组扩大会议，研究部署基督教私设聚会点专项治理、个别基督教私设聚会点信徒在公共场所散发宗教宣传品和民间信仰场所非法佛事整治等工作，推动宗教领域重点难点问题的解决。将宗教工作纳入2020年度全县平安村（社区）考核重要内容，宗教工作属地管理原则进一步贯彻。全县宗教场所、民间信仰场所和基督教私设聚会点均实施“三人驻点小组”工作制度，各民间信仰场所普遍成立庙管会。

【推进学法用法和依法治理】 2020年，为提高基层宗教干部依法行政水平，县委理论学习中心组集中学习习近平总书记关于宗教工作重要讲话精神和宗教政策法规，组织民宗工作协调小组成员单位负责人参加在复旦大学举办的统战（民宗）工作培训班，局长王建江向全县中小学（幼儿园）党支部书记宣讲宗教政策法规。依法管理宗教事务，配合县人大常委会调查组做好全县贯彻落实《浙江省宗教事务条例》的专项调查工作，并在县人大常委会上代表县政府作专题汇报，依法管理宗教事务得到县人大的充分肯定。加强基层宗教执法能力建设，县民宗局2名行政编制干部持证率达到100%。认真梳理本部门政务服务2.0事项清单，按时完成事项配置和完善办事指南。除省民宗委发文要求不得进行网上办理的事项外，其他政务服务事项100%开通网上办事，实行高频事项上门服务机制。及时调整“互联网+监管事项”并开展行政检查执法，是年，共检查99户次，掌上执法率达100%。

【“寻梦中国·正言正行”主题教育实践活动】 2020年，县民宗局积极引导宗教活动场所在4月4日全国哀悼日下半旗志哀，在场所恢复开放第一天和国庆期间举行升国旗仪式，进一步增强宗教界人士的公民意识和爱国情怀。10月20—23日，在中国佛学院普陀山学院举办全县佛教界代表人士培训班，开展“十百千万”普法工程，指导岱山县慈云极乐寺创建2020年度省级宗教法治宣传教育基地，组织宗教界开展“宗教政策法规学习月”和“12·4”国家宪法日等活动，指导县佛教协会通过委托第三方，完成全县29处佛教场所的财务审计工作。

【宗教团体规范化建设】 2020年，县民宗局指导全县各宗教团体对照《宗教团体管理办法》全面梳理本团体制度清单，县佛教协会审议通过新修订的《岱山县佛教协会寺院管理实施办法》。在佛教界大力弘扬讲经说法优良传统，支持净修律寺等佛教场所在加强疫情防控前提下，开展讲经说法活动，实现社会主义核心价值观宣传教育与宗教活动的有机融合。加强基督教基层传道员的规范管理，支持县基督教两会组织同工造就等培训，推荐基督教中青年骨干参加省民宗委组织的各类培训。

【引导宗教界参与社会服务】 2020年，在疫情发生初，全县宗教界自觉接受党和政府指挥，按照指令第一时间关停场所和活动。宗教界率先发起捐款活动，并积极联系防疫物资，累计捐款捐物折合160余万元。佛教界持续开展“夏日送清凉”活动，看望慰问全县一线环卫工人。县基督教两会在禁渔期开设周末讲座，教育渔民信徒自觉遵守浙江省海洋禁渔休渔规定。在创建全国文明县城活动和倡导“厉行节约”理念过程中，宗教界积极参与、倡议、宣传，努力发挥特殊作用。

（叶淑靓）

关心下一代工作

【省关工委领导到岱山调研】 5月27日，省关工委副主任徐全升、王强一行到岱山调研关心下一代工作，市关工委常务副主任王世和、市关工委专职副主任包正东等人陪同调研。调研组一行实地考察长涂镇和晨光电器厂关心下一代工作的开展情况，参观东沙镇司基村盐民运动遗址、长涂倭井潭抗倭遗址和军训研学基地——少年军校等红色教育基地。省关工委领导对岱山县关工委充分挖掘本地教育基地资源，强化对青少年的爱国主义教育表示肯定。指出，要着力研究常态化疫情防控条件下开展工作的思路和措施，坚持“党建带关建”，进一步做好本地各类教育基地的提升工作，持续深化传承红色基因教育，教育引导青少年进一步坚定理想信念、厚植爱国情怀。副县长刘奋伟陪同调研。

2020年5月27日，省关工委副主任徐全升（左四）、王强（左二）调研晨光电器厂

（县委老干部局　供图）

【“五老”共议工作及先进表彰】 1月17日，县关工委副主任盛代红与工作人员走访慰问“五老”宣讲团成员，献上新春祝福。期间，与“五老”们商议2020年的工作计划，部署工作安排。是年，“五老”曹善蝉被中国关心下一代工作委员会评为“全国关心下一代先进工作者”、岱东镇上船跳青少年综合性文化实践教育基地获“浙江省关心下一代教育基地”称号。

【“补短板　创品牌　树标杆　走前列”工作推进会】 9月27日下午，岱山县关工委在县先锋联盟中心召开“补短板、创品牌、树标杆、走前列”工作推进会，县检察院、县教育局、团县委、县妇联等成员单位的分管领导，衢山镇等乡镇分管领导，社区关工委代表，“五老”骨干等参加会议。市关工委常务副主任王世和、专职副主任包正东等应邀参加。其间，与会部门单位做了工作交流发言，县关工委常务副主任冯仁冠通报近三年来全县关工委工作开展、基地创建情况，并对下一步工作做出具体部署。王世和副主任肯定岱山县关工委这三年来所做的工作，对各级关工委及部门、五老们的无私奉献表达深深谢意，并提出“担在肩上、爱在心中、路在脚下”的寄语。

【“清明祭英烈”主题教育活动】 2020年，结合新冠肺炎疫情防控实际，县关工委在清明期间发出“致敬2020，清明祭英烈”网上签名寄语活动的通知，引导广大青少年开展“传承红色基因　网上祭英烈”活动。全县青少年在“中华英烈网”“舟山文明网”开设的网上祭扫平台中，以学习英烈事迹、网上祭英烈、网上献花、寄语留言等形式，向英烈们致以最深切地缅怀和最崇高的敬意；通过给心目中的英雄先烈写一封信，用画笔描绘自己最崇拜的一位英雄人物形象，唱一首红歌，制作一张红色经典推荐卡、手抄报等方式，表达对英烈的崇高敬意和无限哀思；或与家长一起观看红色影片，一起了解“下半旗”的知识，一起向英雄默哀。全县8000多名青少年参加了教育活动。

【假期社会实践活动】 2020年，随着创城工作的开展，县关工委联合高亭镇城镇社区在暑假期间组织学生开展“我为创城来添彩”志愿服务活动。社区学生上街宣传垃圾分类，协助行人过马路，提醒司机在斑马线前礼让行人，提醒电动车车主佩戴头盔，在小区捡拾白色垃圾、烟蒂，清除卫生死角和城市牛皮癣等。7月20日，县关工委办公室邀请手语老师为嘉和社区30余名小学生和家长授课——“手语进社区　无碍更有爱”。7月19日下午，岱山实验小学15名学生和部分家长在军休干部吴大桓家里，聆听其讲述淮海、渡江、解放舟山、大榭岛等战役战斗中舍生忘死、英勇战斗的动人故事。

2020年7月19日，学生在军休干部吴大桓（左三）家中，听其宣讲革命事迹
（县委老干部局　供图）

【“纪念抗美援朝70周年”主题活动】 2020年，岱山县关工委组织广大青少年开展“纪念抗美援朝70周年”主题系列活动：观看《祖国从未忘记　英雄终归故乡》视频；组织“向抗美援朝志愿军英雄致敬”主题班会课；开展“致敬抗美援朝·争做时代新人”国旗下讲话等。11月2日，县关工委办公室组织中国工农红军浙江岱山金维映红军小学（高亭小学）的少先队员代表，看望慰问参加过抗美援朝战争的老战士王德海，聆听老战士讲述抗美援朝作战中舍生忘死、英勇战斗的动人故事。

【禁毒宣传队网吧巡逻】 为进一步加强网吧市场管理，8月24日，县关工委办公室组织五老关爱团网吧监督组成员，在县文化市场行政执法队员的陪同下，对高亭城区的新渔港网咖、雷霆网咖等5家网吧进行突击巡查。检查过程中，五老成员对网吧的证照、进出人员身份证登记、防疫情况登记及消防安全等制度的落实情况进行核查，经检查，未发现网吧违规行为。

【帮困助学献爱心活动】 2020

年，县关工委分别与岱中小学4名特困儿童以及岱初中学4名特困学生进行结对帮扶，在春节和“六一”节前夕，到校看望并送上慰问金。5月25日，离休干部、关工委老同志邵承德专程看望岱中小学结对儿童，并送上1000元助学金和教育宣传资料。5月28日上午，县关工委常务副主任冯仁冠、副主任盛代红和“五老”代表到高亭中心小学调研特殊教育工作，并为培智关爱点的孩子们送上“六一”节日问候和礼物。县关工委与县民政局联合开展“福彩暖万家”系列活动，共有60名困难少年儿童和5名困难应届大学生受益，资助金额16万元。

2020年11月17日，“五老”传授岱山渔号歌子　（县委老干部局　供图）

【非遗传统文化进校园】 11月17日下午，县关工委办公室邀请“五老”林通玙来到高亭中心小学三（2）班，为同学们介绍被列为“国家级非遗保护名录”——岱山渔歌号子。林老通过播放自己的录音、现场说唱、动作演示等方式，生动表现渔歌号子的魅力，并引导同学们一起表演。《银领先锋·视频》栏目组记录活动全程，并现场采访林老和部分学生以及教师。

2020年5月28日，“五老”慰问特殊儿童　（县委老干部局　供图）

【“五老”培训班】 11月24日—26日，县关工委面向乡镇（部门）、社区等基层关工委工作者和“五老”骨干人员，在普陀区委党校举办一期业务培训班，共32人参加。培训班围绕习近平总书记浙江之行、“五老”徐博龙个人事迹等内容开展专题授课；参与蚂蚁岛现场教学，实地感受“艰苦创业、敢啃硬骨头、勇争一流”的蚂蚁岛精神，在全国第一个小区关工委——东港街道香榭花园小区开展现场教学。

（王海芬）

责任编辑：李慧慧

乡　镇

Villages and Towns

高亭镇

【概况】 高亭镇位于岱山岛东南部，东与长涂镇相峙，北与东沙镇、岱东镇接壤，南与秀山岛隔海相望，西与岱西镇相连，是岱山县政治、经济、文化、教育中心。2020年，镇辖10个城镇社区、21个村（社）。年末户籍人口61871人，同比减少0.4%；总户数27808户，同比增加0.8%。是年，全镇实现财政总收入8.80亿元，完成地方财政收入5.50亿元，其中一般公共预算收入1.60亿元。实现地方固定收入1.70亿元，完成固定资产投资24亿元。城镇和渔农村常住居民人均可支配收入分别增长3.2%和5.1%。

【工业经济发展】 2020年，全镇有企业346家，其中工业企业143家，个体企业203家，实现工业总产值770.50亿元，同比增长340%。规模以上企业实现产值762.80亿元，同比增长356.3%，其中，剔除浙石化规模以上产值14.90亿元，同比增长13.6%。船舶修造业实现产值1.26亿元，同比减少39.8%。汽配、电机机械企业实现产值9.08亿元，同比增长54%。轻纺鞋业、化纤制造企业实现产值0.84亿元，同比减少29%。深入开展服务企业活动，重大产业项目顺利推进。舟山绿色石化基地浙石化项目一期全面投产，二期加快建设，中广核岱山4号海上风电项目、中交三航二期建成投用。狠抓产业整治提升，处置低效企业35家。传统产业加快转型，金枪鱼综合利用加工基地顺利完工，晨光电器、奥博管业等智能车间项目扎实推进。晨光电器获评国家级专精特新“小巨人”企业，入选年度省企业标准“领跑者”名单。

【渔业生产和安全】 2020年，全镇现有各类渔业船舶521艘，其中，大中型渔业船舶476艘（拖虾185艘、蟹笼129艘、敷网32艘、帆张网8艘、定置张网12艘、围网1艘、渔运船109艘），其他渔业船舶45艘（小型捕捞渔船14艘、油运船18艘、涉渔工程船3艘、渔业休闲船5艘、养殖船5艘）。实现渔业总产量79511吨，同比减少30%，总产值96065万元，同比减14.2%。养殖面积71公顷，产量4483吨、产值5437万元。全镇有运输公司19家，运输船舶112艘、渡船2艘。海运业运力72.40万吨，同比减少约3.3%。

深刻吸取“4·12”事故教训，在全镇范围内开展渔业安全“铁拳整治2020”专项行动。开展风险大排查，规范管理各类渔船，摸清渔船底数，排查渔船隐患，落实监管责任；开展安全隐患大排查，重点排查异地挂靠渔船、10人以上的高危渔船，排查救生消防设施、号灯号型、网具超载、终端离线等隐患，逐一督促整改落实。全镇共检查101次，派员440人次，检查渔船820余艘次，整改隐患船只46艘，确保渔业生产平稳有序。

【农林畜牧业发展】 **农业发展**

2020年，全镇经济作物播种面积519.30公顷。其中，油料播种面积27公顷，蔬菜以及食用菌播种面积413.20公顷，瓜果类播种面积75.40公顷。草莓播种面积增至2.06公顷，亩产量提高至258千克，其中南峰草莓小有名气。拓展生态稻米认养基地建设，对原基地的北侧进行抛荒地整治，扩大认养基地面积；开展绿色稻米认证，已通过基地环境绿色认证和绿色产品认证；改进稻米包装方式，采用双层真空包装。加强大峧"十里花海"基础建设，建置停车场、安装竹篱笆，施用商品有机肥30吨，改善花海旅游环境。会同县自然资源和规划局，开展农村乱占耕地建房问题专项整治行动，以张贴海报、发送短信、发公众号等，开展多种形式的宣传，并通过图斑对比和现场对比排摸出疑似点位58处，论证后上报点位8处。

林业发展　2020年，高亭镇深化森林岱山建设，严管森林防火安全。强化防火监管，加强队伍建设，聘用专职护林员共23人，除日常监管后，重点对春节、清明节两个节日，开展专项森林防火工作，在各关键上山道路设立8个卡点，组织镇机关干部和社区村委干部近200人在林区值班、巡护。引导群众文明祭扫，推广鲜花祭拜方式，杜绝火种上山。共发放鲜花3.50万朵。是年，高亭镇辖区内仅发生火警1起，过火面积控制在667平方米范围内。

畜牧业发展　是年末，全镇羊存栏455只，同比增长22.3%，年内出栏380只，同比减少39%。活家禽存栏6374羽，同比增长26%。其中肉禽2850只，蛋禽2210只。家禽出栏6375只，同比增长14.5%。畜禽产品产量稳定，肉类产量3.60吨，其中羊肉1.50吨、禽肉2.10吨，鸡鸭鹅蛋产量1.90吨。积极开展春秋两季禽流感免疫工作，全镇共有存栏数为7891羽，散养户333户，共注射疫禽流感10484疫苗羽，免疫密度95%。

【商贸服务业复苏】　2020年，高亭镇商贸服务业在疫情初发期有一定下滑，随着疫情控制，快速复苏，在第三季度限上零售（0.48亿元）、限上住宿（0.68亿元）、限上餐饮（0.24亿元）等均已止颓上扬，部分同比数据还略有上升。城区"夜经济"加快发展，建成新天地餐饮综合体和夜经济示范带，引进星巴克、高佳庄、牛先生等知名餐饮企业15家。日达广场重整盘活，豪森大酒店成功拍卖，海中洲大酒店处置取得重大进展。房地产和建筑业保持健康发展。旅游景点培育扎实推进，创成A级景区村庄5个。海运业运力稳定在72.30万载重吨，实现海运业税收1578万元。推进美丽乡村建设，持续深化农旅融合，大峧村稻米认养基地上种植出"幸福高亭"3D立体创意图案，举办高亭首届农耕文化节，并被"学习强国"浙江学习平台报道，举办第二届东海蓬莱仙米秋收节，赢得稻米认养人的好评。"五一"期间，大峧"十里花海"虞美人盛开，吸引大量岛内外游客打卡游玩，打响花海知名度。是年，主要风景区接待游客共计318.20万人，实现旅游收入30.40亿元。

【人居环境治理】　2020年，高亭

高亭镇大峧村稻米认养基地　　（徐诗喆　摄）

镇积极开展环境整治工作。完成夜经济带南岙地块的违章建筑拆除、坟墓拆除、菜地整治；城西片区、冷岙地块的土地整治、排水沟改造完工；浪激渚社区徐福大道沿线整治行动进入常态化巡查阶段，沿街立面改造完工。完成整洁村庄行动整治点位200余处。推进渔农村生活垃圾分类，加快环卫市场化，完成第三方购买服务，配置其他电动垃圾清运车9辆，电动清扫车4辆，其他垃圾收集清运车2辆，其他垃圾挂桶车33辆，可回收垃圾专用车、有害垃圾清运车各1辆。保持“三改一拆”高压态势，加强对乱搭乱建现象的巡查处置力度，完成新天地广场夜经济带的违章建筑拆除、菜地整治；完成磨盘山、南岙水库的“四边三化”工作；完成小河流域的违章拆除；拆除南峰机械厂、大理石厂等违建面积2500多平方米。按照创城标准，开展居民小区环境整治，对太阳城一区、海德花园等16个小区开展集中整治，发动各物业小区开展整治行动150次，蓬莱小区等自治小区开展环境整治行动40次，开展居民小区车棚车库整治行动，清退出租房140户。新建“岱渔宿舍区”公厕1座。

【社会文体事业发展】 疫情期间，高亭镇严格按照上级部门规定关闭相关文体阵地，落实文保点和寺庙的日常巡查。5月左右疫情缓解，以全面建成小康社会和创建全国县级文明城市为目标，迅速明确社区村文化块任务，推出“创城亭心、文化同行”镇文化品牌，并演出各类活动8场。文化礼堂和文体活动室建设指导工作有序开展。江南村、大岙一村、大岙二村、官山村和塘墩村的村文化礼堂完成建设，官山村和大峧山村的文体活动室完成打造。举办“奋力奔小康　红歌映礼堂”的主题红歌大赛，参加全县比赛并获奖。积极参与全县重大赛事和文化活动，组织渔民圆满完成岱山·休渔谢洋大典的祭祀演出任务，组织文艺团队参加2020年“仙岛夜精彩”岱山文旅夜市暨百姓文化节4个月的演出，参加第九届县运动会取得田径组（成年部）团体总分第四名的成绩。争创全国县级文明城市，打造全新的综合文化站，实施社区综合文化服务中心的内外景装饰，完成建成区内所有健身路径、建设公园等破损缺失和新增情况的摸排；完成对南峰、浪激渚和枫树体育广场体育设施的修缮和置换，完成城镇社区和先锋联盟中心志愿点位的打造。

【市政公用设施建设】 2020年，高亭镇配合浙石化住宅小区建设，浙石化职工公寓（BJT-01地块）主体结构建设完工，小区电力、路面等基础配套设施建设完成，总投资2.90亿元；完成浙石化小区（BJT-02地块）的新征拆迁。加快推进机场片区全域土地整治和生态修复工程，军民路和火烧浦的民居立面改造顺利完工，大峧便民服务中心项目完成立项和施工图编制等前期工作，进入招投标阶段。完善市政管网设施，全面投入污水零直排区建设，修复老城区、镇属机关、六小行业等雨污管网1.50千米；完成通信线路上改下弱电管道工程、10KV板井潭2号支线变电器迁移工程。优化市政交通设施，完成官山通村道路，新建盘水岙至东岙老海塘混凝土栈桥长888米，安装100千米基建变电器；工程长775米的官山大桥至盘水岙公路，堤顶加宽142米的路面平整工程已完工，总投资1000万元；配合长河路精品示范街建设，完成沿港中路、人民路、蓬莱新村一小区等立面改造；完成江南村交叉口信号灯停靠站增设工程，增设智能监控以及信号灯、设置港湾式停靠站2处；完成闸口一村、二村墓区道路工程，在原路型的基础上，修建一条长约400米、宽约3米的混凝土道路。

【民生保障】 2020年，高亭镇坚守扶贫底线，强化养老服务，打造高质量基本民生保障窗口。加强残疾人保障，对1753名残疾人进行动态更新调查，改造无障碍家庭12户，46名精神、智力和重度肢体残疾人在弘美、众鑫2家企业举办的“残疾人之家”中实现了辅助性就业。强化慈善救助，做好县慈善总会“慈善情暖千家万户活动”春节慰问金的发放，完成慈善助医卡、购药卡申报发放工作。深化养老服务市场化改革，新增城西片区居家养老服务照料中心1家。推行文明殡葬改革，新增11个城中村纳入集中治丧整治范围，积极配合做好坟墓拆迁工作，重点开展蓬莱公园坟墓拆迁工作，拆迁坟墓67座，另外还拆迁坟墓8座17穴。打造高质量民政社会服务窗口：完成镇级“枫桥式”退役军人服务站以及10家社区村“示范型”退役军人服务站的建设工作；打造镇级社工服务站，促进社会工作和志愿服务双联动，已注册登记1家镇级社工服务站“岱山县高亭镇渔岛公益社会工作服务中心”，承接城西片区居家养老配送餐业务。配合健康岱山建设，共开展宣传活动127次、受教育达31875人次、印发宣传资料13000余份；为做好江南村登革热防控，对江南村37个点位开展环境整治；超额完成无偿献血任务；完成部分社区居民、渔农村村民体检以及流感疫苗接种工作，发放体检票2090张，70周岁及以上老年人共966人免费接种流感疫苗。有序推进重点项目建设：做好镇成校校舍维修工程和危房加固工作，完成办公楼、教学楼门窗更换和窗台补漏维修；完成镇中心幼儿园户外运动区域创设，包括大型玩具换置，野战游戏区域塑料草坪铺设、情境创设，木质玩具屋搭建；城西片区居家养老服务中心投入运营，推进枫树村居家养老服务照料中心建设，完成工程量的80%；创建嘉和社区省级无障碍社区，社区办公场地内的大门、便民服务中心和小公园内无障碍设施均已完成。

【社会治理】 2020年，高亭镇致力推进矛盾纠纷和来信来访源头化解，处置12345来电260件、平安爆料2000余条，上级转办信访件20件，全部答复完毕；镇本级受理来访事项约100起，登记造册30起，有效处置90起，原地化解50起。全镇梳理矛盾纠纷较难事件17件，化解东方一品飘窗纠纷。深入开展扫黑除恶、反邪教、禁毒、反诈等平安宣传活动。6月，成立东海渔嫂十大员队伍，正式将东海渔嫂纳入参与基层治理的社会组织，并配合全镇多次开展平安宣传。积极推动法治村社区创建工作，嘉和社区获评省级民主法治社区（村）创建单位，高亭二村获评市级创建单位。全镇已有国家级民主法治社区（村）1个（竹屿社区），省级4个，市级12个，县级14个，实现全覆盖。加快推进全镇村社党群服务中心建设，太阳城一区已建成、嘉和园小区已进场施工。嘉和社区作为全市试点社区，积极探索应用智慧社区平台；联合推进“智慧村社”建设，“智慧村社”在线视频会议系统完成安装；推广智慧基层社区治理微平台“微连心”，全镇所有专职网格员账号绑定激活。

【政务服务】 2020年，高亭镇以“服务发展、保障民生、促进和谐”为中心目标，不断完善服务网络、延伸基层平台、优化服务品质。推进政府数字化转型工作。加强网上办公宣传，引导群众由纸质办公向电子办公转化，提高政务服务事项全流程网上办理比例。镇便民服务中心配备自助终端一体机，方便群众网上自助办理，配备刷脸通办机器，采集信息，使刷脸通办向全领域推广。同时，积极推广“浙里办”App，全镇注册人数达到1.3万余人。深化最多跑一次改革。以“为民、便民、利民”为目标，先后推出“离岛代办”“先锋代办”等品牌，推出全新的“东海渔嫂”代办，着力打造“便民、快捷、高效”的服务平台；进一步掌握“减证便民”举措和证明事项承诺制改革的执行情况，推出保留证明材料清单、取消证明材料清单、不需提交证明清单，解决群众和企业办事“烦”“堵”“难”的问题，对于应群众、企业办事需求由本单位开具的证明材料，建立每月登记制度，逐步由减证向无证转化。

【招商引资】 2020年，高亭镇聚焦重点产业，聚力重点项目，大力实施精准招商、产业招商、以商招商，取得明显成效。加快僵尸企业处理、重大项目引进，成功拍卖豪森大酒店，引进浙江卓悦酒店有限公司。全镇招商引资目标任务2亿元，全年共计完成2.70亿元。其中，岱山立铭建材有限公司1000万元，岱山县高佳庄餐饮管理有限公司1000万元，舟山市奥能贸易有限公司3200万元，浙江卓悦酒店有限公司1亿元，岱山县辰辉贸易有限公司6350万元，浙江卓悦酒店有限公司另有土地款5560万元。

【疫情防控期间的复工复产】 2020年，新冠疫情初期，高亭镇迅速成立领导小组，设立专项工作小组，日夜奋战在防控一线。第一时间下发《高亭镇规范村口、小区设卡“五步法”》和《高亭镇村、社区居家观察精准管理“八个必须”》，规范小区、城中村和渔农村的防控工作，利用“网格员＋网格信息平台”的模式，确保疫情防控无死角、无漏洞，织密社区村“最后一公里”的防控网。后续疫情渐趋平稳，但为严防境外输入和国内疫情反弹，镇常态化疫情防控组持续筑牢疫情防线。全镇31个社区村共计排摸近30万人次，对12863名回岱人员纳入四联防控名单，并做好动态管控，对重点疫区来岱人员分级管控，共送检测133人次，联合高亭卫生院开展健康检测随访107人。排查境外相关人员1109人，外籍渔民2200余人，成功劝退劝返2000余人次，与境外回国人员建立“一对一”服务共288人，已为283名境外回国人员落实接引纳管和上报工作。加快企业复工复产，组建复工复产帮扶指导小组8个。收集企业复工复产中各类问题230余个，现场解决答复190余个，协调解决30余个；汇总、排查、落地纳管企业返岱人员1800余人；共发送各类短信、QQ、微信20余轮次、4000余条；发放防疫宣传挂册100余份，宣传资料4500余册；组织开展包车拼车接送返工员工652人，发放口罩28420只，支援温度计40余个，进行核酸、CT检测共计1130人次，协调安置隔离人员7批次。帮助辖区内企业迅速恢复生产。

【乡村振兴和文明城市创建】 2020年，高亭镇持续推动乡村振兴。加快大峧山村开发建设，完成景观提升工程，谋划打造海岛红色旅游基地。机场片区全域土地综合整治通过市级验收，完成民居立面改造、美丽村口、“旱改水”“整洁村庄”深化提升等系列项目。大峧村获评省级美丽乡村特色“精品村”，高亭镇获评省级美丽乡村示范镇。开展绿化造林，新造林30公顷。提高耕地利用率，完成抛荒地整治8公顷。大力扶持村集体经济发展，引导各村因地制宜包装发展项目，实施“一事一议”财政奖补项目3个，全面消除市级经济薄弱村。全镇深入推进创城工作。开展背街小巷整治、居民小区和公共场所环境提升等各类专项行动，获得全国县级文明城市提名资格。整治住宅小区75个，清理楼道2400余个，设置停车位1500余个，增设电瓶车充电桩120余处，整治经营性车棚车库64个，完成飞线整治130余户，增设创城公益广告3800余处。常态化开展“戴盔亮尾”“路长制”巡逻等志愿服务活动。启动居民小区物业全覆盖工作，新增物业纳管楼房72幢。配合做好城镇生活垃圾分类工作，有序推进“撤桶并点”，完成环卫第三方运营

2020年2月18日，舟山弘美机械制造有限公司加强疫情防控工作
（高亭镇 供图）

体制改革。深入开展渔港环境综合整治，建立健全长效管理机制，渔港、渔运道路环境脏乱差现象显著改善。

（范凌华　徐诗喆）

东沙镇

【概况】 东沙镇位于岱山岛西北端，北濒岱衢洋，东邻岱东镇，南与高亭、岱西接壤，陆域面积23.46平方千米，下辖3个渔农村、2个城镇社区。至2020年底，总户数7397户，同比减少1.3%；户籍人口15945人，同比减少2.4%。全年实现工农业总产值52.90亿元，实现地方财政收入7452.07万元。2020年“四治融合模式”入选“浙江乡村振兴十大模式”；荣获2020年度浙江省新时代美丽城镇建设基本达标乡镇、省级森林乡镇称号。

【工业经济发展】 2020年，面对严峻的疫情形势，全镇企业迎难而上，寻求突破，实现工业总产值54.61亿元，其中规模以上工业产值15.26亿元。汽配行业产值20.85亿元，玩具行业产值9.92亿元，微电机行业产值5.42亿元，船配行业产值3.16亿元。新增服务业规模以上企业1家。产业层次优化提升，加快推进龙头企业智能制造建设，全镇规模以上企业研发投入达到3500万元，列入2020年省级新产品试制计划项目5项，全年新增科技型小微企业3家。完成海山汽车隔热罩以及钣金自动化生产线改造，实施银岱注塑车间智能化技改项目建设。全年研发新产品40种，申报发明专利4件，新授权专利9件，新增注册商标5件。舟山海山机械密封材料股份有限公司入选国家级专精特新“小巨人企业”。

【小型企业园建设】 2020年，东沙镇持续推进智慧汽船配特色小镇建设，收储原万联达公司闲置厂房面积2.75公顷，作为汽船配小微企业园二期用地，为“低散乱”企业整治以及汽船配招商项目孵化，提供土地空间和发展空间。投资3000余万元，完成小微企业园二期1号、2号、3号厂房以及配套设施。小镇客厅、知识产权服务中心等公共服务配套项目工程完工。优化营商环境，开辟汽船配小镇“标准地”供地2块，通过汽船配小镇十项区域评估。深化“亩均论英雄”改革，提升21家亩均税收2万元以下低效企业，完成小微企业“退散进集”10家。招商引资有新的突破，全年实际到位市外资金1.72亿元，其中浙商回归4800万元。引进三柯精密机械、瑞诺威科技2个投资亿元以上项目。引入汽配研发机构1家。完成浙江省岱山汽船配内饰密封件产业创新服务综合体创建申报工作，被省科技厅列入第四批创建名单。投资500万元，建立综合体公共服务平台、设备检测平台、电商商贸平台、品牌指导服务站、科研实验室等，并投入使用。

【全域旅游】 2020年，东沙古渔镇顺利通过国家AAAA级旅游景区景观质量的评估。持续夯实古渔镇旅游基础，完成核心区古镇入口、美食街、解放路3条核心街道的灯光提升等工程。新建停车场2处，增加车位203个。增添景区监控24座，实现景区监控全覆盖。新增牧海半舟、奥古民宿2家。启动东沙山嘴头二路美食街三年打造计划，整理修缮店面房11间，入驻店铺3家。完成桐盘湾斜坡花海以及“可食地景”建设，加快推进海上旅游运动项目。启动海金小镇——东沙文化创意园项目土建工程，完成投资500万元。点亮景区夜经济，圆满完成第十一届东沙古渔镇弄堂节之“东沙夜宴”“落地桶中秋游园会”及海岛非遗系列表演活动。是年，全镇旅游人数25.60万人次，实现旅游收入6400万元。

【城乡建设】 2020年，东沙镇以美丽城镇试点镇创建为抓手，打造以产业美为重点，环境美、生活美、人文美、治理美齐头并进的美丽城镇，开展“五美”项目建设37个，投资6887万元，建设“十个一”标志性工程，创成2020年度浙江省新时代美丽城镇建设基本达标乡镇和美丽城镇市级样板镇。提升重点窗口、重点路段、重点区域的绿化彩化层次，完成“秋日风情”项

桐盘湾斜坡花海以及“可食地景”（东沙镇 供图）

目和泥峙山体彩色村打造。造林12.30公顷，司基村完成省级“一村万树”示范村建设，成功创建省级森林城镇。

【城镇管理】 2020年，东沙镇健全农村环境长效管护机制，坚持全面查漏补缺与重点攻坚破难相结合。抓好厕所、污水、垃圾“三大革命”，改造公厕5座，新建2座。完成桥头村、泥峙村新一轮270户生活污水的提标改造。东沙社区污水零直排区建设工程、司基河道“品质河道”建设工程通过验收。完成梼门河道南隧道整治、东沙工业基地排涝河道清淤、梼门河道修复等工程。落实道路交通安全属地管理责任，重点整治人民西路交通安全隐患17处。推行“人性化执法+法治化管理”模式，全面推进“门前四包”有效落实。巩固“无违建县”创建成果，强化日常巡查管控，拆除存量违建23处，完成县级农村危房改造3户。

【乡村建设】 2020年，东沙镇积极实施大花园大通道建设。重点做好G526、燕窝山安置地块配套设施工程。东沙海防执勤道路的路面改造项目竣工。推动新道头、梼门冷库废弃矿山的治理工作，完成地质灾害应急治理3处，山嘴头、黄嘴头、小岙宕口等复绿项目通过验收。实施防洪排涝三年行动，完成马家岙山塘、桥头山塘的标准化建设工程，费家岙水库除险加固工程通过竣工验收。加强农业扶持，超额完成粮食保供增产任务。取缔拖拉机19辆、“三无”船只10艘。建成和改造一批民生实事项目，并投入使用。新建东沙社区念母停车场、改造泥峙村公厕、新建泥峙村关洋岙道路、新建司基村外司基健身场、改造桥头村文昌路渠道等，完成东沙社区东渡路AAA公厕主体工程建设。

【社会保障】 2020年，东沙镇抓好特殊困难对象、弱势群体的救助与帮扶工作，充分发挥养老保险、医疗保险对弱势困难群体的托底保障作用，城乡医疗保险覆盖面超过99%。完成2020年政策性农村住房保险投保工作。决战脱贫攻坚，深入开展“一户一策一干部”帮扶活动，救助、慰问困难家庭356户，发放各类救助、救灾款49万余元。扩大养老服务供给面，完成镇级示范型居家养老服务中心建设，推进养老服务供给侧改革。完成避灾点规范化达标建设4个。

【公共服务】 2020年，东沙镇全民推动“健康东沙”行动，深化医疗卫生、体育健身等各领域的改革发展，全面提高应对突发重大公共卫生事件的管治能力。继续开展健康示范村创建活动，获评市级健康乡镇，桥头村创成省级卫生村。深入实施文化惠民，泥峙村文化礼堂获评五星文化礼堂。加大优质教育资源供给，东沙中学获评省级绿色学校、蓬山小学获评省级健康促进学校、东沙幼儿园列入第十批浙江省生态文明教育基地。发挥镇成校社区的教育功能，开展各类社区教育培训111期、7765人次。

【平安法治建设】 2020年，高亭镇社会治理共建共享，推广乡贤参事会制度，新建东沙乡贤馆。成立镇“东海渔嫂参与社会治理指导中心”，组建“东海渔嫂”十大员队伍。深化“基层治理四平台”建设，综合指挥室受理各类信息9538件，办结率100%。“四治融合模式”入选“浙江乡村振兴十大模式”。积极打造“智慧治安”防控体系，新建东沙市民安防体验中心。开展打击反走私“国门利剑2020”行动，完成村社反走私工作网络建设。推行信访代办制度，办理各类信访件111件，处理矛盾纠纷239件，涉及金额373.10万元，调处成功率100%。完成第七次人口普查。完善公共突发事件应急处置机制，深入推进工业生产、渔业生产、森林防火、食品药品安全等重点领域的安全整治，完成“三防”装备升级，坚决遏制重特大事故发生。2020年荣获平安浙江建设先进集体、市级一星平安金鼎等荣誉。

【党风廉政建设】 2020年，东沙镇教育引导全镇党员干部增强“四个意识”，坚定“四个自信”，做到“两个维护”。认真落实意识形态工作责任制，压紧压实主体责任。全面夯实基层基础，高质量完成村（社区）组织换届省级试点工作，村（社）书记、主任“一肩挑”当选平均得票率92.8%，创历届新高。探索打造长三角一体化跨省域党建合作联动平台，与安徽省太湖县新仓镇签订党建战略合作协议。加强汽船配特色小镇园区智“惠”项目党建，打响“红色集群”品牌。深入践行新时代好干部标准，正确把握选人用人导向，坚持在疫情防控、复工复产和重点项目一线锤炼干部，努力打造东沙铁军。深入推进“清廉东沙”“清廉村居”建设，坚定不移推进全面从严治党，完善“四责协同”联动机制，成立村（社区）网格廉情监察工作站4个，完成清廉主题教育基地打造，推出全县首条清廉教育学习路线。严格落实中央八项规定精神。全年下发监察建议书2份，第一形态处理人员6人次，处分党员干部4名。切实加强领导，认真做好科协、残联、退役军人、慈善、审计、档案等工作，凝聚工青妇、老干部等组织力量。

（林雨婵）

岱西镇

【概况】 岱西镇位于岱山本岛最西部，距县城9.50千米，东与高亭镇、东沙镇相接，西与大鱼山岛相望。西南北三面环海，海岸线总长约20千米，距上海国际航运中心仅11海里。共有陆地面积25.90平方千米，有西垦山、花鼓山，凉帽山等岛屿10个，最高山为双合岗南大山，海拨158.60米。全镇下辖火箭、摇星浦、双合、青黑、前岸、后岸、海丰、茶前山等8个村。年末户籍人口14322人，常住人口11005人。2020年，全镇实现工业总产值8.50亿元，同比增长29.5%，其中规模以上工业总产值6.50亿元，同比增长12%；固定资产投资1.20亿元，为上年的17.5倍；财政总收入1.50亿元，同比增长13.1%，其中地方财政收入1.10亿元，同比增长25.7%。

【工业经济增长】 2020年，岱西镇船舶行业逆势上扬，和泰、宁兴、荣畅等船企建造交付船舶10艘、修船145艘。建材行业发展迅猛，元鑫混凝土、恒尊港务、恒熠建材、宇泰新型墙体等公司实现产值4.30亿元。汽配行业稳定增长，鑫盛汽配、佳威机械等公司实现产值3000万元。企业加速上规模升级，新增规模以上企业3家、小微企业37家，引导和支持个转企4家。成功出清“僵尸企业”4家，完成兼并重组1家，处置低效企业17家，为产业转型腾出空间。瑞程石化、珈和科技、顺正船舶加大基建投入，固定资产投资增速大幅提升。

【旅游产业打造】 2020年，岱西镇立足舟山绿色石化基地“后花园”定位，启动岱山双合·石壁文化小镇建设，成功举办“恋上岱山·情定双合”2020岱山中式集体婚礼暨双合石头艺市，线上直播吸引近50万人次围观，岱山双合·石壁文化小镇初具雏形。加大双合区域文旅产业扶持力度，制定古村道两侧业态布局规划和招商优惠政策，大力发展双合“月光经济”，自助民宿、“石全石美”文创店等首批8家店铺入驻营业。双合文旅发展经验于国庆节当天在新华网头版予以报道。

【渔农产业提升】 2020年，岱西镇大力发展绿色农业，加大农业基础设施投入，葡萄设施以及健康栽培试验示范推广项目圆满收关。推动海蜇生产规范化建设，首批8家作坊完成提升改造，开展新媒体直播带货销售，品牌效应显著提升。深入开展“一打三整治”专项行动，共排查上报海钓船26艘，自行处置8艘，清理没收18艘，整治率100%。严格落实值班点验制度，组建岱西渔嫂服务队，全方位筑牢海上安全防线。

【生态环境建设】 2020年，岱西镇深化厕所、污水、垃圾“三大革命”，推动样板公厕建设，双合旅游公厕获评AA等级。扎实推进摇星浦、后岸、海丰等村生活污水治理，完成大岙里外河道清淤、刘家长河绿化工程，创成芭弄河品质河道。完成青黑坑田湾盐碱地片林工程，全镇新造林面积14.67公顷。引进全县首个渔农村智能垃圾分类系统，双合村省级高标准垃圾分类示范村通过市级验收。深入实施整洁村庄专项行动，创成国家卫生镇。推进环境监管数字化，完成小微空气检测站选址。

【美丽乡村建设】 2020年，岱西镇坚持以规划引领美丽乡村建设，高起点设计岱山双合·石壁文化小镇规划，全力推进双合历史文化（传统）村落保护利用重点村创建。打造海丰村（俞家）—双合村美丽风景线，完成海丰村入口景观、俞家花海、可食地景等7个项目建设，改造长度4千米。开展景区村庄创建，火箭村获评浙江省AAA级景区村庄，前岸村、海丰村获评浙江省A级景区村庄，全镇A级景区村庄创建率50%。因地制宜打造“一村一品”，通过物业经济、旅游经济等多元模式发展，顺利完成年度“消薄”任务。

2020年3月12日，岱西镇开展植树活动　　（岱西镇　供图）

【城乡建设】 2020年，岱西镇高标准开展前岸商贸综合体立面改造，岱西农贸市场达到二星级标准。全力打好创城提名“冲刺战”，镇党政班子成员带头、全员上阵开展环境卫生整治、文明出行等志愿服务，共清理各类垃圾4000余吨，开展创城“找茬团”大排查行动，实现由突击管理向长效管理转变。扎实推进“四边三化”专项整治，有效提升浪双线两侧的生态环境。努力消除存量隐患，完成摇星浦村陈家弄、后岸村、茶前山村资福寺旁3处地质灾害点的治理，童家岙水库除险加固工程竣工。

【疫情防控】 2020年，岱西镇坚决打赢新冠肺炎疫情防控攻坚战，实施疫情防控“铁桶工程”，优化外防输入、内防反弹等各项防控措施，强化网格化管理，创新隔离代跑服务，共计排查各类人员6.60万余人，其中涉外人员216人，解除居家观察人员49人，集中隔离12人，境外返岱人员34人。健全公共卫生应急管理体系，完善重大疫情防控机制，成立传染病防控救治应急小组，规范发热门诊和肠道门诊的诊治，岱西卫生院获评舟山市健康示范单位。

【社会保障】 2020年，岱西镇开展低保专项治理工作，发放低保（低保边缘户）救助金237余万元，临时救助2.20万元。完成低收入渔农户与机关干部结对“一户一策一干部”建档工作，结对干部每月不定期走访慰问。启动示范型居家养老服务中心设计，建成残疾人之家并通过市三星级评定验收。加快全民医保体系建设，城乡居民医疗保险参保率99%。提升养老保障水平，顺利推进被征地农民、传统海洋捕捞渔民基本养老保险的一次性补缴工作。完成困难群众危房改造任务，筑牢困难群众住房安全保障网。摇星浦、前岸、海丰等村打造新时代示范型退役军人服务站。圆满完成第七次全国人口普查工作。

【文教事业】 2020年，岱西镇学前、小学和成人教育品质持续提升，镇中心幼儿园顺利通过省二级幼儿园评定，怀慈小学获评舟山市文明校园，镇成校为舟山绿色石化基地以及本镇企业输送持证叉车司机163名。加强农村公共文体设施建设，完成镇综合文化站提升改造，海丰村多功能运动场、笼式足球场建成启用。大力推进文化惠民工程，共开展“全景岱西·文化季”“春泥计划”、葡萄亲子游园等群众性活动190余场。

【社会事业建设】 2020年，岱西镇持续做好信访源头防控和初信初访办理，解决群众问题78件，信访件办结率100%，社保统筹等一批历史遗留问题妥善解决。先锋公约自治体系启动建设，各村党群服务中心全面建成，“360”网格工作室投入使用，构建“114”基层治理体系。完成镇先锋联盟中心建设，成立乡贤参事会，凝聚乡贤合力。严格落实安全生产“党政同责”，加大企业生产、消防、渔业、道路交通等领域检查力度，共发现隐患70余条，整改率100%。实施“雪亮工程”“警眼”和公共场所防护设施，治安防控体系得到进一步加强。全力打好扫黑除恶收官战，深入开展“七五”普法工作，切实增强居民法律素养和守法意识。

【依法行政】 2020年，岱西镇自觉接受人大法律监督和人民群众监督，严格执行重大事项报告制度。提升代表建议办理质量，办结人大代表建议14件，面商率、满意率100%。深入推进法治政府建设、政务公开标准化，依托镇政务网站发布工作动态130余条，“全景岱西”政务公众号发布信息、报道140余期。推进依法依规监管，深化综合行政执法改革。

【智治改革】 2020年，岱西镇大力推进“最多跑一次”改革，提升“跑小二”服务水平。共受理各项咨询办证3.30万件，帮助群众解决问题76件。加快政府数字化转型，深化跨部门数据共享，实现“浙政钉”办公全覆盖。实行“互联网+政务服务”，宣传推广“浙里办”App，引导群众实现网上办事、掌上办事。

【廉政建设】 2020年，岱西镇压实全面从严治党主体责任，严格落实中央八项规定精神。深入开展招投标、征地拆迁等领域专项治理，完善内审内控制度，坚决惩治各类腐败行为。坚持政府过紧日子，严格控制“三公”经费。支持纪委履行职责，强力整治不作为乱作为，扎实开展以案促改工作，严查侵害群众利益的不正

2020年4月9日，岱西镇召开政银企对接座谈会暨岱西镇金融“三服务”活动
（岱西镇　供图）

之风和腐败问题。强势推进清廉村居建设，创新建成全市首个有声廉政图书馆，建成全县首个村级监察工作联络站。

【政银企对接会召开】 4月13日上午，镇党委、镇政府负责人带领相关办公室赴鱼山鼎盛石化，开展“三服务”活动。下午，召开金融“三服务”暨政银企对接座谈会。岱西镇、县金融办、县贷促会、全县相关银行、和泰船舶等12家企业负责人参加会议。会议贯彻落实《浙江省民营企业发展促进条例》，并就船舶保函、设备采购、流动资金等内容，围绕疫情期间的普惠金融产品及政策，展开座谈交流。

【村级党建工作】 2020年，高标准打造基层党建品牌。创新实施“先锋公约”治理体系，引导党员群众践行“十带头十不做”承诺，认领“十大先锋岗”，并通过红榜激励，实现闭环管理，全镇近千名党员、群众开展践诺治村，“先锋公约”纳入《村规民约》中。加强党建阵地建设，率先完成8个村党群服务中心建设，建成镇级先锋联盟中心、综合文化站和党建广场。

（江飞燕）

岱东镇

【概况】 岱东镇位于岱山本岛东北端，东、北濒临竹屿港、岱衢洋，距县行政中心仅2千米。境内有大小岛屿8个，陆地面积22.97平方公里。下辖5个村，共有5519户，13565人。有党总支6个，党员748人。岱东镇立足区位和资源优势，加快产业结构调整步伐，发挥海岛旅游与乡村产业的“双轮”驱动优势，努力建设“重要窗口”海岛风景线，全力以赴推进“新区花园·幸福岱东”建设。2020年，全镇实现地区生产总值9.69亿元，实现地方财政收入2744.54万元。高质量完成全市首个省级试点乡镇村级组织换届选举工作，创成省级森林城镇，被市委市政府授予“一星平安金鼎的平安乡镇（街道）”荣誉称号。

【重点工程推进】 2020年，岱东镇认真落实习近平总书记考察浙江时的重要讲话精神，贯彻省、市、县委精神及重大决策部署，坚决打响疫情防控阻击战和经济发展总体战，第一时间构建强有力的战时基层组织指挥体系，全镇党员干部冲锋在前，全民动员创新实施“三色隔离法”，得到市委书记现场高度肯定并在大会上表扬。慎终如始抓好疫情防控常态化，全镇未发现一例确诊或疑似病例。主动打好“三服务”组合拳，率先完成复工复产“三项指标”，下半年产业发展“逆势赶超”。全面启动东海郊野公园建设，规划建设文旅风貌引领区、农牧体验互动区、山湾康养娱乐区等多个功能区块，针对重点难点项目建立4个攻坚团队，着力推进297户农户土地流转协议签订，落实26.67公顷土地政策处理。保障重点项目顺利推进，扎实开展“六保”工作，扛稳粮食安全重责，坚决遏制农地“非农化”，在全市

2020年2月，岱东镇“两新”党建指导员指导复工复产抗疫工作

（岱东镇　供图）

率先开展 160.20 公顷粮食生产区的集中整治，实施 34.60 公顷抛荒地的复垦，34.20 公顷土地的流转。护航省市县三级民生实事项目，建成三星级“残疾人之家”，帮助特殊人群就业脱贫。

【产业经济发展】 2020 年，岱东镇以高质量发展理念构建双循环经济体系，加快打造更优营商环境。持续深化“三服务”，大幅减免企业社保费、推出企业开办“零成本”服务，在第一季度企业运营基本停滞的情况下，实现工业总产值 2.22 亿元，其中规模以上工业总产值 9798.10 万元，完成年度目标任务；固定资产投资 3200 万元，完成目标任务的 3.2 倍，超额完成指标考核。以创新理念推进数字经济“一号工程”，神鹰滤清器引进全自动生产设备，生产效率提升数倍。推进传统农业向数字化转型，全面规划农村产业融合发展示范园，实施海岛果蔬特色园项目，建成农业电商园大数据管理平台。加快打造智慧渔业，推进渔业科技示范船改造，在全市率先安装渔船船舶动态管理系统，海洋捕捞向规范化、智慧化发展。以共治理念推进工业园区环境整治，成功引导企业众筹，在 3 个月内完成园区立面改造、绿化提升、环卫保洁第三方运营。深化“亩均论英雄”改革，整治低效厂房 11 家，亩均税收超过 2 万元。奋力打好招商引资大会战，引进京宁石化能源、弈景园林等税源企业 7 家，提前完成 1.70 亿元招商引资目标。

【乡村振兴】 2020 年，岱东镇坚持以“两山理论”为指引，推进旅游全域化、标准化、精品化。打造全景全域海岛公园。扮靓郊野门户夜景，完成上船跳一期靓化工程，改造湿地公园，建成徐福馆，引进建设轻食馆、花海小火车等一批文旅业态，打造非遗游、研学游项目。文旅夜经济有序发展，“YES 岱东”活动，吸引上万人参与。滨海观光区主题鲜明，后背岙休闲渔业基地改建投用高端游艇式休闲渔船，鹿栏晴沙景区新建沙滩足球场、亲子水上乐园，全国沙滩高尔夫挑战赛等文体赛事相继举办，争创省级休闲运动小镇。打造特色鲜明美丽城镇，完成美丽城镇三年规划编制，构建“一带两心三轴三区”镇域格局，实施“十个一”标志性工程，争创文旅特色型样板镇。主动融入北向大通道建设，全面完成国道拆迁安置公寓建设。新增景观绿化 12 公顷，落实涂口村省级“一村万树”精品村建设，创成省级森林城镇。优化城镇水系结构，推进农村饮用水达标提标行动，周家岙水库、洛沙湾水库实现水源共享，完成磨心北二河道品质河道建设。高标准实施北峰村新农村建设，获评新时代美丽乡村市级精品村。创成北峰村、虎斗村省 A 级景区村庄，完成龙头村省级美丽宜居示范村验收。完善农村基础设施，新增龙头、沙洋 2 座翻水站，完成洛沙湾、凤凰山海防道路建设。打好群众共建可食地景、“美丽庭院”示范带。盘活闲置农房，新增沙洋后海院、夏约等精品民宿，促进农民转业增收。

2020 年 8 月 22 日，岱东镇举办上船跳“YES 岱东”活动　（岱东镇　供图）

【社会治理】 2020 年，岱东镇坚持以“最多跑一次”改革为牵引，一体落实“六大体系”和“县域治理现代化十招”。连续十五年荣获平安岱东称号，授予“平安金鼎”乡镇称号。高质量推进“基层治理四平台”建设，实施基础业务流程升级再造，全科网格收集反馈问题4234条，办结率达100%。聚焦智治融合，以涂口村为试点，率先建设提升党群服务中心，打造集矛盾化解、公共服务、平安建设于一体的村社基层治理共同体，让群众办事“最多跑一地”。以系统治理打造平安岱东，丰富村民自治形式，打造立体化、信息化的农村社会治安防控体系，推动民事民办、民事民议、民事民管。健全矛盾纠纷多元化解机制，提升“海上枫桥•锋帆渔合”基层治理品牌，渔场矛盾化解经验在全县推广。完善乡村法治体系，推进乡村反邪教“心防宣传”和专项整治行动，打赢“扫黑除恶”收官战。创新推进安全生产社会化服务，全镇安全生产三项指标“零增长”。岱东镇全力推进全国县级文明城市提名，重点攻坚市容市貌管理、农贸市场管理、交通秩序管理等十八项专项整治行动。全面提升群众素质，创新打造岱东小镇文明示范线、镇级新时代文明实践所，顺利完成龙头村、涂口村省级文明村复评，涂口村获评全国文明村镇，北峰村创成省级文明村。聚焦民生、教育、文化等公共服务事业难题，推进外地学生复学，建成运营岱东先锋联盟中心、三星级“残疾人之家”等一批基础设施。

【党的建设】 2020年，岱东镇全面强化党的建设。把学习贯彻习近平新时代中国特色社会主义思想作为首要政治任务，有力打好疫情防控人民战和经济发展总体战。牢牢把握意识形态主动权，以高质量党建提升宗教领域规范化管理。深化“岱东智库”建设，成立乡贤理事会，增强基层多元参与、协商共治能力。高质量完成全市首个省级试点乡镇村级组织换届选举工作，新一批村干部队伍赢得高参选率、高得票率，浙江新闻点赞岱东试点经验。开展基层党建晒比评，推进无职党员“一编三定”模式，推动疫情防控、创城行动等工作。抓好新一轮“整乡推进、整县提升”工作，沙洋村、涂口村、虎斗村获评“双整”示范村。以高度的政治自觉做好2个村的巡察整改工作，巡察反馈的14个具体问题全部整改到位。用好监督执纪利剑，运用“第一种形态”处置17人次，受理涉及监察对象的信访举报3件，立案4件，给予党纪处分4人，下发监察建议书1件。强化清廉村居建设，创新村级“清廉指数”评价制度，出台村级“四小事项”权力清单37项，建设高素质干部队伍，强化在防疫一线、重大项目中的实践考察，5名优秀年轻干部走上中层岗位。重视后备干部、年轻干部、女干部和非党干部的培养选拔，中层岗位平均年龄为38.54周岁，同比减少0.5周岁，大专以上学历为100%，女干部比例为53.6%，35岁及以下干部11名，占中层干部的39.3%，党外干部比例为32.1%。

（马群燕　张灵姬）

2020年12月，岱东镇综合信息指挥室建立　　　　（岱东镇　供图）

长涂镇

【概况】 长涂镇位于岱山本岛的东部，东临公海，南濒黄大洋，与海天佛国普陀山遥遥相对，西毗邻岱山本岛，与县城高亭仅隔一水道，北倚岱衢洋。辖地包括大长涂、小长涂、大圆山、多子山、大西寨、小西寨等90多个岛屿。陆域面积58.50平方千米，主要由大长涂、小长涂两个岛组成，下辖倭井潭、长西、港南、东剑4个村。2020年末，全镇总户数5293户，同比减少1.4%；户籍人口11540人，同比减少2%。全年社会总产值19.90亿元，其中规模以上工业产值9.35亿元；财政总收入8978.90万元，同比增长87.2%，地方财政收入4748.50万元，同比增加87.1%。

【工业经济发展】 2020年，长涂镇全力扶持金海智造企业发展，有序推进资产处置、场地出租等工作。支持金海、华丰等企业打好“两战”，全年共修理涉外船舶176艘，金海智造企业实现产值8.28亿元。帮扶舟通矿业恢复作业、释放产能，完成生产线加盖、密闭车间建设，实现产值2.90亿元，同比增长193.2%。帮助龙辉船厂、金妙水产，完成环保问题整改工作，在线监控系统投入使用。推进“小微企业三年成长计划”，新增限额以上批发业个体户和限额以上服务业企业各1家，新增规模以上企业2家、小微企业78家、个转企4家。打好招商引资大会战，引入金海智造企业招商项目7个。

【第三产业优化】 2020年，长涂镇立足打造长涂油运品牌，优化海运业结构，配合1家海运企业的安全体系注册，实现海运业产值3.58亿元，海运税收904.90万元，同比增长59.2%。国防教育（军事研学）基地建设全面推进，完成基地海防馆、军事训练场、住宿区等设施建设，承接三批培训班次。整合东剑研学基地、倭井潭历史文化村、军港先锋联盟中心、长西露营基地、试水旅游市场等资源，接待多批企事业单位疗休养、党群组织的活动。推进倭井潭省级历史文化重点保护村落项目，完成参府弄山顶公园、老街古建筑保护、旅游公厕等一批工程。推动非遗文化发展传承，倭井潭硬糕非遗馆获省级工业旅游示范基地和市级非遗体验基地称号，倭井潭硬糕列入省第二批优秀非遗旅游商品目录，东剑民间舞蹈打莲湘节目获批县级非遗体验基地，长西王氏民居获批市级文物保护单位。

【渔农产业发展】 2020年，长涂镇扎实推进长涂渔港建设，渔业信息指挥中心投入运行，安装长涂港两端电子围栏并启用，渔港视频监控实现全覆盖。完成基层渔业管理组织整合提升工作，东海湾渔业合作社成立，组建四个船队+四个支部+六种作业+九个编组的新型编组模式，渔业管理体系进一步提升。全面落实渔业安全生产监管，开展“安全生产大排查大整治”和渔业安全“铁拳整治2020”专项行动，落实小飞艇整治工作。做好长西26公顷抛荒地的整理和规划工作，完成节水灌溉系统等基础设施建设，启动打造集苗圃花卉展销、水果采摘、观光休闲于一体的农旅综合体。抓好农业配套服务工作，完成农用拖拉机专项整治，试验并示范推广大棚鲜食蚕豆高效栽培技术，县菜篮子工程长涂经营部开始营业。

【城镇建设】 2020年，长涂镇美丽城镇建设稳步推进，完成“一镇一方案”编制。全面推进全国县级文明城市创建工作，加强综合执法队伍建设，组建16支，共有200余名蓝港志愿者参加巡逻队，整治车乱停、摊乱摆、乱拉乱晒乱贴等各种不文明现象，全年查处各类车辆交通违规行为1480起，整治马路市场410摊次，劝阻流动摊位、占道经营325起，清理小广告70余处，纠正居民乱拉乱晒200余次，收捕处理流浪犬112只。完善基础设施建设，新增非机动车位8处、公交车位1处，新装太阳能路灯40盏，第一批蓝港共享单车投入运营，完成长西100米综合楼商铺人行道改造、雨水管铺设及遮阳棚安装。启动后背山海防道路、防火道和健身道项目的前期工作。文化广场厕所修缮更新，长西溪门口公厕获评省星级农村公厕。

【美丽海岛建设】 2020年，长涂镇有力推进未来社区建设，完成海岛版未来社区规划编制，第一批13个项目全面铺开。作为未来社区的综合信息指挥中心打造完成。推进海岛大花园建设，开展“一村万树”示范工程建设，种植墨西哥落羽杉2000余株，新增绿化面积6.67公顷、建设苗圃8公顷、新造林29.67公顷。实施镇区入口、群建路、园林路、露营基地等节点的亮化彩化提升工程，金银路路口等5处节点景观打造和中兴路美丽庭院示范带建设相继完成，倭井潭村和长西村成功创建省级美丽乡村特色精品村。推进水利设施建设，完成西鹤涂海塘标准化建设和东剑隧道闸、娘基宫闸修复工程，改造东剑村供水站，提升渔农村饮用水质。新建外达昆气象四要素自动站，新增水库水文设施1套，实施气象灾害监测和水库动态观察自动化。

【生态文明建设】 2020年，长涂镇开展整洁村庄行动，打造兴港小区“一米菜园”“一米果园”。提升垃圾分类精细化管理水平，新建大件垃圾处理站，购置塑料熔化器，增强塑料泡沫以及大件垃圾等日常处置能力，渔政码头新装油污收集装置、海上垃圾分类成效显著，成功创建“国家卫生乡镇”。加大治危拆违力度，赵家岙30号、兴居路北侧2处边坡治理和馒头山、里老行2处废弃矿山治理工程相继完成。深化“五水共治”行动，完成中段品质河道二期工程，长西生态河道开工建设，第二轮农村生活污水和镇污水处理厂完成治理工作。

【社会民生保障】 2020年，面对突如其来的新冠肺炎疫情，长涂镇第一时间构建统一指挥、数字智控、立体防控的“三控合一”工作体系，在全县率先实施隔离点安装触发式监控、码头卡点“黑白名单”身份核验、指挥室全程数字影像跟踪、复产企业人员限流等举措。抓好涉外船只疫情防控工作，设金海智造驻企点，建立投运废弃医疗废物中转场地，启用隔离点5个，实施集中医学观察603人、核酸检测3102人、接种新冠疫苗1300余人，全面打好疫情防控战。建立健全多元养老服务体系，建成示范型居家养老服务中心，大长涂岛“幸福驿家”在全市率先投入运营。发展社会救助和慈善事业，完成困难群众危房救助3户，做好低保、低保边缘户回访调查和清退对象回头看工作，及时动态调整低保、低保边缘户，发放低保、低保边缘户保障金154.50万元、“残疾人两项补贴”141.60万元及其他各类救助资金46.20万元。

【社会事业建设】 2020年，长涂镇致力于提升广大群众科学文化素养。扎实做好生育政策宣传和失独家庭关怀工作，为48名计生特扶对象签约家庭医生服务。大力推进退役军人事务领域治理体系建设，优化退役军人和其他优抚对象信息采集，镇退役军人服务站获评全国示范型退役军人服务站。提升公共文化服务水平，建立县图书馆长涂分馆，完成港南村多功能体育场和长西村百姓健身房改造，举办“军港之夜”双拥艺术文化节系列活动，自编自排乡土文艺剧目《三姐妹投毒记》，传承长涂艺术文化。做好第七次全国人口普查，及时完成

2020年12月，长涂镇综合信息指挥中心建立　　（沈泓秀　摄）

摸底和短表、长表登记等阶段工作。工会、妇女儿童、青少年、人武、老龄、红十字和审计等事业取得进一步发展。

【平安建设】 2020年，长涂镇扎实推进“平安长涂”建设，“扫黑除恶”专项斗争常抓不懈，圆满完成全国“两会”等重要节点的维稳安保工作。稳妥化解企业劳资纠纷31起，涉及资金1.03亿元。严格落实安全生产主体责任，强化工矿企业、交通、渔业、消防、食品等行业和领域的综合整治，落实整改安全事故隐患687条，摘牌销号县级挂牌重大事故隐患企业2家。完成小餐饮提升整治专项行动43家，创建省三星级乡镇食品安全办公室。举办全镇危化企业事故应急救援演练，企业安全管理三项指标实现零增长。

【党的建设】 2020年，长涂镇常态化开展“不忘初心、牢记使命”主题教育，以“重要窗口”学思践悟、红色关爱走亲连心、先锋引领志愿服务和先进典型示范宣传四方面为引领，开展纪念建党99周年系列活动。树立正确导向，建立干部科学管理制度，在攻坚实战、项目建设、基层一线中锤炼培养干部。组建疫情防控临时党支部和党员防疫小分队。成立长涂镇乡贤联谊会，凝聚乡贤合力，共谋发展。围绕疫情防控、信访维稳、村级组织换届等重点工作开展分析研判，强化意识形态阵地管控。加强重大节庆、重点工作的宣传，“半月涂说”形式被公众认可，“长涂岛 长涂港”公众号推送信息206条，发送政府网站160条，被县级以上媒体录用72篇。落实全面从严治党要求，按时完成县委巡察反馈问题整改13项，组织开展廉政警示教育活动14次，常态化开展各类监督检查100余次，查办问题线索7件次，党纪处分4人次，诫勉谈话3人次。创建港南村市级清廉村居示范点。

2020年12月25日，长涂乡贤联谊会成立 （沈泓秀 摄）

【村级组织换届】 2020年，长涂镇村级组织换届选举工作，通过前期科学排摸，确定人选，成立专班，制定《一村一策预案》《舆情预案》《维稳处置预案》等方案，全镇村委会选民参选率达到98.6%；党组织换届中，党员参选率达到95.4%；村支书、主任“一肩挑”更新率100%，女性占比75%；两委班子成员更新率62.5%，女性占比50%，平均年龄下降10.33岁，大专及以上学历同比上升42.9%。全镇4个村全部实现书记、村长“一肩挑”。

【渔船垃圾分类】 2020年，长涂镇全力打造海洋保护长涂样板，渔船返港带回垃圾，渔嫂负责分类处理。全镇从首批19艘先锋红船开始，发展至38艘。全年共回收废电池10066节，空瓶3522个，其他垃圾2340公斤。镇渔办与废品收购站对接，实施电池以旧换新，回收旧蟹笼、废网衣等。

（沈泓秀）

秀山乡

【概况】 秀山乡介于舟山本岛和岱山本岛之间，距舟山本岛2.50海里，距普陀山10海里，距岱山本岛3海里，由大牛轭山、大长山、小长山、青山等17个岛屿组成，总面积24.26平方公里，其中秀山岛面积22.88平方公里，在舟山诸岛中位列第九，辖秀北、秀东、秀南3个村（经济合作社）。截至2020年底，全乡户籍人口2973户、6918人，外来人口11229人；60岁以上老年人3491人，占总户籍人口的50.5%；其中，80岁以上老年人498名，90岁以上老年人81名。拥有国家级生态乡镇、国家级卫生乡镇、省级文明乡镇、省级美丽乡村、省级森林城镇等荣誉称号。全年实现工业总产值52.50亿元，同比增长17.1%；其中规模以上企业产值49.80亿元，同比增长18.1%；固定资产投入1200万元，完成年度任务的120%；一般公共预算收入1.35亿元，同比增长52%。

【产业发展】2020年，常石集团交付各类船只16艘，实现工业产值36.90亿元，同比增长6.2%。惠生海工加速扩大产能，实现工业产值10亿元，同比增长150%。联合动能海洋潮流能连续运营时间保持全球第一，入选《中国海洋经济发展报告2020》，获评为浙江省“生态文明教育基地”。排摸确定140家小微企业和个体工商户，发放“两直”补助资金120万元。帮助农户抢抓农时，落实农业专班任务，全力保障农产品的有效供给。开发长寿米、秀山米酿等农特产品，推动农产品、农副产品产业化、精品化进程。继续做大“农小二”品牌，帮助农户销售20多种农产品，销售额超过20万元，人均增收8000余元。创新“稻田认养”模式，打造“小二农场”。通过资金帮扶，继续扶持民宿、渔农家乐产业发展。

2020年9月18日，省人大常委会副主任李卫宁（右三）在秀山调研联合动能潮流能发电项目
（魏亮　摄）

【旅游事业建设】2020年，秀山乡加强滑泥公园停车场等基础配套设施建设，完成体育公园笼式足球场建设。举办“爱在海岸线，相约花海间”海泥狂欢季开幕式、长三角万人徒步大会、稻田丰收节等品牌活动。打造农旅融合的发展新业态。立足山林资源、滨海资源和农业发展基础，规划一批原生态游、自驾游、乡村游等景点路线。推进全乡57家网约房资源纳管，有效提高住宿、餐饮接待能力。积极探索激活农村闲置农房和闲置宅基地资源，排摸出358间闲置农房；公开拍租乡属16间闲置附属用房，实现国有资产保值增值。成功创建省二级农贸市场和省放心市场，完成农村家宴中心建设2家。

【人居环境优化】2020年，秀山乡编制《秀山大花园绿地景观规划》《秀山乡美丽城镇建设行动方案》《秀山乡美丽城镇创建行动方案》获评省美丽城镇样板创建优秀方案。突出重要节点，精心打造北客厅、三礁樱花园等9处绿化景观，新增绿化造林面积13.33公顷。推进北纬30°常石樱花主题公园建设，完成土地平整工作，完成樱花公园北侧0.73公顷绿化景观建设。投入1957万元，完成古建筑修缮、景观节点打造等43个建设项目，完成秀北省级历史文化村的建设。发挥民生农业基地、景观工业基地、农旅结合基地的示范引领作用，投入资金825万元，推进12个项目建设，完成市级重点农业乡镇创建工作。创新“创城擂台赛”机制，整改各类问题1600余处。

推进大坑自然村美丽庭院示范带建设，打造生态宜居的幸福家园。深入推进三改一拆、五水共治工作，获评省“五水共治”工作优秀乡镇。

【民生事业建设】 2020年，秀山乡加大社会救助力度，发放各类救助、补助资金近200万元。推进“网络医院服务进企业”行动，提供线上医疗服务。完成大陆引水秀山段工程建设以及6.90千米供水管道的改造，群众用水环境进一步改善。坚决贯彻落实省市县疫情防控举措，强化海上、境外来舟人员、冷链食品等领域的管控力度；新冠疫情防控期间，县级集中医学隔离点设在秀山，规范化设置“三区两通道”，提升隔离点管理水平，对400余名隔离人员进行闭环管理，实行24小时一对一监管，确保不发生失管脱管漏管。

2020年11月24日，县委书记周国岭（前右二）调研秀山岛
（秀山乡 供图）

【社会治理】 2020年，秀山乡创新构建12345工作体系，建立“以外调外”矛盾调解和矛盾纠纷梯度预防化解两项机制，新居民自治、银龄互助成效明显。妥善处置历史遗留问题，有效回应群众诉求。积极开展法制宣传教育，提供法律咨询服务。依托改革试点，尽享改革红利。完成数字海岛一期项目建设，实现主要节点全覆盖，建成综合指挥中心，建立快速反应、处置机制，发挥“全脑指挥”作用。实现“民生事项下放70%、刷脸通办和一窗办理”三大改革项目。推动“最多跑一次”提档升级，精心推出“秀小二”“双员制”等服务品牌。扎实开展综合行政执法改革，在全市率先成立乡镇综合行政执法队，破除基层执法瓶颈，实现一支队伍管执法。

【党建工作】 2020年，秀山乡贯彻落实习近平总书记重要讲话和指示精神，在学深悟透中进一步增强“四个意识”、坚定“四个自信”、做到“两个维护”。高质量完成村级组织换届选举，秀东村“开门一件事”入选全省最佳实践案例。用活“双招双引”，

2020年8月31日，秀山乡综合行政执法队成立 （秀山乡 供图）

促成1名在外就职于知名企业中层的“秀才”返乡，实行村书记、主任“一肩挑”。高标准完成村党群服务中心建设，全县村社党群服务中心现场会在秀山召开。不断推进党建向“两新”组织延伸，在惠生海工建立党组织，进一步扩大基层支部覆盖面。切实加强党风廉政建设，严格落实并完成巡察反馈整改和审计问题整改，建立健全各类规章制度21项。创新推出“银色清风”，建立“银色堡垒”。建立村“第一书记”制度，开展环境卫生整治周、攻坚月行动，环境面貌得到较大改观。支持乡纪委履行监督职责，给予党纪处分1人，运用监督执纪“第一种形态”处置6人。举行秀山乡乡贤参事会成立大会，凝聚乡贤力量，工青妇、慈善、残疾人、老龄等事业都取得新的成绩。

（魏　亮）

衢山镇

【概况】 衢山镇地处岱山县东北部，岛域总面积73.06平方千米，海域面积3000多平方千米，本岛面积61.79平方千米，为舟山第五大岛。衢山下辖30个渔农村和1个城镇社区，镇域户籍人口49797人，常住人口49613人，全社会从业人员28056人。是年，全镇地区生产总值同比增长8%；财政总收入7.04亿元，同比增长29.5%，一般公共预算收入4.07亿元，同比增长18.7%。实现工业总产值53.14亿元，同比增长7.8%，其中规模以上工业产值40.18亿元，同比增长13%。港口吞吐量1.20亿吨，同比增长17%；全镇海运总运力达80.80万吨，同比增长87.9%，中昌海运跃升至全市最大航运企业。城镇居民人均可支配收入61270元，同比增长9.1%；渔农村居民人均可支配收入41120元，同比增长10.1%。

【推进国家战略项目】 2020年，黄泽山整岛开发取得实质性进展，2月5日，油品储运基地一期151万立方米项目正式投产，全年完成吞吐量298.10万吨，完成经营性收入2.50亿元；二期104万立方米项目进场施工，完成年度投资1.50亿元。衢山至黄泽山航线纳入客运体系。双子山油品储运基地一期陆域形成工程，完成老海堤加高加固工程，东侧山体开采平整工程完成总工程量的40%。启动国际海事服务基地建设，衢山岸基站产业园完成选址。供油锚位开放有序推进，63万立方米保税油库项目批复设立，顺利完成首单加注业务。鼠浪湖矿石中转基地产能持续释放，磨矿项目建成试产，全年接卸40万吨级超大型船舶65艘次，累计吞吐量6623万吨、混配矿量1705万吨，分别同比增长13.3%、8.5%，实现营业性收入6.20亿元。新注册企业8家，总注册资金3.35亿元，实际到位市外资金3.06亿元，实际利用外资1000万美元，新增企业实缴地方税收超过5000万元。总投资1.80亿元的友联增资扩建项目，一期已到位1000万美元；总投资164.40亿元的远东国际液化天然气综合集散中心项目，已签订战略合作协议；总投资2.50亿元的衢山岛资源利用示范基地项目，已签订框架协议。

【工业经济发展】 2020年，衢山镇开展“企业码”推广工作，完成537家企业的申领，超额完成目标任务。友联船厂实现产值10.40亿元，同比增长41.8%，带动船舶修造业增速高达39.1%；首艘豪华邮轮改造维修，实现全县邮轮产业发展的“零突破”，国家招商局集团邮轮研究院舟山分院在衢山挂牌成立。海港港口、金鑫矿业产值分别增长10%和18.3%，大型石料企业平稳回升。通衢水产、东方汽配等传统工业企业克服疫情影响，强劲复苏。加快企业改革进程，完成对13家镇属企业的清产核资和国企改革方案编制。风电场项目二期工程实现5台风机并网发电。

【渔农产业发展】 2020年，衢山镇加快渔业体制改革，镇渔业指挥中心和4个渔业点验中心整合为“一中心四片区”的大指挥中心管理模式，镇本级渔业管理体系实行镇渔办和镇属祥安公司相结合的新型镇级渔业组织管理模式，“五社一站”基层管渔组织全面试运行。成立衢山镇渔业船员服务中心，加强对涉渔外来人员的管理。渔船越界偷捕、违规作业等行为得到有效遏制，驳船、船艇等小型无证船舶整治工作成效显著。加快发展美丽农业，推进三弄美丽乡村样板村建设。完成皇坟村第二轮土地承包到期后再延长三十年全国试点工作。总投资1200万元的泥螺山万头猪场平整工程已完成，项目主体已进场施工。

【海岛旅游业打造】 2020年，衢山镇进一步完善景区景点基础设施建设，观音山AAA级景区基础设施改造，投资300万元。新增、提升民宿15家，总量跃升至140家。元舍·素海获评省级白金级民宿，为全县第一家。打造凉峙、东岙2个高品质民宿群落。完成东岙省AAA级景区、涨网套省AA级景区和9个省A级景区村庄创建。凉峙休闲渔业码头验收交付。深化文旅融合，与舟山市摄影家协会联合举办“黄鱼故乡·瀛洲仙山”衢山岛全省摄影大赛，并设立观音山风景名胜区、凉峙东海风情渔村以及田涂渔村3个市摄影创作基地。

【基础设施建设】 2020年，衢山镇路网建设加快推进，总投资4383万元的南塘线一期工程完工并通车；万良客运码头完成总工程量的50%；里程13.80千米的上洞礁至六条溪环岛北线工程推进；西长沙至外泥螺山公路（里高涂至外泥螺山段）进场施工。中心渔港道路、岛渔线以及岛万线1107盏节能路灯安装完成并投入使用。渔耕碗海塘除险加固工程、北扫基除险加固工程、琵琶栏海塘应急维修工程和龙门强排泵站工程均已完工。启动全镇高质量饮用水规划，提标改造供水管网64千米，樟套片山区小流域农业生态工程完成总工程量的65%。推进5G网络建设，完成5G基站安装4个。

【环境整治】 2020年，衢山镇巩固提升小城镇环境综治成果。桂太河道获评省级“美丽河湖”。加大治水治污工作力度，完成高涂村和太平村农村生活污水治理工程，总投资2000万元的污水零直排区创建工程完工，30吨及以上农村生活污水处理设备全面实现标准化运维。启动总投资1000万元的污水处理厂清洁排放技术改造工程。助力岱山海岛大花园建设，新造林41.33公顷，抛荒地整治37.33公顷，新增土地流转20公顷。

【城市品质提升】 2020年，衢山镇启动第二轮省级小城市培育试点工作，完成《衢山镇小城市培育试点三年（2020—2022年）行动计划》编制并通过省级评审，计划投资90亿元。高水平推进衢山美丽城镇建设，全面启动25个项目，完成投资2.60亿元。渔港经济区建设稳步推进，大衢渔港维护疏浚工程和周家岙边坡治理及复绿项目完工；大衢渔港扩建工程完成总工程量的60%；渔港经济区道路管网工程、G1地块废弃矿山治理以及生态修复工程、大衢渔港水深维护工程和鼠浪岛废弃矿山治理工程稳步推进。三弄村、高涂村分别创成省美丽乡村特色精品村、省美丽宜居示范村。凉峙村省级美丽乡村精品村、东岙村市级美丽乡村精品村和12个县级美丽乡村精品村创建成功。完成5个地质灾害点以及23个地质灾害应急治理点的治理和34户困难群众的危房改造。全面实施全镇垃圾分类设备设施提升。

【民生福祉】 2020年，衢山镇打好精准脱贫攻坚战，年家庭人均收入8000元以下渔农户全部清零。扩大全镇居民社会养老保险覆盖面，顺利解决92个历史遗留失地农民养老保险指标分配，完成119个农民失地养老保险政策的调整面签工作。新建3家居家养老照料中心，共有13家正常运作，实现全镇养老保障全覆盖。积极推进“最多跑一次”改革，开展“瀛洲千帆志愿者”“东海渔嫂”代跑代办业务。敬业小学获评“全国青少年校园排球体育传统特色学校”以及省“三育人”岗位建功先进集体。大衢中学成功创建省义务教育标准化学校。完成衢山中心幼儿园户外场地提升改造项目。文化惠民新平台有序推进，打造新时代文明实践所（站），新建岛斗村、万南村、马足村3家文化礼堂，省农村文

2020年6月29日，衢山镇举行“助力全国县级文明城市创建暨‘东海渔嫂’参与社会治理十大员队伍授旗仪式”（刘哲源 摄）

化礼堂建设示范乡镇创建成功。稳步推进村史村志编纂工作。

【社会事业建设】2020年，衢山镇成功入选省级文明乡镇。持续深化“3+2+X”联合执法模式，完善夜间执法制度，实现夜间城区执法管理全覆盖。平安建设扎实推进，深化基层治理的综治工作、市场监管、综合执法、便民服务“四平台”建设，推行矛盾纠纷化解“最多跑一地”，及时受理解答群众诉求212起，处理“12345”工单350件；排查调处矛盾纠纷264起，涉及金额3200余万元。成立镇“东海渔嫂”参与社会治理指导中心，下设十大员，并创新推出指导员队伍，在全县范围内推广。田涂渔嫂协会荣获“浙江省禁毒工作先进集体”称号。创新流动人口管理平台，建成衢山镇劳动就业服务中心。打造智慧乡镇、村社，提升改造镇综合信息指挥室，集成指挥全镇社会综合治理。配齐配强基层宗教事务管理力量，持续深化“三人驻点”工作机制，夯实宗教工作基层基础。坚决打赢扫黑除恶专项斗争攻坚战，查处涉黄赌毒违法犯罪人员116名。强化工矿商贸、水路货运、渔业生产、食品药品等专项整治，安全生产形势平稳。

【基层党建】2020年，衢山镇实施“头雁”培训计划和“瀛洲微慕课”，开展多种形式的培训10余次，覆盖3000余人。深化“堡垒指数”星级管理，完成2个后进村整转提升。下派多名第一书记赴重点村整顿帮扶。做强以“瀛洲红帆”为代表的瀛洲系列党建品牌，新创评6艘“红帆船”。彰显先锋引领，锻造“瀛洲红团”，助力打赢疫情防控、复工复产和村社换届“三大战”。顺利完成31个村社换届选举工作，村社“两委”班子平均年龄比上届下降6岁，大专及以上学历比上届增加19人；其中党组织书记选举委员平均得票率为92.6%，村（居）委会主任平均得票率为90.1%。从严治党，全镇共立案查处党员干部违纪违法案件14件，处分13人，处理干部28名。以打造“清廉村居”为抓手，规范村级小微权力运行，坚决查处重点领域和群众身边腐败问题。支持人大代表和政协委员依法履职，加强新时期的民族、宗教、统战、双拥、老干部和党管武装等工作，充分发挥群团作用。

（刘哲源 汪倩凤）

责任编辑：韩信安

2020 年岱山县国民经济和社会发展统计公报[1]

岱山县统计局

2021 年 3 月

2020 年，面对国际国内形势的深刻复杂变化和艰巨繁重的改革发展稳定任务，特别是突如其来的新冠肺炎疫情，我县上下在县委县政府的坚强领导下，扎实做好“六稳”工作、全面落实“六保”任务，保持战略定力，一以贯之建设“四个岱山”，统筹推进疫情防控和经济社会发展，全县经济运行呈现逆势飞扬，主要经济指标领跑全市，“十三五”规划主要目标任务胜利完成，实现了经济高质量发展和社会和谐稳定的良好局面。

一、综　合

年末全县户籍人口 173733 人，比上年末减少 2692 人，其中男性人口 85764 人，女性人口 87969 人。全年户籍出生人口 618 人，死亡人口 1624 人，人口自然增长率为 -5.7‰。迁入人口 602 人，迁出人口 2246 人，机械增长率为 -9.4‰。

根据全省统一初步核算，全年全县地区生产总值[2] 384.8 亿元，按可比价计算（下同），比上年增长 58.1%。其中，第一产业增加值 36.3 亿元，下降 10.6%；第二产业增加值 256.0 亿元，增长 113.9%；第三产业增加值 92.5 亿元，增长 8.3%。三次产业结构比例为 9.4∶66.5∶24.1。“十三五”期间地区生产总值年

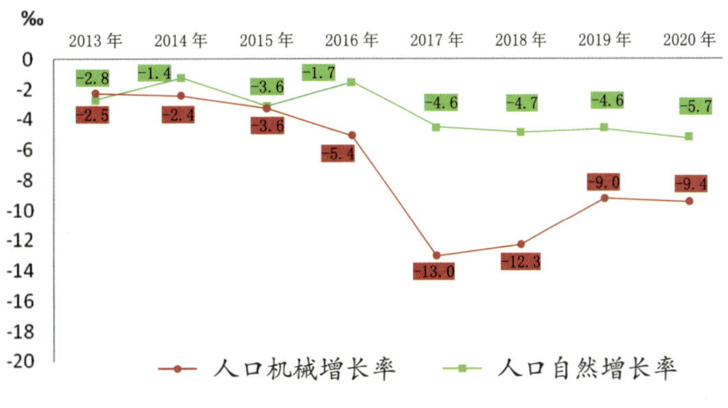

图 1　2013—2020 年岱山县人口增长情况示意图

均增长 19.7%。

全年居民消费价格（CPI）比上年上涨 1.9%，其中食品烟酒类价格上涨 6.3%。服务项目价格上涨 1.2%，消费品价格上涨 2.4%。商品零售价格上涨 0.9%。工业生产者出厂价格下降 2.6%。

全年新增城镇就业人数 5611，城镇失业人员再就业 787 人，城镇登记失业率为 1.67%，比上年降低 0.79 个百分点。

全年新设企业 559 个，比上年增长 12.2%；新设个体工商户 2165 个，减少 15.9%。年末在册市场主体 16881 个，增长 10.0%，其中企业 3754 个，增长 8.7%。

全年财政总收入 27.26 亿元，比上年增长 3.9%。一般公共预算收入 18.13 亿元，增长 3.0%，其中，增值税为 5.10 亿元，下降 1.2%，企业所得税和个人所得税分别为 2.18 亿元和 0.51 亿元，分别增长 19.4% 和 3.5%。一般公共预算支出 54.34 亿元，比上年增长 6.8%，其中，城乡社区事务支出增长 33.5%，社会保障与就业支出增长 7.3%，公共安全支出增长 5.0%，教育支出增长 3.5%，科学技术支出增长 13.0%。

二、渔　业

全年渔业总产值 68.08 亿元，按可比价计算，比上年下降 11.0%。水产品总产量 33.58 万吨，比上年下降 12.0%，其中国内捕捞 29.90 万吨，下降 6.3%。

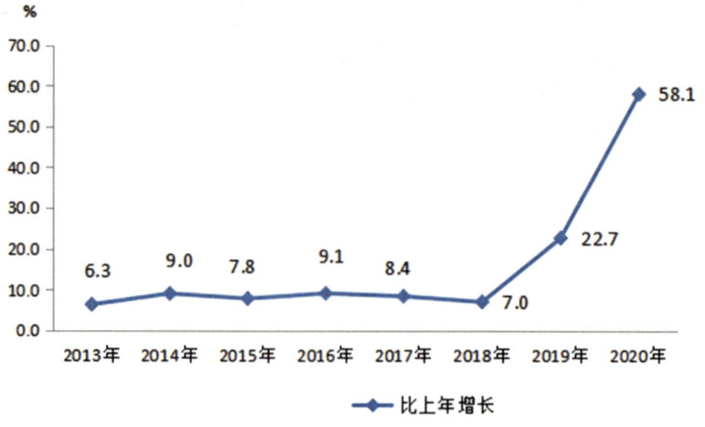

图 2　2013—2020 年岱山县地区生产总值增长速度示意图

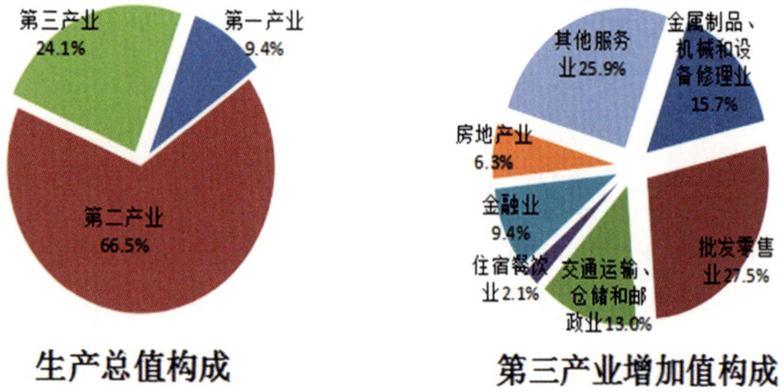

图 3　2020 年岱山县地区生产总值及第三产业增加值构成示意图

图 4　2013—2020 年岱山县一般公共预算收入及其增长速度示意图

2020 年岱山县主要水产品产量一览表

表 29　　　　单位：吨

产品名称	绝对数	比上年（±%）
水产品总产量	335785	-12.0
小黄鱼	27353	-9.5
带　鱼	32225	-17.7
鲳　鱼	9370	66.6
鲐　鱼	8762	-34.0
梅　鱼	40142	-13.0
海　鳗	14818	82.3
虾　类	38874	-23.0
蟹　类	84396	-2.9
头足类	5876	44.1

年末有渔业专业合作社 34 家。加大渔船改造力度，共改造科技示范船 49 艘。积极引导渔民转产转业，渔民双转技能培训 156 人。年末有无公害农产品产地和产品认证企业 7 家，水产健康养殖示范场 14 家。

全年实际水产养殖面积 700 公顷，产量 3.68 万吨，分别比上年下降 18.1% 和 37.6%。其中海水养殖面积634 公顷，产量3.53 万吨，分别下降 18.4% 和 34.9%。

年末有机动渔船 1929 艘，比上年增加 20 艘，总吨位 35.86 万吨，总功率 51.71 万千瓦，分别比上年增加 2.0% 和 0.2%。其中捕捞渔船 1614 艘，比上年增加 27 艘，总吨位 30.41 万吨，总功率 36.77 万千瓦，分别比上年增长 1.8% 和下降 0.2%。

三、农林牧业

全年农业总产值 1.85 亿元，按可比价计算，比上年增长 8.7%；林业总产值 0.09 亿元，增长 0.3%；牧业总产值 0.12 亿元，增长 4.9%。

全年粮食作物播种面积 892.4 公顷，增长 21.1%，产量 0.46 万吨，增长 37.1%。水果播种面积 499.27 公顷，下降 2.5%，产量 1.07 万吨，增长 1.5%。蔬菜播种面积 1431.33 公顷，产量 2.07 万吨，分别下降 1.8% 和 0.3%。茶叶播种面积 70.6 公顷，产量 26.4 吨，分别下降 8.2% 和 7.4%。

全年造林面积 154.8 公顷，零星植树 3.0 万株，成林抚育面积 266.67 公顷。森林覆盖率为 47.35%。

全年生猪饲养量 1200 头，比上年增长 7.57 倍。家禽饲养量 6.91 万只，比上年增长 1.9%。肉类产量 129.0 吨，比上年增长 9.5%，其中羊肉产量 26.0 吨，下降 38.5%，禽肉产量 85.0 吨，增长 12.6%。禽蛋产量 29.0 吨，比上年下降 28.2%。

年末有国家级无公害农产品 42 个、绿色食品 10 个。省级无公害农产品面积 965.07 公顷。省级农业科技示范基地 14 个，新增省级高品质绿色科技示范基地 3 个，市级以上农业龙头企业 6 家。

全年水利总投入 5.12 亿元，比上年减少 39.4%。农田有效灌溉面积 2350 公顷，其中节水灌溉面积 1460 公顷。累计土地流转面积 2 万亩，农地流转率 54%。年末拥有农业机械总动力 2.96 万千瓦，比上年下降 9.8%，当年机耕面积 1656.8 公顷，比上年增长 12.9%。全年化肥施用量（折纯）1149 吨。

四、工业和建筑业

全年全县规模以上工业总产值 889.62 亿元，比上年增长 206.7%，规模以上工业增加值比上年增长 131.0%。规模以上工业中，高新技术产业增加值增长239.3%，占规模以上工业的89.4%；装备制造业增加值增长4.3%，占规模以上工业的9.1%；战略性新兴产业增加值增长57.6%，占规模以上工业的1.7%。规模以上工业企业六大主导行业实现总产值873.64亿元，比上年增长216.8%，所占比重为98.2%。其中石油化工业实现总产值747.85亿元，所占比重为84.1%。“十三五”期间规模以上工业增加值年均增长53.7%。

2020年岱山县规模以上工业主要产业情况表

表30

指标	单位	绝对数	比上年（±%）
规模以上工业总产值	亿元	889.62	206.7
#船舶工业	亿元	70.19	9.1
汽配制造业	亿元	17.01	-21.3
水产加工业	亿元	2.15	-16.3
石化产业	亿元	747.85	385.6
土砂石开采业	亿元	30.90	14.5
水泥及制品业	亿元	5.53	-10.8

全年规模以上工业企业资产总计2160.66亿元，实现利税总额84.36亿元，其中利润总额57.34亿元。新产品产值765.09亿元，比上年增长3.4倍，新产品产值率为86.0%，比上年提高26.4个百分点。

全年全县建筑业增加值22.79亿元，比上年下降13.6%。年末全县具有资质的总承包和专业承包建筑业企业24家，实现总产值18.95亿元，下降2.8%；房屋建筑施工面积190.14万平方米，增长32.5%；房屋竣工面积21.01万平方米，增长53.8%。

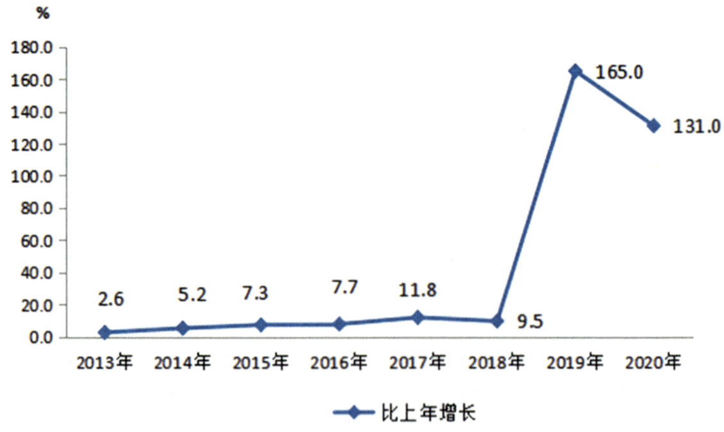

图5　2013—2020年岱山县规上工业增加值增长速度示意图

五、固定资产投资和房地产开发

全年全县固定资产投资比上年增长8.0%，其中民间投资增

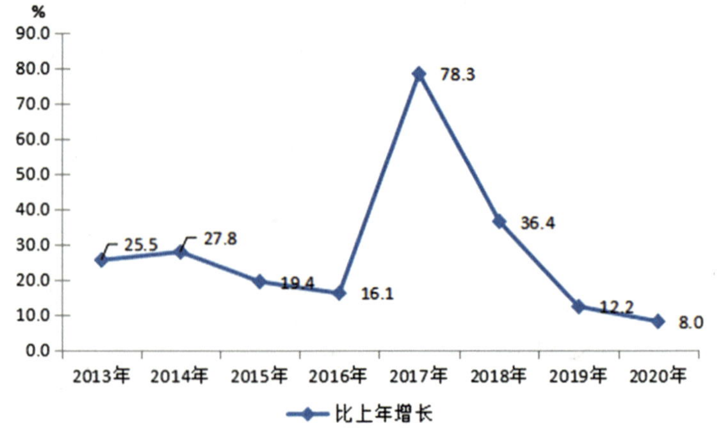

图6　2013—2020年岱山县固定资产投资增长速度示意图

长 2.5%，高新技术产业投资下降 9.2%，交通投资下降 38.3%，生态环保、城市更新和水利设施投资下降 28.3%。

分产业看，第二产业投资增长 17.0%，第三产业投资下降 24.5%，其中，交通运输仓储邮政业投资下降 37.8%，文教卫体娱乐业增长 54.3%。

全年房地产开发投资增长 34.4%。全年商品房开发面积 102.91 万平方米，比上年增长 18.3%；商品房销售面积 10.87 万平方米，下降 39.8%；年末商品房待售面积 12.47 万平方米，增长 165.1%。

六、内外贸易和旅游业

全年全县实现社会消费品零售总额比上年下降 2.3%。其中，城镇消费品零售额下降 3.9%；农村消费品零售额增长 0.3%。按消费类型统计，商品零售额下降 1.2%；餐饮业收入下降 10.9%。

全年批发和零售业商品销售总额比上年增长 15.7%，其中，限额以上批发和零售业商品销售额增长 67.5%，全年住宿和餐饮业营业额下降 12.5%，其中，限额以上住宿和餐饮业营业额下降 6.8%。

年末全县有商品交易市场 14 个。全年商品交易市场成交额 6.59 亿元，比上年下降 35.5%，其中水产品类市场成交额 0.35 亿元，比上年下降 74.5%。全年成交额超亿元的市场 1 个，实现成交额 3.6 亿元。

全年全县外贸进出口总额 92.03 亿元，比上年下降 4.2%。出口额 71.40 亿元，增长 2.3%。其中，船舶 63.09 亿元，增长 5.4%；水产品 1.84 亿元，下降 27.0%；汽配、微电机 5.89 亿元，下降 17.1%。进口额 20.64 亿元，下降 21.5%。年末有自营进出口权的企业 197 家，其中自营进出口额超 200 万美元的企业 17 家。

全年实际引进市外资金 32.6 亿元，实际利用外资 6815 万美元。全年自贸区内企业 125 家，其中外商投资企业 14 家，油品企业 5 家。

年末有旅行社 17 家。年末有星级宾馆 3 家，客房数 378 间，床位数 661 张。有 3A 级景区 4 个。全年接待国内外游客 801 万人次，实现旅游总收入 114.59 亿元，均比上年增长 7.3%。成功获得省全域旅游示范县称号。

七、交通、港口和邮电业

全年全县货物运输总量 5543 万吨，比上年增长 10.1%，货物运输周转量 646.03 亿吨公里，增长 3.0%。全年旅客运输总量 1355 万人，比上年下降 11.6%，旅客运输周转量 24371 万人公里，下降 13.2%。年末有集装箱运输企业 72 家，比上年末减少 9 家；车辆数 515 辆，总吨位 1.67 万吨，分别比上年下降 30.3% 和 29.2%。年末全县民用汽车拥有量 24403 辆，比上年末增长 14.9%；其中私人汽车拥有量 20925 辆，比上年末增长 14.6%。

年末有海运企业 41 家，在册营运货运船舶 258 艘，比上年末增加 2 艘，运力 201.00 万载重吨，比上年末增长 22.0%。其中万吨级船舶 48 艘，比上年末增加 8 艘，运力 164.42 万载重吨，比上年末增长 26.4%。

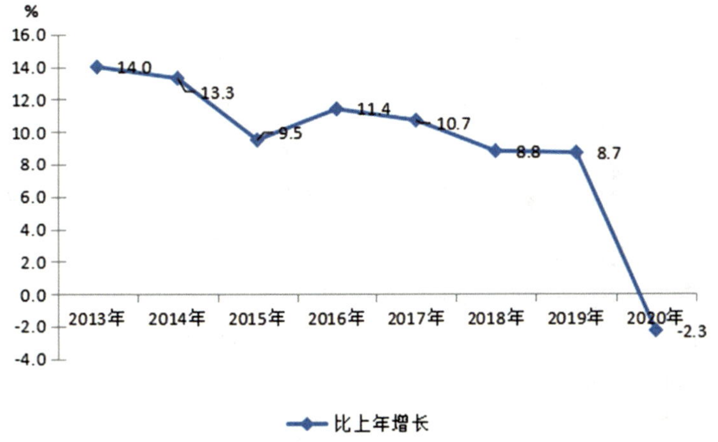

图 7　2013—2020 年岱山县社会消费品零售总额增长速度示意图

2020年岱山县交通客货运输量一览表

表31

指标	单位	绝对数	比上年（±%）
一、货物运输总量	万吨	5543	10.1
陆路	万吨	948	0.9
水路	万吨	4595	12.2
二、货物运输周转量	亿吨公里	646.03	3.0
陆路	亿吨公里	17.76	3.0
水路	亿吨公里	628.27	3.0
三、旅客运输总量	万人	1355	-11.6
陆路	万人	729	-10.9
水路	万人	626	-12.3
四、旅客运输周转量	万人公里	24371	-13.2
陆路	万人公里	14098	20.3
水路	万人公里	10273	-37.2

全年港口货物吞吐量18667万吨，比上年增长28.4%。其中金属矿石吞吐量6868万吨，增长18.9%；石油2000万吨，增长4.7倍。年末全县有生产性泊位74个，其中万吨以上深水泊位23个。

全年邮政电信业务收入2.32亿元，比上年增长1.8%。其中邮政业务收入0.29亿元，下降0.4%；电信业务收入2.03亿元，增长2.0%。年末全县固定电话用户2.63万户，下降7.7%；年末移动电话用户26.15万户，增长6.7%；年末互联网宽带接入用户数9.04万户，增长9.2%；完成代理速递业务量0.84万件，比上年下降12.5%，其中国际及港澳台特快专递0.01万件，与上年持平。

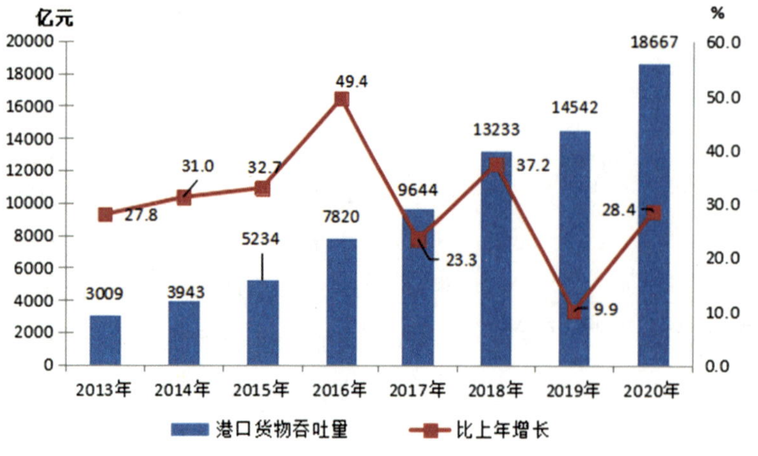

图8　2013—2020年岱山县港口货物吞吐量及其增长速度示意图

八、金融和保险业

年末全县有各类金融机构26家。其中，银行业机构9家，保险业机构16家，小额贷款公司1家。年末全部金融机构各项存款余额314.70亿元，比年初新增53.79亿元。其中，非金融企业存款余额45.25亿元，增加17.94亿元；住户存款余款154.71亿元，增加17.88亿元。各项贷款余额209.97亿元，比年初增加31.52亿元。其中，短期贷款余额39.12亿元，减少0.14亿元；中长期贷款余额169.45亿元，增加30.36亿元。

全年保险机构实现保费收入3.63亿元，比上年增长0.1%。其中财产险保费收入1.23亿元，增长2.2%；人身险保费收入2.40

亿元，下降0.9%。全年赔款支出1.01亿元，增长4.3%；给付支出0.30亿元，下降7.5%。

九、人民生活和社会保障

全年全体居民人均可支配收入50606元，比上年增长4.5%。全年城镇常住居民人均可支配收入56646元，比上年增长3.8%；城镇常住居民人均生活消费支出29169元，增长0.3%，恩格尔系数为32.5%，比上年下降0.1个百分点。全年渔农村常住居民人均可支配收入39238元，比上年增长6.3%；渔农村常住居民人均生活消费支出25820元，比上年增长0.1%，恩格尔系数为34.2%,比上年下降0.1个百分点。城镇、渔农村居民收入比为1.44:1。年末城镇居民人均住房建筑面积46.40平方米，渔农村居民人均住房建筑面积56.81平方米。

年末全县参加职工基本养老保险单位2241家，参保人数98318人，分别比上年增长13.0%和5.9%；参加城镇职工基本医疗保险单位2227家，参保人数62596人，分别比上年增长7.1%和7.5%；参加失业保险的单位2229家，参保人数28275人，分别比上年增长14.1%和5.3%；工伤保险参保人数为54945人，比上年增长1.8%，参加生育保险的人数为29555人，增长7.6%；参加城乡居民养老保险人数43902人，下降7.0%；参加被征地农民转轨企业职工基本养老保险28953人，增长1.6%；参加城乡居民医疗保险人数11.06万人，参保率为99.5%，人均筹资水平1456元，增长1.3%。

年末全县有敬老院7所，社会福利院3所，床位2270张；有各类社会福利企业12家，残疾职工就业人数361人。年末有1963人纳入政府最低生活保障，其中城镇居民最低生活保障家庭户174户、203人；渔农村居民最低生活保障家庭户1468户、1760人；农村“五保”供养人数126人。全年共发放纯低保金2520.4万元。城镇“三无”对象集中供养率78.0%,渔农村“五保”老人集中供养率93.0%。城乡低保对象最低生活补助标准由720元/每人每月提高到810元/每人每月。

十、科技、教育、文化、卫生和体育

全年组织实施国家级新产品科技项目2项，省级项目35项、市级科技计划和科技合作项目12项。年末全县高新技术企业25家、省级科技型企业32家、省级企业研究院1家。全县新培育科技型中小企业32家，累计科技型中小企业144家。发放创新券257万。全年共申请专利241件，其中发明54件，授权专利203件，其中发明7件。

年末有各类注册商标1981件，比上年增长3.0%，地理标志（包括证明、集体）商标2件，浙江制造团体标准4个。

年末有小学10所，小学在校生6208人；初中4所，初中在校生2609人，初中升高中段比例99.7%；高中2所，高中在校生1554人，毕业生547人；职业技校在校生653人，毕业生168人；幼儿园17所，在园幼儿3077人。全县高中段学校高考考生595人，录取人数585人。全县有138人报名参加439课次自学考试，合格率74.8%。全县义务教育标准化学校通过率100%。年末各学校配置计算机3792台，图书藏量59.71万册。有3086人外来民工子女在我县就读，其中公办学校3086人，流动儿童少年入学率达100%。

年末有群众文化馆1个，文化站7个。全年组织举办展览63次，文艺活动318次，举办各类训练班806次，培训28628人次。有公共图书馆1个，图书藏量35.57万册，比上年增长5.5%。有县级广播电视台1个，全年制作广播时间212.1小时，制作电视节目时间874.1小时。全县有线电视用户数5.01万户。广播和电视人口综合覆盖率分别为100%和99.9%。

年末有医疗卫生机构119个，其中，县级医院3家，乡镇卫生院（社区卫生服务中心）7个，诊所医务室12个，村卫生室43个，社区卫生服务站4个。医疗机构开放床位547张。卫生技术人员946人，其中，执业（助理）医师600人，注册护士504人。全年总诊疗175万人次，其中接待医疗门诊急诊173.4万人次。全年累计报告传染病951例。全年孕产妇621人，保健覆盖率100%，孕产妇早孕建卡率95.1%，孕产妇死亡率为零。0—7岁儿童的保健覆盖率99.5%。免费婚检率80.8%。完成城乡居民健康体检0.85万人。计划生育率99.7%，综合节育率77.9%。

年末有文化礼堂55家，新建7家。全县共有体育场地580个，总场地面积达53.1万平方米。年末共创建省级社区多功能公共运动场15个，市级小城镇文体健身广场5个。全年共举办群众体育活动58次，参加人数13.5万人次，成功举办岱山县第九届运动会、全国风筝竞标赛、中国•岱山岛沙滩高尔夫球挑战赛、全国气排球赛等大型赛事。全年共销售体育彩票5044万元，其中飞鱼体育彩票销量2544万元。

十一、市政建设和新渔农村建设

年末建成区面积8.45平方公里，实有城市道路面积174.28万平方米，排水管道长度137.52公里，全年供水总量492万吨，天然气供气总量461万立方米。城市生活垃圾无害化处理率100%。城市污水处理率达到90.6%。年末有建成区园林绿地面积326.31公顷，其中，公园绿地面积127.02公顷；建成区绿化覆盖率42.0%，绿地率38.6%，人均公园绿地面积16.39平方米。

积极开展美丽乡村建设，建成省市级精品村6个、打造省级“一村万树”示范村2个，美丽田园示范样板2个，建成油菜彩绘田创意农业示范区块500亩，彩色健康森林4000亩，成功获评省新时代美丽乡村示范县。全覆盖实施渔农村垃圾分类，实现生活垃圾集中收集有效处理建制村比例100%。全县渔农村卫生厕所普及率100%，渔农村累计粪便无害化处理率99.8%。

加快实施城中村改造、城乡老旧小区和危旧房改造等十大攻坚行动，累计完成投资31.08亿元。把巩固“无违建县”创建成果作为重要任务，在强势拆除剩余违建，确保有效遏制新增的前提下，全面“清零”违法建筑。全年拆除违法建筑1.18万平方米。全年累计保障公共租赁住房家庭2448户，其中新增129户。新建改造城市道路0.43公里，新增公共停车位512个。

十二、能源、环境和安全生产

全年全社会用电量49.00亿千瓦时，比上年增长209.8%。其中，工业用电39.22亿千瓦时，增长772.3%；城乡居民生活用电1.70亿千瓦时，增长8.8%。

全年环境空气质量优良率为97.0%。县级以上集中式饮用水源水质达标率100%，水环境功能区水质达标率100%。区域环境噪声平均等效声级52.8分贝，环境噪声达标区总面积6.86平方公里，烟尘控制区总面积8.01平方公里。全力打好治水治污大会战，完成5条品质河道、3个污水零直排区建设，成功捧得“大禹鼎银鼎”。

全年全县共发生各类生产安全事故5起，死亡（失踪）5人，亿元GDP生产安全事故死亡率1.3%，比上年降低1.9个百分点。

根据2020年度建设“平安浙江”群众安全感满意率调查结果显示，岱山县群众安全感综合满意率为97.9%，参与率为83.0%，成功获得省平安县称号。

统计表

2020 年岱山县主要指标情况表

表 32

指　标	单位	2020 年	比上年增长 %
GDP 增速	%	—	58.1
规模以上工业总产值	亿元	889.6	206.7
规模以上工业增加值增速	%	—	131.0
固定资产投资增速	%	—	8.0
财政总收入	亿元	27.3	3.9
一般公共预算收入	亿元	18.1	3.0
地方税收收入	亿元	13.7	0.8
社会消费品零售总额增速	%	—	-2.3
水产品总产量	万吨	33.6	-12.0
港口货物吞吐量	万吨	18322	27.8
实际利用外资	万美元	6815	104.8（完成进度）
实际到位市外资金	亿元	32.6	108.6（完成进度）
城镇常住居民人均可支配收入	元	56646	3.8
渔农村常住居民人均可支配收入	元	39238	6.3
规模以上服务业营业收入增速（1-11 月）	%	—	16.8
进出口总额	亿元	92.0	-4.2
出口总额	亿元	71.4	2.3
规上工业研发费用（1-11 月）	亿元	20.3	700.2

2020 年岱山县渔农村经济情况表

表 33

指　标	单位	2020 年	比上年增长 %
一、渔农村住户数	户	55212	-1.8
渔农村人口数	人	133961	-3.4
＃男	人	71838	-0.8
女	人	62123	-6.2
渔农村从业人员	人	75967	-7.0
＃男	人	46293	-5.8
女	人	29674	-8.7
＃农林牧渔业	人	27035	-4.3

续表33

指　标	单位	2020年	比上年增长%
二、渔农业总产值	万元	702522	-10.5
#渔业	万元	680845	-11.0
农业	万元	18515	8.7
林业	万元	858	0.3
牧业	万元	1200	4.9

2020年岱山县海洋渔业情况表

表34

指　标	单位	2020年	比上年增长%
水产品总产量	吨	335785	-12.0
#国内捕捞	吨	298997	-6.3
远洋渔业	吨	—	—
海水养殖面积	公顷	634	-18.4
海水养殖产量	吨	35293	-34.8
机动渔船	艘	1929	1.0
	吨	358550	2.0
	万千瓦	517119	0.2
#生产渔船	艘	1614	1.7
	吨	304109	1.8
	万千瓦	367748	0.2
辅助渔船	艘	315	-2.2
	吨	54441	3.5
	万千瓦	149317	1.0

2020年岱山县规模以上工业主要指标一览表

表35

指标	单位	2020年	比上年增长%
工业总产值	万元	8896242	206.7
#大中型工业	万元	8302635	256.1
#私营经济	万元	639662	8.1
#重工业	万元	8841065	212.8
#轻工业	万元	55177	-25.6
工业销售产值	万元	8480192	273.7
工业出口交货值	万元	849203	31.5
工业增加值增速	%	131.0	—
#高新技术产业	%	239.3	—
#战略性新兴产业	%	57.6	—
#装备制造业	%	4.3	—
#数字经济核心产业制造业	%	53.5	—

2020 年岱山县港口与海运情况表

表 36

指　标	单位	2020 年	比上年增长 %
生产性泊位个数	个	74	1.4
# 万吨以上	个	23	持平
港口货物吞吐量	万吨	18667	28.4
# 市外	万吨	18322	27.8
# 石油	万吨	2000.30	4.7 倍
金属矿石	万吨	6868.10	18.9
矿建材料	万吨	6807.58	7.0
# 外贸货物吞吐量	万吨	3528.97	17.6
海运企业	家	41	-2.4
海上货运净载重量	万吨	201.01	22.0

2020 年岱山县固定资产投资一览表

表 37

指　标	单位	比上年增长 %
一、固定资产投资增速	%	8.0
# 民间项目投资	%	2.5
# 交通投资	%	-38.3
# 生态环保和公共设施投资	%	-28.3
# 高新技术产业	%	-9.2
# 基础设施投资	%	-3.1
# 房地产开发投资	%	34.4
第二产业增速	%	17.0
第三产业增速	%	-24.5
# 交运仓储邮政业	%	-37.8
二、房地产房屋施工面积	%	18.3
# 住宅面积	%	20.0
商品房销售面积增速	%	-39.8

2020 年岱山县国内贸易情况表

表 38

指　标	单位	比上年增长 %
一、社会消费品零售总额增速	%	-2.3
批发业	%	-7.7
零售业	%	-0.5
住宿业	%	-6.5
餐饮业	%	-12.3
二、批发零售住宿餐饮业		
批发零售业销售额增速	%	15.7

续表 38

指　标	单位	比上年增长 %
批发业	%	20.2
零售业	%	2.4
住宿餐饮业营业额增速	%	-12.5
住宿业	%	-7.4
餐饮业	%	-15.9
三、限额以上批发零售住宿餐饮业		
限额以上批发零售业销售额增速	%	67.5
批发业	%	69.8
零售业	%	8.6
限额以上住宿餐饮业营业额增速	%	-6.8
住宿业	%	-1.0
餐饮业	%	-15.5

2020 年岱山县对外贸易情况表

表 39

指　标	单位	2020 年	比上年增长 %
一、外贸进出口总额	万元	920313	-4.2
进口总额	万元	206356	-21.5
出口总额	万元	713957	2.3
# 船舶	万元	630866	5.4
水产品	万元	18402	-27.0
汽配、微电机	万元	58922	-17.1
玩具	万元	3895	-2.7

2020 年岱山县财政、金融、保险情况表

表 40

指　标	单位	2020 年	比上年增长 %
一、财政总收入	万元	272640	3.9
二、公共财政预算收入	万元	181290	3.0
三、公共财政预算支出	万元	543385	6.8
四、金融机构本外币存款余额	亿元	3157763	20.8
# 本外币储蓄余额	亿元	1551733	13.0
金融机构人民币存款余额	亿元	3146971	20.6
# 人民币储蓄余额	亿元	1547078	13.1
五、金融机构本外币贷款余额	亿元	2099750	17.7
金融机构人民币贷款余额	亿元	2099744	17.7
# 工业贷款	亿元	611168	25.2
建筑业贷款	亿元	27617	-58.7
交通运输、仓储和邮政业贷款	亿元	198201	17.9
个人贷款	亿元	805017	17.6

续表 40

指 标	单位	2020 年	比上年增长 %
六、保费收入	万元	36267	0.1
# 财产险	万元	12289	2.2
人身险	万元	23979	-0.9

2020 年岱山县城镇居民生活情况表

表 41

指 标	单位	2020 年	比上年增长 %
一、城镇常住居民人均可支配收入	元	56646	3.8
# 工资性收入	元	39691	3.1
经营净收入	元	5375	3.5
财产净收入	元	2921	7.9
转移净收入	元	8659	6.0
二、城镇常住居民人均生活消费支出	元	29169	0.3
# 食品烟酒	元	9482	0.0
衣着	元	2950	-1.8
居住	元	3493	1.8
生活用品及服务	元	2082	0.9
交通和通信	元	3006	0.9
教育文化娱乐	元	3351	-1.6
医疗保健	元	2969	2.8
其他商品和服务	元	1836	0.2
三、恩格尔系数	%	32.5	–
四、年末人均住房建筑面积	平方米	46.40	1.0
五、每百户家庭耐用消费品拥有量			
固定电话	部	17	-22.7
移动电话	部	203	0.0
家用电脑	台	51	-7.3
空调	台	176	持平

2020 年岱山县渔农村居民生活情况表

表 42

指 标	单位	2020 年	比上年增长 %
一、渔农村常住居民人均可支配收入	元	39238	6.3
# 工资性收入	元	20917	5.6
经营净收入	元	7698	7.9
财产净收入	元	4562	6.1
转移净收入	元	6061	7.2
二、渔农村常住居民人均生活消费支出	元	25820	0.1
# 食品烟酒	元	8830	-0.2
衣着	元	2317	-2.6

续表 42

指　标	单位	2020年	比上年增长%
居住	元	4599	0.8
生活用品及服务	元	1438	1.3
交通和通信	元	2118	1.0
教育文化娱乐	元	2866	-1.3
医疗保健	元	2567	1.9
其他商品和服务	元	1085	2.1
三、恩格尔系数	%	34.2	—
四、年末人均住房建筑面积	平方米	56.81	1.6
五、每百户家庭耐用消费品拥有			
固定电话	部	11	-26.7
移动电话	部	187	3.3
家用电脑	台	17	6.3
空调	台	138	19.0

责任编辑：虞迪燕

附　录

Appendix

新任县领导简介

陈海平　男，1970年4月出生，浙江舟山人。1989年7月参加工作，1992年12月加入中国共产党。中央党校函授学院经济管理专业毕业，大学学历；浙江省委党校区域经济学专业毕业，研究生学历。

1985年9月至1989年7月，在舟山水产学校海水养殖专业学习。1989年7月至1991年12月，在舟山市定海区小沙乡政府工作。1991年12月至1996年9月，在舟山市定海区盐仓乡政府工作。1996年10月至1998年10月，任舟山市定海区盐仓乡团委书记（其间：1997年11月参加中央团校第107期短期培训班学习）。1998年10月至2001年7月，任舟山市定海区山潭乡党委委员(1996年8月至1999年6月，浙江省委党校函授学院经济管理专业在职大专学习，2000年9月至11月，在浙江省鄞县挂职锻炼)。2001年7月至2004年7月，任舟山市定海区金塘镇党委副书记、三潭办事处主任（1999年8月至2001年12月，中央党校函授学院经济管理专业在职大学学习）。2004年7月至11月，任舟山市定海区金塘镇党委副书记、纪委书记。2004年11月至2006年11月，任舟山市定海区马岙镇党委副书记、镇政府主要负责人（2005年3月任镇长）。2006年11月至2009年12月，任舟山市定海区小沙镇党委书记。2009年12月至2011年6月，任舟山市定海区政府副区长候选人、党组成员（2010年1月任副区长），小沙镇党委书记。2011年6月至12月，任舟山市定海区政府副区长、党组成员。2011年12月至2016年12月，任舟山市定海区政府副区长、党组成员，区委委员（2010年2月至2012年7月，兼任舟山市定海工业园区管委会主任，2010年9月至2013年7月，浙江省委党校区域经济学在职研究生学习）。2016年12月至2017年2月，任舟山市定海区委常委、区政府副区长。2017年2月至2020年2月，任舟山市定海区委常委（2017年3月任区委政法委员会书记，2019年7月任舟山市法学会副会长）。2020年2月至3月，任中共岱山县委副书记。2020年3月至2021年1月，任中共岱山县委副书记、县委政法委员会书记（兼）。2021年1月起，任中共岱山县委副书记、县政协主席、党组书记、县委政法委员会书记（兼）。

徐　新　男，1979年11月出生，浙江衢州人。2001年8月参加工作，2006年7月加入中国共产党。西南政法大学行政管理学专业毕业，大学学历，法学学士学位；华东政法大学法律专业毕业，法律硕士学位。

1997年9月至2001年7月，在西南政法大学行政管理学专业学习。2001年8月至2002年5月，任浙江省江山市人民法院书记员。2002年5月至2003年1月，借调至浙江省衢州市政府法制办公室工作。2003年1月至2008年1月，任衢州市政府法制办公室干部（2006年3月任副主任科员，2007年8月任复议应诉处副处长）。2008年1月至2010年8月，任浙江省委党校组织人事处干部（2009年4月任主任科员，2007年3月至2009年12月华东政法大学法律专业毕业）。2010年8月至2012年12月，任浙江省政府研究室综合研究处、社会发展处主任科员。2012年12月至2013年12月，任浙江省政府研究室社会发展处副处长。2013年12月至2016年7月，任浙江省政府研究室产业发展处副处长。2016年7月至12月，任浙江省政府研究室机关党委专职副书记、产业发展处副处长。2016年12月至2020年4月，任浙江省政府研究室机关党委专职副书记（2018年7月至2020年4月，挂职永嘉县委常委、副县长）。2020年4月至5月，任中共岱山县委常委（正处级）。2020年5月起，任中共岱山县委常委（正处级）、岱山县政府党组成员。

郁曙军　男，1970年12月出生，浙江岱山人。1990年8月参加工作，1992年5月加入中国共产党。中央党校函授学院经济管理专业毕业，大学学历。

1988年9月至1990年7月，在浙江人民警察学校公安治安专业学习。1990年8月至1994年1月，在岱山县公安局岱中派出所任民警。1994年1月至1995年10月，任岱山县公安局岱东派出所副政治指导员。1995年10月至1997年1月，任岱山县公安局高亭城郊派出所副政治指导员。1997年1月至1998年2月，任岱山县公安局高亭城郊派出所所长。1998年2月至1999年6月，在岱山县委组织部工作（1998年7月任副主任科员）。1999年6月至2001年7月，任岱山县长涂镇党委副书记、纪委书记（其间，1995年7月至2001年6月，自考中国人民公安大学公安管理专业在职大专学习）。2001年7月至2002年11月，任岱山县衢山镇党委副书记（2001年11月起为正局级干部）。2002年11月至2003年1月，任岱山县衢山镇党委副书记、镇长候选人，衢山经济发展试验区管委会副主任。2003年1月至2006年3月，任岱山县衢山镇党委副书记、镇长，衢山经济发展试验区管委会副主任。2006年3月至2007年1月，任岱山县岱东镇党委书记（其间，2004年8月至2006年12月，中央党校函授学院经济管理专业在职大学学习）。2007年1月至12月，任岱山县岱东镇党委书记、人大主席。2007年12月至2008年3月，任岱山县东沙镇党委书记、人大主席候选人。2008年3月至2009年6月，任岱山县东沙镇党委书记、人大主席。2009年6月至2011年11月，任岱山县海洋与渔业局局长、党委书记。2011年11月至2013年10月，任岱山县委办公室主任。2013年10月至2015年3月，任岱山县委县政府办公室主任（其间，2014年9月至12月，参加舟山市中青年干部培训班学习）。2015年3月至4月，任政协岱山县委员会副主席、岱山县委县政府办公室主任。2015年4月至2016年3月，任政协岱山县委员会副主席、党组成员、岱山县委县政府办公室主任。2016年3月至11月，任岱山县政府副县长、党组成员、岱山县委县政府办公室主任。2016年11月至2020年5月，任岱山县政府副县长、党组成员。2020年5月起，任中共岱山县委常委，衢山镇党委书记，衢山经济发展试验区管委会主任。

庄晨辉　男，1981年2月出生，浙江舟山人。2002年8月参加工作，2001年12月加入中国共产党。浙江大学法律专业毕业，大学学历，四川农业大学农村与区域发展领域专业毕业，农业推广硕士学位。

1999年9月至2002年7月，在杭州商学院法学专业学习。2002年8月至2004年2月，在舟山市定海区盐仓街道办事处工作（其间：2002年11月至2004年2月，借调到定海区政府办公室工作，任秘书）。2004年2月至2005年8月，任舟山市定海区政府办公室秘书（其间，2002年9月至2004年12月，自考浙江大学法律专业在职大学学习）。2005年8月至2006年8月，任舟山市定海区政府办公室综合科副科长。2006年8月至2007年8月，任舟山市定海区政府办公室督查室主任。2007年8月至2009年1月，任舟山市定海区政府办公室秘书科科长。2009年1月至2012年8月，任舟山市定海区小沙镇党委委员，副镇长（2011年12月当选）。2012年8月至2013年5月，任舟山市委市政府渔农村工作办公室社区建设指导处副处长。2013年5月至10月，任舟山市委市政府渔农村工作办公室社区建设指导处处长。2013年10月至2016年11月，任舟山市农林与渔农村委员会社会发展处处长（其间：2012年4月至2016年12月，四川农业大学农村与区域发展领域专业在职学习，获农业推广硕士学位，2015年11月至12月，参加舟山市中青年干部培训班学习）。2016年11月至2020年11月，任岱山县政府副县长、党组成员。2020年11月至12月，任中共岱山县委常委、岱山县政府党组成员。2020年12月起，任中共岱山县委常委、县委宣传部部长。2016年12月，当选中共岱山县第十三届委员会委员。

沈兆幸　男，1964年8月出生，浙江岱山人。1981年12月参加工作，1990年2月加入中国共产党。浙江财经学院函授财政学专业毕业，大学学历，会计师任职资格。

1981年12月至1982年7月，在岱山县财税局工作。1982年7月至1985年8月，在岱山县高亭财税所工作。1985年8月至1987年8月，在岱山县财税局农财股工作（其间：1984年9月至1987年7月，在杭州电子工业学院函授财政专业在职大专学习）。1987年8月至1992年5月，任岱山县岱西财税所副所长，1992年5月至12月，任岱中财税所副所长（主持工作）。1992年12月至1996年11月，任岱山县财税局办公室副主任。1996年11月至1998年3月，任岱山县财政局（国税局、地税局）办公室主任兼法制科科长。1998年3月至4月，任岱山县财税局副局长、党组成员。1998年4月至2001年7月，任岱山县财政局（地税局）副局长、党组成员，稽查局局长。2001年7月至2002年1月，任岱山县高亭镇党委副书记。2002年1月至2003年5月，任岱山县高亭镇党委副书记、镇长（其间：2000年9月至2002年7月，浙江财经学院函授财政学专业在职大学学习；2002年8月至2003年4月，兼任岱山经济开发区管委会常务副主任）。2003年5月至2005年1月，任岱山县高亭镇党委书记。2005年1月至9月，任岱山县高亭镇党委书记、人大主席。2005年9月至2006年10月，任岱山县政府副县长。2006年10月至11月，任中共岱山县委常委、岱山县政府副县长。2006年11月至2009年11月，任中共岱山县委常委、县委统战部部长。2009年11月至2010年4月，任中共岱山县委常委、县委统战部部长兼岱山县工商业联合会党组书记。2010年4月至2016年2月，任中共岱山县委常委、县委统战部部长。2016年2月至11月，任中共岱山县委常委、县委统战部部长，县社会主义学校校长（兼）。2016年11月至2017年1月，任岱山县委统战部部长，县社会主义学校校长（兼）。2017年1月至2月，任岱山县人大常委会党组副书记。2017年2月至2020年1月，任岱山县人大常委会副主任、党组副书记。2020年1月起，任岱山县人大常委会主任、党组书记。是中共岱山县第十届委员会委员、第十一届、十二届委员会委员、常委。

孔德科　男，1966年12月出生，浙江岱山人。1985年8月参加工作，1993年10月加入中国共产党。中国人民公安大学公安管理学专业毕业，大学学历。

1983年9月至1985年7月，在浙江省警察学校公安专业学习。1985年8月至1994年1月，在岱山县公安局工作。1994年1月至1996年1月，任岱山县公安局四平派出所副所长。1996年1月至1998年3月，任岱山县公安局四平派出所所长（1995年4月至1998年4月中国人民公安大学公安管理专业在职大专学习）。1998年3月至12月，任岱山县公安局大衢公安分局政治教导员。1998年12月至2001年9月，任岱山县公安局机场派出所所长。2001年9月至11月，任岱山县公安局衢山公安分局局长。2001年11月至2003年4月，任岱山县公安局副局长、衢山公安分局局长、衢山镇党委委员。2003年4月至2004年3月，任岱山县公安局副局长、党委委员、衢山公安分局局长（1999年10月至2003年12月，中国人民公安大学公安管理学专业在职大学学习）。2004年3月至2005年4月，任岱山县公安局副局长、党委委员，衢山公安分局局长，衢山镇党委委员。2005年4月至2007年6月，任岱山县公安局副局长、党委委员。2007年6月至12月，任岱山县公安局政治委员、党委副书记。2007年12月至2008年4月，任岱东镇党委书记、人大主席候选人。2008年4月至2009年11月，任岱东镇党委书记、镇人大主席。2009年11月至2012年12月，任岱山县文化广电新闻出版局（体育局）局长、党组书记，县文学艺术界联合会主席（2011年6月起兼任县广播电视台台长）。2012年12月至2013年10月，任岱山县住房和城乡建设局局长、党委书记，县城市管理综合执法大队大队长（兼），县测绘和地理信息局局长（兼）。2013年10月至2017年7月，任岱山县住房和城乡建设局局长、党委书记，县测绘和地理信息局局长（兼）。2017年7月至2019年1月，任岱山县委县政府办公室主任。2019年1月至2020年1月，任岱山县委办公室主任。2020年1月起，任岱山县人大常委会副主任、党组成员。2016年12月，当选中共岱山县第十三届委员会候补委员。

孙世华　男，1980年11月出生，浙江岱山人。2003年12月参加工作，2009年9月加入中国共产党。安徽工业大学计算机学院计算机科学与技术专业毕业，对外经济贸易大学法学专业毕业，大学学历；大连海事大学公共管理专业硕士毕业，公共管理硕士学位。

1999年9月至2003年7月，在安徽工业大学计算机学院计算机科学与技术专业学习。2003年7月至2004年10月，在杭州西软科技有限公司工作。2004年10月至2006年6月，在舟山市外侨办公室工作。2006年6月至2008年12月，在舟山市纪律检查委员会工作。2008年12月至2010年9月，在舟山市信息中心工作。2010年9月至2011年10月，任舟山市科创园管理中心科创处副处长（2008年9月至2011年1月，对外经济贸易大学法学专业在职大学学习）。2011年10月至2012年12月，任舟山市科创园管理中心引智处副处长（主持工作）。2012年12月至2013年7月，任舟山市科创园管理中心引智处处长、舟山市科学技术局办公室负责人（2013年1月任）。2013年7月至2016年5月，任舟山市科技创业服务中心主任、舟山市科学技术局办公室负责人（兼）（其间：在大连海事大学公共管理专业在职大学学习，2014年12月获公共管理硕士学位）。2016年5月至2018年7月，任浙江舟山群岛新区招商局副局长、党组成员（2016年6月任）。2018年7月至8月，任嵊泗县政府副县长人选。2018年8月至2020年5月，任嵊泗县政府副县长、党组成员。2020年5月至7月，任岱山县政府副县长人选、党组成员。2020年7月起，任岱山县政府副县长、党组成员。

赵红波　男，1972年9月出生，浙江岱山人。1994年8月参加工作，2000年12月加入中国共产党。浙江水产学院渔业工程系海洋渔业专业毕业，大专学历。

1991年9月至1994年7月，在浙江水产学院渔业工程系海洋渔业专业学习。1994年8月至2001年11月，在岱山县水产局（渔委）生产科工作（2001年2月任生产科副科长，其间：2000年1月至2001年2月下派岱东镇沙洋村任村主任助理）。2001年11月至2002年1月，任秀山乡乡长助理。2002年1月至2003年11月，任秀山乡副乡长。2003年11月至2007年7月，任岱山县海洋与渔业局副局长、党委委员。2007年7月至2011年6月，任岱山县政府办公室副主任。2011年6月至2012年1月，任秀山乡党委副书记、乡长候选人。2012年1月至12月，任秀山乡党委副书记、乡长。2012年12月至2013年1月，任衢山镇党委副书记、镇长候选人。2013年1月至2016年11月，任衢山镇党委副书记、镇长。2016年11月至2017年12月，任岱山县海洋渔业局局长、党委书记。2017年12月至2018年6月，任岱山县海洋与渔业局（海洋行政执法局）局长、党委书记。2018年6月至2019年1月，任岱山县发展和改革局局长、县发展和改革局（统计局）党委书记。2019年1月至2020年11月，任岱山县发展和改革局局长、党组书记。2020年11月至12月，任岱山县政府副县长人选、县发展和改革局局长、党组书记。2020年12月起，任岱山县政府副县长、党组成员。2016年12月，当选中共岱山县第十三届委员会委员。

宫钦飞　男，1978年2月出生，山东莱阳人。2002年7月参加工作，2001年5月加入中国共产党。浙江大学汉语言文学专业毕业，大学学历，文学学士学位。

1998年9月至2002年6月，在浙江大学汉语言文学专业学习，获文学学士学位。2002年8月至2004年4月，在浙江省电力建设公司办公室工作，任职员。2004年5月至2006年6月，在浙江省电力建设公司嘉兴电厂二期项目部办公室工作，任职员。2006年6月至2010年12月，任浙江省电力建设总公司团委副书记。2010年12月至2013年12月，任浙江能源集团办公室秘书。2013年12月至2014年12月，任浙江能源电力股份公司综合办公室主管。2014年12月至2017年9月，任浙江能源电力股份公司综合办公室副主任。2017年9月至2018年6月，任油品储备贸易公司筹建处副主任。2018年6月至2020年11月，任浙江石油储运公司副总经理、党总支委员。2020年11月至12月，任浙江石油储运公司副总经理、党总支委员，岱山县政府副县长人选（挂职）、县政府党组成员。2020年12月起，任浙江石油储运公司副总经理、党总支委员，岱山县政府副县长（挂职）、县政府党组成员。

吴志琴　女，1970年11月出生，浙江岱山人。1992年8月参加工作，1997年11月加入中国共产党。厦门大学生物系细胞生物学专业毕业，大学学历，理学学士学位。

1988年9月至1992年7月，在厦门大学生物系细胞生物学专业学习，获理学学士学位。1992年8月至1998年4月，在岱山县计划经济委员会工作。1998年4月至2000年8月，任岱山县计划经济委员会（统计局、外贸局）外经外资科副科长。2000年8月至2001年8月，任岱山县计划经济委员会（统计局、外贸局）副主任（副局长）、党委委员。2001年8月至2003年7月，任岱山县经济贸易局副局长、党委委员（其间：2002年8月至11月，参加舟山市中青年干部培训班学习）。2003年7月至8月，任岱山县岱东镇党委副书记、镇长候选人。2003年8月至2006年6月，任岱山县岱东镇党委副书记、镇长。2006年6月至12月，任岱山县民政局副局长（正科）、党组副书记。2006年12月至2016年7月，任岱山县民政局局长、党组书记（2005年9月至2007年9月，复旦大学旅游管理学系旅游管理专业研究生课程进修班学习）。2016年7月至2017年2月，任岱山县交通运输局局长、党委书记，县疏港公路工程建设管理办公室副主任（兼），舟山市港航管理局岱山分局局长（2016年8月任）。2017年2月至2019年3月，任岱山县政府副县长、党组成员。2019年3月至2020年1月，任岱山县政府党组成员（享受副县处级待遇）。2020年1月起，任政协第九届岱山县委员会副主席、党组成员。2016年12月，当选中共岱山县第十三届委员会委员。

（张　瑜）

组织机构及负责人名录

中共岱山县委

书　　记　周国岭（　—2020.12）
副 书 记　孙志龙（　—2020.12）
　　　　　陈海平（2020.2—2020.12）
常　　委　徐　新（2020.4—2020.12）
　　　　　朱永华（　—2020.11）
　　　　　陈琳尹（女，　—2020.12）
　　　　　周国宏（　—2020.5）
　　　　　施静海（　—2020.12）
　　　　　方海英（女，　—2020.12）
　　　　　张剑光（　—2020.12）
　　　　　徐华军（　—2020.11）
　　　　　王锡兵（　—2020.12）
　　　　　叶　军（　—2020.12）
　　　　　郁曙军（2020.5—2020.12）
　　　　　庄晨辉（2020.11—2020.12）

岱山县人大常委会

主　　任　俞福达（　—2020.1）
　　　　　沈兆幸（2020.1—2020.12）
副 主 任　沈兆幸（　—2020.1）
　　　　　蔡松岳（　—2020.12）
　　　　　夏红艳（女，　—2020.12）
　　　　　王雅珠（女，　—2020.12）
　　　　　童信宇（　—2020.12）
　　　　　孔德科（2020.1—2020.12）

岱山县人民政府

代 县 长　孙志龙（　—2020.1）
县　　长　孙志龙（2020.1—2020.12）
副 县 长　陈琳尹（女，　—2020.12）
　　　　　赵丁义（　—2020.12）
　　　　　刘奋伟（　—2020.12）
　　　　　郁曙军（　—2020.5）
　　　　　孙世华（2020.7—2020.12）
　　　　　庄晨辉（　—2020.11）
　　　　　司徒贤存（　—2020.12）
　　　　　赵红波（2020.12—2020.12）
　　　　　徐华军（挂职，　—2020.12）
　　　　　宫钦飞
　　　　　（挂职，2020.12—2020.12）

政协岱山县委员会

主　　席　陈雅君（女，　—2020.12）
副 主 席　赵加平（　—2020.1）
　　　　　俞赛飞（女，　—2020.12）
　　　　　吴志琴（女，2020.1—2020.12）

方信伦（　—2020.12）
夏　昊（　—2020.12）
邬建芬（女，　—2020.12）
秘 书 长　潘海涌（　—2020.11）

中共岱山县纪委

书　　记　施静海（　—2020.12）
副 书 记　王明辉（　—2020.12）
章海兵（　—2020.5）
戴巨斌（2020.5—2020.12）
常　　委　金平宽（　—2020.12）
潘明明（　—2020.6）
顾仲立（　—2020.12）
刘可杰（　—2020.1）
钟时洪（2020.4—2020.12）

岱山县监委

主　　任　施静海（　—2020.12）
副 书 记　王明辉（　—2020.12）
章海兵（　—2020.5）
戴巨斌（2020.5—2020.12）
委　　员　金平宽（　—2020.12）
潘明明（　—2020.6）
顾仲立（　—2020.12）
钟时洪（　—2020.4）
刘红梅（女，2020.4—2020.12）

县委办公室及相关单位

县委办公室

主　　任　孔德科（　—2020.1）
董海斌（2020.1—2020.12）
副 主 任　王建伟（兼，　—2020.6）
夏　明（兼，　—2020.12）
戎金军（　—2020.12）
虞全达（　—2020.12）
戴巨斌（　—2020.5）
姚旭东（　—2020.12）
沈海明（兼，2020.4—2020.12）
杨岱斌（2020.6—2020.12）

县政策研究中心

主　　任　戎金军（　—2020.12）
副 主 任　孙　磊（　—2020.12）
马仁庭（　—2020.12）

县委县政府信访局

局　　长　夏　明（　—2020.12）
副 局 长　黄　山（兼，　—2020.12）
郑小芬（女，　—2020.12）
任敏捷（　—2020.12）
丁　海（兼，　—2020.12）
赵行炯（　—2020.12）

县委台湾工作办公室

主　　任　陈建华（　—2020.12）
副 主 任　郭备战（　—2020.12）

县档案馆（史志研究室）

党组书记　王建伟（　—2020.6）
沈海明（2020.6—2020.12）
馆长、主任　王建伟（　—2020.4）
沈海明（2020.4—2020.12）
副 馆 长　徐嘉和（2020.11—2020.12）
徐　晶（　—2020.12）

岱山县人民代表大会

法制与监察司法委员会

主任委员　朱　波（2020.1—2020.12）

法制与内务司法委员会

主任委员　朱　波（　—2020.1）

财政经济委员会

主任委员　庄舟波（　—2020.12）
副主任委员　翁燕敏（女，　—2020.12）

教育科技文化卫生与民族宗教侨务外事委员会

主任委员　李中望（2020.1—2020.12）

渔农业与渔农村委员会

主任委员　费永国（2020.1—2020.12）

城乡建设与环境资源保护委员会

主任委员　祝海浩（2020.1—2020.12）

社会建设委员会

主任委员　余志君（2020.1—2020.12）

县人大常委会工作部门

县人大常委会机关党组

书　　记　周四海（　—2020.12）

县人大办公室

主　　任　周四海（　—2020.12）
副 主 任　孔德大（　—2020.12）
　　　　　鲁科杰（　—2020.12）
　　　　　宋永军（2020.9—2020.12）

研究室

主　　任　金央欢（　—2020.12）
副 主 任　赵红泽（　—2020.9）
　　　　　夏侠群（女，　—2020.12）
　　　　　林浩杰（2020.9—2020.12）

代表与选举任免工作委员会

主　　任　黄必胜（　—2020.12）
副 主 任　乌林毅（　—2020.12）

法制与监察司法工作委员会

主　　任　朱　波（2020.3—2020.12）
副 主 任　刘曙毅（2020.3—2020.12）

法制工作委员会

主　　任　余志君（　—2020.3）
副 主 任　刘曙毅（　—2020.3）

社会建设工作委员会

主　　任　余志君（2020.3—2020.12）
副 主 任　邱晓定（2020.3—2020.12）

教育科技文化卫生与民族宗教侨务外事工作委员会

主　　任　李中望（　—2020.12）
副 主 任　祝劲松（　—2020.12）
　　　　　张　帆（　—2020.12）

财政经济工作委员会

主　　任　庄舟波（　—2020.12）
副 主 任　董明海（2020.3—2020.12）

渔农业与渔农村工作委员会

主　　任　费永国（　—2020.11）
　　　　　唐松标（2020.11—2020.12）
副 主 任　於旱年（　—2020.12）
　　　　　黄海平（　—2020.12）

城乡建设与环境资源保护工作委员会

主　　任　祝海浩（　—2020.12）
副 主 任　柳海红（　—2020.12）
　　　　　邱宜伦（　—2020.12）

信访室

主　　任　邱晓定（　—2020.1）

县政府办公室及相关单位

县政府机关党组

书　　记　董海斌（　—2020.1）
　　　　　褚波挺（2020.1—2020.12）
副 书 记　陈　宇（　—2020.11）
　　　　　张　鍌（2020.12—2020.12）

县政府办公室

主　　任　董海斌（　—2020.1）
　　　　　褚波挺（2020.1—2020.12）
副 主 任　刘思常（　—2020.12）
　　　　　罗优海（兼，　—2020.12）
　　　　　黄　山（　—2020.12）
　　　　　柴忠堂（　—2020.1）
　　　　　童永波（兼，　—2020.12）
　　　　　朱祝军（兼，　—2020.12）
　　　　　於建光（　—2020.4）
　　　　　孔宏波（　—2020.6）
　　　　　陈　宇（　—2020.11）
　　　　　於辉军（　—2020.6）
　　　　　刘　斌（　—2020.12）
　　　　　朱　军（　—2020.12）
　　　　　陈静波（2020.6—2020.12）
　　　　　张　华（2020.6—2020.12）
　　　　　李坤波（2020.6—2020.12）
　　　　　沈飞腾（2020.6—2020.12）
　　　　　张　鍌（2020.12—2020.12）

县大数据管理中心

党组书记、主任　朱祝军（　—2020.12）
副 主 任　吴常波（　—2020.12）
　　　　　陈　立（　—2020.12）

县委县政府接待中心

主　　任　陈静波（　—2020.12）

县政府驻定海办事处

主　　任　丁　海（　—2020.12）

政协岱山县委员会工作部门

政协岱山县委员会机关党组

书　　记　潘海涌（　—2020.11）
副 书 记　谢卫君（　—2020.12）

县政协办公室

主　　任　谢卫君（　—2020.12）
副 主 任　陶　沙（　—2020.12）
　　　　　夏　英（女，2020.1—2020.12）

提案委员会

主　　任　苏益华（　—2020.12）
副 主 任　何　雅（女，　—2020.12）

委员工作委员会

主　　任　徐宇伟（　—2020.12）
副 主 任　王　佩（女，　—2020.12）

经济科技委员会

主　　任　殷　杰（　—2020.12）
副 主 任　黄永敏（　—2020.12）
　　　　　柴志军（　—2020.12）
　　　　　朱华章（2020.1—2020.12）

港澳台侨与社会和法制委员会

主　　任　翁国龙（　—2020.12）
副 主 任　李世波（　—2020.12）
　　　　　姚良军（　—2020.12）

文史资料与教文卫体委员会

主　　任　管晓军（　—2020.12）
副 主 任　毛文伟（　—2020.12）
　　　　　姜海斌（　—2020.12）

农业与人口资源环境委员会

主　　任　林雪飞（女，　—2020.12）
副 主 任　柳兆军（　—2020.12）
　　　　　王宽宏（　—2020.12）

县委各部门及有关单位

县委组织部

部　　长　张剑光（　—2020.12）
常务副部长　冯秋朗（　—2020.12）
副 部 长　冯仁冠（　—2020.12）
　　　　　王　斐（女，　—2020.12）
　　　　　徐武尧（　—2020.12）
　　　　　金　磊（　—2020.12）
　　　　　董静波（兼，　—2020.4）
　　　　　高岱龙（2020.6—2020.12）

县委机构编制委员会办公室

主　　任　王　斐（女，　—2020.12）
专职副主任　罗思科（　—2020.12）

县委直属机关工作委员会

书　　记　张剑光（兼，2020.6—2020.12）
　　　　　徐武尧（　—2020.6）
常务副书记　徐武尧（2020.6—2020.12）
纪检监察工委书记　费常元（　—2020.6）
　　　　　张海平（2020.6—2020.12）

县委离退休干部工作委员会

书　　记　冯仁冠（　—2020.12）

县委老干部局

局　　长　冯仁冠（　—2020.12）

县委新经济与新社会组织工作委员会

书　　记　金　磊（兼，　—2020.6）
　　　　　高岱龙（2020.6—2020.12）
专职副书记　潘　洁（女，　—2020.12）

县公务员局

局　　长　冯秋朗（　—2020.12）

县人才发展服务中心

主　　任　殷光亮（　—2020.12）
副 主 任　余梦静
　　　　　（女，挂职，2020.8—2020.12）

县委宣传部

部　　长　朱永华（　—2020.12）
　　　　　庄晨辉（2020.12—2020.12）
常务副部长　陈惠芬（女，　—2020.12）
副 部 长　韩毅艇（　—2020.12）
　　　　　王琦珍（女，　—2020.1）
　　　　　姜君轶（2020.3—2020.12）
　　　　　刘国凯（兼，　—2020.12）

县精神文明建设指导中心

主　　任　王琦珍（女，　—2020.1）
　　　　　韩毅艇（2020.1—2020.12）
副 主 任　虞平国（　—2020.12）

县新闻出版局

局　　长　韩毅艇（　—2020.3）
　　　　　姜君轶（2020.3—2020.12）

县委网络安全和信息化委员会办公室

专职副主任　陈海敏（　—2020.12）

县融媒体中心

主　　任　刘国凯（　—2020.12）
副 主 任　李国平（　—2020.3）
　　　　　任　栋（　—2020.12）
　　　　　陆双燕（女，　—2020.12）
　　　　　夏斌溶（女，2020.8—2020.12）

县广播电视台

台　　长　刘国凯（　—2020.12）

县委统战部

部　　长　方海英（女，　—2020.12）
常务副部长　钟慧燕（女，　—2020.4）
　　　　　王建江（2020.11—2020.12）
副 部 长　王建江（　—2020.11）
　　　　　徐增奎（　—2020.12）
　　　　　俞海啸（　—2020.12）
　　　　　王明军（2020.4—2020.11）
　　　　　李文国（2020.11—2020.12）

县民族宗教事务局

局　　长　王建江（　—2020.11）
　　　　　李文国（2020.11—2020.12）

县委政法委员会

书　　记　孙志龙（兼，　—2020.3）
　　　　　陈海平（兼，2020.3—2020.12）
常务副书记　刘海峰（　—2020.12）
副 书 记　陈琳尹（女，兼，　—2020.12）
　　　　　司徒贤存（兼，　—2020.12）
　　　　　殷　军（　—2020.6）
　　　　　夏剑海（　—2020.6）
　　　　　夏　明（2020.6—2020.12）
政治处主任　徐　军（　—2020.12）

县委巡察工作领导小组办公室

主　　任　金平宽（　—2020.12）
副 主 任　陆海伟（　—2020.12）

县委巡察组

组　　长　厉家海（　—2020.12）
　　　　　王二波（　—2020.12）
　　　　　姜兰兰（女，　—2020.12）
副 组 长　徐明杰（　—2020.12）
　　　　　余成表（　—2020.12）
　　　　　金博扬（　—2020.12）

县委党校

校　　长　张剑光（兼，　—2020.12）
党委书记、副校长　於国安（　—2020.12）
副 校 长　邱林军（　—2020.12）
　　　　　马虹莹（女，　—2020.12）
教 育 长　姚志勇（2020.8—2020.12）

县行政学校

校　　长　陈琳尹（女，兼，　—2020.12）

县纪委、县监委派驻机构

县纪委、县监委驻县委办公室纪检监察组

组　　长　於忠波（　—2020.12）
副 组 长　吴　刚（　—2020.12）
　　　　　刘剑刚（2020.1—2020.12）

县纪委、县监委驻县政府办公室纪检监察组

组　　长　孙常岳（　—2020.12）
副 组 长　娄安军（　—2020.12）
　　　　　李世杰（　—2020.12）

县纪委、县监委驻县委组织部纪检监察组

组　　长　张海平（　—2020.12）
副 组 长　费常元（　—2020.12）

县纪委、县监委驻县委宣传部纪检监察组

组　　长　孔宏波（2020.6—2020.12）
副 组 长　张一华（　—2020.12）

县纪委、县监委驻县发展和改革局纪检监察组

组　　长　方　磊（　—2020.12）

县纪委、县监委驻县财政局纪检监察组

组　　长　吴常波（　—2020.6）
　　　　　潘明明（2020.6—2020.12）
副 组 长　王光明（2020.6—2020.12）

县纪委、县监委驻县教育局纪检监察组

组　　长　黄锡龙（　—2020.12）

县纪委、县监委驻县公安局纪检监察组

组　　长　毛伟杰（　—2020.1）
　　　　　周　磊（2020.1—2020.12）

县纪委、县监委驻县农业农村局纪检监察组

组　　长　金　能（　—2020.12）

县纪委、县监委驻县卫生健康局纪检监察组

组　　长　林梁宇（　—2020.12）

县纪委、县监委驻县人民法院纪检监察组

组　　长　黄平军（　—2020.12）

县纪委、县监委驻县人民检察院纪检监察组

组　　长　龚祥松（　—2020.12）

法院 检察院

县人民法院

党组书记、院长　金旭光（　—2020.12）
副 院 长　陆　莹（女，　—2020.12）
　　　　　费存华（　—2020.12）
　　　　　齐　路（　—2020.12）
　　　　　马剑慧（2020.12—2020.12）
政治部主任　蒲华峰（女，　—2020.12）
执行局局长　马剑慧（　—2020.11）
　　　　　赵友剑（2020.11—2020.12）

县人民检察院

党组书记、检察长　卢宏辉（　—2020.12）
副检察长　杨　飞（　—2020.12）
　　　　　王恩军（　—2020.12）
　　　　　金海波（　—2020.12）
政治部主任　林博渊（2020.11—2020.12）

县政府各部门及有关单位

县发展和改革局

党组书记、局长
　　　　　赵红波（　—2020.12）
　　　　　方　明（2020.12—2020.12）
副 局 长　梁旭峰（　—2020.1）
　　　　　包坚敏（　—2020.3）
　　　　　张　鋆（　—2020.12）
　　　　　宋永军（　—2020.8）
　　　　　刘　天（2020.1—2020.12）
　　　　　刘佩芬（女，2020.8—2020.12）
　　　　　於　娜（女，2020.12—2020.12）
总工程师　郑鉴珂（2020.8—2020.12）

县金融发展中心

主　　任　於　娜（女，2020.1—2020.12）
　　　　　朱一云（2020.12—2020.12）

县经济和信息化局

党组书记、局长
　　　　　徐忠达（　—2020.11）
　　　　　刘世峰（2020.11—2020.12）

党组副书记　赵琪海（2020.1—2020.12）
　　　　　　朱德耀（2020.12—2020.12）
副　局　长　赵琪海（2020.1—2020.12）
　　　　　　朱德耀（2020.12—2020.12）
　　　　　　邱　剑（　—2020.6）
　　　　　　金　晖（　—2020.12）
　　　　　　赵玲慧（女，　—2020.12）
　　　　　　张海红（女，　—2020.12）
　　　　　　孙　斌
　　　　　　（挂职，2020.11—2020.12）
总 工 程 师　王杰斌（　—2020.1）
　　　　　　张孟杰（2020.6—2020.12）

县科学技术局

局　　　长　徐忠达（　—2020.11）
　　　　　　刘世峰（2020.11—2020.12）

县商务局

局　　　长　徐忠达（　—2020.11）
　　　　　　刘世峰（2020.11—2020.12）

县粮食和物资储备局

局　　　长　徐忠达（　—2020.11）
　　　　　　刘世峰（2020.11—2020.12）

中国国际贸易促进委员会岱山县委员会

会　　　长　徐忠达（　—2020.11）
　　　　　　刘世峰（2020.11—2020.12）
副　会　长　张海红（女，　—2020.12）

县科技创新中心

主　　　任　康晓婕（女，　—2020.12）

县教育局

党 委 书 记　殷光涛（　—2020.12）
党委副书记　王一琛（女，　—2020.1）
　　　　　　翁行波（2020.3—2020.12）
局　　　长　唐燕妮（女，　—2020.12）
副　局　长　殷光涛（　—2020.12）
　　　　　　韩宜波（　—2020.3）
　　　　　　翁行波（　—2020.3）
　　　　　　王义波（2020.6—2020.12）
总　督　学　郭央松（2020.3—2020.12）

县公安局

党委书记、局长　司徒贤存（　—2020.12）
党委副书记、政治委员
　　　　　　蒋佳斌（　—2020.4）
　　　　　　周继博（2020.4—2020.12）
党委副书记　黄成达（2020.4—2020.12）
副　局　长　曹学年（　—2020.1）
　　　　　　周继博（　—2020.4）
　　　　　　高　峰（　—2020.12）
　　　　　　王贤海（　—2020.12）
　　　　　　王岳伟（2020.4—2020.12）
督　察　长　司徒贤存（兼，　—2020.12）
政治处主任　黄成达（　—2020.4）
　　　　　　徐双燕（女，2020.4—2020.12）

县公安局海防大队

大　队　长　赖侣丞（2020.4—2020.11）
政治教导员　史彦波（2020.1—2020.11）

县公安局海防缉私大队

大　队　长　赖侣丞（2020.11—2020.12）
政治教导员　史彦波（2020.11—2020.12）

县交通警察大队

大　队　长　唐国存（　—2020.4）
政治教导员　韩　斌（　—2020.4）

县民政局

党 组 书 记　毛文仕（　—2020.12）
局　　　长　王建挺（　—2020.12）
副　局　长　毛文仕（　—2020.12）
　　　　　　金永国（　—2020.12）

赵加挺（ —2020.12）

县退役军人事务局

局　　长　王建挺（ —2020.12）

县退役军人服务中心

主　　任　徐德才（ —2020.12）

县司法局

党组书记　王明海（ —2020.12）
局　　长　毛　华（ —2020.12）
副 局 长　王明海（ —2020.12）
钟　芳（ —2020.12）
华波湧（ —2020.12）
政治处主任　洪军波（ —2020.12）

县行政复议局

局　　长　毛　华（2020.11—2020.12）

县财政局

党组书记、局长　张正道（ —2020.12）
党组副书记　吴常波（2020.6—2020.12）
副 局 长　王　挺（ —2020.12）
张群海（ —2020.1）
袁欣芝（女， —2020.12）
张连郡（2020.1—2020.12）
郑　辰（2020.8—2020.12）
总会计师　郑　辰（ —2020.8）
马兆儿（2020.8—2020.12）

县人力资源和社会保障局

党组书记、局长
董静波（ —2020.4）
金　磊（2020.4—2020.12）
副 局 长　何盛波（ —2020.12）
何　燕（女， —2020.12）
颜盛海（ —2020.12）
於国君（2020.12—2020.12）

县社会保险事业管理中心

主　　任　何盛波（ —2020.12）

县自然资源和规划局

党委书记、局长　金安业（ —2020.12）
党委副书记、副局长
林安杰（兼， —2020.12）
方　通（ —2020.4）
纪委书记　郑央桥（ —2020.12）
副 局 长　赵仕龙（ —2020.12）
洪　涛（ —2020.12）
张　涛（ —2020.12）
武　汉（2020.6—2020.12）
总规划师　刘生波（ —2020.12）

县林业局

局　　长　金安业（ —2020.12）

县住房和城乡建设局

党组书记、局长　杨增富（ —2020.12）
党组副书记　金央欢（兼， —2020.12）
副 局 长　王其军（ —2020.3）
陈信久（ —2020.12）
董惊雷（ —2020.12）
陈玉燕（2020.8—2020.12）
总工程师　叶海平（ —2020.12）

县人民防空办公室

主　　任　杨增富（ —2020.12）

县民防局

局　　长　杨增富（ —2020.12）

县住房保障和房产管理中心

主　　任　汪武杰（ —2020.12）

县城市建设投资集团有限公司

党委书记、董事长、总经理
方　华（　—2020.12）
党委副书记、副总经理
夏武汉（2020.1—2020.12）
副总经理　张　杰（2020.1—2020.12）
王双陆（2020.11—2020.12）
纪委书记　王光明（兼，2020.12—2020.12）

县交通运输局

党组书记　叶　军（　—2020.1）
王成东（2020.1—2020.12）
党组副书记　戴树建（　—2020.12）
局　长　叶　军（　—2020.3）
王成东（2020.3—2020.12）
副局长　戴树建（　—2020.12）
郑　勇（　—2020.12）
夏宏杰（　—2020.3）
石宏峰（2020.1—2020.12）
总工程师　闻　学（2020.1—2020.12）

县交通运输行政执法队

队　长　王成东（2020.1—2020.12）
专职副队长　陈　超（2020.11—2020.12）

县公路管理局

局　长　黄　海（　—2020.1）

县公路与运输管理中心

主　任　胡淑君（2020.1—2020.12）

县道路运输管理局

局　长　胡淑君（　—2020.1）

县交通投资集团有限公司

党委书记、董事长、总经理
夏华明（　—2020.12）
党委副书记　李文武（2020.11—2020.12）
副总经理　赵　勇（2020.1—2020.12）
贺波华（2020.3—2020.12）
纪委书记　潘明明（兼，2020.12—2020.12）

县农业农村局

党组书记　齐小丁（　—2020.1）
柴忠堂（2020.1—2020.12）
局　长　齐小丁（　—2020.3）
柴忠堂（2020.3—2020.12）
党组副书记、副局长
张大海（　—2020.1）
王一琛（女，2020.1—2020.12）
副局长　黄宇平（　—2020.12）
沈伟富（　—2020.4）
李军涛（　—2020.12）
沈飞腾（　—2020.6）
修海峰（兼，2020.3—2020.12）
总工程师　许海波（　—2020.12）

县水利局

局　长　齐小丁（　—2020.1）
柴忠堂（2020.1—2020.12）

县农业综合行政执法队

队　长　柴忠堂（2020.1—2020.12）
专职副队长　戎平波（2020.3—2020.12）

县文化和广电旅游体育局

党组书记、局长　李仲仪（　—2020.12）
副局长　陈玉燕（女，　—2020.8）
王　勇（　—2020.12）
戴晓立（　—2020.4）
徐飞波（　—2020.12）
赵柯艳（女，2020.8—2020.12）

县文化市场综合行政执法队

队　长　李仲仪（2020.1—2020.12）

专职副队长　沈良努（2020.1—2020.12）

县委卫生健康工作委员会

书　　　记　曹啸海（　—2020.12）
副　书　记　陈玮琪（女，　—2020.12）
　　　　　　洪传坤（兼，　—2020.12）

县卫生健康局

党组书记、局长　曹啸海（　—2020.12）
党组副书记　陈玮琪（女，　—2020.12）
副　局　长　徐国军（　—2020.11）
　　　　　　桂敏明（　—2020.12）
　　　　　　虞吉寅（　—2020.12）
　　　　　　俞海跃（2020.11—2020.12）

县医疗保障局

局　　　长　曹啸海（　—2020.12）

县医疗保障管理服务中心

主　　　任　王国巨（2020.11—2020.12）

县医疗保险服务中心

主　　　任　王国巨（　—2020.11）

县应急管理局

党组书记　周荣华（　—2020.4）
党委书记　周荣华（2020.4—2020.12）
局　　　长　周荣华（　—2020.12）
副　局　长　陈伟舟（　—2020.12）
　　　　　　张　华（　—2020.6）
　　　　　　叶鸿宾（　—2020.12）
　　　　　　何雪芬（女，　—2020.12）
　　　　　　郑海伦（2020.6—2020.12）
总工程师　崔鹏程（　—2020.12）

县消防救援大队

大　队　长　刘志恒（　—2019.9）
　　　　　　刘启金（　—2020.12）
教　导　员　吴科其（　—2019.9）
　　　　　　卢后根（　—2020.12）

县审计局

党组书记、局长　於芬红（女，　—2020.12）
副　局　长　徐忠康（　—2020.11）
　　　　　　周　凯（　—2020.12）
　　　　　　陆燕华（女，2020.11—2020.12）
总审计师　陆燕华（女，　—2020.11）
　　　　　　李芸芸（女，2020.11—2020.12）

县市场监督管理局

党组书记、局长　傅剑波（　—2020.12）
副　局　长　刘剑刚（　—2020.12）
　　　　　　王明沪（　—2020.12）
　　　　　　邬明伟（　—2020.12）
　　　　　　徐风华（　—2020.12）
　　　　　　钟海松（　—2020.12）

县市场监管综合行政执法大队

大　队　长　冯秋华（2020.1—2020.12）

县统计局

党组书记、局长　周　鑫（　—2020.12）
副　局　长　殷志边（　—2020.12）
　　　　　　夏挺雷（　—2020.12）
　　　　　　施亚萍（女，挂职，　—2020.8）
总统计师　贝　君（女，　—2020.12）

县综合行政执法局

党组书记、局长　方　明（　—2020.12）
党组书记　沈宏海（2020.12—2020.12）
党组副书记　沈宏海（　—2020.12）
副　局　长　沈宏海（　—2020.12）
　　　　　　彭孝忠（　—2020.12）
　　　　　　李文国（　—2020.11）
　　　　　　林海杰（　—2020.1）
　　　　　　查依芬（女，　—2020.12）

郑凡潞（2020.6—2020.12）
沈海江（2020.11—2020.12）

县城市管理局

局　　长　方　明（　—2020.12）

县海洋与渔业局

党组书记、局长　姚　斌（　—2020.12）
党组副书记、副局长
韩信海（　—2020.11）
党组副书记　柳永未（2020.11—2020.12）
副 局 长　柳永未（　—2020.12）
陈　明（　—2020.12）
李志勇（　—2020.1）
费普明（　—2020.1）
夏璐璐（2020.1—2020.12）
郑　烨（2020.1—2020.12）

县海洋行政执法局

局　　长　姚　斌（　—2020.12）

市生态环境局岱山分局

党组书记、局长　赵平海（　—2020.12）
党组副书记、副局长
王武军（　—2020.12）
副 局 长　韩永波（　—2020.12）
盛世苏（　—2020.12）
汤剑波（　—2020.12）
总工程师　任剑盛（　—2020.12）

县生态环境保护综合行政执法队

专职副队长　顾华军（2020.12—2020.12）

县政务服务办公室

党组书记　陈琳尹（女，2020.12—2020.12）
党组副书记、主任
朱志迪（2020.12—2020.12）
副 主 任　江奇艇（2020.12—2020.12）
童　颖（2020.12—2020.12）
吕　辉（2020.12—2020.12）

县审批服务与招投标管理办公室

党组书记　陈琳尹（女，兼，—2020.12）
党组副书记、主任　朱志迪（　—2020.12）
副 主 任　江奇艇（　—2020.12）
李坤波（　—2020.06）
童　颖（　—2020.12）
吕　辉（2020.6—2020.12）

市公共资源交易中心岱山县分中心

主　　任　江奇艇（　—2020.12）

县机关事务管理中心

主　　任　罗优海（　—2020.12）
副 主 任　姚明华（　—2020.12）
林　峰（　—2020.12）
林　坚（　—2020.12）

县供销合作社联合社

党委书记、主任
刘光明（　—2020.4）
於建光（2020.4—2020.12）
副 主 任　苏海军（　—2020.12）
戎海波（　—2020.12）

县投资促进中心

党组书记、主任　蒋伟若（　—2020.12）
副 主 任　吴红焱（　—2020.12）
於　娜（女，　—2020.1）
杨岱斌（　—2020.6）
裴露霞（女，2020.1—2020.12）
金煜哲（2020.4—2020.12）
金　凤
（女，兼，2020.4—2020.12）
陈彦羲（2020.6—2020.12）
林鉴渊（2020.6—2020.12）

县市场管理服务中心

主　　任　虞宏权（　—2020.12）

衢山经济发展试验区管委会

主　　任　周国宏（　—2020.5）
　　　　　郁曙军（2020.5—2020.12）
副 主 任　褚波挺（兼，—2020.1）
　　　　　张群海（2020.1—2020.12）
　　　　　高岱龙（　—2020.6）
　　　　　赵行一（　—2020.12）
　　　　　於辉军（2020.6—2020.12）

岱山经济开发区工作委员会

党工委书记　叶　军（2020.1—2020.12）
党工委副书记
　　　　　刘世峰（2020.1—2020.11）
　　　　　李明波（2020.11—2020.12）
　　　　　殷　军（2020.6—2020.12）
纪检监察工委书记
　　　　　颜盛海（2020.12—2020.12）

岱山经济开发区管委会

党组书记　刘世峰（　—2020.1）
主　　任　刘世峰（　—2020.11）
　　　　　李明波（2020.11—2020.12）
副 主 任　刘建设（　—2020.3）
　　　　　刘　岑（　—2020.12）
　　　　　邱　芬（女，2020.1—2020.12）
　　　　　陆　艇（2020.3—2020.12）
　　　　　金　凤（女，2020.4—2020.12）

岱山经济开发区环城投资集团有限公司

党委书记、董事长、总经理
　　　　　夏海滨（2020.8—2020.12）
副总经理　夏海滨（2020.6—2020.8）
　　　　　许高波（2020.8—2020.12）
　　　　　潘仲辉（2020.8—2020.12）
纪委书记　颜盛海（兼，2020.12—2020.12）

县疏港公路工程建设管理中心

主　　任　赵丁义（兼，—2020.3）
　　　　　夏宏杰（2020.3—2020.12）
副 主 任　叶　军（兼，　—2020.1）
　　　　　石宏峰（　—2020.1）
　　　　　夏宏杰（兼，　—2020.3）
　　　　　赖其波（　—2020.12）
　　　　　韩　刚（2020.8—2020.12）
　　　　　徐宝军（2020.8—2020.12）

县北部开发建设管理处

主　　任　修海峰（2020.3—2020.6）
副 主 任　周林军（　—2020.6）
　　　　　修海峰（　—2020.3）
　　　　　王杰斌（2020.1—2020.6）

中国（浙江）自由贸易试验区岱山综合事务服务中心

主　　任　唐松标（　—2020.11）
　　　　　陈　宇（2020.11—2020.12）
副 主 任　戎盛树（　—2020.12）
　　　　　张　鋆（兼，　—2020.12）
　　　　　赵　双（　—2020.12）
　　　　　张亚娟（女，2020.6—2020.12）

群众团体

县总工会

党组书记、主席
　　　　　陈祥荣（　—2020.4）
　　　　　章海兵（2020.6—2020.12）
副 主 席　邵金磊（女，　—2020.12）
　　　　　傅海峰（　—2020.4）
　　　　　龚夏海（2020.4—2020.12）
　　　　　徐　力（2020.12—2020.12）

任　波（挂职，　—2020.12）
李建强（兼，　—2020.12）
张雪燕（女，兼，　—2020.12）

共青团岱山县委

党组副书记　陆　艇（　—2020.6，主持工作）
高　音（女，2020.6—2020.12，主持工作）
团委副书记　陆　艇（　—2020.6）
高　音（女，2020.6—2020.12）
陈浩鑫（　—2020.12）
陈彦羲（　—2020.12）
王成斌（挂职，　—2020.12）
高　琪（挂职，　—2020.12）
虞昭瀚（挂职，　—2020.12）
罗静静（女，挂职，2020.4—2020.12）
王　科（兼，　—2020.12）

县妇女联合会

党组书记、主席
沈　艳（女，　—2020.12）
副　主　席　陶萌娜（女，　—2020.3）
金　凤（女，　—2020.12）
汪红波（女，2020.1—2020.12）
李　娜（女，2020.6—2020.12）
马静洁（女，挂职，　—2020.12）
高　音（女，挂职，　—2020.06）
沈瑞燕（女，兼，　—2020.12）
曹海维（女，兼，　—2020.12）

县科学技术协会

党组书记　陈静波（　—2020.6）
王建伟（2020.6—2020.12）
主　　席　方　莲（女，　—2020.12）
副　主　席　陈静波（　—2020.6）
王建伟（2020.6—2020.12）
姚存军（　—2020.12）
金建军（2020.8—2020.12）
刘靖宇（挂职，　—2020.1）
李军涛（兼，　—2020.12）
徐国军（兼，　—2020.12）
郭央松（兼，2020.11—2020.12）
韩宜波（兼，　—2020.3）
陈　明（兼，　—2020.12）

县残疾人联合会

党组书记、理事长
王璐晓（女，　—2020.12）
副理事长　吴雪波（　—2020.12）
韩宜波（2020.3—2020.6）
林　军（挂职，　—2020.6）
张　超（挂职，　—2020.12）
王　伟（挂职，　—2020.12）
戴建凯（兼，　—2020.12）

县工商业联合会

党组书记　俞海啸（　—2020.12）
主　　席　施中堂（兼，　—2020.12）
副　主　席　俞海啸（　—2020.12）
董明海（　—2020.1）
周　骞（　—2020.12）
梁旭峰（2020.1—2020.12）

县归国华侨联合会

主　　席　徐增奎（　—2020.12）
副　主　席　徐嘉和（　—2020.11）
沈　阳（2020.11—2020.12）

县计划生育协会

会　　长　孙志龙（兼，　—2020.12）
副　会　长　刘奋伟（兼，　—2020.12）
曹啸海（　—2020.12）
专职副会长　刘秀懿（女，　—2020.12）

县红十字会

书　　记　曹啸海（2020.6—2020.12）
会　　长　俞赛飞（女，　—2020.12）
专职副会长　俞海跃（　—2020.11）
　　　　　徐国军（2020.11—2020.12）

县文学艺术界联合会

主　　席　陈惠芬（女，兼，　—2020.12）
专职副主席　徐云明（　—2020.12）

部、省、市属驻岱山机构

国家税务总局岱山县税务局

党委书记、局长
　　　　　陆晴川（　—2020.4）
　　　　　邬方杰（2020.4—2020.12）
副 局 长　任志康（　—2020.4）
　　　　　王　坚（　—2020.12）
　　　　　孔卫国（　—2020.12）
　　　　　於国伟（　—2020.12）
纪检组长　王庆浩（　—2020.12）

舟山海事局岱山海事处

处　　长　周韶雷（　—2020.12）
政　　委　徐　刚（　—2020.12）
副 处 长　沈贤泽（　—2020.12）
　　　　　陈世军（　—2020.12）

舟山海关监管五科

科　　长　张黄坚（　—2020.12）

舟山出入境边防检查站岱山分站

站　　长　鹿凌振（　—2020.7）
　　　　　杨　军（2020.7—2020.12）
教 导 员　戎铮锋（　—2020.12）

舟山市烟草公司岱山分公司（县烟草专卖局）

党组书记、经理、局长
　　　　　吴　斌（　—2020.1）
党组副书记　王克俭
　　　　　（2020.1—2020.12，主持工作）
副 局 长　王克俭（　—2020.12）
副 经 理　赵　冲（　—2020.12）
纪检组长　王克俭（　—2020.1）
　　　　　庄红卫（2020.1—2020.12）

县气象局

党组书记、局长　赵虎炯（　—2020.12）
副 局 长　杨　波（　—2020.12）
　　　　　胡巧儿（女，　—2020.12）
纪检组长　杨　波（　—2020.12）

舟山市住房公积金管理中心岱山县分中心

主　　任　沈佳伟（2020.1—2020.12）
副 主 任　沈佳伟（　—2020.1，主持工作）

国家海洋局岱山海洋环境监测站

站　　长　刘剑波（　—2020.12）

宁波航标处岱山航标站

站　　长　胡　炯（　—2020.12）

舟山市港航事业发展中心岱山分中心

主　　任　王成东（2020.12—2020.12）
副 主 任　徐　平（2020.11—2020.12）

舟山市港航管理局岱山分局

局　　长　叶　军（　—2020.1）
　　　　　王成东（2020.3—2020.12）
副 局 长　骆岱平（　—2020.11）
　　　　　徐　平（　—2020.11）

国家电网浙江岱山县供电公司

党委书记　林巨军（　—2020.10）
　　　　　蒲静贤（2020.10—2020.12）
党委副书记　戴　涛（　—2020.10）
　　　　　张秀峰（2020.10—2020.12）
纪委书记　蔡裕华（　—2020.12）
经　　理　戴　涛（　—2020.10）
　　　　　张秀峰（2020.10—2020.12）
副 经 理　林巨军（　—2020.10）
　　　　　蒲静贤（2020.10—2020.12）
　　　　　翁　琪（　—2020.12）
　　　　　姜才军（　—2020.10）
　　　　　贝争光（2020.10—2020.12）
工会主席　蒲静贤（　—2020.10）
　　　　　蔡裕华（2020.10—2020.12）
总会计师　常书榜（2020.10—2020.12）

中国电信股份有限公司岱山分公司

总 经 理　冯国宏（　—2020.12）
副总经理　黄　伟（　—2020.12）
　　　　　朱文杰（2020.1—2020.12）
　　　　　刘　挺（挂职，　—2020.1）
总经理助理　王　启（2020.2—2020.12）

中国移动通信集团浙江有限公司岱山分公司

总 经 理　刘小华（　—2020.12）

中国联合网络通信有限公司岱山分公司

总 经 理　吕红韦（　—2020.12）

金融 保险

中国人民银行岱山县支行

党组书记、行长　王玲敏（女，　—2020.9）
党组副书记、副行长
　　　　　李梦珊（女，2020.9—2020.12）
副行长、纪检组长　刘雪君（女，　—2020.12）
副 行 长　金业增（　—2020.6）
　　　　　翁昌国（2020.6—2020.12）

中国工商银行股份有限公司岱山支行

行　　长　张　燕（女，　—2020.12）
副 行 长　钱　霞（女，2020.5—2020.12）
行长助理　钱　霞（女，　—2020.5）
　　　　　邵柄董（　—2020.12）
　　　　　乐　毅（2020.12—2020.12）
　　　　　谢芸晓（2020.1—2020.12）

中国农业银行股份有限公司岱山县支行

党委书记　翁维海（2020.2—2020.12）
行　　长　翁维海（　—2020.2）
副 行 长　厉　宇（　—2020.12，主持工作）
　　　　　金　丁（　—2020.8）
　　　　　王佳彬（2020.11—2020.12）
纪委书记　吕召军（2020.10—2020.12）

中国银行股份有限公司岱山支行

行　　长　孙　斌（　—2020.3）
　　　　　钟　庆（2020.3—2020.12）
副 行 长　俞海捷（　—2020.12）
　　　　　邵丹丹（女，　—2020.12）

中国建设银行股份有限公司岱山支行

行　　长　王立宙（　—2020.12）
副 行 长　袁敏洁（女，　—2020.12）
　　　　　邬金燕（女，　—2020.12）

中国农业发展银行岱山信贷组

主　　任　陈泽波（　—2020.12）

浙江岱山农村商业银行股份有限公司

党委书记　陈　斌（　—2020.10）
　　　　　邢　岛（　—2020.12）
纪委书记　李军峰（　—2020.12）

董 事 长　陈　斌（　—2020.4）
　　　　　邢　岛（2020.4—2020.12）
行　　长　张士军（　—2020.12）
副 行 长　夏志军（　—2020.12）
　　　　　夏启昂（2020.4—2020.12）

中国邮政储蓄银行股份有限公司岱山县支行

行　　长　胡永平（　—2020.12）

浙江岱山稠州村镇银行股份有限公司

行　　长　李　皓（　—2020.12）

浙江民泰商业银行股份有限公司舟山岱山支行

行　　长　赵　益（　—2020.12）

台州银行股份有限公司舟山岱山支行

行　　长　丁　浩（　—2020.12）

中国人民财产保险股份有限公司岱山支公司

经　　理　王露意（女，　—2020.1）
　　　　　陈丹霞（女，2020.1—2020.12）
副 经 理　龚南军（　—2020.5）
　　　　　陈丹霞（女，　—2020.1）

中国人寿保险股份有限公司岱山县支公司

经　　理　吴义陆（　—2020.12）
副 经 理　鲁安平（　—2020.12）

中国人民人寿保险股份有限公司岱山支公司

经　　理　马燕峰（女，　—2020.12）

中国人寿财产保险股份有限公司岱山县支公司

经　　理　朱　东（　—2020.12）

中国太平洋财产保险股份有限公司岱山支公司

经　　理　沈安平（　—2020.12）

中国太平洋人寿保险股份有限公司岱山支公司

经　　理　周金良（　—2020.12）

天安保险股份有限公司岱山支公司

经　　理　姚贤芬（女，　—2020.12）

学校　医院

岱山中学

校　　长　江爱国（　—2020.12）

县职业技术学校

校　　长　王义波（　—2020.8）
　　　　　陈启恒（2020.8—2020.12）

县医疗健康集团

党委书记　洪传坤（　—2020.12）
院　　长　戴建凯（2020.12—2020.12）

县第一人民医院

院　　长　洪传坤（　—2020.12）
　　　　　戴建凯（2020.12—2020.12）

乡　镇

高亭镇

党委书记　王成东（　—2020.1）
　　　　　齐小丁（2020.1—2020.12）
党委副书记　李明波（　—2020.11）
　　　　　林海杰（2020.1—2020.12）
　　　　　张琼尹（女，　—2020.12）
　　　　　金央欢（兼，　—2020.12）
　　　　　刘　天（　—2020.1）
　　　　　王明军（2020.11—2020.12）
党委委员　王岳伟（　—2020.4）

刘剑刚（　—2020.1）
孙海滨（　—2020.12）
李　娜（女，　—2020.6）
陆剑东（　—2020.12）
赵　兵（2020.1—2020.12）
刘可杰（2020.1—2020.12）
孔迟迟（女，2020.6—2020.12）
王思海（挂职，　—2020.8）
金加荣（挂职，　—2020.8）

纪委书记　刘剑刚（　—2020.1）
刘可杰（2020.1—2020.12）

人大主席　柳明胄（　—2020.12）

人大副主席　许　峰（女，　—2020.1）
胡　丕（　—2020.12）

人大副主席候选人
邱　剑（2020.6—2020.12）

镇　　长　李明波（　—2020.1）

镇长候选人　林海杰（2020.11—2020.12）

副镇长　朱华章（　—2020.1）
邹四海（　—2020.8）
王永明（　—2020.1）
陈定善（　—2020.12）
许　峰（女，2020.5—2020.12）
刘靖宇（2020.5—2020.12）

副镇长候选人
许　峰（女，2020.1—2020.5）
刘靖宇（2020.1—2020.5）
张　斌（2020.11—2020.12）

县监委派出高亭镇监察办公室

主　　任　刘剑刚（　—2020.1）
刘可杰（2020.1—2020.12）

东沙镇

党委书记　沈海明（　—2020.4）
董静波（2020.4—2020.12）

党委副书记　张超艳（女，　—2020.12）
黄富岳（　—2020.12）

党委委员　郑　进（　—2020.12）
夏和波（　—2020.12）
陈碧娜（女，　—2020.12）
陈琳斌（　—2020.12）
凌王女（女，　—2020.12）
夏陆军（　—2020.12）
傅贤灿（　—2020.12）
王志华（挂职，　—2020.8）

纪委书记　陈碧娜（女，　—2020.12）

人大主席　姜君轶（　—2020.3）
刘建设（2020.5—2020.12）

人大主席候选人
刘建设（2020.3—2020.5）

人大副主席　冯道忠（　—2020.12）

镇　　长　张超艳（女，　—2020.12）

副镇长　夏　冰（　—2020.12）
郑　杰（　—2020.12）
方俊杰（　—2020.12）
齐振涵（2020.5—2020.12）

副镇长候选人　齐振涵（　—2020.5）

县监委派出东沙镇监察办公室

主　　任　陈碧娜（女，　—2020.12）

岱西镇

党委书记　冯　斌（　—2020.4）
黄飞跃（2020.4—2020.12）

党委副书记　虞丹达（　—2020.1）
金克难（2020.1—2020.12）
庄雁儿（女，2020.1—2020.12）

党委委员　王　益（女，　—2020.12）
王秀华（　—2020.1）
张晓燕（女，　—2020.12）
孙　权（　—2020.12）
徐志江（　—2020.12）
王　华（　—2020.12）
倪明君（2020.1—2020.12）
迟祖民（挂职，　—2020.8）

纪委书记　王　益（女，　—2020.12）
人大主席　夏开乾（　—2020.12）
人大副主席　王国锋（　—2020.1）
王秀华（2020.5—2020.12）
人大副主席候选人
王秀华（2020.1—2020.5）
镇　　长　方　华（　—2019.11）
金克难（2020.5—2020.12）
镇长候选人　金克难（2020.1—2020.5）
副镇长　夏武汉（　—2020.1）
张　斌（　—2020.11）
岑志斌（　—2020.12）
副镇长候选人　毛仕军（2020.11—2020.12）

县监委派出岱西镇监察办公室

主　　任　王　益（女，　—2020.12）

岱东镇

党委书记　周代燕（女，　—2020.12）
党委副书记　黄飞跃（　—2020.4）
方　通（2020.4—2020.12）
邹四海（2020.8—2020.12）
刘佩芬（女，　—2020.8）
党委委员　郑文文（女，　—2020.12）
王　君（　—2020.12）
张建晖（　—2020.12）
龚建兵（　—2020.12）
张连郡（　—2020.1）
贺列幸（　—2020.12）
王永明（2020.1—2020.12）
纪委书记　王　君（　—2020.12）
人大主席　毛海波（　—2020.12）
人大副主席　毛伟海（　—2020.12）
任青春（兼，　—2020.1）
毛文杰（2020.5—2020.12）
人大副主席候选人
毛文杰（2020.1—2020.5）
镇　　长　黄飞跃（　—2020.4）
方　通（2020.5—2020.12）
镇长候选人　方　通（2020.4—2020.5）
副镇长　赵　兵（　—2020.1）
乐　颖（女，　—2020.12）
韩仕普（　—2020.12）
副镇长候选人　江东成（2020.6—2020.12）

县监委派出岱东镇监察办公室

主　　任　王　君（　—2020.12）

长涂镇

党委书记　薛鹏举（　—2020.12）
党委副书记　樊忠正（　—2020.12）
金克难（　—2020.1）
党委委员　胡高科（　—2020.12）
邹银岱（　—2020.12）
张孟杰（　—2020.6）
沈良努（　—2020.1）
傅继平（　—2020.12）
顾连达（　—2020.12）
方安娜（女，2020.1—2020.12）
马海军（2020.8—2020.12）
纪委书记　邹银岱（　—2020.12）
人大主席　乐建军（　—2020.12）
人大副主席　虞表松（　—2020.12）
镇　　长　樊忠正（　—2020.12）
副镇长　蒋燕清（女，—2020.12）
方安娜（女，　—2020.1）
张　平（　—2020.12）
费普明（2020.5—2020.12）
副镇长候选人　费普明（2020.1—2020.5）

县监委派出长涂镇监察办公室

主　　任　邹银岱（　—2020.12）

秀山乡

党委书记　宋　晖（　—2020.3）
陈能斌（2020.3—2020.12）

党委副书记　陈能斌（　—2020.3）
包坚敏（2020.3—2020.12）
赵琪海（　—2020.1）
陶萌娜（女，2020.3—2020.12）
党 委 委 员　夏际松（　—2020.8）
赵宇斌（　—2020.1）
余　军（　—2020.12）
王莹巧（女，　—2020.12）
陈友存（　—2020.12）
罗海艇（　—2020.12）
陈　文（2020.1—2020.12）
黎模强（挂职，　—2020.8）
纪 委 书 记　陈友存（　—2020.12）
人 大 主 席　张大海（2020.5—2020.12）
人大主席候选人　张大海（2020.1—2020.5）
人大副主席　黄建娜（女，　—2020.12）
乡　　长　陈能斌（　—2020.3）
包坚敏（2020.5—2020.12）
乡长候选人　包坚敏（2020.3—2020.5）
副 乡 长　夏际松（　—2020.8）
夏　琦（　—2020.12）
马一博（　—2020.12）
副乡长候选人　王春雷（2020.11—2020.12）

县监委派出秀山乡监察办公室

主　　任　陈友存（　—2020.12）

衢山镇

党 委 书 记　周国宏（　—2020.5）
郁曙军（2020.5—2020.12）
党委副书记　褚波挺（　—2020.1）
张群海（2020.1—2020.12）
林　华（　—2020.2）
高岱龙（　—2020.2）
虞丹达（2020.1—2020.12）
李志勇（2020.1—2020.12）
党 委 委 员　汪红波（女，　—2020.1）
王贤海（　—2020.4）
周　磊（　—2020.1）
赵世军（　—2020.12）
王燕平（女，　—2020.12）
胡原伦（　—2020.12）
黄建平（2020.1—2020.12）
颜卓琼（女，2020.1—2020.12）
王岳伟（2020.4—2020.12）
纪 委 书 记　周　磊（　—2020.1）
黄建平（2020.1—2020.12）
人 大 主 席　贺贤炳（　—2020.1）
林　华（2020.6—2020.12）
人大主席候选人　林　华（2020.1—2020.6）
人大副主席　甘远兵（　—2020.12）
徐世军（　—2020.12）
镇　　长　褚波挺（　—2020.1）
张群海（2020.6—2020.12）
镇长候选人　张群海（2020.1—2020.6）
副 镇 长　陈　华（　—2020.1）
夏璐璐（　—2020.1）
夏海滨（　—2020.6）
赵宇斌（2020.6—2020.12）
李　力（2020.6—2020.12）
方武海（2020.6—2020.12）
副镇长候选人
赵宇斌（2020.1—2020.6）
李　力（2020.1—2020.6）
方武海（2020.1—2020.6）
毛其锋（2020.6—2020.12）

县监委派出衢山镇监察办公室

主　　任　周　磊（　—2020.1）
黄建平（2020.1—2020.12）

（唐美红　孔梦迪　於乐燕
李　军　胡俊杰　张　瑜）

责任编辑：虞迪燕

2020年岱山县省部级先进集体名录

表43

获奖单位	荣誉名称	授予时间	颁奖机关
岱山县	国家级农村职业教育和成人教育示范县	2020.01	教育部等六部门
岱西镇	2017—2019年周期国家卫生乡镇	2020.01	全国爱国卫生运动委员会
秀山乡	2017—2019年周期国家卫生乡镇	2020.01	全国爱国卫生运动委员会
岱山县公安局	为平安护航新中国成立70周年工作成绩突出集体	2020.01	省委、省政府
舟山市生态环境局岱山分局	2019年生态环境保护执法大练兵表现突出集体	2020.03	国家生态环境部
岱山县	2019年度平安牌的县	2020.04	省委、省政府
东沙镇	2018—2019年度平安浙江建设先进集体	2020.04	省委、省政府
高亭派出所	全国公安机关执法示范单位	2020.07	公安部
岱山县	全省五水共治（河长制）工作“大禹鼎”银鼎的优秀县	2020.07	省委、省政府
舟山市生态环境局岱山分局	在全省生态环保工作成绩突出记集体二等功	2020.08	省政府
县公安局鱼山警务站	全国公安系统抗击新冠肺炎疫情工作先进集体	2020.09	公安部
岱东镇涂口村	全国文明村	2020.11	中央精神文明建设委员会
舟山海事局岱山海事处	全国文明单位	2020.11	中央精神文明建设委员会

（唐美红　余宗轩）

责任编辑：吴依芳

2020 年岱山县省部级先进工作者名录

表 44

姓　名	性别	所在单位	荣誉名称	授予时间	颁奖机关
夏　明	男	县委县政府信访局	平安护航新中国成立 70 周年工作成绩突出个人	2020.01	省委、省政府
潘盈贝	女	县委政法委	平安护航新中国成立 70 周年工作成绩突出个人	2020.01	省委、省政府
於国君	男	县人劳局	平安护航新中国成立 70 周年工作成绩突出个人	2020.01	省委、省政府
戴树建	男	县交通局	平安护航新中国成立 70 周年工作成绩突出个人	2020.01	省委、省政府
李建明	男	县应急管理局	平安护航新中国成立 70 周年工作成绩突出个人	2020.01	省委、省政府
刘　天	男	高亭镇	平安护航新中国成立 70 周年工作成绩突出个人	2020.01	省委、省政府
沈海明	男	东沙镇	平安护航新中国成立 70 周年工作成绩突出个人	2020.01	省委、省政府
褚波挺	男	衢山镇	平安护航新中国成立 70 周年工作成绩突出个人	2020.01	省委、省政府
殷　军	男	县委政法委	全省扫黑除恶专项斗争成绩突出个人	2020.04	省委、省政府
曾国良	男	县委政法委	2018—2019 年度平安浙江建设先进个人	2020.04	省委、省政府
何　飞	男	县公安局巡特警大队	2018—2019 年度平安浙江建设先进个人	2020.04	省委、省政府
戎海波	男	县供销合作社联合社	2019 年度浙江省无违县（市、区）创建工作先进个人	2020.07	省政府
盛世苏	男	舟山市生态环境局岱山分局	在全省生态环保工作成绩突出记三等功一次	2020.08	省政府
罗静静	女	岱山医疗健康集团县第一人民医院	浙江省抗击新冠肺炎疫情先进个人	2020.11	省委、省政府

（唐美红　余宗轩）

责任编辑：吴依芳

2020年岱山县重要文件选录

表45

序号	发文日期	文号	文件名称
1	2020年1月2日	岱委发〔2020〕1号	县委、县政府关于印发《岱山县低收入渔农户高水平全面小康计划实施意见（2018—2022年）》的通知
2	2020年3月5日	岱委发〔2020〕13号	县委、县政府关于印发《关于全面深化国有企业改革的指导意见》的通知
3	2020年3月10日	岱政办发〔2020〕6号	关于印发《岱山县加快支持工业重点骨干企业和龙头企业做优做强实施办法》的通知
4	2020年3月11日	岱委发〔2020〕10号	县委关于新时代加强和改进人民政协工作的实施意见
5	2020年3月16日	岱委发〔2020〕12号	县委、县政府关于印发《2020年岱山县创建全国县级文明城市行动方案》的通知
6	2020年4月3日	岱委办发〔2020〕19号	县委办、县府办关于印发《高水平推进美丽城镇建设的实施意见》的通知
7	2020年4月14日	岱政办发〔2020〕24号	关于印发《2020年岱山县地质灾害防治方案》的通知
8	2020年4月15日	岱政办发〔2020〕26号	关于印发《岱山县防洪排涝能力提升三年行动计划实施方案（2020—2022年）》的通知
9	2020年4月30日	岱委发〔2020〕17号	县委关于认真学习贯彻党的十九届四中全会精神高水平推进县域治理现代化的意见
10	2020年5月9日	岱政办发〔2020〕27号	关于印发《浙江省岱山经济开发区“区域环评＋环境标准”改革实施方案》的通知
11	2020年5月14日	岱委发〔2020〕23号	县委、县政府关于推进制造业高质量发展的若干意见
12	2020年5月14日	岱委办发〔2020〕28号	县委办、县府办关于进一步实施招商引资工作的若干意见
13	2020年5月25日	岱委办发〔2020〕29号	县委办、县府办关于印发《岱山县加强和改进新时代乡村治理工作实施方案（2020—2022年）》的通知
14	2020年6月1日	岱委发〔2020〕24号	县委、县政府关于高质量推进新时代民政工作的意见
15	2020年6月2日	岱委办发〔2020〕33号	县委办、县府办关于印发《深化“千村示范、万村整治”工程高水平建设新时代美丽乡村的实施意见》的通知
16	2020年6月3日	岱委办发〔2020〕34号	县委办、县府办关于印发《岱山县关于进一步推进村级集体经济高质量发展的实施意见》的通知
17	2020年6月22日	岱委发〔2020〕26号	县委、县政府关于加快科技创新推动高质量发展的实施意见
18	2020年7月7日	岱政办发〔2020〕53号	关于印发《关于加快推进衢山小城市培育试点三年（2020—2022年）行动计划的若干意见》的通知
19	2020年8月20日	岱委发〔2020〕29号	县委、县政府关于全面落实预算绩效管理的实施意见
20	2020年8月26日	岱政办发〔2020〕60号	关于印发《岱山县低效企业整治提升实施方案》的通知

续表 45

序号	发文日期	文号	文件名称
21	2020 年 9 月 11 日	岱政发〔2020〕17 号	关于印发《岱山县“三线一单”生态环境分区管控方案》的通知
22	2020 年 10 月 30 日	岱政发〔2020〕18 号	关于进一步完善审计整改工作机制的意见
23	2020 年 10 月 30 日	岱政办发〔2020〕73 号	印发《岱山县长涂未来社区建设工作方案》的通知
24	2020 年 11 月 2 日	岱委办发〔2020〕51 号	县委办关于印发《岱山县建设新时代文明实践中心实施方案》的通知
25	2020 年 11 月 12 日	岱委发〔2020〕31 号	县委、县政府关于印发《新时代岱山产业工人队伍建设改革实施方案》的通知
26	2020 年 11 月 20 日	岱政办发〔2020〕69 号	关于印发《岱山县推进职业技能提升行动实施方案（2020—2021 年）》的通知
27	2020 年 11 月 20 日	岱政办发〔2020〕75 号	关于印发《岱山县高水平建设最优营商环境行动方案》的通知
28	2020 年 12 月 10 日	岱委办发〔2020〕53 号	县委办、县府办关于印发《关于发挥新乡贤积极作用助推乡村振兴的实施方案》的通知
29	2020 年 12 月 28 日	岱委发〔2020〕34 号	县委关于制定岱山县国民经济和社会发展第十四个五年规划和二〇三五年远景目标的建议
30	2020 年 12 月 30 日	岱委发〔2020〕33 号	县委、县政府关于印发《岱山县学前教育深化改革规范发展实施方案》的通知
31	2020 年 12 月 31 日	岱委办发〔2020〕57 号	县委办、县府办关于印发《岱山县关于规范乡镇“属地管理”的实施意见》的通知

（唐美红　余宗轩）

责任编辑：吴依芳

媒体看岱山

岱山层级化管理抓好复工防控

3月11日下午2时许，从四川老家回来的中国地质工程公司员工罗小红到达岱山县鱼山岛复工。他亮出身份证、健康码等，测温合格后，被等候在码头的项目部负责人接回分类管理。

随着企业加快复工复产，最近几天进出鱼山岛人流增至日均8000余人次。为做到防疫复工两手抓，岱山延伸“海上枫桥”经验，推行“科技化+连队化”管理模式。岱山县公安局鱼山警务站指导员郑凡潞告诉记者，鱼山岛是舟山警方“科技铁桶”工程下的一个科技管控岛，岛上实行人员入岛预申报制度，以此保障入岛人员健康安全。

“对来自疫情低风险地区人员，由企业统一进行入岛申请，入岛之前我们会结合大数据再复核。”郑凡潞介绍。

目前，鱼山岛上有工人2.8万人。在人员管理上，鱼山警务站成立“工地防疫先锋队”，对工地实行层级化管理，并成立由警务站党员民警为支部副书记的结对式临时党支部，确保防控部署措施在各个工地落实到位。

“疫情防控关键时期，脉络清晰的层级化管理，既顺利推进了项目，又把防疫服务延伸到一线。”岱山县公安局相关负责人说。

（《浙江日报》2020年3月12日）

数据来跑腿　办事不出岛
岱山推进公务员职业生涯全周期管理“一件事”改革

“不用出岛，最多2个工作日就能办结，相关材料还能在事后补齐，方便！”近日，岱山县衢山镇人事干部向龙在办理一名公务员转任手续时，真切感受到了公务员职业生涯全周期管理“一件事”改革的便捷。

衢山镇是岱山最偏远的海岛乡镇，以往办理此类事项时，向龙需要提前对接人社、编办、公积金等6个部门，按照各部门的工作时间出岛办理。每次出岛往返，光在船上就要花费1个多小时时间，办理时间最长可达1个月，如果某项流程出现问题，办理时间还要延长。如今，向龙只需在线上登录“一件事”平台，填写“一张表单”，就可以“一次申请、一个流程、各方联动”。

自今年4月以来，岱山充分运用“互联网+政务服务”，通过

“一件事”平台实现部门信息共享、数据交换，让“数据跑”代替“人工跑”，实现一般情况所有业务实时办理，特殊情况不超过2个工作日办结，有效缩短了办理周期，破解了以往偏远海岛办事难。

速度升级的同时，“容缺办理”也让审批更有温度。岱山业务经办单位充分考虑海岛特殊情况，对基本条件具备、主要申请材料齐全，但次要条件或手续有欠缺的情况，采用“容缺办理、事后补齐”的方式先予审核，要求事后在规定时间内补齐配套材料，降低事项的回退率。

此外，岱山还每月分析研判办理数据，校对事项办理次数，对数据分析中发现的系统业务堵点及时破除，实现平台从“网上能办”向“网上办好”转变。

目前，岱山已累计办理“一件事”223件，办理时间减少93%。

（《浙江日报》2020年7月31日）

全域画卷徐铺展　海岛花园焕新颜　到魅力岱山看最美海岛风景

这是一座魅力无限的海岛，有着省级精品示范道路“燕黄线”；北部岸线通过沿途景观、彩色公路、海岬公园等建设，将渔农村民居风情与生态景观交汇成一道独特风景线；从小巧精致的上船跳，到处处有花香的秀山岛，从“一枝红杏出墙来”的美丽庭院，到连点成线特色鲜明的美丽示范带……所到之处，绿色是这个小岛最动人的颜色。

这是一座集众多荣誉于一身的海岛。国家级生态县、省级生态县、省级生态文明建设示范县、省级美丽乡村示范县、省级森林城市、全省第一批清新空气示范区……每一个荣誉背后，都彰显着他们践行“两山”理念的决心。

从山水美到村居美，从环境美到生活美，这座海上花园——仙岛岱山，正演绎着绿水青山生态美、乡愁记忆人文美、乡风文明和谐美、产业兴旺经济美的乡村振兴协奏曲，走向了高质量绿色发展的新时代。

深入践行“两山”理念，岱山县以生态护岛为基础，加强海岛生态保护与修复，构建海岛生态环境监管体系，打好海岛污染防治攻坚战，努力打造充分展现“两山”理念成果的海岛大花园，奋力开启“四个岱山”建设新征程，努力打造“重要窗口”最美海岛风景。

（《浙江日报》2020年8月5日）

四捧“大禹鼎”　岱山治水这样做

7月，2019年度浙江省“五水共治”（河长制）工作“大禹鼎”优秀市和县（市、区）名单公布，岱山县继2014年、2015年、2018年3年夺得“大禹鼎”之后，首次荣获“大禹鼎”银鼎。

“大禹鼎”象征着我省“五水共治”工作的最高荣誉。近年来，岱山县深入贯彻践行“两山”理念，顺利完成“清三河”和“剿灭V类水体”任务，深入推进“品质河道”“污水零直排区”创建等工作，交出了一份漂亮的治水答卷。

五水共治，治污先行。2014年以来，岱山县先后完成10条垃圾河、4条黑臭河的治理；完成61条小微水体的省定剿劣销号任务。同时，针对岱山淡水资源不足的现状，为适应经济社会的高速发展，保障国家战略项目顺利推进，岱山县于2016年开始推进大陆引水工程。

在开展治污水保供水工作的同时，岱山县积极开展防洪排涝能力提升行动，以扩排为重点，结合强库、固堤等工程建设，着力提高区域内防洪能力。去年以来已实施4座水库除险加固工程、11座山塘整治工程、4条海塘加固工程闸泵等海塘配套工程。针对全县城乡排涝设施包括能力不足的情况，特别是对高亭城区，排涝设施高亭长河增加了强排设施建设，3年来分别安装了8台强排泵，有效保障了高亭城区的排涝，针对乡镇这块，我县分别在东沙司基、衢山桂花安装了强排设施，能够提高城乡的排涝能力。

2019年，岱山县完成了4个乡镇的污水零直排区的建设和5条品质河道的创建，分别通过了省市的验收。同时为了进一步建立健全五水共治的长效管理机制，根据省委省政府的要求，开展了全县湾滩长制纳入河长制的试点工作，到目前为止，全县湾滩长制试点工作已基本完成，并准备接受省市验收。

2020年，是治水治污大会战的攻坚年，也是“五水共治”三步走的收官之年。今年，岱山县将继续重点推进“品质河道”创建、“污水零直排区”建设，统筹抓好其他“八大行动”。截至7月底，全县治水治污大会战累计投入资金17399万元，完成投资计划的43.9%。

（节选自《浙江新闻》客户端2020年8月29日）

“窗口”看小康丨大小鱼山气吐银　一座“未来之城”正在岱山崛起

道路四通八达，工程车来来往往，巨型生产设施林立……登上舟山岱山鱼山岛，可以看到一座全新的“未来之城”。

2014年，浙江自贸区重点项目——舟山绿色石化基地项目落地鱼山岛，越来越多的人来此参与建设，小岛散发着热血的气息。

1982年出生的方照佳，是个土生土长的鱼山人。和大多鱼山汉子一样，17岁时，他选择出海捕鱼谋生。2014年，他回到家乡，主动参与整岛搬迁的重任，后开办菜场，如今又做起五金生意。随着鱼山岛的不断发展，最多时有8万人奋战在此。

走在鱼山岛，可以看到一张张充满活力的脸庞。这些人中，有从事物流的、建筑的、管理的，大家聚在一起，有拼劲，也有激情，在鱼山岛接续书写奋斗故事。

“大小鱼山气吐银，惯看楼阁起鳞鳞。”让我们一起去感受这座正在崛起的国际绿色石化城吧。

（节选自《浙江新闻》客户端2020年9月7日）

绿色石化项目带来辐射效应　岱山新材料产业园集群化发展

为承接鱼山绿色石化产业的辐射，2018年起，岱山县着力打造新材料产业园。随着绿色石化基地逐步投产，以及园区基础建设速度、招商引资力度的双提升，新材料产业园逐渐呈现出集群化发展趋势。

龙朴科技（舟山）有限公司是新材料产业园引进的首个绿色石化配套项目，主要生产聚烯烃助剂等产品。目前，该项目已基本完成生产设备调试，将于近日正式投产，投产后预计年产值可达2亿元。

据介绍，新材料产业园位

于岱山经济开发区核心区块，由东、西两块片区组成，规划面积约3200亩。重点发展石化下游制品、生产性服务业、仓储物流运输、环保治污和化工机械制造等产业，是承接、服务绿色石化基地的重要载体。截至目前，新材料产业园已入驻企业17家。

岱山经济开发区管理委员会招商科副科长许凌介绍，今年上半年，来园区参观、谈项目的客户明显增加。今年有3个超过10亿元的大型项目在谈。

借助绿色石化基地这一“天时”的同时，岱山县也积极行动营造“地利”，加快新材料产业群集聚。在政策方面，出台专门的招商引资政策，并开展全程代办服务。基础建设方面，新建二期标准厂房，增建新材料产业创新基地，做好基础配套设施建设。岱山县还在去年召开了新材料（聚烯烃）产业对接大会。这些举措加大了产业园企业入驻吸引力，也助推了签约项目早落地、早建设、早投产。

（节选自《浙江新闻》客户端2020年9月24日）

科技新政发力突围　岱山加快传统制造业　重塑和战略性新兴产业培育

科技创新是高质量发展最鲜明的标志，岱山县科技创新支持力度也明显加大。今年6月，岱山县出台了《关于加快科技创新推动高质量发展的实施意见》，作为今年的工业科技新政，该《意见》在整合省市相关文件内容基础上，通过创新驱动、平台支撑、动能转换、企业培育等方面的政策激励，加快传统制造业重塑和战略性新兴产业培育，促进全县工业经济高质量发展。

今年，岱山县要推行实施工业企业研发费用全覆盖。对此，岱山县引进第三方科技公司，成立“岱山企惠技术转移中心”，着力打通“基础理论研究—实验室研究—中试放大及功能验证—工业化生产”四个接力环节，重点解决环节缺失或接力不足的问题，推动一批短中期见效、带动力强的重大科技成果在岱山落地转化。

近日，“岱山企惠技术转移中心”负责人逐一走访了舟山海港港口开发、金鑫矿业投资等公司，为企业研发项目立项等相关事宜答惑解疑。眼下，舟山海港港口开发有限公司正在创建全国绿色矿山，科技研发对创建工作尤为关键，此次指导讲解为企业指明了方向，坚定了信心。

为牢牢抓住科技创新的牛鼻子，岱山县拿出“真金白银”引导企业加大研发投入、多渠道开展科技合作、鼓励建设新型研发机构。据悉，得益于新政，君耀科技发展有限公司根据服务成效将获得一笔奖励资金。

舟山晨光电器有限公司是一家专业生产各种吸尘器电机的企业，在“机器换人”、转型升级等政策引领下，该企业每年都投入大量资金，引入先进设备，研发新兴产品，提升产品质量，开辟新市场，企业效益逐年攀升。今年，该公司也成了新政的受益企业之一，获得30多万元的研发奖励资金。

新政的出台，为企业带去了不少实实在在的红利。据悉，新政除了扶持力度增大，政策覆盖领域更全面，政策条款也有较大的调整。

岱山县经济和信息化局科技计划科科长夏圆圆介绍，岱山在全市率先设立了科技悬赏奖、新型研发机构培育、产学研合作补助等激励措施。下一步将围绕今年新出的科技新政，重点落实好创新平台的提能造峰，创新主体倍增提质，创新生态的优化提升，全面落实各项创新激励政策，引导企业开展科技创新，激发全县企业科技创新活力。

（节选自《浙江新闻》客户端2020年10月24日）

岱山打造创新平台　实现多“点”突破

科创平台是实现科技创新要素集聚与共享的重要载体，也是衡量一个地区科技创新实力和水平的重要标志。近年来，在长三角一体化发展、自贸试验区等国家战略的叠加赋能下，我县把加快建设产业创新平台作为加快融入长三角一体化、推进经济社会高质量发展、加快建设“湾区明珠·自贸港城”的重要抓手。

产品结构单一，效率低下；行业创新能力不足；品牌意识缺乏，人才资源匮乏……这些因素制约着岱山县传统产业的发展。汽船配业作为传统支柱产业，内饰密封件产业创新服务综合体的打造，力致解决这些难题，实现汽船配产业向价值链中高端跃升。

据岱山县科创中心主任康晓婕据介绍，汽船配内饰密封件产业创新服务综合体“一站式”公共服务中心集合工商、知识产权、科技、金融、人才等职能部门的咨询服务审批功能；产业创新协同中心检验实验等功能已经完备；知识产权服务中心由市监、司法部门进驻；人才培育中心已设立博士后工作站，配套人才公寓面积2000平方米；产品创意中心和产业金融服务中心，目前正在引进博将资本等机构入驻。

新材料产业园是岱山经济开发区的核心组成部分，园区以新材料产业为发展重点，依托浙石化重大产业平台优势，立足先进新材料制造以及石化上下游产业链、配套链、供应链，以集聚化和高端化发展为导向，积极培育发展绿色石化上下游产业链重点项目，目标打造国内一流、产业集聚、绿色环保的石化循环经济产业园。据岱山经济开发区副主任刘岑介绍，目前已经引进企业20家左右，现在落户的代表企业包括卓然石化装备制造项目、海宏新材料的工程塑料母粒建设项目，还有瑞程石化的石化设备检维修项目。

随着重大产业项目的落地，园区即将进入新的发展阶段。目前，园区已经启动了新一轮的规划工作。推进数字经济建设，立足CIM技术和5G建设，打造智慧化园区；岱山经济开发区将引进从事新材料研发、石化中试的科技型企业、高等院校、科研院所和各行业科技研发中心，进一步深化和扩大经济产学研合作，加快科技型产业发展，提升产业层次。

（节选自《浙江新闻》客户端2020年10月28日）

多渠道引才储才　岱山为教育工作增添活力

说课、议课、评课……随着2020年蓬莱之秋新课堂教学研训活动的启动，连日来，岱山县多场特级教师工作室教学研讨活动在该县各中小学举办。

区域教育的发展，关键靠教师。今年以来，岱山县从教育发展的大局出发，多渠道拓展引才储才途径，及时补充师资后备力量，为教育工作发展增添活力。“我们采取柔性聘请的方式，在国家法律法规允许的范围内，以智力服务为目的，通过不改变原有身份和人事关系引进教育高层次人才。”岱山县教育局教育发展研究中心主任林军说。据介绍，今年，岱山县聘请了舟山市内外的一些特级教师、学科带头人，搭建了5个特级教师工作室与3个市级名师工作室，以提升岱山县县域教研、科研及课改水平，促进该县教师专业成长。

原舟山教育学院资深教研员、小学数学全国著名特级教师钱金铎在岱山成立了特级教师工作室。“从我工作室的角度来讲，主要是两大任务，一是培养骨干教师，二是发挥引领示范服务作用，举办教学研讨活动，广大教师、工作室成员共同围绕一个主题来开展深度研究，这样效果更加扎实。”钱金铎告诉记者。

为充分发挥优秀退休教师作用，今年，岱山县教育局还招募了2名银龄讲学支援教师。今年55周岁的邱雅5月刚办完退休手续，9月就赶往大衢中学任教，“我觉得我各方面条件符合，还有精力投入到教学工作，所以我就积极报名参加了这个银龄计划。”“银龄讲学”支援教师的到来，一方面缓解了大衢中学优秀教师短缺矛盾，另一方面也让这里的年轻教师能尽快成长。

今年，岱山县还积极承接省“希望之光”教育专家团队支教服务工作，宁波市5位优秀骨干教师来岱山县“传经送宝”。与此同时，县教育局还利用好高层次人才引进政策与定向教师培养政策，完成新教师招聘与培养共计25人。

（节选自《浙江新闻》客户端2020年11月3日）

企业安心入驻　政府精心服务　岱山着力打造一流营商环境

近日，“舟创未来•潮起岱山”甬舟人才一体化发展飞地开园投运，目前已有12家成长潜力突出的企业（项目）入驻，涵盖绿色石化、新材料制造、海洋经济数字化、海洋工程装备等高新技术领域。“我们6月开始和岱山接触，了解当地相关政策，比对了其他地区的营商环境和应用市场后，最终选择了这里。”已入驻飞地的舟山化塑数据科技有限公司总经理杨伦权说。

该飞地位于宁波东部新城的浙江创新中心，总面积约1600平方米，于今年9月18日开园启用。岱山县充分利用该飞地的平台功能，把“双招双引”阵地版图不断向外延伸。“县里专门制定了6个方面的飞地专项政策，就是为了打造岱山最优营商环境。”岱山县委组织部相关负责人介绍，县里还加派了“双招双引”力量，成立飞地党组织，由党员“代跑员”为企业提供服务代办、政策咨询、工商注册、项目申报等“一站式”服务。

作为浙江自贸试验区的主战场、绿色石化基地项目的落户地，岱山对标国际国内先进水平，加大制度供给、服务供给、要素供给，高水平打造“重要窗口”海岛风景一流营商环境。

规划引领，高标准制定建设方案。今年3月，岱山县出台高水平建设最优营商环境行动方案，围绕六大重点任务补齐短板，列出26项任务清单，将最优营商环境建设工作纳入“最多跑一次”综合改革重要内容，定期对工作推进落实情况进行跟踪督查，建立推进情况通报机制。根据任务清单，岱山县经济开发区行政审批服务中心已于6月正式上线，面向全县重点项目和开发区企业，搭建专门的审批平台和渠道，就近提供“一站式”审批服务。记者从岱山县审招办了解到，相关审批职能单位除每周二和周四上午进驻开发区行政审批服务中心外，其他时间若企业有需求，县审招办也会根据预约安排有关单位为企业提供服务。

金融是优化营商环境的重要力量。今年以来，岱山县金融机构通过强化金融科技手段、下沉服务重心等方式，破除“首贷”堵点，服务实体经济发展。不久前，舟山宁兴船舶修造有限公司通过岱山农商银行的企业首惠贷产品获得了4000万元的信贷资金支持。该公司是今年通过收购资产新成立的修造船企业，资金的充足到位，为企业发展注入“源头活水”。

据悉，除人才飞地项目外，今年以来已有17个亿元以上项目落户岱山。岱山县委相关负责人表示，将加快打造市场化、法治化、国际化营商环境，以一流营商环境推动岱山经济社会高质量发展。

（《浙江日报》2020年11月20日）

岱山：打造经济示范带　激发“夜经济”活力

“肯定比原来亮堂美观了。”“这里是饭后散步必来之处。”“小朋友又多了一个游玩打卡处。”……今年以来，岱山县将发展夜间经济作为满足群众消费需求、激发城市活力的重要举措。随着夜经济示范带配套设施项目的实施，岱山新天地广场、人民路风情街、“捞风夜市”等一批夜间经济示范店、街区有机地串联起来，吸引人气的同时，也带活了“夜经济”商圈。

降暮后，岱山夜经济示范带中的人民路风情街沿线灯光绚丽、花卉斑斓……吸引着过往市民驻足观赏、拍照，成了大家散步休闲的好去处，更有不少家长带着孩子前来游玩。而几个月前的这里，还只是夜色萧条的普通街道。“灯光亮了，环境美了，路也好走了，我女儿特别喜欢这里，今天非要拍照留念。”一位带着女儿散步的市民发出了如此感叹。

此时，恰好散步经过的市民也应和道，“的确是现在好看，过去黑乎乎的，总是匆匆走过。现在总习惯停下来参观一下，我也特别喜欢这里的灯光配色，艳丽但不刺眼。”

据悉，今年县安澜城投集团投入资金近千万元，通过岱山夜经济示范带配套设施项目，实施了建筑立面改造、风情街景观改造、视觉导视系统、景观亮化设计等一系列工程，在改善示范带沿线周边环境的同时，有效提升市民生活品质。

与此同时，岱山夜经济示范带沿线的经济活力也被带动起来，尤其带活了“夜经济”商圈，“如今进来购物的顾客明显多了，店里也热闹忙碌了起来。”附近便利店营业员笑着说道。

有不少市民表示，溜达散步时会时常心血来潮约上朋友，搓上一顿夜宵。对此，人民路风情街不少商家深有感触，“现在天逐渐转冷，过去的这个时候夜宵生意比较淡，但今年生意却还不错。”

从原来饭后的漫步路到如今夜晚的文化地标打卡，从原来静谧的夜晚到如今的灯火璀璨，食、游、购、娱、体、展、演……如此多元化的夜间消费市场，让人们的夜生活有了全新的打开方式，岛城的夜晚焕发出新活力。

（节选自《浙江新闻》客户端2020年11月30日）

我国“低轨卫星互联网 +5G+ 物联网海上融合组网通信”在岱山海域首试成功

近日，中国航天科工集团联合中国联通，在岱山海域圆满完成低轨卫星互联网 +5G+ 物联网海上融合组网通信试验。此次融合组网试验是首次把卫星互联网、5G 和物联网结合在一起的海上综合试验，具有里程碑意义。

在海上没有地面移动网络信号覆盖的情况下，航天科工与中国联通利用我国首套低轨宽带通信技术验证系统在海上构建起 5G 天基回传通道，通过低轨卫星互联网、5G 网络的深度融合，成功在海上通过 5G 手机实现视频通讯、与联通用户进行常规拨号通话等功能。

低轨通信卫星通过星座组网，可实现全球覆盖。5G 将“人与人”之间的连接扩展至“人与人 + 人与物 + 物与物”的广泛连接。物联网则能够将各类信息传感设备与互联网连接起来而形成“万物相连”。

“三者相互融合，可以构建覆盖陆、海、空、天一体化的新型信息基础设施，也有人称之为未来的 6G。可以预判在不久的将来，卫星互联网将像卫星导航一样，例如我们的北斗、GPS，走进国际民生，走进各行各业，走进千家万户。”航天科工空间工程发展有限公司副总经理李艳彬说。

此次试验，还成功开展了基于物联网的智慧船舶应用，船员的智能穿戴、船舶视频监视等设备成功实现了采集与数据回传。

“本次融合组网试验是首次把低轨卫星互联网、5G 和物联网三种网络结合起来实现融合应用的综合性试验示范，突破并验证了低轨动中通跟踪技术、信关站机动式部署技术、卫星互联网与 5G 融合组网等关键技术，具有里程碑意义和良好的应用示范效果。”航天科工海上应用示范外场试验队副队长王崇说。

岱山是全国十大重点渔业县，因海而生，向海而兴。但海上“信息孤岛”，渔民作业生活乏味单调，无法有效监管等问题也一直困扰着当地。“如果有了我们的卫星互联网，尤其是这种全球的卫星互联网，我们的渔民和船舰，无论走到世界哪个角落都会有信号传回来，这样他既可以和家人沟通，同时他遇到风浪等异常情况和危险，他可以通过卫星互联网进行相应的求救，来保障他的安全。”王崇说。

（节选自《浙江新闻》客户端公共新闻“浙江地市头条”2020 年 12 月 1 日）

岱山县企业首次上榜省企业标准“领跑者”名单

近日，2020 年度浙江省企业标准“领跑者”名单公布，舟山晨光电器有限公司成为岱山县唯一入选企业。这也是该县企业首次入选省企业标准“领跑者”名单。

据了解，企业标准“领跑者”制度旨在通过高水平标准引领，增加中高端产品和服务有效供给，支撑高质量发展的系列鼓励性政策。通过浙江省企业标准“领跑者”评审，最终评选出 25 家企业的 29 项标准，作为 2020

年度浙江省企业标准“领跑者”。舟山晨光电器有限公司制定的T/ZZB 0865-2018《高效吸尘器电机》入选该名单，为电机行业发展起到了引领示范作用。

舟山晨光电器有限公司研发部经理付世彪说：“之前电机行业制造标准都是跟着其他企业制定的标准走，自2019年开始，国家重视标准制定，尤其是浙江省打造品字标建设后，对本土企业发展有了助推作用。我们企业率先入选省企业标准，品牌打响了，顾客对我们产品的认可度更高了，今后市场占有份额也会提升。”

接下来，舟山晨光电器有限公司将加快企业创新步伐，推动企业技术标准水平提升。该公司还积极参与国家标准的制定，以舟山晨光电器有限公司为主起草的《吸尘器电机》国家标准已通过国标委的投票，等待立项。

舟山晨光电器有限公司入选省企业标准“领跑者”名单，是岱山县企业质量提升、标准引领工作的一个缩影。目前，全县已有品字标企业2家；制定发布“浙江制造”标准4项，通过立项答辩2项；政府质量奖企业13家。

岱山县市场监督管理局相关负责人坦言，接下来，该局将引导企业标准“领跑者”企业充分发挥示范带动作用，积极分享先进标准领跑经验，组织岱山县企业开展对标达标提升、质量经验交流等活动，鼓励岱山县优秀企业参与制修订标准，力争制订发布更多高质量标准，充分发挥先进标准对产业转型升级的引领作用。

（节选自《浙江新闻》客户端2020年12月14日）

深化“最多跑一次”改革　岱山县民政局率先开展收养“一件事”联办

为深入推进公共服务领域“最多跑一次”改革，持续放大“最多跑一次”改革的裂变效应，日前，岱山县民政部门在全市率先实现收养“一件事”联办服务。

收养“一件事”联办，包括一窗受理、一表申请、一网流转。材料“一窗进”，证照“一口出”，通过“窗口综合受理，部门分类审核”的模式，一次性综合受理被收养人的户口登记、医保参保、预防接种证办理、社会保障卡办理等多项业务；建立以民政部门牵头，公安、医保、卫生健康等部门协同联办的工作机制。“主要是把五个部门的事情变成一个部门，让群众跑五次变成跑一次，方便群众。”岱山县民政局行政许可服务科科长竺丛捷说。

同时，岱山县民政部门依托“浙政钉”平台，搭建收养“一件事”审批流转程序，实现审批资料电子化传输、审核和储存，进一步提升部门执行力和审批效率。“收养‘一件事’实施推动，平均为老百姓办事时间节省了70%，办事材料提供减少了80%。”竺丛捷说。

（节选自《浙江新闻》客户端2020年12月19日）

岱山 4 号海上风电项目并网运行

12 月 25 日下午，中广核新能源浙江岱山 4 号 23.4 万千瓦海上风电项目实现 54 台风机全容量并网运行，为国家战略项目——舟山绿色石化基地提供电力能源保障。这意味着岱山县清洁能源开发利用又迈出新的一步。

岱山岛西北侧，距离岱山本岛 11 公里的海域上，54 台大风车伫立，迎风转动，转出源源不断的电能。据介绍，中广核新能源浙江岱山 4 号海上风电项目分为东、西两个区域，场区总面积约 19 平方公里，布置 54 台风电机组，同时配套建设 1 座 220kV 海上升压站和 1 座陆上集控中心，总装机容量 23.4 万千瓦，项目主体工程于 2019 年 1 月 2 日正式开工。

“当年核准，当年开工，当年投运。去年 12 月 25 日，我们这个项目开始投运，首台风机并网；到今天，我们实现了全场投运的这个目标。这也是当年国内进度和质量安全管控比较优秀的项目。”中广核新能源岱山项目经理顾朝红说。

面对今年新冠肺炎疫情对建设的影响以及复杂海域带来的施工难题，岱山 4 号海上风电项目团队多番研究，选用了科学、经济、竞争性强的施工方案，通过优化施工工艺、抢抓施工窗口期，项目部不仅出色完成了建设任务，更为同类项目提供了技术示范和技术输出。“通过攻关，我们采取了大型吊装船跟风机船安装配合的方式，为后续杭州湾地区风机吊装做了技术准备。”顾朝红说。

据介绍，岱山 4 号海上风电项目为我省第一个海上风电项目，项目年上网电量达 6.1 亿千瓦时，与同等规模的燃煤电厂相比，可每年节约标准煤 17 万吨、减少二氧化碳排放 46.4 万吨、二氧化硫 3342.6 吨、氮氧化合物 1337 吨、烟尘 16713 吨。

（《浙江新闻联播》2020 年 12 月 25 日）

责任编辑：虞迪燕

索　引

Index

说　明

一、本类目设主题索引、图照索引和表格索引 3 个分目。

二、主题索引和图照索引均采用主题分析方法制作，数字开头的标目按数字 0—9 顺序排列；汉字开头的标目按汉语拼音顺序排列；英文字母开头的标目则按首字母 A—Z 顺序排列。如第一字相同则按第二字音序排列，依次类推。

三、主题索引标目后的阿拉伯数字表示内容所在页码。数字后的英文字母 a、b、c 分别表示从左到右第一、二、三栏。标目后有多个页码的，则表示相关信息在这些页码中均出现。

四、图照索引标目后的阿拉伯数字表示内容所在页码，不标注分栏。

五、表格索引按序号排列，仅标注所在页码，不标注分栏。

六、本年鉴的卷首彩页和“特载”“大事记”“附录”（新任县领导简介、组织机构及负责人名录、媒体看岱山）均未做索引。

主题索引

0—9

A

B

J

K

L

M

N

P

Q

R

S

X

Y

Z

图照索引

表格索引